河南散存散见及新获汉唐碑志整理研究

陈朝云 著

科学出版社
北京

内 容 简 介

　　碑志是中华民族传统文化的重要载体之一，有关它的研究具有重要的学术意义。本书共收录了河南省境内目前不见集中著录、散存野外的汉唐时期18通碑碣及157方考古发掘出土并散存于各地文物管理单位和私人收藏家的汉唐时期墓志，对碑志铭文进行了精准移录与考释。本书还对中原地区唐代墓志的书写体例与装饰特征、入唐高句丽百济移民的社会生活、墓志铭文关于唐代女性问题的反映等进行了深入系统的研究。

　　本书适合于历史学、考古学及地方史研究者、爱好者参考阅读。

图书在版编目（CIP）数据

河南散存散见及新获汉唐碑志整理研究 / 陈朝云著. —北京：科学出版社，2019.9

国家社科基金后期资助项目

ISBN 978-7-03-062596-0

Ⅰ. ①河⋯　Ⅱ. ①陈⋯　Ⅲ. ①碑文 - 研究 - 河南 - 汉代　②碑文 - 研究 - 河南 - 唐代　Ⅳ. ① K877.424

中国版本图书馆CIP数据核字（2019）第224428号

责任编辑：张亚娜 / 责任校对：邹慧卿
责任印制：肖　兴 / 封面设计：金舵手世纪

科学出版社 出版
北京东黄城根北街16号
邮政编码：100717
http://www.sciencep.com

中国科学院印刷厂 印刷
科学出版社发行　各地新华书店经销

*

2019年9月第 一 版　　开本：889×1194　1/16
2019年9月第一次印刷　　印张：31
字数：900 000

定价：286.00元
（如有印装质量问题，我社负责调换）

国家社科基金后期资助项目
出版说明

　　后期资助项目是国家社科基金设立的一类重要项目,旨在鼓励广大社科研究者潜心治学,支持基础研究多出优秀成果。它是经过严格评审,从接近完成的科研成果中遴选立项的。为扩大后期资助项目的影响,更好地推动学术发展,促进成果转化,全国哲学社会科学工作办公室按照"统一设计、统一标识、统一版式、形成系列"的总体要求,组织出版国家社科基金后期资助项目成果。

全国哲学社会科学工作办公室

凡 例

一、本书精选河南省境内散存散见且不见集中著录的汉至唐代碑碣及墓志共175通/方，并力求精准地移录了铭文。选定的碑志中包括东汉碑碣3、曹魏碑碣1、西晋碑碣2、北魏碑碣3、北齐碑碣2、唐碑碣5、后汉碑碣2通，西晋墓志1、北魏墓志27、西魏墓志2、北齐墓志3、隋墓志9、唐墓志110、后梁墓志1、后唐墓志3、后周墓志1方，共计碑碣18通、墓志157方（部分含墓志盖）。本书辑录之碑志中虽有2方出土于陕西华阴县，但现藏于河南省境内，还有13方碑志虽出土于河南省境内但现藏于河南省境外不同文物单位，其余碑志出土地、现藏地均位于河南省境内。

二、本书所辑录碑志皆选自经科学考古发掘、出土时间地点明确、现藏地固定且品相较好者，其中不乏首次报道的新发现者。凡已集中著录或见载于传世文献者不在此次整理范围之内。

三、本书按研究性内容、碑志拓片及释录整理两部分顺序编次。碑志整理以立碑时间（墓志为葬年月日）先后编排目次，其纪年时限起自东汉建初二年（92年），迄于后周显德七年（960年）。本书中将所收录的夫妇鸳鸯墓志编为同一序号，按照男性墓志在前、女性墓志附于男性墓志之后的方式排列；对于墓志铭中出现的"一人多石"现象，比如序号为59的姚懿墓志与姚懿玄堂记，其志主均为姚懿，则统一编为一个序号。

四、本书碑碣以碑额命名，墓志命名以所刊墓志首行之原题为名，原碑（志）无题者，则直接采用"朝代+志主姓名+墓志铭"的形式命名。题中"（）"中的人名为男性墓主之名讳或女性墓主之夫名。个别碑额或墓志首题较为具体的，为了表述简明扼要，将碑志的定名加以简化，如序号5的碑碣碑额为"大晋龙兴皇帝三临辟雍皇太子又再莅之盛德隆熙之颂"，本书在其碑额题铭的基础上将此碑碣更名为大家耳熟能详的《西晋辟雍碑》；序号4的墓志首行题为"维大魏延昌二年岁次癸巳二月丙辰朔廿九日甲申故处士元君墓志铭"，本书参照志盖题铭将此墓志命名为《魏故处士元君（显儁）墓志》。

五、本书所收碑志录文，每通/方均先释读移录铭文，后缀以详细说明，说明包括该碑志的出土时间地点、现藏地、基本规格、具体形制、装饰纹饰、铭文书体及总行数、总字数等基本情况。碑志名、释录文及拓片图题采用通行繁体字，其中异体字（人名除外）、碑别字均改为通行正字，通假字及现在仍通行的简体字照录原文；对于碑志中的误字或遗漏字，整理时仍按原拓录文，其中订正字、增补完善字填写在"（）"内；碑志中凡原字漫漶不清、无法辨识者，以"□"标之；碑志残损较甚，字数缺失不能确定者用"⊘"标之；原碑志铭文中的空格表示敬重，不管空多少格，释文均空一格；原文为求整齐美观而空格的，释文一律不空；为保存原文的行款，释文每行后以"//"加以提示。

六、为使碑志整理更具直观性和科学性，也便于学界研究者使用，本成果将录文与拓片一一对应编排在一起，读者可按号一一对照。每张拓本影印件之后附有该碑志的出土时地、现藏地、文物本体规格、书体、总行数及字数等信息。

七、本书对于碑志铭文中难以识读的碑体字、武则天时期的造字均代之以正字；对于生僻的古代典故、重大历史事件等，相应地做出了简洁考释并附于相应录文页下；对于一些明显的错字、缺漏字则于其相应位置以"（）"形式填补，对于剥泐不可识的字则以"□"代替。

目　　录

凡例 ………………………………………………………………………（i）

绪言 ………………………………………………………………………（1）

第一部分　相关研究

中原地区唐代墓志的书写体例与装饰特征 ………………………………（7）

入唐高句丽、百济移民社会生活研究
　　——以出土碑志为视角 …………………………………………（39）

河南地区唐代女性墓志书写下的传统女性研究 …………………………（62）

第二部分　碑志拓片及释录整理

一　碑碣 …………………………………………………………………（83）
　　（一）東漢司徒公袁安碑 ………………………………………（81）
　　（二）東漢張景造土牛碑 ………………………………………（83）
　　（三）東漢肥致碑 ………………………………………………（85）
　　（四）曹魏東武侯王基墓碑 ……………………………………（87）
　　（五）西晉辟雍碑 ………………………………………………（89）
　　（六）晉故處士成君（晃）之碑 ………………………………（97）
　　（七）北魏翟興祖等人造像碑 …………………………………（99）
　　（八）北魏汝南王修治古塔銘 …………………………………（103）
　　（九）北魏韓小文造像碑 ………………………………………（105）
　　（一〇）北齊姜纂爲亡息元略造老君像碑 ……………………（107）
　　（一一）北齊孟阿妃造像記 ……………………………………（110）
　　（一二）唐中岳沙門釋法如禪師行狀碑 ………………………（111）
　　（一三）大唐故福州刺史管府君（元惠）之碑 ………………（114）
　　（一四）大唐嵩陽觀紀聖德感應頌 ……………………………（117）
　　（一五）有唐濟瀆之記 …………………………………………（120）

（一六）唐故容州都督兼御史中丞本管經略使元君（結）表墓碑銘…………………………（124）

（一七）大漢河陽節度使光禄大夫檢校太傅兼御史大夫上柱國隴西公奉宣祭瀆記…（128）

（一八）風穴七祖千峰白雲禪院記…………………………………………………………（130）

二 墓志 ………………………………………………………………………………………（134）

（一）晋故中書侍郎潁川潁陰荀君（岳）之墓……………………………………………（134）

（二）魏故征虜將軍河州刺史臨澤定侯鄐使君（乾）墓銘………………………………（136）

（三）魏使持節驃騎將軍冀州刺史尚書左僕射安樂王（元詮）墓志銘…………………（138）

（四）魏故處士元君（顯儁）墓志…………………………………………………………（140）

（五）魏故寧遠將軍洛州刺史元公（廣）之墓志…………………………………………（142）

（六）北魏元懷墓志銘………………………………………………………………………（144）

（七）北魏元遥墓志銘………………………………………………………………………（146）

（八）大魏故假節鎮遠將軍恒州刺史謚曰宣公元使君（譓）墓志銘……………………（148）

（九）夏州刺史趙郡李緬妻常夫人（敬蘭）墓志銘………………………………………（149）

（一〇）魏故寧遠將軍敦煌鎮將元君（倪）墓志銘………………………………………（151）

（一一）魏故平南將軍使持節豫州刺史蘭陵郡開國公裴君（譚）墓志……………………（153）

（一二）魏故假節輔國將軍東豫州刺史元公（顯魏）墓志銘……………………………（155）

（一三）魏故持節都督秦州諸軍事平西將軍秦州刺史孝王（寶月）墓志并銘…………（157）

（一四）魏帝先朝故于夫人（仙姬）墓志…………………………………………………（159）

（一五）魏故使持節侍中驃騎大將軍儀同三司尚書令冀州刺史江陽王
　　　　元公（乂）之墓志銘……………………………………………………………（161）

（一六）魏故使持節侍中司空公都督冀瀛滄三州諸軍事領冀州刺史
　　　　元公（壽安）墓志銘……………………………………………………………（164）

（一七）魏故齊州平東府中兵參軍元君（則）墓志銘……………………………………（167）

（一八）魏故持節後將軍幽州刺史貞簡辛侯（穆）墓志銘………………………………（169）

（一九）魏故使持節散騎常侍衛大將軍尚書右僕射都督雍岐南豳三州諸軍事
　　　　雍州刺史南平王（元暐）墓志銘………………………………………………（171）

（二〇）魏故征北將軍相州刺史元君（宥）之墓志銘……………………………………（174）

（二一）魏故始平王（元子正）墓志銘……………………………………………………（176）

（二二）魏故使持節龍驤將軍襄州刺史李君（略）墓志…………………………………（178）

（二三）魏故使持節衛大將軍儀同三司冀州刺史博野縣開國
　　　　公筍君（景）之墓志銘…………………………………………………………（180）

（二四）魏故使持節侍中太保司徒公都督冀定滄瀛四州諸軍事驃騎大將軍
　　　　冀州刺史平原武昭王（元祉）墓銘……………………………………………（182）

（二五）魏故使持節假車騎將軍都督晋建南汾三州諸軍事鎮西將軍晋州刺史大都督
　　　　節度諸軍事兼尚書左僕射西北道大行臺平陽縣開國子元君（恭）墓志……（185）

（二六）魏故使持節撫軍將軍瀛州刺史王簡公（温）墓志銘……………………………（187）

（二七）魏故使持節都督華州諸軍事華州刺史衛將軍右光禄大夫度支尚書
　　　　楊君（機）之墓誌銘 ………………………………………………………（189）
　　　　　　附：魏楊機夫人梁氏墓誌銘 …………………………………………（191）
（二八）魏故驃騎大將軍儀同三司都督雍華二州諸軍事華州刺史
　　　　夏陽縣開國侯楊君（儉）墓誌銘 ………………………………………（192）
（二九）魏弘農府君（晦）墓誌銘 ……………………………………………………（194）
（三〇）北齊道明墓誌銘 ………………………………………………………………（196）
（三一）齊哀世子（元德）之墓誌 …………………………………………………（198）
（三二）齊故車騎大將軍雕陽王郎中令賈府君（進）墓誌銘 …………………（199）
（三三）隋故開府長兼行參軍安君（備）墓誌銘 ………………………………（201）
（三四）大隋洺州廣年縣令故吳明府（通）墓誌銘 ……………………………（203）
（三五）大隋使持節儀同三司洋州刺史鯛陽公（司馬融）墓誌 ………………（205）
（三六）大隋使持節上開府儀同三司荊州總管上明恭公楊使君（紀）之墓誌 …（206）
（三七）隋奉車都尉劉賓與妻王氏墓誌銘 …………………………………………（208）
（三八）隋故秘書監左光禄大夫陶丘蕳侯蕭君（瑒）墓誌銘 …………………（210）
（三九）隋故上開府記室參軍事衛公（侗）墓誌銘 ……………………………（212）
（四〇）大隋故滎陽郡新鄭縣令蕭明府（瑾）墓誌銘 …………………………（214）
（四一）隋故使持節柱國西河郡開國公乞扶令和墓誌銘 ………………………（216）
（四二）唐襌墓誌 ……………………………………………………………………（218）
（四三）大唐故田夫人墓誌 …………………………………………………………（220）
（四四）唐故開府索君（玄）墓誌銘 ………………………………………………（222）
（四五）唐故曹州離狐縣丞盖府君（蕃）墓誌銘 ………………………………（224）
（四六）唐故平原明夫子（崇覽）墓誌銘 …………………………………………（226）
（四七）大唐登仕郎康君（老師）墓誌銘 …………………………………………（228）
（四八）大唐彭城故劉府君（德）墓誌 ……………………………………………（230）
（四九）大周故銀青光禄大夫行籠州刺史上柱國燕郡開國公
　　　　屈突府君（詮）墓誌銘 ……………………………………………………（232）
（五〇）大周故處士郭君（承）墓誌銘 ……………………………………………（235）
（五一）唐夏官郎中慕容君唐故夫人費氏（婉）墓誌銘 ………………………（237）
（五二）大周故相州刺史袁府君（公瑜）墓誌銘 ………………………………（239）
（五三）大周洛陽縣尉尔朱公（昊）夫人韋氏墓誌銘 …………………………（242）
（五四）大周故左羽林衛將軍上柱國定陽郡開國公右北平陽君（玄基）墓誌銘 …（244）
（五五）大唐故亡宮六品志石 ………………………………………………………（247）
（五六）大唐故右金吾衛守翊府中郎將上柱國黑齒府君（俊）墓誌銘 ………（249）
（五七）大唐安國相王故孺人晉昌唐氏墓誌銘 …………………………………（251）
（五八）唐故簡州司馬蘭陵蕭君（守規）墓誌銘 ………………………………（253）

（五九）大唐故幽州都督姚府君（懿）墓誌⋯⋯⋯⋯⋯⋯⋯⋯⋯⋯⋯⋯⋯⋯⋯⋯（255）
　　　附：唐故銀青光禄大夫巂州都督長沙郡公贈幽州都督吏部尚書
　　　　　文獻公姚府君（懿）玄堂記⋯⋯⋯⋯⋯⋯⋯⋯⋯⋯⋯⋯⋯⋯⋯⋯⋯（258）
（六〇）大唐故冀州石廓戍主張君（爽）李夫人合葬墓誌銘⋯⋯⋯⋯⋯⋯⋯⋯⋯⋯（260）
（六一）大唐開府儀同三司紫微令梁國公姚公夫人沛國夫人劉氏墓誌銘⋯⋯⋯⋯（262）
（六二）唐故通直郎行陵州貴平縣丞柱國祁府君（惠）墓誌銘⋯⋯⋯⋯⋯⋯⋯⋯（264）
（六三）大唐故冠軍大將軍史北勒墓誌⋯⋯⋯⋯⋯⋯⋯⋯⋯⋯⋯⋯⋯⋯⋯⋯⋯⋯（266）
（六四）大唐故左監門校尉上柱國康君（遠）墓誌銘⋯⋯⋯⋯⋯⋯⋯⋯⋯⋯⋯⋯（268）
（六五）大唐故正議大夫易州遂城縣令上柱國康公（固）墓誌銘⋯⋯⋯⋯⋯⋯⋯（270）
（六六）唐故并州大都督府倉曹參軍甘君（瑜）墓誌銘⋯⋯⋯⋯⋯⋯⋯⋯⋯⋯⋯（272）
（六七）大唐故錦州刺史趙府君（潔）墓誌文⋯⋯⋯⋯⋯⋯⋯⋯⋯⋯⋯⋯⋯⋯⋯（274）
（六八）唐故朝請大夫行尚書考功員外郎上柱國魏郡安陽邵府君（炅）墓誌銘⋯（276）
（六九）大唐故揚州大都督府江楊縣尉邵府君（處珣）夫人鉅鹿郡君
　　　　魏氏（天啓）墓誌銘⋯⋯⋯⋯⋯⋯⋯⋯⋯⋯⋯⋯⋯⋯⋯⋯⋯⋯⋯⋯⋯（278）
（七〇）唐故尚書左丞相燕國公贈太師張公（說）墓誌銘⋯⋯⋯⋯⋯⋯⋯⋯⋯⋯（280）
（七一）唐故滄州東光縣令段府君（嗣基）墓誌銘⋯⋯⋯⋯⋯⋯⋯⋯⋯⋯⋯⋯⋯（283）
（七二）大唐故朝議郎行潤州司户參軍事范陽盧府君（正容）墓誌銘⋯⋯⋯⋯⋯（285）
（七三）大唐故中大夫使持節鄂州諸軍事鄂州刺史上柱國
　　　　范陽盧府君（正道）墓誌銘⋯⋯⋯⋯⋯⋯⋯⋯⋯⋯⋯⋯⋯⋯⋯⋯⋯⋯（288）
（七四）唐御史大夫張公故夫人潁川郡夫人陳氏（尚仙）墓誌銘⋯⋯⋯⋯⋯⋯⋯（290）
（七五）大唐邠王故細人渤海高氏（淑嬡）墓誌銘⋯⋯⋯⋯⋯⋯⋯⋯⋯⋯⋯⋯⋯（292）
（七六）唐故滎陽郡夫人鄭氏（德曜）墓誌銘⋯⋯⋯⋯⋯⋯⋯⋯⋯⋯⋯⋯⋯⋯⋯（295）
（七七）唐長河宰盧公李夫人墓誌文⋯⋯⋯⋯⋯⋯⋯⋯⋯⋯⋯⋯⋯⋯⋯⋯⋯⋯⋯（298）
（七八）大唐故冀州刺史陽府君夫人范陽縣君盧氏墓誌銘⋯⋯⋯⋯⋯⋯⋯⋯⋯⋯（300）
（七九）大唐故板授海州司馬胡公（思）伉儷墓誌銘⋯⋯⋯⋯⋯⋯⋯⋯⋯⋯⋯⋯（302）
（八〇）唐京兆府涇陽縣尉沈府君（全）墓誌銘⋯⋯⋯⋯⋯⋯⋯⋯⋯⋯⋯⋯⋯⋯（304）
（八一）大唐故國學生高府君（逸）墓誌銘⋯⋯⋯⋯⋯⋯⋯⋯⋯⋯⋯⋯⋯⋯⋯⋯（306）
（八二）唐故文安郡文安縣尉太原王府君（之涣）墓誌銘⋯⋯⋯⋯⋯⋯⋯⋯⋯⋯（308）
　　　附：唐故文安郡文安縣尉太原王府君夫人渤海李氏墓誌銘⋯⋯⋯⋯⋯⋯（310）
（八三）唐故朝議郎河間郡束城縣令李府君（崇默）墓誌銘⋯⋯⋯⋯⋯⋯⋯⋯⋯（311）
（八四）唐故羽林軍大將軍張公故夫人天山郡阿史那氏墓誌銘⋯⋯⋯⋯⋯⋯⋯⋯（313）
（八五）唐故工部尚書贈太子太師郭公（虛己）墓誌銘⋯⋯⋯⋯⋯⋯⋯⋯⋯⋯⋯（315）
（八六）大唐故安府君（思温）史夫人墓誌銘⋯⋯⋯⋯⋯⋯⋯⋯⋯⋯⋯⋯⋯⋯⋯（318）
（八七）唐故豐王府户曹參軍皇族叔李府君（復）墓誌銘⋯⋯⋯⋯⋯⋯⋯⋯⋯⋯（320）
（八八）唐故朝議郎行東海郡録事參軍房府君（承先）吴夫人墓誌銘⋯⋯⋯⋯⋯（322）
（八九）唐故朝議大夫行尚書膳部員外郎上柱國崔府君（藏之）墓誌銘⋯⋯⋯⋯（324）

（九〇）唐順節夫人墓志銘 …………………………………………………………………（327）
（九一）唐故少府監鄭君（岩）墓志銘 …………………………………………………（329）
（九二）大唐隴西故李府君墓志銘 ………………………………………………………（331）
（九三）唐故睢陽郡穀熟縣丞鄭府君（炅）墓志銘 ……………………………………（333）
（九四）大燕聖武觀故汝道士馬凌虛墓志銘 ……………………………………………（335）
（九五）大唐故兵部郎中張府君（具瞻）夫人華原縣君韋氏志銘 ……………………（337）
（九六）唐故北海郡守贈秘書監江夏李公（邕）墓志銘 ………………………………（339）
（九七）大唐故著作郎貶臺州司户滎陽鄭府君（虔）并夫人琅琊王氏墓志銘 ………（341）
（九八）有唐通議大夫守太子賓客贈尚書左僕射崔孝公（沔）墓志 …………………（344）
　　　　附：有唐太原郡太夫人王氏（方大）墓志 ……………………………………（348）
（九九）有唐朝散大夫守汝州長史上柱國安平縣開國男贈衛尉少卿
　　　　崔公（暟）墓志 …………………………………………………………………（350）
　　　　附：有唐安平縣君贈安平郡夫人王氏（媛）墓志 ……………………………（354）
（一〇〇）唐故伊闕縣令鉅鹿魏府君（系）墓志銘 ……………………………………（358）
（一〇一）有唐中書侍郎同中書門下平章事常山縣開國子贈太傅博陵
　　　　　崔公（祐甫）墓志銘 …………………………………………………………（360）
（一〇二）唐故常州義興縣令陸君（士倫）墓記 ………………………………………（363）
（一〇三）唐故銀青光禄大夫兵部尚書上柱國漢陽郡公贈太子少保
　　　　　馬公（炫）墓志銘 ……………………………………………………………（365）
（一〇四）唐故賈府君（璇）墓志銘 ……………………………………………………（368）
（一〇五）唐故華州司法參軍范陽盧公（暠）墓志 ……………………………………（369）
（一〇六）唐故朝散大夫國子司業守河東縣令竇伯陽夫人太原郭氏志銘 ……………（371）
（一〇七）唐故試許州許昌縣尉清河孫府君（和）墓志銘 ……………………………（373）
（一〇八）唐故洛陽縣尉崔府君（可準）墓志銘 ………………………………………（375）
（一〇九）唐故朝散郎前試詹事府司直兼蘄州黄梅縣令姚公（侑）墓志銘 …………（377）
（一一〇）唐故朝散大夫監察御史裏行上柱國賜魚袋盧公（湘）墓志銘 ……………（380）
（一一一）唐故中書舍人集賢院學士安陸郡太守苑公（咸）墓志銘 …………………（382）
（一一二）大唐故京兆府咸陽縣尉攝宣歙池等州觀察判官
　　　　　吴郡顧君（師閔）墓志銘 ……………………………………………………（385）
（一一三）唐朗州員外司户薛君妻崔氏（蹈規）墓志 …………………………………（387）
（一一四）唐故河陽軍兵馬副使試太常卿廣平宋府君（華）墓志銘 …………………（389）
（一一五）唐故中散大夫守太子賓客上柱國賜紫金魚袋贈工部尚書
　　　　　河東薛府君（丹）墓志 ………………………………………………………（391）
　　　　　附：唐故中散大夫守太子賓客上柱國賜紫金魚袋贈工部尚書
　　　　　　　河東薛府君（丹）夫人隴西縣君李氏（饒）墓志銘 …………………（392）

（一一六）唐故正議大夫守太子賓客上柱國賜紫金魚袋贈工部尚書范陽
　　　　盧府君（士玫）墓誌銘………………………………………………………（395）
　　　　　　附：唐故清河崔夫人墓誌銘……………………………………………（398）
（一一七）唐故中大夫澧州刺史賜紫金魚袋范陽盧府君（昂）墓誌銘………………（400）
（一一八）唐王縉李如願夫婦合葬墓誌…………………………………………………（402）
（一一九）唐故金紫光祿大夫守司空致仕贈司徒相國趙公（宗儒）墓誌銘…………（404）
（一二〇）唐故光祿大夫太子太保贈司徒弘農楊公（元卿）墓誌銘…………………（407）
（一二一）唐故尚書倉部郎中滎陽鄭府君（魴）墓誌銘………………………………（410）
　　　　　　附：唐故倉部郎中鄭公（魴）盧夫人合祔墓誌銘……………………（412）
（一二二）唐故朝散大夫守中書舍人贈禮部侍郎上柱國賜紫金魚袋
　　　　滎陽鄭府君（居中）墓誌銘……………………………………………………（416）
　　　　　　附：唐故朝散大夫守中書舍人贈禮部侍郎上柱國賜紫金魚袋
　　　　　　　　滎陽鄭府君（居中）及清河崔夫人合祔墓誌銘……………………（419）
（一二三）唐故孫府君（繼和）墓誌銘…………………………………………………（422）
（一二四）唐故邠寧慶等州節度觀察處置等使朝散大夫檢校戶部尚書兼
　　　　御史大夫賜紫金魚袋贈尚書右僕射北海史公（孝章）墓誌銘……………（423）
（一二五）唐盧氏（繪）故夫人隴西李氏（胡）墓誌銘………………………………（427）
　　　　　　附：唐蘇州海鹽縣令盧君（繪）亡夫人隴西李氏（胡）墓表………（430）
（一二六）唐朝議郎守太子賓客分司東都上柱國賜紫金魚袋盧載墓誌銘……………（432）
（一二七）唐茅山燕洞宮大洞鍊師彭城劉氏（致柔）墓誌銘…………………………（434）
（一二八）唐故通議大夫守夔王傅分司東都上柱國賜紫金魚袋
　　　　吳興姚府君（勗）墓誌………………………………………………………（436）
（一二九）唐故陝州芮城縣令涿郡盧府君（行質）夫人天水趙氏墓誌………………（439）
（一三〇）唐故清河張府君（懷讓）楊氏夫人墓誌銘…………………………………（441）
（一三一）唐故棣州刺史兼侍御史敦煌令狐公（梅）墓誌銘…………………………（443）
（一三二）唐故范陽盧氏滎陽鄭夫人墓誌銘……………………………………………（447）
（一三三）大唐故晉昌唐府君夫人田氏墓誌……………………………………………（450）
（一三四）唐故太子司議郎劉府君（干）墓誌銘………………………………………（452）
　　　　　　附：唐故太原王夫人墓銘…………………………………………………（454）
（一三五）唐故承議郎使持節都督登州諸軍事守登州刺史孫府君（方紹）墓誌銘…（456）
（一三六）唐林存古墓誌銘………………………………………………………………（458）
（一三七）唐故勃海郡蓋公（凝）誌石…………………………………………………（459）
（一三八）唐故留守兵馬使魏公（涿）墓誌……………………………………………（460）
（一三九）唐故朝議郎河南府戶曹參軍柱國長樂賈府君（洮）墓誌銘………………（462）
（一四〇）唐故刑部尚書崔公府君（凝）墓誌…………………………………………（464）
　　　　　　附：唐崔氏亡室李夫人墓誌………………………………………………（467）

（一四一）大梁故宋州觀察支使將仕郎檢校祠部員外郎兼侍御史賜緋魚袋
　　　　賈府君（邠）墓志 …………………………………………………………（469）
（一四二）唐故銀青光禄大夫門下侍郎兼工部尚書同中書門下平章事監修國史
　　　　判國子監事上柱國清河縣開國伯食邑七百户贈尚書右僕射追封開國公
　　　　諡恭靖崔公（協）墓志銘 ……………………………………………………（471）
　　　　附：崔氏范陽盧夫人墓志之銘 ………………………………………………（474）
（一四三）大唐故金紫光禄大夫檢校司徒行亳州團練使充太清宮副使上柱國兼御史大夫贈
　　　　太尉隴西李公（重吉）墓志銘 ………………………………………………（476）
（一四四）大周故禮部尚書致仕盧公（價）墓志銘 …………………………………（479）
跋 ……………………………………………………………………………………………（482）

绪　言

这部书为2015年国家社科基金后期资助项目"河南散存散见汉唐碑志整理与研究"结项成果。本书所关注的，是河南省境内目前不见集中著录、散存野外的汉唐时期的碑碣，考古发掘出土并收藏于各地文物管理单位，以及部分私人收藏家手中的汉至唐代碑志及其铭文的相关综合研究、精准移录及考释。由于近年来河南新出土墓志的图录已有多部出版，本书所涉散存散见碑志整理力求不与他书重复。

河南散存散见汉唐碑志作为汉唐碑志的主要组成部分，其概念的内涵和外延明确关于时间范围，大致指公元92～960年，包括东汉、三国魏、北魏、西晋、北朝（西魏、北齐）、隋、唐、五代等历史时期，因三国、西晋、北朝、隋等时代短祚且社会局势混乱，故所集碑志数量较少，东汉也仅见数通碑刻，因此本书所收碑志以北魏、唐代者为大宗。关于空间范围，以现行行政区划下的河南省为界。据不完全统计，因不同历史时期不同地区政治、经济发展不平衡，人口密集程度和经济文化发展状况也不完全相同，河南省各地碑志的出土数量有明显差异。比如洛阳为九朝古都，物华天宝、人文荟萃，故出土的魏、隋唐碑志数量众多；安阳为北朝诸政权的主要活动区域，现在已发现较丰富的北齐墓志。碑志形态包括碑刻和墓志两部分：碑刻指立于地表、现散存野外或文物库房中的神道碑、记事/功碑等；墓志指埋藏于墓穴、经科学考古发掘出土、散存于河南各地基层文保单位、散见于发掘报告资料、未见集录与传世文献中、学术价值明确且品相较好的石质文物。就内容属性看，河南散存散见汉唐碑志涉及不同时期各阶层人物及社会政治事件、宗教信仰、丧葬习俗等丰富内容，尤其是众多的平民墓志、女性墓志、朝鲜半岛移民墓志及粟特人墓志等，既不见于传世文献与今人集录，也少见于现代学人的专门研究，本项目研究将为中国古代基层社会研究、性别史研究、外来移民及中外文化交流史研究提供新资料，且必将拓展、深化新的研究领域和研究内容。

本项目研究主要围绕"唐代墓志研究"和"河南散存散见及新获汉唐碑志整理研究"两方面展开，最终不仅为学界整理一份可靠的释文文本，提供一部崭新的、资料翔实可靠的、反映当前学术水平的古籍整理著作，以欲构建汉唐碑志整理研究科学、严谨的学术体系，为宋元明清碑志整理研究提供范式、范例。

河南作为中国的文物大省，是中国古代文明的腹心。尤其是唐宋时期，两朝都城皆设立于此，经济发达，人口密集，交通便利，地理位置优越。加之历史积淀形成了浓厚的丧葬文化，许多达官显宦、世家大族死后均葬在这里。这些原因都促使中原地区地上古代碑碣数量众多、地下墓葬十分丰富，成为石质文物及石刻文献的渊薮之一。自20世纪30年代以来，河南地区出土了大量古代碑志，这些碑志绝大多数已见于《新中国出土墓志·河南卷》、《唐代墓志汇编》、《唐代墓志汇编续集》、《全唐文补遗》（一至七辑）等，而图版部分则被收入《新中国出土墓志·河南卷》《千唐志斋藏志》《隋唐五代墓志汇编》《洛阳新获墓志》《洛阳新获墓志续编》《洛阳出土历代墓志辑绳》《曲石精庐藏唐墓志》等书。这些集录内容广泛、学术价值显著，涉及中国古代社会各阶层以及不同时期的政治、经济、军事、文化、社会生活等内容。目前学术界已充分认识到古代碑碣及出土墓志蕴含的史料价值，这不仅深化了中国古代史的研究内容，也拓展了学术研究领域。

改革开放以来，随着基本建设的快速推进，河南地区又新出土了大量的汉唐墓志，其中很大一部分是在地方经济建设中被文物部门抢救发掘出土的。这些墓志现在基本都分散保存于各地文物管理单位，大部分未经整理，而整理的一小部分则作为发掘资料散见于各类考古发掘简报中，学术界查阅及使用都极为不便。从目前的情况来看，河南出土并散存各处的汉唐墓志中不乏精品，已经集中刊布的不再一一列举，尚未刊布的还有很多。因此，对经科学考古发掘、出土地点及现存地点明确、文物品相较好、学术价值重大的碑碣及墓志进行科学的整理和研究，是非常有必要的。

近年来，盗掘盗卖古代石刻等文物的现象十分猖獗。盗掘出土的相当数量的古代墓志更是流散到全国各地的古玩商以及民间收藏者手中，如偃师宋姓收藏者收藏墓志达数百方。流散的墓志以唐代为大宗，河南境内拥有数十方唐志的收藏者甚多。另外，洛阳碑志拓片博物馆、金石文字博物馆也收藏了数量不菲的唐代墓志。还有部分流散到西安、北京、上海等地的收藏者和博物馆中，其中以西安大唐西市博物馆征集最多，大约有四百余方。受利益驱动，翻刻和伪造碑志的情况亦非常严重，其中主要是对原石的翻刻与改刻，尤其是一些名人墓志，由名家撰文、书丹以及书艺水准较高的墓志多被翻刻。如颜真卿书丹的《王琳墓志》翻刻品达五六方，且被贩卖到多地；洛阳师范学院河洛古代石刻艺术馆收藏的《杨元卿墓志》《赵宗儒墓志》，也有数方翻刻品。近年来洛阳地区墓志仿制水准越来越高，许多翻刻的碑志都是用真志石拓片摹刻、手工制作、人工做旧，有些翻刻品甚至使用古代石材，从而使辨识越来越困难。由于收集整理者疏于检审，致使一些翻刻和伪刻的墓志也堂而皇之地出现在一些墓志图录中，如笔者所见伪刻《贾励言墓志》在翻刻原石的基础上，于墓志第二行添加"河南伊阙县尉李华撰文并书"，企图以此抬高身价，而该志真品现藏于洛阳师范学院河洛古代石刻艺术馆，真品上并无这行字。而诸多图录均有收录的伪刻《蔡郑客墓志》也是先翻刻原石，然后将原石位于首题下方的"郑州阳武县主簿萧昕撰"挪至第二行，并在其下添加"前汲郡新乡尉李顾"，作伪痕迹明显，文字生涩难读，而原志现藏于大唐西市博物馆。有些伪刻者还将墓志做成不伦不类的八棱经幢形。现在仍可见到的翻刻品还有《杨元亨墓志》《崔彦冲墓志》等。这部分伪品混迹于中国古代石刻的浩瀚大军中，对于历史研究与文物保护造成了极大的危害，对这批墓志进行真伪辨别亦十分必要。为了避免出现类似的问题，笔者从长期的考古工作实践出发，将收集、整理的范围严格界定为经科学考古发掘、出土时间地点明确、现藏地固定、品相较好的碑志文物。

碑志作为一种特殊的文化载体，以其独特的方式记录了不同历史时期社会经济文化的真实面貌，具有重要的证史、补史作用。河南散存散见汉唐碑志中除了一些反映重要历史事件及贵族显宦、世家大族成员的碑志之外，还有许多视角独特、史料价值颇高的平民墓志，以及僧尼、宫女、少数民族等特殊社会群体的墓志。平民墓志如《大唐陇西李府君墓志铭》等，其志主大多不见于史书记载，这类墓志描绘了唐代平民阶层的社会生活、婚姻交游等方面的内容，为研究中国古代平民阶层的社会状况提供了可靠的证据。《大唐故亡宫六品志石》等宫女墓志用简洁明了的语言概括了宫女从入选进宫到卒葬的一生，其用词含糊、内容空泛、行文程式化，可以断定非精心构撰之作，这类墓志的书写形式与中国古代后宫的等级、管理制度息息相关，体现出古代后宫等级森严、宫女生存艰辛的社会现实。古代手工业工匠墓志诸如《孙继和墓志》，墓主孙继和为晚唐刻工，志文载其铭刻技能突出且世守其业，但始终因身份等级的差异被排斥在主流社会之外而饱受权势欺压。中国古代工匠群体人数甚多，他们大多身份卑微、经济拮据，丧葬用志者极为罕见，该墓志弥足珍贵，对唐代雕工以及晚唐包容政策的研究颇有助益。僧尼墓志如《北齐道明墓志》，记载了原为北魏奉朝请官员的墓主道明，响应孝文帝的汉化政策而娶"安定胡胡山海大女"为妻，并追随孝文帝南征寿春，南征大肆杀戮百姓引发了道明的恻隐之心，促使其"背当世之荣，志在闲独之境"而皈依佛门。墓主道明于"陆真之山，石城之上"营造寺庙、潜心修佛，其墓志揭示了北魏拓跋氏统治中原之后，大力推行汉化政策，并为了巩固政权极力与南方政权抗争的史实，也显示了南北朝时期佛教的昌盛。少数民族及入华粟特、高句丽、百济等外族人士墓志中重要者如《渤海高淑嫟墓志》《黑齿俊墓志》《乞扶令和墓志》《元怀墓志》《元遥墓志》《康远墓志》《康老师墓志》等，如实地反映了汉唐时期河南地区复杂的民族构成，是华夏民族融合的历史证据，也是唐代中原地区与域外经济、文化、政治交流的佐证。

古代墓志从撰写者来看可分为三类："一为制度性撰文，一为亲人自撰，一为非亲请托撰文"，即或为专业人士撰写，或为墓主本人及其家人亲撰，或为其亲友、同僚撰写等。本书所收录墓志的撰写者大多是古代著名的官员及文士，为研究中国书法艺术、古代文学、历史人物及政治事件等提供了不可多得的一手资料。如《郭虚己墓志铭》由唐代著名书法家颜真卿撰并书，单字结构严谨，笔道刚劲有力，是颜真卿书法艺术的范本，为研究颜真卿早期的书法成就提供了宝贵资料。冉如狄仁杰撰《袁公瑜墓志》，狄仁杰官至宰相，在武则天当政时以不畏权贵著称，时任河北道安抚大使，其与袁公瑜均遭受"猜祸之徒"和"权臣"的迫害而同病相怜，该墓志影射了武周时期朝廷镇压李唐宗室及压制当权士族官僚的客观事实。此外，本书还收录有晚唐著名诗人柳宗元撰《崔蹈规墓志》、范传正撰《顾师闵墓志》、徐浩撰《崔藏之墓志》、张九龄撰《张说墓志》及徐峤撰、颜真卿书《王琳墓志》，还有隋末唐初名将单雄信的曾孙单有邻撰并书丹《萧守规墓志》等，这些文人、显宦、书法家所撰、书的墓志，涉及中国古代的书体演变、文政交流、社会变革等方面的内容，带有鲜明的时代印记，是中国古代不同时期社会历史的缩影。

近年来，有关河南出土历代墓志的图录已经出版了多部。其中一些著录既有图版又有录文，有一些著录只有图版无录文。如仅2011~2012年出版的就有《秦晋豫新出土墓志搜佚》

《洛阳新获七朝墓志》《龙门区系石刻文萃》《洛阳出土鸳鸯志辑录》《大唐西市博物馆藏墓志》等，为中国古代史研究提供了新的史料。这些著录，图版质量参差不齐，也有个别图录的铭文移录错误较多，影响了集录的质量。其中《大唐西市博物馆藏墓志》因有专业研究者参与，质量较好。笔者认为，整理墓志拓片资料，不仅是供书法家和书法爱好者欣赏借鉴，更重要的是为学术研究提供确凿的新资料，便于读者更便利地利用出土文献。有鉴于此，为了便于读者学术研究，本书采用图版附带录文的整理方式。尽量使用清晰的善拓、高质量的图版，另附专业研究人员释读的录文，这对一些字迹漫漶不清的碑志拓本的释读更具实用价值。在汇编拓片图版和精准移录碑志铭文的基础上，对铭文涉及的地点、典故等作了必要的考释，以便于研究者使用。本书收录的18通碑碣、157方墓志，其录文及拓本资料有相当部分是首次刊布。所选碑志都经过编者认真的释读，拓片也经过专门托裱，使用专业相机拍照或高倍扫描，力求这些资料更加完美、清晰地展示给读者。在收集与整理出土墓志及地上现存碑碣的过程中，笔者深感整理与研究汉唐碑志的重要意义和价值，也希望本书的出版能为学界提供高质量、系统全面的第一手研究资料。

同时，本书第一部分是基于考古发掘出土于河南地区的唐代墓志本体及铭文的综合研究，考察了中原地区唐代墓志的书写体例与装饰特征，入唐高句丽、百济移民的社会生活状况，唐代女性墓志的书写及墓志书写下的唐代女性等问题。这些基于出土铭文新资料的研究亦是研究新视野、新领域的体现。

第一部分 相关研究

中原地区唐代墓志的书写体例与装饰特征

  中原地区是唐代重要的政治、经济和文化中心，物华天宝、人文荟萃，因而遗留下数量可观且内涵丰富的唐代墓志。根据考古发掘以及学者对流散唐代墓志的搜集情况来看，中原地区所出唐代墓志总数在全国首屈一指，"远在关中之上"[①]，且多集中在豫西洛阳、陕县和荥阳地区，以及豫北安阳地区，其中以洛阳地区出土的唐代墓志数量最多，仅新安县千唐志斋便收藏唐代墓志1200余件[②]。结合《千唐志斋藏志》[③]《唐代墓志汇编》[④]《唐代墓志汇编续集》[⑤]《洛阳新获墓志》[⑥]《洛阳新获墓志续编》[⑦]《洛阳流散唐代墓志汇编》[⑧]《中原文化大典》[⑨]等书籍和相关考古发掘资料，可以初步估计现存于中原地区的唐代墓志总数约在3000方以上。

  墓志作为墓主身份的重要标识，在一定程度上亦是等级制度的物化表现。考古发掘和文献记载显示，唐人用志较为普遍，除上层统治阶级外，庶民百姓也普遍使用，甚至僧尼、商贾、宫人等死后也刻有墓志。墓主的身份等级主要体现在志石的规格和刊刻的优劣程度上。关于唐代墓志的等级，赵超先生认为，唐代初期，"三品以下的中下级官员多使用边长0.45米至0.6米的墓志"，"对于使用二尺四寸以上墓志的高级官员身份限制得比较严格"，"庶民使用的墓志边长一般在0.4米左右"；中晚唐时期，高级官员的墓志形制明显变小，不同等级间形制差异缩小[⑩]。但各个时期都有超出礼法之外的特例，这种情况在士庶力量崛起、藩镇割据势力嚣张的中晚唐时期表现得更为明显。从中原地区所出墓志情况来看，各个时代皇亲国戚和高级贵族、官僚的墓志数量虽不及关中地区，但中原地区墓志种类丰富，涉及阶层广泛。北朝以来诸多世家大族如崔、卢、郑、裴、萧氏等家族成员亦都安葬邙洛；盛唐之后卒葬中原的高官逐渐增

[①] （清）叶昌炽撰，柯昌泗评：《语石异同评》卷二，中华书局，1994年，第64页。
[②] 河南省文物研究所、河南省洛阳地区文管处编：《千唐志斋藏志·千唐志斋概述》（上），文物出版社，1984年，第1页。
[③] 河南省文物研究所、河南省洛阳地区文管处编：《千唐志斋藏志》（上），文物出版社，1984年。
[④] 周绍良、赵超编：《唐代墓志汇编》，上海古籍出版社，1992年。
[⑤] 周绍良、赵超编：《唐代墓志汇编续集》，上海古籍出版社，2001年。
[⑥] 李献奇、郭引强编：《洛阳新获墓志》，文物出版社，1996年。
[⑦] 乔栋、李献奇、史家珍：《洛阳新获墓志续编》，科学出版社，2008年。
[⑧] 毛阳光、余扶危主编：《洛阳流散唐代墓志汇编》，国家图书出版社，2013年。
[⑨] 谭淑琴主编：《中原文化大典·文物典·碑刻墓志》，中州古籍出版社，2008年。
[⑩] 赵超：《古代墓志通论》，紫禁城出版社，2003年，第151、152页。

多，如狄仁杰、张说、姚崇等；各国归附或投降唐朝的贵族墓志主要集中在高宗后期和武周时期。这些墓志多内涵丰富、制作精美，具有很高的史料和艺术价值。

经过魏晋南北朝的发展，墓志的形制已基本定型。唐代墓志以方形或长方形为主，多为盝顶盒式，分为志石和志盖两部分。中原地区唐代墓志的形制从早到晚变化较为明显，这主要体现在墓志盖的形态上。考古发现揭示，初唐时期的墓志盖顶部比较宽大平正，四刹平缓而狭窄；盛唐时期墓志发展到达鼎盛时期，志盖四刹开始变宽，并且有继续变宽的趋势；中唐时期，墓志盖顶的面积进一步变小、四刹进一步变宽，已经和初唐时期的墓志形制有了比较明显的区别；晚唐时期，墓志的形制基本沿袭中唐时期而变化很小，但素面墓志盖较多见。

中原地区现存唐代墓志数量庞大，不少墓志形制独特、刻作精美，具有重要的研究价值，自宋代以来便受到不少金石学者的关注。但总体而言，到目前为止，中原唐代墓志的研究工作多集中于单篇或多篇墓志的释读考辨上，以及墓志文所体现的文学特征或书法篆刻艺术的探究和赏析，对中原地区唐代墓志的文体和装饰特征等还未有深入系统的研究。本项目拟以中原地区出土的、文物本体尚存的唐代墓志为研究对象，对中原地区唐代墓志的书写体例与装饰风格进行总结梳理，旨在探求墓志文体与装饰特征及其背后的社会历史内涵，并借以窥探唐代中原地区的社会阶层状况及其文化面貌。

一、中原地区唐代墓志的书写体例

清代学者陆建增曾言："（墓志）备载姓氏、爵里、世系以及功烈、德望、子女、卒葬之类，近于史家，如《春秋》之有五十凡，故例尚焉。"[①]墓志文作为实用性文体，其书写遵循着较为固定的体例格式。肇端于东汉时期的墓志，到南北朝时期已经基本定型，其书刻与措置均形成一定的规制，隋唐时期进一步发展成熟。从墓志的书写体例来看，伴随着格式的固定和文体的成熟，墓志的书写风格也由单一变为多元。"在这一转变过程中，墓志显然接受了碑、铭、诔、哀策等格式或功能相近的文体的影响。"[②]并且由于李唐统治阶层倡导、众多文学巨匠参与撰作，唐代墓志发展鼎盛，体例尚新多变，甚至出现针对墓志文体的理论思考。中原地区作为李唐的核心统治区域之一，志石众多而且其内容涵盖社会各个阶层，这就为全面探讨其墓志的书写体例提供了可能。

关于墓志书写体例的研究，元代潘昂霄的《金石例》[③]首开金石义例之学，明代王行的《墓铭举例》[④]和清代黄宗羲的《金石要例》[⑤]、梁玉绳的《志铭广例》[⑥]、王芑孙的《碑版文广

---

① 淮建利点校：《金石三例·金石三例序》，中州古籍出版社，2015年，第1页。
② 吴承学、何诗海编：《中国文体学与文体史研究》，凤凰出版社，2011年，第42页。
③ （元）潘昂霄：《金石例》，文渊阁四库全书影印本。
④ （明）王行：《墓铭举例》，文渊阁四库全书影印本。
⑤ （清）黄宗羲：《金石要例》，中华书局，1985年。
⑥ （清）梁玉绳：《志铭广例》，中华书局，1985年。

例》①等作继之。基于前人的不懈努力，关于墓志书体结构的研究逐渐发展完善。在唐代墓志书写体例的研究方面，今人也取得了重要成果。台湾学者叶国良的《石学蠡探》②对唐代金石义例著作进行了专篇论述，并对碑志所涉及的相关历史问题进行了论述；赵超所著《古代墓志通论》③中《墓志的文体与释读》一章选取了9篇文体风格各具代表性的唐代墓志，探究了从初唐到晚唐墓志书写体例的变化。近年来，多篇学位论文也对唐代墓志的书写体例进行了较为综合的论述，如毛阳光的《唐墓志与唐代风俗文化研究》④、黄清发的《唐代墓志文研究》⑤和严春华的《中唐碑志文研究》⑥等在部分章节中对唐代墓志的书写体例进行了探讨；缐仲珊的《唐代墓志的文体变革》⑦、刘城的《唐代墓志的写人进程》⑧、江波的《唐代墓志撰书人及其相关文化问题研究》⑨、杨向奎的《唐代墓志义例研究》⑩等则是针对唐代墓志书写体例的专门性论文。此外，程章灿⑪、罗维明⑫、孟国栋⑬、胡可先⑭、赵小华⑮等学者也就唐代墓志撰作方式及结构关系进行了论述，具有重要的参考价值。但是，出土唐志数量最多的中原地区，其墓志书写体例的面貌与变迁则鲜有专门论著。近年来，赵振华著《洛阳古代铭刻文献研究》中的《洛阳出土墓志撰文书丹镌刻者及其书艺研究——以晋魏隋唐墓志为中心》⑯和毛阳光的《洛阳近年新见唐墓志概说》⑰两篇文章概述了洛阳出土唐代墓志的基本情况及书体特征。上述学者虽对唐代墓志的义例特征及撰书人等做了深入研究，但因其基于传世文献，对有关唐代墓志本体并未做全面系统的论述。下文将基于文物本体的基本特征，对志盖题铭、首题和撰者、志文及铭辞等方面进行研究，分析探讨中原地区唐代墓志书写体例的演变规律，以期弥补以往研究的阙略。

---

① （清）王芑孙：《碑版文广例》，文渊阁四库全书影印本。
② 叶国良：《石学蠡探》，台北大安出版社，1989年。
③ 赵超：《古代墓志通论》，紫禁城出版社，2003年。
④ 毛阳光：《唐墓志与唐代风俗文化研究》，陕西师范大学硕士学位论文，2000年。
⑤ 黄清发：《唐代墓志文研究》，复旦大学博士学位论文，2002年。
⑥ 严春华：《中唐碑志文研究》，四川大学硕士学位论文，2005年。
⑦ 缐仲珊：《唐代墓志的文体变革》，中国社会科学院研究生院硕士学位论文，2003年。
⑧ 刘城：《唐代墓志的写人进程》，广西师范大学硕士学位论文，2006年。
⑨ 江波：《唐代墓志撰书人及其相关文化问题研究》，吉林大学博士学位论文，2010年。
⑩ 杨向奎：《唐代墓志义例研究》，华东师范大学博士学位论文，2012年。
⑪ 程章灿：《墓志铭的结构与名目——以唐代墓志铭为例》，《古籍整理研究学刊》1997年第6期。
⑫ 罗维明：《论唐代墓志撰作特色及其研究价值》，《学术研究》1998年第7期。
⑬ 孟国栋：《唐代墓志铭创作的程式化模式及其文学意义》，《浙江大学学报》（人文社会科学版）2015年第5期。
⑭ 孟国栋、胡可先：《论墓志文体志文和铭文的特点、功用及相互关系——以新出土唐代墓志为中心的考察》，《浙江大学学报》（人文社会科学版）2012年第6期。
⑮ 赵小华：《志铭分撰：唐代墓志文学研究之新视角》，《社会科学研究》2015年第3期。
⑯ 赵振华：《洛阳出土墓志撰文书丹镌刻者及其书艺研究——以晋魏隋唐墓志为中心》，《洛阳古代铭刻文献研究》，三秦出版社，2009年，第52～89页。
⑰ 毛阳光：《洛阳近年新见唐墓志概说》，《大唐西市博物馆藏墓志研究·续一·下》，陕西师范大学出版社，2013年，第1～8页。

（一）志盖题铭的特征

与志石侧重记述以"昭示后昆"的功能不同，墓志盖更注重标识意义，旨在"志人"与"志墓"，即志盖书刻志主的姓氏、官爵、郡望等，以标明志主的身份等级，可以称作"告天帝之文"[①]。唐代中原地区各阶层人士混杂，所出墓志在志盖题铭的排列布局以及题刻信息的选取方面有较为显著的区域特征。

首先，在志盖题铭的字数排列上，中原地区唐代墓志以横竖2×2、2×3、3×3的字数排列形式居多，此外还有横竖2×4、3×2、3×4、4×3、4×4和5×5等字数排列形式。据考古发现，初唐时期以横竖4×4、5×5排列的志盖题铭较多，其志主官职品秩相对较高；武周之后，横竖3×3的九宫型字数排列形式十分流行，几乎占墓志总数的一半，其他字数样式题铭亦有；晚唐时期，国力衰退，一些藩镇首领无视礼制规约，在卒后制作超大规格的墓志，因此出现一些5×5甚至6×6等排列形式的志盖题铭。墓志盖题铭的字数，在一定程度上也是志主身份等级的象征。因为考虑到志盖的方形书刻格局，尤其是中唐以后，在志盖四刹饰以纹样的做法蔚然成风，留给志盖题铭的空间就相对较小，九宫型的字数排列形式便于书写和铭刻，故逐渐成为唐代社会丧葬礼俗中一个不成文的规矩[②]。此外，中原地区唐代墓志中还有志盖铭文非对称布局的情况，例如长庆四年（824）的《唐故成德军（郡）节度使金紫光禄大夫检校尚书左仆射兼御史大夫赠侍中王公先齐国太夫人濮阳吴氏墓志铭》[③]，志盖刻铭共44字，自右向左竖立7行，前6行各7字，最后"志铭"二字占一行（图一）。

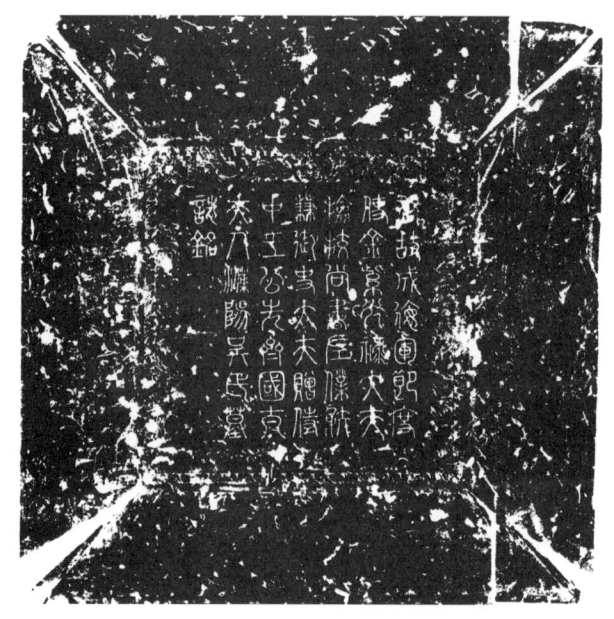

图一　唐故成德军（郡）节度使金紫光禄大夫检校尚书左仆射兼御史大夫赠侍中王公先齐国太夫人濮阳吴氏墓志铭（824）志盖

其次，在志盖题刻信息的选取上，因不葬原籍之风的盛行和门第观念的浓重，对郡望的书刻在中原地区的唐代尤其是唐代中后期墓志中较为普遍。从考古发掘出土的墓志文物看，北魏以来墓志加盖的现象已较为流行，作为保护志石以及标明志主身份的墓志盖，其上多书

---

① 刘天琪：《隋唐墓志盖题铭艺术研究》，西安美术学院博士学位论文，2009年，第21页。
② 刘天琪：《隋唐墓志盖题铭艺术研究》，西安美术学院博士学位论文，2009年，第36、37页。
③ 李献奇、郭引强编：《洛阳新获墓志》，文物出版社，1996年，第102页。

写志主的死葬朝代、官爵、身份、郡望及姓氏等信息。以《洛阳新获墓志》①《洛阳新获墓志续编》②两书所辑洛阳地区出土的唐代墓志为例，有志盖的共有162方，其中79方墓志的志盖题铭格式为"大唐/唐/大周＋故＋姓氏＋府君/君/夫人＋墓志铭/志铭/之铭"，约占有志盖墓志总数的48.8%，并且唐代早中晚期均有发现，是中原地区最为流行的志盖书刻格式。而从题刻信息的演变来看，郡望的书刻在被统计墓志中的变化较为显著：两书中志盖题铭里有志主郡望信息的共有36方，约占有志盖墓志总数的22.2%，其中武周时期1方、中宗至宪宗时期9方、穆宗之后26方，可知书刻郡望的现象在中原地区唐代墓志中呈现出逐渐增多的趋势，且唐代晚期最为流行。

"郡望"之兴，用以"明厥氏所从出"③。郡望最初与籍贯同义，而随着某人或某家族"因仕宦等原因迁出本地，进入仕宦地或某政治文化中心城市"④的情况逐渐增多，郡望的内涵与籍贯逐渐分离，郡望更侧重于标明原迁出地域。唐代以洛阳为中心的中原地区墓志的志盖题铭中关于郡望的书写逐渐增多，与当时政治形势、社会观念的变迁密切相关。一方面，科举制的盛行使得众多参加考试的士人和需要通过铨选的官吏"萃处京畿"⑤，且死后多不归葬原籍，导致题书郡望的现象增多。洛阳作为唐代两京之一，亦聚集了众多从外地迁入的士族官员。毛汉光先生通过对中古著名望族清河崔氏、博陵崔氏、范阳卢氏等共十姓十三家士族向京兆府、河南府及河中府等地迁徙的过程进行梳理研究，得出"大士族著支迁移河南府者比京兆府者几多一倍"⑥的结论。可见洛阳自北魏发展至隋唐，社会历史地位逐渐抬升，洛阳浓厚的政治及人文氛围吸引了大批著姓士族脱离原贯、定居著籍。这些入迁洛阳的士族死后亦选择瘗埋于"堆著黄金无买处"⑦的北邙一带。这种现象在盛唐之后更为盛行，由此导致中原地区刻书郡望的士族墓志亦明显增加，在一定程度上体现出唐代社会环境的变迁和洛阳政治地位的提升。另一方面，郡望书写的流行与唐人对门第的崇重密切相关。魏晋南北朝广泛实行九品官人法，门第观念深植；入唐之后，推行科举取士，学识代替门阀作为选官标准，但唐代士大夫门第观念仍然深重。太宗时期修撰的重新品定族姓等级的《氏族志》，依然奉行"退新门，进旧望；右膏粱，左寒畯"⑧的思想，望族与寒门之间依然判若鸿泥。用以标识原贯的郡望自秦汉出现之后，因房支纷杂、胤裔渐多，不同族姓往往选择一姓中声望卓著者以为本家，因此郡望逐渐带有标示家族地位高低的意味，这种观念对唐代

---

① 李献奇、郭引强编：《洛阳新获墓志》，文物出版社，1996年。
② 乔栋、李献奇、史家珍编：《洛阳新获墓志续编》，科学出版社，2008年。
③ 岑仲勉：《唐史馀瀋（外一种）》，中华书局，2004年，第229页。
④ 郭锋：《晋唐士族的郡望与士族等级的判定标准——以吴郡清河范阳敦煌张氏郡望之形成为例》，《唐研究》第2卷，北京大学出版社，1996年，第245页。
⑤ （唐）杜佑撰：《通典》卷十七《选举》五，中华书局，1988年，第417页。
⑥ 毛汉光：《中国中古社会史论》，上海书店出版社，2002年，第330页。
⑦ （唐）王建：《北邙行》，《增订注释全唐诗》第2册，文化艺术出版社，2001年，第1004页。
⑧ （宋）欧阳修、宋祁：《新唐书》卷九十五《高俭传》，中华书局，1975年，第3841页。

墓志的书写亦产生了重要影响。根据对《洛阳新获墓志》《洛阳新获墓志续编》两书收录的洛阳地区所出唐志的统计分析，可以发现志盖题铭中书刻郡望者绝大多数在姓氏前冠以魏晋隋唐时期族姓中的著名郡望，如《唐故监察御史陇西李府君之女墓志铭》[①]（790）、《大唐故清河崔夫人权厝墓铭》[②]（807）等，当然其中不可避免一些"矜其旧族""冒认名宗"的势利行为。根据对搜集唐志的统计分析，唐代中原地区墓志志盖题铭中书刻郡望的现象远远超过标识官爵者，书刻族支郡望行为的盛行足以体现门第观念在唐代中原地区丧葬行为中的深刻烙印。

（二）首题、撰者的书写特征

墓志的首题与撰者一般位于墓志正文之前，不但具有标识志主及题撰者基本信息的作用，而且其书写惯例等也在一定程度上反映出当时的丧礼文化和社会阶层结构等方面的特征。中原地区唐代墓志在首题和撰者的书刻上除了因循唐代墓志文体发展的主流外，也具有其自身的风格特征。

1. 首题

从志文首题看，中原地区唐代墓志的首题在志主身份信息的提取和排列上，基本上遵循"朝代+官职+爵位+籍贯+姓氏"的排列范式，在此基础上根据志主的具体身份加以损益变化；合葬墓志中以夫妻合葬为主流，夫妻身份双标的合葬墓志发现较少且男性的身份信息多处于首要位置；平民墓志的首题书刻多较为简略。

清人王芑孙在《碑版文广例》中云："冠之碑首谓之额，冠之篇首谓之题。"[③]由碑刻发展而来的墓志言，志盖题铭即相当于碑额，志文首行题撰即相当于碑题。从已搜集到的中原地区唐代墓志来看，绝大多数唐代墓志均有首题，墓志首题通常包括朝代、志主身份和姓氏等信息。但由于志主身份、等级及埋葬方式等的差异，首题的内容及其组合方式多有不同。墓志首题在铺陈志主的身份信息之后，通常会缀以"墓志""墓志铭""墓志铭并序（叙）"等字样，部分墓志缀以"墓铭（并序）""墓记（并序）""墓铭（并序）""志铭（并序）"等。此外，中原地区唐志中还有"权厝墓志""合祔墓志铭（并序）""玄堂记"等别题，如《先妣陇西郡夫人李氏改祔志》[④]（838）、《唐故银青光禄大夫襧州都督长沙郡公赠幽州都督吏部尚书文献公姚府君（懿）玄堂记》[⑤]（715）等。中原地区所出唐志首题一般出现于志文首行，但也

---

① 李献奇、郭引强编：《洛阳新获墓志》，文物出版社，1996年，第87页。
② 李献奇、郭引强编：《洛阳新获墓志》，文物出版社，1996年，第94页。
③ （清）王芑孙：《碑版文广例》，清道光二十一年刻本。
④ 李献奇、郭引强编：《洛阳新获墓志》，文物出版社，1996年，第105页。
⑤ 河南省文物研究所：《陕县唐代姚懿墓发掘报告》，《华夏考古》1987年第1期。

有例外，如出土于洛阳的百济王室《扶余隆墓志》①（682）以及《崔君（子偘）墓志铭记》②（691）等均于铭文末尾另起一行书刻首题，其原因尚不明确。

在对中原地区唐代墓志首题书写特点的研究中，余扶危等诸位先生曾将洛阳地区出土的唐代墓志按志主身份分为官吏、官吏夫人、百姓和百姓夫人等类，并将官吏墓志首题按照内容分为47个类型，每个类型按其内容的排列组合又可分为若干个格式，进而总结出各种首题类型格式出现的时间以及特定首题内容流行的时代等特征③。根据对搜集到的中原地区唐代墓志首题的统计分析发现，中原地区唐代墓志志主身份多样，除了官员及其配偶外，还有僧尼、道士、早夭幼子、舞姬、乡贡秀才等。

官员、官员夫人墓志以及官员夫妇合葬墓志的首题代表了中原地区唐代墓志的一般书写模式。对于数量最多的官员墓志，首题通常逐一铺陈志主所处朝代、官职、勋爵、赠官、郡望和姓氏等，有时还在官职前加标志主葬年或在官职后加上食邑、所赐鱼袋等信息，不一而足。例如《大唐故中大夫使持节鄂州诸军事鄂州刺史上柱国范阳卢府君（正道）墓志铭》④（727）、《唐故朝议大夫检校左散骑常侍河南少尹上柱国赐紫金鱼袋裴公（谣）墓铭并序》⑤（903）。值得注意的是，由于《唐大诏令集》中相关制令的规定，唐代墓志首题在书刻官员的官职时有题书终官之制，但在具体操作时又有趋尊倾向，这一点杨向奎先生已作了较为详细的论述⑥，此不赘言。中原地区唐代官员夫人单独立志的现象较为普遍，首题格式一般分为两种，一种先陈述其夫官职、爵位、郡望及姓氏等，后书夫人本家郡望及姓氏，这种情况较为普遍，例如《大唐开府仪同三司紫微令梁国公姚公夫人沛国夫人刘氏墓志铭》⑦（717）；另一种仅叙夫人本家郡望及姓氏，这种情况较为少见。结合墓志正文来看，后一种情况中夫人本家的家世声望多较为显赫，且志文中对其本家的事迹叙述着墨颇多，与第一种情况中对夫家情况描述较多的情况形成对比。如《唐故河东郡裴夫人（箱）墓志铭并序》⑧（866）对夫人裴箱的家世叙述较多，而对其夫李克绍及其子嗣则着墨极少。对于夫妇均入首题的合祔墓志，首题也同样先叙述丈夫的官职、爵位、郡望及姓氏，再述妻子本家的郡望和姓氏，如《大唐故银青光禄大夫行秘书少监崇文馆学士上柱国范阳县开国侯卢公（元福）及夫人陇西李氏墓志铭》⑨（747）；个别合祔墓志首题仅述男子身份并加以"合祔"字样，不及

---

① 拜根兴：《唐代高丽百济移民研究——以西安洛阳出土墓志为中心》，中国社会科学出版社，2012年，第120页。
② 乔栋、李献奇、史家珍编：《洛阳新获墓志续编》，科学出版社，2008年，第57页。
③ 余扶危、刘君田、余黎星：《洛阳出土唐代墓志首题研究——官吏墓志的首题与格式》，《河洛文化论丛》第三辑，中州古籍出版社，2006年，第273页。
④ 赵振华编：《洛阳出土墓志研究文集》，朝华出版社，2002年，第304～307页。
⑤ 乔栋、李献奇、史家珍编：《洛阳新获墓志续编》，科学出版社，2008年，第278页。
⑥ 杨向奎：《唐官宦墓志首题职官书写的趋尊倾向》，《语文学刊》2012年第9期。
⑦ 李献奇、周铮、王木铎：《唐姚崇夫人刘氏墓志考述》，《河洛春秋》2003年第1期。
⑧ 乔栋、李献奇、史家珍编：《洛阳新获墓志续编》，科学出版社，2008年，第261页。
⑨ 仇鹿鸣：《药元福墓志考——兼论药氏的源流与沙陀化》，《敦煌学辑刊》2014年第3期。

夫人信息，如《唐故江南西道都团练副使侍御史内供奉荥阳郑府君（高）合祔墓志铭并叙》①（823）。从中原地区唐代官员及其配偶墓志首题的书写方式来看，男性依然在家族生活中居于主导地位，但女性凭依本家的声望等亦可享有较高的社会地位。

相对于官员墓志，唐代中原地区所见的平民墓志数量较少且首题内容也较为简略，一般仅陈述朝代和志主姓氏等信息，有些墓志书写有志主郡望，如《故处士陆君（捷）墓志铭并序》②（751）、《大唐陇西李府君墓志铭》③（754）。平民夫人墓志首题亦先写夫姓后附以志主姓氏，如《大唐李氏孟夫人（相）墓志铭》④（656）。若是合葬墓志，则如《大唐霍府君（行感）赵夫人合葬墓志文》⑤（734），仍是先写夫姓后附以夫人姓氏。早夭幼子、在室女的墓志首题一般题书志主为家族第几子（女），如《唐故荥阳郑氏第二女（张八）墓志铭（并盖）》⑥（877）、《唐故太原王氏孤女（刹）墓记》⑦（816）等；僧尼墓志中一般提及志主法号，如《大唐故尼法通墓志并序》⑧（775）。

2. 撰者

从志文撰者来看，中原地区唐代墓志撰者署名自盛唐之后较为常见，署名的位置经历了从多书于文末向题于文前的转变；撰者以志主的亲属最为常见，自撰现象亦有发现。撰者的身份和书写方式对志文文体风格的形成具有直接影响。

唐代墓志撰者署名的出现和演变经历了由不规范到逐渐规范的发展过程。黄清发先生在其博士论文《唐代墓志文研究》中说："唐初墓志少有署名者，大概从开元、天宝年间开始，唐人墓志署撰书人名者日渐增多，在唐后期又常有署刻、篆人名者，以至于成为一墓志惯例。"⑨根据对已搜集到的中原地区唐代墓志的统计，可知中原地区唐代墓志的署名情况亦基本循此规律，即志文署名在初唐几乎不见，武则天寓居洛阳后至开元年间逐渐增多，中唐之后撰者署名的现象较为常见，并多系结衔。关于撰者署名情况增多的原因，杨向奎先生根据出土墓志与传世文献中所见唐人作品的结集、流传等情况推测，志文撰者署名情况的增多或与盛唐之后"注重作品的收集、整理成为比较普遍的社会现象"，以及唐人追求不朽的传世意识有关⑩。而这种追求不朽的传世观念在丧礼的重要道具——墓志上也充分地表现出来，即"大凡

---

① 李献奇、郭引强编：《洛阳新获墓志》，文物出版社，1996年，第95页。
② 乔栋、李献奇、史家珍编：《洛阳新获墓志续编》，科学出版社，2008年，第151页。
③ 陈爱兰编：《河南省南水北调工程考古发掘出土文物集萃（二）墓志精选》，河南大学出版社，2013年，第63~65页。
④ 吴钢主编：《全唐文补遗（千唐志斋新藏专辑）》，三秦出版社，2006年，第13页。
⑤ 郭建设、索全星：《山阳石刻艺术》，河南美术出版社，2004年，第61、62页。
⑥ 乔栋、李献奇、史家珍编：《洛阳新获墓志续编》，科学出版社，2008年，第272页。
⑦ 乔栋、李献奇、史家珍编：《洛阳新获墓志续编》，科学出版社，2008年，第204页。
⑧ 乔栋、李献奇、史家珍编：《洛阳新获墓志续编》，科学出版社，2008年，第175页。
⑨ 黄清发：《唐代墓志文研究》，复旦大学博士学位论文，2002年，第47页。
⑩ 杨向奎：《唐代墓志义例研究》，华东师范大学博士学位论文，2012年，第46~50页。

为文为志，纪述淑美，莫不盛扬平昔之事，以虞陵谷之变，俾后人睹之而瞻敬"①。

撰者在志石中多以作者结衔、郡望、姓名后附以"撰""纂""制""文""词""制文"或"撰文"等字样的形式出现。而从撰者的署名位置来看，初、盛唐时期所出现的墓志撰者多见于文末，也有见于文中的，较少出现于志文之前；而中晚唐时期，撰者署名于志文之前的现象已成为主流。撰者署名从较少出现到普遍题刻、从位置不定到有固定的书刻方式，体现出墓志文体自身的发展成熟以及较为固定的书写体例的形成。

在书有撰作者的唐代中原地区墓志中，亲属撰文最为常见，并且亲属撰文从初唐到中晚唐呈现出逐渐增多的趋势，体现出唐代丧葬文化的特殊风尚。根据已搜集到的中原地区唐代墓志来看，墓志的撰者与志主的关系多样，一般有亲属、同僚、下属、敕命朝官、友人以及有文才的士人等，此外还有极少数的自撰墓志。在统计的唐代墓志实例中，亲属撰志的情况最为常见，如《唐故太中大夫邵阳郡杨府君（忠梗）墓志铭并序》（744）中书"姪太子正字拯撰"②。根据对中原地区亲属所撰唐代墓志的分析可知，初唐时期墓志延北朝之旧，为避亲嫌、求实录，墓志多由志主族人请托他人撰写，亲属撰志的情况不多；盛唐以后，墓志中明确标明由亲属撰作的现象逐渐增多，中唐之后更为常见。根据墓志文中"无金帛以假人，故铭志而自述"③及"他族所不能详"④等字样推测，亲属撰文或与志主族亲财力有限，或为了记录翔实、真切等因素有关。有学者曾撰文对这一点进行了详细论述⑤。此外，从另一方面来看，随着唐代墓志随葬的普及，更多的中下层官吏、平民死后均埋有墓志，这就导致了以往在一定程度上作为身份、地位象征的墓志在文体和情感上有了更多的表现诉求，相较于延请他人，作为志主生平重要见证人的志主亲属则是这种诉求的最好践行者。因此也产生了诸如由次子撰写的《先妣陇西郡夫人李氏改祔志》⑥（838）这样记叙详赡、感情丰沛的墓志文，与魏晋南北朝时期铺陈仕履、骈俪空洞的文风形成了鲜明对比。值得注意的是，在一些女性志主生平与本家有密切联系的墓志中，如早夭幼童、女性、比丘尼等特殊群体的墓志，亲属撰文亦为其墓志撰作的主要形式。

从撰者对志文风格的影响来看，除了亲属撰写的墓志文感情真挚、描写细腻之外，请托撰文和志主自撰也会使志文出现独具特色的文体特征。请托撰文是志主亲属在"以厚葬为奉终，以高坟为行孝"⑦思想观念的影响下，化重金延请志书名家撰写墓志，"一字之价，辇金如山"⑧，

---

① 周绍良、赵超编：《唐代墓志汇编》，上海古籍出版社，1992年，第2388页。
② 乔栋、李献奇、史家珍编：《洛阳新获墓志续编》，科学出版社，2008年，第138页。
③ 吴钢主编：《全唐文补遗（千唐志斋新藏专辑）》，三秦出版社，2006年，第261页。
④ 周绍良、赵超主编：《唐代墓志汇编续集》，上海古籍出版社，2001年，第1008页。
⑤ 杨向奎：《唐墓志亲属撰文增多及其文学意义》，《石河子大学学报》（哲学社会科学版）2012年第4期。
⑥ 李献奇、郭引强编：《洛阳新获墓志》，文物出版社，1996年，第111页。
⑦ （唐）吴兢：《贞观政要》卷六《俭约第十八》，上海古籍出版社，1978年，第188页。
⑧ （唐）刘禹锡撰：《刘禹锡集》卷四十《祭韩吏部文》，中华书局，1990年，第604页。

因此甚至成为一些人谋生的手段。中唐封演云："近代碑碣稍众，有力之家，多辇金帛以祈作者之谀，虽人子罔极之心，顺情虚饰，遂成风俗。"[①]说明撰作者受志主亲属之托，在志文中多加虚美之辞，中唐时期已较为普遍。志主自撰墓志在中原地区所出唐代墓志中亦有少量发现，自撰墓志多由志主在生前撰写好其家族世系、仕宦及婚姻子嗣等讯息，其卒葬年份和死后赠官等情况则可能在其卒后由亲族填补。自撰墓志相较于亲属撰志和请托撰志，更能真实体现志主生前的履历及处世心境等，在文体上也多有创新。如出土于洛阳的自撰墓志《唐故中散大夫守太子宾客上柱国赐紫金鱼袋赠工部尚书河东薛府君（丹）墓志》（821），志文篇幅虽短，且不书仕履，并有"平生之义行材用，历官之中外多少，此生人之事也，何必书于泉壤哉"[②]之语，显示出真切的个人感情和独特的文体特征。

（三）志文、铭辞的特征

除首题、撰作书丹者之外的墓志文部分，通常可以分为志和铭。志文和铭辞是唐代墓志文的主体部分，二者虽紧密联系，但在行文风格、具体功用上各有特点。志者，记也，即指墓志文中记叙志主家族世系、生平履历以及婚配子嗣等基本情况的部分；铭者，名也，系位于志文之后，用以颂扬懿德、哀挽亡魂的文字。中原地区唐志因文体义例的逐渐成熟，志文、铭辞的风格亦呈现出一定的转折变化，反映出当时中原地区的人文氛围和审美风尚。

1. 志文

志文有时亦称"序文"，作为对志主生平事迹的记述，其主要内容被明代文学家王行概括为"十三事"，即"曰讳、曰字、曰姓氏、曰乡邑、曰族出、曰行治、曰履历、曰卒日、曰寿年、曰妻、曰子、曰葬日、曰葬地……其他虽序次或有先后，要不越此十余事而已，此正例也，其有例所有而不书，例所无而书之者，又其变例，各以其故也"[③]。依照王氏的标准，南北朝时期墓志铭的"十三事"已基本具备，之后逐渐发展完善。唐代绝大多数墓志均具备较为完整的"十三事"，且多依照志主从生到死的顺序进行排列，形成了书写风格较为稳定的文体形态，例如天宝年间的《史瓘墓志》[④]（748）等。

从志文文体风格的发展来看，中原地区唐代墓志文经历了由骈俪工整向质朴灵活、由铺排平叙向真情流露的转变过程。魏晋南北朝时期，文士"以丽辞遍用于各体文章"[⑤]为尚，骈俪文风盛行，墓志文往往用骈俪的四六句式写成，讲究骈偶和对仗，这种风格甚至延续至初、盛唐时期。但随着卒葬埋志现象的普及，墓志的使用逐渐向更广泛的社会阶层渗透，并且随着墓

---

① （唐）封演撰，赵贞信校注：《封氏闻见记校注》卷六《碑碣》，中华书局，2005年，第58页。
② 赵会军、郭宏涛：《河南偃师三座唐墓发掘简报》，《中原文物》2009年第5期。
③ （明）王行：《墓铭举例》卷一，《金石全例（外一种）》，北京图书馆出版社，2008年，第257页。
④ 毛阳光：《两方唐代史姓墓志考略》，《文博》2006年第2期。
⑤ 阎琦、周敏：《韩昌黎文学传论》，三秦出版社，2003年，第382页。

志文体自身演进的需要，工整单调的志文文体在内容和形式上均已不能满足日益增长的社会需求。墓志文铺叙阀阅、浮泛无实的内容，以及堆砌事典、僵硬固化的形式，"习见不鲜，遂成巢臼"①，严重限制了墓志文的记述及抒情表达。初盛唐以来，许多士人逐渐在实践中对其修正。盛唐著名文学家张说最早在碑志文创作中加入对具体事件的细致描绘，但志文仍用骈体写就，在墓志文的记叙上并未有较大突破。中唐时期，权德舆、皇甫湜、柳宗元等碑志撰作大家在具体实践中亦为墓志文体的变革做出了一定贡献，但在记事写人方面仍未突破窠臼。历史发展至韩愈之时，唐代墓志文在形式和内容上均发生了根本性的变化。韩愈一改往昔悉陈志主生平事迹的传统，选取典型事例，以生动的语言刻画人物形象，将墓志文体带入传记文学的发展方向上来，经常可见小说化的写作手法。并且随着诗文革新的兴起和古文运动的推动，承继秦汉文风的复古风潮兴起，散体或骚体句式较多地进入唐人文章，这种转变也对志文创作产生了巨大影响。在此影响下，中唐之后志文中的骈偶之风逐渐减弱，文风更加灵动活泼，推动了更多情感真挚、描绘细腻的志文作品出现，完全改变了骈体墓志那种"铺排郡望，藻饰官阶，殆于以人为赋，更无质实之意"②的写法，并深刻影响了宋元墓志文体的形成。

此外，中原地区唐代墓志中还有平阙等特殊的书写形式。唐代墓志志文中，为了避讳，在皇、朝、帝、上、圣、敕、旨、诏、制、銮等代表皇室字眼和皇帝谥号以及祖、父、先堂等代表先辈的词语之前经常会有一至三字的空阙或者另起一行，个别墓志在称及志主之时也会有空阙，这是中国古代礼制中为尊者讳的具体表现。墓志中这种特殊的书写格式，与古代文书中的"平阙之制"颇为相似。平，即平抬；阙，即空抬。"平阙"系指在文书撰写时，遇有特定字词时要另起一行平格或高出几格书写，或者在同一行中空格书写③。"平阙之制自秦以来然矣"④，汉晋时期规定不甚严格，而到了唐、宋以后则有明确规定，如《唐六典》卷四规定"凡上表、疏、笺、启及判、策、文章，如平阙之式"⑤。平阙在唐代墓志文中也普遍流行。

2. 铭辞

与志文主要记载志主的生平事迹相对应，铭文多具有颂美功能。铭文的颂扬功能可上溯至先秦的钟鼎铭文，如《礼记·祭统》中曾言：

> 夫鼎有铭，铭者，自名也，自名以称扬其先祖之美，而明著之后世者也。为先祖者，莫不有美焉，莫不有恶焉。铭之义，称美而不称恶，此孝子孝孙之心也，唯贤者能之。铭者，论撰其先祖之有德善、功烈、勋劳、庆赏、声名，列于天下，而

---

① 钱基博：《中国文学史》，上海古籍出版社，2011年，第214页。
② （清）章学诚著，仓修良编：《文史通义新编》外篇一《墓铭辨例》，上海古籍出版社，1993年，第368页。
③ 冯惠玲：《我国封建社会文书抬头制度》，《历史档案》1985年第1期。
④ 王国维：《观堂集林》卷十八《秦阳陵虎符跋》，中华书局，1959年，第907页。
⑤ （唐）李林甫等撰，陈仲夫点校：《唐六典》卷四《尚书礼部》，中华书局，1992年，第113页。

酌之祭器，自成其名焉，以祀其先祖者也。①

魏晋南北朝时期墓志的铭辞大多为四言韵文；自唐以后，除四言外，三言、五言、六言、七言、杂言等句法在铭文中亦多有出现。铭文一般对仗工整，用韵谨严。由于受到唐代诗歌繁盛的影响，部分铭文体现出诗体特征。志文与铭辞之间一般用"铭曰""词曰"等固定词语来连接；铭文又有分章之例，于每章开头或结尾用小字标注"其一""其二"等词加以区别。

从唐代墓志铭文的发展特征来看，中原地区唐代墓志铭文的文体呈现出由结构严整向灵活多样、从与志文关系紧密到独立于志文之外的发展趋势。根据对已搜集到的中原地区唐代墓志的分析可知，初唐时期墓志铭文通常为严整、内容完备的四言形式，大多数按照时间顺序对志文内容加以提炼，给人以庄重、稳健之感。武周之后，墓志铭文逐渐朝着多元化的方向发展，以"兮"字为标志的骚体成为四言外最重要的铭文表现形式。这些骚体句法形式也是多种多样的，有三兮三式、四兮四式、四兮三式、三兮四式等，但凡楚辞体中存在的句式都在中原地区唐代墓志铭中得到了运用。

此外，在内容较为完备的序文与铭辞的关系中，序文一般是作为铭文的辅助说明，对此姚鼐认为"恐人观之不详"，故"又加以序"②。初唐时期，铭文作为序文的精炼简化，一般是对序文面面俱到地加以表述，最后加以哀婉悲切的情感抒发。而在考察武周之后的墓志铭文可知，序文中的世系、行治、履历等内容逐渐省略，铭文更专注于对生死无常、凄迷哀思等情感的抒发。这种风格转变的出现一方面使得志文和铭辞的分工更加明确，另一方面铭文与志文的联系虽不及之前紧密，但在墓志文体的整体发展过程中，体现出文体的规范与成熟，并且对情感表达的关注体现出墓志铭文在用志风气盛行的情景下更加显著的人文关怀。

总而言之，通过对中原地区唐代墓志书写体例的分析可知，从初唐到中晚唐，中原地区唐代墓志在文体上呈现出逐渐成熟、规范并且灵活多样的发展趋势。从志盖题铭、首题、撰者、志文、铭辞等各构成要素的发展过程和特点可以看出，中原地区唐代墓志在初唐时期多沿袭南北朝、隋时的余绪，文体风格偏于严谨、单一，在表达上多记述志主生平事迹，较少真实情感的表达和具体事件的描述；至中晚唐时期，墓志不论在文体形式还是书写内容上都与初唐有较大差异，在用志风气盛行以及墓志文体演进的现实诉求下，墓志文体形式更加多样、灵活，描写刻画更加生动、细腻，感情表达愈加真挚，墓主的形象特征亦随之凸显。这时的墓志已经发展为更加适应各社会阶层需求的文体模式，对宋元以及之后的墓志文体产生了巨大影响。

二、中原地区唐代墓志的装饰风格

中原地区唐代墓志不仅在书写体例上呈现出从早到晚的风格转变，而且墓志装饰上亦体现

---

① （清）孙希旦撰，沈啸寰、王星贤点校：《礼记集解》卷四七《祭统第二十五》，中华书局，1989年，第1250页。

② 贾文昭：《桐城派文论选》，中华书局，2008年，第102页。

出明显的时代烙印。从目前的考古发现来看，在唐代不同时期中原地区的墓志书体风格及所流行的纹样均有明显变化，具有鲜明的时代性，是唐代墓志断代分期的重要参考，也为唐代的审美习尚和工艺美术发展史的研究提供了重要资料。本文就墓志书法和装饰纹样两个方面，对中原地区唐代墓志的装饰特征加以探讨。

（一）中原地区唐代墓志的书法特征

文字是记录语言的符号，在汉字的发展演进史上，文字样式众多、名称各异。这些文字被应用到墓志之中，除了记述逝者生平、表达颂扬之意外，其丰富的书体表现形式也是墓志装饰的重要组成部分。

从目前搜集到的墓志文物本体来看，中原地区唐代墓志书法可谓无体不备、诸体皆工。其中志盖书体以篆书为主，间有楷书；志文书体则以楷书为主，兼顾隶、行、草书等多种书体。洛阳千唐志斋博物馆所藏墓志，乃是张钫先生从洛阳及其周边地区搜集所得，因此这些墓志对研究中原地区唐代墓志具有典型的代表意义。有学者曾对《千唐志斋藏志》所辑唐代墓志书体情况加以统计，明确指出所藏的86件唐代墓志盖中，篆书墓志盖为67件，占总数的78%，楷书墓志盖仅19件；而在馆藏的1209件唐代墓志中，楷书志文者共计1177件，占馆藏唐代墓志总数的97.4%，隶书志文者21件，行书者10件，隶、篆、楷三体杂糅的墓志仅1件[1]。由此可见，中原地区唐代墓志汇聚了唐代书法的基本书体类型。

从文物本体的金石文呈现形式看，中原地区唐代墓志中志盖、志文的书体或相一致，或各不相同。例如在《大唐邢府君（均）墓志铭》[2]（727）及《大唐故韦夫人墓志铭》[3]（751）等墓志中，志盖、志文均为楷书；《大唐故王府君（元）墓志铭》[4]（719）、《大唐邠王故细人渤海郡高氏墓志之铭》[5]（736）（图二，1）等，系志盖篆书、志文楷书；在《大唐故夫人王氏墓志》（732）（图二，2）中，则是志盖篆书、志文隶书[6]。前已述及，在中原地区发现的唐代墓志中，还不乏志文书体杂糅的现象，例如《大唐故锦州刺史赵府君（洁）墓志文并序》（724）（图二，3），志文以行楷书体开首且稍显拘谨，而后渐次放松，未及泰半已挥洒自如，且行草之间杂以少许楷书，使志文整体更显洒脱畅达[7]，表现出一种潇洒自如的艺术特点。

---

[1] 杨庆兴：《楷尽其妙 四体同辉——千唐志斋馆藏唐代墓志书法研究》，河南大学硕士学位论文，2007年，第6页。

[2] 河南省文物研究所、河南省洛阳地区文管处编：《千唐志斋藏志》，文物出版社，1984年，第677页。

[3] 郭宏涛、周剑曙：《偃师碑志选粹》，中州古籍出版社，2014年，第183页。

[4] 河南省文物研究所、河南省洛阳地区文管处编：《千唐志斋藏志》，文物出版社，1984年，第603页。

[5] 郭洪涛：《唐邠王守礼书〈大唐邠王故细人渤海郡高氏墓志之铭〉释读》，《洛阳大学学报》2002年第1期。

[6] 谭淑琴主编：《中原文化大典·文物典·碑刻墓志》，中州古籍出版社，2008年，第323页。

[7] 谭淑琴主编：《中原文化大典·文物典·碑刻墓志》，中州古籍出版社，2008年，第315页。

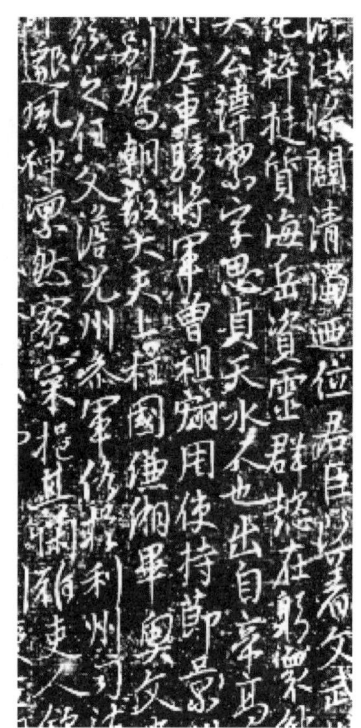

1　渤海郡高氏墓志（楷书）　　2　大唐故夫人王氏墓志（隶书）　　3　赵府君（洁）墓志（行草）

图二　唐代墓志书体举例

从墓志书法的艺术风格表现来看，中原地区的唐代墓志书法可谓是流派纷呈、风格多样。以书体中最为流行的楷书为例，如《唐故朝议大夫亳州别驾李府君（行止）墓志铭》[①]（730），志文用笔刚劲、结体严整，显然是受法度森严的欧阳询书体风格的影响（图三，1）；《顺节夫人（李氏）墓志》[②]（751）的楷书生动婉美，给人以空灵飞动之感，代表的则是褚遂良的楷书风格（图三，2）；而《崔夫人郑氏墓志》[③]（831）用笔凝练，字形长而俊秀、方圆并见，表现的则是唐代书法家虞世南外柔内刚的唐楷书法特点（图三，3）；还有《孙公夫人李氏墓志》[④]（789），志文字体结体宽博、笔势雄浑，在字形的整体组合中显现出清朗、劲健的书法特点，具有非常明显的颜真卿的书法风格（图三，4）；再如《刘氏（致柔）墓志》[⑤]（852），铭文字体用笔骨力刚健、圭角明显，明显受到晚唐柳公权书风的影响（图三，5）。

除此之外，武周时期的墓志文中经常出现武则天的新造字体，也是这一时期墓志书体的艺

---

① 何汉儒：《新出唐志两题——李昭志及李行止志略考》，《河洛春秋》2007年第4期。
② 河南省文物研究所、河南省洛阳地区文管处编：《千唐志斋藏志》，文物出版社，1984年，第870页。
③ 河南省文物研究所、河南省洛阳地区文管处编：《千唐志斋藏志》，文物出版社，1984年，第1044页。
④ 河南省文物研究所、河南省洛阳地区文管处编：《千唐志斋藏志》，文物出版社，1984年，第949页。
⑤ 河南省文物研究所、河南省洛阳地区文管处编：《千唐志斋藏志》，文物出版社，1984年，第1119页。

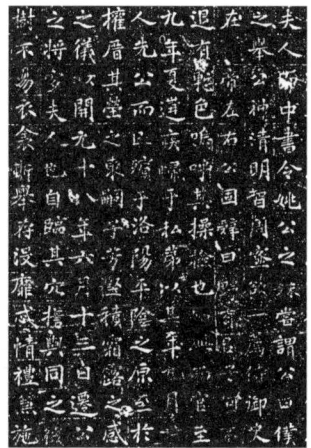

1 李行止墓志
（欧阳询楷体）

2 顺节夫人（李氏）墓志
（褚遂良楷体）

3 崔夫人郑氏墓志
（虞世南楷体）

4 孙公夫人李氏墓志
（颜真卿楷体）

5 刘致柔墓志
（柳公权楷体）

图三　唐代楷书墓志举例

术特征与时代特征之一。例如《唐宋府君（师）墓志铭》[①]（689）中出现代替"日"字、代替"月"字、代替"年"字、代替"载"字、代替"初"字等现象。另外，在《大周故秦府君墓志铭》[②]（697）、《武周故沈府君（伯义）墓志铭》[③]（700）以及《大周故王夫人（姜嫄）墓志铭》[④]（704）等志文中，均出现武周新字。武周新字，乃是武则天在位期间为改革文化而新造之文字。从目前搜集到的墓志文物本体看，这些新字出现于载初元年（689）至长安四年（704），恰与武则天执政到去世的时间相吻合。另外，新造字主要分布于墓志正文当中，墓志志盖、题铭及首题中则不见，在一定程度上反映出武周新字在当时社会中并未得到完全推行。而这些带有鲜明时代特征的墓志，又为我们了解武周时期的历史提供了可靠资料。

[①] 中国文物研究所、千唐志斋博物馆编：《新中国出土墓志·河南叁》，文物出版社，2008年，第55页。

[②] 中国文物研究所、千唐志斋博物馆编：《新中国出土墓志·河南叁》，文物出版社，2008年，第64页。

[③] 中国文物研究所、千唐志斋博物馆编：《新中国出土墓志·河南叁》，文物出版社，2008年，第69页。

[④] 中国文物研究所、千唐志斋博物馆编：《新中国出土墓志·河南叁》，文物出版社，2008年，第77页。

通过对中原地区唐代墓志书法特征的分析可知，中原地区唐代墓志不论是书体类型还是所表现出的书法风格，均明显受到唐代主流书风的影响，是唐代社会书法艺术的直接体现。单以楷书为例，中原地区墓志中既有初唐四家的楷体风格，也有受中唐颜真卿、晚唐柳公权等影响下的书风特点。由此可见，唐代主流书风直接或间接地影响着中原地区的墓志书法，中原地区唐志"虽未紧紧依傍主流书风亦步亦趋，存在滞后性与保守性，但受其影响则是深远、明晰的"[1]。

（二）中原地区唐代墓志纹饰特征

与书法艺术相比，墓志上的装饰纹样则更为集中地体现了当时社会的审美及艺术追求。根据出土的唐代墓志文物本体显示，中原地区唐代墓志纹饰可分为植物类纹饰、动物类纹饰、云纹与几何类纹饰三种。这些纹饰在志石上相互组合，构成了丰富多彩的墓志装饰图案，蕴含着丰富的文化内涵。

1. 植物类纹饰

植物类纹饰是中国古代传统的装饰纹样之一，古人将植物图像进行艺术加工，抽象或写实地表现在器物上。植物类纹饰或作为一种主题纹饰单独表现，或与其他纹饰主题相结合使用，是唐代墓志中最为常见的装饰纹样。中原地区唐代墓志的植物类纹饰主题常见蔓草、牡丹、宝相花以及莲花、石榴花纹饰等。

目前学术界普遍认为，唐代的蔓草纹是由魏晋南北朝时期的忍冬纹发展演变而来的[2]。就现已搜集到的资料来看，忍冬纹在中原地区的唐代墓志装饰中并不多见。以《大周故李府君（帝臣）墓志铭》[3]（696）为例，该志盖及志石四侧均饰以忍冬纹（图四），其表现形态为双叶对卷且夹持花蕾，藤蔓起伏漫卷。武周之后，忍冬纹样在不断吸收各种外来文化的基础上，逐渐演变为富丽堂皇、大气奔放的蔓草纹（也称为卷草纹），摆脱了南北朝时期拘谨、平稳和纤细的风格。表现在墓志上，则是将起伏的枝条略去，用卷曲的草叶围绕四刹，如《唐杨府君（东鲁）志铭》（769）志石四侧的蔓草纹[4]（图五）。

从存在时间上看，蔓草纹的装饰题材基本贯穿于中原地区唐代墓志装饰的始终，是这一

---

[1] 杨庆兴：《唐代主流书风影响下的千唐志斋馆藏墓志楷书研究》，《河南书法年鉴》总第3卷，河南美术出版社，2010年，第101页。

[2] 陈卓：《中国传统装饰纹样——缠枝纹的演变》，中南林业科技大学硕士学位论文，2009年，第51页。

[3] 中国文物研究所、千唐志斋博物馆编：《新中国出土墓志·河南叁》，文物出版社，2008年，第63页。

[4] 中国文物研究所、千唐志斋博物馆编：《新中国出土墓志·河南叁》，文物出版社，2008年，第201页。

图四　大周故李府君（帝臣）墓志铭（696）的忍冬纹

图五　唐杨府君（东鲁）志铭（769）志石四侧的蔓草纹

时期最为流行的一种装饰题材，故中国的蔓草纹在国际上亦有"唐草"之称[①]。这一装饰题材的盛行，一方面是由于蔓草纹以"～"线形为骨架，"～"来自"太极图"中的曲线，阴阳相生、一虚一实，曲线的延伸象征着生命的张力，这一点与道家"道生一，一生二，二生三，三生万物"[②]的思想十分契合。另一方面，唐代蔓草纹的结构形式不再拘泥于有规律的二方连续、四方连续排列，灵活自由的纹饰布局并不鲜见，从而使这一纹饰在整体上呈现出舒展、奔放的形态特征，与唐代社会开放的时代特点相吻合。此外，蔓草纹更因其灵活多变而被广泛应用，或作为主题纹饰独立出现于志盖、志石四侧；或与各种花卉图案组合，构成缠枝花卉图案出现于墓志周围；还可作为辅助性的装饰出现于志石尤其是志盖字体周围，起到填白的装饰性作用。

与蔓草图案相比较，唐代墓志中的花卉图案，则更多地与当时社会的精神信仰紧密相连。牡丹纹、莲花纹是唐代墓志中出现的一种写实性的装饰题材。由于莲花在佛教中被视为圣花，是"净土"的代表，因而"魏晋至唐600年间，莲纹总体沿'佛教象征'主线演进，成为独特的纹饰现象"[③]。从考古发现看，唐代中原地区墓志上的莲花纹集中出现于晚唐时期，如《宫自劝墓志》[④]（807）（图六）。志石四侧各饰三朵并排组合的莲花图案，其花形繁复圆润，缠枝回转流畅，是中原地区唐代墓志莲花纹的典型样式。

牡丹纹作为墓志的装饰纹样始于唐代开元年间，后来得以广泛流行，成为我国古代经典的装饰纹样。牡丹纹在唐代墓志上的突出特点是花头肥短、复层花瓣，造型具象写实。牡丹纹样

[①] 中国文物学会专家委员会编：《中国文物大辞典》，中央编译出版社，2008年，第924页。
[②] （魏）王弼注，楼宇烈校释：《老子道德经注校释》，中华书局，2008年，第117页。
[③] 高兴：《魏晋、唐、宋莲花纹断想》，《无锡南洋学院学报》2005年第4期。
[④] 中国文物研究所、千唐志斋博物馆编：《新中国出土墓志·河南叁》，文物出版社，2008年，第252页。

图六　宫自劝墓志（807）志石四侧的莲花纹饰

因饱满圆润、生动多姿的造型而被视为富贵吉祥、幸福美满的象征，在墓志中多有出现，例如唐宝历元年《唐故冯翊严淙墓志》①（825）（图七），志盖四刹和志石四边均镌刻有精美的牡丹纹。

唐故冯翊严淙墓志（825）

图七　唐代墓志上的牡丹纹饰

宝相花又称宝仙花、宝莲花，是一种典型的唐代纹饰，是一种将云纹、花头、叶片进行抽象性加工而形成的中心对称的图案。所谓宝相是佛教徒对佛像的尊称，象征着圣洁、端庄、美丽。如《全北齐文》卷三载："式图往秘，用结来缘，丹青并饰，金玉同镌，神仪内莹，宝相外宣，圆光照耀，映彼无边，灵应胪响，感发大千。"②唐代宝相花纹在墓志中颇为常见，

---

① 中国文物研究所、千唐志斋博物馆编：《新中国出土墓志·河南叁》，文物出版社，2008年，第280页。
② 邢劭：《文襄皇帝金像铭》，《全上古三代秦汉三国六朝文》第四册《全北齐文》卷三，中华书局，1958年，第3842页。

例如《大唐故李府君（休伯）墓志铭》[①]（743）（图八，1）和《唐故皇甫氏夫人墓志》[②]（800）（图八，2）上使用的装饰图案即为宝相花。宝相花多流行于武周、开元时期，除了装饰碑刻墓志，还广泛应用于金银器、铜镜、纺织品上，造型端庄华美、舒展大气。

1　大唐故李府君（休伯）墓志铭（743）

2　唐故皇甫氏夫人墓志（800）

图八　唐代墓志上的宝相花纹饰

海石榴纹也是自唐代才开始出现的一种复合型装饰纹样，它由佛教装饰纹样中的摩尼珠和化生共同演变而来，代表了净土信仰的观念[③]。根据相关学者统计，海石榴纹作为墓志装饰最早出现于陕西的《费智海墓志》（676）志盖[④]。根据目前搜集到的资料显示，唐代中原地区墓志中海石榴纹最早见于《宋祯墓志》（706），志盖与志石上的石榴花瓣向外卷曲，中心包裹着有点状装饰的心形石榴果形象，图案整体形态迂回流畅[⑤]。《唐河南府政教府左果毅都尉右羽林军长上柱国刘公（元适）墓志文》（744）志石四周装饰的海石榴花纹，蒂瓣排列整齐，烘托出中央丰硕饱满的石榴果形象[⑥]（图九，1）。还有一种出现于《大唐故徐府君（挥）墓志铭》（746）志石四周的海石榴纹，周围花瓣向外卷曲，中心包裹的石榴果形体较

[①]　中国文物研究所、千唐志斋博物馆编：《新中国出土墓志·河南叁》，文物出版社，2008年，第148页。

[②]　中国文物研究所、千唐志斋博物馆编：《新中国出土墓志·河南叁》，文物出版社，2008年，第245页。

[③]　常樱、魏卓：《海石榴纹的形成过程及原始意义探讨》，《装饰》2016年第4期。

[④]　高峡主编：《西安碑林全集》75卷《墓志》，广东经济出版社、海天出版社，1999年，第2196页。

[⑤]　谭淑琴主编：《中原文化大典·文物典·碑刻墓志》，中州古籍出版社，2008年，第290页。

[⑥]　中国文物研究所、千唐志斋博物馆编：《新中国出土墓志·河南叁》，文物出版社，2008年，第150页。

1 唐河南府政教府左果毅都尉右羽林军长上柱国刘公（元适）墓志文（744）

2 大唐故徐府君（恽）墓志铭（746）

图九　唐代墓志上的海石榴纹

为瘦长，画面整体更富流动感①（图九，2）。由此可见，墓志上出现的海石榴纹，形态特征经历了从严谨保守到流畅奔放的演变过程，体现了初唐到中晚唐时期墓志装饰风格的转变。考古发现揭示，海石榴纹多出现于高等级的墓葬及宗教装饰当中。成书于宋代的《营造法式》更是直接将"海石榴"列为华品一品第一，地位在所有花卉之首②，足见这一纹样所代表的等级之高。但从中原地区墓志中海石榴纹的使用情况来看，上至工部尚书、下至县令均有使用，而且其墓志尺寸也从四五十厘米到一百厘米左右不等，并没有表现出明确的等级化差异。元代以后，这一纹饰因其自身形象特点，最初的宗教文化内涵逐渐被遗忘、淡化，转而被人们更多地寄予"多子多福"的世俗祈盼。

2. 动物类纹饰

动物类纹饰也是中原地区唐代墓志装饰图案的主题之一。目前搜集到的唐代墓志所见的动物类纹饰主要有四神、十二生肖、鸟兽类图像等。

四神由青龙、白虎、朱雀、玄武四种神兽组成。《礼记·曲礼上》载："行，前朱雀而后玄武，左青龙而右白虎。"③除了表示方位，古人认为四神亦具有驱邪镇鬼、厌除不祥和沟通人神的功能，因此被视为逝者升天的引导者和护卫者。考古发现中原地区较早的四神纹墓志

---

① 李献奇、周铮：《唐徐恽及夫人姚氏墓志考述》，《中原文物》2000年第6期。
② （宋）李诫：《营造法式》卷二十四，中国书店，2006年，第525页。
③ （清）孙希旦撰，沈啸寰、王星贤点校：《礼记集解》卷四《曲礼上第一》，中华书局，1989年，第84页。

为北魏神龟三年（520）的《元晖墓志》[①]和永安二年（529）的《尔朱袭墓志》[②]，皆出土于洛阳。传统的唐代志盖和志石上装饰的四神纹按照上朱雀、下玄武、左青龙、右白虎的格局排列，但也有例外。例如《唐故荥阳郑夫人（归）墓志铭》[③]（850）（图一〇，1）和《唐故荥阳郑夫人（徽）墓志铭》[④]（882）志盖的四刹纹饰均为上玄武、下朱雀、左白虎、右青龙；还有《唐故樊府君（士安）合祔墓志》[⑤]（855）（图一〇，2），志盖四刹的纹饰布局为左朱雀、右玄武、上白虎、下青龙。这些有违常规的排列形式，据推测或是由于刻绘者无意之失，或是与下葬时筮卜墓的方位有关，以此祈求死者在冥界的平安。

1 唐故荥阳郑夫人（归）墓志铭（850）志盖　　2 唐故樊府君（士安）合祔墓志（855）志盖

图一〇　唐代墓志上的四神纹饰

考古发现揭示，唐代墓志装饰上四神形象的阶段性变化较为明显。初唐时期墓志上的四神图像沿袭了隋代纤细秀丽的特点，其中青龙、白虎身形修长，造型和姿态极为形象生动；朱雀和玄武则各具特色，朱雀身上长着华丽的羽毛，面向左侧展翅欲飞；玄武则是龟蛇

[①] 元晖墓志1926年出土于洛阳，现藏于西安碑林，其纹饰见于张道一主编：《中国图案大系》第5卷《魏晋南北朝》，台北邯郸出版社，1995年，第248页。

[②] 中国画像石全集编辑委员会编：《中国画像石全集》第8卷《石刻线画》，河南美术出版社，2000年，第34、35页。

[③] 中国文物研究所、千唐志斋博物馆编：《新中国出土墓志·河南叁》，文物出版社，2008年，第314页。

[④] 中国文物研究所、千唐志斋博物馆编：《新中国出土墓志·河南叁》，文物出版社，2008年，第340页。

[⑤] 中国文物研究所、千唐志斋博物馆编：《新中国出土墓志·河南叁》，文物出版社，2008年，第322页。

缠绕的形象，龟甲上的花纹刻画得纤毫毕现。盛唐时期四神形象的变化主要体现在形态以及刻画等细节表现上。受习惯和构图等因素的影响，青龙、白虎的变化不多，体态仍较修长，但开始表现出丰满、圆润的艺术特色：青龙全身精雕细琢，四爪腾空呈飞奔状；而白虎龇牙咧嘴、鬃毛竖起，凶猛有力的四肢腾空而起奔向远方。朱雀昂首挺胸，尾羽随风飘扬，侧身飞翔；玄武仍是龟蛇合体，一条粗壮的巨蛇缠满整个龟的身躯，龟首面左，蛇首从龟身侧面绕出，与龟首相对，玄武四足微微伏地向前爬行。中唐时期墓志上青龙、白虎的形象总体来说仍无太大变化，皆脚踏祥云腾空而起，形象庄严威武；朱雀侧身向右、目视后方，身形肥硕，呈展翅飞翔状；玄武体态丰满肥硕，一条粗壮的大蛇缠绕龟身两周，仅露龟身前部，其四足最为夸张，足部占到整个身体比例的三分之一。到了晚唐时期，墓志上的青龙、白虎四足不再腾空而起，而是着地行走，甚至已经趋近于站立不动之势，形体由修长变为肥大；朱雀虽然双翼展开，但站立不动的态势和简单的细节表现，使它失去了原有的华贵和灵性；玄武同样雕刻的不如以前者精美，正面龟身向前，隐约可见蛇绕龟身、蛇首与龟首相对峙。除此之外，墓志上的四神图像经常与其他装饰图案结合，如十二生肖、藤蔓花草、几何纹样、写实或神化的祥禽瑞兽等，使得墓志装饰不再生硬、呆板，而是富有动感且富丽堂皇，衬托出墓主人显赫的家世、地位。

墓志上装饰十二生肖纹始于南北朝时期，与十二生肖配属的十二辰位是古代天文学上的重要时空标示系统[①]，因此墓志上十二生肖图像在表示空间方位的同时也具有表示时间轮回的含义。从目前搜集到的中原地区的墓志资料来看，初唐时期墓志上出现的是写实性的动物生肖图案，而且这一时期的动物体态娇小，多刻绘于志盖之上，如《贾君（敦颐）墓志铭》（656）志盖四周的十二生肖图案[②]（图一一，1）。《唐故平原明夫子（崇览）墓志铭》[③]（679）志盖四周的十二生肖图像周围，开始出现草叶纹类的修饰（图一一，2）。《大唐故李君（延祯）墓志之铭》（709），志盖文字四周以界格将十二生肖图案相隔，且每格内有草叶纹作为底纹图案，对十二生肖形象起到了一定的修饰作用[④]（图一一，3）。

盛唐时期的生肖图案仍为写实性的动物造型，但动物体态趋于健硕。除志盖之外，在志石的四侧也开始出现十二生肖的形象。作为修饰生肖图案的纹饰也更加丰富，大多数的生肖图案置于壸门装饰内，且壸门内或无底纹，或饰以草叶纹、卷云纹等。如《唐故银青光禄大夫太府卿少府监赠兖州都督上柱国赵国公崔府君（谔之）墓志铭》[⑤]（719），志石四周的十二生肖图案就置于壸门装饰内，其空白处还以卷云纹作为点缀（图一二，1）。自中唐时期开始，十二生肖的动物造型发生了明显改变，兽首人身的图像开始出现，且以跽坐为主，

---

① 李星明：《唐代墓室壁画研究》，陕西人民美术出版社，2005年，第195页。
② 洛阳市文物考古研究院：《唐代洛州刺史贾敦颐墓的发掘》，《中国国家博物馆馆刊》2013年第8期。
③ 吕九卿：《唐明崇览墓志与中国古代冥婚现象的普遍性》，《河洛春秋》2010年第2期。
④ 谭淑琴主编：《中原文化大典·文物典·碑刻墓志》，中州古籍出版社，2008年，第296页。
⑤ 李献奇：《唐崔谔之墓志考释》，《考古与文物》2001年第2期。

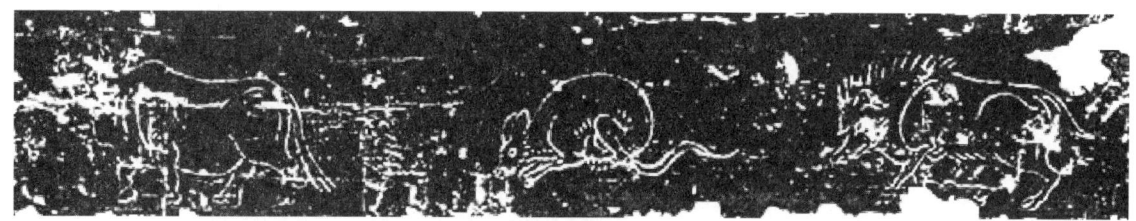
1 贾君（敦颐）墓志铭（656）

2 唐故平原明夫子（崇览）墓志铭（679）

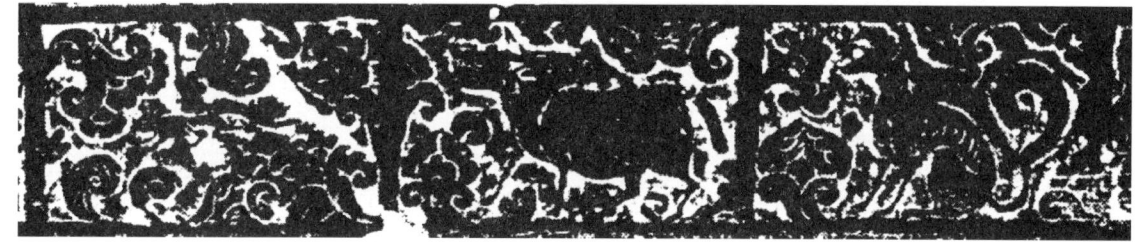
3 大唐故李君（延祯）墓志之铭（709）

图一一 初唐墓志上的十二生肖图案

头部刻画的动物形象逼真，褒衣博带，双手持笏捧于胸前。如《大唐太原王府君（之咸）墓志》[①]（753），志石四周壸门内各置一兽首袍服捧笏的十二生肖造型（图一二，2）。发展到晚唐时期，写实类的十二生肖已被兽首人身型完全取代，同时还出现了人首人身的十二生肖造型。如《唐故樊府君（士安）合祔墓志》[②]（855），志石四周的十二生肖图像皆呈站立状，各人物间以界栏相隔。人物头戴进贤冠，身着阔袖长袍，腰束带，双手持笏捧于胸前，背后悬挂帐幔（图一二，3）。中原地区唐代墓志上的十二生肖图案清晰地展现了其由游走于山峦树木之间的动物原形逐渐变为兽首人身的形变过程。动物之形在画面中的表现地位逐渐降低，人物形象愈见清晰，直至最后彻底取代动物生肖之形，这也是其自然天性转为人间世象的象征。

从图案布局来看，十二生肖纹饰一般刻于志石四边、志盖四刹或盖铭四周，每边分别刻立

---

① 中国文物研究所、千唐志斋博物馆编：《新中国出土墓志·河南叁》，文物出版社，2008年，第177页。

② 中国文物研究所、千唐志斋博物馆编：《新中国出土墓志·河南叁》，文物出版社，2008年，第322页。

1　唐故银青光禄大夫太府卿少府监赠兖州都督上柱国赵国公崔府君（谔之）墓志铭（719）

2　大唐太原王府君（之咸）墓志（753）

3　唐故樊府君（士安）合祔墓志（855）

图一二　盛唐—中晚唐时期墓志的十二生肖图案

三个生肖。从考古发现的墓志本体看，中原地区唐代墓志中十二生肖的排位顺序有以下几种情况：第一类是上饰蛇马羊、右刻猴鸡狗、下为猪鼠牛、左雕虎兔龙，自下中始顺时针排序，多见于初唐时期；第二类上饰猪鼠牛、右刻虎兔龙、下为蛇马羊、左雕猴鸡狗，生肖自上中始顺时针排序，多见于中晚唐时期。例如《大唐故赵府君（慈劼）墓志铭》[①]（715）和《大唐故席君（庭诫）墓志铭》[②]739）的志盖等。还有个别墓志如《大唐故祖府君（义臣）墓志铭》[③]（715）的志石上边饰虎兔龙，右刻蛇马羊，下为猴鸡狗，左雕猪鼠牛，每个生肖均为动物原形，自左中依顺时针方向排序。排序位置的改变，可能与墓志构图的需要或道教堪舆以及墓主的生辰八字等因素有关[④]。

---

① 中国文物研究所、千唐志斋博物馆编：《新中国出土墓志·河南叁》，文物出版社，2008年，第93页。

② 中国文物研究所、千唐志斋博物馆编：《新中国出土墓志·河南叁》，文物出版社，2008年，第136页。

③ 中国文物研究所、千唐志斋博物馆编：《新中国出土墓志·河南叁》，文物出版社，2008年，第91页。

④ 韩颖：《关中地区唐代墓志生肖纹饰图像的考察》，陕西师范大学硕士学位论文，2012年，第55页。

从考古发现看，唐代的墓志大多盖、志齐备。志盖基本为正方覆斗形，四刹装饰的四神纹与十二生肖纹饰经常组合在一起。这种装饰组合一般以志石每侧三个壸门内刻生肖形象和志盖四刹刻四神形象的形式出现，或者志盖铭文四周刻十二生肖、四刹刻四神形象。关中地区唐代墓志纹饰以十二生肖与四神纹饰的组合形式为主流，中原地区次之，原因在于墓志上刻饰十二生肖具有一定的等级意涵。据统计，装饰十二生肖图案的墓志的主人大都是有品秩的，尤其是安史之乱前社会等级制度尤为严格。由于关中地区唐帝陵的陪葬墓较多，而洛阳地区的唐墓以中下级官吏及庶人为主，因此关中地区唐代墓志装饰十二生肖和四神形象的数量比中原地区的多。中唐以后，厚葬和僭越之风盛行，社会经济衰落，礼制荒疏，洛阳地区墓志使用四神和十二生肖进行装饰的现象增多。这除了礼制松弛外，可能还与安史之乱后人们企求安定、希冀祥瑞降临的社会心理有关。

作为墓志装饰的动物类纹饰题材除了四神及十二生肖外，还有众多鸟兽类祥瑞图案。其中写实的鸟兽主要有鸿雁、鸳鸯、雄狮、奔马等。狮子作为一种外来之兽，汉代经丝绸之路传入中国后便被视为瑞兽。魏晋南北朝时，狮子逐渐被神异化，作为装饰纹样的狮子形象多取像于狮子而稍加变形，在其躯体上加饰了双角、羽翼、火焰、云纹等元素，使其具有辟邪、镇宅、威慑、守陵、防侵、护佑、纳祥等功能，唐代装饰中的狮子成为通人性、佑四方的守护神。例如《大周故慕容府君（思观）墓志》[①]（703）（图一三）上的狮子形象。鸿雁纹作为墓志装饰出现在盛唐、中唐时期。例如《大唐故李君（延祯）墓志之铭》[②]（709）的志石四边剔地阴线刻鸿雁纹，两两相对，或翱翔天际，或驻足回首，四周以云纹和宝相花相衬。到了中唐时期，例如《大唐故赵郡李府君（全礼）墓》[③]（750），志石四侧所刻绘的鸿雁振翅顾盼，周围同样饰以云纹和花朵，但鸿雁的动态似嫌呆板。

图一三　大周故慕容府君（思观）墓志（703）志石四侧的狮子图案

将写实类的鸟兽图案稍加变形，即构成了现实生活中并不存在的神兽图案。这些神兽似狮、似虎，也有的似鹿、似羊、似麒麟，身体多生羽翼作腾飞之状。唐代墓志纹样中的瑞兽云气纹或是汉代墓葬装饰中仙人瑞兽题材的自然延续，在盛唐至中唐时期最为流行。如《邵处珣

---

① 中国文物研究所、千唐志斋博物馆编：《新中国出土墓志·河南叁》，文物出版社，2008年，第73页。
② 中国社会科学院考古研究所：《偃师杏园唐墓》，科学出版社，2001年，第269页。
③ 中国社会科学院考古研究所：《偃师杏园唐墓》，科学出版社，2001年，第289页。

夫人魏天启墓志》①（727）（图一四），志石四边各雕刻一神兽，周围饰以卷草纹，神兽前肢着地、后肢腾起作奔跑状，身上的皮毛雕刻得细致入微。实际上，不论是写实的鸟兽还是夸张变形的神兽，它们在墓志装饰中均以奔跑或腾飞的姿态出现，且在其周围又以具有流动感的云纹或蔓草纹等图案作陪衬，从而整体上营造出在流动、缭绕的云气间穿行的意境，代表了墓主人渴望"羽化升仙"的愿望。

图一四　扬州大都督府江阳县尉邵府君（处珣）夫人巨鹿
郡君魏氏（天启）墓志（727）志石四侧的神兽纹

以上纹饰代表了中原地区唐代墓志的主流动物类纹饰。除此之外，笔者还发现安阳地区出土的墓志，墓志盖中心位置有铺首类的特殊纹饰。例如出土于安阳市龙安区的唐故仇府君李夫人墓志铭②（670），在志盖"李夫人志"的篆书四字正中，高浮雕一兽首形铺首纹饰，形似狮子头，阔鼻，额头伸出双角，怒目直视，大口微张（图一五，1）；而同样出土于安阳的大唐故文林郎相州邺县令何志铭③（885）的墓志盖中，正中篆刻"何公墓铭"四字，在文字四围各高浮雕一兽首纹饰（图一五，2）。搜集到的资料显示，除上述中原地区唐代墓志装饰兽首形纹饰之外，志盖中出现铺首纹饰的墓志目前仅见于陕北、山西泽潞地区④，说明这是一种地域性较强的墓志装饰题材。而中原地区所见唐志中的铺首纹饰也少量地出现于豫北安阳地区，或是受其近邻山西地区文化影响的结果，体现了唐代中原地区对周围地区文化因素的吸收和借鉴。

3. 云纹与几何类纹饰

云纹是我国古代装饰图案中极为常见的一种纹饰，也是唐代碑刻墓志自始至终普遍采用的一种纹饰，从形状上可分为云头纹、卷云纹、流云纹等数种。初唐时期云纹呈独立的云朵状，

---

① 中国文物研究所、千唐志斋博物馆编：《新中国出土墓志·河南叁》，文物出版社，2008年，第111页。
② 安阳市文物考古研究所、安阳博物馆：《安阳墓志选编》，科学出版社，2015年，第24页。
③ 安阳市文物考古研究所、安阳博物馆：《安阳墓志选编》，科学出版社，2015年，第56页。
④ 王庆卫、韩钊、傅清音：《唐代墓志志盖铺首纹饰之文化蕴意探析——以碑林新藏墓志为例》，《文博》2012年第5期。

1　唐故仇府君李夫人墓志铭（670）　　　2　大唐故文林郎相州邺县令何志铭（885）

图一五　唐代墓志中的铺首图案

单独勾勒，图形极为古朴，与汉代云气纹的波动连绵不同，云头呈如意形。如665年唐陈通妻宗氏墓志铭①（图一六，1），志盖四刹刻流云纹，志石四边刻云头壸门纹。盛唐、中唐和晚唐时期云纹多与鸟兽纹一同出现。历史迁延至盛唐时期，云纹形状则自然舒展又近于写实，如706年唐李进墓志铭②（图一六，2）。中唐时期，多为流云纹，但纹理凌乱。晚唐志石周边流云漫卷，由一段段连续或不连续的曲线组成，且几乎都为阴线刻，如877年唐陇西李氏夫人（萱）墓志志盖③（图一六，3）四刹的四神云气纹。总体上说，此时的云气纹更为流畅、灵动，体现了唐代富丽华美、生机勃发的装饰艺术风格。

几何形图案在唐代墓志刻饰中多起填白作用，主要出现在志盖铭文四周、盖面四角或四刹底部；也有少部分几何形图案装饰在志文四周，起着分隔图像与图像、图像与文字及点缀空白区域的作用。虽然几何形图案所占面积很小，但与大面积的流动线条相映照，直线与曲线形成鲜明的对比，具刚柔相济之功。唐代墓志中的几何纹主要有波纹、四方对角纹、回形纹和连珠纹、心形纹等。在中原地区也有几何纹独立装饰墓志的情况，例如751年唐吕知什墓志铭④的

---

① 中国文物研究所、千唐志斋博物馆编：《新中国出土墓志·河南叁》，文物出版社，2008年，第28页。
② 中国文物研究所、千唐志斋博物馆编：《新中国出土墓志·河南叁》，文物出版社，2008年，第78页。
③ 中国文物研究所、千唐志斋博物馆编：《新中国出土墓志·河南叁》，文物出版社，2008年，第336页。
④ 中国文物研究所、千唐志斋博物馆编：《新中国出土墓志·河南叁》，文物出版社，2008年，第170页。

1　大唐故陪戎校尉陈君（通）妻宗氏墓志铭（665）

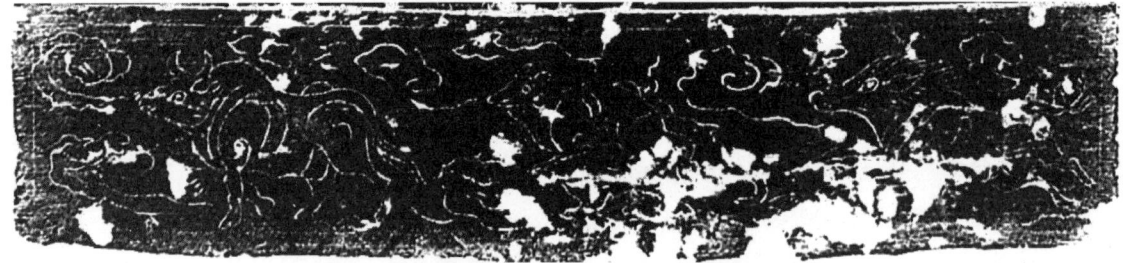

2　大唐故李府君（进）墓志铭（706）

3　大唐故陇西李氏夫人（萱）墓志铭（877）志盖

图一六　唐代墓志上的云纹装饰

志石四边（图一七，1）饰有波纹；832年唐王德进并夫人墓[①]的志盖文字周边饰有几何纹，志石四边（图一七，2）亦为几何纹。

纵观中原地区唐代墓志的纹饰特征，初唐时期的墓志盖常装饰云头壸门纹、忍冬纹，志石四侧常见壸门及十二生肖纹，十二生肖为动物原形，在一些规格较大、纹饰较精美的墓志上，十二生肖有时也被瑞兽代替；盛唐时期墓志纹饰开始变得繁缛，最为典型的就是蔓草纹的出现与成熟，这种枝叶繁缛、花头硕大的纹饰代表着富丽恢宏的盛唐气势。虽然忍冬纹、

---

① 中国文物研究所、千唐志斋博物馆编：《新中国出土墓志·河南叁》，文物出版社，2008年，第291页。

1　大唐故吕府君（知什）墓志铭（751）

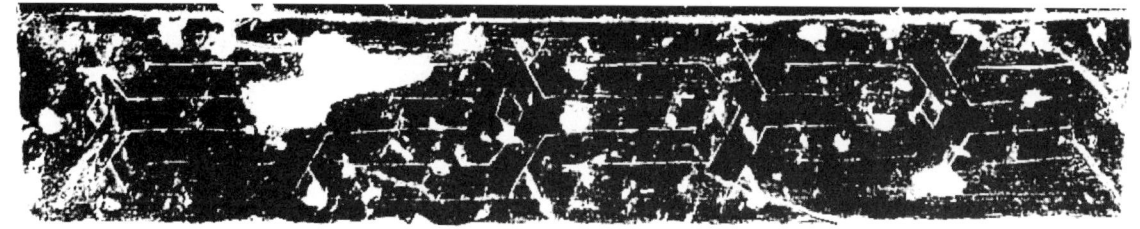

2　唐故王府君（德进）并夫人墓（832）

图一七　唐代墓志上的几何纹装饰

四神纹、十二生肖纹还偶有出现，但已经不再是主流纹饰。此时纹饰的种类也有所增加，除了各式蔓草纹外，还有团花纹、宝相花纹、鸟兽纹等。同时，这一时期的唐代墓志纹饰雕刻的最为精美、细腻，纹饰也最繁缛、生动。中唐时期，枝蔓纹占的比重越来越少，且只存花、叶，从而形成了新的装饰风格。这一时期，除各种花卉纹样继续流行外，四神图、十二生肖纹饰又重新流行起来，但四神体态更加肥硕，十二生肖图饰已开始出现兽首人身图像。晚唐时期，中原地区唐代墓志僭越礼制的行为较普遍，流行四神及十二生肖纹饰，十二生肖以兽首人身为主；几何纹在这一时期也比较流行，但制作水平不如前者，显得更加程式化、图案化。

综上所述，中原地区唐代墓志装饰特征与唐代整体的墓志装饰特征是一致的，不论是墓志的书体特征还是装饰纹样的发展演变，都与唐代社会的审美习尚、精神信仰、政治背景等因素密切相关，表现出明显的时代特征。夏鼐先生曾明确指出："历来著录墓志之书，多仅采志文，罕及图纹。故比较研究之材料，甚为缺乏。近年国内对于三代青铜器之研究，已渐放弃专重铭文之成见，逐渐注意各器之花纹。今后碑版之学，亦应扩充范围，兼及花纹。传世碑碣之四周及碑额，墓志志盖及志石四边，其雕镂花纹，常极精致。若能勤加搜罗，不仅可以窥见当时艺术之风尚及其造诣，且亦可以作为断代之标准，实为此学之一新途径也。"[①]本文对中原地区唐代墓志装饰的宏观分析即印证了这一观点。另外，从中原地区唐代墓志的书体类型、书法流派以及墓志装饰纹样的种类来看，中原地区基本囊括了其周围地区唐代墓志装饰的所有类型，具有种类齐全、类型丰富的特点，展现出唐代中原地区文化的包容性与丰富性。

---

① 夏鼐：《武威唐代吐谷浑慕容氏墓志》，《中央研究院历史语言研究所集刊》第20本上册，1948年，第329页。

与此同时，中原地区的唐代墓志装饰又表现出一定的区域性。首先，从装饰纹样类型来看，例如该地区十二生肖图像中的兽首人身类以坐姿造型为主，与同一时期在河北、北京、四川等地出现的站姿十二生肖造型形成了鲜明的对比[①]。其次，从装饰纹样的发展演变特点来看，中原地区墓志装饰表现出简单一致的特点，不及关中地区丰富多彩。此一论点可仍以中原地区发展、演变脉络最为清晰的十二生肖图案为例，在其由动物原形向兽首人身的演变过程中，基本没有动物原形和兽首人身造型交叉出现或循环出现的现象。但关中地区唐代墓志中的十二生肖图案不但造型多样，而且至晚唐时期还表现出复古倾向，作为动物原型的生肖图案再次出现，表现出一定的复杂性[②]。再者，与关中地区相比，洛阳地区墓志纹饰的出现及其发展演变还表现出明显的滞后性。例如中原地区唐代墓志上石榴纹装饰题材以及十二生肖等图像题材出现的时间，均明显晚于关中地区。除此之外，受区域政治、文化等因素的影响，目前所见中原地区的唐代墓志纹饰所表现出的等级化差异程度也要比其他地区微弱许多。就目前考古发现的墓志资料中十二生肖图案的使用情况来看，长安地区在晚唐以前使用十二生肖图案的均为贵族显宦的墓志，到晚唐以后，这一纹样才开始在普通官吏以及庶人的墓志上出现；而洛阳地区使用这一纹样的则基本都是中下级官吏及平民，墓志主人并无明显的等级化差异现象。

三、余　　论

唐代墓志不仅数量丰富，而且文体风格成熟、纹饰特征鲜明，是进行古代碑志研究的重要参考资料。"墓志之传世者，莫盛于李唐，虽屠沽走卒，亦有蘸铭。"[③]中原地区作为出土唐代墓志数量最多的地区之一，从其使用阶层广泛、地域特征明显上，可以窥探唐代丧礼仪规、社会风尚等历史文化背景。中原地区唐代墓志的书风与装饰基本与全国范围内的唐代墓志的发展趋势一致，同时中原地区由于独特的地理环境和人文氛围，其墓志亦呈现出独有的时代特征。根据对中原地区所出唐代墓志书写体例和装饰风格的综合考察，结合当时的社会历史背景，可以将中原地区的唐代墓志时代特征归纳为两点：其一为"由雅趋俗"倾向，其二为多元文化融合的特征。

首先，中原地区墓志的书写体例和装饰风格由初唐的庄重、严整逐渐转变为中唐之后的活泼、灵动，总体上呈现出"由雅趋俗"的发展趋向。从书写体例上看，初唐时期，中原地区的墓志继承魏晋南北朝以及隋代的风格，志盖题铭、首题等风格单一，文体整饬，骈俪之风浓郁。盛唐至中唐前后，墓志文体风格向明快、写实变化，志盖题铭更重视对志主郡望的标示，首题中对信息的书写排列更加灵活，撰作者的署名出现并形成较为固定的位置，志文由骈偶工整的文体转变为更具表现力的散体，铭辞也在四言基础上出现骚体等更多形式。在

---

① 唐静：《考古材料中十二生肖形象的类型及演变》，吉林大学硕士学位论文，2006年，第11~13页。
② 赵菲菲、霍小峰：《洛阳唐宋墓志纹饰中的十二生肖图案》，《洛阳考古》2014年第3期。
③ 罗振玉：《六朝墓志精华·序》，中国书店，1990年，第1页。

墓志铭文书风上，中原地区墓志书法各体兼备，并且在盛唐前后由工整、拘谨向劲拔、灵动转变。在纹饰种类方面，初唐时期中原地区墓志以单一的草叶纹、十二生肖形象等纹饰较为常见，盛唐、中唐时期，随着宝相花、牡丹花等纹样的出现及流行，纹饰之间的组合更加多样，纹饰种类复杂繁缛且变化多端，晚唐时期虽然装饰纹样又趋向单一，但盛唐以来舒展、自由的风格亦得以延续。

中原地区唐代墓志书写体例与装饰风格的前后转变与等级制度、社会环境的变迁密切相关。一方面，唐代科举制度的成熟与推行，使得士庶阶层获得更多的上升路径，魏晋南北朝时期世家大族把持朝政的局面渐趋终结，社会阶层流动性增强，社会阶层结构的变迁导致审美风尚更多地迎合广大士庶阶层。唐代卒葬埋志的风气盛行，墓志逐渐由魏晋南北朝时期上层官宦贵族的专利转变为一般士庶阶层的随葬常例，而单一、拘谨的文体和装饰已不能适应日益增多的墓志需求和士族阶层的审美，并且文体和装饰风格自身演进的要求，也推动了中原地区唐代墓志向世俗化、多样化的方向发展。另一方面，洛阳自北魏定都于此至唐代发展为东都所在地，长期的政治文化中心地位造就了历史文化底蕴的丰厚多彩，再加上科举及考课制度的推行导致大量士族汇聚，使洛阳成为人文荟萃的文化重镇。根据考古发现可知，洛阳地区中下层官吏和平民墓葬数量居多。因考古发现的不完整性而不能排除贵族及高级官员的墓葬及墓志因为种种原因暂未发现，但相较于皇族、显宦汇聚的关中地区，以洛阳为中心的中原地区所包含的社会阶层更为广泛。在武则天寓居洛阳之后，洛阳地区呈现出的生动、活泼、多元化的墓志文体和装饰风格，亦是中原地区由于广泛的社会阶层而导致偏于俚俗审美风尚的体现。这种偏于世俗化的发展趋向，也深刻影响到宋元时期的墓志风格。

其次，中原地区唐代墓志在民族、宗教以及区域特征等方面体现出多元文化融合的特征。唐代中原地区由于居民社会阶层广泛，社会成员在民族成分、宗教信仰以及与周边区域的交流互动方面，也呈现出较为明显的包容性特征，这种特征在墓志中亦有充分反映。在民族文化方面，少数民族墓志及装饰风格在中原地区唐代墓志中有较多发现，并且呈现出多民族文化融合的态势。如在洛阳出土有因长期征战而流寓中原的高句丽、百济人墓志①，从文体上看，这些墓志在志文中表现出对志主的婚配、子嗣、书撰者等情况模糊化处理的倾向，如高句丽移民高足西的墓志对其子嗣情况仅以"嗣子帝臣"一笔带过，关于志主家世等行文亦十分隐讳，并且对志主归唐前的经历缄口不述②，体现出高句丽、百济移民为了自身安全而采取的谨慎态度。此外，从高句丽、百济前后几代的移民墓志对籍贯的陈述中还可以看出其明显的汉化倾向。以高句丽移民泉氏家族为例，第一代入唐移民泉男生的墓志明确记其籍贯为"辽东郡平壤城"③，泉男生之弟泉男产的墓志明确记男产为"辽东朝鲜人"④，泉男生之子泉献诚的墓志

---

① 如高句丽人泉男生、泉男产、高性文、高足西和百济人扶余隆、黑齿常之、难元庆的墓志等。
② 李献奇、郭引强编：《洛阳新获墓志》，文物出版社，1996年，第40页。
③ 周绍良、赵超编：《唐代墓志汇编》，上海古籍出版社，1992年，第667页。
④ 周绍良、赵超编：《唐代墓志汇编》，上海古籍出版社，1992年，第995页。

记献诚"其先高勾骊国人"①,三者的表述都与辽东和朝鲜半岛密切相关;至泉男生之曾孙泉毖的墓志时,直接称其为"京兆万年人"②,体现出对其原籍贯的疏离与汉化倾向。在装饰纹样上,狮子纹、海石榴纹等受西域文化影响所出现的装饰纹样在中原地区唐代墓志中亦有发现。在宗教信仰方面,佛教、道教文化的盛行在中原地区唐代墓志中皆有反映。中原地区唐代僧尼、道士等的墓志也时有发现,在其首题上明确标识有志主所在的寺观、法号等讯息。墓志纹饰中宝相花、莲花的流行体现出佛教思想的影响,神兽图像与云气纹以及卷草纹等相互配合所构成的"羽化升仙"情景亦体现出道教思想的融会。在区域文化方面,中原地区对毗邻文化因素的吸收也在唐代墓志中有所体现,如上述安阳地区所出唐志志盖中的铺首纹饰或为邻近山西等地影响的结果。中原地区唐代墓志这种多元文化混合相融的特征,在一定程度上是唐代统一多民族国家文化繁盛、兼容并包历史事实的缩影。

总体来看,墓志作为丧葬礼仪的重要载体,具有纪芳猷、传徽烈、以存终古的礼制思想,承载着不同时代独有的历史风韵和艺术风尚,对墓志实体的关注和研究对于认识中国古代不同历史时期的丧葬礼制思想、社会阶层演变以及审美风尚等具有重要的学术意义和现实价值。

---

① 周绍良、赵超编:《唐代墓志汇编》,上海古籍出版社,1992年,第984页。
② 周绍良、赵超编:《唐代墓志汇编》,上海古籍出版社,1992年,第1417页。

入唐高句丽、百济移民社会生活研究
——以出土碑志为视角

公元618年唐朝建立，位于朝鲜半岛北部的高句丽及东南部的百济随即派使节前来与唐朝建立朝贡册封关系。7世纪中叶，朝鲜半岛三国纷争不断，后起的位于半岛西南部的新罗利用自己的发展优势，采取远交近攻的策略，与唐朝建立了藩属同盟关系。历史问题、对朝鲜半岛的统治方式、双方滞留人口归还及统治理念的不同，导致唐与高句丽、百济产生一系列矛盾。为了重建以中原王朝为中心的东亚世界秩序，645年唐太宗亲征高句丽，随后又派军队三次征伐，俘获、迁徙辽东一带大量人口回归中原。660年8月，唐联合新罗灭亡百济，668年又灭了高句丽，新罗最终完成了朝鲜半岛的统一。战争期间，难以计数的高句丽、新罗的王族、大臣、将领及百姓长途跋涉迁徙至唐朝内地。目前，中国境内发现的唐代朝鲜半岛移民碑志志主以高句丽、百济人为主。故本文的研究即着眼于流寓唐王朝的高句丽、百济人群体。

目前，学界有关唐代朝鲜半岛的研究，多据有限的传世文献如《旧唐书》《新唐书》《资治通鉴》《册府元龟》等，着力于唐与高句丽、百济、新罗的文化交流问题。20世纪20年代以来，唐代流寓中国大陆的高句丽、百济人碑志陆续被发现并整理、刊布，这不仅弥补了文献阙佚，也为探究入唐高句丽、百济人的日常起居、政治活动、文教生活、婚姻交游等问题提供了可能。最早以洛阳北邙一带出土的高句丽、百济移民墓志为研究对象进行跋证考辨的为著名金石学者罗振玉先生[1]，随后拜根兴[2]、苗威[3]、姜清波[4]等学者也结合出土墓志对入唐朝鲜半岛移民的生活状况进行了系统阐述，此外还有以中原地区移民个体或家族墓志为对象进行考辨的一些论文[5]，内容涉及移民数量、移民安置、移民活动及与中原汉族人民的融合等问题。韩国、日本方面的相关研究包括对朝鲜半岛移民个案或移民流向的分析，以及移民对东北亚国家

---

[1] 罗振玉：《唐代海东藩阀志存》，《石刻史料新编》第二辑，台北新文丰出版公司，1979年，第11515～11534页。

[2] 拜根兴：《唐代高丽百济移民研究：以西安洛阳出土墓志为中心》，中国社会科学出版社，2012年。

[3] 苗威：《高句丽移民研究》，吉林大学出版社，2011年。

[4] 姜清波：《入唐三韩人研究》，暨南大学出版社，2010年。

[5] 张福有、赵振华：《洛阳、西安出土北魏与唐高句丽人墓志及泉氏墓地》，《东北史地》2005年第4期；拜根兴：《高句丽遗民高足西墓志铭考释》，《碑林集刊》（9），陕西人民美术出版社，2003年，第27～35页；董延寿、赵振华：《洛阳、鲁山、西安出土的唐代百济人墓志探索》，《东北史地》2007年第2期。

间政治、文化关系及社会状况的影响探讨等①。本文在已有研究的基础上，以中国大陆现已发现的37方入唐高句丽、百济人碑志为主②，结合传世史料，对入唐高句丽、百济人的政绩及社会地位、文教及其精神生活状况、平民及下层民众的生活、婚姻交游及其汉化倾向等问题做以系统论述，并以"人"为切入点，重新审视唐与朝鲜半岛的关系。

一、入唐高句丽、百济人的政绩和社会地位

据史籍记载，高句丽、百济人"有气力，习战斗"③，勇悍尚武。在唐王朝"绥之以德"④"爱之如一"⑤的民族政策下，内迁的高句丽、百济人充分发挥了军事上的杰出才能，涌现出一大批著名的军事将领，仅列入《新唐书·诸夷蕃将列传》的就有高句丽人泉男生、泉献诚和百济人黑齿常之，此外还有单独列传的高句丽人高仙芝等⑥。他们以军功获得勋爵，并为安定唐王朝的边境，促进唐王朝与朝鲜半岛的政治文化交流及重建东北亚的新秩序做出了重要贡献。

据史载，在灭亡高句丽、百济的战争及战后对辽东移民安置的过程中，入唐高句丽、百济人发挥了不可替代的重要作用。泉男生为高句丽莫离支⑦泉盖苏文之子，据《旧唐书·东夷列传》："盖苏文死，其子男生代为莫离支，与其弟男建、男产不睦，各树朋党，以相攻击。"⑧泉男生因兄弟内讧而降附唐王朝，唐廷命左骁卫大将军契苾何力等前往接应，并"遥

---

① 如〔韩〕金贤淑：《中国所在高句丽遗民的动向》，《韩国古代史研究》2001年第23期；〔韩〕李文基：《百济黑齿常之父子墓志铭检讨》，《韩国学报》1991年第64期；〔日〕内藤隽辅：《唐代朝鲜半岛遗民的活动》，《朝鲜史研究》，京都大学东洋史研究会会刊，1962年。

② 包括高句丽人和高句丽化汉人墓志26方，分别为泉男生、泉男产、泉献诚、泉毖、高性文、高慈、高震、高震女儿高氏、高玄、高足酉、高钦德、高远望、高德、王景曜、李怀、豆善福、李他仁、高木卢、李仁德、似先义逸、高铙苗、南单德、高牟、高乙德、高提昔、李隐之墓志；百济人墓志11方，分别为扶余隆、黑齿常之、黑齿俊、难元庆、祢寂进、虢王妃扶余氏、祢素士、祢仁秀、祢军、陈法子墓志和勿部珣功德记。另外，董延寿、赵振华先生曾将出土于西安的诺思计墓志归为入唐百济人墓志，从志文看其志主族属并不能确定，本文暂不收入。

③ （晋）陈寿：《三国志》卷三十《乌丸鲜卑东夷传》，中华书局，1959年，第844页。

④ （宋）司马光：《资治通鉴》卷一九八《唐纪十四·太宗贞观二十二年》，中华书局，1956年，第6253页。

⑤ （宋）司马光：《资治通鉴》卷一九八《唐纪十四·太宗贞观二十一年》，中华书局，1956年，第6247页。

⑥ （宋）欧阳修、宋祁：《新唐书》卷一三五《列传第六十》，中华书局，1975年，第4576～4579页。

⑦ 莫离支一职，即《旧唐书》卷一九九上《东夷列传·高丽》载"犹中国兵部尚书兼中书令职也"，中华书局，1975年，第5322页。

⑧ （后晋）刘昫等：《旧唐书》卷一九九上《东夷列传·高丽》，中华书局，1975年，第5327页。

拜公特进，太大兄如故，平壤道行军大总管兼使持节安抚大使领本蕃兵"①。之后泉男生与唐军里应外合，"与李勣攻平壤，使浮屠信诚内间，引高丽锐兵潜入，禽高藏"②。泉男生墓志文载其"风驱电激，直临平壤之城"③即是指他在灭亡高句丽的战争中立下的汗马功劳。

史载，上元三年（676年）二月，因高句丽余众的反叛，唐王朝将原置于高句丽故地的安东都护府移至辽东故城④（今辽宁省辽阳市）；次年二月，又移治于新城（今辽宁省抚顺市高尔山山城），"仍令（泉男生）特进充使镇府"⑤。而墓志称总章元年（668年）诏命泉男生"右卫大将军，进封卞国公，食邑三千户，特进勋官如故"，于仪凤二年（677年）"奉敕存抚辽东，改置州县"⑥。文献与墓志相对照，可知泉男生应在新移治的安东都护府担任类似都护的职位。而彼时高句丽末代王高藏也被遣于辽东⑦，辽东都督在当时应是受辖于安东都护的，据此可推测唐王朝应利用了高句丽王族高氏与权臣泉氏之间的微妙关系使其彼此牵制。同时，百济太子扶余隆入唐后，于仪凤二年被唐封为"熊津都督，封带方王，亦遣归安辑百济余众"⑧。扶余隆墓志载因"马韩余烬，狼心不悛"而"以君为熊津都督，封百济郡公，仍为熊津道总管兼马韩道安抚大使"⑨即应指此事。高句丽、百济王族及权臣不仅在其故地享有威望，而且他们降附唐王朝时有大量的蕃众追随。如泉男生归降唐朝时"率国内等六城十余万户，书籍辕门"⑩；苏定方攻破百济时，"（黑齿）常之以所部降"⑪。出于对高句丽、百济将酋原先地位的尊重以及对其在本蕃中政治影响的考量，唐王朝多根据其在故地族望的高低而授职并委以安辑旧部的任务，这也正是唐王朝出于"以蕃统蕃""以夷制夷"政策的战略考虑。

---

① 《大唐故特进行右卫大将军兼检校右羽林军仗内供奉上柱国卞国公赠并州大都督泉君（男生）墓志铭并序》，《北京图书馆藏中国历代石刻拓本汇编》（第16册），中州古籍出版社，1989年，第120页。

② （宋）欧阳修、宋祁：《新唐书》卷一一〇《诸夷蕃将列传》，中华书局，1975年，第4124页。

③ 《大唐故特进行右卫大将军兼检校右羽林军仗内供奉上柱国卞国公赠并州大都督泉君（男生）墓志铭并序》，《北京图书馆藏中国历代石刻拓本汇编》（第16册），中州古籍出版社，1989年，第120页。

④ （后晋）刘昫等：《旧唐书》卷五《本纪第五·高宗下》，中华书局，1975年，第101页。

⑤ （宋）王溥：《唐会要》卷七三《安东都护府》，中华书局，1955年，第1318页。

⑥ 《大唐故特进行右卫大将军兼检校右羽林军仗内供奉上柱国卞国公赠并州大都督泉君（男生）墓志铭并序》，《北京图书馆藏中国历代石刻拓本汇编》（第16册），中州古籍出版社，1989年，第120页。

⑦ 《旧唐书》卷一九九上《东夷列传·高丽》载："仪凤中，高宗授高藏开府仪同三司、辽东都督，封朝鲜王，居安东，镇本蕃为主。"（中华书局，1975年，第5328页）；《新唐书》卷二二〇《东夷列传·高丽》载："仪凤二年，授藏辽东都督，封朝鲜郡王，还辽东以安余民，先编侨内州者皆原遣，徙安东都护府于新城。"（中华书局，1975年，第6198页）。

⑧ （宋）司马光：《资治通鉴》卷二百二《唐纪十八·高宗仪凤二年》，中华书局，1956年，第6382、6383页。

⑨ 《大唐故光禄大夫行太常卿使持节熊津都督带方郡王扶余君（隆）墓志》，《洛阳出土历代墓志辑绳》，中国社会科学出版社，1991年，第373页。

⑩ 《大唐故特进行右卫大将军兼检校右羽林军仗内供奉上柱国卞国公赠并州大都督泉君（男生）墓志铭并序》，《北京图书馆藏中国历代石刻拓本汇编》（第16册），中州古籍出版社，1989年，第120页。

⑪ （宋）欧阳修、宋祁：《新唐书》卷一一〇《诸夷蕃将列传》，中华书局，1975年，第4121页。

除了对追随移民进行安抚，入唐高句丽、百济将领还在唐王朝征讨边叛的战役中起到了关键性的作用。高慈在万岁通天元年（696年）五月随父高性文共同讨伐契丹，"缘破契丹功，授壮武将军、行左豹韬卫翊府郎将"①；后契丹卷土重来，高性文父子皆为契丹军所俘，因英武不屈，最终死于磨米城（今辽宁省本溪市边牛村高丽山城），忠贞可鉴。高性文墓志铭三处引用皇帝诏敕，诏令将高性文父子"令编入史"，"令准式例葬"，显示了唐王朝对高氏父子为唐朝捐躯壮举的表彰。著名百济籍将领黑齿常之也曾多次参与唐朝抗击边境叛乱的战事。据黑齿常之墓志文记载，仪凤年间黑齿常之在随李敬玄、刘审礼击伐吐蕃的过程中，面对唐军败退、"诸将莫不忧惧"的局面，黑齿常之"独立高岗之功，以济其难，转左武卫将军，代敬玄为大使"②。史籍对此事记载的更为详尽："审礼败，敬玄欲引还，阻泥沟，兵不得出，贼屯高压官军。常之夜率敢死士五百人掩其营，杀掠数百人，贼酋跛地设弃军走。帝叹其才，擢左武卫将军，检校左羽林军，赐金帛殊等。进为河源军副使。"③黑齿常之因此大著功勋、声震河湟。垂拱二年（686年），面对突厥阿史那骨笃禄的屡次进犯，唐王朝派善战的黑齿常之前去讨伐，墓志文简略记载了此事："骨卒禄，狂贼也，既不睹其微；……南静淮海，北扫旄头，并有力焉，故威声大振。制曰：……可封燕国公，食邑三千户。"④史籍对此次战争的记载也很详细："命常之率兵拒之。蹀至两井，忽逢贼三千余众，常之见贼徒争下马著甲，遂领二百余骑，身当先锋直冲，贼遂弃甲而散。俄顷，贼众大至。及日将暮，常之令伐木，营中燃火如烽燧，时东南忽有大风起，贼疑有救兵相应，遂狼狈夜遁。以功进封燕国公。"⑤这也证明了黑齿常之非比寻常的军事才能。

少数民族将领不仅在安辑旧地移民、绥靖边叛等事务中发挥了不可替代的作用，随着他们在唐日久，还逐渐参与到中原王朝内部的政治活动中来。如黑齿常之曾参与平定李敬业⑥叛乱。光宅元年（684年）九月丁丑，李敬业等人以匡复庐陵王为号召发动扬州兵变。黑齿常之墓志文云："徐敬业，逆贼也，又不量其力。南静淮海，北扫旄头，并有力焉，故威声大振。"⑦"南静淮海"即指其参与讨伐李敬业叛乱。据《资治通鉴》载，是年十一月，

---

① 《大周故壮武将军行左豹韬卫郎将赠左玉钤卫将军高公（慈）墓志铭并序》，《北京图书馆藏中国历代石刻拓本汇编》（第18册），中州古籍出版社，1989年，第178页。

② 《大周故左武威卫大将军检校左羽林军赠左玉钤卫大将军燕国公黑齿府君（常之）墓志文并序》，《北京图书馆藏中国历代石刻拓本汇编》（第18册），中州古籍出版社，1989年，第152页。

③ （宋）欧阳修、宋祁：《新唐书》卷一一〇《诸夷蕃将列传》，中华书局，1975年，第4121页。

④ 《大周故左武威卫大将军检校左羽林军赠左玉钤卫大将军燕国公黑齿府君（常之）墓志文并序》，《北京图书馆藏中国历代石刻拓本汇编》（第18册），中州古籍出版社，1989年，第152页。

⑤ （后晋）刘昫等：《旧唐书》卷一〇九《黑齿常之传》，中华书局，1975年，第3295页。

⑥ 李敬业，李勣之孙，李勣本名徐世勣，唐高祖赐其姓李。李敬业反武氏，兵败，复本姓，故史籍又称徐敬业。

⑦ 《大周故左武威卫大将军检校左羽林军赠左玉钤卫大将军燕国公黑齿府君（常之）墓志文并序》，《北京图书馆藏中国历代石刻拓本汇编》（第18册），中州古籍出版社，1989年，第152页。

"以左鹰扬大将军黑齿常之为江南道大总管,讨敬业"①,这可与志文相互印证。此外,据南单德墓志记载,故饶阳郡王、高句丽移民南单德虽非王室贵胄,但不仅在讨伐契丹和奚的离乱中立下战功,而且在安史之乱中"常怀本朝""领众归降",最终得以蒙授"开府仪同三司、左金吾卫大将军"这样的高级官阶,也可看出唐廷对于蕃地将领"每思报主,愿竭悃诚"②的表彰。

武则天时期流寓唐王朝的高句丽、百济人在维护武周政权的政治稳定方面也做出了突出贡献。突出的例子是高句丽、百济人积极参与天枢的建造。武则天为扩大武周政权的影响,在神都(洛阳)皇城端门外建造天枢。出土墓志文载天授二年(691年)二月,泉献诚"奉敕充检校天枢子来使,兼于玄武北门押运大仪铜等事"③。参与天枢建造反映了泉氏家族在当时仍然具有极高的政治地位。但因酷吏来俊臣"秉弄刑狱,恃摇威势,乃密于公处求金帛宝物,公恶以贿交,杜而不许"④,泉献诚最终被诬以谋反罪处死。此外,入唐高句丽籍将领高足酉也参与了天枢的建造。高足酉墓志中有大段的文字描述天枢形状、特征,约占墓志铭文总字数的7.1%⑤。天枢建造完成后,高足酉被封为"高丽蕃长,渔阳郡开国公,食邑二千户"⑥。并且高足酉之子名为"帝臣",也表明其家族对唐廷的不贰忠心。入唐高句丽人参与天枢建造,不仅是因为武则天借重蕃望彰显武周盛世的政治用意,而且也表明入唐高句丽、百济人经过二十余年的中国生活,已经适应了唐朝的政治生存环境,因此才能够参与到武则天"以周代唐"的政治活动中去。

流寓唐地的高句丽、百济人甚至还参与唐王朝的宫廷政变。根据唐处士弘农杨坦所撰李怀墓志可知,李怀家族原为中原王朝河北赵郡赞皇李氏的一脉,因"晋氏东伐,随军桑沼"⑦而寓居辽东。唐太宗亲征高句丽时,太宗"访晋尚书令李公(指李怀的十世祖李胤)之后,金日末孙敬在。帝许大用,尽室公行,爰至长安"⑧,可知李怀为已经高句丽化的汉

---

① (宋)司马光:《资治通鉴》卷二〇三《唐纪十九·则天后光宅元年》,中华书局,1956年,第6429页。
② 《大唐故饶阳郡王南公(单德)墓志铭》,《西安碑林博物馆新藏墓志续编》,陕西师范大学出版社,2014年,第380~382页。
③ 《大周故左卫大将军右羽林卫上下上柱国卞国公赠右羽林卫大将军泉君(献诚)墓志铭并序》,《唐代墓志汇编》,上海古籍出版社,1992年,第985页。
④ 《大周故左卫大将军右羽林卫上下柱国卞国公赠右羽林卫大将军泉君(献诚)墓志铭并序》,《唐代墓志汇编》,上海古籍出版社,1992年,第985页。
⑤ 拜根兴:《高句丽遗民高足酉墓志铭考释》,《碑林集刊》(9),陕西人民美术出版社,2003年,第33页。
⑥ 《大周故镇军大将军高君(足酉)墓志铭并序》,《洛阳新获墓志》,文物出版社,1996年,第40页。
⑦ 《大唐故云麾将军行左龙武军翊府中郎将赵郡李公(怀)墓志铭并序》,《千唐志斋藏志》,文物出版社,1984年,第821页。
⑧ 《大唐故云麾将军行左龙武军翊府中郎将赵郡李公(怀)墓志铭并序》,《千唐志斋藏志》,文物出版社,1984年,第821页。

人。据李怀墓志文载，唐玄宗平定韦氏之乱中，李怀"告难皇邸，剪除无遗，国祚中兴，实赖先觉"。因其突出的贡献，平乱之后赐拜"游击将军行右卫扶风郡积善府左果毅，仍留长上"①。

此外，高句丽、百济籍将领作为蕃将参与唐王朝内外军事、政治事务的过程中，职位的授受、选调等也体现出与汉人将领的极大一致性。如百济移民祢素士便与众多唐代官员子弟一样，以恩荫入官，且因其父职而迁转迅速。据祢素士墓志记载，祢素士之父祢寔进"入朝为归德将军、东明州刺史、左威卫大将军"，祢素士"以父资入侍"，"年十五，授游击将军、长上"；长安三年（703年），任清夷军副使，寻加"来远郡公（正二品）"，承袭其父祢寔进"来远县开国子"的爵位。神龙元年（705年），祢素士被授予"左武卫将军"②，列秩三品。唐代被授予此勋爵的还有百济籍大将黑齿常之等，由此也可以看出祢氏一族在百济亦绝非等闲。

通过对入唐高句丽、百济人的政绩及社会地位的分析，可以看出入唐高句丽、百济将领的职守基本上与汉族将领无异，他们共同肩负着内讨携离、外抗强蕃的重任。同时，现已发现的高句丽、百济移民墓志多为原蕃国的王室和贵族成员，在蕃国遗民中仍有强大的社会影响力，唐王朝还在"以夷制夷"指导思想下对其灵活任用、调遣，使其绥抚旧地移民、征讨边叛，而高句丽、百济籍将领"勇决习战"③与对唐政权的忠顺也是其受到重用的重要原因。《新唐书·诸夷蕃将列传》称"夷狄性悍固，其能知义所在者，鸷挺不可迁"，认为蕃将"皆一其志，无有顾望，用能功绩光明，为天子倚信"④。入唐高句丽、百济将领也正是因其"忠孝兼极，至性高于二连；义勇俱申，遗烈存于九死"⑤，从而受到唐王朝的倚重。而唐王朝在任用蕃将上不拘出身、委之以"心膂之任"⑥的纳异气魄，也是蕃将"无有顾望"的重要原因，这些都为唐王朝"四海宁一"⑦盛世局面的出现奠定了坚实的基础。此外，唐朝初期，入唐高句丽、百济将领所立功勋多是在军事征伐方面，但在高宗朝之后，尤其是武周时期至玄宗朝，高句丽、百济人从单纯的率军征讨逐渐转变为参与唐王朝的政治博弈，甚至还参与重要的宫廷政变，这也体现了高句丽、百济人在唐王朝政局变化中的角色转变。

---

① 《大唐故云麾将军行左龙武军翊府中郎将赵郡李公（怀）墓志铭并序》，《千唐志斋藏志》，文物出版社，1989年，第821页。

② 张全民：《新出唐百济移民祢氏家族墓志考略》，《唐史论丛》（第14辑），陕西师范大学出版社，2012年，第53、54页。

③ （宋）司马光：《资治通鉴》卷二一六《唐纪三十二·玄宗天宝六载》，中华书局，1956年，第6889页。

④ （宋）欧阳修、宋祁：《新唐书》卷一一〇《诸夷蕃将列传》，中华书局，1975年，第4130页。

⑤ 《大周故壮武将军行左豹韬卫将赠左玉钤将军高公（慈）墓志铭并序》，《北京图书馆藏中国历代石刻拓本汇编》（第18册），中州古籍出版社，1989年，第178页。

⑥ 马驰：《唐代蕃将》，三秦出版社，1990年，第6页。

⑦ （宋）欧阳修、宋祁：《新唐书》卷二二一上《西域列传》，中华书局，1975年，第6231页。

二、入唐高句丽、百济移民的文教和精神生活状况

朝鲜半岛因地缘优势，自古以来深受汉文化的影响，素有浓厚的文教氛围。《旧唐书》载，高句丽人"俗爱书籍，至于衡门厮养之家，各于街衢造大屋，谓之扃堂。子弟未婚之前，昼夜于此读书习射。其书有《五经》及《史记》《汉书》，范晔《后汉书》《三国志》，孙盛《晋春秋》《玉篇》《字统》《字林》，又有《文选》，尤爱重之"[①]；百济国"其书籍有五经、子、史，又表疏并依中华之法"[②]，且"俗尚骑射，读书史"[③]。入唐高句丽、百济移民也表现出较为普遍的向学倾向，其中一部分人汉学造诣颇深。囿于资料限制，之前学界对高句丽、百济人的研究多集中在军功方面，文教和精神生活方面鲜有涉及，而从出土墓志资料却可窥见高句丽、百济移民修身读书及入唐后精神生活方面的蛛丝马迹。

据入唐高句丽、百济移民墓志文可以看出，其贵族从小便接受汉学教育，且在其成长过程中注重文武兼修。如泉男产"年始志学"[④]；黑齿常之"年甫小学，即读《春秋左氏传》及班马两史，叹曰：'丘明耻之，丘亦耻之，诚吾师也，过此何足多哉？'"[⑤]据此可推知黑齿常之家族深受儒家文化的浸染。泉毖墓志称其"夫温良恭俭，人之本也；诗书传易，教之宗也"，"其有总百行之懿，禀两仪之正性，吐纳和气，佩服礼经，体仁义以立身，蕴忠贞而行已"[⑥]，体现了高句丽移民崇儒尚礼的风尚。前述黑齿常之在长年征战沙场的环境下仍坚持"枕藉经书，有祭遵之樽俎"[⑦]；高钦德被赞以"文武洞达，识弘智深。文能济时，武可攻乱"[⑧]，其子高远望亦"礼乐特达，允武允文"[⑨]；百济太子扶余隆"雅好文词，尤玩经籍；慕贤才如不及，比声利于游尘"[⑩]，强调其文武双修、慕义轻利。可见高句丽、百济人在故

---

① （后晋）刘昫等：《旧唐书》卷一九九上《东夷列传·高丽》，中华书局，1975年，第5320页。
② （后晋）刘昫等：《旧唐书》卷一九九上《东夷列传·百济》，中华书局，1975年，第5329页。
③ （唐）魏征、令狐德棻：《隋书》卷八一《东夷列传·百济》，中华书局，1973年，第1818页。
④ 《大周故金紫光禄大夫行营缮大匠上护军辽阳郡开国公泉君（男产）墓志铭并序》，《洛阳出土历代墓志辑绳》，中国社会科学出版社，1991年，第411页。
⑤ 《大周故左武威卫大将军检校左羽林军赠左玉钤卫大将军燕国公黑齿府君（常之）墓志义并序》，《北京图书馆藏中国历代石刻拓本汇编》（第18册），中州古籍出版社，1989年，第152页。
⑥ 《唐故宣德郎骁骑尉淄川县开国子泉君（毖）志铭》，《洛阳出土历代墓志辑绳》，中国社会科学出版社，1991年，第506页。
⑦ 《大周故左武威卫大将军检校左羽林军赠左玉钤卫大将军燕国公黑齿府君（常之）墓志文并序》，《北京图书馆藏中国历代石刻拓本汇编》（第18册），中州古籍出版社，1989年，第152页。
⑧ 《唐右武卫将军高府君（钦德）墓志铭并序》，《唐代墓志汇编》，上海古籍出版社，1992年，第1416页。
⑨ 《唐故安东副都护高府君（远望）墓志铭并序》，《洛阳新获墓志续编》，科学出版社，2008年，第410页。
⑩ 《大唐故光禄大夫行太常卿使持节熊津都督带方郡王扶余君（隆）墓志》，《洛阳出土历代墓志辑绳》，中国社会科学出版社，1991年，第373页。

国时已经有很强的读书修身意识，并且这种意识被入唐移民及移民后裔较好地继承、保留下来，这还与唐代社会文教政策有关。此外，泉毖墓志称泉毖"加以强学请益，休誉日新，韬铃遁甲之书，风角鸟情之术，莫不研幽洞奥，精迹探微"①，可知高句丽移民在读书时涉猎广泛，除了重视儒家文化，还热衷于道家学说。唐代科举繁盛，社会向学之风浓厚，"五尺童子耻不言文墨焉"②，入唐高句丽、百济移民浸染于这种社会风气，高度认同儒家思想文化。此外，据发现的墓志资料，有关读书生活等方面的记载几乎都出现于高句丽、百济贵族移民的墓志中，而数量庞大的高句丽、百济平民的文教情况则无从考证，这还有待新考古资料的发现与公布。

除了文教情况，墓志资料还为我们探究入唐高句丽、百济移民的精神世界提供了宝贵资料。归附唐廷的高句丽、百济人尤其是第一代移民，因故国不再、流寓异乡，思怀故土之情难以言表。如泉男产墓志记载"故国途遥，精车何日"，"辽阳何许，故国伤心；钟仪永恨，庄舄悲吟"③，反映了泉男产对故国的深切思念。泉男产墓志中"晨趋北阙，间簪笔于夔龙；夕宿南邻，杂笙歌于近韵"④的描写，表现了泉男产归降唐廷后独善其身、不愿干预政事的散淡心态。高钦德墓志称高钦德"乃羲黄上人"⑤，"羲黄上人"又称"羲皇上人"，指伏羲氏以前生活闲适、恬淡的人，暗指高钦德秉性惇质、向往隐逸生活的心态。陈法子墓志中志文作者在铺叙世系时曾称百济为"本邦"，但在铭辞中称"辽海为乡"的同时又以归唐高句丽化汉人的态度感叹"久客无归，异邦有寓"⑥，这种前后矛盾的表述也透露出归唐高句丽化汉人在入唐之初对民族身份认同的疑虑与困惑。

作为亡国遗民，可能是出于多方面的考虑，在唐王朝的政治生活中，高句丽、百济移民多秉持谨慎、低调的处世态度，这种态度在墓志铭文的书写中也有较隐晦的流露。

首先，墓志文表现出对志主婚配、子嗣、书撰者等情况模糊化处理的倾向。在本文收集的37方入唐高句丽、百济移民的碑志中，对志主的婚配、子嗣均有交代的仅有12方，对此不着一墨的有9方。排除归唐高句丽化汉人和代际不明者，明确载录婚配及子嗣讯息的均为入唐高句丽、百济的第三、第四代移民（见表1）。除了第一、第二代移民在故国可能已经婚配或出于某种原因不予书写外，也不排除志主及其后裔刻意隐瞒家族成员的可能。虽然唐王朝（包括武

---

① 《唐故宣德郎骁骑尉淄川县开国子泉君（毖）志铭》，《洛阳出土历代墓志辑绳》，中国社会科学出版社，1991年，第506页。

② （唐）杜佑：《通典》卷一五《选举三·历代制下》，中华书局，1988年，第358页。

③ 《大周故金紫光禄大夫行营缮大匠上护军辽阳郡开国公泉君（男产）墓志铭并序》，《洛阳出土历代墓志辑绳》，中国社会科学出版社，1991年，第411页。

④ 《大周故金紫光禄大夫行营缮大匠上护军辽阳郡开国公泉君（男产）墓志铭并序》，《洛阳出土历代墓志辑绳》，中国社会科学出版社，1991年，第411页。

⑤ 《唐右武卫将军高府君（钦德）墓志铭并序》，《唐代墓志汇编》，上海古籍出版社，1992年，第1416页。

⑥ 《武周明威将军守右卫龙亭府折冲都尉陈法子墓志》，《大唐西市博物馆藏墓志》，北京大学出版社，2012年，第122页。

周时期)对入唐高句丽、百济人优赐甚厚,但汉人朝臣对于高句丽、百济移民的警惕一直没有消除,高句丽王高藏谋叛的阴影尚存,这一点也显然被高句丽、百济移民人士所察觉。如武周天授年间,"则天尝内出金银宝物,令宰相及南北衙文武官内择善射者五人共赌之",泉献诚虽被推为第一,但他辞让不受,奏曰:"陛下令简能射者五人,所得者多非汉官。臣恐自此已后,无汉官工射之名,伏望停寝此射。"武后"嘉而从之"①。可知高句丽将领骁勇、显贵如泉献诚者,仍须谨慎处世。泉献诚后来被诬以谋反罪处死、百济将领黑齿常之被酷吏周兴诬陷谋反而自缢身亡②等实例,说明武周时期酷吏的严苛与对谋叛之罪的警觉,都可能使高句丽、百济移民出于安全考虑尽量隐藏自己的家族状况。在志文中提及子嗣的如投诚唐朝的高句丽移民高足西,也仅仅以"嗣子帝臣"一笔带过,对妻室及子嗣的仕宦等只字不提,行文亦十分隐讳,可能也是出于安全的考虑。

表1　入唐高句丽、百济移民墓志基本情况统计表

祖籍	代次	志主	志文所述籍贯	婚配	子嗣	墓志出土地	资料来源
高句丽	第一代	高乙德	卞国东部人	——	——	西安杜陵附近	葛继勇:《新出高乙德墓志与高句丽末期的内政外交》,《郑州大学学报(哲学社会科学版)》2016年第1期
		高性文(讳质字性文)	辽东朝鲜人		左玉钤卫大将军高慈、"有子右玉钤卫大将军鞠仁"	洛阳北邙山	《全唐文补遗·千唐志斋新藏专辑》,第79页
		高足西	辽东平壤人	——	"嗣子帝臣"	伊川县平等乡楼子沟村	《洛阳新获墓志》,第40页
		泉男生	辽东平壤人		"哀子卫尉寺卿献诚"	洛阳孟津县东山岭头村	《北京图书馆藏中国历代石刻拓本汇编》(第16册),第120页
		泉男产	辽东朝鲜人			洛阳孟津县刘坡村	《洛阳出土历代墓志辑绳》,第411页
		高牟	安东人	——	——	洛阳	楼正豪:《新见唐高句丽遗民〈高牟墓志铭〉考释》,《唐史论丛》(第18辑)
		高玄	辽东三韩人			河南孟津县后李村	《千唐志斋藏志》(上册),第397页

---

① (后晋)刘昫等:《旧唐书》卷一九九上《东夷列传·高丽》,中华书局,1975年,第5328页;(宋)欧阳修、宋祁:《新唐书》卷一一〇《诸夷蕃将列传》,中华书局,1975年,第4124页。

② (宋)欧阳修、宋祁:《新唐书》卷一一〇《诸夷蕃将列传》,中华书局,1975年,第4122、4124页。

续表

祖籍	代次	志主	志文所述籍贯	婚配	子嗣	墓志出土地	资料来源
高句丽	第一代	高木卢	渤海蓨人	—	"嗣子左领军卫京兆府□□府折冲都尉、杖内供奉、借绯、长上、上柱国履生等"	陕西西安东郊郭家滩	《唐代墓志汇编续集》，第520页
		高铙苗	辽东人	—	—	西安城南	张彦：《唐高丽遗民〈高铙苗墓志〉考略》，《文博》2010年第5期
	第二代	高提昔	国内城人	丈夫泉府君	—	西安东郊龙首原	王其祎、周晓薇：《国内城高氏：最早入唐的高句丽移民——新发现唐上元元年〈高泉府君夫人高提昔墓志〉释读》，《陕西师范大学学报（哲学社会科学版）》2013年第3期
		高慈	朝鲜人	—	"有子崇德，奉制袭父左豹韬卫翊府郎将"	洛阳北邙山	《北京图书馆中国历代石刻拓本汇编》（第18册），第178页
		泉献诚	其先高勾骊国人	—	"其男武骑尉、柳城县开国男玄隐""有子玄隐、玄逸、玄静"	洛阳孟津县东山岭头村	《唐代墓志汇编》（上），第984、985页
	第三代	高钦德	渤海人	"夫人太原王氏、河南程氏"	"嗣子崇节"、远望	洛阳	《唐代墓志汇编》（下），第1416页
		南单德	生居平壤长辂□东	"夫人兰陵萧氏"	"嗣子珍贡""夫人□女，长未初笄"	西安灞桥区红旗乡	《西安碑林博物馆新藏墓志续编》，第380~382页
		高震	渤海人	"郯国夫人真定侯氏"	"嗣子朝请大夫深泽令叔秀"	洛阳	《洛阳出土历代墓志续编》，第1814页
	第四代	泉毖	京兆万年人	"太子詹事、太原公王暐之子婿"	—	洛阳孟津县东山岭头村	《唐代墓志汇编》（下），第506页
		高远望	先殷人	—	"嗣子岩、嵩等"	洛阳	《洛阳新获墓志续编》，第141页
		高震女儿	渤海人	"以配唐州慈丘县长邵公陕之室焉"	"嗣子太福、太初、太虚等五人"	洛阳市伊川县白元乡土门村	《洛阳新获墓志》，第81页

续表

祖籍	代次	志主	志文所述籍贯	婚配	子嗣	墓志出土地	资料来源
百济	第一代	祢军	熊津嵎夷人	——	——	西安	王连龙：《百济人〈祢军墓志〉考论》，《社会科学战线》2011年第7期
		扶余隆	百济辰朝人	——	——	洛阳	《洛阳出土历代墓志辑绳》，第373页
		祢寔进	百济熊川人	——	——	西安	董延寿、赵振华：《洛阳、鲁山、西安出土的唐代百济人墓志探索》，《东北史地》2007年第2期
		陈法子	熊津西部人	——	"嗣子神山府果毅龙英"	洛阳	《大唐西市博物馆藏墓志》，第122页
		黑齿常之	百济人	——	"长子俊"	洛阳北邙山南麓	《北京图书馆藏中国历代石刻拓本汇编》（第18册），第152页
	第二代	祢素士	楚国琅琊人	——	"子仁秀、仁徽、仁杰、仁彦、仁俊等"	西安	张全民：《新出唐百济移民祢氏家族墓志考略》，《唐史论丛》（第14辑）
		黑齿俊	——	——	——	洛阳北邙山南麓	《北京图书馆藏中国历代石刻拓本汇编》（第20册），第33页
	第三代	难元庆	其先即黄帝之宗也，扶余之尔类焉	"夫人丹徒县君甘氏"	"男□□□"	河南鲁山县张店乡	《新中国出土墓志·河南卷》（壹）下册，219页
		祢仁秀	曾祖祢善为东汉平原处士之后	"大人河南□干氏"	"一男两女""其子曰适"	西安	张全民：《新出唐百济移民祢氏家族墓志考略》，《唐史论丛》（第14辑）
		虢王妃扶余氏	本东方之贵世	丈夫虢王李邕	"有子五人"	陕西省富平县李邕墓	张蕴、汪幼军：《唐〈故虢王妃扶余氏墓志〉考》，《碑林集刊》十三，第95、96页

注：1.本表所述代次依据葛剑雄先生主编《中国移民史》以出生地划分移民与移民后裔的观点；2.目前所见入唐高句丽化汉人如李他仁、李隐之、李怀、王景曜、豆善富因为纯粹的高句丽移民在民族认同、婚姻等方面有一定差异，故暂不列入此表；3.入唐高句丽移民高德、似先义逸、李仁德、勿俱珣因代际不明，暂不列入此表；4.此表各代之内之序，笔者根据志文推测的志主的生年由早至晚排列

其次，墓志文对志主生平的曲笔与伪饰，对归唐前的经历等情况多缄口不言，也表现出其

对自己身世谨慎、低调的态度。如泉男生本为高句丽权臣,但泉男生墓志中并无一处提到"高丽",相关的地方均被"嵎夷旧壤""五部酋豪""三韩英杰"代替,可以看出在高句丽灭亡的十余年后,唐朝君臣对于高句丽移民的身份表述还是很谨慎的。百济灭亡后,作为达率的黑齿常之投诚唐军,但鉴于唐军"纵兵大掠"①,黑齿常之不久又逃出唐营转而参加百济的复兴运动,龙朔二年(662年)又复降唐营②。而墓志中并未记载黑齿常之降而复叛一事,这种曲笔可能已不仅是一般墓志对志主生平的伪饰,更多的是对政治生存的考量。

再次,墓志文还出现隐藏首题的特殊书写方式。百济太子扶余隆墓志首行云"公讳隆,字隆,百济辰朝人也"③,并没有唐代一般墓志常见的首题行。而在其铭文最末却另起一行题"大唐故光禄大夫行太常卿使持节熊津都督带方郡王扶余君墓志"。这种书法在唐代墓志铭中也绝少见到。考虑到扶余隆身份为"气盖三韩,名驰两貊"④的百济太子,应该不是书丹者仓促动笔或标新立异所致,是不是对志主身份刻意隐讳就不得而知了。

三、唐代高句丽、百济平民和下层民众的生活实况

墓志所见入唐的高句丽、百济移民多是埋葬于两京及附近地区的贵族显宦,而据史料可知,跟随高句丽、百济王族及将酋入附唐朝的还有数量众多的一般民众。现今出土的虽几乎都是高句丽、百济贵族的墓志,但这些贵族的墓志铭文中也透露了些微平民及下层民众的生活情况。这为我们全面了解入唐高句丽、百济移民的生活状况提供了宝贵的资料。在此将高句丽、百济平民和下层民众分为奴婢和普通兵士进行论述。

在唐灭高句丽、百济的战争中,有大量的高句丽、百济战俘被充当战利品赏赐给唐将士,成为其私人奴婢。《旧唐书》记载唐军在征伐高句丽的白崖城之战中,城主孙伐音乞降后反悔,太宗"怒其反覆,许以城中人物分赐战士"。后来白崖城再次战败复降唐军时,唐将李勣反对受降,曰:"战士奋厉争先,不顾矢石者,贪虏获耳。今城垂拔,奈何更许其降,无乃辜将士之心乎?"⑤可以看出当时作为私人奴婢的高句丽战俘已经成为唐军将士酬劳的重要组成部分。据《旧唐书·薛仁贵传》载,太宗亲征辽东时,薛仁贵骁勇奋战,因军功而获擢官并"赐生口十人"⑥,此处所赐"生口"应为朝鲜半岛遗民。《新唐书·元结传》中元结的祖父元仁基曾随太宗征伐高句丽:"以功赐宜君(根据文意此处应指元仁基)田二十顷,辽口并马牝牡各五十,拜

---

① (宋)欧阳修、宋祁:《新唐书》卷一一〇《诸夷蕃将列传》,中华书局,1975年,第4121页。
② (宋)欧阳修、宋祁:《新唐书》卷一一〇《诸夷蕃将列传》,中华书局,1975年,第4121页。
③ 《大唐故光禄大夫行太常卿使持节熊津都督带方郡王扶余君(隆)墓志》,《洛阳出土历代墓志辑绳》,中国社会科学出版社,1991年,第373页。
④ 《大唐故光禄大夫行太常卿使持节熊津都督带方郡王扶余君(隆)墓志》,《洛阳出土历代墓志辑绳》,中国社会科学出版社,1991年,第373页。
⑤ (后晋)刘昫等:《旧唐书》卷一九九上《东夷列传·高丽》,中华书局,1975年,第5324页。
⑥ (后晋)刘昫等:《旧唐书》卷八三《薛仁贵传》,中华书局,1975年,第2780页。

宁塞令（从七品下职事官），袭常山公。"①这里的"辽口"指俘获的高句丽人口。此例中从七品下的官吏便可获得五十名的高句丽奴婢，可以推知其他将领可能获得的高句丽奴婢数量更多。

除了没为私人奴婢，小部分战俘还被赦免为平民。如太宗在攻陷高句丽辽东城时，因"其中抗拒王师，应没为奴婢者一万四千人"，但太宗"愍其父母妻子一朝分散，令有司准其直，以布帛赎之，赦为百姓"②。但这种现象并不是经常发生，吕思勉曾言："俘虏没为奴婢，历代亦视为当然……则辽东之俘，获以赎免者，乃一时之特典耳。"③

部分高句丽、百济战俘还沦为官奴婢或官户，听任唐朝各级官僚机构差遣。如《旧唐书·王毛仲传》载："太宗贞观中，择官户蕃口中少年骁勇者百人，每出游猎，令持弓矢于御马前射生……谓之'百骑'。至则天时，渐加其人，谓之'千骑'，分隶左右羽林营。孝和（注：孝和为中宗皇帝死后追封的尊号，此处应指中宗执政的705年至709年）谓之'万骑'，亦置使以领之。……及玄宗为皇太子监国，因奏改左右万骑左右营为龙武军，与左右羽林为北门四军。"④可知唐廷的禁军兵员不少是从官户蕃口中挑选出来的，其中应当包含部分高句丽、百济人。且王毛仲"本高丽人"，"父游击将军职事求娄，犯事没官，生毛仲，因隶于玄宗"⑤，王毛仲即出身于官奴户家庭。官奴户中的蕃人因长于骑射，许多被选入北衙兵、龙武军等中央禁军系统。高德墓志称高德"府君祖宗，恋恩归本，属乎仗内，侍卫紫宸"⑥，据此推测高德的祖父可能在高句丽灭亡前已归附唐朝，并已经被选入禁军系统；高德本人也因平定外乱有功，擢官右武卫翊府郎将、右龙武军翊府中郎将，"虽官授外府，而身奉禁营"，可知高德也长期供职于宫廷禁军。

除了被选入禁军，还有许多高句丽、百济降户被编入地方军事系统。高玄墓志称志主高玄"以永昌元年，奉敕差令诸州简高丽兵士"⑦。唐代军事制度中，府兵按例要经常进行查点以便增补、淘汰。《唐六典》载："（卫士）皆取六品已下子孙及白丁无职役者点充。凡三年一简点。"⑧《新唐书·兵志》载："玄宗开元六年，始诏折冲府兵每六岁一简。"⑨可见"简"是当时核查士兵的词语，因此高玄墓志中"简"高句丽兵士的记载一方面说明武后时期也有"简"各州兵士的传统，另一方面也表明"在各州的高句丽兵士可能是单独集中编队的，

---

① （宋）欧阳修、宋祁：《新唐书》卷一四三《元结传》，中华书局，1975年，第4681页。
② （后晋）刘昫等：《旧唐书》卷一九九上《东夷列传·高丽》，中华书局，1975年，第5326页。
③ 吕思勉：《隋唐五代史》，上海古籍出版社，1984年，第803页。
④ （后晋）刘昫等：《旧唐书》卷一〇六《王毛仲传》，中华书局，1975年，第3252、3253页。
⑤ （后晋）刘昫等：《旧唐书》卷一〇六《王毛仲传》，中华书局，1975年，第3252页。
⑥ 《唐故右龙武军翊府中郎高府君（德）墓志铭并序》，《千唐志斋藏志》（下册），文物出版社，1984年，第798页。
⑦ 《大周故冠军大将军左豹韬卫翊府中郎将高府君（玄）墓志铭并序》，《千唐志斋藏志》（上册），文物出版社，1984年，第397页。
⑧ （唐）李林甫等撰，陈仲夫点校：《唐六典》卷五《尚书兵部·兵部尚书》，中华书局，1992年，第156页。
⑨ （宋）欧阳修、宋祁：《新唐书》卷五〇兵志，中华书局，1975年，第1326页。

而且在他们中间可能保持着高句丽的语言与习惯"①。高性文墓志称"性文下高丽妇女三人，固守城隍，与贼苦战，各赐衣服一具，并赉物卅段"②，说明危急时刻高句丽妇女也曾参与唐王朝抗击边叛的军事战斗。

《唐律疏议》规定"奴婢同于资财"③，"奴婢贱人，律比畜产"④。高句丽、百济籍奴婢及普通兵士在唐代社会地位极为低下，如唐前期汉人官员曾进言反对蕃人充入禁军，"三韩杂种，十角渠魁，勿使咫尺天颜"，应"处于交戟之外"⑤。唐玄宗天宝六年（747年），高句丽籍将领高仙芝因越级上报战况而被顶头上司夫蒙灵詧怒骂为忘恩负义的"瞰狗肠高丽奴、瞰狗屎高丽奴"，认为"据高丽奴此罪，合当斩"⑥，也印证了唐朝社会存在役使高句丽人为奴婢的现象，且当时高句丽奴婢的社会地位相当低下。

入唐高句丽、百济平民和下层民众虽然很少见于正史记载，相关碑志史料也比较罕见，但却是入唐外族人数最多的群体。他们以战俘或商人等身份移居中国，极大地丰富了唐王朝的人口构成和物质文化生活。虽然唐代高句丽、百济奴婢的地位低下，而编入中央禁军系统的高句丽、百济人中的一部分凭借其自身优秀的军事素养迅速脱颖而出，成为唐廷的重要军事将领。在唐朝鲜半岛民众逐渐融入唐人共同体的过程中，朝鲜半岛的风俗习尚也极大地丰富了唐人的社会生活。如李白诗《高句丽》"金花折风帽，白马小迟回。翩翩舞广袖，似鸟海东来"⑦，生动描绘了高句丽舞者优美、轻盈的舞姿，是朝鲜半岛移民及其文化影响、丰富汉唐文化的真实例证。

四、入唐高句丽、百济人的婚姻交游

归附唐朝的高句丽、百济人通过婚姻交游与汉族士人建立起稳固的联系。囿于有限的史传资料，以往学界对高句丽、百济移民在唐的婚姻与交游问题较少涉及，而新发现的碑志资料为我们的研究提供了新的线索和视角。

从表1可以看出，入唐第一代高句丽、百济移民在碑志中对其婚配情况绝少提及，目前所见有婚姻讯息的碑志志主多为入唐高句丽、百济移民第二代及其后嗣。本文收集到的37方碑志中，高句丽人高提昔之夫泉府君为本族人，百济人勿部珣之妻系本族人黑齿常之之女⑧，另外

---

① 赵超：《唐代墓志中所见的高句丽与百济人士》，《揖芬集——张政烺先生九十华诞纪念文集》，社会科学文献出版社，2002年，第489页。

② 《大周故镇军大将军行左金吾卫大将军赠幽州都督上柱国柳城郡开国公高公（质）墓志铭并序》，《全唐文补遗·千唐志斋新藏专辑》，三秦出版社，2006年，第80页。

③ （唐）长孙无忌等：《唐律疏议》卷四《名例律》，中华书局，1983年，第88页。

④ （唐）长孙无忌等：《唐律疏议》卷六《名例律》，中华书局，1983年，第132页。

⑤ （唐）薛元超：《全唐文》卷一五九《谏蕃官仗内射生疏》，中华书局，1983年，第1626页。

⑥ （后晋）刘昫等：《旧唐书》卷一〇四《列传第五十四》，中华书局，1975年，第3205页。

⑦ （唐）李白：《高句丽》，《全唐诗》（增订本）卷一六五，中华书局，1999年，第1711页。

⑧ 《大唐□部将军功德记》，《北京图书馆藏中国历代石刻拓本汇编》（第19册），中州古籍出版社，1989年，第97页。

祢仁秀夫人"河南□干氏"或为鲜卑族人后裔①，难元庆妻丹徒县君甘氏族属尚无法断定。除此之外，志主的配偶均为汉人。从上表亦可窥见，归唐高句丽、百济移民在第三代以后，虽然仍存在本族内部婚配，但与汉人以及归唐其他族裔通婚已经逐渐成为主流，且相较于百济移民，高句丽移民后裔似乎更易接受与汉人缔结婚姻的婚配观念。

  唐代士人婚配崇尚门第等级。受此影响，众多的入唐蕃酋多选择与汉人望族通婚，以期以姻亲血缘为纽带，跻身于中原汉人士族之林。如泉毖墓志称泉毖为"太子詹事、太原公王暐之子婿"②。太原王氏为唐太宗编订《氏族志》时所列"天下五大姓"之一，在门第观念深重的唐前期，当时的太原望族王氏将女儿嫁给泉毖表明泉氏家族在当时享有较高的社会地位。但随着寓居中国日久及代际繁衍，高句丽、百济人在日渐汉化的同时，一些家族也可能逐渐没落。据高震墓志载，高震夫人为"鄚国夫人真定侯氏"③。唐代的真定为今天的河北正定，真定侯氏一族应为汉人，在名望上不及其他唐代望族。高震虽贵为高句丽王室后裔，但其出生在中国并生活数十年之久，对高句丽族的民族认同感日渐淡薄。高震女儿高氏墓志载其"父震，定州别驾"④，可知高震生前所任最高官职为正五品职事官。而高震之子高叔秀所任"朝请大夫深泽令"⑤的官品也仅是从七品上，可知高氏家族至高震一代已不复享有王爵名号。高震女儿所嫁"唐州慈丘县长邵公陕"⑥，据《新唐书·地理志》载，唐州"本昌州舂陵郡，治枣阳。武德五年以唐城山更名唐州，九年徙治比阳。天宝元年更郡名"⑦。慈丘是其中的上县⑧，高震女婿所任慈丘县长为从六品上职事官。高震所娶为一般汉姓女子，女儿也嫁与品秩一般的汉族官吏，这一方面说明高句丽贵族在第三、四代时与汉族通婚已不挑门第高低，另一方面也表明此时高震一族可能已不再享有王室待遇。此外，高钦德墓志所记高钦德"夫人太原王氏、河南程氏"⑨，证明作为入唐高句丽的第三代移民，高钦德的两位夫人均为汉人，表明其家族已深

---

① 拜根兴：《唐代高丽百济移民研究：以西安洛阳出土墓志为中心》，中国社会科学出版社，2012年，第132页。

② 《唐故宣德郎骁骑尉淄川县开国子泉君（毖）志铭》，《洛阳出土历代墓志辑绳》，中国社会科学出版社，1991年，第506页。

③ 《唐开府仪同三司工部尚书特进右金吾卫大将军安东都护鄚国公上柱国高公（震）墓志铭并序》，《唐代墓志汇编》，上海古籍出版社，1992年，第1814页。

④ 《宣武郎唐守唐州慈丘县令邵公故夫人高氏墓志并序》，《洛阳新获墓志》，文物出版社，1996年，第81页。

⑤ 《唐开府仪同三司工部尚书特进右金吾卫大将军安东都护鄚国公上柱国高公（震）墓志铭并序》，《唐代墓志汇编》，上海古籍出版社，1992年，第1814页。

⑥ 《宣武郎唐守唐州慈丘县令邵公故夫人高氏墓志并序》，《洛阳新获墓志》，文物出版社，1996年，第81页。

⑦ （宋）欧阳修、宋祁：《新唐书》卷四〇《地理志四》，中华书局，1975年，第1031页。

⑧ （后晋）刘昫等：《旧唐书》卷四四《职官志三》，中华书局，1975年，第1921页。

⑨ 《唐右武卫将军高府君（钦德）墓志铭并序》，《唐代墓志汇编》，上海古籍出版社，1992年，第1416页。

深融入汉人社会。

除了婚姻关系，入唐高句丽、百济移民在官场中也与汉族官员有密切的交往，这一点从墓志的撰写中可以窥其一二。古代墓志的撰写可分为三种情况，"一为制度性撰文，一为亲人自撰，一为非亲请托撰文"[①]。唐代的制度性撰文指由专门的部门、人物如著作郎负责为高品级的官员或贵族撰写墓志，《新唐书·百官志》云："著作郎掌撰碑志、祝文、祭文，与佐郎分判局事"[②]。扶余隆墓志撰者云"司存有职，敢作铭云"[③]，也说明因墓主的特殊身份，志石的撰写人可能是唐王朝专差的著作郎等。而"非亲请托撰文"即请托志主的朋友、同僚、故吏、门客等代为书撰。本文收集的37方高句丽、百济人墓志明确载有撰书人的有10方，其中泉毖墓志为其父泉玄隐所撰、高钦德墓志为其孙婿徐察所撰，其他撰写人从姓氏推测应为志主家族之外的汉族人士。这些撰书人按官职高低可分为三类：第一类为宰辅和著名的书法家。如高性文墓志由韦承庆撰，韦承庆墓志载韦承庆为"京兆杜陵人"[④]，为韦思谦之子、韦嗣立之长兄，父子三人均为宰相，皆于史有传。韦承庆文辞盖世，《旧唐书·韦承庆传》称"府中文翰，皆出于承庆，辞藻之美，擅于一时"[⑤]，《全唐文》存其文七篇。《旧唐书》称韦承庆于长寿二年（693年）"累迁凤阁舍人，兼掌天官选事"[⑥]，与高性文墓志撰书者系衔相契合，可知高性文与当朝汉臣宰辅多有交往。泉男生墓志书丹者是朝议大夫行司勋郎中上骑都尉渤海县开国男欧阳通，欧阳通为初唐书法四杰之一欧阳询之子，父子齐名。《旧唐书·欧阳询传》载欧阳询"初学王羲之书，后更渐变其体，笔力险劲，为一时之绝。人得其尺牍文字，咸以为楷范焉。高句丽甚重其书，尝遣使求之"[⑦]。泉男生墓志为欧阳通书丹，表明泉氏在唐廷地位颇崇，也可以看出泉氏家族与汉族官员过往甚密。第二类为当朝官员。泉献诚墓志为朝议大夫行文昌膳部员外郎护军梁惟忠所撰，梁惟忠应为与泉献诚同朝为官者。高震墓志为高震家人以"文词见托"于献书待制杨憼[⑧]。"献书"一职不见于唐代正史，仅宋人笔记《云麓漫钞》中有唐太宗时期"拜（萧）翼'献书侯'，赐宅一区，钱币有差"[⑨]的记载，品级应不高。高性文墓志书者刘从一为前右监门长上弘农，墓志刻立于圣历三年（700年），故此刘从一为一般官吏而非史籍所载德宗朝宰相刘从一。南单德墓志撰者为薛仁贵曾孙、行秘书省著作佐郎薛

---

① 江波：《唐代墓志撰书人及相关文化问题研究》，吉林大学博士学位论文，2010年，第60页。
② （宋）欧阳修、宋祁：《新唐书》卷四七《百官志二》，中华书局，1975年，第1215页。
③ 《大唐故光禄大夫行太常卿使持节熊津都督带方郡王扶余君（隆）墓志》，《洛阳出土历代墓志辑绳》，中国社会科学出版社，1991年，第373页。
④ 《大唐故黄门侍郎兼修国史赠礼部尚书上柱国扶阳县开国子韦府君（承庆）墓志铭并序》，《唐代墓志汇编续集》，上海古籍出版社，2001年，第420页。
⑤ （后晋）刘昫等：《旧唐书》卷八八《韦思谦传》，中华书局，1975年，第2862、2863页。
⑥ （后晋）刘昫等：《旧唐书》卷八八《韦思谦传》，中华书局，1975年，第2864页。
⑦ （后晋）刘昫等：《旧唐书》卷一八九《欧阳询传》，中华书局，1975年，第4947页。
⑧ 《唐开府仪同三司工部尚书特进右金吾卫大将军安东都护郯国公上柱国高公（震）墓志铭并序》，《唐代墓志汇编》，上海古籍出版社，1992年，第1814页。
⑨ （宋）赵彦卫：《云麓漫钞》卷六，中华书局，1996年，第105页。

夔，南单德祖父南狄在薛仁贵攻破平壤城后归附唐朝，南单德曾在薛夔祖父汾阴公的率领下对抗两蕃，南氏与薛氏家族可谓交往频繁。虢王妃扶余氏墓志的撰者为朝议郎、守中书舍人梁涉，系正六品上官员。第三类为平民。高性文墓志的镌刻者宜州美原县人姚处环、常智琮、刘郎仁似为一般平民。一方墓志一般由一位石匠刻字镌花，也偶有二人分刻，高性文墓志由三人同镌则较为罕见，可以看出高性文身份不同一般。李怀墓志为处士弘农杨坦所撰，杨坦应为当时习于文辞但未入仕者，可见唐朝高句丽、百济移民与当地的汉族平民也有日常往来。此外，百济将领黑齿常之的墓志虽未载撰书人，但其序文末云"余尝在军，得参义府，感其道，颂其功，乃为铭曰"[1]，可知撰者是曾跟随黑齿常之出征并得其奖拔、熟悉其人事迹的行军长史之属，墓志铭文感情真挚、深切，可见与黑齿常之的交往之密。

通过以上分析可知，入唐高句丽、百济移民在与汉族人士长期的交往过程中，与不同阶层的汉人产生了密切联系。高句丽、百济移民不仅通过缔结婚姻与汉族俊彦建立密切关系，同朝为官时，还与上至宰辅、著名书法家，下至一般官吏乃至平民都有交往，从而建立起较广泛的社会关系网络。这不仅体现了高句丽、百济移民融入汉人社会、渴望得到汉人社会认可的努力，而且也反映了唐朝社会对高句丽、百济移民的认可与接纳，体现了唐王朝极大的包容性。

五、入唐高句丽、百济移民的汉化倾向

由于朝鲜半岛与中国大陆紧密相连、唇齿相依，自古以来交往甚繁，高句丽、百济深受中原汉文化的濡染。入唐高句丽、百济移民经过几代人的在唐生活及对汉文化的耳濡目染，已经逐渐融入唐人社会，表现出对汉族文化的高度认同。除了墓志所反映的高句丽、百济移民与汉人望族的通婚与交游情况外，高句丽、百济移民及其后裔对自己籍贯出身的认知、家族墓葬的埋葬方式和归葬习俗以及以儒家观念为主导的道德评价标准等，也体现了其融入唐朝社会的历史事实。

（一）籍贯认知

从表1中对墓志所见入唐高句丽、百济移民籍贯的表述可以看出，从高句丽、百济第一、第二代移民到第三、第四代移民明显呈现出民族身份认知逐渐消亡、对唐王朝的归属意识逐渐增强的趋势。入唐第一代、第二代移民中，其对自己身份的表述多带有"辽东""平壤""朝鲜""高勾骊""三韩"等明确标明族属的字眼，表明其对自己的种族还有清晰的认识和坚守；而到第三代、第四代移民的时候，其族属身份已逐渐被模糊化，并呈现出向中原王朝攀附的趋势，如"渤海人"甚至"京兆万年人"的表述。如果不仔细考究世系，已经很难辨别其族属身份。以泉氏家族为例，作为第一代入唐移民的泉男生，其墓志铭文记其籍贯为"辽东平

---

[1]《大周故左武威卫大将军检校左羽林军赠左玉钤卫大将军燕国公黑齿府君（常之）墓志文并序》，《北京图书馆藏中国历代石刻拓本汇编》（第18册），中州古籍出版社，1989年，第152页。

壤城人",泉男产墓志铭文记其为"辽东朝鲜人",第二代泉献诚墓志铭文载"其先高勾骊国人",三者的表述都与辽东和朝鲜半岛密切相关,表明第一、二代移民在民族意识和血统上还具有明确的高句丽痕迹。至泉男生之曾孙泉毖撰刻墓志时,直接称自己为"京兆万年人",而对于曾祖泉男生、祖父泉献诚、父亲泉玄隐皆仅称其在唐为官的官职,未涉及其家族迁徙及在高句丽的历史。在叙述姻亲关系时,以仪凤二年(677年)唐朝赐予高藏的头衔"开府仪同三司、朝鲜王"称高藏,而不是以"高句丽国王"称之,表明泉氏家族到泉毖一代,已不愿再提及与高句丽的关系,对其出自朝鲜半岛的身份认知越来越模糊,说明当时朝鲜半岛的旧日权贵已经在主动、刻意放弃其原有的种族出身,转而攀附中原正统,反映了其融入唐人共同体的心路历程。

除了在籍贯上主动放弃本民族的身份,一些在唐高句丽、百济显贵还在墓志书写中努力与中原汉人血统扯上关系。如高句丽末代王高藏之孙高震的墓志文对其身份表述为"公讳震,字某,渤海人",此处的"渤海"意指东汉时发轫于渤海郡的中原世家大族高氏郡望。据《新唐书·宰相世系一下》记载:"髙氏出自姜姓,齐太公六世孙文公赤,生公子高,孙傒,为齐上卿,与管仲合诸侯有功。……十世孙洪,后汉渤海太守。因居渤海蓨县。"[①]渤海高氏盖由此而来。籍贯为朝鲜半岛的高震标榜自己为"渤海人"显然是在种族出身上努力向中原王朝大姓高氏攀附。同时高震墓志又称"公乃扶余贵种,辰韩令族","朝鲜贵族,弈叶称王"[②],仍然表露出对高句丽贵族出身的认可,由此可知墓志文虽然带有回避其高句丽出身的意味,但也透露出高震自我身份认同的矛盾心理。而至高震女儿高氏,其墓志文则直接放弃高句丽人身份,称"夫人姓高氏,渤海人也,齐之诸裔也"[③],对其种族已刻意淡化。此外,高钦德墓志作者称高钦德为"渤海人"[④],而高钦德之子高远望的墓志文称其"先殷人也"[⑤],这在其父高钦德墓志中并未出现,呈现出明显的攀附华汉的色彩。又如百济移民祢寔进、祢素士、祢仁秀祖孙三代,入唐第一代移民祢寔进墓志文称其为"百济熊川人"[⑥],而到第二代祢素士时其墓志称他为"楚国琅琊人"[⑦],至第三代祢仁秀时其墓志甚至称其曾祖祢善为"东汉平原处士

---

① (宋)欧阳修、宋祁:《新唐书》卷七一下《宰相世系一下》,中华书局,1975年,第2387页。
② 《唐开府仪同三司工部尚书特进右金吾卫大将军安东都护郯国公上柱国高公(震)墓志铭并序》,《唐代墓志汇编》,上海古籍出版社,1992年,第1814页。
③ 《宣武郎唐守唐州慈丘县令邵公故夫人高氏墓志并序》,《洛阳新获墓志》,文物出版社,1996年,第81页。
④ 《唐右武卫将军高府君(钦德)墓志铭并序》,《唐代墓志汇编》,上海古籍出版社,1992年,第1416页。
⑤ 《唐故安东副都护高府君(远望)墓志铭并序》,《洛阳新获墓志续编》,科学出版社,2008年,第410页。
⑥ 董延寿、赵振华:《洛阳、鲁山、西安出土的唐代百济人墓志探索》,《东北史地》2007年第2期。
⑦ 张全民:《新出唐百济移民祢氏家族墓志考略》,《唐史论丛》(第14辑),陕西师范大学出版社,2012年,第53、54页。

之后"①，祖孙三代明显不同的称谓体现出入唐百济移民逐渐舍弃自己的种族出身、竭力攀附华汉的心理变化。

入唐高句丽、百济移民在籍贯出身的表述上体现出模糊自身族属、附会中原大姓的微妙心态，也是其自身民族性消退的外化表现。这种对籍贯认知的变化大致出于两方面的原因：一方面是由于与汉族通婚而产生种族血统上的淡化，由此对自己的族属认知也趋于淡漠；另一方面是入唐高句丽、百济移民的居住和活动范围多在唐朝内地，许多高句丽、百济人在两京等地区都有固定的居所，如泉毖墓志载泉毖"终于京兆府兴宁里之私第"②、高德墓志称高德"终于东京道政里之私第"③，黑齿常之追随扶余隆归附唐廷后便著籍京师，"隶为万年县人也"④。《旧唐书·杨再思传》载"郑州原武人"杨再思因"面似高丽"而被同僚取笑，杨再思不以为忤，反而"请剪纸自帖于巾……满座嗤笑"⑤，可见当时中原地区的确居住有大量高句丽、百济人，他们深处汉文化的包围圈中，故其习俗风尚已经深深融入汉人社会。

此外，高句丽、百济移民任职期间也频繁来往于两京等地，其生活起居、婚姻、任官等情况与汉族人士几无差异，而且出于其他种种考虑，高句丽、百济移民自身可能也不愿强调其种族身份，因此其后裔已经逐渐丧失其民族性，随着代际播迁而完全融入唐朝社会了。

值得一提的是，在对本民族的认知中，高句丽、百济移民墓志中也呈现出汉人视角且对本民族带有轻蔑成分的称谓。如高震墓志称攘除中原王朝边境的威胁为"戡剪獯虏"⑥，扶余隆墓志谈及百济复兴军时，称其为"马韩余烬，狼心不悛，鸱张辽海之滨，蚁结丸山之城"⑦等，从另一方面表露出其民族身份逐渐消亡的趋势。

（二）聚族而葬与归葬、迁葬习俗

从考古发现及出土墓志铭文看，目前所发现的唐代高句丽、百济移民有不少为直系亲属关系，如泉氏家族、祢氏家族、高震及其女儿高氏、高性文及高慈父子、高钦德及高远望父子、黑齿常之及黑齿俊父子等，他们与汉人一样遵从传统的聚族而葬习俗。从表1所列高句丽、百

---

① 张全民：《新出唐百济移民祢氏家族墓志考略》，《唐史论丛》（第14辑），陕西师范大学出版社，2012年，第61页。
② 《唐故宣德郎骁骑尉淄川县开国子泉君（毖）志铭》，《洛阳出土历代墓志辑绳》，中国社会科学出版社，1991年，第506页。
③ 《唐故右龙武军翊府中郎高府君（德）墓志铭并序》，《千唐志斋藏志》（下册），文物出版社，1984年，第798页。
④ 《大周故左武威卫大将军检校左羽林军赠左玉钤卫大将军燕国公黑齿府君（常之）墓志文并序》，《北京图书馆藏中国历代石刻拓本汇编》（第18册），中州古籍出版社，1989年，第152页。
⑤ （后晋）刘昫等：《旧唐书》卷九〇《杨再思传》，中华书局，1975年，第2919页。
⑥ 《唐开府仪同三司工部尚书特进右金吾卫大将军安东都护鄣国公上柱国高公（震）墓志铭并序》，《唐代墓志汇编》，上海古籍出版社，1992年，第1814页。
⑦ 《大唐故光禄大夫行太常卿使持节熊津都督带方郡王扶余君（隆）墓志》，《洛阳出土历代墓志辑绳》，中国社会科学出版社，1991年，第373页。

济移民的埋葬地来看，高句丽移民葬于洛阳者占72%，葬于西安者占28%；百济移民葬于洛阳与西安者各占40%，葬于两京附近地区者占20%。由此可推知，高句丽、百济移民多数选择两京及周围地区作为安葬之地，"堆著黄金无买处"①的北邙一带为其安葬之地的首选，而其中一些家族成员的墓葬又呈现出集聚埋葬的特点。另外，墓志文还明确表明在外地任官或因种种原因在外地生活者，死于外地后仍与汉人一样千里迢迢归葬、迁葬祖茔。高句丽、百济移民的归葬、迁葬以及聚族而葬的习俗，体现了高句丽、百济移民对汉族丧葬文化的认可与接受，是其逐渐融入唐人共同体的另一重要证据。

据墓志文记载，泉氏家族入唐第一代移民泉男生仪凤四年（679年）正月二十九日遘疾卒于安东府官舍，其子泉献诚千里护送灵柩回洛阳泉氏私第，朝廷派官员吊祭并主持丧事，于调露元年（679年）十二月二十六日"窆于洛阳邙山之原"②。唐王朝为了稳定统治秩序，对归降的蕃酋将领采取赐甲第于两京并封官赐爵的措施，连同其子嗣也不再放还故土，故泉男生虽死于安东，但并未归葬距其较近的朝鲜半岛故地，而葬于当时高宗驻跸的洛阳。泉男生之子泉献诚被诬处死后其葬地不详，但其冤案被平反昭雪后，也于大足元年（701年）二月十七日"葬于芒山之旧茔"③。泉男生之曾孙泉毖以开元十七年（729年）卒于京兆府兴宁里（今陕西咸阳）之私第，以开元二十一年（733年）"迁厝于河南府洛阳县之邙山旧茔"④。因玄宗定居唐都长安，泉毖等功臣之后也徙官京师，但因祖茔在洛阳，故其死后也又归葬祖茔。"旧茔"当指泉男生所葬之地。根据《洛阳出土石刻时地记》载，泉男生、泉献诚、泉毖墓志同出于洛阳市孟津县东山岭头村，赵振华、张福有及拜根兴等先生通过实地踏查，明确了该地确系泉男生、泉男产、泉献诚、泉毖的家族墓冢所在，诸墓呈东西向"一"字排列，彼此相隔10米左右。在家族墓地中，因泉男生辈分最高而居中，泉男生墓左为其子泉献诚之墓、墓右为其曾孙泉毖之墓⑤。这一排列方式符合古代中原地区传统墓葬"先王之葬居中，以昭穆为左右"⑥的昭穆葬传统，可以确定泉氏家族成员依汉俗聚族而葬，并且泉毖死后还从今陕西咸阳归葬于

---

① 王建：《北邙行》，《全唐诗》（增订本）卷二九八，中华书局，1999年，第3368页。
② 《大唐故特进行右卫大将军兼检校右羽林军仗内供奉上柱国卞国公赠并州大都督泉君（男生）墓志铭并序》，《北京图书馆藏中国历代石刻拓本汇编》（第16册），中州古籍出版社，1989年，第120页。
③ 《大周故左卫大将军右羽林卫上下上柱国卞国公赠右羽林卫大将军泉君（献诚）墓志铭并序》，《唐代墓志汇编》，上海古籍出版社，1992年，第985页。
④ 《唐故宣德郎骁骑尉淄川县开国子泉君（毖）志铭》，《洛阳出土历代墓志辑绳》，中国社会科学出版社，1991年，第506页。
⑤ 拜根兴：《唐代高丽百济移民研究：以西安洛阳出土墓志为中心》，中国社会科学出版社，2012年，第147页；张福有、赵振华：《洛阳、西安出土北魏与唐高句丽人墓志及泉氏墓地》，《东北史地》2005年第4期。
⑥ （清）阮元校刻：《周礼注疏》卷二二《春官宗伯第三·冢人》，《十三经注疏》本，中华书局，1980年，第786页。

洛阳旧茔，也是模仿、认同汉人传统"礼，不忘其本"[1]的表现。除了泉氏家族，高性文、高慈父子同死于磨米城，其后高性文"安厝于洛州合宫县平乐乡之原"[2]，高慈亦"窆于洛州合宫县平乐乡之原"[3]，也是依汉礼归葬祖茔。

（三）道德评价标准

在入唐高句丽、百济移民的墓志中，对志主及其亲族的道德评定标准也深深地打上了传统儒家文化的烙印。

入唐流寓中原的高句丽、百济移民的墓志文对忠君之行的褒扬非常普遍，如高性文、高慈父子二人的墓志中引用大段的诏敕，赞扬父子二人英勇不屈的行为，"忠鲠身亡，令编入史"，"又奉敕令准式例"[4]，"生死忠贞，古今昭晋"[5]；《高足酉墓志》中也有"路登千仞，必抱忠臣之节"[6]的赞扬之语等。

对孝悌品行的赞扬也表现了入唐高句丽、百济移民对汉人儒孝标准的认同。如高震嗣子高叔秀"孝逾江革，礼越王祥"[7]中"江革负米养母"与"王祥卧冰求鲤事后母"均为汉族二十四孝中的故事，此种比附体现了其已完全接受汉族遵行的孝行标准。墓志文载高性文之子高鞠仁"逾考叔之纯孝，等大连之善丧"[8]，"考叔"指春秋时郑国大夫颍考叔，因挖隧道安排郑庄公与其母武姜于"黄泉"会面，被《古文观止》评以"颍考叔，纯孝也。爱其母，施及庄公"[9]之辞；"大连"据《礼记》"少连、大连善居丧，三日不怠，三月不解"[10]，表明高鞠仁守丧之孝。高句丽灭亡后，誓死抗唐的泉男建将要伏诛，泉男生不记兄弟反目的旧怨，

---

[1] （清）孙希旦撰，沈啸寰、王星贤点校：《礼记集解》卷七《檀弓上》，中华书局，1989年，第183页。

[2] 《大周故镇军大将军行左金吾卫大将军赠幽州都督上柱国柳州郡开国公高公（性文）墓志铭并序》，《全唐文补遗·千唐志斋新藏专辑》，三秦出版社，2006年，第79页。

[3] 《大周故壮武将军行左豹韬卫郎将赠左玉钤卫将军高公（慈）墓志铭并序》，《北京图书馆藏中国历代石刻拓本汇编》（第18册），中州古籍出版社，1989年，第178页。

[4] 《大周故壮武将军行左豹韬卫郎将赠左玉钤卫将军高公（慈）墓志铭并序》，《北京图书馆藏中国历代石刻拓本汇编》（第18册），中州古籍出版社，1989年，第178页。

[5] 《大周故镇军大将军行左金吾卫大将军赠幽州都督上柱国柳州郡开国公高公（性文）墓志铭并序》，《全唐文补遗·千唐志斋新藏专辑》，三秦出版社，2006年，第79页。

[6] 《大周故镇军大将军高君（足酉）墓志铭并序》，《洛阳新获墓志》，文物出版社，1996年，第40页。

[7] 《唐开府仪同三司工部尚书特进右金吾卫大将军安东都护郯国公上柱国高公（震）墓志铭并序》，《唐代墓志汇编》，上海古籍出版社，1992年，第1814页。

[8] 《大周故镇军大将军行左金吾卫大将军赠幽州都督上柱国柳州郡开国公高公（性文）墓志铭并序》，《全唐文补遗·千唐志斋新藏专辑》，三秦出版社，2006年，第79页。

[9] （清）吴楚材、吴调侯编选：《古文观止》卷一《郑伯克段于鄢》，中华书局，1959年，第5页。

[10] （清）孙希旦撰，沈啸寰、王星贤点校：《礼记集解》卷四一《杂记下》，中华书局，1989年，第1089页。

且念及手足之情为其求情，最终使泉男建免于死罪，泉男生也因此得到"友悌之极，朝野斯尚"①的称赞。

唐代朝鲜半岛移民墓志文中还有对志主仁义的褒赞。如黑齿常之墓志文中"至于推财忘己，重义先物，虽刎首不顾其利，倾身不改其道"②之语，与儒家思想"君子喻于义，小人喻于利"③的标准一致；泉献诚墓志铭文称其"苟日身殁，能以仁全"④，显示出泉氏家族对儒家"无求生以害仁，有杀身以成仁"⑤主流思想的认同。

高句丽、百济移民墓志中的妇女形象也符合传统汉文化对妇德标准的理想认同。如高震墓志载其"夫人淑质，明妇仪母训"⑥；难元庆墓志称其夫人甘氏"礼甚梁妻，贤逾班女"⑦，以孟光和班婕妤来比喻甘氏的淑礼贤敏；虢王妃扶余氏墓志称扶余氏"生南国之容，对春林而红树非华，升画阁而初阳并照。间出非常之秀挺，生稀代之贤，德合则不孤，气同而相感"⑧，与传统儒家思想对妇女"四德"即"女容""女红""女德""女言"的要求相契合，也是高句丽、百济移民逐渐与汉人社会标准趋同的反映。还有对夫妻琴瑟和谐的赞扬，如高震女儿高氏墓志云其"动静有如宾之敬，馈饷有齐眉之节。可谓正于内穆，亲于夫妇，夫妇顺也"⑨。

据以上分析可知，入唐高句丽、百济移民已经高度认同并践行儒家思想文化，从思想观念上完全融入唐人社会，同时部分汉人官吏也不以其夷为夷。正如昭宗乾宁年间（894~898年），面对蕃将多次救唐于危亡并越来越多地活跃于晚唐政治和军事舞台的现象，进士程晏云："慕中华之仁义忠信，虽身出异域，能驰心于华，吾不谓之夷矣"，"乐我仁义忠信，愿为人伦齿者，岂不为四夷之华乎！记吾言者，夷其名尚不为夷矣"⑩。

---

① 《大唐故特进行右卫大将军兼检校右羽林军仗内供奉上柱国卞国公赠并州大都督泉君（男生）墓志铭并序》，《北京图书馆藏中国历代石刻拓本汇编》（第16册），中州古籍出版社，1989年，第120页。

② 《大周故左武威卫大将军检校左羽林军赠左玉钤卫大将军燕国公黑齿府君（常之）墓志文并序》，《北京图书馆藏中国历代石刻拓本汇编》（第18册），中州古籍出版社，1989年，第152页。

③ 程树德撰，程俊英、蒋见元点校：《论语集释》卷八《里仁下》，中华书局，1990年，第267页。

④ 《大周故左卫大将军右羽林卫上下上柱国卞国公赠右羽林大将军泉君（献诚）墓志铭并序》，《唐代墓志汇编》，上海古籍出版社，1992年，第985页。

⑤ 程树德撰，程俊英、蒋见元点校：《论语集释》卷三一《卫灵公上》，中华书局，1990年，第1073页。

⑥ 《唐开府仪同三司工部尚书特进右金吾卫大将军安东都护郯国公上柱国高公（震）墓志铭并序》，《唐代墓志汇编》，上海古籍出版社，1992年，第1814页。

⑦ 《大唐故宣威将军左卫汾州清胜府折冲都尉上柱国难君（元庆）墓志铭并序》，《新中国出土墓志·河南卷》（壹）下册，文物出版社，1994年，第219页。

⑧ 张蕴、汪幼军：《唐〈故虢王妃扶余氏墓志〉考》，《碑林集刊》（十三），陕西人民美术出版社，2008年，第95页。

⑨ 《宣武郎唐守唐州慈丘县令邵公故夫人高氏墓志并序》，《洛阳新获墓志》，文物出版社，1996年，第81页。

⑩ （唐）程晏：《内夷檄》，《全唐文》卷八二一，中华书局，1983年，第8650页。

六、结　语

　　自古以来，朝鲜半岛与中国就是一衣带水的友好邻邦，相互交往甚密。早在周代，燕国就曾在辽东及朝鲜半岛北部设置右北平、辽西、辽东三郡①，至西汉武帝又置真番、临屯、乐浪、玄菟四郡②。自高句丽、百济、新罗三国建立，一直到隋唐时期，中原王朝与朝鲜半岛国家在宗藩关系下展开了频繁的贡赐往来。高句丽、百济与中原王朝在频繁的往来中，不断学习和接受汉族文化，历法、服装、习尚等均深染华俗，这就为后来高句丽、百济移民迅速融入汉族社会打下了坚实的基础。

　　高句丽、百济灭亡之后，大量高句丽、百济人降附唐朝，唐王朝秉持"华夷无猜""爱之如一"的政治态度，对高句丽、百济人口进行了妥善安置。如《唐六典》卷三《户部尚书》曰："凡内附后所生子，即同百姓，不得为蕃户也"，"轻税诸州、高丽、百济应差征镇者，并令免课、役"③。在唐王朝高度开放、包容的政治环境下，入唐高句丽、百济人逐渐舍弃其民族特性而融入唐朝社会。

　　目前所能见到的保存地固定且出土时地明确的高句丽、百济移民碑志，不仅弥补了史传阙佚，而且提供了探究入唐高句丽、百济移民生活起居等情况的翔实可征的资料。入唐高句丽、百济移民王族和高级将酋被唐廷授予官职，在安辑旧地、内讨携离、外靖边叛的过程中多次发挥中流砥柱作用，为唐朝边境的安定以及盛世局面的出现做出了重大贡献，甚至在中原王朝内部的政治斗争中也扮演了重要角色。许多高句丽、百济移民贵族还崇尚读书修身，从其碑志铭文中还可捕捉到其入唐以后的精神生活轨迹。除了显贵，入唐高句丽、百济籍奴婢和一般兵士等也极大地丰富了中原王朝的生活与人口构成。入唐高句丽、百济移民通过婚姻、交游与汉人望族、俊彦建立起密切的关系；从碑志铭文中可以看出，唐代中原地区的高句丽、百济移民在籍贯认知、葬俗与道德标准等方面已基本与汉人无异，高句丽、百济移民已经逐渐融入汉族文化圈，成为唐人社会的重要组成部分。可以说，大量的碑志史料为我们多维、立体地把握唐代流寓中原地区的高句丽、百济人的起居生活、婚姻交游、精神生活等情况提供了很好的范本，证实了唐朝社会极大的包容性与纳异性，为我们重新认识唐王朝与朝鲜半岛的文化交流提供了新的视角。

---

① （汉）司马迁：《史记》卷一一〇《匈奴列传》，中华书局，1959年，第2886页。
② （汉）司马迁：《史记》卷一一五《朝鲜列传》，中华书局，1959年，第2989页。
③ （唐）李林甫等撰，陈仲夫点校：《唐六典》卷三《尚书户部》，中华书局，1992年，第77页。

河南地区唐代女性墓志书写下的传统女性研究

受男尊女卑观念的影响，历史上的女性多是依附、失语的群体，因此与之有关的文献记载非常少。新中国成立后全国各地考古发现的女性墓志资料很好地弥补了古代女性文献的不足，是我们研究古代女性生前卒后可信的珍贵资料。河南省地处中原，是中国传统文化的发源地，也是汉唐时期文明程度最高、社会文化最先进且最富代表性的地区。历史演进至唐代，河南即为唐王朝的政治、经济、文化中心之一，人文荟萃，物华天宝，因此现今在河南境内发现的唐代女性墓志具有种类多、数量大、史料价值重要的特点，且墓志主人涵盖当时社会的各个阶层，从整体上反映了唐代社会不同阶层女性的生活状况、政治地位及社会评价等。本书以目前搜集到的该地区的270余方唐代女性墓志〔其中包括夫妇合葬（祔）墓志〕的书写为研究视角，旨在通过对女性墓志书写体例、墓志书写中所描绘的"理想化"女性形象的研究，了解唐代意识形态对女性行为规范的具体要求及其社会地位问题；通过对女性墓志书写中女性活动的梳理，研究唐代女性在门户内外的活动情况，并对墓志书写中唐代女性的社会价值进行评定，以期了解中原地区唐代女性的心路历程。

一、唐代女性墓志的书写义例

"文辞宜以体制为先。"①每种文体都有自己独特的基本组织结构、语言表达及内容呈现形式，这种呈现形式就构成了文体的框架结构，这种框架结构在古代墓志书写中即可表述为"义例"②。"义例"一词，最早出现于西晋杜预《春秋左氏经传集解序》："其经无义例，因行事而言，则传直言其归趣而已，非例也。"③这一概念提出之后，就被后世研究《春秋》的学者借用，而他们所提到的"例"，是指记事所用的相同手法及对后世有示范作用的记事规则，而这些记事规则一般都蕴含着一定的含义，因此又称之为"义例"④。而金石义例研究则是由元代学者潘昂霄开创的，随后这一概念逐渐被运用到对金石文章的研究之中。关于墓志文的书写义例，明代学者王行在《墓铭举例》中已总结："凡墓志铭，书法有例。其大要十有三事焉：曰讳、曰字、曰姓氏、曰乡邑、曰族出、曰行治、曰履历、曰卒日、曰寿年、曰妻、曰

---

① （明）吴讷：《文章辨体序说》，人民文学出版社，1998年，第7页。
② 杨向奎：《唐代墓志义例研究》，华东师范大学博士学位论文，2012年，第2页。
③ （春秋）左丘明撰，（西晋）杜预集解：《春秋左传集解》，凤凰出版社，2010年，第2页。
④ 杨向奎：《唐代墓志义例研究》，华东师范大学博士学位论文，2012年，第2页。

子、曰葬日、曰葬地，其序如此。"①这一书写体例在北朝庾信时就已成型并固定下来，并被此后的碑志铭文书写所承袭②。由此可见前人很早就注意到墓志文写作的义例规范问题，并进行了相关的专门研究。基于此，本文以目前搜集到的河南唐代女性墓志为研究对象，通过对其书写体例的归纳总结，考究唐代女性墓志书写义例所蕴含的社会意义。

（一）唐代女性墓志文的书写要素

墓志作为传记类文章，上文提到的"十三事"即为墓志文书写所应具备的基本要素。但从目前搜集到的资料来看，除了极个别的女性墓志完全具备上述要素，大部分女性墓志文一般只具备姓氏、乡邑、族出、卒葬时地、子嗣以及寿年等几个要素。下文将分别探讨女性墓志文各书写要素所包含的社会意义。

首先是关于讳、字及姓氏的书写。翻检历史文献我们发现，史书记载的人物中留下名讳者绝大多数都是男子，女子的名讳见诸经传者甚少，墓志书写也是如此。女性墓志大多有女性姓氏的记载，关于女性讳、字的记载则较为少见。考古发现的唐故秦国太夫人郑夫人合祔墓志对这种现象做出了明确的解释："太夫人号太素，不字不名，所以厚流俗也。"③笔者对搜集到的270余方唐代女性墓志文作了初步统计后发现，这些墓志文提到女性讳、字的有70余篇，仅占总数的26%左右。而没有记载女性名讳的墓志文，多是以"夫人田氏"、"夫人严氏"或"夫人姓李"等形式来标示女性的身份。名字作为具有身份象征意义的符号，除了用来指代人群中的个体，还能够反映当时人们的精神信仰、社会习俗及民族心理等情况，具有丰富的社会文化内涵。从墓志文所反映的情况看，女性作为社会群体活动的重要参与者之一，往往只被冠以其本家姓氏来标示她们的身份，可见当时对女性重视之不足及其社会地位之低下。

再者是关于"行治""履历"的书写。女性受所处时代和社会阶层的影响，"行治""履历"这两个因素在女性墓志中或有或无，而且其记载的详略程度也参差不齐。从时间上看，早期唐代女性墓志除个别外，极少有描绘其一生具体行实的，墓志文多是用一些空洞不实之词来对墓主进行夸张美化式赞颂。如开元廿四年（736年）的唐故李夫人墓志铭④和唐颍川陈氏（尚仙）墓志铭⑤等，都是一些没有实际内容的流水账式的骈体文。更有甚者，1992年出土于洛阳龙门西山的唐吴兴沈氏张从师妻墓志（745年）中，首行题"唐故吴兴沈氏张从师妻之墓"，全文仅为"天宝四载五月二日终于洛阳崇政里，五月十五日葬于龙门西山"⑥，区区数字只交待了墓主的卒葬时地。到中晚唐时期，女性墓志文才开始逐渐出现关于妇女行实的零星

---

① （明）王行：《墓铭举例》卷一，文渊阁四库全书，第1482册，台北商务印书馆，1982年，第381页。
② 严春华：《中唐碑志文研究》，四川大学硕士学位论文，2005年，第24页。
③ 毛阳光、余扶危编：《洛阳流散唐代墓志汇编》，国家图书馆出版社，2013年，第644页。
④ 李献奇、郭引强编：《洛阳新获墓志》，文物出版社，1996年，第238页。
⑤ 董留根：《徐浩书〈陈尚仙墓志〉探微》，《河洛春秋》2004年第1期。
⑥ 李献奇、郭引强编：《洛阳新获墓志》，文物出版社，1996年，第244页。

记载。从女性身份来看，目前搜集到的河南唐代女性墓志以官僚贵族女性墓志居多，关于女性行治的记载多集中在这一阶层的墓志中，下层平民墓志中几乎没有关于其行治的反映，因此整体上唐代平民女性的墓志文关于墓主生平、具体行治及履历的记载是匮乏的。目前发现的为数不多的几方有关这方面记载的女性墓志主要分为三种情况：第一种是对女性品德社会价值的肯定，这类墓志关于其行治内容的记载往往集中在妇女持家、相夫教子、敦亲睦族等方面。以唐范阳郡卢氏墓志铭①为例，该墓志铭文详细记述了墓主卢氏从"数岁丁于偏罚"到"七岁读《女诫》《女仪》……九岁授《论语》《孝经》，兼及诗礼"，再到"年十有五归于我公"直至去世的一生事迹。志文还提到"洎府君即世，稚子幼弱，莫不礼数约于心，丧葬成于手……训导子侄，必先直道，然后督以文学之资"，对其言行进行了具体描述，使唐代女性一生的各种社会活动跃然纸上。第二种情况出现在部分比丘尼墓志文中，例如出土于洛阳的大唐宁刹寺比丘尼志宏墓志铭并序②中记述了比丘尼志宏出家、修行的具体事迹。第三种情况是将女性墓志作为男性墓志的补充，故而关于其行治的记载较为详细。例如在洛阳偃师的薛丹夫妇合葬墓中，薛丹自撰其墓志文，志文最后说"自志于泉下，何必铭为"，只草草交代了志主薛丹的卒葬时地、子嗣情况，而其夫人陇西李氏的墓志却内容翔实，详细记载了李氏帮助薛丹应对"徐州之乱"、刘辟叛乱等历史事件的经过③。这在唐代女性墓志中实属罕见，可能是因为李氏墓志是为补充薛丹生平事迹而作的缘故。

（二）墓志文的书写结构

通过对女性墓志文书写要素的总结可以发现，女性墓志作为一篇因丧葬而作的应用性文章，志主身份及社会地位的不同导致志文书写要素多寡不一、详略不同。从笔者目前所搜集到的女性墓志文资料来看，唐代女性墓志文在书写结构上已形成一种程式化的书写模式，具体表现在以下几个方面。

首先是行文方式的模式化。从整体上看，唐代女性墓志文的书写顺序一般为先叙述亡者的姓氏及家世，次叙其道德操行，再述其亡故及丧葬事宜，最后是铭文表达哀悼之情。但也有例外，如唐李夫人墓志铭，墓志文开头为："▨开元廿三年岁在乙亥九月癸丑朔廿四日景子，陇西郡夫人薨于河南康俗里，明年十月三日己酉迁窆於万安山南原，礼也。"④该墓志先叙述了志主李夫人亡故及丧葬事宜，属于一种特例。另外，志文在叙述志主的生平及谢世情形时，行文方式也有固定的模式。例如在叙述志主谢世的情形时，常以"以开元廿七年九月十日同遘寝疾，终于东都正俗里之私第，时春秋一十有七。以其年十月廿六日权窆于龙门乡北原，礼也"⑤的模式交代志主谢世的时间、地点、寿年、葬地等问题，言简意赅，是志文常用的书写

---

① 毛阳光、余扶危编：《洛阳流散唐代墓志汇编》，国家图书馆出版社，2013年，第280页。
② 赵振华：《洛阳新出比丘尼墓志与唐代东都圣善寺》，《河洛史志》2005年第3期。
③ 赵会军、郭宏涛：《河南偃师三座唐墓发掘简报》，《中原文物》2009年第5期。
④ 李献奇、郭引强编：《洛阳新获墓志》，文物出版社，1996年，第238页。
⑤ 毛阳光、余扶危编：《洛阳流散唐代墓志汇编》，国家图书馆出版社，2013年，第292页。

模式之一。

其次是特殊女性墓志行文的书写模式。这在唐代特殊的女性群体——唐代宫人的墓志文书写中表现得尤为明显。唐代宫人墓志文的书写在语言和形式上相似度极高甚至雷同，在结构上表现出了高度程式化的特点。有学者通过研究指出唐代宫人墓志有相当一部分是按照同一种格式"填写"而成的[①]。例如收录在《唐代墓志汇编》编号麟德042、044、049的三篇墓志除了志主生卒年月的改动外，其余文字完全一样；编号为神龙018、019、020的三篇墓志文的内容虽有细微差异，但行文布局也基本一致。

再次是墓志文书写篇章结构的固化。在独立的女性墓志中，墓志文开头对墓主（或其丈夫）显赫先祖的描述占据着相当大的比重，如果其本家的近亲旁枝中有显要人物，也常常会不厌其烦地特别说明，以增显荣光。例如在卢轺为其妻子撰写的荥阳郑夫人墓志铭中，全篇1769字，因夫人郑氏本家门第显赫，尤其是郑氏的外祖父李揆曾被唐肃宗李亨赞为"卿门地人物文章，皆为当代之冠"[②]，于是开头用了666字介绍郑氏的内外先辈后还意犹未尽，又用582字介绍妻兄的事迹，这些关于妻子本家显赫事迹的内容就占据了墓志文70%的篇幅，从整体来看不免有喧宾夺主之嫌。而夫妇合袝（葬）墓志，如唐邓师并夫人陈氏墓志铭并序中关于邓师及其先祖的书写占据了墓志文的绝大部分，而关于其夫人陈氏的记载只草草数句。陈寅恪曾明确指出："唐代社会承南北朝之旧俗，通以二事评量人品之高下。此二事，一曰婚，二曰宦。凡婚而不娶名家女，与仕而不由清望官，俱为社会所不齿。"[③]由此可见唐代女性墓志文的篇章布局是当时婚姻观念影响的结果，反映出唐代婚姻讲究门第的历史事实，除此之外也可看出唐代女性在社会中处于从属地位。

二、墓志书写对唐代女性行为规范的要求

《新唐书》记载："女子之行，于亲也孝，妇也节，母也义而慈，止矣。"[④]这一价值判断简明、扼要地规定了唐代女性一生所承担的"女""妇""母"三种基本社会角色及其所应遵循的基本行为准则。而墓志作为纪念死者的哀悼之文，不免有隐恶扬善、歌功颂德之类的夸饰之词，其所反映的是当时社会认定的"理想化"的女性形象，但是我们可以从这些"理想"与"规范化"描述的背后，窥探唐代男权主导社会意识形态下对女性一生中不同阶段行为规范的要求。本文借鉴社会学关于"角色构建"的理论，以女性所扮演的三个基本社会角色为切入点，对墓志文书写涉及的唐代社会对女性的妇仪、妇德等要求做以系统的梳理与总结。

---

① 程章灿：《"填写"出来的人生——由〈亡宫墓志〉谈唐代宫女的命运》，《中国典籍与文化》1996年第1期。
② 李献奇、郭引强编：《洛阳新获墓志》，文物出版社，1996年，第291、292页。
③ 陈寅恪：《元白诗笺证稿》，上海古籍出版社，1978年，第112页。
④ （北宋）欧阳修、宋祁：《新唐书》二五〇《列女传》，中华书局，1975年，第5816页。

（一）为人"女"

本文所指的"为人女"的角色是就女性与长辈的关系而定，就实际角色而言，既指女子未嫁时与父母兄弟同居时的"在室女"，也指出嫁后已为人妇而仍与本家父母有联系的"出嫁女"，还指出嫁后的"为人媳"者。因此长辈既包括女子本家的父母，也包括女子出嫁后夫家的公婆。

首先，不论是在室女还是出嫁女，作为女儿，出于人情的考量，最基本的行为规范就是恪尽孝道、敬待双亲，其表现之一就是"为人女"者尤其是在室女要恭谨侍奉双亲。李氏幼女（绣衣）墓志铭并序一文提到绣衣母亲"孀居后常多抱疾，每见此女则为之进食，其不见也哭无昼夜"[1]，字里行间除了流露出母亲对幼女的疼爱之情，也表现出该女侍奉母亲的孝谨与重要性。另外范阳卢君妻陇西李氏"奉养舅姑，虽慈爱有加，益不自息"[2]，表现出为人"媳"者侍奉舅姑的谨慎态度。另外，父母去世后，哀毁过礼也是为人女者尽孝的表现与要求。例如唐故卢夫人（谈）墓志铭并序一文提到夫人卢氏"五岁丧母，六岁而孤，性至孝，哀毁哭泣，有逾成人之礼"[3]，是对在室女孝行的赞扬。这里还需要关注的是，墓志常称女子出嫁为"移天"，而且依照儒家礼法和一般习俗，女子结婚后即脱离本家，成为夫家中的一员[4]。但从墓志文内容来看，其"为人女"的角色并不因其出嫁而消失，她们在出嫁后对本家父母仍需要尽到"为人女"的责任。据郑慎言妻于夫人墓志载："初夫人丁母忧，哀号无时，勺饮不入，未卒哭而生疾焉。至性率由，积毁而灭。"[5]赞颂了丁夫人因母亲去世忧伤过度而亡的事迹。而这些赞颂之词蕴含的则是当时人们对"为人女"者在向本家父母行孝的一些规范与要求。

其次，除了要做到最基本的孝行外，对"在室女"还有特殊的行为规范要求，即要知晓基本的礼法、妇道，学习基本的生活技能，为成为符合男权社会要求的贤女贞妇做好准备。例如处女卢见墓志记载卢见"秉针纴多技巧之资"[6]；唐左骁卫兵兵曹琅琊王诞妻李氏墓志铭记载李氏出嫁之前"纂组女仪之工，诗礼妇德之义，尽在是矣"[7]；唐薛府君夫人周氏墓志记载夫人周氏在出嫁前，"敷女史之箴诫，为母仪之范训"[8]。诸如此类的例子在唐代女性墓志的书写中不胜枚举，在此不一一赘述。《礼记·内则》记载："（女性）执麻枲，治丝茧，织纴、

---

[1] 李献奇、郭引强编：《洛阳新获墓志》，文物出版社，1996年，第263页。
[2] 杨作龙、赵水森等：《洛阳新出土墓志释录》，北京图书馆出版社，2004年，第320页。
[3] 杨作龙、赵水森等：《洛阳新出土墓志释录》，北京图书馆出版社，2004年，第268页。
[4] 陈弱水：《隐蔽的光景：唐代的妇女文化与家庭生活》，广西师范大学出版社，2009年，第5页。
[5] 李献奇、郭引强编：《洛阳新获墓志》，文物出版社，1996年，第263页。
[6] 毛阳光、余扶危编：《洛阳流散唐代墓志汇编》，国家图书馆出版社，2013年，第340页。
[7] 毛阳光、余扶危编：《洛阳流散唐代墓志汇编》，国家图书馆出版社，2013年，第260页。
[8] 毛阳光、余扶危编：《洛阳流散唐代墓志汇编》，国家图书馆出版社，2013年，第226页。

组、纫，学女事，以共衣服；观于祭祀，纳酒浆、笾豆、菹醢，礼相助奠。"①即要求女子学习纺织、缝纫、制作祭祀用品等，而这些要求在女性墓志文中均得以充分体现，可见唐代社会对女性的行为规范要求仍未摆脱《礼记》的窠臼，是汉代就形成的女性行为规范要求的延续和发展。

（二）为人"妇"

本文所谓"妇"的角色是就出嫁后的女子与夫家的关系而言的，就实际角色而言，主要指尽心辅佐丈夫的为人妻者。另外，考虑到女性群体的完整性，本文将姬妾群体也纳入为人"妇"的角色范围之内。

首先，女子出嫁后不论是妻还是妾都要尽到为人"妇"的基本义务，因此对其行为准则的要求从整体上看具有很强的一致性。从目前笔者搜集到的所有女性墓志文的相关内容分析，当时社会对为人妇者的具体行为规范要求可归纳为以下几个方面：

1. 为人妇者要柔和婉顺、循德守礼。我国古代社会崇尚礼治，在以家庭为单位的社会状态下，社会、家族都普遍重视道德礼法。而为人妇者作为家庭内部事务的主要承担者，其个人修养便成为家族门庭的象征。因此唐代女性墓志的书写，一方面普遍以"性禀柔和""怀思善柔""婉顺之性"等词语形容女子的气质修养，凸显了女子"柔""顺"的性别特征；另一方面经常出现对女子进退有度、寡言俭礼的赞颂，例如冯翊郡朝邑尉沈公夫人萧氏（宠）墓志铭赞扬萧氏"恭敬退让，动容中礼"②，顺节夫人墓志铭提到顺节夫人李氏"寡乎言，检礼自视，柔乎德，举族推美"③，蜀郡蜀县令清河崔府夫人范阳卢氏墓志铭称赞卢氏"进止有则，风容甚盛"④等。唐代白居易曾提出"礼贵妻柔"⑤的说法，而墓志文中的这些内容更明确地反映出唐代社会对"为人妇"者在个人品德修养上的基本要求。

2. 为人妇者要有主持家政的能力。在我国传统的"男主外，女主内"的家庭组织模式中，女子要承担繁重的家务劳作。她们一生的活动多局限于家庭内部，因此墓志文对其行实的记载也多集中在她们为夫家供给衣食、洒扫庭除、相夫教子、祭祀祖先等繁重的家务活动方面。例如苏公妻河东裴夫人墓志铭记载裴夫人"恭执妇道，不惮勤劳。蒸尝之间，敬也如在"⑥；蜀州唐安县令李君夫人郑氏墓志铭记载"夫人务织紝之功，躬腶脩之事"⑦。从为人妇者的身份

---

① （清）孙希旦撰，沈啸寰、王星贤点校：《礼记集解》卷二八《内则》，中华书局，1989年，第772、773页。

② 毛阳光、余扶危编：《洛阳流散唐代墓志汇编》，国家图书馆出版社，2013年，第323页。

③ 赵跟喜、郭也生、李明德、徐金星编：《千唐志斋》，中国旅游出版社，1989年，第65页

④ 李献奇、郭引强编：《洛阳新获墓志》，文物出版社，1996年，第253页。

⑤ （唐）白居易著，谢思炜校注：《白居易文集》卷三十《得甲居家被妻殴笞之邻人告其违法县断徒三年妻诉云非夫告不伏》，中华书局，2011年，第1802页。

⑥ 毛阳光、余扶危编：《洛阳流散唐代墓志汇编》，国家图书馆出版社，2013年，第400页。

⑦ 毛阳光、余扶危编：《洛阳流散唐代墓志汇编》，国家图书馆出版社，2013年，第186页。

类型来看，上至官僚贵族妇女，下至平民百姓的女性墓志都有关于她们亲自承担家务劳动行为的记载，且对她们这种行为都持肯定态度，充分证明了当时社会普遍要求"为人妇"者要有基本生活技能和处理家政的能力。

3. 为人妇者要有坚定的贞节观念，从一而终。《礼记·郊特牲》记载："夫婚礼，万事之始也，一与之齐，终身不改，故夫死不嫁。"统治阶级为了稳定社会秩序建立起父权与夫权的绝对权威，将"夫死不嫁"作为衡量妇女品行的理想道德标准，大力颂扬女性的守节行为。笔者目前搜集到的270余篇唐代女性墓志中，夫死改嫁的案例目前只发现天水赵夫人（宇文公妾）墓志铭一例，志文记载赵夫人"适于率更令郑君……又归于黄门侍郎"[①]，且叙述得十分简略。另外，在孀居妇女的墓志文中，可以看出时人对妇女"坚守贞节"行为是持肯定态度的。如在唐临淄郡丰齐县李夫人张氏墓志铭中赞扬张夫人"满岁而寡，提携幼小，备尝艰辛，守志忘贫"[②]；在元夫人墓志铭中记载元夫人夫故"携己子而还于家"后，"所亲皆欲夺志，夫人誓不可夺"[③]，表现了元夫人强烈的贞节观念。诸如此类对妇女守志行为的称赞在唐代孀居女性墓志文的书写中非常普遍，这种现象也反映出唐代社会对妇女的贞节还是非常重视的，守志忘贫、坚贞不移仍然是判定妇德的主要标准之一。

以上是对"为人妇"者整体行为规范的要求。上文已提到，"妻""妾"均属于为人妇的社会角色，由于我国自古就有"娶妻娶德，娶妾娶色"的说法，女性墓志文书写表现出来的对妻和妾行为规范的侧重点也略有不同。为人妻者的墓志书写都有关于品德才能的内容，例如唐王屋县丞白知新妻荥阳郑氏墓志铭并序提到夫人郑氏"动静可法，夫人之德也；矜和而庄，夫人之容也；择词而说，夫人之言也；肃于粢盛，夫人之功也"[④]，这既是对夫人郑氏操行的赞扬，也是对为人妻者在德、容、言、功四方面行为规范的高度概括，可见对"妻"的要求侧重于德行。而为人妾者的墓志书写则偏重于美貌、才艺的追求，例如天水赵夫人（宇文公妾）墓志铭载"（赵夫人）倾城之貌，羛峨而辉映当时"[⑤]，唐史夫人（王稷妾）墓志文载"（史氏）有绝世之艺，禀闲雅之姿"[⑥]。这种直接描写女子倾城之貌、绝世之艺的内容，在为人妻者的墓志文中基本不见。由此可见，在唐代，为人妻者有其位而备于礼，既是家族荣耀的象征，又是道德礼仪的楷模；而妾者出身卑微，仅以色艺事人，因此决定了她们在家庭中地位轻贱。在中国古代传统的家庭生活中，妻与妾分别扮演了不同的角色[⑦]，承担着不同的家庭责任，因此对其礼仪规范要求的侧重点也不一样。

---

① 毛阳光、余扶危编：《洛阳流散唐代墓志汇编》，国家图书馆出版社，2013年，第380页。
② 李献奇、郭引强编：《洛阳新获墓志》，文物出版社，1996年，第252页。
③ 中国文物研究所、河南省文物考古研究所编：《新中国出土墓志·河南贰（下）》，文物出版社，2002年，第1、2页。
④ 潘思源编：《施蛰存北窗唐志先萃》，上海古籍出版社，2014年，第156页。
⑤ 毛阳光、余扶危编：《洛阳流散唐代墓志汇编》，国家图书馆出版社，2013年，第380页。
⑥ 毛阳光、余扶危编：《洛阳流散唐代墓志汇编》，国家图书馆出版社，2013年，第550页。
⑦ 陈尚君：《唐代的亡妻与亡妾墓志》，《中华文史论丛》2006年第2期。

(三) 为人 "母"

"母"的角色是就女性与子女的关系而言,其中的"子女"既指女子自己所生养的子女,也指他室所出子女。唐代女性墓志铭中对女性"为人母"这一社会角色书写的最多,在志文中一般都以"母仪"一词高度概括为人母的品德和职责,如"深着母仪"①、"母仪传范,妇德含芳"②、"母仪母则,传在六亲"③、"以母仪正小下,以妇道安长上"④、"母仪慈范,令胤承家"⑤等。具体来看,例如在唐冀州刺史阳府君夫人卢氏墓志铭中称赞卢氏"训子能贤,无愧孟轲之母……抚子侄以均"⑥,可见在实际家庭生活中,对"母仪"的要求主要表现在养育和教导子女的事务中。

从唐代女性墓志文的书写情况看,养育子女是女性"为人母"社会角色最基本的职责之一。唐代朝散郎侯莫陈邈之妻郑氏所撰的《女孝经·胎教章》重申古人言论:"虽在胎养,岂无教乎?"即把当时社会对妇女的这一职责要求提前到怀孕阶段。唐著作郎荥阳郑虔并夫人琅琊王氏墓志铭中记载夫人王氏"既奉胎中之教,又承庭下之训"⑦。《女孝经·胎教章》对"胎教"有具体要求:"古者妇人妊子也,寝不侧,坐不边,立不坡。不食邪味,不履左道。割不正不食,席不正不坐。目不视恶色,耳不听靡声,口不出傲言,手不执斜器。夜则诵经书,朝则讲礼乐。其生子也,形容端正,才德过人,其胎教如此。"⑧可见"胎教"虽说是保证子嗣日后品行端正,其实是对妊妇言行举止等方面的要求。再如唐临淄郡丰齐县李夫人张氏墓志铭并序提到夫人张氏"生而有知,实禀胎教"⑨,唐杨州参军苏公妻河东裴夫人墓志铭记载裴夫人"仁孝之性,受之天生,贞正之心,禀之胎教"⑩,都将女子的优良品行归功于"胎教",实际上是强调了"胎教"的重要性及对妊妇行为规范的要求。

儿女出生之后,母亲就要承担起养育的责任。由于唐代社会实行一妻多妾的婚姻制度,因此在养育子女的问题上要求为人"母"者对待丈夫所有孩子一视同仁。例如唐陕州芮城县令涿郡卢府君夫人天水赵氏墓志铭记载夫人赵氏"慈爱接下,育前夫人之女,爱均己子,

---

① 毛阳光、余扶危编:《洛阳流散唐代墓志汇编》,国家图书馆出版社,2013年,第386页。
② 李献奇、郭引强编:《洛阳新获墓志》,文物出版社,1996年,第255、256页。
③ 陈尚君:《〈郑虔墓志〉考释》,《传统中国研究集刊》2007年第1期。
④ 杨作龙、赵水森等:《洛阳新出土墓志释录》,北京图书馆出版社,2004年,第290页。
⑤ 毛阳光、余扶危编:《洛阳流散唐代墓志汇编》,国家图书馆出版社,2013年,第492页。
⑥ 柳金福、闫荣茂、郭琳:《唐卢夫人墓志考释》,《河洛春秋》2006年第1期。
⑦ 陈尚君:《〈郑虔墓志〉考释》,《传统中国研究集刊》2007年第1期。
⑧ (唐)郑氏撰:《女孝经·胎教章第十六》,上海古籍出版社影印,1988年,第3289页。
⑨ 李献奇、郭引强编:《洛阳新获墓志》,文物出版社,1996年,第252页。
⑩ 毛阳光、余扶危编:《洛阳流散唐代墓志汇编》,国家图书馆出版社,2013年,第400页。

及二女将归，乃知其郑出，故二婿感之，为时美谈"①；唐卢谈墓志铭中赞扬卢夫人对子女"或非所生，均养如一"②；唐河南府法曹参军袁择交李夫人墓铭中称赞李夫人"抚孤恤下，馁均其食，寒均以衣"③；唐朗州员外司户薛巽妻崔氏墓志铭中也提到夫人崔氏"恩其故他姬子杂己子，造次莫能辩"④。时人在女性墓志文中花费大量笔墨来赞颂她们在对待他室子女的问题上能够坚持抚视如一的态度，一方面突出了为人母者的美德，另一方面也从家族整体利益出发对为人母者形象的规范和要求。

另外，教导子女更是"为人母"者的重要职责。志文对"为人母"者大都是以"笃训诸子"⑤、"训子以睦，教女以顺"⑥、"训子内风，任名外著"⑦等词来予以肯定，可见"为人母"者在教育子女的过程中起着至关重要的作用。在实施母教的过程中，首先要求"为人母"者要成为"严母"。例如薛府君夫人张氏墓志铭中有关于张氏督促其子薛颖学习的记载："（薛颖）十岁而后方从外传，每至假暇归休，仍课问所业，微涉謇滞，未尝宽舍。"⑧描述了薛颖求学回家后，张氏仍要对其所学课业进行询问和检查，表现出张氏在教导后辈时严谨的态度。其次，"为人母"者在教导子女时还要因材施教。一方面，要根据每个子女不同的特点采取不同的教育方法，以激发孩子的潜能。例如薛府君夫人张氏在教导子女之前要先分析儿童成长的特点："长便捍格，幼乃迷昏，习而成性，惟中间耳。急之尚恐其缓，况缓之邪。"随后采取不同的教导方法："颖刚烈，故裁抑之，頵柔和，故容假之，求退由兼，此其所以异也，非有偏也。"⑨另一方面，因材施教还体现在对待儿子和女儿要施以不同的教导内容。丰王府户曹陇西李府君夫人王氏墓志铭记载"夫人训子以睦，教女以顺"⑩、冯府君陇西郡夫人李氏咏墓志铭记载李氏"抚五男以悦礼，诫儿女以从人"⑪、晋昌唐府君夫人田氏墓志记载夫人田氏"训子取孟母之义，教女依崔氏之则"⑫等，即说明在母教过程中男、女接受的教育内容是不一样的，以便其成人后承担起不同的社会、家庭责任。除此之外，唐代母亲对子女的训诫还不仅仅停留在其幼年求学的过程中，子嗣步入仕途之后仍要时时起到积极的督促作用。如前述唐薛府夫人张氏墓志铭记载

---

① 柳金福、马丽娜：《唐卢湘、卢行质夫人墓志考略》，《河洛春秋》2008年第2期。
② 杨作龙、赵水森等：《洛阳新出土墓志释录》，北京图书馆出版社，2004年，第268页。
③ 李献奇、郭引强编：《洛阳新获墓志》，文物出版社，1996年，第272页。
④ 郑妙丽：《柳宗元撰崔蹈规墓志赏析》，《河洛春秋》2010年第4期。
⑤ 牛红广：《卢元福墓志校补》，《河南科技大学学报》（社会科学版）2013年第3期。
⑥ 李献奇、郭引强编：《洛阳新获墓志》，文物出版社，1996年，第246、247页。
⑦ 毛阳光、余扶危编：《洛阳流散唐代墓志汇编》，国家图书馆出版社，2013年，第398页。
⑧ 毛阳光、余扶危编：《洛阳流散唐代墓志汇编》，国家图书馆出版社，2013年，第100页。
⑨ 毛阳光、余扶危编：《洛阳流散唐代墓志汇编》，国家图书馆出版社，2013年，第100页。
⑩ 李献奇、郭引强编：《洛阳新获墓志》，文物出版社，1996年，第246、247页。
⑪ 毛阳光、余扶危编：《洛阳流散唐代墓志汇编》，国家图书馆出版社，2013年，第532页。
⑫ 陈爱兰：《河南省南水北调工程考古发掘出土文物集萃（二）墓志精选》，河南大学出版社，2013年，第81~85页。

张氏怒斥其子薛颖去官从商、隐居不仕的行为，最后促使薛颖"复选为乌江县令……累入朝散大夫"。

除了上述墓志铭文反映的对妇女基本德行的要求外，唐代作为我国社会风气较为开放的朝代，人们对女子的要求已经不仅仅局限于德行培育，还有个人人文素养的要求，在女性墓志书写中还表现出对女子才情尤其是读书、音乐造诣的肯定与赞美。例如崔之略夫人博陵县君李氏墓志铭一文中就用大量笔墨来赞颂夫人李氏的才学造诣："垂髫岁……令读毛苌诗、刘向列女传，日进数十百言，循览才二三遍，复视之，累累如贯珠，铿然在耳。至十余岁，班范汉史、古今文集，皆窥涉焉"①；范阳郡夫人卢氏"七岁读《女诫》《女仪》，一览便诵。闻之见者，无不惊叹……九岁授《论语》《孝经》，兼及《诗》《礼》，暂经于目，必记于心。颇属文藻，尤工篆隶"②；歌舞伎郝氏女墓志载其"善吹笙，舞拓枝等十余曲"③。诸如此类的描述在唐代女性墓志中的出现，说明唐代社会鼓励并支持女子接受教育，学习文化技能，摆脱了"女子无才便是德"的传统观念的窠臼。但是从女子受教育的内容来看，墓志中所提到女子所学内容虽广，但仍以《女诫》《女仪》《孝经》等女教典籍为大宗，可见当时让女子接受教育的目的并不注重让她们学习知识，而是知晓礼法，从而能够更自觉地遵守妇道，为成为男权社会所需要的孝女贤妇做准备。

以上是笔者对搜集到的河南地区所有唐代女性墓志所体现的女性行为规范要求的梳理与总结。另外，笔者搜集到的女性墓志中有70余篇是流寓中原的少数民族女性墓志，例如李府夫人元氏"其先后魏之裔，自迁都徙居河南，子孙因之，今为河南人也"④，绍公夫人高氏"姓高氏，渤海人也"⑤，郭威制夫人"高氏，渤海人也，晋神武帝之裔绪"⑥等。从这些墓志书写所体现的时人对少数民族女性行为规范的要求来看，如大周缘州安长使夫人康氏墓志铭记载"夫人早敷四德，夙奉三从……辞父母之国，适夫子之家，岂只妇德内彰，固亦母仪外著"⑦，汝南上蔡郡翟氏墓志铭称赞翟氏"禀柔和之性，怀信义之规，四德范明，三从礼著"⑧，可见唐代少数民族女性迁居中原之后，社会对她们的行为规范要求与汉族女性相差无异，说明她们也要遵从儒家的传统伦理道德和价值体系，体现出河南地区少数民族女性高度华化的时代特点。

---

① 洛阳市第二文物工作队：《唐崔元略夫妇合葬墓》，《文物》2005年第2期。
② 毛阳光、余扶危编：《洛阳流散唐代墓志汇编》，国家图书馆出版社，2013年，第280页。
③ 李献奇、郭引强编：《洛阳新获墓志》，文物出版社，1996年，第262、263页。
④ 洛阳市文物管理局编：《洛阳出土少数民族墓志汇编》，河南美术出版社，2011年，第152页。
⑤ 洛阳市文物管理局编：《洛阳出土少数民族墓志汇编》，河南美术出版社，2011年，第317页。
⑥ 洛阳市文物管理局编：《洛阳出土少数民族墓志汇编》，河南美术出版社，2011年，第318页。
⑦ 洛阳市文物管理局编：《洛阳出土少数民族墓志汇编》，河南美术出版社，2011年，第336页。
⑧ 洛阳市文物管理局编：《洛阳出土少数民族墓志汇编》，河南美术出版社，2011年，第391页。

三、墓志书写中唐代女性的社会活动

从唐代女性墓志文的书写情况看,她们虽然不能置身于"男尊女卑"的社会秩序大格局之外,要遵守"三从四德"的基本礼仪规范,是家庭内部事务的主要承担者,但是她们也具有独立人格和自我生活空间,同时也参与丰富的社会活动。

(一)参与政治活动

唐代墓志书写所见参加政治活动的女性主体是官宦阶层的女性,这是由她们所处的社会地位及自身的文化修养决定的。

古代称卿、大夫之妻为外命妇,外命妇在节日、典礼时有朝见太后、皇后的权利和义务。唐肃宗乾元元年(758年),礼仪使于休宁上奏曰:"据《周礼》,有命夫朝人主,命妇朝女君。自永徽五年已来,则天为皇后,始行此礼。"①宪宗时期还下诏:"外命妇朝谒皇太后,多有前却,今后诸亲委宗正寺,百官母妻委台司,如有违越者,夫子夺一月俸,频不到,有司具状奏闻。"②说明若外命妇缺席朝谒还会牵连其夫、子受罚。由此可见参加这种活动是她们的责任,也是一种官场社交活动③。另外,《新唐书》还对外命妇参加朝谒的服饰有明确的规定:"一品翟九等,花钗九树;二品翟八等,花钗八树……四品翟六等,花钗六树。"④更体现出外命妇参加朝拜的仪式性。唐中散大夫河东薛丹夫人陇西县君李饶墓志铭就记载有夫人李氏以外命妇的身份朝拜太后的场景:"元和元年,外命妇朝王太后于兴庆宫之前殿,他官母妻咸惴栗恐惧,赞拜几不毕。夫人服品服,首钗六树,衣翟六等,黼领朱褾加侯,佩小绶,雅独雍容,进退动合仪度。"⑤由此可知女性参与政治活动的仪式性和严肃性。

另外官宦阶层的女性一般都具有良好的文化修养,而且在一家之内把握着主持家政的权利,因此她们对政治活动具有敏锐的洞察力和独到的见解,这也促使她们有能力参与政治活动。例如上述薛丹夫人李饶⑥在薛丹遭遇徐州之乱时,李饶帮助他分析当时的政治形势,规劝他离开徐州,并最终脱离了危险。在唐宪宗初揽朝政时期,淮西镇节度使吴少城凭借自己在淮西的强大势力屡次上表为难朝廷,"丞相以公机辩",推荐薛丹作为宣谕使镇抚淮西,由于去者凶多吉少,当时薛丹的一些同僚"遣计令以疾告"。薛丹犹豫不决,他的夫人李饶"挺然曰:'群使公为辞者,岂不以前去,惑婴之祸乎?此前去祸未肯专,而功勋可逢。设

---

① (宋)王溥撰:《唐会要》卷二六《命妇朝皇后》,中华书局,1985年,第573页。
② (后晋)刘昫等:《旧唐书》卷十四《宪宗本纪》,中华书局,1975年,第421页。
③ 高世瑜:《唐代妇女》,三秦出版社,2011年,第40页。
④ (北宋)欧阳修、宋祁:《新唐书》卷二十四《车服志》,中华书局,1975年,第523页。
⑤ 赵会军、郭宏涛:《河南偃师三座唐墓发掘简报》,《中原文物》2009年第5期。
⑥ 赵会军、郭宏涛:《河南偃师三座唐墓发掘简报》,《中原文物》2009年第5期。

辞则祸必，而名声凌迟'。"在夫人申明大义、晓以利害之后，最终薛丹冒险前往，后立功而返。墓志文所记载的唐代女性虽然不能像男性一样亲自在官场运筹帷幄，但她们的政治才能并不因此被埋没，她们往往退居幕后为夫出谋划策、分析时势，也是参与政治的表现。虽然此种女性很少，但不可多见的墓志文对这些女性言行的记载，是对她们政治才能的肯定与赞扬。

（二）宗教信仰活动

隋唐五代时期，佛、道二教主张众生平等，宣扬只要一心向教即可脱离苦海、进入极乐世界，这就促使唐代妇女虔诚信奉宗教，这一事实在唐代女性的墓志书写中也有较广泛的体现。

女性信教活动在唐代女性墓志书写中的出现，表示当时社会对女子从事宗教活动的认可，而信仰宗教种类的不同，又反映了女性宗教信仰的自由及自主性。例如唐临淄郡丰齐县张氏墓志铭记载夫人张氏"坚修禅诵，久誓荤血"[1]，唐兵部郎中张具瞻夫人华原县君韦氏志铭记载韦氏"了悟真如，及丧所天，采入禅寂"[2]，均是描述女性信奉佛教的活动。另外还有部分墓志记载女性信奉道教的情况，如博陵崔夫人墓志铭记载崔夫人"既孀之后，心归至教，愿披冠褐，投躯道门，冥符至诚，乃访师条岭，参佩经录，洞叩玄关，获玄珠于顺风，悟逍遥自得之境"[3]；唐润州延陵县丞李府君夫人吕氏墓志铭记载夫人吕氏"素尚清静，久怀止足，奉太上之教，修圆证之因"[4]等。

从墓志所载女性宗教信仰的整体情况来看，女性从事宗教活动多是在孀居之后。例如唐清江郡太守夫人吴氏墓志铭就明确记载："及府君移牧清江，不幸薨殁。夫人荤膻绝茹，精恳梵文。"[5]由此推断唐代女性信仰宗教的一个主要原因就是寻求精神上的慰藉与解脱。目前笔者搜集的女性墓志材料中，并未见到当时女性参与奉佛、礼佛等大型活动的记载，只有个人修行活动的记载，而且主要为出家和居家修行两种。总体上看，其修行活动的内容主要包括以下几个方面：

1. 取法号。例如唐故韩氏刘夫人墓志铭记载"夫人彭城刘氏，法名会如，号金刚"[6]；唐宁刹寺比丘尼志弘墓志铭记载"粤有比丘尼法号志弘"[7]；唐临淄丰齐县李夫人张氏墓志铭记载"夫人姓张氏，法号常精进"[8]等。名字是具有象征意义的符号，但是唐代女子多以父家或夫家的姓氏冠之，很少有自己的名字。女子信教后取得法号，反映出她们在宗教活动中找到了

---

[1] 李献奇、郭引强编：《洛阳新获墓志》，文物出版社，1996年，第252页。
[2] 毛阳光：《洛阳新出土唐张具瞻墓志考释》，《洛阳师范学院学报》2009年第1期。
[3] 杨作龙、赵水森等：《洛阳新出土墓志释录》，北京图书馆出版社，2004年，第301页。
[4] 李献奇、郭引强编：《洛阳新获墓志》，文物出版社，1996年，第278、279页。
[5] 毛阳光、余扶危：《洛阳流散唐代墓志汇编》，国家图书馆出版社，2013年，第372页。
[6] 赵振华：《洛阳新出比丘尼墓志与唐代东都圣善寺》，《河洛史志》2005年第3期。
[7] 赵振华：《洛阳新出比丘尼墓志与唐代东都圣善寺》，《河洛史志》2005年第3期。
[8] 李献奇、郭引强编：《洛阳新获墓志》，文物出版社，1996年，第252页。

属于自己的独立空间，而这些具有宗教色彩的名号也反映了女性信教的决心。

2. 诵读经书，素食俭衣。墓志文有关女性从事宗教活动的记载，多为诵读经书和遵守教义，可见这是女子主要从事的宗教活动。例如渤海郡吴氏"荤膻绝茹，精恳梵文"①，大唐故张夫人"坚修禅诵，久誓荤血"②，天水赵夫人"屏铅华之饰，服澣濯之衣，不茹荤膻，积十年矣"③，范阳卢夫人"居常则焚香净室，诵读佛书"④，博陵崔夫人"愿披冠褐，投躯道门……参佩经箓"⑤等，都是对信教女性日常活动的描述。她们通过对佛教、道教经文的研读领悟佛学、道学的真谛，并为了表示自己对所信奉宗教的虔诚，从衣食上严格遵守教义、约束自我。

3. 葬以尼礼。这主要是针对佛教信徒的。唐代世俗社会实行夫妇合葬于一穴的丧葬制度，但是女性信教后，由于受宗教思想的影响，在她们去世之前就明确要求按照佛教徒的方式进行安葬而不与丈夫合葬。例如闻喜县太君"晚悟释流，深惟禅寂……誓将依佛，至愿出家，大启净居，遗言别葬"⑥；渤海郡吴氏在弥留之际叮嘱后辈"吾龄已高，古无不死。早摈尘网，夙诣菩提。可于天竺伽蓝傍建宝塔，因依净界，迁寝吾身。爰取不坟，勿遵同穴"⑦；韩氏刘夫人"方疾之殷，遗嘱二子曰：'吾殁之后，以道流处之，择东原不毛之地，建西方清净之塔，瞻望而父，以安吾神，幽明之间，不失尔祀。此吾志也'"⑧。这种行为直接导致在唐代信仰佛教的妇女群体中，出现了夫妇同兆域而分葬的情况。

（三）主持父母及丈夫的丧葬活动

传统社会中，男性是丧葬活动的主要操持者，承担着主办父母及家人丧葬事宜的重任，唐代社会也不例外。但是目前搜集到的中原地区唐代女性墓志中却也有关于"女临穴主丧"的记载，且对女子主丧活动所表现出的责任意识赞扬有加，可见这种情况虽然违反当时社会的常态，却为时人所认可。墓志文所载女性主丧活动主要分为以下几种情况。

其一，本家父母去世后，由于家中无男子主持丧事，这一重任落在女子身上。例如唐故秘书郎席府君夫人杨云墓志铭记载夫人杨云"年九岁丁内艰，终鲜兄弟，亦寡姊妹，主丧奉祭，自单父卜宅于北邙山而堋焉。……数岁又丁父罶……罄鬵簪珥以营窀穸"⑨，说明杨氏作为在室女承担起了安葬父母的责任；天水赵夫人墓志铭记载赵夫人"凡生三女……举摒祔，设涂

---

① 毛阳光、余扶危编：《洛阳流散唐代墓志汇编》，国家图书馆出版社，2013年，第372页。
② 李献奇、郭引强编：《洛阳新获墓志》，文物出版社，1996年，第252页。
③ 毛阳光、余扶危编：《洛阳流散唐代墓志汇编》，国家图书馆出版社，2013年，第380页。
④ 李献奇、郭引强编：《洛阳新获墓志》，文物出版社，1996年，第297页。
⑤ 杨作龙、赵水森等：《洛阳新出土墓志释录》，北京图书馆出版社，2004年，第301页。
⑥ 毛阳光、余扶危编：《洛阳流散唐代墓志汇编》，国家图书馆出版社，2013年，第240页。
⑦ 毛阳光、余扶危编：《洛阳流散唐代墓志汇编》，国家图书馆出版社，2013年，第372页。
⑧ 赵振华：《洛阳新出比丘尼墓志与唐代东都圣善寺》，《河洛史志》2005年第3期。
⑨ 李献奇、郭引强编：《洛阳新获墓志》，文物出版社，1996年，第258、259页。

曷，窀穸载□，远日斯卜，皆女之力也"，由于赵夫人一生无子，故在其去世之后由她出嫁的女儿回来操办她的丧事。

其二，虽然家中有男子，但是因为其幼小或游宦在外，为了不错过安葬吉时，只能由女子出面主持本家父母的丧葬事宜。例如唐著作郎荥阳郑虔夫人琅琊王氏墓志铭记载夫人王氏去世之时，"惟长女、次女、幼子在焉……询于长老，卜于龟筮，得以今年协从是礼。长女、次女相谓曰：'吾等虽伯仲未集，而吉岁罕逢，今誓将毕乎大事。'于是自江涉淮，逾河达洛，万里扶持，归于故乡"①。

其三，夫死子幼的情况下由孀居女子主持、安排丈夫的丧葬事宜。例如唐故润州延陵县丞李府君夫人吕氏墓志铭载："先府君先皇妣十一年因官终于润州，于时孜幼妹三人，孜未成名，妹未从事……先妣情由义激，智以通谋，虽囊无一金，而途出万计，乃携孤孺，以元和十一年七月护丧归洛，以其年八月葬于河南县伊洛乡万安之北原。"②唐故秘书郎席府君夫人杨氏墓志铭载："舅氏（席府君）以忧愤即世，四子歼逝。夫人独主大祸，永昼号哭，上达昊天，下彻穷泉，乱不易哀，节感异类，遗老救丧，劫房避门矣。时当天下汹汹，人不敢护骨肉，茹菜偷生，投奔藏形。而能设位幰幕，布奠灵帐，以哀忘食，以感御寇，古今所稀有也。"③墓志文表现出寡居女子主持安葬活动的艰辛，更流露出时人对女子在主丧活动中尽责表现的赞扬。

除此之外，在女子本家父母无子主丧的情况下，由出嫁女子的后代代为主丧。唐故河南采访使汴州刺史徐恽夫人姚氏墓志铭就记载了这种情况："天宝五载，先夫人而薨。夫人德备姻族，仪彰闺阃。执丧无主，悲邓作攸之嗣继；帷堂有哭，感敬姜之声恸。流离世故廿余年，依外孙李駉，避地樊邓，以大历九年四月十八日薨于南阳升平里之私第……駉思结寒泉，义深资敬，孤笃复外家之姓，刘涛感祖母之恩，伶俜他乡，扶护旅榇，克还故国，归祔旧茔。"④可见当时操持姚氏迁葬事宜的是其外孙李駉。虽不是由女子亲自操持，但却从血缘关系的角度再次肯定了女性的社会价值。

除上述活动之外，唐代女性还有丰富的社会娱乐活动。例如薛君妻崔蹈规"其暇则鸣丝桐，讽诗骚为娱"⑤，唐故景教徒花献夫人安氏"好音韵，为丝竹，宫唱商和，礼翔乐优"⑥，朱府君故夫人周氏在闲暇时"或春游锦水，或秋赏巫山。情洽四时，意盈千古"⑦。虽然关于这种行为的描述在女性墓志文中并不多见，但是从这些零星的记载我们仍可捕捉到唐代女性的日常活动内容并不仅仅局限于家族内部事务，她们也有自我独立的活动空间和丰富的消遣、娱乐方式。

---

① 陈尚君：《〈郑虔墓志〉考释》，《传统中国研究集刊》2007年第1期。
② 李献奇、郭引强编：《洛阳新获墓志》，文物出版社，1996年，第278、279页。
③ 李献奇、郭引强编：《洛阳新获墓志》，文物出版社，1996年，第258、259页。
④ 李献奇、周铮：《唐徐恽及夫人姚氏墓志考述》，《中原文物》2000年第6期。
⑤ 郅妙丽：《柳宗元撰崔蹈规墓志赏析》，《河洛春秋》2010年第4期。
⑥ 毛阳光：《洛阳新出土唐代景教徒花献及其妻安氏墓志初探》，《西域研究》2014年第2期。
⑦ 毛阳光、余扶危：《洛阳流散唐代墓志汇编》，国家图书馆出版社，2013年，第290页。

四、唐代女性墓志书写所反映的相关问题

（一）唐代女性墓志书写反映的女性社会价值

"女正位乎内，男正位乎外"是我国古代宗法制度对家庭生活中男女两性地位及作用的基本界定，这种思想在中原地区唐代墓志铭中表现得尤为明显。如《胡公（思）伉俪墓志铭》一文指出"公则表外，自得洛阳之才；母则治内，终擅鲁室之德"①就是这一思想的直接体现。由此可见，"正位乎内"是唐代社会对妇女家庭、社会地位的认定。从墓志文书写的具体情况来看，唐代妇女的社会价值主要体现在以下几个方面。

1. 绵延子嗣，教子入仕。女性自古以来就被认为是传宗接代的工具，唐代也不例外，因此子嗣的多寡及成才率的高低既是对"为人母"者的职责要求，也是判定她们社会价值的重要标准。例如薛府张氏墓志铭②就是一篇专门对母亲抚育子嗣事迹进行歌功颂德的文章。墓志文首先提到张氏"十八首育愚昧，廿一诞第四弟颢，廿七诞第五弟文休，廿九诞第六弟谦光"，表现了张氏一生孕育子嗣众多，是对她作为妻子在绵延子嗣方面的肯定；在教育子女的过程中，张氏注意因材施教，并在其子成年后仍对他们时时劝诫、引导；而志文言及数子相继入仕且在朝堂上位居高位，可视为对其母教成功的赞扬，也是对母教作用的充分肯定。

2. 和睦六姻。女子作为家庭内部事务的主要管理者和承担者，在维系家族和睦上起着不可替代的作用。如朱府夫人臧氏墓志铭中称赞夫人"内谐闺道，外睦姻族"③等。首先，她们在维系家族内部各成员之间关系时要做到"事舅姑以孝，与娣姒以和，抚子侄以均，奉宗姻以敬"④，以达到敬宗睦族的目的。例如荥阳郑氏夫人嫁与刘氏后，"刘氏六姻繁广，甥侄众多，夫人迎待抚接，未曾在有过之地"，同时刘氏还有"室妹二人，十年夫人奉侍，曾无一日间言"⑤，表现了郑氏维系、协调大家族内部复杂关系的能力与作用；宰相崔彦昭为其母撰写的《郑太素墓志》更是盛赞其母的持家方略与恩德⑥。墓志记载王凝乃是崔彦昭之妹婿，根据《新唐书·崔彦昭传》记载，崔彦昭与王凝同为僖宗朝重臣，但由于高宗、武后朝以后，朝野皆重进士而轻明经，王凝曾对崔彦昭嫚言"不若从明经举"，使崔彦昭对王凝心生怨恨。其母闻彦昭相，敕婢多制履袜，曰："王氏妹必与子皆逐，吾将共行"，彦昭闻之，泣且拜，不敢为怨⑦。这即是郑太素利用女主人身份巧妙化解家族成员之间的恩怨并促进家族和睦的事例。另外，出嫁后的女性可成为维系夫家与本家亲睦关系的纽带。唐卢绘夫人陇西李氏墓志中

---

① 李芳、杨利娟：《唐胡思夫妇墓志考略》，《河洛春秋》2012年第4期。
② 毛阳光、余扶危编：《洛阳流散唐代墓志汇编》，国家图书馆出版社，2013年，第100页。
③ 李献奇、郭引强编：《洛阳新获墓志》，文物出版社，1996年，第287页。
④ 柳金福、闫荣茂、郭琳：《唐卢夫人墓志考释》，《河洛春秋》2006年第1期。
⑤ 李献奇、郭引强编：《洛阳新获墓志》，文物出版社，1996年，第286、287页。
⑥ 李建华：《唐宰相崔彦昭之母〈郑太素墓志〉研究》，《史学史研究》2015年第1期。
⑦ （北宋）欧阳修、宋祁：《新唐书》卷一八三《崔彦昭传》，中华书局，1975年，第5381页。

就提到:"自后魏甄明氏族,山东鼎甲,相为婚姻。故我卢宗与李氏,世为姻旧。"①女子作为当时世家大族联姻活动的重要参与者,在维系宗族关系中起着不可替代的作用。她们在处理两个家族事务中均能独当一面,这一点在"临穴主丧"的活动中即已表现出来。

3. 辅佐丈夫。夫妻在很大程度上是荣辱与共的整体,我国古代的女性大都没有独立的经济和社会地位,为人女时依靠父家,为人妇后依靠丈夫,为人母后依赖子嗣,其一生的价值也多体现在打扫庭除、侍奉双亲、抚育子嗣上。从现已发现的唐代女性墓志文看,女子作为丈夫的贤内助,对丈夫的发展具有重要作用。首先,她们会在逆境中勉励丈夫。例如右监门卫胄曹参军夫人韦楚和墓铭记载,韦氏之夫"初未仕"且家庭贫困,韦氏则以彦子、原宪为例勉励丈夫,从而使其丈夫"宴于道贫焉,不愠贱焉"②。其次,她们还能在险境中救助丈夫。如上述唐中散大夫薛丹夫人李饶墓志铭记载,丈夫薛丹任军司马时,因公事与上司高崇文结怨,夫人李饶"即日当夜使人以金帛,深结高之妻党",采用夫人外交手段化解了高崇文对薛丹的怨恨,保护了丈夫薛丹③。

(二)唐代女性墓志书写中的"拟男化"特征

唐代女性墓志通过对女性日常生活的描述,向我们展现了唐代社会行为规范下理想化的女性形象。但是墓志文也不乏对女子才能的肯定,描绘了一批有才能、治家有方以及政治敏锐的女性形象,使女性墓志书写中的女性形象呈现出"拟男化"的特征。

唐代女性墓志对于女子品德的称赞不仅有恭执妇礼、进退有度,还有博览群书以培养才情、拓展活动空间等。例如唐崔元略夫人李氏"幼不好弄,女曹嬉邀,未尝往参焉"④,描述了李氏幼年时自别于女子之伍的行为,表现出一定的男性化倾向。其次,时人还不惜笔墨对女子才情进行赞颂,从她们的阅读内容来看,如唐崔元略夫人李氏"闻讽咏先王之书,鼓箧孙志之道……读毛苌《诗》、刘向《列女传》……至十余岁,班范汉史、古今文集,皆窥涉焉"⑤;范阳郡夫人卢氏"七岁读《女诫》《女仪》……九岁授《论语》《孝经》,兼及《诗》《礼》……颇属文藻,尤工篆隶"⑥。当时这些女性所读所学不仅局限于女教典籍《女仪》《女诫》《孝经》之类,她们饱读诗书、博古通今,而且在阅读时间上还具有一定的持续性,从而使其所学所悟逐渐与当时的男子趋同。此外,卢府君夫人天水赵氏"善鼓琴正书,通解黄老之理",并自称"此非女子之事也"⑦,代表了当时女了对自己所从事的读书活动的自我认知。河东薛府君夫人张氏还曾告诫诸孙曰:"《女仪》《女诫》及《列女传》虽不可不读,要于时事

---

① 李宝宗:《新发现的唐武宗会昌元年石刻〈心经〉》,《中原文物》2013年第2期。
② 李献奇、郭引强编:《洛阳新获墓志》,文物出版社,1996年,第278页。
③ 赵会军、郭宏涛:《河南偃师三座唐墓发掘简报》,《中原文物》2009年第5期。
④ 洛阳市第二文物工作队:《唐崔元略夫妇合葬墓》,《文物》2005年第2期。
⑤ 洛阳市第二文物工作队:《唐崔元略夫妇合葬墓》,《文物》2005年第2期。
⑥ 毛阳光、余扶危编:《洛阳流散唐代墓志汇编》,国家图书馆出版社,2013年,第280、281页。
⑦ 柳金福、马丽娜:《唐卢湘、卢行质夫人墓志考略》,《河洛春秋》2008年第2期。

未周。吾别令于《曲礼》中撰出数篇目为《女则》,其于言行,靡有不举,汝等若能行之,子妇之道备矣。"①张氏这种似男性的口吻和道德观教育、训诫孙辈的行为,也是当时女性"拟男化"特征的表现之一。除此之外,前文提到唐代女性墓志中有关女性参与政治活动的记载,说明女性的生活范围并不仅仅局限于内闱,其眼光见识也不仅仅局限于生活中的琐碎杂务,她们在政治上的远见卓识甚至可与当时的男子相媲美,如唐崔元略夫人李氏墓志就提出"我先人嘉爱不足,数流叹曰:'惜不为儿'"②,可视为对当时女子所表现出的男性特征的认可。

唐代女性生活在男权社会当中,她们在女性墓志书写中所表现出来的"拟男化"特征,是她们主观努力、自我锻造的结果,这些特征在她们的墓志文中得以记述,代表了当时社会对女性存在价值的肯定。

五、结　语

受"男尊女卑"传统思想的影响,唐代女性的活动范围大多局限于家庭生活之内,又因其身份及社会地位的不同,墓志文的书写要素则表现出一定的等级差异。而通过对女性墓志文书写要素的分析我们发现,唐代女性墓志书写要素的简略化、书写模式的程式化、特殊类型女性墓志书写没有感情的模板化,无一不透露出当时社会对女性尤其是下层女性的轻视,说明唐代女性仍然是作为男性附庸存在的,墓志文的这种行文方式体现了唐代女性仍然生活在"在家从父,出嫁从夫,夫死从子"传统观念的束缚之下。

唐代女性墓志都是出自男性之手,所呈现的仍是以男性为主体的意识形态下的"理想化"女性形象,妇女被框定在"正位乎内"的家庭角色之中。一方面受传统儒家道德观念的影响,墓志书写表明女性接受更多的是道德礼教的束缚,即使迁徙河南的少数民族女性也不例外,她们严格遵守儒学礼教,呈现出高度"汉化"的特点;另一方面,由于唐代社会的纳异开放,多多少少摆脱了"女子无才便是德"传统思想的窠臼,主流社会对女子追求才学、精神信仰等方面的活动并不排斥,从而使唐代女性尤其是官僚贵族阶层的女性具有了一定的文化素养和对政治的敏锐洞察力,出现了一批有才识并在处理家族内外事务中能够独当一面的女性,使唐代墓志书写下的部分女性呈现出"拟男化"的特征。

综上所述,河南地区唐代女性墓志所表现的女性仍然生活在传统儒家道德伦理体系的约束之中,她们在对社会道德规范要求的践行中经历了从孝女到贤妇再到慈母的社会身份的转变,并在身份转变的过程中履行了社会职责,实现了人生价值。中原地区汉文化具有强大的凝聚力和向心力,迁居该地的少数民族女性也表现出明显的"汉化"特征,而唐朝社会对女性文教活动的肯定,又促使一批有才识的女性出现,促使唐代女性"拟男化"特征的萌芽和女性自我意识的觉醒。

---

① 毛阳光、余扶危编:《洛阳流散唐代墓志汇编》,国家图书馆出版社,2013年,第100页。
② 洛阳市第二文物工作队:《唐崔元略夫妇合葬墓》,《文物》2005年第2期。

第二部分 碑志拓片及释录整理

一　碑　碣

（一）東漢司徒公袁安碑

东汉永元四年（九二）三月庚午

東漢司徒公袁安碑

　　司徒公、汝南女（汝）陽袁安召公授《易》孟氏□。//永平三年二月庚午，以孝廉除郎中，四□//十一月庚午，除給事謁者。五年正月乙□[①]，//遷東海陰平長。十年二月辛巳，遷東平□//城令。十三年十二月丙辰，拜楚郡□//守。十七年八月庚申，徵拜河南尹。□//初八年六月丙申，拜太僕。元和三年五□//丙子，拜司空。四年六月己卯，拜司徒。　//孝和皇帝加元服[②]，詔公爲賓。永元四年□//月癸丑薨，閏月庚午葬。//

袁安碑，1930年发现于偃师县辛村，现藏于河南博物院。碑立于东汉永元四年（92年），碑残高139、宽73、厚21厘米。碑中部靠上有一直径12.5厘米的圆穿。碑文为小篆，凡10行，满行16字，共计139字。该碑是十分罕见的汉代篆书碑刻，书体为标准的小篆，规整匀称，在书法史上占有重要地位。

---

①　碑文第三行最末一字还不能确定。因永年五年正月丙朔，其初十为"乙亥"、二十为"乙酉"、三十为"乙未"，故不能确定指日数（《偃师文物志》）。

②　加元服：元服，指冠，加元服指行冠礼。

東漢司徒公袁安碑

（二）東漢張景造土牛碑

东汉延熹二年（一五九）

東漢張景造土牛碑

　　□□□□□：男子張景記言，府南門外勸農土牛□□□□∥調發十四鄉正相賦斂作治，并土人、犁、耒、䒾、蓆、屋，功費六七∥十萬，重勞人功，吏正患苦。願以家錢，義作土牛，上瓦屋、欄楯、∥什物，歲歲作治。乞不爲縣吏、列長、伍長徵發小䌛。審如景言，∥施行復除①，傳後子孫。明檢匠所作，務令嚴，事畢成，言。會廿□∥府君教。　大守丞印。　延熹二年八月十七日甲申起□∥八月十九日丙戌，宛令右丞憚告追鼓賊曹掾石梁寫移②，□∥遣景作治五駕、瓦屋二間，周欄楯拾尺，於匠務令功堅，奉□∥畢成，言會月廿五日，他如府記律令。　掾趙述□□∥府　告宛：言男子張景，以家錢義於府南門外，守□□□∥瓦屋，以省賦斂，乞不爲縣吏、列長、伍長小䌛□□□∥

　　张景造土牛碑，东汉延熹二年（159年）镌立。1958年出土于南阳市，现藏于南阳市博物馆。碑通高125、宽54、厚12厘米。碑文隶书，残存12行，满行23字，共计229字。碑身四周皆残，顶部碑穿隐约可见。铭文笔画从容秀雅，端正而不板滞，是成熟的汉代隶书的代表。碑文记载由乡民张景承担建造土牛供春日祭祀使用，并被免除世代劳役的官方文书内容。

---

①　复除：即免除徭役，《后汉书·光武帝纪》："诏复济阳二年徭役"注引前书音义曰："复谓除其赋役也"。

②　石梁写移：石梁，人名。写移，汉代拟定和发出文件谓之写移。

東漢張景造土牛碑

（三）東漢肥致碑

东汉建宁二年（一六九）五月十五日

東漢肥致碑

（碑額）孝章皇帝大（太）//歲在丙子崩//孝章皇帝//孝和皇帝//孝和皇帝大（太）//歲在己丑崩//

河南梁東安樂肥君之碑。漢故掖（掖）庭待詔，君諱致，字蒼華，梁縣人也。其少體//自然之恣（姿），長有殊俗之操，常隱居養志。君常舍止棗樹上，三年不下，與道逍//遥。行成名立，聲布海内，群士欽仰，来集如雲。時有赤氣，著鍾連天，及公卿百//遼（僚）以下，無能消者。//詔聞梁棗樹上有道人，遣使者以禮娉（聘）君。君忠以衛上，翔然来臻。應時發筭，//除去灾變。拜掖（掖）庭待詔，賜錢千萬，君讓不受詔。以十一月中旬，上思生葵。君//却入室，須臾之頃，抱兩束葵出。上問："君於何所得之？"對曰："從蜀郡太守取之。"//即驛馬問郡。郡上報曰："以十一月十五日平旦，赤車使者來，發生葵兩束。"君//神明之驗，譏徹玄妙，出窈入冥，變化難識。行數萬里，不移日時，浮游八極，休//息仙庭。君師魏郡張吴，齋（齊）晏子、海上黄淵、赤松子①與爲友。生號曰真人，世無//及者。功臣五大夫雒陽東鄉許幼仙，師事肥君，恭敬烝烝，解止幼舍，幼從君//得度世而去。幼子男建，字孝萇，心慈性孝，常思想神靈。建寧二年，大（太）歲在己//酉五月十五日丙午，直建孝萇爲君設便坐，朝莫（暮）舉門，恂恂不敢解（懈）殆（怠）。敬進//肥君，餟順四時所有。神仙退泰，穆若潛龍，雖欲拜見，道徑無從。謹立斯石，以//暘（暢）虔恭，表述前列（烈），啓勸僮（童）蒙。//其辭曰：

赫赫休哉，故神君皇，久有鴻稱，升遐見紀。子孫企予，慕仰靡恃。故刊//兹石，□□情理，願時仿佛，賜其嘉祉。//上仙者大伍公，見西王母昆侖之虛，受仙道。大伍公從弟子五人：田傴、全□//中、宋直忌公、畢先風、許先生，皆食石脂，仙而去。//

肥致碑，1991年出土于偃师县南蔡庄乡南蔡庄村东汉墓，现藏于偃师商城博物馆。肥致碑首身一体，青色石灰岩石质，晕首，有长方形覆斗形座，座前部刻出一排三个圆盘，圆盘内分别刻一耳杯。碑身高98、宽48、厚9.5厘米，座长74、宽44、高12.3厘米。碑额隶书，题刻6

---

① 赤松子：又名"赤诵子"，号左圣南极南岳真人左仙太虚真人，秦汉传说中的上古仙人，相传为神农时雨师。语出《淮南子·齐俗》。

行,共计28字;碑身有九宫格,隶书,凡19行,满行29字,共计484字。仅倒数第二行最后一字有残损外,其余文字均完好。

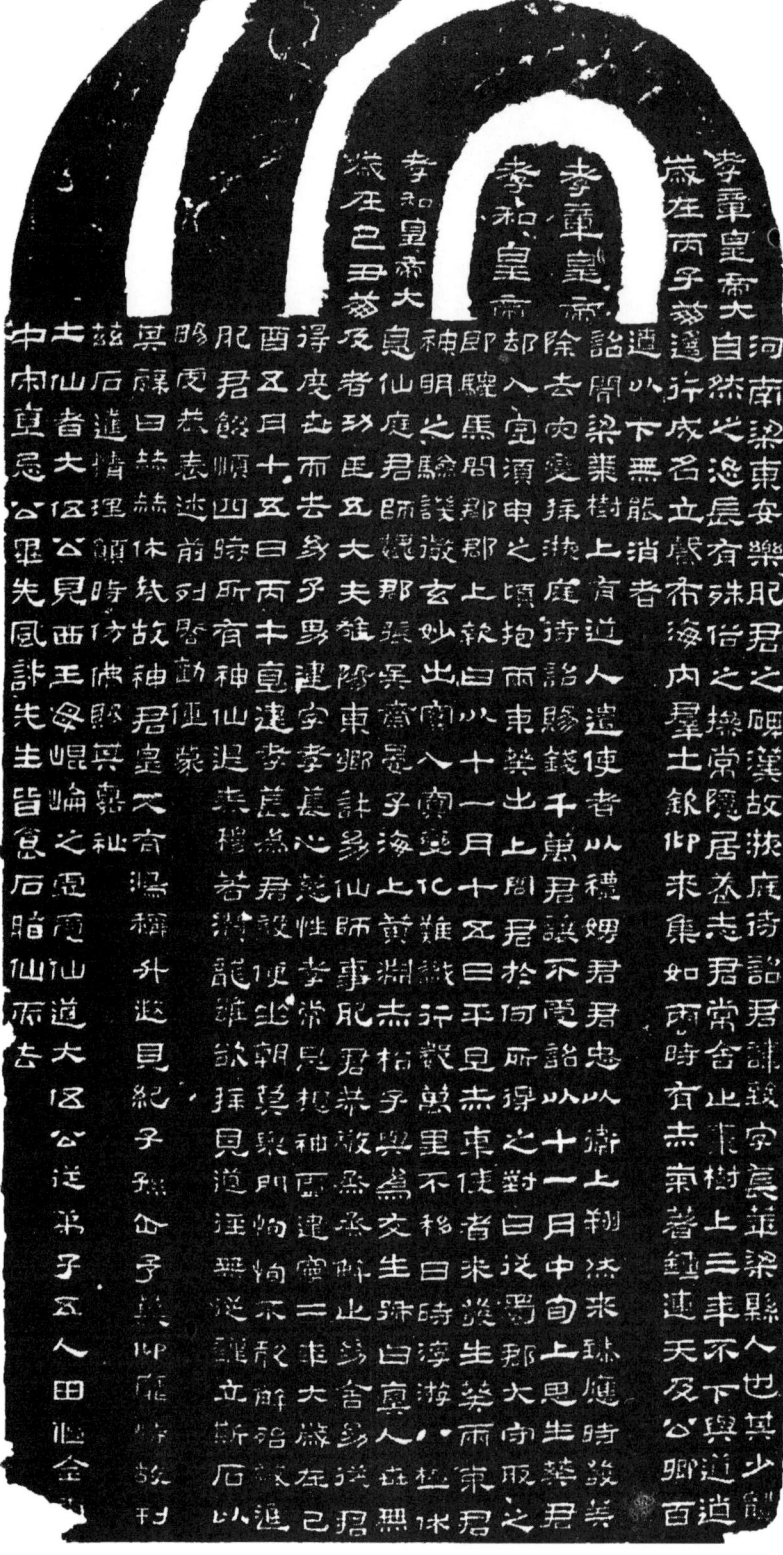

東漢肥致碑

（四）曹魏東武侯王基墓碑

曹魏景元二年（二六一）

曹魏東武侯王基墓碑

　　　　子有成父者，出仕于齊，獲狄榮如、孫㵒、違難，爲萊大夫，遂∥禀天素皓爾之質，兼苞五才九德之茂。慈和孝友，既著於∥景山林，元本道化，致思六經，剖判群言，綜析無形。文辯贍∥〔以〕柔民，忠正足以格非，兼文武之上略，懷濟世之弘規。初∥舉孝廉，司徒辟州，輒請留，以自毗輔。後辟大將軍府，拜∥國典惟新，出爲安平、安豐太守。敷崇惠訓，典刑惟明。四∥躬以允帝命，遷荆州刺史、揚武將軍，又遷使持節鎮南∥穴。朱旗所麾，前無交兵，克敵獲俊，斬首萬計，賜爵關內∥諸鸞夏震蕩，王師雲集。公翼亮　∥無遺策，舉無廢功，故能野戰則飛虎推翼，圍城則鯨鯢∥於九有也。比進爵常樂亭安樂鄉東武侯，增邑五千戶，∥之等征有獨克之威，而忠勤之性，乃心帝室，屢奏封章。∥彌留，年七十二，景元二年四月辛丑薨。公天姿高素，與∥亡則令儉，斂以時服，於是∥將矩奉册，追位司空，贈以東武侯蜜印，綬送以輕車。介∥泰山之速賾，恨元勛之未遂。俯仰哀嘆，永懷慘悴。以爲∥策，鐫石表墓，光示来裔。其辭曰：∥

　　　　□塞。憲章墳素，昭此物則。居則利貞，在公畢力。化流二邦，∥□寧，民是用息。升降順道，德讓靡忒。曾不愁遺，我□∥

　　王基墓碑，最早于乾隆初年在洛阳城北十五里安驾沟村出土，现藏于洛阳古代艺术博物馆。碑残高135、宽99、厚22.5厘米。碑文隶书，凡19行，前三行每行22字，余俱21字，共计370字。碑石末尾有清光绪八年补刻跋语3行，行38字，曰："右魏东武侯王基碑，诸家考评详矣。惟汪容甫先生据装本以碑字裁刻下方，上方尚未开凿，大谬此石。上方未刻者，前三行每行一字，后每行二字；下方则每行各缺五字。麟惧后人误信，述学一语，致有赝此石者，因详志焉。并伐木作盖，以防损伤。光绪八年冬，河南府训导、汝州杜梦麟谨跋。"现志石已断裂为四半六块，每一半仍有水浸裂纹，字迹剥损。王基墓碑是研究我国隶书嬗变极其珍贵的资料。

曹魏東武侯王基墓碑

（五）西晋辟雍碑

西晋咸宁四年（二七八）十月廿日

西晋辟雍碑

（碑额）大晋龍興//皇帝三臨辟雍//皇大（太）子又再莅之//盛德隆熙之頌//

（碑陽）曰昔在先代，肇開文教，殊風至化，發迹乎黃唐；備物致用，具體於三代。歷自列辟，廢興存亡。以降于秦漢，雖開國立統，而皇道不融。帝典闕而未//備，王綱有所不張。累世彌久，有由來矣。至于大晉龍興，當魏氏多難，而天命未壹，豪桀虎爭，三方分崩，實賴//宣皇帝櫛風沐雨，經營寓內。是時正朔未加于華陽，王教不被於江表，西崛跋扈，楊越內侵，戎車屢駕，抑有不暇。雖誕敷神武，光被四海，流風邁化，//惠懷黎元，而未遑治定之制，儒道不得并時而施。至于　//文皇帝，方寇負固，猶未帥職，左提右挈，虔劉邊垂，乃振威域外，蕩定梁益，西戎既殄，遂眷東顧，文告江裔，爲百姓請命，南蠻順軌①，革面報附。九服混//同，聲教無貳。彭濮肅慎織皮六服之夷，桔矢石砮齒革大龜之獻，莫不和會王庭，屈膝納贄。戎夏既泰，九域無事。以儒術久替，古典未隆，乃興道//教，以熙帝載。廓開大學，廣延群生。天下鱗萃，遠方慕訓，東越于海，西及流沙，并時集至，萬有餘人。暨　//聖上踐祚，崇光前軌，闡五帝之絕業，邁三代之弘風。敦禮明化，以庠序爲先。乃遣相國長史、東萊侯史光，主簿東萊劉毅，奉詔詣學，延博士，會學生，//諮詢讜言。又下丙辰詔書，興行古禮，備其器服。太常樂安亭侯琅耶諸葛緒，博士祭酒、騎都尉濟南劉熹，博士京兆段暢，孝合儀制，述造絳歌。泰//始三年十月，始行鄉飲酒、鄉射禮。馬、鄭、王三家之義并時而施。然後罍樽列於公堂，俎豆陳于庭階，鄉縣之樂設，百拜之儀陳。縉紳之士始睹揖//讓之節、金石之音。六年正月，熹、暢等又奏行大射禮。乃抗大侯，設豊縣，用《肆夏》，歌《騶虞》，邦君之制，於是而顯。其年十月，行鄉飲酒禮，　//皇帝躬臨幸之。正法服，負黼扆，延王公、卿士、博士、助教、治禮、掌故、弟子、門人，咸在列位。莫不被文相德，祗服憲度。穆穆焉，濟濟焉，搶搶焉，禮行樂奏。//詔曰："群生勤學務禮，遵修舊典，朕甚嘉之。"遂斑饗大燕，上下咸周。三家之禮，庭肆終日。既而，錫寺卿、丞、博士、治禮、學生，下至樂工，束帛帷巾，各有等//差。厚施豊備，人知所勸。宇內承風，莫不景慕。于時方國貢使及報塞入獻之戎倍于海外者，蓋以萬數。若夫耆老嘔嘆於邑里，士女抃舞於郊畛，//歌咏升平之謠，咨嗟大同之慶，布濩流衍，充塞四崛，飛英聲，騰茂實，

---

① 順軌：遵从礼制法度，归顺正道。《文选·潘勖》："海盗奔进，黑山顺轨。"李善注引《魏志》："黑山贼张燕率其众降，封为列侯。"

足以盈天地而冒六合矣。咸寧三年，太常修陽子、平原劉寔命博士京兆段//暢、漁陽崔豹講肆大禮。冬十一月，行鄉飲酒禮。四月二日，行大射禮于辟雍。//皇大（太）子聖德光茂，敦悅墳素，斟酌道德之原，探迹仁義之藪。游心遠覽，研精好古，務崇國典，以協時雍。乃與太保、侍中、太尉魯公充，太傅、侍中、司空//齊王攸，儋事、給事中、光祿大夫、關内侯珧及百辟卿士，同升辟雍，親臨禮樂。降儲尊之貴，敦齒讓之制。以咨軌憲，敷納訏言。堂列不臣之客，庭延//布衣之賓。緝柔學徒，接引衆心，溫溫其仁，翼翼其恭。故夫洪烈之美，可述而不可及；規模之格，可衍而不可階。是以髦士駿奔，華夏響臻，緝熙聖//緒，光融至化，儀形萬國，作孚四方。盛德大業，於斯為美。於是學徒沐浴純澤，承風感化，伏膺詠嘆，不知手之舞之，乃相與言曰："蓋享帝王之位者，//必有則天之象；成厚載之功者，必建不朽之業。是以順應交泰，莫崇乎三皇；開物興務，罔隆於五帝。前聖之所歸美，永守鴻名，常爲稱首，唯斯而//已。然夫品物咸亨，以廣被為貴；天下化成，以同風為大。光于前人，可得篤述者鮮矣。觀今變通之符、典模之則，順天承運，肇造區域，則虞夏之烈//也。建皇極之中，恢配天之範，則羲農之略也。韜威邁德，樹之風聲，則湯武之軌也。闡化本，垂道綱，則宣尼之教也。兼六代之美迹，苞七聖之遐踪，//巍巍蕩蕩，大晉其是也已。在昔先葉，德化可述，儀形可像，皆發之於雅頌，播之于金石。故使風流長存，暉光不隧。且古詩之興，采游僮之歌，收牧//豎之謠。今遇不世之運，被覆燾之施，豈無風人之作，奚斯之志哉？於是禮生守坊，寄學散生，乃共刊石，贊述洪美，遂作頌曰：//

悠悠皇羲，承天作帝，幽贊神明，觀象天地。三墳五典，八索九丘，發原在昔，邁兹清流。大道陵遲，質文推移，樸散爲器，醇澆為漓。降遝三代，世篤軌//儀，郁郁之美，莫尚於斯。六國縱橫，禮樂消亡，秦焚其緒，漢未之詳。鑠哉皇代，時惟大晉。龍飛革命，天應人順。敷演彝倫，亮采賢俊。神化罔極，風翔//雨潤。明明太子，玄覽惟聰，游心六藝，再臨辟雍。光光翠華，駸駸六龍，百辟雲集，卿士率從。儒林在位，爰暨生童，升降有序，行過乎恭。祗奉聖敬，曠//若發蒙，玄冥司節，饗飲嘉賓。大射之儀，講于元春，執弓鷹揚，百拜逡巡。金石迭奏，兩禮并陳，容服狺狺，宴芙斌斌。德咸庶類，洪恩豐沛，東漸西被，//朔南式賴。遂作頌聲，永垂萬世。

咸寧四年十月廿日立//

（碑陰）太常、修陽子、平原劉寔子真。//散騎常侍、博士、祭酒、潁川康純謀甫。//散騎常侍、博士、甄城公譙國曹志兄恭。//太常丞、陽丘男、譙國蔣林永元。//高功博士、中山張靖彦貞。//典行鄭大射禮博士、京兆段暢永弘。//典行王鄉飲酒禮博士、漁陽崔豹正雄。//博士、東郡周昜彦春。//博士、新興秦秀玄良。//博士、京兆杜琬文琰。//博士、東莞孫毓休朗。//博士、梁國項紫建政。//博士、京兆韋承元舉。//博士、平原宋昌茂初。//博士、陳國謝衡德平。//

助教、中郎、□□□□□□。//治禮議郎□□□□宗明。//治禮議郎、太原

□□直。//治禮議郎、河南□□敞平。//治禮郎中、濟北戴□□孝。//治禮中郎、勃海王誕承宗。//治禮舍人、趙國耿陵偉發。//治禮軍謀掾、樂安孫優泰元。//治禮軍謀掾、東海戴珍偉琦。//太學吏舍人、齊國徐龍伯虎。//太學吏軍謀、陳留帥圉邛虎。//都講、汝南南馗泰賓。//主事、樂平段干琰伯齊。//禮生、平原郲悝梁緒。//禮生、東萊王遵宗甫。//禮生、燕國鮮于造長元。//禮生、泰山劉升休龍。//禮生安平張智承謀。//禮生、平原徐豐茂元。//禮生、魚陽王如顯元。//禮生、安平王蹈景叔。//禮生、河間劉振君初。//禮生、高平陳宣玄宗。//禮生、樂安樂式泰儀。//禮生、陳留秦曜少先。//禮生、趙郡郝超士俊。//禮生、安平王沈弘道。//禮生、平原言輔宣世。//禮生、樂安孫汰初權。//禮生、陳國陳博熙平。//禮生、安平李軼泰宗。//禮生、鉅鹿董膺季龍。//禮生、高平代綽處仲。//禮生、江夏王甫季和。//禮生、樂安董閎泰機。//禮生、義陽韓儉彥恭。//禮生、高平李始長蘭。//禮生、中山孫潛仲龍。//禮生、廣平趙整文修。//禮生、范陽酈□□□。//禮生、陽平毛兆林甫。//禮生、平原王謚道玄。//禮生、□丘吳震道明。//□□□□□□□□。//

　　□□□□□□□□。//禮生、北□□沙濡陳寶。//禮生、安平張根季永。//禮生、平原張範陽元。//禮生、滎陽張斌長叙。//禮生、陳國汝承慎宗。//禮生、河東路雄元英。//禮生、汲郡李啟肇陽。//禮生、濟北謝偉道元。//禮生、勃海張蒨季載。//禮生、遼西路融稚明。//禮生、清河夏頎靈芝。//禮生、襄城王羑公興。//禮生、趙郡王察長理。//禮生、陽平馬權長玄。//禮生、平原趙斌長元。//禮生、天水王獻祖文。//禮生、勃海程碩令儒。//禮生、遼西韓逢景時。//禮生、代郡張龍仕法。//禮生、廣漢楊綜宗元。//禮生、安平李默道玄。//禮生、樂陵王湛玄升。//禮生、東萊季登長春。//禮生、漁陽王震世雲。//禮生、勃海王潛處英。//禮生、安平吳洪正翌。//禮生、高平李初長始。//禮生、陳國戴旂恭先。//禮生、穎川頓奉正元。//禮生、濟北淳于榮長暉。//禮生、中山王准季休。//禮生、鉅鹿房玄第伯。//禮生、濟南力客君休。//禮生、濟南李訓洪休。//禮生、平原馮怡洪弈。//禮生、陳留史肇季初。//禮生、沛國劉烈公休。//禮生、東萊徐輿長權。//禮生、趙郡解肇長倫。//禮生、勃海孫陵士幹。//禮生、清河孫□穎伯。//禮生、東海周震子彥。////□□□□□□□□。//

　　□□□□□□□□。//禮生、□□□□□。//禮生、□□□□□。//禮生、東□許榮初□。//禮生、□□□□□。//禮生、頓丘□林應龍。//禮生、齊國薛雲玄叔。//禮生、濟南梁北龍士玄。//禮生、南陽孫歊顯倫。//禮生、常山邵和德奉。//禮生、梁國吳穆孝韶。//禮生、河南左閎伯予。//禮生、北海鄧明朱虎。//禮生、廣平馬信長明。//禮生、勃海李彥景林。//禮生、樂陵宋潛叔龍。//禮生、汝陰夏榮季原。//禮生、趙郡趙京叔武。//禮生、上黨程發李玄。//禮生、常山邱兆宗林。//禮生、河間劉汰休叔。//禮生、襄城路虔長元。//禮生、高陽劉春休先。//禮生、潁川蒲虎季良。//禮生、太原張龍延龜。//禮生、陳留張孜士英。//禮生、潁川公孫贇國安。//禮生、上黨李淵志元。//禮生、平原杜昊元夏。//禮生、任城唐乾叔元。//禮生、太原程瑤始宗。//禮生、魏郡李璋延明。//禮生、樂陵間北弘休基。//禮生、中山張革國舉。//右鄭大射禮生。//都講、平原韓終始傅。//主事、樂安王穎延武。//禮生、高平鄭歧士伯。//禮生、高陽劉沈彥靜。//禮生、濟北丁洪靜元。//禮生、平原楊雋兄叔。//禮生、中山楊曾宗元。//禮生、汝陰陳正士弘。//禮生、范陽高權完元。//////□□□□□□□□。//

　　□□□□□□□□。//禮生、濟北□□□□。//禮生、中山□□季□。//禮生、勃海張□□申。//禮生、濟北□朗長□。//禮生、濮陽汲正□平。//禮生、鉅鹿馮弼不韋。//禮生、廣平李延叔儒。//禮生、廣平張景叔平。//禮生、廣平張孜北文。//禮生、漁陽徐庾叔桃。//禮生、鉅鹿張慎伯林。//禮生、高平司咸景璜。//禮生、汝南孫恢弘熙。//禮生、廣平閻乂佐治。//禮生、安平劉林元徵。//禮生、高陽王濬叔潛。//禮生、魯國于茂延先。//禮生、廣平李弘季伯。//禮生、東莞鍾驤延秋。//禮生、鉅鹿馮龕始平。//禮生、勃海王嗣承祖。//禮生、廣平趙膺元休。//禮生、趙郡宋康玄處。//禮生、平原王緯惠先。//禮生、清河單遵稚元。//禮生、陽平樂宗國嗣。//禮生、高陽韓徵休譽。//禮生、潁川呂北穎季。//禮生、常山王璠長思。//禮生、遼西范進令機。//禮生、平原張則叔孝。//禮生、廣平闡義令叔。//禮生、汲郡梁琦彥思。//禮生、趙郡苗謐公儀。//禮生、代郡董乘叔開。//禮生、中山張蘭季時。//禮生、扶風段敦文厚。//禮生、樂安廉儀令年。//禮生、汝南黃景伯龍。//禮生、河東姚雲叔龍。//禮生、梁國夏侯珍玄初。//禮生、高平尹□□璋。//□□□□□□□□。//

　　□□□□□□□□。//禮生、常山樊弈熙元。//禮生、安平霍□偉祖。//禮生、潁川劉爾玄彥。//禮生、陽平張倫延□。//禮生、高陽馬來臣仲。//禮生、遼西韓瑗偉琚。//禮生、安平石超始俊。//禮生、勃海祁祐雍初。//禮生、趙郡解慶長雲。//禮生、襄城宋松孔休。//右王鄉飲酒禮生。//掌故、滎陽傅宣孝周。//弟子、汲郡王洪孔範。//弟子、汲郡焦胤宗嗣。//弟子、河東上官楨德幹。//弟子、河東上官雄季幹。//弟子、平陽相里揮茂英。//弟子、弘農許鮑延叔。//都講、河間李奧淵沖。//弟子、河清牟徵允休。//弟子、清河成寂君孫。//弟子、清河邢俊文英。//弟子、清河孟珪偉璋。//弟子、安平李擢延宗。//弟子、安平李該道休。//弟子、安平崔桑士援。//弟子、安平張隨士世。//弟子、安平馬臨世長。//弟子、安平趙烈靈基。//弟子、安平董超士倫。//弟子、廣平竇衡叔淵。//弟子、廣平張誠叔休。//弟子、廣平高愷臣悌。//國子主事、廣平高盛臣謀。//國子司成、廣平張隨玄時。//弟子、鉅鹿霍慮友林。//弟子、鉅鹿賈余允桓。//弟子、中山張遵德舉。//弟子、中山趙卓初季。//弟子、高陽王統世倫。//弟子、高陽齊游偉龍。//弟子、高陽劉開宗明。//□□□□□□□□。//

□□□□□□□□。//弟子、勃海□蕣伯苗。//弟子、勃海樊商廣容。//弟子、勃海李舒思平。//弟子、勃海陶冲靈默。//寄學□位、陽平劉雄雋英。//弟子、陽平解種休徵。//弟子、頓丘張宣子叔。//弟子、常山張詢元中。//弟子、常山趙倫寡英。//弟子、章武孫昌元時。//國子司業、陳留董康興元。//弟子、陳留崔誕景舒。//弟子、陳留馮徵賢先。//弟子、陳留吳基茂初。//弟子、陳留胡慮顯思。//國子司成、陳留焦歧宣周。//弟子、高平翟洪長業。//主事、高平夏茂季倫。//弟子、高平江榮初玄。//弟子、高平王劼士南。//弟子、濟北萊嘉世弘。//弟子、東郡伏歆舒伯。//弟子、泰山王楊宣叔。//弟子、任城孫造士元。//弟子、東平曹尚水先。//弟子、平原榮深淵仲。//弟子、平原西門佩士容。//弟子、平原杜頎長旗。//弟子、平原縣伏潛光。//弟子、平原王紹方伯。//弟子、平原孟胤玄嗣。//弟子、東萊唐陽令春。//弟子、濟南彭旂叔謀。//弟子、濟南梁丘能承伯。//弟子、濟南用粲紹世。//弟子、北海後爽世高。//弟子、北海無選乾俊。//弟子、樂安國悝廣元。//弟子、樂安王興成叔。//弟子、樂安東度世文。//弟子、樂安接禮兆文。//弟子、樂安王輿世林。//

□□□□□□□□。//弟子、樂陵□恪元恭。//弟子、城陽□□□□。//弟子、城陽□□□□。//弟子、城陽□其□彥雄。//弟子、琅邪□權□伯。//弟子、彭城紀瑾季偉。//弟子、沛國傅康德初。//國子都講、汝陰謝韶南伯。//弟子、汝陰龍運孔機。//弟子、梁國王悝元淑。//弟子、魯國脅施初伯。//弟子、潁川張顥休明。//弟子、汝陰鄭穆季斌。//弟子、新平李琮玄舒。//弟子、京兆王造元始。//弟子、馮翊楊殷泰宗。//門人、遼東狼休子修。//門人、遼東吳頵令伯。//弟子、武都王璆弘琳。//散生、西海陳參元起。//散生、西海陳基元聲。//散生、西海鄭嵩申伯。//散生、西域未喬尚建。//散生、西域隗景大鄉。//散生、西域隗元君凱。//散生、金城馬林伯儒。//散生、金城淳于光顯初。//散生、金城實震伯宗。//散生、金城實良修伯。//散生、金城毛祉偉道。//散生、金城毛條偉達。//散生、金城馬稱宣衡。//散生、金城張立子木。//散生、金城淳于文顯章。//散生、敦煌馬訓子道。//散生、敦煌蓋壺思文。//散生、敦煌實蟠鴻舉。//散生、敦煌田絢巨蘭。//散生、敦煌馬斌世義。//散生、敦煌孟旂長休。//散生、西平田□玄象。//散生、西平鞠輿□□。//

散生、西平□□□□。//散生、西平衛鮮世明。//散生、西平□琨允先。//散生、西平□□□□。//散生、西平鞠昆臣明。//弟子、樂陵李順建忠。//散生、西平衛深少明。//散生、西平蟜旂玄龍。//散生、西平衛直正平。//散生、西平鞠康休祖。//散生、西平衛其令章。//散生、西平郭豐文盛。//散生、西平彭泰文平。//散生、西平孫術孔儒。//散生、西平楊敦仲明。//散生、西和馬營玄仲。//弟子、清河下曹正子。//散生、西平楊達顯通。//散生、西平鞠崇巨元。//散生、西平王初長發。//散生、西平衛斐俊雄。//散生、西平田敷威國。//散生、西平田法長則。//散生、西平北宮默叔治。//散生、西平楊敷公演。//散生、西平郭平叔直。//散生、西平馬達文伯。//弟子、廣平王達弘基。//寄學、樂陵崇翼長基。//弟子、平原王忠初平。//禮生、趙郡趙粲叔烈。//弟子、平原王嘉士賓。//弟子、濟南宋宗長南。//弟子、勃海歐陽曼季茂。//弟子、平原范宣伯海。//弟子、平原許盛長休。//弟子、平原劉旂万龍。//弟子、平原楊淮稚叔。//弟子、平原孫瑻禮才。//弟子、清河聶浹偉重。//弟子、平原言坦□世。//弟子、勃海杜□□□。//□□□□□□□□。//□□□□□□□□。//弟子、□□□□□□。//弟子、平原王緃□宗。//弟子、勃海程肇處明。//弟子、勃海韓嗣偉宗。//弟子、平原言贊奉國。//弟子、平原傅濯彥叔。//弟子、平原李奉令□。//弟子、趙國張允國元。//弟子、濟南孟雄叔平。//寄學、中山張俊洪元。//弟子、高陽玄裕宗舒。//弟子、北海杜調稚休。//弟子、趙國靳常景宗。//弟子、趙國石鷖龍伯。//弟子、趙國張余玄波。//弟子、趙國張恒季龍。//弟子、京兆楊袞元謀。//弟子、京兆劉純仲賢。//弟子、太原常烈公舒。//弟子、扶風段奉叔時。//弟子、鉅鹿馮矯不遺。//弟子、清河郭羆世祖。//弟子、鉅鹿馬銓令忠。//弟子、平原邢稚延季。//弟子、高陽韓羆稚休。//弟子、安平崔景令逸。//弟子、平原邴頵康伯。//弟子、平原王述稚舒。//弟子、平原榮琦士仲。//弟子、平原西門澗源膚。//弟子、河內樂邵長玄。//弟子、濟陰華徵子獻。//弟子、河間張鷖元鳳。//弟子、河間東鄉亨令。//弟子、東莞王义叔康。//弟子、魏郡王亢延寶。//寄學、濟陰董原休安。//禮生、高平蕭郎孝開。//弟子、河南衛翌令孫。//弟子、清河單種長□。//弟子、趙國李施令之。//弟子、雁門王進長龍。//□□□□□□□□。//

辟雍碑，1931年发现于偃师县佃庄乡东大郊村北的西晋太学遗址。中华人民共和国成立后，特为其筑亭保护。碑座1974年于辟雍遗址中心建筑台基出土，现存于汉魏洛阳故城。该碑碑首和碑身系用一整块石灰岩石雕成，通高273、宽112、厚27厘米，正面碑额高67、宽55厘米。碑身高205厘米。碑首约占碑身三分之一，边雕蟠龙伏绕，阳刻隶书"大晋龙兴皇帝三临辟雍皇太子又再莅之盛德隆熙之颂"4行，行7字，因此简称为"辟雍碑"。碑阳阴刻隶书，凡30行，满行55字。碑阴题额阴刻隶书，凡15行，上下分作9层，首尾两行略有残损。碑文内容是歌颂晋武帝司马炎和皇太子司马衷到太学行"大射礼"的功德，碑阴则记载参加这次行礼的官吏、学官和学生代表共计409人的名单。碑座上刻孔子及其弟子8人像。它是研究我国古代教育史的珍贵资料。

西晋辟雍碑碑阳

西晋辟雍碑碑阴

（六）晋故處士成君（晃）之碑

西晋元康元年（二九一）七月十六日

晋故處士成君（晃）之碑

（碑額）晋故處士//成君之碑//

君諱晃，字叔明，陽平人也。厥年六十。君自//少爲人貞潔，篤實言行，束修内和。外九族，//履信義。奄遭不豫，寢疾日增，以元康元年//七月十六日遂殞厥命。宗親外内賞屬大//小，及其疇類遠近知識者，莫不悲愕、肝情//凌碎者也。故銘勒名字，立身修行，以表之//靈祇。//大女夫河間東鄉訓深惟成君，德行純厚，//情性款密，善和遠近。願其命齊南山，極子//堂養。如何昊天，未老凋喪。路人行夫，尚有//哀傷，况訓親屬，豈不惆悵。碑以叙之，嗚呼哀哉。//

晋成晃墓碑，1925年出土于洛阳县刘家坡村，现藏于千唐志斋博物馆。碑高69.3、宽28.8厘米。碑文隶书，凡11行，满行18字。碑石完整光洁，字迹清晰。

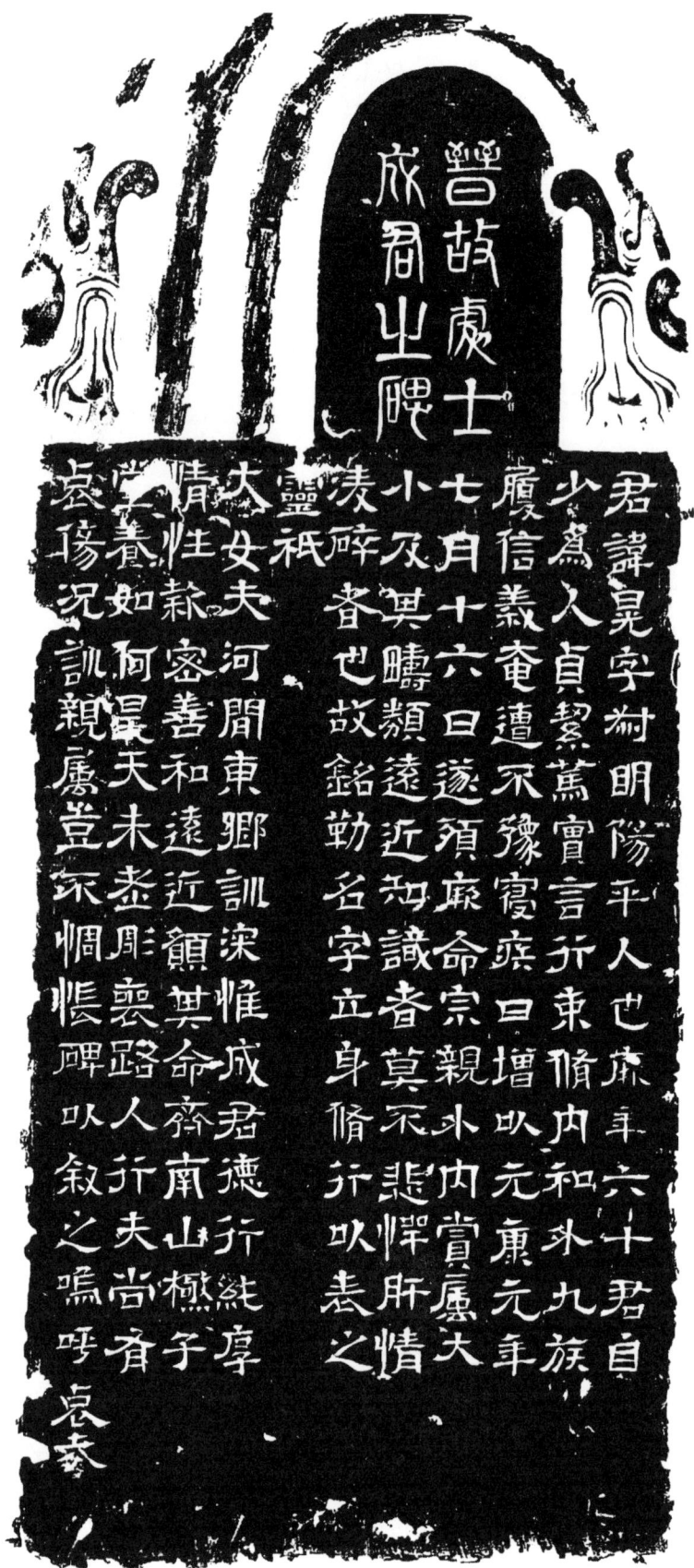

晋故處士成君（晃）之碑

（七）北魏翟興祖等人造像碑

北魏正光四年（五二三）二月十五日

北魏翟興祖等人造像碑

（碑陽）大魏正光四年，歲次癸卯二//月戊午朔十五日壬申，//夫靈光遐暉則響震十方，但//衆愚抱迷，群生喪目，自非大//覺无以濟其明耶。徒覺興有//生到哉。佛道長遠，非善不詣。//是以如來排生死之苦，登涅//槃之樂，致使諸天涌波，崇道//曠濟，童子擁沙，皆成佛果。此//下法義卅人等建造石像一//區，菩薩立侍；崇寶塔一基，朱//彩雜色，睹者生善，歸心政覺。//仰爲皇帝 陛下，七世父//母，邊地衆生，有形之類，咸同//斯福。//天宫主維那掃逆將軍翟興祖、//天宫主平昌令劉伏生、//天宫主邑主汝南令石靈鳳、//天宫主紇豆鄰俟地拔。//

翟兴祖等人造像碑，1984年发现于偃师县南蔡庄宋湾村，现藏于偃师商城博物馆。石碑长方形，青石灰岩质，碑高110、宽39、厚11厘米。其前、后、左、右均有造像，造像形式分高浮雕和浅线刻两种，造像内容分佛龛、佛传故事和施主肖像。该碑保存较好，造像艺术精湛，内容丰富，题材新颖，对于研究北魏洛阳寺院分布、佛教造像艺术、文字书法、民族融合等方面有一定价值。

北魏翟兴祖等人造像碑碑阴

北魏翟興祖等人造像碑碑陽

北魏翟兴祖等人造像碑（局部）

（八）北魏汝南王修治古塔銘

北魏正光五年（五二四）閏月十日

北魏汝南王修治古塔銘

　　侍中、太尉公、汝南王修治古塔，時年卅一造。//
　　夫非善莫能崇洪業，匪惡無以墜苦津。要藉//目興以感果，假修行而招緣，處迷每而悟空，//居或境以曉真，貪覺門以進神，希正路而聳//思。慕善見之苦行，仰須達而捨財。信生情表，//想起心裏。雖少誕乾宮，長育坤庭，正應驕欲//自恣，奢聲任懷。何其勤志，刻身立誠，猛己而//能棄有薄榮，專以貪無磨訶。大檀越、清信士、//侍中、太尉公、汝南王元悦，敬修古塔。毀壞形//像，更加功力。在飾令新，使如初妍。本昔始成，//隨喜功德。普治璨麗，愁尊儀容。嚴凈尊妙，令//道俗衆生，見者增善。以斯微因，仰資　高祖孝文皇帝，願靈飛十方，神出三界。面奉//慈父，聞法悟空，超拔生死。逢師子吼，值龍花//坐。以願　皇帝陛下、　皇太后，二　聖欽明，//治同三光，万歲無疆。下及蠕動蠢類，一切法//界衆生，永斷五惡趣，常捨六道形。速發菩提//心，忽□法津榮。咸蒙慈願故，普登正覺明。凝//然如虛空，安樂恒不傾。超越百非表，端坐涅//槃城。湛爾萇滿足，靈智堅固平。//
　　大魏正光五年閏月十日，//威例將軍、汝南王侍郎宋普管作。//

汝南王修治古塔銘，1949年前洛陽出土，現藏於洛陽古代藝術博物館。碑高31.5、寬47.5、厚5.5厘米。碑文為魏碑體，凡22行，滿行17字。該塔銘的書法迥異於其他魏碑，樸拙奇肆，變化無常，如鬼斧神工自然天成。

北魏汝南王修治古塔铭

（九）北魏韓小文造像碑

北魏永安二年（五二九）三月三日

北魏韓小文造像碑

　　大魏永安二年，太歲在酉，三月壬子朔三日甲寅，比丘僧知□、□□僧曇顯、比丘僧曇朗。//夫道性元遠，正有在心之內，是以一念，感菩提之因，徹善□□世之果，此　海中//繫珠，恒河抱子，非流通遠哉！經軌所聞哉！從如來移化樹□□輝，有心之類，迴//流三界，□□彰得，神舟有渡海之勢，零惠開空解之心，有一□信士俗弟子韓//小文者，潁川許昌韓堤里人也，可謂燕王韓廣之苗胄，遼西、□川二郡太守韓//綜之後。仁亮黃公，才不共世，引迷人而向寶山，開幽渝以示□□。其父子兄弟//合家等，玄心道原，志崇清遠，殊形共氣，敬造石像一堰，畫餝□□，神顏暉赫，零//容澄湛，再迍修管，三春乃訖。文銘千齡，即作頌曰：//

　　巍巍神宇，寂寂零區，南面屈崗，北背雙溝，中有韓堤，衆聖□□，道俗舟渚，惠//澤來甦。龍華豈遠，彼岸可圖，道性希玄，出有入無，一慮精微，□比太初。//□清俊人，識道淵深。合家同體，殊形共心，依依相親，亦如子衿。□□真玄，義崇//是尋，德遵像教，拯我昏沉。//上爲國土安寧，龍王歡欣，降澤以時，仁民豐樂，蠢動群萌，普同□□。//比丘尼曇暉。//

　　像主韓小文//開上下二堪（龕），偕韓世達、//息韓紹祖、//息韓振、//息韓璨、//韓侍賓、//韓盖宗、//韓流　韓雙德，//像飾蘇羽生。//妻張女、//韓阿義、//韓詳、//韓霍、//胡逾、//許妙希、//郝醜//及姑//阿叚、//阿清、//邑子韓盆開偕韓曇興邑子皇府保暈、//邑子韓虎頭、//邑子韓曇保、//邑子韓仵郎、//邑子韓愛尓、//邑子韓祖達、//邑子韓紹達。//

北魏韩小文造像碑，1991年秋出土于扶沟县韭园镇十里店村，现藏于周口市博物馆。碑高176厘米，上宽42、下宽46厘米，上厚7.5、下厚9厘米，正面为造像，背面为题记。该碑已残为两段，残断处字体崩落。造像题记分为上下两部分，上部87厘米为造像碑正文，凡14行，满行30字，字有界格。造像碑下部的88厘米是造像碑题名三列，每列七至十行不等，记述像主韩小文、妻张女及其子韩绍祖三人，邑子韩盆开八人，其他十五人及像饰苏羽生等二十九人姓名。

（碑陽）

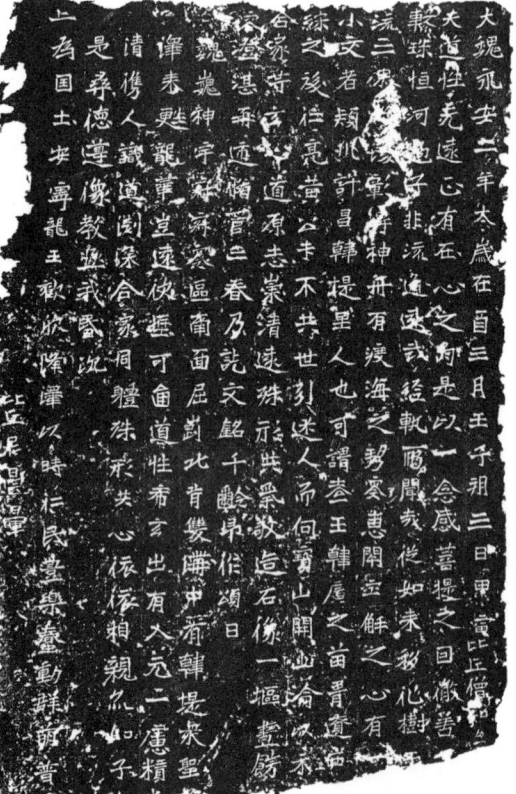

（碑陰）

北魏韓小文造像碑

（一〇）北齊姜纂爲亡息元略造老君像碑

北齐天统元年（五六五）九月八日

北齊姜纂爲亡息元略造老君像碑

　　（碑陽）大齊天統元年太歲乙酉九月庚辰朔八日丁亥，囗//官姜纂爲亡息元略敬造石像壹軀。　//夫靈暉西沒，至理東遷。圖盡神明，像窮變現。道遙囗//峻，因藉報遠。清信士姜元略，志隆邦國，仁越州閭。囗//巷仰風，鄉邑譽望。早洞玄源，夙達空旨。而石火電囗，//儵忽從化。松摧落岫，蘭凋夏霜。寶散暗泉，玉碎黃壤。//父纂情慕東門，心憑冥福，特爲亡略敬造老君像壹//軀，左右二侍，聖相真容，妙絶娑婆。雕檀刻削，波斯惡//奇；鐫金鏤石，優填慚巧。神光照爛，遍滿閻浮；香氣氤//氳，充塞世界。業盛飛行，事符踊出，以此勝因，追資亡//略。直登净境，獨步虛空。逍遥天服，永出六塵；遂游慧//體，長超八難。彈指則遍侍十方，合掌則歷奉衆聖。過//去尊卑，見存眷屬，亡生净鄉，現獲妙果，當來龍華。願//升初唱囗，囗家慶隆，澤治邊地。三途楚毒①，俱辭苦海；//六道囗囗，咸蒙勝福。壹切有形，同成正覺。//

　　姜纂为亡息元略造老君像碑，刻立于北齐天统元年（565年）九月，清乾隆年间发现于偃师境内，现藏于偃师商城博物馆。碑高70、宽45厘米。碑文楷书，凡15行，满行20字。正面像侧，左右各有字一行，左行6字，右行5字。笔力雄健，为唐代欧阳询结体之前驱。碑文简要记载了姜元略生平和姜纂立碑的虔诚之意，重要的是碑文内容融佛道为一体。

---

① 三途：亦作"三涂"，佛教语，即火途（地狱道）、血途（畜生道）、刀途（饿鬼道）。晋郗超《奉法要》："十恶毕犯，则入地狱。抵揬强梁，不受忠谏，及毒心内盛，狗私欺绐，则或堕畜生；或生蛇虺。悭贪专利，常苦不足，则或堕饿鬼……此谓三涂，亦谓三恶道。"楚毒：指痛苦。

大齊天統方年太歲乙酉九月庚辰朔八日丁亥□
官姜纂為亡息元略敬造石像壹軀窮變現道通□
夫靈暉西沒至理東遷畵盡神明像窮□□□□□
卷田禧報遠清信士姜充略志隆空間仁而越州間□
峻仰風鄉邑譽堂早洞玄源厥達邦國盲而石火電□
徯忽從化東門摧落岫蘭彫夏霜寶散閻泉造老君像黃□
父慕情慕松相真容妙福特為亡略敬刊削浮香斯□
□左右鑴二□聖心憑□光照浚婆雕遍檀間追資□
奇鍠金鑄石儴填□□神絶滿□□□□□□□
盇克塞淨境界業盛飛堂行事荷踴出眼則歷塵熬聖□
略宣登八世□獨妙□道遍天合掌□六奉眾□□
體長超□□彈楷亡則偏侍十方□□果當來龍華過□
去尊甲□春屬□生淨鄉現獲妙□□□□□□□
昇初見難存家慶隆福壹切有形地同戎途楚毒覺辭苦□
□首昌□□□□朦□□□□□□□□

北齊姜纂爲亡息元略造老君像碑碑陰

（一）北齊孟阿妃造像記

北齊武平七年（五七六）二月廿三日

北齊孟阿妃造像記

北齊孟阿妃造像記

　　大齊武平七年歲次丁酉//二月甲辰朔廿三日丙寅，//清信弟子孟阿妃，敬爲忘//夫朱元洪及息子敖、息子//推、息白石、息康奴、息女雙//姬等敬造老君像一區，今//得成就。願亡者去離三塗，//永超八難①，上升天堂，侍爲//道君。芒芒（茫茫）三界，蠢蠢四生，//同出苦門，俱升上道。//

　　孟阿妃造像記碑，刻立于北齊武平七年（576）二月二十三日，清乾隆年間發現于偃師縣大口董村老君洞，現藏于偃師商城博物館。碑高33、寬29厘米。碑文隸書，凡10行，滿行10字，共計98字。

---

① 八难：佛学词汇，指见佛闻法有障难八处，又名八无暇，谓修道业无闲暇也。一地狱；二饿鬼；三畜生；四郁单越（新作北拘卢洲），以乐报殊胜，而总无苦故也；五长寿天，色界无色界长寿安稳之处；六聋盲喑哑；七世智辨聪；八佛前佛后，二佛中间无佛法之处。

（一二）唐中岳沙門釋法如禪師行狀碑

唐永昌元年（六八九）

唐中岳沙門釋法如禪師行狀碑

唐中岳沙門釋法如禪師行狀//

大師諱法如，姓王氏，上黨人也。幼隨舅任澧陽，事青布明爲師。年十九出家，志求大法。明内隱禪//智，當人見讓，云："蘄州忍禪師所行三昧，汝宜往諮受。"曰："敬聞命矣。"其後，到彼會中，稽請畢已，祖師//默辯先機，即授其道，開佛密意，頓入一乘，數緣非緣，二種都盡，到清凉池，入空寂舍，可謂不動真//際而知萬象者也。天竺相承，本無文字，入此門者，唯意相傳。故廬山遠法師《禪經序》云："則是阿難，//曲承音詔，遇非其人，必藏之靈府，幽關莫闢，罕窺其庭。如來泥曰未久，阿難傳末田地，末田地傳//舍那婆斯，此三應真，冥契于昔，功在言外，經所不辯，必暗軌元匠，屢然無差。"又有"達節善變，出處//無際，晦名寄迹，無聞無示，斯人不可以名部分，別有宗明矣"者，即南天竺三藏法師菩提達摩，紹//隆此宗，武步東鄰之國。《傳》曰："神化幽迹，入魏傳可，可傳粲，粲傳信，信傳忍，忍傳如。當傳之不可言//者，非曰其人，孰能傳哉？"至咸亨五年，祖師滅度，始終奉侍，經十六載。既淮南化掩，北游中岳，後居//少林寺，處衆三年，人不知其□，所以守本全樸，弃世浮榮，廉讓之德，賢士之靈也。外藏名器，内洽//玄功，庶幾之道，高逈之風也。對問辭簡，窮精入微，出有之計，解空之圍也。權智勇略，能建法城，安//人之友，師者之明也。垂拱二年，四海標領僧衆，集少林精舍，請開禪法。僉曰："始自後魏，爰降于唐，//帝代有五，年將二百，而命世之德，時時間出，咸以無上大寶貽諸後昆。今若再振玄綱，使朝聞者//光復正化。"師聞請已，辭對之曰："言寂則意不亡，以智則慮未滅。若順諸賢之命，用隆先勝（滕）之道，如//何敢矣！"猶是謙退三讓，久乃許焉。觀乎至人之意，廣矣！大矣！深矣！遠矣！今唯以一法，能令聖凡同//入決定，勇猛當應諦受，如人出火，不容中斷，衆皆屈申臂頃，便得本心。師以一印之法，密印於衆//意，世界不現，則是法界。此法如空中月影，出現應度者心，子勤行之，道在其中矣。而大化既敷其//事，廣博群機，隱變之度，毫釐不差。自後頻誨學人，所疑咸速發問。俄然現疾，乃先覺有徵尓。最後//一夜，端坐樹下，告以遺訓，重明宗極，顯七日而爲一劫，悟彈指而震大千。法無去來，延促思盡。即//永昌元年歲次己丑七月二十七日午時，寂然卒世，春秋五十有二，瘞于少室山之原也。諸受業//沙門，北就高頂，起塔置石，優填王釋迦像，并累師之行狀，勒在佛碑。冀禽奉廟庭，觀文以自誠。曰：//

我師利見，動寂無方。陶均萬累，廣世爲梁。豈微有階，庶勤必臧。遺功罔極，日月齊光。//

法如禅师行状碑，现藏于登封少林寺。碑高139、宽80厘米。碑圆首方跌，碑首凿一佛龛，内雕一佛二菩萨，龛两侧线刻二天王。碑文隶书，共23行，满行37字。法如禅师为北宗一派中影响较大者，与慧能、神秀齐名，被尊为禅宗六祖。碑文中提出了中国禅宗最早的佛法传承的祖统说。碑叙禅宗源流谓：菩提达摩入魏传可，可传粲，粲传信，信传忍，忍传如，"当传之不可言者，非曰其人，孰能传哉"。故学术界有以此碑为据，推定法如为禅宗六祖。该碑字体方正，秀雅雄浑。虽无撰书者姓名，但观其笔意，知非出凡辈之手，不仅具有较高的书法艺术价值，而且为研究佛教史特别是禅宗史提供了较早的宝贵资料。

唐中岳沙門釋法如禪師行狀碑

（一三）大唐故福州刺史管府君（元惠）之碑

唐天宝元年（七四二）二月十五日

大唐故福州刺史管府君（元惠）之碑

（碑額）大唐故福//州刺史管//府君之碑//

唐故中大夫福州刺史管府君神道碑并序//

左拾遺内供奉東周蘇預篆

河南府伊闕縣尉集賢院直學士杜陵史惟則書并篆//

　　公諱元惠，字元惠，平昌人也。周文王之子鮮，國于管，襄王世有夷吾，佐齊霸桓公，桓公命爲仲父，則其裔也。派秩孔尊，衣冠其繁。在北海//曰寧徽君，在平原曰輅少府丞。休有令德，鑠此茂緒。曾，隋青州刺史崖，靈和錫美。皇考，成均孝廉琮，醇素貽式。我青州府君，宜未充量，當//弘先祀。我孝廉府君，禰不及時，將開胤業。必有昌者，非公而誰？其有後乎，於公而見。十五讀書，鄉之俊選宗之；廿學劍，郡之賢豪右之。過//陋巷，揖子淵不伐，喜曰："死而可作，吾其與歸。"故公之立身，止於仁也。登農山，壯仲由先對，詫曰："死而可作，吾其與歸。"故公之從事，成於勇//也。爾乃執柔宣敏，體剛明恕，惟仁是依，惟德是據；用能循良文昭，保和恭懿，惟勇是立，惟禮是置。始，門蔭爲衛官，尋調左金吾，長上。一舉//武可安邊，再舉武可戢兵，累踐甲科，仍安下位。移武城別將，宜春左果毅都尉，遷義津、轘轅、頻陽三折衝都尉，皆長上。轘轅時兼郎將，中//受降使；頻陽時攝郎將，加游擊將軍。　上幸太原也，乃翊　天麾；封介丘也，扈仙蹕。十四年，拜朝散大夫、使持節、檀州諸軍事、//檀州刺史兼障塞軍使。仗其略而御寇，恃其謀而遏邊，公曰："字人者豈裹帷去襜云尔乎？在一而已。"逾月，里不戒胥。公曰："致者豈摩壘折//馘云尔乎？在信而已。"逾時，疆不戒候。加朝議大夫。十五年，除使持節、都督邕州諸軍事、邕州刺史，兼潯、貴等卅六州。初徙北燕也，北燕人//相弔，去我何遽耶！泉建旗南海也，南海人相慶□，撫我何遲耶！十七年，除使持節、福州諸軍事、福州刺史，兼泉、建等六州經略軍使。仍迁//天和，聿敷　朝化，誘彼閩越，俗成鄒魯。間爲邕也，前守李禕之誣澄州刺史韋守盈反，劾禕之不道，獲贓賄萬計，明守盈不叛，免子弟//千餘。及領福也，風俗輕剽，封域險澀，置汀州以綏壓，作泉山府。四年，以威撫加中散大夫，凡增級至中大夫，凡册勳至上柱國。或問公："至//於是邦也，必聞其政，求之歟？"曰："毋依仁據德焉，爾其求之歟？"或問公："至是邦也，必馳其聲，求之歟？"曰："毋立勇置禮焉，爾其求之歟！"執柔不//犯，而後宣且敏矣。體剛能斷，而後明且恕矣。循良不涸，而後文且昭矣。保和能施，而後恭且懿矣。以此任己，以此臨物，居中則王之爪牙，//殿外則人之父母。如其賢，如其賢。廿六年，來朝京師，夏六月丁未，至洛陽遇疾，薨毓德里第，春秋七十四。有子曰忻、曰慎、曰恬、曰愷，至性//殆盡，鉅痛過制，斬焉喪次，荒若凶禮。殿中侍御史鄭昭，公之懿交也。主客員外郎章仇瓊，公之密親也。悼同人之逝，吊遺孤之苦，先使吏//行賵賻焉，後使吏給鹵簿焉。筮氏契龜，幕人供弈。是歲仲冬壬寅遷攢塗，歸葬河南縣昭覺原，經也。初公寢疾革，告群子曰："少蒙//主恩，獲保世業，入衛中禁，出典外臺。每懷廷闕，載仰雲漢。今則憊幾，庸非命諸！如死，當斂用時服；比葬，當卜於近甸，以志吾儉，//且旌吾誠。"爰泉飾終，皆從顧訓。是故明揚景行，采拾聲績，表之封壤，刻之金石。若夫經濟大略，古今高旨，備于家傳，宣于國史。繫詞曰：//

　　天衛在列，時稱介士。明明大夫，其才可恃。侯服思化，載仁賢守。明明大夫，其道亦茂。入則武臣，出則循牧。湛恩浹加，景命有僕。既//執藩柄，又壯軍麾。仗義邊肅，寬和俗移。化本義及，教與和皆。海服孔淑，閫落允懷。薄言修貢，誰為遣愆？生實朝天，死不見//主。顧命則儉，留言則誠。志于象魏，宅此郊垧。闕臨有洛，闕對惟嵩。夫惟人謀，亦曰龜從。節彼嵩矣，佳氣何高？松柏千祀，如山之包。洱彼洛//矣，瑞色自浮。子孫百世，如川之流。//

　　天寶元年歲次壬午二月丁□朔十五日辛卯建。直監張乾護、張仙喬鐫。//

管元惠碑，1980年7月发现于洛阳市老城东花坛南50米处，现藏于洛阳古代艺术博物馆。碑额呈圭形，篆书"大唐故福州刺史管府君之碑"3行，行4字。碑身高177、宽99、厚30厘米。碑文隶书，凡26行，满行52字。碑首雕作六龙戏珠，两侧各并列三条龙头。龙体圆浑，鳞甲比比，龙身蟠绕交错，气势雄健威武。关中诸唐陵陪葬墓，尤其是唐太宗昭陵陪葬之将相大臣墓，神道碑基本上都是碑首两侧各并列三条下垂的龙头。唯独乾陵武则天的无字碑两侧并列四条下垂的龙头，以显示其至尊地位。管元惠神道碑虽不如上述神道碑之高大，且多为龟趺，但也相当可观了。

大唐故福州刺史管府君（元惠）之碑

（一四）大唐嵩陽觀紀聖德感應頌

唐天宝三载（七四四）二月五日

大唐嵩陽觀紀聖德感應頌

（碑額）大唐嵩//陽觀紀//聖德感//應之頌//

大唐嵩陽觀紀聖德感應頌//

開府儀同三司、行尚書左僕射兼右相、吏部尚書、崇玄館大學士、集賢院學士、朔方節度等副大使、修國史、上柱國、晉國公//臣林甫上。太中大夫、守河南尹、河南水陸運使、上柱國、賜紫金魚袋兼東京留守、判留司尚書省事臣裴迴題額。//

域中之大有四，道爲之首，而王者統焉。方外之人有五，神爲之目，而聖者用焉。非道也無以致神，非神也莫能感//聖。自炎師水玉軒訪峒山，宵蕆汾陽，徘徊河上。且猶私一己之利，屈萬乘之尊，或得之而不存，或求之而不及。則未有弘心六合，//玄化被於海隅，滌覽九重，异人臻於闕下，密傳仙契，潛役神功，端拱紫庭，坐進金鼎，如//我開元、天寶聖文神武皇帝之至感也。蓋德邁者其業崇，道弘者其化博。上初戡巨難，纂睿圖，以爲唐虞盛理，教人//而已矣。乃昭禮物，考經志，於是乎帝典王綱罔不畢備。及夫一戎夏，致邕熙，又以爲軒昊上德，恭己而已矣。乃敦清静，復淳朴，於是乎偃甲//垂衣示於無欲。故載歷三紀，功苞九皇。乃時有真人方士不召而至者，儼然而進曰：“臣聞昔者太初之先也，嘗有受命握符，一君千歲。後代//聖人，順其外爲封禪，修其中爲導養，故玉檢有不死之名，金丹爲長生之要。五三①以降，兹道蔑聞。陛下承紫氣之真宗，接黄神之遠//運，玉檢之文已備，金丹之驗未彰。天將授之，其在今矣。”上覽其議，而告之言：“朕聞神丹者，有琅玕露霜，三化五轉，太一得之，爲//上帝之伯；元君得之，爲下教之尊。必將假無爲之功，任自然之力，乃可就矣。”於是考靈迹，求福庭，以爲嵩陽觀者，神岳之宅真，仙都//之標勝，直中天晷景之正，記烈祖巡游之所，抱汝含潁，風交雨會。陰陽之所烝液，偓佺之所往還，丹竈琳堂，往往而在。乃命道士孫//太冲親承密詔，對授真訣。一之日，披圖於天府；二之日，陳醮於山壇。然後俾太一啓爐，陵陽傳火，積炭於廡下，投藥於鼎中，固以//扁鐍，窒其窗户，隙光不容，人迹罕到。自河尹官屬邑宰吏僚，目對封泥，手連印署。太冲乃與中使薛履信銜命而東，涉海沂，過蒙羽，行//且千里，歸已十旬。然後克日聚觀，開封發印，餘爐未滅，還丹赫然，則已六轉矣。明年，移藥於緱氏山升仙太子廟。其役制之功，神异之效，又//如初焉。每至降御詞，

---

① 五三：指五帝三皇。

陳祝冊，紫泥素表，倏忽飛天；玄酒玉杯，繽紛移座；祠官愕眙，供吏驚呼："靈既昭答，有如此者。"其餘瑞鶴卿雲，祥光//秘語，匪朝伊夕，不可勝記。按《中丹經》云："金華符成，咸光鼎就，則有朱鳥呈異，白日激輝。"斯非類乎？九轉既畢，馳駬以獻。 //聖上方滌慮沐清，齋心虛白，神期應會，如合契焉。於是三事百寮，奉觴稱賀曰："陛下撫群黎而歸喜域， 上真降殊休而報 //聖德。神丹一御，與 天無極。且夫弘化 至道，先烈也；還風太初， 昌運也；异人委質， 聖感也；靈藥薦喜， //天符也。此四者，皇圖帝載所未聞焉。"微臣預春秋之徒，悉申甫①之地， 上清事隱，非《魯冊》之敢徵；大洞功成，豈《周頌》之能紀。強銘琬琰，永//播 乾坤。其辭曰：//

太古兮上皇，千歲兮一君。自軒轅兮獨往，遂歷代兮無聞。有唐兮英聖，六叶兮十紀。惟天寶兮合符，故淳風兮變始。嵩有峰兮潁有//瀾，交靈氣兮集仙壇。資 聖喜兮效神丹，神丹御兮福庭會。虹霓旗兮紫雲蓋，臨萬邦兮彌億載。//

天寶三載二月五日建。朝散大夫、檢校尚書、金部員外郎、上柱國臣徐浩書。//

唐嵩阳观碑，现立于嵩阳书院门外西南侧。该碑形制奇特华丽，碑身为一整块青黑色大理石，油光可鉴；碑冠巨大，形似覆斗，冠顶为圆雕二云龙戏珠，冠下碑额作方形，两侧各雕饰一龙。碑座为长方形，座侧四周高浮雕十力士形象（或云十夜叉）。高445、宽194厘米，碑额阴刻篆书"大唐嵩阳观纪圣德感应之颂"4行，行3字。嵩阳石刻多遭侵蚀，此碑虽历岁久远，却独立无恙，盖与石质精良有关。碑阳阴刻隶书，凡25行，满行53字。今据碑拓，并参照王昶《金石萃编》著录。

---

① 申甫：指申伯与甫侯。一说指申伯与仲山甫，皆为周之贤臣。后世用以比喻贤相。

大唐嵩陽觀紀聖德感應頌

（一五）有唐濟瀆之記

唐天寶六年（七四七）十二月己未

有唐濟瀆之記

（碑額）有唐//濟瀆//之記//

游□瀆記

吏部侍郎達奚珣文，右監門衛兵曹參軍薛希昌書//

軹縣西北數十里，濟水出焉。稽乎舊章，可得而道。自河浮綠甲，帝命玄夷，疏圳//澮而□乾綱，鏟陵巒而通委輸。所謂四瀆，資我而成。彼三川者，或在幽僻，遠而//見奇，伊何足貴？豈與夫體清淳之氣，據函夏①之中，平地開源，分空正綠，表裏皆//净，似若□深，舟楫既加，乃知無底，冲和自抱，斯君子之量歟！從此而東，截河通//汶，不以險□斬其勢，不以清濁汨其流，終能獨運長波，滔滔入海，沈潛剛克，斯//君子之量歟！意者洞幽明，貫天壤，包荒萬類，出入無間，形與化游，復歸於道。不//然，何其异也？雖金火更作，変通殊制，而浮沈之事，亦無捨旃。　//國家南正司天，□正司地，以爲百神授職，則陰陽無錯繆之災；群望聿修，水土//得平均之序。欽若稽古，道豈虛行？閟宮有洫，象設如在。流目一望，森森動人，覺//毛髪之間，風飆四起。然後以諸侯之禮，禮而祀之。至於下人，日用蘋藻，吉凶悔//吝，則以情言。且神道無□，豈存於此？而物類相召，或有憑焉。盧溜潛通，動植滋//液。高樹直上，百尺無枝；□簜下清，四時一色。意隔人世，空聞鳥聲。陽浦先春，草//心方變；故岸猶冷，苔生未□。紅晶落而天下陰，青靄凝而衆山暮。留賞無厭，歸//情坐忘，□□載懷，歷歷在眼。□記豪翰，光昭厥美云。//

（碑陰）宴濟瀆序

吏部侍郎達奚珣詞，　□□□衛兵曹參軍薛希昌書//

新安主簿高侯，知名之士也。自□□□□，居多散逸，不遠伊邇，薄游于畿。濟源宰寇//公，此侯之舊也，乃昌言曰："弊（敝）□□□，何以娛賓？"是用戒朋游，選休暇，總轡出郭，頓夫//濟瀆焉。昔陶唐宅天，洪水□□；夏后敷土，沈災克清。瀆之稱位，斯焉肇起。夫其含靈//厚載，託勝中州。初若爭□，□黃河而徑渡；去而有禮，揖滄海以朝宗。均祀典於通侯，//蓋取諸此。然後命舟□，爲水嬉，垂安流，窺洞穴，煙華釣浦，彩徹金津。表裏皆明，下觀//鱗石；風雨時霽，

---

① 函夏：语出《汉书·扬雄传上》"以函夏之大汉兮，彼曾何足与比功？"颜师古注引服虔曰："函夏，函诸夏也。"即包涵诸夏之意，后便以"函夏"指称全国。

遙□雲山。荷芰香而酒氣添濃，洲渚隱而榜歌聞曲。船移鳥下，岸靜//蟬鳴，沿流溯洄，□得桃源之趣矣。況時當大夏，氣惟溽暑，沸海焦陵，流金爍石。獨有//茲地，勢隔人□。□樹森沈，宵若無日；修竹陰映，蕭然納清。徘徊久之，體靜心愜，思壯//士以翻景，與□公爲窮年。不覺晴雲向山，涼露沾夕，對歸騎而將散，負幽情而更多。//如何志之？□可以興。//

　　濟瀆記。善利物者曰水，水之靈者曰瀆。瀆有四，而濟居其一焉。道源數畝而深//無底，細流數里而能□河，信造化之奇功者也。天官小宰達奚公，智乃//周物，德惟上善，昔游□茲，嘗志其事。琚忝尉此邑，恐墜斯文，爰命攻金，//刻諸樂石，庶將來之不朽也。

　　有唐天寶六載冬十二月己未，朝議郎、行//濟源縣尉鄭琚建。//

有唐济渎之记碑，现藏于济源市济渎庙，圆首，通高165、宽67.5、厚17厘米。碑额篆书"有唐济渎之记"3行6字。碑阳隶书，凡15行，满行30字，有界格。碑阴隶书，凡15行，满行32字。碑侧有字，凡6行，满行32字。现碑已断裂为三。

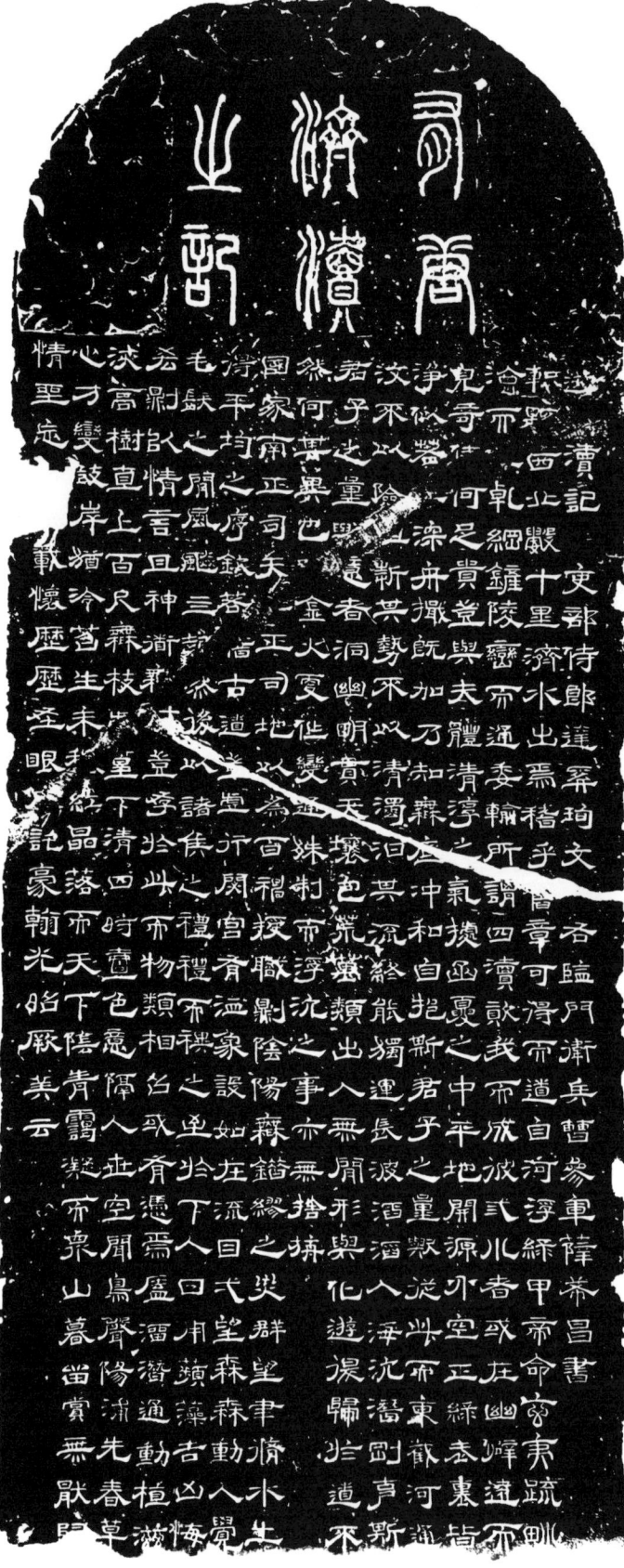

有唐濟瀆之記碑陽——游濟瀆記

有唐濟瀆之記碑陰——宴濟瀆序

（一六）唐故容州都督兼御史中丞本管經略使元君（結）表墓碑銘

唐大历七年（七七二）十一月壬寅

唐故容州都督兼御史中丞本管經略使元君（結）表墓碑銘

（碑陽及左側面）唐故容州都督□□史中丞本管經略使元君表墓碑銘并序//
金紫光祿大夫行湖州刺史上柱國魯郡開國公顏真卿撰并書//

嗚呼！可惜哉元君！君諱結，字次山。 皇家忠烈義激文武之直清臣也，盖後魏昭成皇//帝孫曰常山王遵之十二□孫。自遵七葉，王公相繼，著在惇史①。高祖善禕， 皇朝尚書//都官郎中、常山郡公。曾祖仁基，朝散大夫、褒信令、襲常山公。祖利貞，霍王府參軍，隨鎮改//襄州。父延祖，清靜恬儉，歷魏成主簿，延唐丞，思閑，輒自引去。以魯縣商餘山多靈藥，遂家//焉。及終，門人謚曰"太先生"。寶應元年，追贈左贊善大夫。君聰悟宏達，倜儻而不羈。十七□//□書，乃受學于宗兄 先生德秀，嘗著說《楚賦》三篇。中行子蘇源明駭之，曰："子居今而//□真淳之語，難哉！然世自澆浮，何傷元子。"天寶十二載舉進士，作《文編》，禮部侍郎陽浚曰："//□第污元子耳，有司得元子是賴！"遂登高科。及羯胡首亂，逃難于猗玗洞，因招集鄰里□//□餘家奔襄陽。 玄宗异而徵之，值君移居瀼（瀼）溪，乃寢。乾元二年，李光弼拒史思□□//□陽。 肅宗欲幸河東，聞君有謀略，虛懷召問。君悉陳兵勢，獻《時議》三篇， 上大悅，//□："卿果破朕憂。"遂停，乃拜君右金吾兵曹、攝監察御史、充山南東道節度參□。仍於唐、鄧、//□、蔡等州招緝義軍，山棚、高晃等率五千餘人，一時歸附，大壓賊境。於□明挫銳，不□//□侵。前是，汜南戰士積骨者，君悉收瘞，刻石立表，命之曰"哀丘"。將□□□，□不勇勵，璽□//□降，威望日崇。時張瑾殺史翽於襄州，遣使請罪。君為□//□□將張遠帆□//□超拜至此，時論榮之。屬道士□泰芝誣湖南都□//□□被決殺，推官嚴郢坐流。俾君按覆，君建明承鼎，□//□仲升為賊所拴，裴茂□□□□□近危□//

（碑陰及右側面）宴然。 今上登極，□使留後者例加封邑□//作郎，遂家于武昌之樊口，著《自釋》以見意。其略曰：少習靜□//難于猗玗洞，著《猗玗子》三篇。將家瀼濱，仍自稱"浪士"，著《浪說》□//漫為官乎！遂見呼為"漫郎"，著《漫記》七篇。及家樊上，漁者戲謂之"聱叟"。□//又以君漫浪於人間，或謂"漫叟"。歲餘， 上以君居貧，起家為道州刺史。□//賊所陷，人十無一，戶才滿千。君下車行古人之政，二年間歸者萬餘家。賊亦懷□□□□//敢來犯。既受代，百姓詣

---

① 惇史：指有德行之人的言行記錄。《禮記·內則》："凡養老，五帝憲，三王有乞言。五帝憲，養氣體而不乞言，有善則記之為惇史。"孔穎達疏："言老人有善德行則紀錄之，使眾人法則，為惇厚之史。"

闕，請立生祠，仍乞再留。觀察使奏課第一，轉容府都督兼□□□//本管經略使。仍請禮部侍郎張謂作《甘棠頌》以美之。容府自艱虞以来，所管皆固拒□□。//君單車入洞，親自喻撫，六旬而收復八州。丁陳郡太夫人憂，百姓詣使請留。大曆四年□//四月，拜左金吾衛將軍兼御史中丞，本管使如故。君矢死陳乞者再三， 優詔哀許。□//年春正月，朝京師， 上深禮重，方加位秩，不幸遇疾，中使臨問者相望。夏四月庚午，薨//于永崇坊之旅館，春秋五十，朝野震悼焉。二子以方、以明，能世其業，名雖著而官未立。以//其年冬十一月壬寅，虔葬君于魯山青嶺泉陂原，禮也。嗚呼！君其心古，其行古，其言古，躬//是三者而見重於今。雖擁旄麾幢，總戎於五嶺之下，弥綸秉憲，對越於九天之上，不爲不//遇。然以君之才、之德、之美，竟不得專征方面，登翼太階，而感激者不能不爲之太息也。君//雅好山水，聞有勝絕，未嘗不枉路登覽而銘贊之。感中行見知之恩，及亡，至今分宅以恤//其子，其不□□□此類。中書舍人楊炎、常袞皆作碑志以抒君之德業。故吏大曆令劉袞、//江華令瞿令問，故將張滿、趙溫、張協、王進興等感念恩舊，皆送喪以終葬，竭資鬻石，願//垂美以述誠。真卿不敏，嘗忝次山風義之葉，尚存盡往，敢廢無愧之辭？銘曰：//

次山斌斌，王之藎臣。義烈剛勁，忠和儉勤。炳文華國，孔武寧屯。率性直方，秉心真淳。見危不//□，臨難□□。□□□德，今之古人。奈何清賢，賫志莫伸。群士立表，垂聲不泯。//

元结墓碑，亦称元次山墓碑，原在今鲁山县北15千米青条岭泉上村元结墓前，元代移至县城文庙内，明代万历年间建碑亭保护至今。该碑碑首已佚，碑身现高190、宽95、厚28厘米。碑文楷书，四面环刻，碑阳凡17行、碑左侧存3行，碑阴凡17行、碑左侧4行，满行34字。碑文第二行末有"颜真卿撰并书"字样。

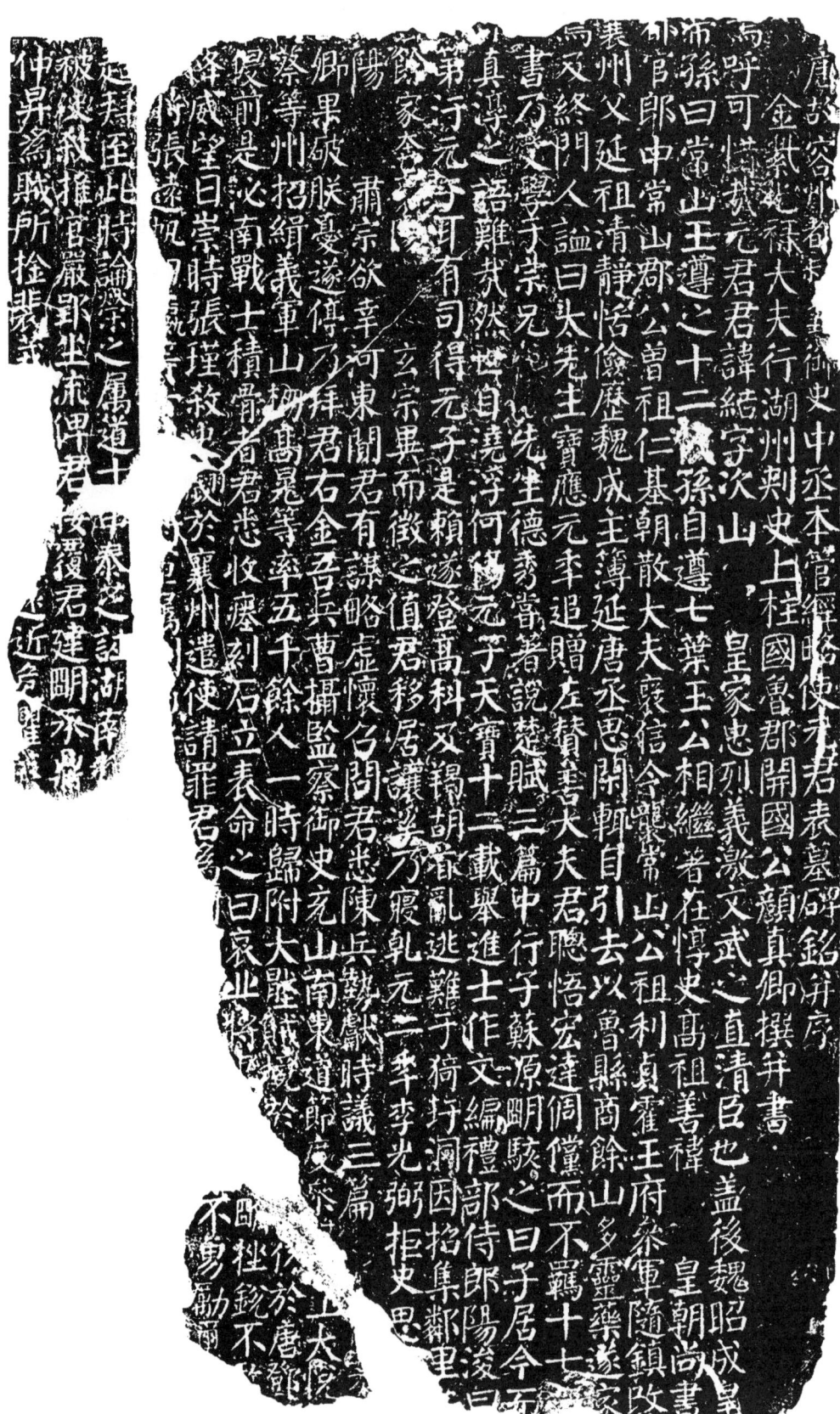

唐故容州都督兼御史中丞本管經略使元君（結）表墓碑銘碑陽及左側面

唐故容州都督兼御史中丞本管經略使元君（結）表墓碑銘碑陰及右側面

（一七）大漢河陽節度使光禄大夫檢校太傅兼御史大夫上柱國隴西公奉宣祭瀆記

后汉乾祐二年（九四九）十月九日

大漢河陽節度使光禄大夫檢校太傅兼御史大夫上柱國隴西公奉宣祭瀆記

  大漢河陽節度使光禄大夫檢校太傅兼御史大夫上柱國隴西公奉//宣祭瀆記//
  觀察判官將仕郎檢校尚書工部郎中兼侍御史賜緋魚袋柴自牧撰//
  粤若王者，郊祀則展義卜征，幸四岳以禮天，撫万邦而發//号。皇明燭於幽暗，帝澤被於遐陬，崇聖德之巍巍，布//休光之赫赫。諸侯接部，則考古順時。敷五教以恤刑，勸//三農而成務。至誠周於巨細，直道感於神明。行惠愛之昭//昭，流頌聲之靡靡。若非得天地高明之理，達聖賢去就之源，//則何以求瘼無瑕，使民自化者哉？今//我太傅隴西公密奉　先朝之顧命，首建//殊勛，出領近甸之雄藩，獨推　致理，一年而民阜，二年//而政成。時乾祐二年冬十月九日，奉//宣祭瀆於濟源之邑。繇是行驅　五馬，出耀//雙旌，施教化於封疆，薦蒸嘗於簠簋。//賢太守兼開衛幕，共仰　褰帷；真將軍早上漢壇，皆欽　列土。時也霜風吐韵，下林//葉以疏紅；嵐氣舒光，捧雲枝而亘碧。万民戴荷，子//衒慈父之恩；一境歡呼，樂動咸韶之奏。//公撫憐幼稚，存問高年。道途連笑語之音，沸騰如市；婦//女具逢迎之敬，瞻望比肩。或給以衣裳，或頒之茗物，迄於//等第，靡不周旋。是日，暮及縣城，曉趨廟原，齋戒恭謹，//潔净精微。瀝樽罍於三獻無虧，伸禱祝於//一人有慶。　公將迴馬首，乃謂賓從："四瀆稱水德之//尊，五岳作地祇之長。傳之往昔，載彼典經，而又在我之//郊。宣　君之命，一任之内，兩及斯焉。敢請□毫，用成//刊石。"自牧叨榮華幕，獲贊　廉風。本無吐鳳之才，寧叙//懸魚之化。直書盛事，恨乏好辭。//
  乾祐二年十月九日，押衙充書表前行馬守源。//

  陇西公奉宣祭渎记碑，现藏于济源市济渎庙。碑为长方形，通高51、宽71厘米。碑文楷书，凡28行，满行22字。碑保存完好，四周有花纹。

大漢河陽節度使光祿大夫檢校太傅兼御史大夫上柱國隴西公奉宣祭瀆記

（一八）風穴七祖千峰白雲禪院記

后汉乾祐三年（九五〇）八月十五日

風穴七祖千峰白雲禪院記

（碑额）風穴七祖千//峰白雲禪院//

（碑陽）風穴七祖千峰白雲禪院記//

登仕郎、試大理司直、前守臨汝縣令兼殿中侍御史虞希範撰//

二儀交泰，東君所以曜其明；三教迭興，西域所以生其聖。瀘沉淪於苦海，解執縛於迷塗。有相無相之衆生，//類不仁於芻狗；三千大千之世界，誠有諭於芭蕉。不可以智知，不可以識識。人能弘道，道不遠人。闡提之起//教大權，般若之攝心彼岸。是知法要，安得不輔助 王化者哉。風穴禪院，汝郭之北，嵩少之南。路廣由旬，地//安牢堵。後魏，山前爲香積寺，屬當兵火，像毀寺焚。有鄉人衛大醜，收以材石，構成佛堂於此山之西北，鎮壓//風穴，即今院基是也。至隋，又爲千峰寺。大鄴中，釋教中否，緇侶流離。直至唐初，只爲阿練若耳。開元年，有貞//禪師襲衡陽三昧，行化於此，溘然寂滅，示以闍維。有崔相國、李使君名嵩，與門人等收舍利數千粒，建塔九//層，玄宗諡爲七祖塔，見今存焉。大中初，有禪主道源，開拓山門，重光梵刹。十三年四月一日，塑釋迦像，取舍//利安於佛心。其後，大道凌遲，中原版蕩。燕雀無檐邊之宿，鴻鵠多隴上之嗟。代謝年移，何處訪辟蛇行者？陵//遷谷變，誰能尋伏虎高僧？七十年間荒凉若是，良由天道周星，物極不反。又曰：不有廢也，其何以興。固知興//之端，屬在師矣。 禪師法号匡沼，俗姓劉氏，浙東處州松陽縣人也。於護國寺出家，得佛心印，爲人天師。百//谷来歸，上善服滄溟（冥）之量；衆星含曜中秋，推皎月之光。自清泰初，禪師以身觀身，上德不德，挈携瓶錫，来往//林泉。謂幽棲爲匡衆之基，謂宴坐作修行之地。參禪者便息四方之志，問法者不遠千里而来。不十年間，僧//徒輻湊矣。於是改易經堂，修創佛殿。川原革故，庭宇鼎新。一日， 前郡守、隴西李公與僚佐及諸寺高僧、城//隍士庶，請開法席，爲演真宗。禪師即破我山，明魔智刃，示以平等之說，成其正覺之因。無何，毛落飛鳧，人皆//逐鹿。雖然騷動，不廢宴安。慮玉石之俱焚，就城隍之避難。圖南羽翼，晉陽之尋起真人；拱北星辰， //漢祚之重興哲后。 //皇帝繼周立極，纘禹開基。荡荡玄風，巍巍大業。 太保汝南公，功馳百戰，清畏四知。冀膺報政□//間，率有列藩之拜。加以釋門墻仞，須依國王大臣。法宇棟梁，况在毗盧花藏。乾祐二年夏四月一日，禪師即//命僧知表，改塑毗盧佛一尊，左右五事報夙願也。於古佛心得佛舍利三千粒，迎於郡城，供養一七日，依舊//藏焉。有前鎮安軍馬步軍教練使劉越，即故太尉之嗣子，和順積中，英華發外，因居喪紀，曾到仁祠憶侍行//春，嘗游勝境，睹兹成象，願結良緣。出净財以募工人，琢貞珉而防高岸。先是，清信士周崇進、清信女崔氏相//次發心，共迴一念，用成繪事，皆費資金。上座僧審晤敬捨衣盂，盡圖金碧。知事僧良辯、雲悟、法圓、弘久等鏡//開道眼，洞達禪關，并以因緣贊成其事。希範內惟固陋，久荷慈悲。直管窺天，莫識五天之大；傾蠡挹海，孰知//四海之深。秉筆知慙，叙事難既。曼殊不語，長聞瞻卜之香；彌勒下生，庶見龍花之會。乾祐三年歲在庚戌八//月十五日記。

　　持《妙法蓮花經》僧智謙書。

　　洛京李仁密鐫字//

（碑陰）

（上層）傳法沙門匡沼//

　　輒書一頌//

　　京馳妙用，迅辨莫及。//不守無相，豈藏諸入。//祖燈曦暉，皇圖岳峩。//輒記鄙頌，玄風永輯。//

　　持《法華經》僧智謙//

　　輒書一頌//

　　毗盧海會，法界無邊。//慧日昭暲，心燈曉然。//當秋滿月，盛夏芳蓮。//般若幽深，菩提性圓。//

（下層）風穴七祖千峰白雲禪院陰面記

　　當院徒衆五//十人。　上座僧知顥。　徒衆僧契安、善超、志超等。//徒弟僧重志、重悟、重敏、重新、重實、重朗、重隱、重岳、//重本、重宣、重進、重緣、重迪、重真、重堅、重津、重仁等，//備錄山門。常住山林，上下兩小莊子荒熟土田，四//至界分：屬院山林，　東至東風穴東山爲界，　南//自至常住莊田，西至寶應禪院瓦窑爲界，北至大//山北分水爲界，東北至上鷹帳北嶺分水爲界，東//南至大水谷爲界，西南至白司馬澗爲界，西北至//巾子山爲界。　上莊田地，東至虎堂谷口爲界，　//南至都曹張侍御熟地爲界，西至南北道爲界，北//自至風穴山，東北自至，東南至郭筠莊西北柏塋//爲界，（西）南至張侍御古場爲界，西北自至常住水泉。//下莊荒熟土田，約計拾頃捌拾畝。東至屬　省熟//地爲界，正南至張孔目莊北東西小堤爲界，西至//郭山人熟地爲界，正北至薛子城熟地爲界，東北//至薛子城熟地爲界，東南至屬　省田地古道爲//界，西南至張孔目熟地小道爲界，西北荒地壹□//至郭山人與薛子城荒熟地相連爲界。//

　　乾祐三年歲在庚戌八月十五日鐫記。//

　　风穴七祖千峰白云禅院记，现藏于汝州市城东北9千米风穴寺佛殿内。碑青石质，龟趺圆首，双龙蟠回，通高128、宽61、厚15厘米。碑阳碑额楷书"风穴七祖千峰白云禅院"2行，行5字。碑文楷书，凡27行，满行41字。书法整洁工秀。碑阴分上下两截书：上半截书匡沼和智谦的辄书各一颂，碑文楷书，凡12行，满行8字；下半截为寺院山林地界记，楷书，凡20行，满行19字。该碑对风穴寺的历史变迁、名称更替以及著名禅师匡沼的生平事迹作了记叙，此碑是该寺保存最完整、时代最早、记叙最详的资料。

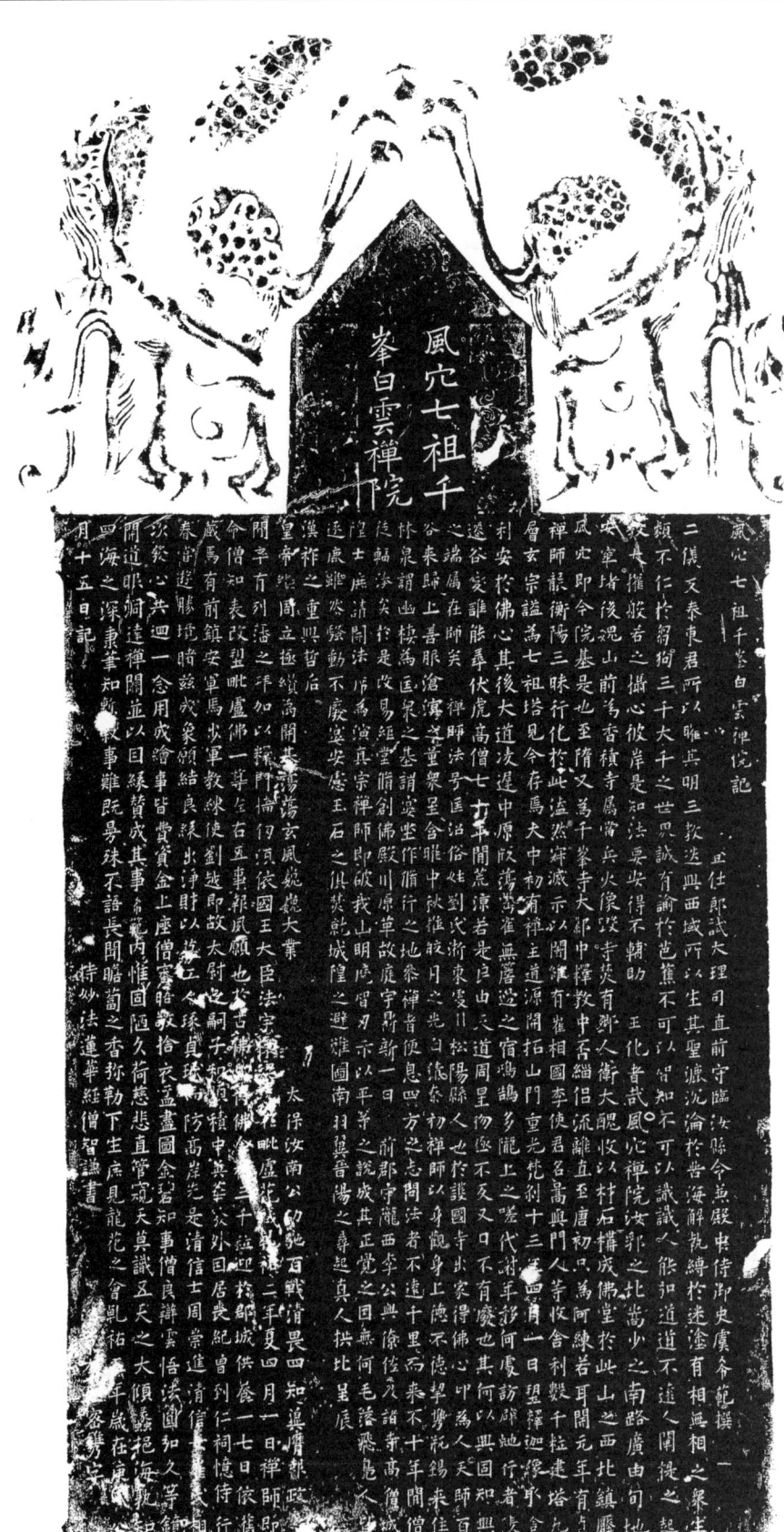

後漢風穴七祖千峰白雲禪院記碑陽

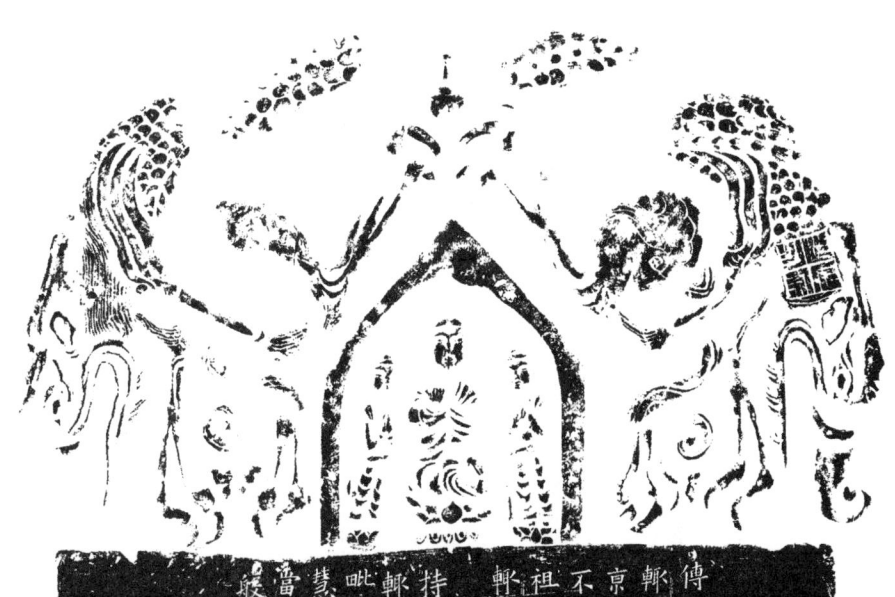

後漢風穴七祖千峰白雲禪院記碑陰

二 墓 志

（一）晋故中書侍郎潁川潁陰荀君（岳）之墓

西晉元康五年（二九五）十月廿二日

晋故中書侍郎潁川潁陰荀君（岳）之墓

　　晋故中書侍郎潁川潁陰荀君之墓∥

　　君以元康五年七月乙丑朔八日丙申歲在乙卯疾病∥卒。君樂平府君之第二子，時年五十，先祖世安措于潁∥川潁陰縣之北，其年七月十二日，大雨過常，舊墓下濕∥崩壞者多。聖詔嘉悼，愍其貧約，特賜墓田一頃、錢十五∥萬以供葬事。是以別安措於河南洛陽縣之東，陪附（祔）晋∥文帝陵道之右。其年十月戊午朔廿二日庚辰葬，寫詔∥書如左：∥詔中書侍郎荀岳，體量弘簡，思識通濟，不幸喪亡，甚悼∥愍之，其賜錢十萬以供喪事。∥詔故中書侍郎荀岳，忠正簡誠，秉心不苟，早喪才志，既∥愍惜之。聞其家居貧約，喪葬無資，修素至此，又可嘉悼∥也。舊墓遇水，欲於此下權葬，其賜葬地一頃，錢十五萬，∥以供喪事。∥皇帝聞中書侍郎荀岳卒，遣謁者戴璇吊，∥皇帝遣謁者戴璇以少牢祭，具祠故中書侍郎荀岳∥尚饗。∥

　　（碑右）隱司徒左西曹掾和夫卒。∥子男瓊，年八，字華孫。∥

　　（碑陰）岳字於伯，小字异娃，以正始七年正月八日癸未生於∥譙郡府丞官舍，以咸寧二年七月，本郡功曹史，在職廿∥四日還家。十月舉孝，不行。三年七月，司徒府辟。四年二∥月十九日戊午，應命署部徐州田曹屬。太康元年十二∥月，舉秀才。二年正月廿日，被戊戌詔書除中郎。三年八∥月廿七日庚戌，詔書除太子舍人。六年十月七日辛巳，∥除尚書左中兵郎。七年七月十七日丁卯，疾病去職，被∥壬申詔書除中郎。十年五月十七日，除屯騎①，始平王司∥馬。十二月廿七日，除中郎，參平南將軍楚王軍事。永熙∥元年九月，除參鎮南將軍事。永平元年二月三日，除河∥內山陽令。元康元年三月廿五日到官。三年五月四日，∥除

---

① 屯騎：屯騎校尉的簡称。《通典·職官十六》："（汉武帝）初置中垒、屯骑、步兵、越骑、长水、胡骑、射声、虎贲等校尉为八校，各有司马。"

領軍將軍長史，六月六日拜。四年五月五日，除中書//侍郎，六月二日拜。//夫人劉，年卅五，東萊劉仲雄之女。息女柔，字徽音，年廿，//適樂陵石庶祖。次息男隱，字鳴鶴，年十九，娶琅琊王士//瑋女。次女和，字韶音，年十七，適穎川許昌陳敬祖三日//婦。次女恭，字惠音，年十四，適弘農楊士產拜時。晚生二//女，皆不育。//

（碑左）夫人劉氏，年五十四，字簡訓，永安元年歲在甲子三月//十六日癸丑，卒于司徒府，乙卯殯。其年多故。四月十八//日乙酉附（祔）葬。//

荀岳墓志，1918年出土于偃师市南蔡庄村，现藏于偃师商城博物馆。正、背面刻于西晋元康五年（295年）十月，左、右两侧刻于永安元年（304年）四月。志为圭形，高163、宽40、厚9厘米。四面均有刻辞，隶书，阳面凡17行，阴面凡18行，左侧二行，右侧三行，满行21字，共计692字。

晋荀岳墓志

（二）魏故征虜將軍河州刺史臨澤定侯鄯使君（乾）墓銘

北魏延昌元年（五一二）八月廿六日

魏故征虜將軍河州刺史臨澤定侯鄯使君（乾）墓銘

魏故征虜將軍河州刺史臨澤定侯鄯使君墓銘//

君諱乾，司州河南洛陽洛濱里人也。侍中、鎮西將軍鄯鄯//王寵之孫，平西將軍、青平涼三州刺史、鄯鄯王、臨澤懷侯//視之長子。考以去真君六年歸國，自祖已上，世君西夏。君//初宦以王孫之望，起家爲員外散騎侍郎，入領左右輔國//將軍、城門校尉，出爲征虜將軍、安定内史。春秋卌四，以永//平五年歲次壬辰正月四日薨。蒙贈征虜將軍、河州刺史，//諡曰定。其年四月改爲延昌元年，八月廿六日，卜營丘兆//於洛北芒（邙）而窆焉。其辭曰：//

有秩斯流，浚發瀾京，唯天縱昌，聿資厥聲。世光涼右，襲休//纂榮，豐幹絜源，邈彼姬嬴。惟祖惟考，曉運昭機，入蕃//皇魏，趣舍唯時。錫土分茅，好爵是縻，灼灼章服，悠悠車旗。//唯君韜節，夙稟門矩，室友廉蘇，賓無濫與。幼承秘寵，早參//禁宇，暫蒞西服，休政已舉。體素欽仁，端風雅正，清明在躬，//昭然冰鏡。文英武果，超光朝令，將加殊命，顯茲華祿。高列//崇班，副此朝屬，遠二金坨，式昭魏錄。如何不淑，摧梁碎玉，//歲聿其徂，爰即返崗。泉扉一奄，永謝朝光，去矣莫留，道存//人亡。列銘幽石，長述風芳。//

大魏延昌元年歲次壬辰八月己未朔廿六日甲申記。//

鄯乾墓志，1931年出土于洛阳老城东北后沟村东北关帝庙后，现藏于西安碑林博物馆。志石高56.4、宽48厘米。志文楷书，凡19行，满行22字。

魏故仵廥將軍河州刾史臨澤定侯鄯使君墓銘

君諱乾司州河南洛陽洛濱里人也侍中鎮西將軍鄯
王寵之孫平西將軍青平凉三州刾史鄯王臨澤懷侯
視之長子孝以去真君六年歸國自祖巳上世君西夏
初官以王孫之璒趨家為仵廥將軍安定内史春秋世四以永
將軍城門校尉出為貟外散騎侍郎入領左右輔國
平五年歲次壬辰四月巳敗蒙贈仵廥將軍河州刾史
謚曰定其年四月廿六日卜營止兆
於洛北芷而定焉其辭曰
有秩斯流渟發瀾亰雅惟天縱昌書資靡聲世光涼右襄体
皇魏豐幹絜源邅彼姫芽好齋爵㨿糜灼運昭擽入蕃
慕君齤茵含雅時錫士分廕廉籍賓無濫與匆承秘寵早乘
雅趣鳳門矩室友端風雅正清明在躬
昭宇輯蘊文英武政巳舉體素欽仁殊命顯兹華祿高列
崇班副山朝屬二金鉈式昭魏録朝光去矣莫當道存
歲聿其祖爰身遷岷泉扉一奮永謝
人之列銘幽石長述風芳
大魏延昌元年歲次壬辰八月巳未朔廿六日甲申記

北魏鄯乾墓志

（三）魏使持節驃騎將軍冀州刺史尚書左僕射安樂王（元診）墓誌銘

北魏永平五年（五一二）八月廿六日

魏使持節驃騎將軍冀州刺史尚書左僕射安樂王（元診）墓誌銘

魏使持節驃騎將軍冀州刺史尚書左僕射安樂王墓誌銘//
　　王諱診，字休賢，高宗文成皇帝之孫，大司馬公、安樂王之子。//少襲王爵，加征西大將軍，尋拜光爵，又以本官領太子中庶//子。及皇居徙御，詔王以光爵領員外散騎常侍，賁銅虎符。馳//傳往代，申勞留臺公卿，奉迎七廟。頃之，敕兼侍中，尋除持節//督涼州諸軍事、冠軍將軍、涼州刺史，尋又進號平西將軍。正//始之中，南寇侵境，詔王使持節都督南討諸軍事、平南將軍，//攻圍鍾離。以振旅之功，除使持節都督定州諸軍事、平北將//軍、定州刺史。歲屬災饉，王乃開公廩，捨秩粟數百万斛，以餼//飢民。元愉滔天，王忠誠首告，表請親征。敕王都督定瀛二州//諸軍事，餘如故。氛霧①剋清，除侍中。又以安社稷之勛，除尚書//左僕射，增封三百戶。春秋卅有六，永平五年太歲壬辰三月//廿八日戊午遘疾薨于第。詔賜東園秘器，朝服一具，絹布七//百匹，礼也。追贈使持節驃騎將軍、冀州刺史、僕射，王如故，謚//曰武康。粵八月廿六日甲申窆于河陰縣西芒（邙）山。//
　　精緯晛靈，蘭殖帝庭，是惟盛德，有馥其馨。玄猷岳峻，雅量川//渟，堂堂武略，煥煥文經。纓紱兩禁，珩組二蕃，金鏘玉響，秋鏡//春暄。重加惠弁，再撫寅軒，彝倫式序，海水澄源。允膺納禁，且//既賓門。報施徒聞，仁壽誰覯，一夢兩楹，長淪七尺。痛纏樞扆，//哀震衢陌，邈哉夕兕，迅矣晨烏。龜筮襲吉，毀蹕戒途，哀茄（笳）北//轉，楚挽西徂。羮扃既掩，蘭釭已滅，泉夜冥冥，松颭屑屑。天地//長久，陵谷或虧，惟功與德，不朽傳斯。//

元診墓志，1917年出土于洛阳城北伯乐凹村，现藏于开封博物馆。志石高79.3、宽76.5厘米。志文楷书，凡22行，满行23字。

---

① 氛霧：语出《礼记·月令》："仲冬行夏令，则其国乃旱，氛霧冥冥，雷乃发声。"指雾气，亦比喻世道混乱或战乱。汉刘向《九叹·惜贤》："竢时风之清激兮，愈氛霧其如塺。"

魏使持節驃騎將軍冀州刺史尚書左僕射安樂王墓誌銘
王諱詮字休賢高宗文成皇帝之孫大司馬安樂王之子少襲王爵加征西大將軍尋拜光祿大夫以本官領太子中庶子
傳注皇及代中勢苗從御詔王以光爾領貞外散騎常侍費銅斧持節馳
源州諸軍事冠侵境之詔侍中尋除朝請蒞爾頃之新魚平西將軍正
普之中離南鎮史以振旅屠虢之切王徐持節都督南討諸軍事平南將軍北
始圖鍾離愉泊史天参王忠诚懼王除使持節都督爾討諸軍事平瀛二州
攻定州刺以歲霧誠首乃襟中又以勃定諸督百乎觯以將軍
軍元余如故户亂清告開公廉捨袟栗都軍事溿除以將軍
飢民事增刣三百春除表請表親低安勸王都毂平瀛除尚書
諸軍射增封邗世秋首又永親以社王稷之二斛以饋
左僕事封增訪疾薨于弟有六平中以安王褒亂定鹹二州
八日戊午薨使持節驃騎將軍冀州刺史僕射王如故諡
廿六日甲申贈賜于河陰縣西芒山
日武康也追使持節驃騎將軍冀州刺史僕射王如故一具絹布一
百四礼粤八月廿六日甲申贈賜于河陰縣西芒山
精緯晰靈蘭煥煥文達是惟盛德其有額
得堂堂武略弁舜軒轅一倫式序鳾海水澄源七尺痛纏樞廏
既賓儀報施徒聞仁壽誰夢兩檻長淪喊蹄戎途哀
春門重加惠撫迎寅經綬組二蕃金鐺王响秋眉
京震衢遮嘆高既掩遮巳成礼襲吉毀哀
轉楚挽陌但美扃壁蘭釭泉夜寞寞松颸
長久陵谷戈翦惟功與德不朽傳斯

北魏元詮墓誌

（四）魏故處士元君（顯儁）墓志

北魏延昌二年（五一三）二月廿九日

魏故處士元君（顯儁）墓志

（志蓋）魏故處士元君墓志//

維大魏延昌二年歲次癸巳二月丙辰朔廿九日//甲申，故處士元君墓志銘//

君諱顯儁，河南洛陽人也。若夫太一玄象之原，雲門靈//鳳之美，固以瓊峰万里，秘壑無津，龍條紫引，綿於竹帛。//景穆皇帝之曾孫，鎮北將軍、冀州刺史、城陽懷王之季//子也。君資性凤靈，神儀卓爾，少玩之奇，琴書逸影。雖曾//閔淳孝，無以加其前；顏子餐道，亦莫邁其後。日就月將，//若望舒蕩魄；年成歲秀，若騰曦潔草。松鄰竹侣，孰不仰//嘆矣。是則慕學之徒，無不欲軌其操；既成之儒，無不欲//會其文，以爲三益之良朋也。若乃載笑載言，則玄談雅//質；出入翱翔，金聲璀燦。昔蒼舒①早善，叔度②奇聲，亦何以//加焉。而報善無徵，殲兹秀哲，甫齡三五，以延昌二年正//月丙戌朔十四日己亥，卒於宣化里第。粤二月廿九日，//窆于瀍澗之濱。痛春蘭之早折，傷琴書之永夛，以追吊//之未磬，更載琢於玄石。其辭曰：//

惜惜夫子，令儀令哲，獨抱芳蘭，陵踐霜雪。且琴且書，俞//光俞烈，扶搖未搏，逸翰先折。春風既扇，暄鳥亦還，如何//是節，剪桂凋蘭。泉門掩燭，幽夜多寒，斯人永矣，金石流//刊。//

元显儁墓志，1917年冬在河南洛阳城北出土，现藏于中国国家博物馆。通高35、长75、宽56.5厘米。深灰色青石雕琢。全形作一完整的龟形，下附方座，龟之四足及腹与座相连，龟体自甲腹间中分为二，上为盖，下为志。龟背以阴线刻饰四边形、五边形、六边形的龟甲纹，甲脊中央镌刻楷书"魏故处士元君墓志"一行8字。志文楷书，凡19行，满行21字，共计357字。

---

① 苍舒：曹操之子曹冲字仓舒，自幼聪颖，深受曹操喜爱，死于十三岁。按：仓与苍通。语出《三国志·曹冲传》："邓哀王冲字仓舒，少聪察岐嶷，生五六岁，智意所及，有若成人之智。"

② 叔度：东汉高士黄宪字叔度，以才学操守为名流所重。语出《后汉书·周黄徐姜申屠列传·黄宪》："颍川荀淑至慎阳，遇宪于逆旅，时年十四，淑竦然异之，揖与语，移日不能去。谓宪曰：'子，吾之师表也。'"

維大魏延昌二年歲次癸巳二月丙辰朔廿九日甲申故豪士元君墓誌銘
君諱顯儁河南洛陽人也若夫太一玄象之原雲門靈鳳之美固以璚峰万里祕鬱無津龍椉紫引綿於竹帛之曾孫鎮北將軍兾州刺史城陽王之李景穆皇帝之玄孫也君資性風靈神儀卓尔少歔之奇琴書速景子也君淳孝無以加其前頷子湌道公其邁曰就月將仰閔望舒舒魏魏鄰竹之儔無不欽仰欤矢是則菜學之徒無不欽談雅則玄談雅若其文翰昔蒼舒乃載言則玄談雅會出人翰朝善無徵兹粤何以加為而報善無徵兹粤何以加賢出人翰朝善無徵兹粤何加為而報善無徵兹粤之痛哉春蘭之早折傷琴書之永歿以延昌二年正月丙戌朔十四日己亥卒於宣化里苐粤二月廿九日以追吊窆于渾嶼之湄痛春蘭之早折傷琴書之永歿更載綠於玄石其辭曰
悟之未磬載綠於玄石
夫子令儀令指獨抱芳蘭踐霜雪且琴且書俞光會列扶搖未摶迅翰先折春風既扇暗烏炙還如何是嗟剪桂剗蘭泉門掩燭幽夜多寒斯人永矣金石流刊

北魏元顯儁墓誌

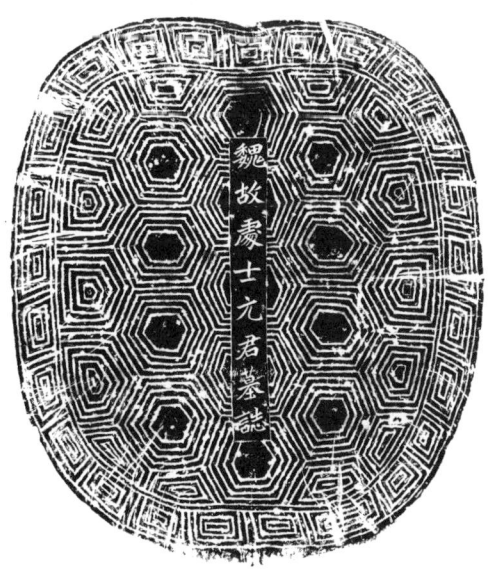

北魏元顯儁墓誌蓋

（五）魏故寧遠將軍洛州刺史元公（廣）之墓志

北魏熙平元年（五一六）十一月廿二日

魏故寧遠將軍洛州刺史元公（廣）之墓志

魏故寧遠將軍洛州刺史元公之墓志。//

公諱廣，字延伯，洛陽人也。烈祖道武皇帝之苗裔，資乾//稟聖，袞璽相承，移玉樹之中華，茂金枝而弗朽；已流徽於//國牒，播瑤響于典章，飛文騄筆，略不載具。考使持節、涼青//梁夏濟五州諸軍事、濟州刺史、牂柯侯之長子，稟齠端之//逸氣，偉荊岩之秀質，雅量淵澄，器懋罕世，六德含和，柔剛//兩蹈。至乃奉孝慈親，義恭孔愛，識爽陶仁，曉自生知。二九辟//爲直後加員外郎。升朝襲爵，仍以父位，傳踵前華，紹迹令//軌，砥厲（礪）風節，祗慎所經。未久轉襄威將軍，侯如故。冀延休//響，流芳万紀，而天道無徵，福慶徒聞，修光墜景，日月落暉。//春秋五十，熙平元年歲次丙申八月乙未朔廿二日丙辰//薨于第。皇上悼懷，僚及嘆惜，遣謁者譚七寶追贈寧遠//將軍、洛州刺史，以慰沉靈。筮龜啟吉，永即芒（邙）阜之陽，長陵//之左。乃作頌曰：//

崇基岳峻，遙緒淵深，世載明哲，襲紫傳金。惟台惟輔，德茂//瓊林，積仁不已，誕兹英淑。貞比筠松，馨如蘭菜，名位方崇，//上壽未央。福善空言，仁亦云亡，生凋世盡，滅識泉鄉。臨壙表//德，志之黃堂。//

熙平元年歲次丙申十一月甲子朔廿二日乙酉記。//

元广墓志，1926年出土于河南洛阳城北，现藏于西安碑林博物馆。墓志呈长方形，高57、宽49厘米。志文楷书，凡19行，满行22字，共计376字。

魏故寧遠將軍洛州刺史九公之墓誌
公諱廣字延伯洛陽人也烈祖道武皇帝之苗裔贊
粲璽襲靈相承枝玉樹已流徽於
國瑃播瑤響於典軍章飛文驟筆略柯不載而孝子橐節涼青
遠氣偉荊嚴之秀質濟州刺史茂德之長子稟和柔副
梁夏濟五州諸軍事濟州文淵懸罕世大德念知九辟
雨蹈至乃奉孝慈親兼恭量識器奕陶仁曉自生華紹
為直後加負外郎昇朝龍雷仍以父位傳踵景固故冀延
軼砥厲風節祗慎所経無徴福慶轉襲聞循威光墜如跡伏令
響流芳万紀而天道無徴福慶八月乙未朔廿二日丙辰落暉
春秋五十興平元年歲次丙申八月追贈寧遠
覺于第皇上悼懷僚灰歎惜遺詔者即芒阜之陽長陵
之左乃作頌日
將軍洛州刺史以慰沉靈龜筮吉永
之乃作頌日
崇基峻遠緒淵保世載明挺鞶紫傅金誰台惟輔德茂
瑣林積仁不巳誕茲英淵貞比芳松馨如蘭蕬名位方崇
上壽未央福善空言仁矣此生彫世盡滅識泉鄉臨廣表
德誌之黃壤善空言仁
熙平九年歲次丙申十一月甲子朔廿二日乙酉記

（六）北魏元懷墓誌銘

北魏熙平二年（五一七）八月廿日

北魏元懷墓誌銘

　　魏故侍中、太保、領司徒公、廣平王，姓元，諱懷，字宣義，//河南洛陽乘軒里人。顯祖獻文皇帝之孫，高祖孝文//皇帝之第四子，世宗宣武皇帝之母弟，皇上之叔//父也。體乾坤之睿性，承日月之貞暉，比德蘭玉，操邁//松竹，延愛二皇，寵結三世。姿文挺武，苞仁韞哲，量//高山岳，道協風雲。周之魯衛①，在漢間平，未足稱美於//前代矣。享年不永，春秋卅，熙平二年三月廿六日丁//亥薨。追崇使持節、假黃鉞②、都督中外諸軍事、太師、領//太尉公、侍中、王如故。顯以殊禮，備物九錫。謚曰武穆，//禮也。及葬，皇太后輿駕親臨，百官赴會。秋八月廿//日窆于西郊之兆。懼陵谷易位，市朝或侵，墳堂有改，//金石無虧，敬勒志銘，樹之泉闈。其頌曰：//
　　老尚簡嘿，孔貴雅言。於穆懿王，體素心閑。德秀時英，//器允宗賢。踐仁作保，履義居蕃。忠冠朝首，寵表咸先。//勳規未半，背世茂年。生榮殁哀，休光永延。刊美瑤牒，//祗告幽玄。//

元怀墓志，1925年3月出土于河南洛阳城北张羊村，现藏于河南博物院。墓志青石质，志高81、宽80.5、厚19厘米。志文楷书，凡16行，满行20字。志石完好，字迹清晰。盖已佚。

---

① 鲁卫：喻指王室的同宗兄弟。语出《论语·子路》："鲁卫之政，兄弟也。"
② 假黄钺：魏晋南北朝时，重臣出征往往加有假黄钺的称号。黄钺，以黄金为饰，古代帝王所用，后世用为仪仗。借之以增威重，有代表皇帝亲征之意。魏晋南北朝地位最高的大臣出征时，常加此称号。语出《晋书·职官志》。

魏故侍中太保領司徒公廣平王姓元諱懷字宣義
河南洛陽乘軒里人顯祖獻文皇帝之孫高祖孝文
皇帝之第四子世宗宣武皇帝之母弟皇上之叔
父也體乾坤之毅性承日月之貞暉比德蘭玉操邁
松竹延愛二皇寵結三世姿文挺武苞仁韞美於
高山岳道協風雲周之魯衛在漢閒平未之楠美於
前代矣享年不永春秋廿熙平二年三月廿六日丁
太尉公侍中王如故顯以殊禮備物中外諸軍事太師領
灰蔑追崇使持節假黃鉞都督百官九錫謚曰武穆
禮也及葬皇太后興駕親臨位官赴會秋八月廿
日窆于西郊之兆懼陵谷易市朝或侵墳塋有改
金石無諱敬勒誌銘樹之泉闥其頌曰
老尚蘭黑孔貴雅言於穆懿王體素心閒德秀時英
器允宗賢踐仁作保履義居蕃忠衍朝首寵表咸先
勳視未半背世茂年生榮殘哀燄光永延刊美瑤牒
祖告幽玄

北魏元懷墓志

（七）北魏元遥墓志銘

北魏熙平二年（五一七）九月二日

北魏元遥墓志銘

　　魏故右光禄大夫、中護軍、饒陽男，姓元名遥，字修遠，河南洛陽孝第里人。//恭宗景穆皇帝之孫，京兆康王第二子。降寶星宫，分光帝緒，俊貌奇挺，寬//雅夙蘊。雖足翻之挈未成，而鵠馬之心在遠。是以出倫擢友，入御追朋。年//十三，爲高祖所器，特被優引朝會，令與諸王同。憲章初革，出身爲下大//夫。及七祖神遷，符鼎徙洛，百禮創源，官方改授。除員外散騎常侍兼武衛//將軍。親寵歲加，腹心唯密，轉北中郎將兼侍中。所以襟帶京門，緝厘樞近。//太和中，高祖治兵樊鄧，復攝左衛將軍。暨龍旌返斾，饗士論功，除左衛//將軍、饒陽男。太和之季，偽賊侵邊，王師親討，軍次馬圈。聖躬不豫，特命//公與太師彭城王侍疾，委以戎馬。晏駕之始，在公懷抱。雖鼎湖之神以升，//而遺弓之感莫發。權機假旨，旬有二日，奉迎　世宗於京師，會魯陽而//舉諱。功成事立，百司始伏其深謀也。景明初，除平西將軍、涇州刺史。即被//徵爲七兵尚書，又遷中領軍。公文武兼能，在用著稱，出拜鎮東將軍、冀州//刺史，入除護軍加右光禄大夫。延昌中，淮泗不靜，加公征南大將軍，都督//南征諸軍事。推轂之寄①，實委心膂。熙平初，大乘之亂，傾蕩河冀，非公神武，//無以窮討，除公征北大將軍都督北征諸軍事。總督元戎，懸軍遠襲，寇旅//既强，人無鬥志。公躬攝鉀冑，一鼓而摧，勇奪三軍，氣振尫固。　旨以功高//器厚，付外詳聞，追馬圈之血誠，計大乘之義勇，亦可跨騰五等，榮兼九錫。//而享年不永，春秋五十一，熙平二年九月二日薨於第。　天子舉哀於東//堂，百僚倍臨，酸情所感，事越恒倫。乃傷公巨效之未酬，慨公往而不待，追//贈使持節車騎大將軍、儀同三司、雍州刺史，餘如故。謚曰宣公。今將徙殯//於洛陽西陵，礼也。乃爲銘曰：//

　　莊哉氏胄，巨胤鴻源。齊光日月，等覆乾坤。公其身矣，唯帝之孫。能官任武，//委以群貢。腹心之寄，輨轄國門。内充喉舌，外當納言。忠勤於鼎，著德在蕃。//在蕃何德，忘己憂國。導民以孝，齊之以默。煞而不怒，信而不忒。汪汪海量，//崿崿正直。宿夜在公，自强不息。民之父母，朝之軌則。軌則之聲，能寬能平。//臨財剋讓，在醜不争。入作領護，出秉專征。朱祺一掃，万里莫清。不伐其善，//不矜其名。勛位兩兼，器厚望隆。人慟二　聖，贈不虛崇。册高帝胤，礼同上//

---

　　① 推轂：推車前進，古代帝王任命將帥時的隆重禮遇。唐崔日用《奉和聖制送張說巡邊》："去當推轂送，來仁出郊迎。"

公。朝贤恒感，士女酸冲。哀流衢郭，声贯苍穹。昔歌善始，今悲令终，形随道//
灭，名同岱嵩。

　　妻安定梁氏。//

元遥墓志，1919年出土于洛阳城北后海资村南凹距村，现藏于西安碑林博物馆。志石高50、宽63厘米。志文楷书，凡29行，满行28字。

北魏元遥墓志

（八）大魏故假節鎮遠將軍恒州刺史謚曰宣公元使君（譿）墓志銘

北魏神龜三年（五一八）十一月十四日

大魏故假節鎮遠將軍恒州刺史謚曰宣公元使君（譿）墓志銘

大魏故假節鎮遠將軍恒州刺史謚曰//宣公元使君墓志銘//

君諱譿，字安國，河南洛陽人也。　顯祖//獻文皇帝之孫，使持節、車騎大將軍、都//督中外諸軍事、特進司州牧、趙郡王之//第五子，歷官羽林監直閤將軍，春秋卅//有一，以神龜三年三月十四日薨于洛//陽。　帝用悼懷，追贈假節鎮遠將軍、恒//州刺史。十一月十四日卜窆於洛陽之//西山瀍澗之東。乃裁銘曰：//

丹電流暉，慶源伊始。苞姬締構，複漢疆//理。業固維城，宗茂驎趾。爰挺若人，風飆//秀起。璇璋內暎，英華外發。亭亭孤朗，如//彼秋月。昂昂獨鷟，如彼滅沒。天津未泳，//雲翮①已摧。銷光秘響，暑往寒來。陳衣虛//席，奠酒空臺。九京徒想，邈矣悠哉。//

元譿墓志，1920年出土于洛陽城北安駕村，現藏于開封博物館。志石高61、寬62厘米。志文楷書，凡16行，滿行15字。

北魏元譿墓志

---

① 云翮：指凌雲高飛的鳥。晉陶潛《乙巳歲三月為建威參軍使都經錢溪》詩："微雨洗高林，清飆矯雲翮。"逯欽立校注："雲翮，指高飛鳥。"

（九）夏州刺史趙郡李緬妻常夫人（敬蘭）墓誌銘

北魏神龜元年（五一八）十二月廿二日

夏州刺史趙郡李緬妻常夫人（敬蘭）墓誌銘

夏州刺史趙郡李緬妻常夫人墓誌銘//
　　夫人姓常，諱敬蘭，平州遼西郡肥如縣崇義鄉戚//貴里人也。魏太常卿、幽州刺史林之後，文昭　皇//太后從侄，使持節、安東將軍、幽州刺史廣甯公之//孫，侍中、選部尚書、鎮南將軍、洛州刺史范陽公之//第三女。神龜元年歲在戊戌七月甲寅朔十八日//辛未，春秋五十有三，薨於洛陽之宜都里，其年十//二月壬子朔廿二日癸酉，葬伊闕西北十里。銘曰：//
　　宗源川鏡，崇基岳峙。世載芳猷，令問不已。安東履//仁，鎮南悟理。幽壤景行，洛蕃仰止。誕生淑姬，宅禮//秉信。婉娩寬詳，謙和閑閑。怡靜內明，風流外順。施//葛習勤，城隅比峻。祇孝自天，柔恭在性。矜惠能慈，//恪事盡敬。女藝剋光，婦德齊聖。餘慶徒言，与善無//效。昭車墜彩，連城碎曜。隴首雲屯，松門風嘯。玄宮//重寂，大夜攸冥。天地長遠，日月虛盈。刊茲泉石，永//播徽靈。//

常敬兰墓志，2009年冬出土于河南洛阳关林镇，旋归某氏。墓志青石质，高57、宽47厘米。志文有界格，楷书，凡16行，满行19字。

夏州刺史趙郡李緬妻常夫人墓誌銘

夫人姓常諱敬蘭平州遼西郡肥如縣崇義鄉
貴里人也魏太常鎮東將軍幽州刺史廣寗公皇
太后從姪使持節太常鎮南將軍幽州刺史范陽公之
孫侍中選部尚書鎮南將軍洛州刺史范陽公之
第三女神龜元年歲在戊戌七月甲寅朔十八
辛未春秋五十有二薨於洛陽之宜都里其年八
二月壬子朔廿二日癸酉葬伊闕西北十里銘曰
宗源川鏡崇基岳峙世載芳猷仰問西安宅東禮履
仁信勳婉悟理幽壞景行洛誕生淵姬外順祗
秉習盡城隅北峻詳閨怡靜内明風流惠能善慈
葛事敬女藝礼孝曰天蓀恭在性聆与玄
恪昭申墜彩連城砕光婦德癯聖餘慶徒言嘯宮
効寀大夜彼窜天地長逺日月虚盈刊茲泉石永
重微靈
揚徽

北魏李緬夫人常敬蘭墓誌

（一〇）魏故寧遠將軍敦煌鎮將元君（倪）墓誌銘

北魏正光四年（五二三）二月廿七日

魏故寧遠將軍敦煌鎮將元君（倪）墓誌銘

魏故寧遠將軍燉（敦）煌鎮將元君墓誌銘//
　　君諱倪，字世弼，司州河南郡洛陽縣都鄉照明里人。　//太祖道武　皇帝之玄孫，左光禄大夫、吏部尚書、大宗正//卿、領司宗、衛將軍、定州刺史、南平王之叔子。年廿九拜員//外散騎侍郎。太和廿一年二月寢疾，卒於洛陽照明里宅。//蒙贈寧遠將軍、燉（敦）煌鎮將。春秋卅四。以今正光四年歲次//癸卯二月戊午朔廿七日甲申遷葬於景陵東山之陽。乃//作銘曰：//
　　國靈鍾美，開英　帝族，載挺伊人，溫其如玉。　皇室千里，//清高出俗，匪直才孤，亦唯俊獨。爰始入仕，民譽斯盛，逶迤//自公，退食從政。大道是遵，行非由徑，德音式昭，明心克鏡。//一世百齡，登之者罕，命有随遭，壽亦修短。歲路未央，遐年//詎滿，之子離災，生塗中斷。貴賤同盡，熟异王孫，埋靈滅識，//委魄荒原。人鄉稍遠，鬼岑長昏，鐫聲金石，用慰沉魂。//
　　高祖道武　皇帝。　曾祖廣平王。　祖使持節、都督凉州//及西戎諸軍事、領護西域校尉、征西大將軍、儀同三司、凉//州刺史、南平王，謚曰康王；　祖親南安姚氏，萬年縣君伯//之次。　父左光禄大夫、吏部尚書、大宗正卿、領司宗、衛將//軍、定州刺史、南平王，謚曰安王；　母太原王氏，謚曰恭妃。//

元倪墓志，民国初年出土于河南洛阳姚凹村，现藏于上海博物馆。志石高74、宽73.5厘米。志文楷书，凡19行，满行22字。

魏故寧遠將軍燉煌鎮將元君墓誌銘

君諱倪，字世彌，司州河南郡洛陽縣都鄉照明里人。宗正太祖道武皇帝之玄孫，左光祿大夫吏部尚書、宗正卿領司宗衛將軍、定州刺史、南平王之孫，于今正光四年歲次癸卯二月戊午朔廿七日甲申遷葬于景陵東山之陽。乃外散騎侍郎，太和廿一年二月襄疾，于洛陽照明里宅，拜貞蒙贈寧遠將軍、燉煌鎮將，春秋世四，以

作銘曰：

國靈鍾美，開英帝族，載挺伊人，溫其如玉。皇室千里，清高出俗，莅宣大道，孤然雅儔，獨愛始入仕，德音昭明，心克鏡地。自公退食，從政有隨，遣壽非由，任德音昭明，心克鏡未央，返年。一世百齡登之者，軍命。有點貴賤，同盡熟異，王孫埋靈，藏識。誼滿之子，離穴生，塗中斷，長昏鑠聲，金石用慰魂沈。委魈道武皇帝，曾祖廣平王，祖使持節，都督涼州諸軍事，儀同三司，涼州刺史，諡曰康王。高祖親南安王，萬年縣伯，領司宗衛將軍。及西戎諸軍事，領護西域，峽尉，遠大將。州刺史，父左光祿大夫，吏部尚書，太宗正卿，軍定州刺史，南平王諡曰安王。母太原王氏，諡曰恭妃。

之次州

北魏元倪墓志

（一）魏故平南將軍使持節豫州刺史蘭陵郡開國公裴君（譚）墓志

北魏孝昌元年（五二五）十月二日

魏故平南將軍使持節豫州刺史蘭陵郡開國公裴君（譚）墓志

　　魏故平南將軍使持節豫州刺史蘭陵郡開國公裴君墓志//
　　　　君諱譚，河東聞喜人也。祖雄圖贊世，功格群英。父氣幹剛舉，臨//年隕墜。君韶姿夙令，蕙音早馥。時惟四歲，庭訓傾頹。年甫八齡，//王父薨謝。自南徂北，更歷屯夷。藐孤承緒，幼而入雜。深悲遠慕，//有若成童。了達多關，非假匠石。抑揚動用，得自胸懷。以人藉兼//奇起家除太子洗馬。聖主踐極，轉員外散騎常侍。發迹兩宮，//清階載顯。除中堅將軍、冠軍將軍、中散大夫。貴公之孫，澹於榮//勢。遂游自足，朝宗蓋置。未嘗磬折權豪之前，威紆許史之側。是//以末路夷與，無介恒流。處富忘貧，免之無幾。君享食所收，誠爲//豐潤。贍恤親疏，莫不得所。輕財重義，物用美談。性機敏，善容儀，//歷覽傳記，多所練悉。席上筆下，略參珍麗。及升降丹墀，鳴玉玫//道，逸調疏上，高步瞻天。神情灼灼，咸稱少駿。達良時之難驟，體//人生之行樂。惊賞連綿，興窮都野。花田散錦，命酒春洲；菱池結//紫，携朋秋榭。訪隱淪於中南，奏參差於洛北。將曜穎明時，駸駸//長路，報仁爽矣，脫駕傷哉。春秋卅有三，正光五年九月十九日//薨于洛陽縣洛汭里宅。孝昌元年十月壬申朔二日癸酉葬于//洛陽嵩丘山。浮生若寄，所托遺塵。鐫兹幽石，晰彼來晨。其辞曰：//
　　　　岳峻銅基，河生瑶岫。效寶擒祥，實惟洪胄。弈世載美，夫君挺秀。//鑒質冰研，芳徽蘭茂。運集寵靈，弱冠飛纓。華簪儲殿，高侍承明。//逶迤容止，藉甚知名。臨財秉義，登仕恬榮。昂昂千里，属此驊駒。//徘徊弭節，迅榮方驅。平遠忽斷，逸恨有餘。龍輤儼乘，素幎寒虛。//夜挽清楚，晨吹嘈喧。庭陳朱燧，冪撤金樽。霜酸送旅，風思楊原。//修聲一鐫，永曖泉門。//
　　　　妻河東柳氏。父玄瑜，正員散騎侍郎、前軍將軍。//大子測，年十三。第二子插，年十二。//大女荊瑶，適安定席鷗，乘氏縣開國伯，父景通，衛尉卿。//第二女二孃，年十四。第三女阿摩，年九。第四女女王，年五。//第五女，年四。//

裴谭墓志，近年出土于洛阳。墓志青石质，方形，志石高67、宽67.5厘米。志文有界格，楷书，凡28行，满行24字，共计620字。

北魏裴譚墓志

（一二）魏故假節輔國將軍東豫州刺史元公（顯魏）墓誌銘

北魏孝昌元年（五二五）十月廿六日

魏故假節輔國將軍東豫州刺史元公（顯魏）墓誌銘

（志蓋）魏故元使∥君墓誌銘∥

魏故假節輔國將軍東豫州刺史元公墓誌銘∥

君諱顯魏，字光都，河南洛陽人。景穆皇帝曾孫，鎮北將軍、城陽懷王之子∥也。大啓磐石，花蕚本枝，先哲邁而流光，峻極降而爲祉。凤成之嘆，播美於∥知音；穎脱之姿，殊异於公族。加以孝友淳深，理懷清要，水鏡所鑒，標題自∥遠。雖高翮未舉，千里之望俄然。始爲散騎侍郎、左員外，尋除給事中，加伏∥波將軍。旦夕倉龍，歲時青瑣，列侍推高，儕僚久敬。仍轉司徒掾，加寧遠將∥軍。始蹈龍門，實膺造士。激水之勢未申，天秀之悲忽及。以正光六年二月∥七日終於宣化里宅，春秋卅。二宫貽傷，有識嗟惜。贈假節輔國將軍、東豫∥州刺史。以孝昌元年十月壬申朔廿六日丁酉葬於金陵。行滋宿草，方積∥玄霜，高深有變，聲烈無忘。其銘曰：∥

東堵冥既，南國化行，是惟帝烈，誰剋與京。武穆垂彩，周胤擒榮，比龍方玉，∥騰實飛聲。蕴藉礼容，抑揚文史，一概險夷，忘懷憂喜。往躋丹墀，來毗黄耳，∥列榮有聞，邦教斯理。沃若方騁，羊角初搏，嚴風夕緊，飛霜夜攬。恨深落秀，∥悲甚摧蘭，去斯濟濟，即彼曼曼。九京寂廓，百川浩湯（蕩），朱裳曉褰，清笳旦響。∥蕭蕭國路，鬱鬱幽壤，永嘆生難，長嗟化往。∥

孝昌元年十月壬申朔廿一日壬辰剋∥

皇考諱鷙，字宣明，鎮北將軍、冀州刺史、城陽懷王；　太妃河南乙氏，　父∥延，故東宫中庶子。　夫人長樂馮氏，　父熙，故征東大將軍、駙馬都尉、昌∥黎王，除侍中、太傅，轉使持節、定州刺史，侍中、將軍如故；遷太師、中書監；除∥使持節、車騎大將軍、都督并雍懷洛秦肆北豫七州諸軍事、啓府洛州刺∥史，侍中、太師如故；改封京兆郡開國公，食邑三千户。薨，謚曰武。　息崇智，∥字道宗，年廿四，左將軍府中兵參軍；　妻河東薛氏，　父和，故南青州刺∥史。　息崇朗，年十八。　息崇仁，年十四。　息崇礼，年十三。　息女孟容，年∥廿一，適長樂馮孝纂，　父聿，故給事黄門侍郎、信都伯。　息女仲容，年廿，∥適南陽員彦，　父標，故兗岐涇三州刺史、新安子，謚曰世。　息女叔容，年∥十六。　息女季容，年十一。∥

元顯魏墓誌，1916年出土于洛陽城西北后海資村，現藏於開封博物館。誌石高、寬均58.5厘米。誌文楷書，凡26行，滿行28字。

魏故假節輔國將軍東豫州刺史元公墓誌銘

君諱顯魏字光都河南洛陽人景穆皇帝曾孫鎮北將軍城陽懷王之子也善大類磐石抱芎本於公族先括娥邁以布派加袂然列侍青春秋時激水環之勢推為散騎侍郎左貟外尋除撥中加寧速將軍東豫方積知將高嗣脫末舉千歲殊異之姿造為孝友淳深理懷清要水鏡所鑒播題美自伏遠雜高剛倉龍夙忘仍以正光六年二月波始蹈龍門貫寶造士淳涤理懷清要水鏡所鑒撫題美自伏軍旦夕倉龍黑忘十月壬申春秋卅二宮貽傷有識嗟惜急以正光六年二月七日終於宣化行無憂聲烈誰刻興武穆垂紫周㑌搶榮北龍方玉州刺史以孝昌元年十月壬申卅六日丁酉窆於金陵行滋宿草方積玄霜真眺南国化容栁楊文史騁羊角初搏歡風夕繫飛霜夜攅恨深落秀旦響東端有聞邦教斯理涘即俊若方一縈險憂忘懷憂善注躇丹堧來眦黃目列榮擢蘭去斯濟若骋史驂京廓百川浩湯朱裳曉襄清茄鷹寶飛聲蘊藉禮容是惟帝烈悲甚攪幽壞永歎生雖長嗟化住篇篇國路簪簽

皇考諱驚字宣明鎮北將軍冀州刺史父熙故征東大將軍駙馬都尉除昌徙故東宮中庶子轉使持節都督并雍洛秦肆四州諸軍事太師中書監州刺史故車騎大將軍京兆郡開國公食邑三千戶薨諡曰武

夫人長樂馮氏父熙故侍中太師駙馬都尉昌黎王除太師如故改封京兆郡開國公妻河東薛氏父和故侍中安南將軍青州刺史諡曰世

息崇仁年十四禮年十三息崇智年十息崇朗年十八息崇禮年十二息女益容年廿息女仲容年十六適南陽負克父岐涇三州刺史新安子諡郡伯息女李容年十一適長樂馮孝慕故父欄故史道宗年廿四史侍中太師如故

北魏元顯魏墓誌

（一三）魏故持節都督秦州諸軍事平西將軍秦州刺史孝王（寶月）墓志并銘

北魏孝昌元年（五二五）十二月三日

魏故持節都督秦州諸軍事平西將軍秦州刺史孝王（寶月）墓志并銘

（志蓋）魏故平∥西元王∥墓志銘∥

魏故持節都督秦州諸軍事平西將軍秦州刺史孝王墓志并銘∥

王諱寶月，字子煥，河南洛陽人。高祖孝文皇帝之孫，臨洮王愉之元子也。分光∥霄極，毓彩瑤池，南史有詳，斯焉可略。王幼含奇質，早程秀氣，既邈文舉於童年，∥超于烏於稚日矣。孝悌醇至，體之自然，柔裕在躬，諒非矯飾。七齡喪考，八歲妣∥薨，率由毀瘠，哀過乎礼。昆季嬰蒙，止于宗正，王撫慈群弟，有人長之規焉。年十∥有四，爲清河文獻王所攝養。文獻王深愛异之。王事叔恭順，一同嚴父，掬子是∥哀，友于弥篤。性和雅，有度量。九德兼修，百行必舉。介然山峙，確乎難拔，敦詩悦∥樂，博聞强記，宮墻累刃，峻碣重尋。夫其體仁足以長人，嘉德足以合礼，貞固足∥以幹事，寬容足以苞物，浩浩乎其不可測也，汪汪乎其不可量也。所謂君子不∥器，學無成名者焉。而擒文爽麗，風調閒遠，清襟外徹，黄中内潤，皦兮若冰，温其∥似玉，謙恭以接下，損挹以推賢。故可以方駕四豪，齊名八士者也。加以雄姿壯∥偉，逸氣瑰殊，兹乃撥亂之巨才，濟世之洪器。嗚呼，惜乎! 王有容儀，善談謔，懷美∥尚，蓄奇心，而幼離閔凶①，未膺策命。然而遐迩傾注，咸以遠大許之矣。方騁力康∥衢，與魏升降，匡時翼化，燮調玉燭，豈其餘慶徒言，與善終謬，長乘弛禁，離倫肆∥虐，秦緩虧方，天診成釁。遂禍均滅性，痛深卒毁。以正光五年龍集甲辰五月廿∥五日遘疾薨于第，春秋廿有三。皇上震傷，朝野灑泣。有詔贈持節都督秦州諸∥軍事、平西將軍、秦州刺史。既而倫伊比陟，况魯侔禽，寔宜均彼誓河，永傳龜玉。∥今者王室多難，戎馬在郊，屏翰寄重，属乎成器。雖珪瑞徒襲，猶錫以殊礼。故又∥詔曰：新贈具官，皇宗王諱，帝孫宗令，望實隆重，早世淪英，宜加褒异。可葬以王∥礼，餘如前贈。考行論德，謚曰孝王。以孝昌元年太歲乙巳十二月辛未朔三日∥癸酉，祔葬于先考王神塋之。乃作銘曰：∥

赫赫宗周，振振公族，天降純嘏，爰啓英淑。譬彼文韶，倫斯武穆，器超瑚璉，質優∥松竹。若桂之芬，如蕙之馥，威而不猛，寬而能肅。奉先思孝，孔懷惟睦，操同柳下，∥廉均夷叔。武略桓桓，文經郁郁，既仁且智，令終有俶。方升論

---

① 離閔凶：遭遇喪事，多指長輩喪亡。同"遭閔凶"。《左傳·宣公十二年》："寡君少遭閔凶，不能文。"杜預注："閔，凶也。"

道，燮政黄屋，驥局//未遐，長途已慼。爲山非止，如何簣覆，謬離九横，仍寋五福。一夢鈞天，終歌梁木，//往徂昔夏，今遷南陸。夕莵催輪，晨羲鶩軸，題凑既兆，窀穸已卜。皇情乃慟，式加//寵服，窮扉若掩，華燈罷煜。刊美泉隅，永貽陵谷，無絶終古，豈徒蘭菊。//

皇妣楊妃，恒農人，父次德，蘭陵太守；祖伯念，秦州刺史。　嬪南蘭陵蕭氏，齊太//祖高皇帝曾孫；父子賢，齊太子詹事、平樂侯。息蒨、長褘，年四。蒨弟森、仲蔚，年二。//

元宝月墓志，1929年出土于洛阳城东北马坡村，现藏于开封博物馆。志石高68、宽65厘米。志文楷书，凡29行，满行30字。

北魏元寶月墓志

（一四）魏帝先朝故于夫人（仙姬）墓志

北魏孝昌二年（五二六）四月四日

魏帝先朝故于夫人（仙姬）墓志

（志蓋）大魏文成∥皇帝夫人∥于墓志銘∥

魏帝先朝故于夫人墓志∥

世曾祖文成皇帝故夫人者，西城宇闐∥國主女也。雖殊化异風，飲和若一。夫人∥諱仙姬，童年幼齓，早練女訓。四光自整，∥雅協后妃。聖祖禮納，寓之玫宇。齡登∥九十，耋疹未蠲。醫不救命，去二月廿七∥日薨於洛陽金墉之宫。重闈追戀，無言∥寄聲，旨以太牢之祭，儀同三公之軌。四∥月四日葬於西陵，諡曰恭。攸頌辭曰：∥

混混三饒，渾渾大夜，姝彼靈人，奚不化∥乘。暉入穸，照彼玄宫，匪我留晷，銘刊永∥終。

大魏孝昌二年歲次丙午四∥月己□□四日壬申行葬∥

于仙姬墓志，1926年出土于洛阳孟津县南石山村旁，1938年于右任捐藏西安碑林博物馆。志盖为盝顶形，盖题"大魏文成皇帝夫人于墓志铭"，阳刻3行，行4字。志石高46、宽37.6厘米。志文楷书，凡13行，满行15字。

北魏文成皇帝夫人于仙姬墓志蓋

魏帝光朝故于夫人墓誌

世曾祖父成皇帝故夫人墓誌者西城字闻

国主仙女也雖殊化異故風人若一夫人

諱仙姬童年幼戯早練飲和四一光自憨

雅恊后妃聖祖禮納訓致光齡登

九十叁㝛未鑴醫不授命去二月廿七

日蒙盲金墉宫重闈追二月廿七

寄聲於洛陽之禁之宮徽同三公之戀無

月四日蓋於太宰之塋日恭彼頌之辭軋四

濕濕三饒渾渾西坡夜謚彼靈人奚銘

乘暉入穴照彼玄宮姝我留暑銘刊永

終月己□四日太魏孝昌二年歲次丙午四

月

（一五）魏故使持節侍中驃騎大将軍儀同三司尚書令冀州刺史江陽王元公（乂）之墓志銘

北魏孝昌二年（五二六）七月廿四日

魏故使持節侍中驃騎大将軍儀同三司尚書令冀州刺史江陽王元公（乂）之墓志銘
　　魏故使持節侍中驃騎大将軍儀同三司尚書令冀州刺史江陽王元公之墓志銘∥
　　公諱乂，字伯俊，河南洛陽人也。　道武皇帝之玄孫，太師、京兆王之世子。派道天河，分峰日觀，川岳合而∥爲靈，辰昴散而成德。清明内照，光景外融，標致玄遠，崖涘高峻，皂白定於是非，朱紫由其標格。加以思極∥来往，學貫隱深，奇文异制，雕龍未爽，樞機暫吐，詎越談天。楊葉棘刺之妙，基衛未之逾；蛇形鳥迹之術，張∥蔡熟能比？於是遠近推慕，藉甚京師。遭太妃喪，哀毀過礼，幾於滅性。太師敦喻，乃更蘇粒。年方弱冠，應物∥来仕，掩浮雲而上征，搏積風而鼓翼。初除散騎侍郎，尚宣武胡太后妹、馮翊郡君。以親賢莫二，少歷顯官，∥尋轉通直，遷散騎常侍、光禄勲。職惟談議，任實總領，選才而舉，民無間然。非唯獲賞參乘，見知廉清而已。∥轉侍中、領軍将軍、領左右，尋加衛将軍。雖秩班近侍，而任居時宰，朝權國柄，僉望有歸。類公旦之相周，等∥霍侯之輔漢，妙識屠龍之道，深體亨鮮①之術。振綱而万目理，委轡而四牡調。人無廢才，官無廢職，時和俗∥泰，遠至迩安。田疇之謡既弭，羔裘之刺亦息。于時三雍締構，疑議紛綸。以公學綜墳籍，儒士攸宗，復領明∥堂大将。公斟酌三代，憲章漢晋，獨見卓然，經始用立。志性廉隅②，非礼不動，雖涓人童隷，必冠而見。慍喜不∥形於色，薰介未曾經懷，積而能散，貴而能貧。湛湛然若滄瀛之靡浪，汪汪焉如江河之末流。深達廢興，鑒∥誠滿覆，自以爲大權不可久居，大功難可久樹，周公東征，范蠡浮海，乃頓首歸政，固乞骸骨。聖上謙虚，屢∥詔不許。表疏斗上，終不見聽。夫任首三獨，礼均八命，自非外著九功，内含一德，俞往之誥，未見其人。乃　∥詔解領軍，更授驃騎大将軍、儀同三司、尚書令、侍中，領左右如故。公冲讓懇款，煩於辭牘，既不獲已，復親∥庶政。翼亮王猷，緝熙治道，濟斯民於貴壽，弼吾君於堯舜。春氣生草，未足同言；夏雨膏物，曾何竊比？至於∥异流并會，文墨成山，言若循環，筆無停運，商較用捨，曲有章條。文若之奇策密謀，清塵未遠；伯師之匪躬∥亮直，獨亦何人？公儀範端華，音神秀徹，言稱古昔，景行行止，多能寡

---

① 亨鮮：同"烹鮮"。唐李儼《道因法師碑》："或亨鮮制錦，馳声乎一同。"
② 廉隅：比喻端方不苟的行爲、品性。《礼記·儒行》："近文章，砥厉廉隅。"

欲，員中方外，孝爲行本，信作身輿。運//斗柄而長六官，擁大璫①而厘万務。一人拱已無爲，百司仰而成績。正色危言，獻替無殆，送往勞来，吐握忘//倦。論玉不由小大，求馬忘其白黑。管庫咸舉，關析靡遺，猶如挹水於河，取火於燧者矣。至於高清臨首，宮//徵鳴腰，懷金拖玉，陟降墀陛，故以儀形列辟，冠冕群龍。信廣夏之棟梁，大川之舟楫，豈唯一草之根，一狐//之腋而已哉？方贊玉鼓之化，陪金繩之礼，隆成平於天地，增光華於日月，而流言傳沓，萋斐成章。公乃垂//泪謁　帝，遜還私宅。俄而有詔，解公侍中、領左右，尋又除名爲民。公遂杜門奉養，曾無慍色。公少好黄老，//尤精釋義，招集緇徒，日盈數百。講論疑滯，研賾是非，以燭嗣日，怡然自得。邢茅之報未嘉，藏甲之謗已及。//孝昌二年三月廿日，詔遣宿衛禁兵二千人，夜圍公第。公神色自若，都無懼容，乃啓太師，開門延使者，與//第五弟給事中山賓同時遇害。春秋卌有一。公臨終嘆曰："夫忠貞守死，臣之節也。伊尹不免，我獨何爲？但//恨不得辭老父，訣稚子耳。"仰藥而薨。天下聞之，莫不流涕。雖秦之喪百里，漢之殺蕭傅，何以匹諸？所謂人//之云亡，古之遺愛者也。既而　聖上追遠，　睿后傷懷，贈使持節、侍中、驃騎大將軍、儀同三司、尚書令、冀//州刺史。　皇太后親臨哭吊，哀動百寮，自薨及葬，賵贈有加。遣中使監護喪事。賜朝服一襲，蠟三百斤，贈//布絹一千三百匹，錢卌万，祠以太牢，給東園轀車，挽歌十部，賜以明器，發卒衛從，自都及墓。太師悼世子//之凤泯，愍孤魂之靡托，乃表讓爵土，追授于公。朝廷義之，哀而見許，乃改封江陽王。粵七月戊戌朔廿四//日辛酉，窆於成周之北山長陵塋内。丹青有歇，韋編易絕，銘兹琬琰，幽塗永晰。其詞曰：//

名世寥廓，非聖伊賢，資靈象宿，禀氣河山。英哉上德，有從自天，百世随踵，千里比肩。仁爲經緯，孝作終始，//學海不窮，爲山未止。識同四面，辯非三耳，徘徊語嘿，優游宴喜。人官奚寶，天爵斯貴，合信四時，齊明五緯。//斧藻川流，雕篆霞蔚，業通鄒魯，聲高梁魏。畜寶待價，藏器須時，通夢協下，命世應期。三事俞往，百揆允厘，//鼎實斯屬，鹽梅②在兹。方賴股肱，弼諧元首，緝我王度，永作先後。天鑒孔明，宜登上壽，豈云不吊，如禽度牖。//暑往秋来，筮從龜襲，金鐸夜警，龍轜曉立。寂寂原田，蕭蕭都邑，逝矣何期，瞻望靡及。昔游國道，華轂生塵，//今首山路，回望無人。短生已夕，修夜不晨，唯蘭與菊，空播餘芬。//

妃安定胡氏。父珍，相國、太上、秦公。　息亮，字休明，年十一，平原郡開國公；　亮妻范陽盧氏，父聿，駙馬都尉、太尉、司馬。//息穎，字稚舒，年十五，秘書郎中；　舒妻清河崔氏，父休，尚書僕射。　女僧兒，年十七，適琅琊

---

①　大璫：璫，古代宦官的冠飾。"大璫"代稱品級高的宦官。
②　盐梅：喻指宰相。《全唐诗》卷一李世民《执契静三边》："元首伫盐梅，股肱惟辅弼。"《全唐诗》卷二李显《十月诞辰内殿宴群臣效柏梁体联句》："叨居右弼愧盐梅。"

王子建，父散骑常侍、济州刺史。//

元乂墓志，1925年出土于洛阳城北前海资村，现藏于开封博物馆。志石高82、宽81.3厘米。志文楷书，凡40行，满行40字。志文端正严谨，用笔圆润秀媚。

北魏元乂墓志

（一六）魏故使持節侍中司空公都督冀瀛滄三州諸軍事領冀州刺史元公（壽安）墓誌銘

北魏孝昌二年（五二六）十月十九日

魏故使持節侍中司空公都督冀瀛滄三州諸軍事領冀州刺史元公（壽安）墓誌銘

（志蓋）魏侍中∥司空元∥公墓志∥

　　魏故使持節、侍中、司空公、都督冀瀛滄三州諸軍事、領冀州刺史元公墓誌銘∥

　　公諱壽安，字修義，河南洛陽人也。　景穆皇帝之孫，使持節、侍中、征西大將軍、領護西戎校∥尉、儀同三司、涼州鎮都大將、汝陰靈王之第五子。赤文綠錯之權輿，壽丘華渚之閥閱，豈生∥商之可侔，何作周之云比？固已鏤諸金板、玉牒，於茲可得而略焉。公含川岳之秀氣，表珪璋∥而挺出；岐嶷异於在褓（褓），風飆茂於就傅。孝以事親，因心自遠；友于兄弟，不肅而成。弱而好學，∥師佚功倍，雅善斯文，率由綺發。自是藉甚之聲，遐迩屬望；瑚璉之器，朝野歸心。年十七，以宗∥室起家，除散騎侍郎，在通直，優游文房，卓然無輩。俄轉揚州任城王開府司馬，還爲司空府∥長史，入補散騎常侍，出行相州事，仍除持節、督齊州諸軍事、左將軍、齊州刺史。復授使持節、∥都督秦州諸軍事、右將軍、秦州刺史。東齊佟繆之風，西秦乱心之俗，公化等不言，政若戶到，∥有同一變，無敢三欺。以奏課第一，就加平西將軍，徵爲太常卿，禮云樂云，於是乎緝。遷安南∥將軍、都官尚書。又授殿中尚書，加撫軍將軍，龍作納言，其任無爽。遷鎮東將軍、吏部尚書，轉∥衛大將軍，加散騎常侍，尚書如故。既任當流品，手持衡石①，德輶必舉，功細罔遺，涇渭殊流，蘭∥艾自別，小大咸得其宜，親疏莫失其所。既而隴右虔劉，阻兵稱乱，以公愛結民心，威足龕（戡）敵，∥改授使持節、開府、假驃騎大將軍兼尚書右僕射、行秦州事，本官如故，爲西道行臺。即除使∥持節、散騎常侍、都督雍州諸軍事、衛大將軍、開府、雍州刺史。乱離之後，飢饉荐臻②，外連寇仇，∥內苞奸宄，圖城謀叛者，十室九焉。公自己被人，推誠感物，設奇應變，化若有神。是使剽群惡∥子，無所施其狡算；巨猾大盜，相率投其誠款。俾六輔匪戎，三秦載底，公實有力焉。復以本官∥加開府儀同三司，秦州都督兼尚書左僕射、西道行臺、行秦州事。公內定不戰之謀，外有必∥勝之策，陳師鞠旅，指辰殲蕩。軍次汧城，彌留寢疾，薨於軍所。

---

　①　手持衡石：衡，秤；石，重量單位。衡石是衡器之通稱。此處指甄別選拔人才的官職。語出《禮記·月令》："仲春之月⋯⋯日夜分，則同度量，鈞衡石，角斗甬，正權概。"

　②　飢饉荐臻：荐臻，接連到來，指連年災荒。語出《詩經·大雅·云漢》："何辜今之人！天降喪乱，飢饉荐臻"。

于時大小撫膺，如失慈父，雖鄭//女捐珠於子產，荆人罷市於鉅平，無以過也。五月十一日薨還京師。二　宮軫悼於上，百辟//奔走於下。有　詔追贈使持節、侍中、司空公、都督冀瀛滄三州諸軍事、領冀州刺史，謚曰//□公，礼也。越孝昌二年歲次丙午十月丁卯朔十九日乙酉遷窆於瀍水之東。乃作銘曰：//

　　周公之胤，或邢或蔣，詵詵衆多，金明玉朗。乃蕃乃牧，鵷鴻接響，君公猶子，高松直上。爰自齠//齔，克岐克嶷，始於成童，令儀令色。大度恢恢，小心翼翼，依仁履義，發憤忘食。學稱緻密，文爲//組繡，不肅而成，如蘭之臭。惟孝惟忠，因心則究，盛德亹亹，日新爲富。志立而仕，翻飛紫闥，天//禄崝嶸，文昌膠葛。無雙出群，有聲特達，令譽愔愔，清徽藹藹。往弼蕃幕，來佐台門，入華金綍，//出耀旌軒。左右獻替，夙夜便繁，政成期月，化若不言。齊地絲蠹，秦川桂蠹，西怨東悲，咸稱來//暮。宗卿高視，礼閫獨步，美等龍淵，号均武庫。淆乱九流，滋章百姓，乃作銓衡，彝倫攸正。有隱//必揚，無幽不聘，魏之得人，於斯爲盛。蠢尔荒戎，梗茲西服，民思俾乂，帝曰方叔。投袂勤王，眷//言出宿，我后其來，行歌鼓腹①。五陵六輔，世号難治，乱離斯瘼，飢饉荐之。匪親匪德，誰克允釐，//愛民活國，欽兹在兹。惟帝念功，就加寵异，任同二陝，儀比三事。式副朝端，參和鼎味，秉文經//武，兼之爲貴。神謀奇策，獨用衿抱，方屬熊熊，芟夷蔓草。如何良人，而不壽考，悲纏象魏，痛貫//蒼昊。陳數送往，備物追終，笳鏡轉吹，羽盖翻風。冥冥此室，黯黯泉宮，敬刊幽石，式播無窮。//

元寿安墓志，1992年出土于河南洛阳马坡村东北，现藏于辽宁省博物馆。志石方形，高、宽均86.8厘米。志文楷书，凡33行，满行35字。

---

①　鼓腹：食饱袒腹，凸起肚子。饱食而闲暇无事之意。庄子用以形容上古之人逍遥自在的生活，后因以咏隐逸自适。《庄子·马蹄》："夫赫胥氏之时，民居不知所为，行不知所之，含哺而熙，鼓腹而游，民能以此矣。"

北魏元壽安墓志

（一七）魏故齊州平東府中兵參軍元君（則）墓誌銘

北魏孝昌二年（五二六）閏月七日

魏故齊州平東府中兵參軍元君（則）墓誌銘

魏故齊州平東府中兵參軍元君墓誌銘∥
　　君諱則，字慶禮，河南洛陽人也。大宗明元皇帝第∥二子、樂安宣王範之曾孫，樂安簡王良之孫，左衛將∥軍、大宗正卿、營州刺史懿公之第二子。性聰敏，有孝∥弟，好風慕義，才行兼舉，恬憺寡欲，超然自得。弱冠爲∥齊州平東府中兵參軍。孝昌元年十一月二十九日，∥卒于官。春秋三十一矣。粵二年閏月七日窆于景陵∥之東北。乃作銘曰：∥
　　樞光流慶，弱水開源。於昭利見，三后在天。本枝斯茂，∥載誕英賢。如和出岫，若隋曜淵。卯日有成，騅年通理。∥愛仁尚義，敦詩悅史。結軑名駒，方駕才子。豈曰連城，∥抑亦兼市。千秋雖一，百年有程。如何哲人，秀而不成。∥行雲暮結，悲風旦驚。儀形閟矣，餘烈徒聲。∥

元則墓志，1929年4月出土于洛阳安驾沟，现藏于中国国家博物馆。志石高52、宽52.2厘米。志文楷书，凡13行，满行20字。志主元则未见于《魏书》和《北史》。

魏故齊州平東府中兵參軍元君墓誌銘

君諱則，字慶禮，河南洛陽人也。大宗明元皇帝弟君，諱樂安宣王藐之曾孫，樂安蘭王良之孫，左衛將軍大宗正卿管州刺史懿公之第二子。性聰敏，有孝弟。好風慕義，才行薰舉，恬澹寡欲，超然自得。弱冠，為齊州平東府中兵參軍。春昌元年十一月二十九日薨于景陵平官，春秋三十一。美粤二年閏月七日窆于

之東北，迺作銘曰：

摛光流慶，弱水開源。於昭利見，三后在天。本校斯茂，

載誕英賢，如和出岬。若隋曜淵，卅日有成，觸牽通理。詩悅史結，軼名駒方。駕才子，豈曰連城。

愛仁尚義，毀詩悅史。結軼名駒，方駕才子。豈曰連城，何括人。秀而不成，

抑孔薰市。千秋雖一，百季有程。如何拒餘，奐佳聲。

行雲暮結，悲風旦驚。儀形閟美，

北魏元則墓誌

（一八）魏故持節後將軍幽州刺史貞簡辛侯（穆）墓誌銘

北魏武泰元年（五二八）正月十五日

魏故持節後將軍幽州刺史貞簡辛侯（穆）墓誌銘

（志蓋）魏故幽//州刺史//貞簡辛//侯墓銘//

魏故持節後將軍幽州刺史貞簡辛侯墓誌銘//

君諱穆，字叔宗，隴西狄道人也。祖驃騎，氣節凝峻；父并州，風神爽拔。君纂世德//之餘暉，膺累仁之慶緒。器格端嚴，標尚清遠；溫恭孝友，天質自然；忠信廉義，無//假因習。表俊昇於學初，總成德於冠始。蕭條樂古，恬淡寡欲，案積圖篇，莚無綺//玩。加以博學洽聞，多識前載。太和十一年舉司州秀才。超桂林之一枝，邁昆山//之片玉，尋除東雍州別駕。于時舊式猶存，西府未立，半任之寄，寔隆茲日。雖褚//碧當才優之舉，王正稱選引之極，方之於君，實兼之矣！遷北中郎長史、東荊州//龍驤府司馬，後為征虜司馬，又轉龍驤長史，帶（代）西義陽太守。首贊一州，頻歷三//府，實以政治華戎，故久而不徙。後除汝陽太守。不藉鉤距，而情為自得，乃弘葦//杖①之仁，播時雨之澤。雖宗均在政，散飛蝗於九江；龔遂作守，整亂繩於渤海，方//軒并駕，聲實無爽。及折轅告反，布被言歸，攀輪臥道，盈衢咽陌。遷中散大夫，尋//加龍驤將軍。君履謙忌滿，在性自深。正光之末，遂乞表歸遜。朝廷欽谷道素，抑//而不許。尋蒙引見，親加慰勉，即面除平原公相。修身範物，不言而治，徵拜征虜//將軍、太中大夫。君儀止閒和，辭彩清潤，不以榮辱變心，憂歡動慮。導民率下，盡//仁讓之風；當官奉職，屬匪躬之節。由是，嘉庸簡於帝心，美頌溢於民口。而驚川//不舍，頹山奄及。春秋七十有七，以孝昌三年五月五日薨於位。痛迎市廛，悲深//黃屋②。詔贈持節後將軍、幽州刺史，諡曰貞簡，礼也。粵武泰元年正月己未朔十//五日癸酉葬於芒（邙）山之南。感陵谷有代遷，戀清猷於長往，式銘遺芳，寄之窮壤。//乃作銘曰：//

肇夏開源，資莘啓胄，懸河泌寫，層峰累構。夫君鍾美，標茲獨秀，霜筠共藹，風蘭//等臭。惟忠惟孝，因心自得，有言有行，施吐成則。樂彼沖虛，恬此淵默，風節剋宣，//聲猷允塞。良玉既雕，逸翮斯舉，頻煩歷試，王猷剋厚。入參議職，出紐邦組，澤漸//廊衛，化洽陳汝。禍福無常，吉凶共轍，一去國門，長違昭世。邅回邙路，參差丘垤，//朝寵有追，聲微無絕。//

---

① 葦杖：以蒲葦為杖，聊以示辱，謂刑罰寬仁。語出三國魏曹植《對酒歌》："蒲鞭葦杖示有刑。"

② 黃屋：古代帝王車蓋以黃繒為里，因稱帝王所乘之車為黃屋，亦喻指皇帝。《史記·秦始皇本紀》："子嬰度次得嗣，冠玉冠，佩華紱，車黃屋。"

君父紹先，持節冠軍將軍、并州刺史、晉陽惠侯。//君母酒泉馬氏， 父驩，西海太守。//君妻天水尹氏， 父孟瑜，新陽縣五等男。//君大息子馥，字元穎，年廿九，司州前龍驤府錄事參軍事。//子馥妻河東柳氏， 父真道，豫州主簿。//□次息子蕚，字仲夷，年廿四。//

辛穆墓志，2006年冬出土于洛阳市，墓志拓片现藏于洛阳碑志拓片博物馆。墓志并盖青石质，方形，高71.5、宽79.5、厚25厘米。志盖盝顶，顶部阳刻宽界格，内篆书"魏故幽州刺史贞简辛侯墓铭"4行，行3字，四刹光素。志石阴刻界格，志文楷书，凡30行，满行30字，共计905字。志文书体圆润流畅、遒劲有力，是典型的魏碑作品。

北魏辛穆墓志

（一九）魏故使持節散騎常侍衛大將軍尚書右僕射都督雍岐南豳三州諸軍事雍州刺史南平王（元暐）墓志銘

北魏武泰元年（五二八）三月十六日

魏故使持節散騎常侍衛大將軍尚書右僕射都督雍岐南豳三州諸軍事雍州刺史南平王（元暐）墓志銘

　　魏故使持節散騎常侍衛大將軍尚書右僕射都督雍岐南豳三州諸軍事雍州刺史∥南平王墓志銘∥

　　王諱暐，字仲囧，河南洛陽人，　太祖道武　皇帝六世孫也。自出作蕃維，入爲卿□，　盛∥烈高功，煥于帝籍。王資神秀桀，自得温恭，岐嶷表於齠年，樂善著於冠日。故以千里興∥嗟，万夫攸仰，是稱磐石，斯曰犬牙。自增構爰歸，象賢繼及，盛業惟新，風聲日廣。背淮之∥客，接踵而来游；鄒牧之侶，慕義而斯至。雖東閣未啓，補袞之望俄然。予違汝弼，望隆任∥顯，假借之寄，時無异歸。除諫議大夫，王如故，鳳沼①嚴貴，王言攸委，絲綸所出，匪易其人。∥轉中書侍郎，王如故。東濱巨海，西望長河，四會所纏，五方伊在，享鮮是属，興利時憑，總∥轡襄帷，允當物議。除使持節都督光州諸軍事、輔國將軍、光州刺史，王如故。王去茲荷（苛）∥政，黜彼亂群，曾未期年，風移俗化，瑣門注望，其来日久，將委喉唇，事資執戟。除給事黃∥門侍郎、將軍，王如故。王固遵後外，深秉謙搗，敷衽陳誠，久而獲許。改授散騎常侍，王如∥故。秦川構亂，巨滑滔天，大將軍、太傅以安危所鍾，總戎西伐。而晨昏之寄，實歸猶子；帷∥幄之算，是賴高謨。乃授使持節假平西將軍，以本官爲西討別將。既而涇陽告警，隴首∥未康，瓺（戕）亂宇民，特難其選。除使持節都督涇州諸軍事、右將軍、涇州刺史。属狡虜實繁，∥游魂未息，周旋誅討，歲歷茲多。乃授平西將軍、銀青光禄大夫、假安西將軍、使持節爲∥征討都督。三令靡違，五勝無舛，遂北追奔，擊頸將及。　朝廷以山西猶梗，民庶未寧，作∥鎮班條，實佇英略，進授使持節、都督秦州諸軍事、本將軍、秦州刺史、假鎮西將軍、都督，∥王如故。王脂車秣駟，擁節抗旗，竹馬盈郊，壺漿繼道。會前驅覆衆，大督雲亡，王業鉏鋙，∥歸，抽戈後殿，慨東隅之有缺，思改旦於後圖，却就長安，方申更舉。天不悔禍，隆緒興妖，∥履霜已見，燎原行在。以王遠近注心，雅相猜忌，醜正有徒，奇謀未□，□招延義勇，糾散∥收離，東向告誠，西轅述職。而維城之

---

① 鳳沼：宮苑中的池沼，猶鳳凰池。晉荀勖用以喻指中書省，唐人多用以咏宰相。語出南朝宋謝莊《讓中書令表》："臣聞壁門天邃，鳳沼神深。"唐杜甫《贈韋左丞丈》詩："鴒原荒宿草，鳳沼接亨衢。"

志以勤，靖乱之心未遑。忽離盜增之禍，奄及推墻//之灾。以孝昌三年十月廿日薨於長安之公館，春秋卅八。　朝廷詠言忠烈，念深追遠，//襃德紀勳，礼崇加數。

詔贈使持節、衛大將軍、尚書右僕射、都督雍岐南豳三州諸軍//事、雍州刺史，增邑三百户，王如故。王孝情天至，友愛特深，悦善好名，寬仁容衆，學涉墳//史，雅好斯文，草隸之工，邁於鍾索。及臨民撫衆，既寬能猛；悉忠履孝，善始令終。勁質表//於疾風，貞柯冠於歲暮。抑所謂廣夏（厦）之棟梁，斯民之領袖者矣。以武泰元年歲次戊申//三月戊午朔十六日癸酉，歸窆於景陵東山之陽。懼山淵之有變，悲丹壑之俎遷，懍青//編之毁滅，庶斯美之長宣。其辭曰：//

極天作構，帶地爲源，載毗載輔，或屏或蕃。懷黄佩紫，繡軸朱軒，八命單寵，十等窮尊。餘//烈所鍾，時惟繼體，聲標入宦，譽宣居邸。四馬駿駕，千乘大啓，逾下其志，益卑其礼。瑣闥①//瞻儀，鵷波屬望，濯鱗尉羽，既潛且颺。風表閑詳，衿情簡曠，夕拜有聞，拾遺靡尚。東牧流//聲，西龕（戡）有栰，義同致雨，事等湯雪。猛志徒勇，雄圖空結，遽隕貞心，奄淪峭節。哀榮總被，//望實兼笼，朱旌委霧，清吹從風。誰言易踐，所貴要終，丹青有歇，郁烈無窮。//

元暐墓志，1928年出土于洛阳城东北金家沟盘龙冢村，现藏于开封博物馆。志石高83.4、宽84厘米。志文楷书，凡33行，满行33字。

---

① 瑣闥：门下省给事中别称。瑣闥，由汉黄门郎日暮拜青瑣门引申而来，也称青瑣闥。唐李商隐《樊南文集》卷一《为安平公（崔戎）遗表》："高选掖垣，箴规未效；入居瑣闥，论驳无闻。"

北魏元暐墓志

(二〇）魏故征北將軍相州刺史元君（宥）之墓誌銘

北魏武泰元年（五二八）七月十八日

魏故征北將軍相州刺史元君（宥）之墓誌銘

　　魏故征北將軍相州刺史元君之墓誌銘//
　　君諱宥，字顯恩，河南洛陽人也。魏太宗元皇帝之玄孫，//樂安宣王之曾孫，樂安簡王之孫，巴州景公之元子也。//若夫分源巨壑，析本高林，拖玉鳴鸞，傳華弈世，固無得//而稱焉。君資神特挺，稟質瑰奇，孝友幼成，忠貞匪習。肇//自文皇，迄於明帝。爰歷三朝，光榮驟履。末年轉前//將軍，武衛將軍，當時之名進也。君既職奉嚴凝，位鄰//日月，雖寵望稍崇，而志彌把損。至於閨門之訓，時人觖//其無簡；事君之節，朝士仰其高山。方將鼎翼皇家，流//功帝藉，而天不報善，殲此名器。以孝昌四年正月丁//重憂，遂寢伏苫土。其居喪之礼，雖曾、顏無以過焉。春秋//五十四，以武泰元年夏四月既旬越三日，薨於廬。秋七//月既望後二日，窆於西陵。主上深垂悼愍，痛此云亡，//乃策贈征北將軍、相州刺史，諡曰孝公。夫明瑶雖毀，猶//挺質於沙礫；薰蘭見折，尚流芬於卉莽。故刊此玄石，垂//之不朽。其辭曰：//
　　渾渾大水，鬱鬱長林，維君挺秀，攸殖攸斟。孝友天發，忠//貞自心，朝遵景行，門無簡音。方陵九棘，爰歷三槐，彌兹//袞闕，味此鹽梅。豈其峻岳，忽已傾頹，聖上流愍，朝士//銜哀。痛哉懿哲，惜矣高梁，邦之不幸，人亦云亡。明瑶碎//質，薰蕙埋芳，勒此玄石，銘之未央。//

元宥墓誌，1929年6月出土于洛陽安駕溝，現藏于中國國家博物館。誌石高50.3、寬50厘米。誌文楷書，凡21行，滿行21字。誌主元宥不見於《魏書》和《北史》記載。

魏故征北将军相州刺史元君之墓誌銘

君諱宥字顯恩河南洛陽人也魏大宗元皇帝之玄孫樂安宣王之曾孫樂安蘭王之孫巴州景公之元子也夫分源巨鑒折本高林苞王鳴鷟傳華弈世忠貞固無得而稱焉君資神特挺稟質環奇孝幼戍習聲目於文星迄於明帝愛慶三朝光榮奉徹凝位鄰前將軍武衛將軍當時之名俙拯楨至於聞門之訓時人歔其日月雖寵望稍崇爾志弥進君既職家流切無蘭事藉而天不報薰歲此名器以孝昌四年正月其憂逐伏苔士其居喪之禮雖曾顏無以過篤於盧秋七月既望俙後二日卒於西陵春秋五十四以武泰元年夏四月二日窆於西陵刺史尚流苓於荒故刊此玄石乃瞀贈俙北將軍相州刺史諡曰孝公夫明瑶雖毀猶挺於沙礫薰蘭見折尚流苓於荒故刊此玄石銓
之不朽其辭曰
渾渾大水薈薈長林維君挺秀修殖斷孝友天發忠貞白心朝導景行門無蘭音方陵九蘇爰歷三槐俙絲聖上流恩朝士
袞開味此懿梧忽已傾頹
哀痛武岫隱梧惜矣高梁邦之不幸人市云亡明瑶碎
皆薰薰里芳勒此玄石銘芝未央

北魏元宥墓志

（二一）魏故始平王（元子正）墓誌銘

北魏建義元年（五二八）八月廿四日

魏故始平王（元子正）墓誌銘

（志蓋）魏故始//平王之//墓誌銘//

魏故始平王墓誌銘//

　　王諱子正，字休度，河南洛陽人。　顯祖獻文皇帝之孫，　文穆皇帝之少子，//今上之母弟。乘龍御天之業，膺符握曆之基。既昭著於域中，故可得而略也。//王資岳靈而降生，應天鑒以挺質。金玉光明之姿，自懷抱而有异；蘭蕙芬芳//之美，始言笑而表奇。器宇淵凝，風神穎發，齊万頃而爲深，望千里以比峻。至//於孝友謙恭之行，辯察仁愛之心，乃與性俱生，非因飾慕。自始服青衿，爰啓//縹帙①，好問不休，思經無怠。遂能搜今閱古，博覽群書，窮玄盡微，義該衆妙，諒//以邁迹中山，超縱北海者矣。加以雅好文章，尤愛賓客，屬辭摛藻，怡情無倦，//禮賢接士，終燕忘疲。致雛馬之徒，懷東閣而并至；徐陳之黨，慕西園以来游。//於是聲高海内，譽馳天下，當年絕侶，望古希儔。初　高祖親御鑾輿，威臨荆//楚，陟方不及，升湖永逝。　文穆皇帝，體同姬旦，屬負扆之尊；任隆霍光，當受//遺之重。洪勛格於天地，大德光於日月。熙平年中，朝廷追懷茂績，言念酬庸，//故并建三子，咸啓千室，乃封霸城縣開國公。贄玉王庭，酎金清廟，風儀晻映，//珪組鏘祥。固以領袖生民，非徒冠冕列辟。除散騎侍郎，不拜，尋改中書。青囊//是職，紫泥斯奉，絲綸載叙，渙汗增輝。又轉太常少卿。七祀無爽，六宗咸秩，蒸//嘗既允，鬼神斯著。及時曆中否，啓聖膺期，雖業匪權輿，而事均經始。念百揆//之未叙，嗟五品之不訓，自非妙簡良才，深求懿哲，將何以安擾邦國，總持綱//紀。唯王德允汝諧，器膺僉屬，乃除侍中、驃騎大將軍、司徒公，領尚書令，封始//平郡王。方謂永作棟梁，長爲舟楫，而遭隨有命，倚伏無常，遽等山頽，奄同川//逝。春秋廿有一，以建義元年歲在戊申四月戊子朔十三日庚子，薨於河陰。//友于之感，悲纏一人；殲良之痛，哀流四海。乃贈相國、録尚書事，加黄屋、左纛、//虎賁、班劍一百人，謚曰文貞，禮也。粵其年八月丙戌朔廿四日己酉，葬於山//陵。

乃作銘曰：//

　　派流大漢，分光辰極，誕此哲人，育兹明德。言爲世範，行成民則，才備四科，情//袪三惑。觀書問道，究指尋源，登朝愕愕，處己溫溫。騰聲鳳沼，馳譽棘

---

① 縹帙：繒製的書卷封套。因亦作書卷的代稱。《后漢書·楊厚傳》："吾縹帙中，有先祖所傳秘記，為漢家用，尔其修之。"

门①，皎如//昆玉，湛若衢樽。天数中圮，肇圣膺祥，颢基已构，宝命再昌。磐石既树，鸣玉有//锵，允敷邦教，寔总朝纲。於周比郑，在汉犹梁，仁寿每爽，与善虚陈。摧芳始夏，//减采当春，小年莫返，大夜无晨。嗟乎此地，蕴我名臣。//

元子正墓志，1931年出土于今洛阳市北郊东陡沟村大平冢内，现藏于开封博物馆。志石高、宽均79.8厘米。志文楷书，凡28行，满行29字。

北魏元子正墓志

---

① 棘门：棘，通"戟"。古代宫门插戟，故以"棘门"代称宫门。《战国策·楚策四》："楚考烈王崩，李园果先入，置死士，止于棘门之内。"

（二二）魏故使持節龍驤將軍襄州刺史李君（略）墓志

北魏永安元年（五二八）十二月十三日

魏故使持節龍驤將軍襄州刺史李君（略）墓志

（志蓋）魏故李//使君之//墓志銘//

魏故使持節龍驤將軍襄州刺史李君墓志//

君諱略，字士操，相州魏郡魏縣崇義鄉吉遷里人也。散//華之裔，大成之胤，詮流則昭灼，道德之源，布葉則世茂，//時輔漢丞相蔡之後也，燕征虜將軍開府陽平太守林//之玄孫。曾祖默，趙中書博士太子洗馬。祖原州主簿，父//扶魏郡太守。君禀姿天成，生而岐嶷，少履雅節，皎然獨//潔。仰高山之景行，志松竹之有筠，孝家忠國，言謨典範。//冠帶之年，除殿中將軍，勤清罔懈，遷冗從僕射，才第顯//拔，從容華省。（□）給事中。良規之幹靡暢，風霜之運奄集。年//卅一，以建義元年四月十三日卒于官，朝賞録誠，追存//階任，授斯名位，卜龜策筮，宅吉玄宮。粵永安元年，歲在//實沉十二月甲申朔十三日丙申，窆於芒（邙）阜之陽。芬蘭//馥之遺芳，響球琳之震瑜，爰刊泉石，而作頌曰：//

瓊璣肇樞，玄爐構扇，陽曜震輝，靈喆（哲）載見。昭昭盛烈，赫//赫洪電，若人誕世，家慶隆衍。孝睦閨庭，忠敬光朝，德著//邦國，聲美友僚。先人後己，顯譽遐超，弁琢已器，連城宜//表。空聞遺將，誰曰祐仁，離輝未逺，魄影中分。清膏罷曜，//琴酒凝塵，泉宮閟扃，永夜無晨。//

妻南陽鄧氏　父泰荆州西曹。//

李略墓志，2000年出土于偃师市首阳山镇寨后村砖厂，现藏于偃师商城博物馆。志石青石质，方形，高宽均50厘米，厚12厘米。志文楷书，凡19行，满行21字，共计474字。此志书法精整遒美，为北魏墓志中的佳作。

魏故使持節驃騎將軍襄州刺史李君墓誌

君諱略字士撼相州魏郡魏縣崇義鄉吉遷里人也散
華之裏大成之胤詮流則世茂
之輔漢承相蔡之後也燕征虜將軍開府陽平太守父林
時玄孫曾祖默趙中書博士太子洗馬祖原州主薄
扶魏高郡太守君稟姿天成而岐嶷少履雅節眇然獨
潔御之年除殿中將軍勤松竹之昚筠懍孝家忠國言謨典範
冠帶從容華省給事中良規清韓靡暢風霜賞運奄集年
世任一以建義位元年四月十三日卒於官朝誠誌存
階之十二月授斯名卜龜筮之吉玄宮永安元年歲在
實沈廿三日申朔十三日丙申窆於芒阜之陽芬蘭
馥之遺樞芳玄響泉石而作頌曰盛烈
瓊璣肇若椎人之震刊見昭昭
燕國肈美友僚誕世家慶隆曜衍孝睦閨庭忠敬光朝德著
表空聞聲遺誰日先人後已顯譽璩升琢已器連城宜
邦酒泉官閟祐仁離輝未遂魄影中分清萬罷曜
妻南陽鄧氏父泰荊州西曹

北魏李略墓誌

北魏李略墓誌蓋

（二三）魏故使持節衛大將軍儀同三司冀州刺史博野縣開國公笴君（景）之墓志銘

北魏永安二年（五二九）四月三日

魏故使持節衛大將軍儀同三司冀州刺史博野縣開國公笴君（景）之墓志銘

（志蓋）魏故儀∥同笴使∥君墓銘∥

魏故使持節衛大將軍儀同三司冀州刺史博野縣開國公笴君之∥墓志銘∥

君諱景，字景巒，河南洛陽人也。源流浩汗，鴻波浚於委水；基構隆崇，∥長峰邁於積石。固以騰翠薇而孤上，映滄海而獨深。祖侍中、司空、河∥東王，既以器秀見知，跨龍翰於代京。考平北將軍、并州刺史，復以才∥俊取識，擅鳳翅於洛都。君稟天地之氣，資川岳之靈，幼而有知，長而∥通敏。神慧起自蒲車①，睟辯發於竹馬。故清規之稱，於是号爲世襲；素∥範之美，自此言其可遠。大丞相、柱國、太原王雄規出世，英略不群，監∥裁所歸，物望爰屬。以君清徽宅身，風華在己，特所留愛，偏見器重。遂∥以妖氛未滅，游塵仍梗，秉律之任，注意斯在，加君寧朔將軍帳內別∥將，舉仁勇也。乃屬武泰在運，昏后亂政，魏道中微，社稷無主。丞相以∥世荷蕃屏，志存匡復，起兵晉陽，問罪伊闕。而君識洞機萌，深鑒未兆，∥遂同經謀，豫此規略。及日角②有歸，龍顏在曆，丕業既就，大賞斯行，以∥君誠效有著，鴻勛可錄，崇章須被，廣土宜及，乃授撫軍將軍、金紫光∥祿大夫、博野縣開國伯。後以酬庸未盡，宜更褒錫，進爵爲公，食邑千∥五百戶。君器度詳雅，風韻恢正，一藝無違，百行斯備。故喜慍之色，未∥形於家人；譏論之言，上弗聞於朝廷。方當籍此多善，用享餘慶，如浮∥未幾，若休奄及。春秋二十九，以永安元年十月十六日，薨於并州之∥晉陽。天子哀悼，百寮痛惜，贈賻之禮，有隆常數，乃下詔追贈衛∥大將軍、儀同三司、冀州刺史。粵以永安二年四月三日，遷葬於洛陽∥城西四十五里，當穀城之北。哀景行之不追，悲德音之莫揚；緝遺烈∥於松戶，綴餘芬於泉堂。乃作銘曰：∥

盛德之後，仍世克昌，將相之裔，莫不重光。唯公載誕，實属餘芳，如玉∥之潤，如桂之香。粹衿內朗，雅韻外敷，捨玆巾褐，曳彼長裾。武議一托，∥戎章再紆，聲華鞶板，績茂戈殳。皇曆以妃，帝業將升，毗功踐土，贊道∥中興。金龜是紐，山河是膺，朱紫共襲，劍玉相承。輔仁空術，報道徒文，∥駿足罷駕，逸翮摧雲。幽夜莫曉，寒穸不春，同彼千載，殲此良人。∥

---

① 蒲車：或稱蒲輪，漢武帝以安車蒲輪徵聘賢者，后用此典喻指朝廷徵聘賢才。語出《漢書·枚乘傳》："武帝自爲太子聞乘名，及即位，乘年老，乃以安車蒲輪徵乘，道死。"

② 日角：指額骨中央部分隆起，形狀如日，舊時相術家以爲是大貴之相，后因以"日角"指帝王。《后漢書·光武帝紀上》："身長七尺三寸，美須眉，大口，隆準，日角。"

北魏苟景墓志

北魏苟景墓志盖

苟景墓志，1928年出土于洛阳东徒沟村西南，志被关中于右任氏购得，置其鸳鸯七志斋中，1935年捐献给西安碑林博物馆。志石高68、宽74厘米。志文楷书，凡27行，满行26字。志盖方形，盝顶，高、宽均65厘米。盖顶篆书"魏故仪同苟使君墓铭"3行，行3字，减地阳刻。四周饰以蔓草、鸟兽纹，四角有铁环。

（二四）魏故使持節侍中太保司徒公都督冀定滄瀛四州諸軍事驃騎大將軍冀州刺史平原武昭王（元祉）墓銘

北魏永安三年（五三〇）二月十四日

魏故使持節侍中太保司徒公都督冀定滄瀛四州諸軍事驃騎大將軍冀州刺史平原武昭王（元祉）墓銘

（志蓋）魏故平∥原武昭∥王墓銘∥

魏故使持節侍中太保司徒公都督冀定滄瀛四州諸軍事驃騎大將軍冀州刺史平原武昭王墓銘∥

王諱祉，字顯慶，河南洛陽遵悌里人也。烈祖　昭成皇帝之遠孫，使持節、安東將軍、武衛將軍、齊州刺史虬之∥子。王資玄中之淑氣，苞川岳之上靈，體珪璋而合德，通孝友於中清。得一之性，湛若融風；麗則之美，明兼秀月。∥望滄冥以圖南，候九萬而軒翥；比玉潤於荆山，盛芬芳於桂圃。汪汪乎，信不羈之才；恢恢然，真獨遠之器。是以∥區宇慕其清徽，芻蕘尚其風素①。及徙鼎中樞，唯新百秩，王釋巾散騎侍郎，遷左軍將軍，俄除驍騎將軍、直閤將∥軍、城門校尉，尋轉衛尉少卿、武衛將軍。未恭朝命，以東秦地側胡戎，夷漢雜沓，物情膚僞，奸惑百端，累遣作捍，∥并無休譽，朝廷所推，僉歸於王。復除持節、督東秦州諸軍事、冠軍將軍、東秦州刺史。澄津云注，霜俗變凝戾之∥容；風式始敷，冬民革凋獘之色。鄰境美惠風以重蹈，比屋感至化以洗骨。禰負相尋，荷擔属路。比及三年，戶盈∥一萬。雖仲由之善宰，公劉之得民，方之我王，何足高哉。而投刃有餘，臨劇若閒，目牛無全，故弦歌多暇。是以頓∥日秋岡，遂清風以遣累；鳴絲赴澗，委長鑿以祛塵。歷蝶無為之境，容豫自得之場。徵拜平西將軍、太僕少卿。老∥弱啼號，遮路攀車，留連不能發者久之。尋轉太僕卿，俄如運鍾百六，妖氛四塞，板屋巢居，屢犯邊尉。郵馹星繁，∥羽檄属路，朝廷咨嗟，　帝用旰食。以王前撫東秦，有聲西夏，必能招懷迸散，緝寧關右。而王銜澤外宣，開之首∥路，霜節雲飛，慈恩雨落，百姓莫不歸軍門而啓顙，望白虎以輸誠。浹旬之間，戶盈二萬，事未逾時，境内晏如。鴻∥雁之歌周，□子之名使，未足稱奇。遂啓山河，封開國縣子，食邑二百戶。華州冠帶山河，地居形勝，寔西漢之咽∥喉，東周之衿袖。朝廷所簡，未及回軍，復除王使持節、都督華州諸軍事、安西將軍、華州刺史，都督如故。靈澤風∥散，則□□仙翔，神化既敷，則華風載扇。玄白巷歌，霜厘擊壤，移一變於天齊，頓易俗於關右。家安其化，戶悅其∥仁，熙熙然若清風之入春園，疊疊焉似萎葉之過靈雨。始歷改火，所以有成。方之期月，其美如之。中萌不息，毒∥流三輔。蔓草

---

① 区宇：指天下。《太平惠民和劑局方》："頒比成書，惠及区宇"。芻蕘：代指割草打柴的人。《诗·大雅·板》："先民有言，詢于芻蕘。"

滋延，原火方熾。王冲謨獨運，陰決六奇，日不崇朝，并受梟戮，故璽書遠襃，寵章頻暨。復增邑二百//户，徵拜并州刺史。固辭自免，擢授鎮軍將軍、金紫光禄大夫。于時運屬無妄，嬖幸①千緒。王知天命之將改，屯否//之未康，遂稱疾罷朝，覆樽永日，事等去虞，止同棲鵲。又中興草創，戎馬生郊，王慶其義舉，攘袂杖策，躍馬高會，//廓宇宙於崇朝，救傾危於掩掌。社稷獲安，王有力焉。於是大啓山河，錫之青社②，封城陽縣開國公，增邑通前，封//一千二百户，除侍中、中軍將軍、右衛將軍，監典書事，領領左右。俄遷衛將軍、車騎大將軍、左光禄大夫。而王寵//赫雖隆，恭儉之性益固；任當宰輔，清白之志彌堅。權賄不撓其心，白刃無虧其操。道凝分郊，器洞阿衡，仁逾納//隍，德齊邁種。可謂練兹金錫，體是瓊瑤，照彩日門，疏芳月户。至使蘭臺金馬之説，無抗撤席；東門青瑣之談，詎//酬致止。滔滔乎不見善惡之源，堂堂乎寧知文質之變。及永安多難，國步斯頻，釁結蕭墻，禍連吴楚，元顥遘逆，//返噬宗國，志必裂冠，期在問鼎，殘虐我齊民，憑陵我郊郭。而王誠心彌篤，不以險阻移情；智勇益深，豈以疾風//虧節。及五牛南邁，六旅旋旌，加王使持節、右軍大都督。逸影十萬，直濟濡波；雄戈一注，魁逆斯除。追風再屬，元//凶授首，掃雰霧於嵩瀍，息橫流於鞏洛。非夫識洞玄中，逆鑒來境，其孰能排天整軸，撼地回基者乎？其鴻漸也，//則羽儀於初；九龍升也，則圍扶摇而鳳起。故能出處咸亨，動静貞吉。除驃騎大將軍、儀同三司，仍侍衛，領嘗食//典御，改封平原郡王，增邑一千户。出入喉唇，往來樞轄，佩紫鳳池，執法禮閣。而朝廷大事，非王莫決；天府國用，//寔唯監典。可謂當今之二南③，皇魏之一輔。至於槐庭政暇，雲臺務閒，解佩梧宫，襲巾莵苑。左琴右書，超然煙霞//之際；表裏無塵，自得匈衿之娱。方當恢風振俗，變鼎調時，而報道如夢，悲泉已及。春秋五十有一，永安二年十//一月戊寅朔二十一日戊戌，在直遇暴疾而薨。於是蠻婦下機，商旅行泣，罷市未足稱哀，輟相詎能爲痛。惜乎！//大夏將構，而梁木奄摧；遥途理轡，而千里頓足。册贈使持節、太保、司徒公，都督冀定滄瀛四州諸軍事、冀州刺//史，王如故，諡曰武昭。粵永安三年二月丁未朔十四日庚申，窆於洛陽瀍澗之西。痛磨霄之未窮，嗟擊水之云//竭；采荆山之玟瑶，圖景行之休烈。其詞曰：//

芒芒玄始，苕苕太精。否無定緒，泰無恒貞。乾坤降德，我王誕生。動静玉暎，出處金聲。長蘭蘴蘴，崇岱斌斌。琳琅//□息，有斯哲仁。孝家之子，忠國之

---

① 嬖幸：也作"嬖倖"。古代對被寵愛的姬妾的稱呼。《三國志·魏·夏侯尚傳》："尚有愛妾嬖幸，寵奪適室。"

② 青社：祭祀東方土神的場所，借指東方之地。《史記·三王世家》："維六年四月乙巳，皇帝使御史大夫湯廟立子閎為齊王。曰：於戲，小子閎，受茲青社！"

③ 二南：《詩經》中的《周南》《召南》，借指周公、召公及其管轄的地區。《晉書·樂志上》："周始二《南》，《風》兼六代。"南朝梁劉勰《文心雕龍·明詩》："興發皇世，風流二《南》。"晉潘岳《西征賦》："兹土之舊也，固乃周、邵之所分，二南之所及。"《文選·任昉〈齊竟陵文宣王行狀〉》："諒以齊徽二南，同規往哲。"呂向注："二南謂周公、邵公也。"

臣。非道勿賫，非德弗鄰。膺寵西夏，作捍秋方。俗朗晨暉，土映夜光。裁風下國，//□飛帝鄉。昔言勿剪，今詠勿傷。三槐九命，唯仁是與。顯允我王，屬當斯舉。扶危定傾，超伊越呂。二隆辰極，再清//□□。天長世短，天壽自然。川波若至，何限百年。仁峰斂黛，智沼凝煙。是之歸也，何後何先。九飯既臨，三筮云祥。//□□宅兆，於彼修邙。蒹茄滿道，松栗盈崗。鐫功夷鼎，志迹玄房。//

元祉墓志由洛阳市文物考古研究院发掘出土。志石青石质，志盖盝顶，高、宽均80厘米，上刻阳文篆书"魏故平原武昭王墓铭"4行，行4字。墓志方形，与盖同大。志文楷书，凡41行，满行42字，共计1673字，是一方十分罕见的北魏时期的长铭大志。墓志书法瑰丽精整，气骨深稳，意态舒远。

北魏元祉墓志

（二五）魏故使持節假車騎將軍都督晉建南汾三州諸軍事鎮西將軍晉州刺史大都督節度諸軍事兼尚書左僕射西北道大行臺平陽縣開國子元君（恭）墓志

北魏太昌元年（五三二）十一月九日

魏故使持節假車騎將軍都督晉建南汾三州諸軍事鎮西將軍晉州刺史大都督節度諸軍事兼尚書左僕射西北道大行臺平陽縣開國子元君（恭）墓志

　　魏故使持節假車騎將軍都督晉建南汾三州諸軍事鎮西將軍晉州刺史大都督節//度諸軍事兼尚書左僕射西北道大行臺平陽縣開國子元君墓志//

　　君諱恭，字顯恭，河南洛陽人也。恭祖景穆皇帝之曾孫，城陽懷王之第二子。原高日宇，//業廣星區，本枝有始，鴻祚無窮。蚩斯之福已繁，驎趾之慶彌遠。君稟上善之資，啓生知//之志。崇峰峻極，千刃不得語其崇高；長瀾澄鏡，万頃無以擬其洪量。孝敬之道，發自天//真；信順之理，出於神性。曠懷海納，喜慍不見於言；雅量山容，得失不形於色。是以口無//擇言，身無擇行，溫顏外穆，嚴心内明，節比松筠，操同金石，再思有道，三省無違，文洞九//流，義貫百氏。游仁者霧集，慕義者雲從。是以名實載隆，風流藉甚。正光三年，除揚州别//駕，加襄威將軍。事上盡匡救之理，綏下極仁惠之方；溫洽冬輝，猛同夏日。壽春邊鎮，即//麓多虞；去留無恒，情爲難測。爰有狂妖，潜結數万，填塹逾城，中宵突入，兵火沸騰，士民//荒（慌）懼，鋒刃相交，奸良莫辯。是日危逼，幾將陷没。君神志平夷，謀慮淵遠，部分諸將，方軌//直進，旌鼓暫搞，醜徒冰散，淮南肅清，君之功也。賞兖州平陽縣開國子，食邑三百户。又//爲司徒主薄（簿），俄遷中書侍郎。復以北中機要，維捍所依，永安二年，轉授北中郎將，尋除//持節、督東徐州諸軍事、左將軍、東徐州刺史，不拜。永安三年，除安東將軍、大司農卿、河//南邑中正。仍除使持節、都督東荆州諸軍事、中軍將軍、東荆州刺史、假征南將軍、當州//都督，餘官并如故。權臣尒朱榮既伏其辜，遺種餘類，游魂未已。以君地唯國威，器實宗//英，心旅所憑，社稷攸賴，受鉞專征，煎撲妖殄，率領禁兵，西援平陽，兼尚書左僕射、西北//道大行臺、大都督、節度諸軍事。屬值羯胡吐万兒肆逆，徑襲京都，主上蒙塵，暴崩汾音。//君天誠發来，千里奔赴。大行棄背萬國，君亦枉見禍酷。自乱極治形，寶圖唯永，追思舊//德，言念鴻勛。贈車騎大將軍、儀同三司、都督并州諸軍事、并州刺史，餘官如故。以太昌//元年十一月九日己酉，遷窆於山陵谷山。乃作銘曰：//

　　鴻源攸邈，寶祚載昌，累仁成聖，積慶重光。咸陵九服，德被八荒，分周宅陝，如衛如唐。以//賢以戚，且公且王。於昭我君，體基辰緒。既哲且明，允文斯武，内贊禁闈，外毗疆禦。乃委//捍城，寔爲心膂，豊發九江，雾藹三楚。擊矢晨飛，高烽夜舉，率是熊羆，屬兹猊虎。克固崇//墉，截彼醜虜，帝嘉厥庸，錫之土宇。始登台幕，徽風繼宣，爰游鳳沼，翰飛戾天。絲言落雨，//綸紼騰煙，疏通自远，洁静窈玄。黄津浩淼，丹山崇峻，惟机唯宜，是绥是镇。汤池百重，金//城千刃，仁惠潜流，严风遐震。体国经野，与存与亡，式蕃荆甸，奉册徐方。渊府攸在，岁会//穰穰，九列斯穆，六条有章。天步未夷，艰虞相属，遇是属阶，离兹祸酷。怨满松岗，痛深泉//谷，黄鸟惟悲，人百岂赎，徽范永扬，沦光难续。//

  母范阳卢　婦茹茹主之曾孙，　景穆皇帝女乐平长公主孙，父安固伯闾世颖。//长息前通直散骑侍郎、宁朔将军、领尚书考功郎中彦昭，　次息前秘书郎中彦遵，//次息前给事中彦贤。//

元恭墓志，1933年出土于洛阳陈庄村西北，现藏于千唐志斋博物馆。志方形，高、宽均为72.3厘米。志文楷书，凡32行，满行33字。书法方正挺秀、结构谨严而笔势奔放，具有浓厚的隶书笔意，是一种具有汉隶笔法的魏碑体。

北魏元恭墓志

（二六）魏故使持節撫軍將軍瀛州刺史王簡公（温）墓誌銘

北魏太昌元年（五三二）十一月廿五日

魏故使持節撫軍將軍瀛州刺史王簡公（温）墓誌銘

魏故使持節撫軍將軍瀛州刺史王簡公墓誌銘//
公諱温，字平仁，燕國樂浪樂都人。啓源肇自姬文，命氏派於子晉，漢司徒//霸、晉司空沉之後也。祖評，魏征虜將軍、平州刺史。識寓詳粹，譽光遐迩。父//莨，龍驤將軍、樂浪太守。雅亮淹敏，聲播鄉邑。昔逢永嘉之末，高祖准，晉太//中大夫，以祖司空幽州牧浚遇石氏之禍，建興元年，自薊避難樂浪，因而//居焉。至魏興安二年，祖評携家歸國，冠冕皇朝，隨居都邑。公踐奄䣛之洪//基，蹈笙歌之芳烈，□訓惠於齠齓，天資篤於號慕。秉翰則神思電發，對席//則雅韻煙生。玉質冰心，等秋月之孤昭；孝情忠節，并春松之獨秀。景明年，//釋褐平原公國郎中令。于時國主尚書令高肇居衡石之任，待公親密。而//公馬不食粟，暑不張蓋，珠璣可致而室宇壁立。尋簡鄉望，補燕國樂浪中//正。品裁人物，升降有叙。邦邑縉紳，比之水鏡。轉濟州刺史高殖輔國府司//馬。殖以廉察治民，公以清和化俗，故号刺史曰聖、司馬曰賢。樹績播譽，公//有翼輔之能。以母憂去職，哀瘠過礼，幾將毀滅。服闋，除翼林監直閤將軍。//延昌四年，轉長水校尉。時偶梁賊帥趙祖悅竊據硤石，尚書僕射崔亮充//元帥討之。亮知公文武兼濟，機幹兩有，啓公為假節假征虜將軍、別道統//軍，領步騎五千，專據蜃城。外捍湛僧十万之衆，内援河北六州之粮。終始//剋濟，公之力也。除鎮遠將軍、後軍將軍。祗奉王政，勤憂夙夜。普泰二年，轉//安東將軍、銀青光禄大夫。虛簡在心，琴書自得。方享彼遐年，膺茲景福，報//善無徵，殲此明喆（哲）。春秋六十有六，普泰二年二月廿六日，遘疾卒於昭明//里宅。朝野傷心，親知斷骨。有 詔嗟悼，贈使持節、撫軍將軍、瀛州刺史。粤//其歲太昌元年十一月辛卯朔廿五日乙卯，窆於岐坑之西原。陵谷有革，//韶鄉無期。叙芳塵而寫德，托幽石以傳徽。其詞曰：//

肇源聖系，構緒仙踪。司徒輔漢，翼晉司空。如金如璧，且王且公。繼武台鼎，//弈世雕龍。川岳降靈，誕茲英喆（哲）。孝友内明，忠貞外烈。玉思蘭華。冰心水徹。//礼樂怡性，清貧自潔。嵩洛播譽，河濟稱賢。潛根北晉，寓地東燕。冠冕相襲，//龜組紛然。九德孔著，六藝丕宣。江月中晦，山峰半摧。苔生客室，蟲網琴臺。//影流易没，人往難来。親朋淚切，行路酸哀。蒼茫隴色，瑟汨松聲。夜長燈盡，//溝凍泉□。□天隔照，托地同形。崇墳表德，刊石傳馨。//

王温墓誌，1989年出土於孟津縣朝陽鄉石溝村西，現藏於洛陽市文物考古研究院。誌石為青灰色石灰岩質，高60、寬58.5厘米，無蓋。誌文楷書，凡28行，滿行28字，共計757字。

北魏王温墓志

（二七）魏故使持節都督華州諸軍事華州刺史衛將軍右光禄大夫度支尚書楊君（機）之墓志銘

北魏天平二年（五三五）三月廿七日

魏故使持節都督華州諸軍事華州刺史衛將軍右光禄大夫度支尚書楊君（機）之墓志銘

　　魏故使持節都督華州諸軍事華州刺史衛將軍右光禄大夫度支尚//書楊君之墓志銘//

　　君諱機，字顯略，秦州天水郡冀縣崇仁鄉吉遷里人也。祖秦州，既以儒//素宅身，高風鬱於一世。父洛州，復以淵瞻自居，崇聲邁於千載。君禀氤//氳之嘉氣，資餘慶之休緒，聰慧著自傅年，美令彰於學歲。沉明内映，可//以照燭群才；疏朗外融，足以綱目衆品。若其忠孝誠亮之節，乃自得於//衿抱；清貞謹愿之操，亦未假於因習。信所謂高世之俊民，獨拔之君子//者也。年廿四始應禮命，起家爲河南尹功曹，除奉朝請，轉給事中。尋以//君廉平在己，聲實俱茂，宜參大理預斷庶獄，遷伏波將軍，廷尉評，行河//陰令。荆穰重蕃，實惟邊寄，元僚之任，實重其選，出爲平南長史，行荆州//事。又以敷政宛葉，治聲大振，徵拜凌江將軍、河陰令。俄轉洛陽令，仍本//將軍。於是豪右匿影，奸凶竄迹。旬月之間，京邑肅爾。進号鎮遠將軍、司//州治中，尋轉别駕從事史。然以分竹①千里，實寄惟良，除左將軍、清河内//史。未及之任，改授河北太守。君下車布化，寬猛斯兼，導德齊禮，民懷敬//讓。而京尹望重，僉属所歸，求之明德，非君莫可。遷拜安南將軍、銀青//光禄大夫、河南尹。撫莅未幾，風化大行，士女歌謡，擊腹舞抃。復以棘理//煩蕪，法令多舛，爰授廷尉，用刊三章。以聲稱遷衛尉勛，將軍如故。關右//近蕃，地接畿甸，羌夷錯雜，刑政不一。以君器實瑚璉，才堪救瘼，除使持//節、都督華州諸軍事、安西將軍、華州刺史。皂幰未褰，朱騑始駕，百姓承//風，四民草偃。道澤被於一方，仁聲光於万里，考績爲天下第一。以衛將//軍、右光禄大夫徵，入拜度支尚書。于昔軍國多虞，費用處廣，至於資給，//實賴深頑。属世途多難，横波不息，以永熙二年八月五日遘禍於位。粤//以天平二年歲次乙卯三月丁未朔廿七日癸酉，遷附（祔）於闕口之右、飛//山之東北，去洛陽七十里。故吏王法標等慮蘭缸之不曙，悲芳燎之永//滅，刊德音於松户，鎸景行於泉穴。乃作頌曰：//

　　長組飄飄，高冠岌岌。龜佩相因，蟬冕迭襲。蘭生桂圃，芬馨罕及。亭亭孤//邁，昂昂獨立。脱巾来仕，光我帝邑。惟内惟外，亦出亦入。仁風布護，德音//允

---

① 分竹：给予作为权力象征的竹使符，谓封官授权。南朝宋颜延之《家传铭》："建节中平，分竹黄初。"

缉。方资大海，是酌是挹。如何遘祸，摧良奄集。虑矣不追，嗟于徒泣。庶//镌景行，德音永叶。//

夫人安定梁氏，散骑常侍梁伯珍女。//

北魏杨机墓志

附：魏楊機夫人梁氏墓志銘

北魏普泰二年（五三一）二月十三日

魏楊機夫人梁氏墓志銘

　　維大魏普泰二年∥歲次壬子二月丙∥申朔十三日戊申，∥使持節都督華州∥諸軍事、安西將軍、∥華州刺史楊機妻∥梁之神銘。∥產一男三女。∥

北魏楊機夫人梁氏墓志

　　杨机夫妇墓志，2005年4月由洛阳市博物馆征集所得。杨机墓志，青石质，高69.5、宽59.5、厚9.4厘米。志文阴刻楷书，凡30行，满行27字，共计810字。杨机夫人梁氏墓志灰色砂石质，高44.9、宽45、厚8.2厘米。志文楷书，凡8行，满行7字，共计51字。

（二八）魏故驃騎大將軍儀同三司都督雍華二州諸軍事華州刺史夏陽縣開國侯楊君（儉）墓志銘

西魏大統八年（五四二）三月六日

魏故驃騎大將軍儀同三司都督雍華二州諸軍事華州刺史夏陽縣開國侯楊君（儉）墓志銘

　　魏故驃騎大將軍儀同三司都督雍華二州諸軍事華州刺史夏陽縣開國侯楊君墓志銘 //

　　君諱儉，字景則，恒農華陰人也。散騎常侍育之孫。荊齊恒雍華五州刺史、七兵尚書行 // 臺僕射侍中、司空公、臨貞恭侯鈞之第三子。有漢太尉公震者，君其後也。鴻源瀇其如 // 川，長波潚而不息，補袞重光，聯華代襲。符火德之終始，纏金土之遷曆。或權輿升極，締 // 構帝載；或諒彩文明，鹽梅鼎實。如彼芳芷，植異圃而同香；若此明玉，器殊工而共美。自 // 震及君，正公者九，儀同者三，侍中、中丞、常侍者十二，尚書令、尚書僕射、尚書者六。唯君 // 還考，方伯者九。雖鄭武之継軌周邦，趙宣之世卿晉室，隆赫之盛，方兹蔑如。君稟清瀾 // 於慶緒，樹靈峒而秀出。睿放千齡之會，才當五百之期。雄逸絕邁，孤標特立。前游無迹，// 援手莫追。望之可見，即之無際。汪汪乎，洋洋焉，其不可測已。至於求師問道，搜經上□，// 進必攻疑，退無佚預，故能探賾幽隱，窺察宮墻焉。是以文武之道，在躬罔墜；令聞之聲，// 自家形國。性又淳至，哀喜過人。年廿一丁母憂，卅司空即世，嬰號兒慕之悲，送往如疑 // 之感，聲駭神摧，淒若烈風。哀懲猛火，方之未加；泣降玄鳥，斯誠何遠。孝昌中，起拜奉朝 // 請，領侍御史，俄轉員外散騎侍郎，領任如初。復遷鎮遠將軍、頓丘太守。永安中入爲黃 // 門侍郎。未幾除左將軍、太府少卿。尋除散騎常侍、使持節、都督穎州諸軍事、穎州刺史。// 謝任還朝，除征南將軍、金紫光禄大夫。永熙中，除使持節、散騎常侍、都督北雍州諸軍 // 事、衛將軍、北雍州刺史。永熙三年鸞駕西巡，除侍中、驃騎大將軍。大統元年除使持節、// 本將軍、當州大都督、東秦州刺史。二年就拜儀同三司，將軍、州如故。三年還朝，從討高 // 歡於渭陽，以功封夏陽縣開國侯。君結纓昌運，濯足連漪，龍騰尺木，鳳集高梧，虬躍巨 // 淵，聲冠後進，務總繡衣，望聳權豪。出任唯良，穎川再咏；入奉青瑣①，子雲間起。四牡六轡，// 傳虜三蕃。接懷之績被於秦魯，善政之謠結於夷夏。既陳列棘，爰徙袟宗，吐納絲綸，儀 // 形三事，寵實德章，位唯典及。方期翼宣大業，蕩一寰中，顯膺元輔，燮是台階。而天不愸 // 遺，云亡奄還。春秋卅八，大統八年正月遘疾，薨於華州習仙里。君之云亡，皇居改容，縉 // 紳嗟悼，大丞相親臨哭吊，哀慟有加。詔贈使持節、雍華二州諸軍事、華州刺史，將軍、儀 // 同、開國并如故。冊諡曰　安侯，礼也。粵以三

---

① 青瑣：借指宮廷，原指裝飾皇宮門窗的青色連環花紋。《晋书·夏侯湛传》："出草苗，起林藪，御青锁，入金埔者，无日不有。"

月丁酉朔六日壬申，窆於華陰之原。泉宮//永閉，万古長淪。懼陵谷貿遷，芳徽莫記。乃托玄石，刊玆盛烈。其辭曰：//

鬱彼翹林，修幹排雲，綽矣弘度，亮拔不群。綱天宿列，紀地流分，經緯既敷，綺繪其文。灼//灼光儀，如日之昕，方祖伊望，隆周盛殷。報善無徵，疢此妖紛，形隨物化，功埋一墳。翰飛//千里，寄之鴻翼，利涉大川，功存懿德。狩獫我公，秉心淵塞，弼諧庶績，胥熙帝則。風猷既//振，如毛斯克，爲而弗恃，拱惟淵嘿。方期丕顯，禎此王國，不吊伊何，中途已息。昊天疾威，//殲此明哲，運距凋良，蘭封夏雪。盛彩煙微，休靈景滅，黃蘆長寂，親朋永訣。嗟彼友于，哀//深臨穴，痛此嗣孤，撫躬號絕。終而不朽，義藏名節，式瞻洪模，敢揚徽烈。//

杨俭墓志出土于陕西省华阴县，现藏于千唐志斋博物馆。志文隶书，凡31行，满行33字，共计1009字。

西魏楊儉墓志

（二九）魏弘農府君（晦）墓志銘

西魏廢帝元年（五五二）正月

魏弘農府君（晦）墓志銘[①]

　　君諱晦，字元賢，弘農華陰人，漢平舒亭侯護之後，//太尉寬之十二世孫。六世祖識，晋馮詡太守，因寓//馮詡之高陸。高祖瑤趙尚書郎、溫令，又家於河內//之溫。及大魏卜食東都，仍内徙於河南洛陽。君武//都太守之孫，州都君之子。蓋天縱風神，生有殊量，//在乎冲幼之中，固已邈然，有烈節矣。夫其孝實天//情，信爲已任，輕財重義，好賢愛士。若其篤志墳籍，//遊心典謨，覺華軒如糞土，知先王之道勝，耽學味//道，不以宦途經心。雖州郡辟命，公府屢徵，君盤桓//利貞，莫之屑就。春秋七十一，正光四年遘疾卒於//洛陽文華里。君夫人京兆韋氏，永熙元年終於河//南陸渾之頻陰里。自鸞駕西巡，瀍洛遂梗，故使幽//靈久客，返葬愆時。君第二子，安西將軍、銀青光禄//大夫、大行臺郎中、博平縣開國男偉，既翼贊宰輔，//典處機密，王事靡監，不遑啓居，久欲遷安舊土，空//結夢而不遂。　皇上仁及枯骨，冢宰以孝道爲先，//録偉勤誠，厚相資給，以大統十七年奉迎神柩於//河南，元年正月合窆於弘農城東。　朝廷追褒，贈//君假節龍驤將軍、洛州刺史，夫人華山郡君。//

　　弘农府君墓志，1995年出土于三门峡市。志石青石质，方形，高、宽均48.5厘米，厚8厘米。右下角断裂。志文凡19行，满行19字。志文字体虽为魏碑体，却含有向楷书转化的韵味，字里行间仍蕴有隶书遗风，运笔流畅，显得洒脱飘逸。正面刻有2.5厘米见方的细线网格，在格内镌刻志文。因墓志盖被盗，志文中也没有提及墓主人的姓氏，因此对墓主人的姓氏不得而知。

[①] 该墓志刻立于西魏废帝元年（552年）。大统十七年（551年）三月初六日，元宝炬去世，太子元钦继位，史称西魏废帝。立妃子宇文氏为皇后（宇文皇后）。元钦继位后，未建年号，称元年。

西魏弘農府君（晦）墓誌

（三〇）北齊道明墓誌銘

北齐天保三年（五五二）正月十五日

北齊道明墓誌銘

居士諱道明，字靈仙，潁川永陰人也。祖蚝，昌黎郡，//坦有大度，命世作則。父騷，汝南郡君，弱不好弄，長//而可師，垂誨門庭，言行無擇。居士稟先人之誨，有//儒雅之風，年在沖幼，德已大成。魏太和之初，邦國//礼遣，對揚紫闕，第處甲科，爲當時之冠。俄尔釋褐//奉朝請，其後表奏陳聞，其辞炳蔚，爲帝所知。後從//高祖孝文皇帝南征壽春，見干戈拂天，旌旗若日，//虎臣一闞，伏尸百萬。乃慈悲自中，喜捨外發，背當//世之榮，志在閑獨之境。尋千嶺以求其安，換万壑//以覓其處。乃見其所於陸真之山，石城之上，遂營//天宮以存聖容，修祇桓以安尊像。栖閣驚飛，文彩//間出，庵羅給孤，豈异於此矣。居士修禪習定，惠心//內起。十二等唱，方丈之說不殊；五典時言，洙泗之//風若一。是以四部雲歸，若百川之注江海。天不遺//憫，上算弗延，春秋八十有四，以武定七年十月三//日，卒於石城之舍，以齊天保三年正月十五日，窆//於石城西南三里之所。乃作銘曰：//

於□嵩山，居乾之和。靈養八龍，莫適与過。詢詢善//誘，等以四科。猷猷君子，閨門有則。行修釋氏，志述//弥勒。六度爲心，無爲爲德。哀哀哲人，泰山其頹。冥//冥泉壤，爐爲土灰。世無可杖，嗚呼哀哉！//妻，安定胡胡山海大女。海，魏故鎮遠將軍。//

道明墓志出土于焦作市保安寺，现藏于焦作市博物馆石刻艺术苑。志石为青石质，高57、宽54、厚17厘米。志文楷书，颇含隶韵，凡22行，满行19字，共计404字。墓志无撰书者姓名，但书法隽永，使转斫折，酣纵逸宕佳美，魏碑体保留着汉隶浓郁的遗风，同时又孕育了唐楷的新体因素，是北朝墓志中的书法珍品，为研究北朝的历史文化提供了实物资料。

北齊道明墓志

（三一）齊哀世子（元德）之墓志

北齐天统元年（五六五）十二月廿四日

齊哀世子（元德）之墓志

　　齊哀世子之墓志//
　　　　君諱德，字孝瓊，河南洛陽人，散騎侍//郎、太中大夫元公之世子也。其基緒//所由来，即与魏氏同出，王功帝德，固//以郭於前史矣。君幼而岐嶷，長便秀//挺。敦詩悦礼，遠符郤縠①之心；耽讀嬺//書，超等士安之志。孝於父母，有類曾//公；信於友朋，無殊閔子。九族慕其風//軌，鄉閭欽其景行。方嘗簡在帝心，式//縻好爵，豈謂福善無驗，禍仁忽微，春//秋三十，粤以天統元年十二月己未//朔十六日甲子，卒於歸義里，其月廿//四日窆於野馬崗。懼山谷貿徒，德音//罔傳，故托玄石，記之云尔。//

元德墓志，2008年10月出土于安阳。墓志方形，高、宽均45厘米，厚约10厘米。志文魏碑体，凡14行，满行14字，共计185字。

北齊元德墓志

---

①　郤縠：比喻儒将。《左传·僖公二十七年》："（晋文公）作三军，谋元帅。赵衰曰：'郤縠可。臣亟闻其言矣，说《礼》《乐》而敦《诗》《书》……君其试之！'乃使郤縠将中军，郤溱佐之。"

（三二）齊故車騎大將軍雕陽王郎中令賈府君（進）墓誌銘

北齊武平三年（五七二）二月十二日

齊故車騎大將軍雕陽王郎中令賈府君（進）墓誌銘

（志蓋）齊故車騎∥將軍賈府∥君墓誌銘∥

齊故車騎大將軍雕陽王郎中令賈府君墓誌銘∥

君諱進，字元孫，河南洛陽人也。漢大夫賈誼是其十∥一世祖。歷葉傳芳，風流繼軌。績著太常之寺，名播東∥館之書，求之緗素，無假揚榷。君天禀上才，神生挺秀，∥孝友被於閨門，仁信著於州里。性好閑寂，妙該玄趣。∥不食鮮禽，事非有感。故青州刺史、開府儀同三司、尓∥朱雕陽王，德隆望重，羽儀群府，搜揚僚彩，妙簡時俊。∥遂辟君爲郎中令，又加車騎大將軍。知無不爲，奉心∥忠恪，送往事居，提契終始。既而謝病閭閻，高蹈塵表，∥總持十二，攝行六度，四心被物，十善化人。普光善權∥之迹，净名處俗之尊。比之放君，固不得同年而語矣。∥所好唯善，所務唯道，傾家產以布貧窮，竭藏以充經∥法，舟航濟世，關籥被人。信可以長處閻浮，闡洪大法。∥豈其景命不融，溘從物往。春秋六十有八，以武平二∥年十二月十五日，卒於鄴城宣範里。至三年二月十∥二日，窆於豹祠之西。嗟夫！南山多溁，東海爲田。懼陵∥谷之有徙，聊刻石以興鐫。乃作銘曰：

二儀既判，三∥才是立。嗟我哲人，龜組相襲。群籍總練，文筆綴緝。其一。∥鑠矣君子，慕此玄門。愛持八法，愛報四恩。蓋纏求離，∥降伏是敦。其二。道修世短，逝矣如何！拔山可覆，誰制魯∥□。一歸蒿里，徒作鐫歌。其三。∥

賈進墓誌，2008年出土于安陽市。墓誌并蓋一合，青石質，志爲方形，正面及四周磨光，背面有琢痕，未經磨光且凸凹不平，高、寬均40厘米，厚約10厘米。志蓋爲盝頂，高、寬均40厘米，厚約10厘米，四剎斜面寬約7厘米，墓誌中間兩側各有1個較大的鐵環。志蓋正面及四邊磨光。志蓋篆書"齊故車騎將軍賈府君墓誌銘"3行，行4字。志蓋字體較規範。志文字體爲魏碑體，凡21行，滿行20字，特別是最後一行位於志石的一側，較爲特殊，共計411字。

北齊賈進墓志

（三三）隋故開府長兼行參軍安君（備）墓誌銘

隋开皇九年（五八九）十月廿四日

隋故開府長兼行參軍安君（備）墓誌銘

  故開府長兼行參軍安君墓誌銘∥

  君名備，字五相，陽城縣龍口鄉曹劉里人。其先∥出於安居耶尼國，上世慕中夏之風，大魏入朝，∥名沾典客①。父知識者，車騎大將軍、直蕩都督、千∥乘縣散男②。君種類雖胡，入夏世久，与漢不殊。此∥即蓬生麻中，不扶自直者也。善於白圭之術③，蘊∥而不爲；玄高之業，棄而不慕。訥言慜行，唯事安∥親。室名龍駒，鄉号指南。孝悌之響，聞於邦國。武∥平之末，有許昌王莫（幕）府初開，牒爲長兼行參軍。∥一參府寮，備經驅使。雖未執斷，小心恭奉。時輩∥之中，謙直遜順。屢展勤誠，漸望升進。但事與願∥遠，遇周統者，許昌失寵，歸於廉之第。君便義絶，∥遂還舊廬。斂志東皋，歸田二頃。忽縈疾，醫僚无∥工（功）。大命運窮，奄從朝露，時年卅有四。以大隋開∥皇九年歲次己酉十月辛酉朔廿四日甲申，葬∥於潊水之南，長分橋側。恐山壑時移，乃爲銘曰：∥

  門標貴冑，世代高良。比蘭斯馨，譬蕊能芳。弱冠∥釋褐，奉事君王。年始過立，奄歸无常。∥

安备墓志，2007年出土于洛阳，现藏于西安大唐西市博物馆。志石方形，高、宽均38厘米。志文有界格，魏书，凡18行，满行18字，共计315字。

---

① 典客：官名。秦代设置，主要管理少数民族和诸侯来朝事务。汉景帝时改称"大行令"，武帝初改名为"大鸿胪"。南朝宋以后，改管郊庙祭祀和朝观的赞礼等事务。

② 散男：古代无职守或封邑的男爵。

③ 白圭之术：白圭，战国时期中原人，《汉书》称其是经营贸易发展生产的理论鼻祖，后人以"白圭之术"指商业经营。

隋安備墓志

（三四）大隋洺州廣年縣令故吳明府（通）墓誌銘

隋开皇二十年（六〇〇）十月廿九日

大隋洺州廣年縣令故吳明府（通）墓誌銘

（志蓋）大隋故//吳明府//墓誌銘//

萃，六月卦，大吉之。謙，九月卦。葬後壹遷（仟）捌//百年，吳奴子所發掘。誡吳奴子厚葬之，得大吉，昌。//

大隋洺州廣年縣令故吳明府墓誌銘//

天帝告地下冢中王氣、五方諸神、趙子//都等：大隋開皇廿年歲次庚申十月丁//巳朔廿九日乙酉。君諱通，字僧伽，勃海//安陵人也。祖宜，趙州司馬。父齋，幽州長//史。君齊徐州散騎，開皇三年，敕使鄀陽//公梁子恭，版授洺州廣年縣令。至十七//年九月遘疾，春秋八十有八，終於家第，//與夫人謝氏葬於洛城西南十里營墳。//恐谷徙山移，乃爲刊記：

生值清真//之氣，死歸玄宮。翳身冥鄉，潛寧澄虛，辟//斥諸禁諸忌，不得妄爲害氣，當令於後，//見世子孫昌熾，文詠九功，武備七德，生//生富貴，興王無窮，壹如土下九天律令。//

吳通墓志，近年出土于洛阳。志石方形，高、宽均57厘米。志盖阳文刻篆书"大隋故吴明府墓志铭"3行，行3字。志盖三行篆文之间又有隶书小字两行，内容为六月、九月两次筮占，及劝诫后世掘墓者的镇墓文字若干，为他志所罕见。志文楷书，凡14行，满行15字，共计208字。志石四周刻有八卦及筮数互体卦画符号，配以隶书甲乙、丙丁、庚辛、壬癸等干支。志文格式及部分文辞内容来源于陶弘景《真诰》，亦为他志所罕见，对于探讨隋初道教发展状况具有重要史料价值。

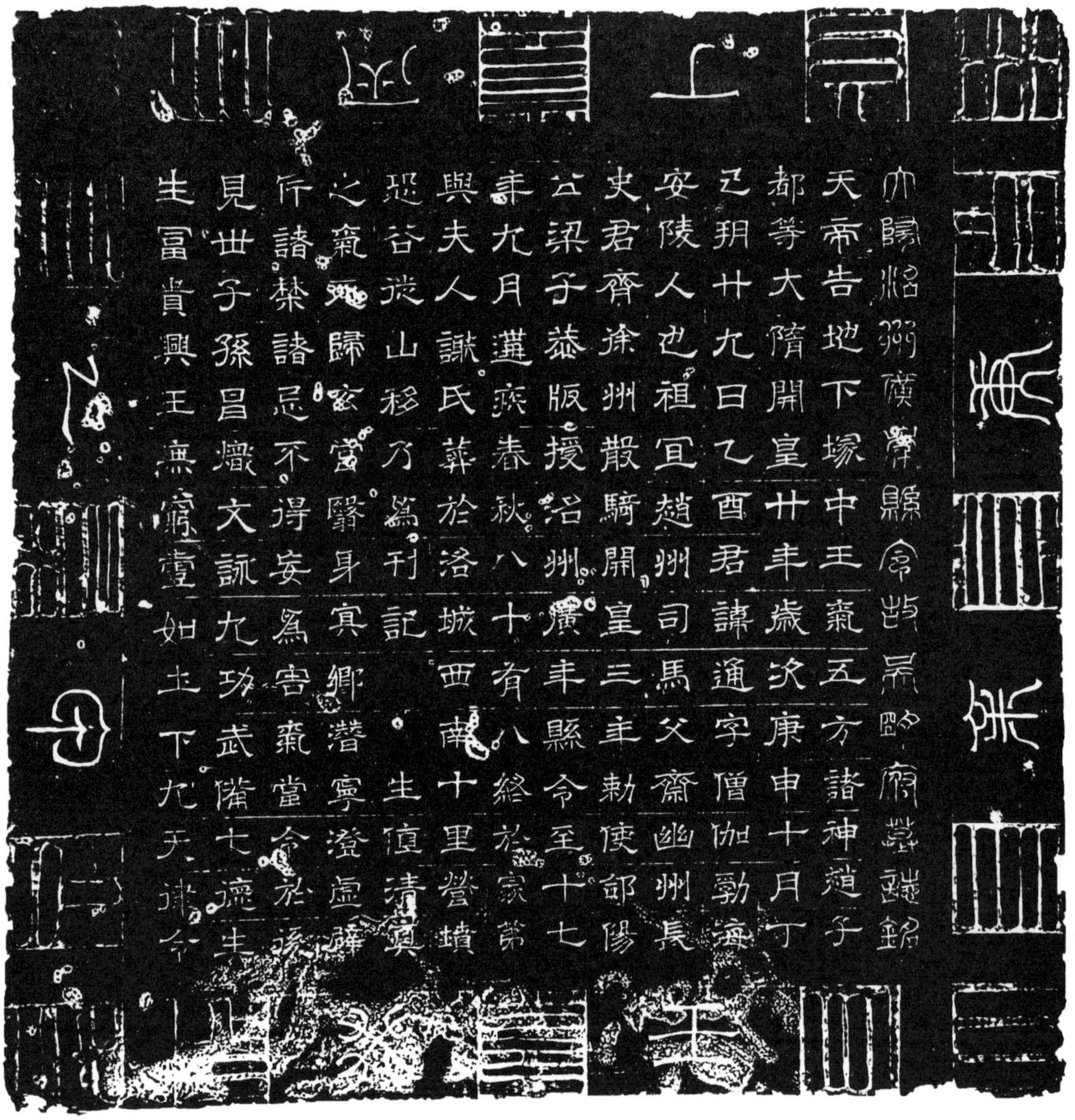

隋吴通墓志

隋吴通墓志盖

（三五）大隋使持節儀同三司洋州刺史鯛陽公（司馬融）墓誌

隋仁壽元年（六○一）十一月廿九日

大隋使持節儀同三司洋州刺史鯛陽公（司馬融）墓誌

　　大隋使持節儀同三司洋州刺史鯛陽公∥墓誌∥
　　　　公諱融，字子融，河內溫人也。十世祖晉宣∥皇帝，備於史籍，可得言矣。高祖楚之，即孝∥武皇帝第三子也，魏司徒公、琅琊王。曾祖∥金龍，開府儀同三司、吏部尚書、襲封琅琊∥王。祖悅，豫州刺史、漁陽縣開國子。父彥，使∥持節、車騎大將軍、儀同三司、利州刺史、平∥陽縣開國子。公，魏永熙三年，解褐員外侍∥郎，尋轉丞相府參軍事。周九年，授大都督，∥襲爵平陽子。又授使持節、車騎大將軍、儀∥同三司。又除迦壽、安邑二郡守。大隋開皇∥元年，除洋州諸軍事、洋州刺史，改封鯛陽∥公。以五年五月廿五日薨，仁壽元年歲次∥辛酉十一月辛巳朔廿九日己酉，遷葬於∥河陽縣北原廿里之上樂鄉。∥

　　司馬融墓誌，2008年出土於孟州市西北石庄乡雷河村。墓誌為青石質，方形，高、寬均42.5厘米，无盖。志文有界格，楷書，凡16行，滿行16字，共計237字。除個別字漫漶泐損外，總體保存完好。該墓誌字體處於由魏碑體向楷書過渡期間。志上無撰文者、書丹者，敘事簡單明了，反映了隋代墓誌簡潔樸實的風格。

隋司馬融墓誌

（三六）大隋使持節上開府儀同三司荊州總管上明恭公楊使君（紀）之墓志

隋仁壽四年（六〇四）三月廿四日

大隋使持節上開府儀同三司荊州總管上明恭公楊使君（紀）之墓志

　　大隋使持節上開府儀同三司荊州總管上明恭公楊使君之墓志//

　　公諱紀，字文憲，弘農華陰人也。高掌極天，長河帶地，故積德累功之業，匡時命世//之賢，煥乎帝典，無俟詳載。祖鈞，魏侍中、司空、臨真文恭公。父寬，魏尚書左僕射、周//大將軍、大御正小冢宰、華山元公。并以棟幹之才，處衡石①之任，冠冕百辟，式允具//瞻。公質秀珪璋，體含精粹，風神閑敏，容止矜莊。仁厚體於自然，孝友出於天性。保//定四年，襲爵華山郡開國公，邑二千七百戶。起家爲右侍上士，業隆堂構，任切門//階。豪末始萌，已見捎雲之質；翮端初矯，便有搏風之勢。授大都督，右游擊上士。建//德元年，授使持節、車騎大將軍、儀同三司。顯命光升，戎章允賁。節蓋之儀惟寵，車//服之礼增華。除魯山防主，轉安州總管司録，授虞部下大夫，加上儀同三司。開皇//元年，授使持節、資州諸軍事、資州刺史。雖六條之任不輕，但九卿之職逾重，遂爲//宗正少卿。昔彤伯之在隆周，宗姻以穆；郘客之居大漢，王室克諧。公高視前修，异//代同美，俄授使持節、熊州諸軍事、熊州刺史。丁艱去任，尋即起復。雖金革奪禮，而//樂棘在容，俛仰王事，杖然後起。又爲宗正少卿，改封上明郡公。十八年授宗正卿//兼給事黃門侍郎，判禮部尚書事。晨趨禮閣，夕拜璅門。執戟之任以隆，賜劍之恩//斯重。公獻替帷扆，樞機慎密；關通内外，譽望光宣。授上開府儀同三司，餘如故。但//漢池襟帶，荊門遐阻，表裏山川，一都之會，俞往之命，非才勿居。仁壽二年授使持//節、總管荊復峽郢鄂岳澧朗辰九州諸軍事、荊州刺史。公以德導民，推誠化物，惠//覃江汜，澤漸雲夢，剽輕之俗不行，批猇之風頓改。而天道實遠，人生若浮，大年小//年，未始知其壽夭；非金非石，莫或見其久長。以仁壽三年五月廿二日遘疾，薨於//州館，春秋五十有八，謚曰恭，礼也。粤以四年三月丁酉朔廿四日庚申，遷窆於華//州華陰縣留名鄉歸政里之東原。夫人京兆韋氏，大將軍、吏部尚書、上庸文公世//康之女。蘭郁蕙華，方春零落，孤墳徒殯，同穴爰歸。丘壤崔嵬，誰爲百年之後；松楸//蕭瑟，徒興九原之嘆。式昭盛德，庶幾不朽。乃爲銘曰：//

① 衡石：指甄別選拔人才的官職。《舊唐書·裴行儉傳》："是時蘇味道、王勮未知名，因調選，行儉一見，深禮异之，仍謂曰：'有晚年子息，恨不見其成長。二公十數年當居衡石，願記識此輩。'其後相繼爲吏部。皆如其言。"

河华之英，公侯世祀，太尉杰立，阳城岳跱。赫赫文恭，佐时而起，昂昂执法，副兹百//揆。惟公挺生，实含秀气，淡泊灵府，虚融道味。以孝成德，惟和是贵，情有温恭，体兼//弘毅。爰初登仕，入侍重轩，荣逾绕帐，宠迈期门。钩陈清切，陛戟便烦，駸駸骥骋，肃//肃鸿翻。问望优显，徽章崇进，侯服斯隆，台仪已峻。处泰思俭，持盈弥慎，民誉国华，//金声玉振。出纳王命，克和帝绪，西化巴渝，南绥荆楚。绩誉允缉，威怀具举，国有宝//臣，民歌惠主。阅川长迈，流景骏奔，蔗蒿即远，桃李奚言。三泉掩隧，九地游魂，空尘//委席，虚奠盈樽。容车夕次，华堂晓发，飞旐舒卷，平原超忽。隐隐雾林，苍苍烟月，邈//矣终古，扬名无没。//

杨纪墓志近年出土于陕西华阴县，现藏于千唐志斋博物馆。志石高57、宽56.6厘米。志文有界格，楷书，凡31行，满行31字，共计921字。

隋杨纪墓志

（三七）隋奉車都尉劉賓與妻王氏墓誌銘

隋大業七年（六一一）五月三十日

隋奉車都尉劉賓與妻王氏墓誌銘

　　君諱賓，字元賓，彭城人。其先，漢高帝季之後也。自昔炎漢膺圖，承∥堯秉曆，江河裔緒，龍鳳開源。或帝或王，擢本枝於百世；上卿上將，∥邁遺風於千祀。祖興，車騎大將軍、交州諸軍事、交州刺史。考鷟，∥司徒府左長史、徐州大平正、安東將軍、青州刺史。并崇禮敦義，武∥袖文宗。言行可師，規矩成則。君性履明毅，志調聰敏，仁而有勇，誠∥而且孝。起家開府行參軍，尋轉外兵參軍事，仍加輕車將軍。乃值∥江淮不靜，蠻夷動亂，君以武略所及，肅然清蕩，詔除衛大將軍奉∥車都尉。齊天統五年七月十六日，終於鄴城西孝義里之宅，春秋∥五十有五。權窆於城西南廿五里野馬崗之南。∥

　　夫人王氏，河東人，兗州長史、文城侯迴洛之女也。夫人乃容調端∥審，言行柔明，恭謹自天，冰霜惟性。乃先君早世，撫育孤遺，教以義∥方，咸得成立。遂使親賓拭目，表裏傾心，婦德母儀，僉望斯在。又能∥識達苦空，洞明真假，修心八解，專精三業。大業七年十月十五日，∥亡於東都道化里，時年八十有三。即以其年歲次壬申五月己卯∥朔三十日戊申，合葬於洛陽縣東北邙山之陽常平鄉永安里。生∥氣如在，歿有餘馨。乃為銘曰：

　　葵龍作瑞，儀鳳呈祥。素靈斯∥絕，紫氣仍昌。握圖握寶，惟帝惟王。福延休慶，世播蘭芳。仁周百行，∥器聳千尋。家無跽子，路有遺金。風前泛菊，月下調琴。許心挂劍，戀∥故悲簪。惟彼令淑，儷茲髦俊。竹勁冰清，霜凝玉潤。四德無爽，一言∥唯信。禮冠前修，芳流後胤。朝辭絳帳，夕委玄宮。人休館靜，客散林∥空。夜臺無晝，隴樹多風。暫生暫滅，如幻如夢。∥

劉賓與妻王氏墓志出土于安陽，現藏于洛陽市博物館。墓志青石質，高52、寬51、厚8厘米。志文楷書，凡19行，滿行19字，共計506字。志主劉賓死于北齊，先葬鄴城，其妻王氏死于隋代，故移劉賓與王氏合葬于洛陽。墓志刻于劉賓夫妻合葬之時，先記劉賓，後記王氏，所以二人同為墓志志主。

隋劉賓與妻王氏墓志

（三八）隋故秘書監左光禄大夫陶丘簡侯蕭君（瑒）墓志銘

隋大业八年（六一二）八月十三日

隋故秘書監左光禄大夫陶丘簡侯蕭君（瑒）墓志銘

（志蓋）隋故秘書∥監左光禄∥大夫陶丘∥簡侯之銘∥

隋故秘書監左光禄大夫陶丘簡侯蕭君墓志銘并序∥

君諱瑒，字同文，蘭陵（郡）蘭陵（縣）人。玄鳥降祺，作司徒而敷五教；黃魚∥瑞洛，應予命而王九有。盛德必祀，微子播美於《周書》；邑有世功，∥大心見稱於《魯史》。丞相以宏圖高佐命，少傅以儒術冠當時。魏∥晋以降，英賢踵武。高祖梁武皇帝，曾祖昭明皇帝，王父宣皇帝，∥顯考孝明皇帝。立德立功之迹，無俟彈翰；記言記事之書，備彰∥載筆。布在方策，可得而略焉。君降神川岳，禀靈霄漢，幼而風範∥簡貴，有异常童。綺襦紈袴之間，夙有成德；談天辯日之歲，卓爾∥不群。孝友率由，仁慈俱至。愛賢敬長之操，挺自生知；信友廉財∥之風，無待傍習。年九歲，本朝封義安郡王，食邑二千户。開皇七∥年，從梁主入朝京師。九年，授開府儀同三司，封陶丘郡開國公，∥邑二千户。仁壽二年，授太子洗馬。大業元年，授東京衛尉少卿。∥二年，授上開府儀同三司。三年，朝旨以近代官号隨時變改，∥雖取舊名，不存事實，改上開府，授銀青光禄大夫。陶丘封爵，從∥例除罷。四年，守秘書監。五年，即真秘書監。六年，封陶丘侯。七年，∥行幸幽燕，有事遼碣，詔檢校左驍衛將軍。餘并如故。以其年∥十二月十七日，遘疾薨于涿郡薊縣之燕夏鄉歸善里，春秋卅∥有九。粵以八年太歲壬申八月戊申朔十三日庚申，永窆于河∥南郡河南縣千金鄉靈淵里之塋。詔贈左光禄大夫，侯如故，∥諡曰"簡"，禮也。陵谷貿遷，天長地久，俾春蘭與秋菊，共金石而無∥朽。乃爲銘曰：∥

峨峨洪族，帝乙之苗。投殷於宋，祚邑于蕭。藍田有玉，世載瓊瑶。∥篤生君子，淵猷允塞。道實人宗，行爲士則。制爵唯功，懋官在德。∥仁壽虛説，光陰不借。未騁修途，遽遵大夜。玉質雖掩，蘭芬豈謝。∥

蕭瑒墓志出土于河南省洛阳市，现藏于洛阳古代艺术博物馆。墓志并盖为正方形，高、宽均59.2厘米。志盖阳文篆书"隋故秘书监左光禄大夫陶丘简侯之铭"4行，行4字。志文楷书，凡24行，满行24字，共计551字。

隋故秘書監左光祿大夫陶丘蘭侯蕭君墓誌銘并序

君諱瑒字同文蘭陵人也鳥降祺作司徒而敦邑有世功黃魚瑞心降庭予命而盛德必祀微子播美於周書邑有世功魏晉洛見稱於魯王九有盛德必祀微子播美於周術羽當時魏大心降英賢踵武皇高祖曾祖少傳以儒術羽當時載筆布孝明皇帝立高祖立功梁之武皇帝曾祖昭明皇帝父宣皇帝顯考明皇帝立德之武之迹無侯彈翰記明皇帝魏蘭貴有異常童策綺稱納袴之間君降神川岳稟靈霄辯記事之書不從風梁上主入朝儀同三司封安長王司封陶丘郡開國公之群名不存府寺同三司年封東京衛尉少廉介七年二千戶開仁壽二年授太子洗馬開業元年授銀青光祿大夫官號陶丘侯食邑二千戶邑授舊上仁壽二年九歲愛賢敬義三年授東京衛尉開皇七年雖取羅名不守秘書監于涿郡葡縣之燕鄉共金石而無例除舊事實改上開府儀同三司封陶丘侯隨時變改行幸燕監五年即真秘書監將軍六餘並善如故春秋七年二月十七日遘疾薨于涿郡葡縣左驍衛燕夏鄉申永定里春秋十有九年太歲壬申八月朔十三日贈大夫永定里有九月以河南縣千金谷靈遷天長地久俾蘭與秋菊共金石而無諡曰為銘曰洪旅授實人宗祚為士則制爵唯功懋官載在德杕迦君子淵允寒道賓於宋祚邑于蕭藍田有玉世載瓊瑤篤生君子淵猷允塞未騁備途邊遐大夜玉質雖掩蘭芬宣謝仁壽盧說光陰不借

（三九）隋故上開府記室參軍事衛公（侗）墓志銘

隋大业九年（六一三）十一月二日

隋故上開府記室參軍事衛公（侗）墓志銘

（志蓋）隋故記//室衛君//墓志銘//

隋故上開府記室參軍事衛公墓志銘//

君諱侗，字伯寬，河東人也，衣冠居洛。昔周武舉鼎於郊鄘，封//弟侯於洪衛，世歷卅之君，位傳七百之祀，國氏連貴，光流史//冊。祖進，魏金紫光禄大夫、義豐縣開國伯、江夏郡太守。父法//嵩，齊散騎常侍、義豐縣開國男、譙郡太守。并超桀一時，道貫//當世。君風神迥秀，器度清遠。至孝過人，行精古德。博涉經史，//不守章句。倜儻奇偉，英才挺發。齊武平二年，開府和故賓徵//授行參軍，君從容高揖，若趙壹之遇袁逢；彼倒屣奔迎，等蔡//邕之禮王粲。以兹相況，未足比也。開皇十九年，尚公主、駙馬//都尉、兵部尚書柳述，五省要貴，百揆才雄，以君登樓侠思、觀//池麗藻，召補記室參軍事。委制表奏，刪定文草，莫不理高妙//出，詞艶橫飛。王佐之才无著，武騎之任不舉。管路所云："天之//命也。"子賢有八，才桀乃三。長子文珩等，并文奇貫虎，畯極苟//龍。春秋五十有七。天不擢善，良人遘疾，以大業八年歲在壬//申十二月丙午朔廿八日癸酉，終於河南賢居里舍。嗚呼哀//哉，有識銜悲，莫不流涕。粵以九年十一月辛丑朔二日壬寅，//葬於伊洛之間闕岩里内。永播洪猷，乃爲銘曰：//

周武登王，衛封河北。因号命氏，禮經明則。乃祖乃父，世傳名//德。剖符千里，開邦二國。其一。君孝至德，秉義淳仁。學博今古，才//力□新。三司起侯，五府來賓。以求畯义，補正朝臣。其二。百揆知//名，玄官記室。文超王佐，才奇解疾。武騎不舉，步兵自佚。如何//天命，西傾白日。其三。輴去華堂，輀歸荒兆。玄宅有夜，幽關亡曉。//銘哥翠石，樹鳴黄鳥。早晚何時，游靈仙沼。其四。//

卫侗墓志，2000年8月出土于洛阳市龙门新村。墓志盖方形，盝顶，厚9.5厘米，界格内篆书"隋故記室衛君墓志銘"3行，行3字。志石方形，高、宽均43厘米，厚6.5厘米，四侧边线刻连枝蔓草纹。志文有界格，隶书，凡23行，满行23字，共计514字。

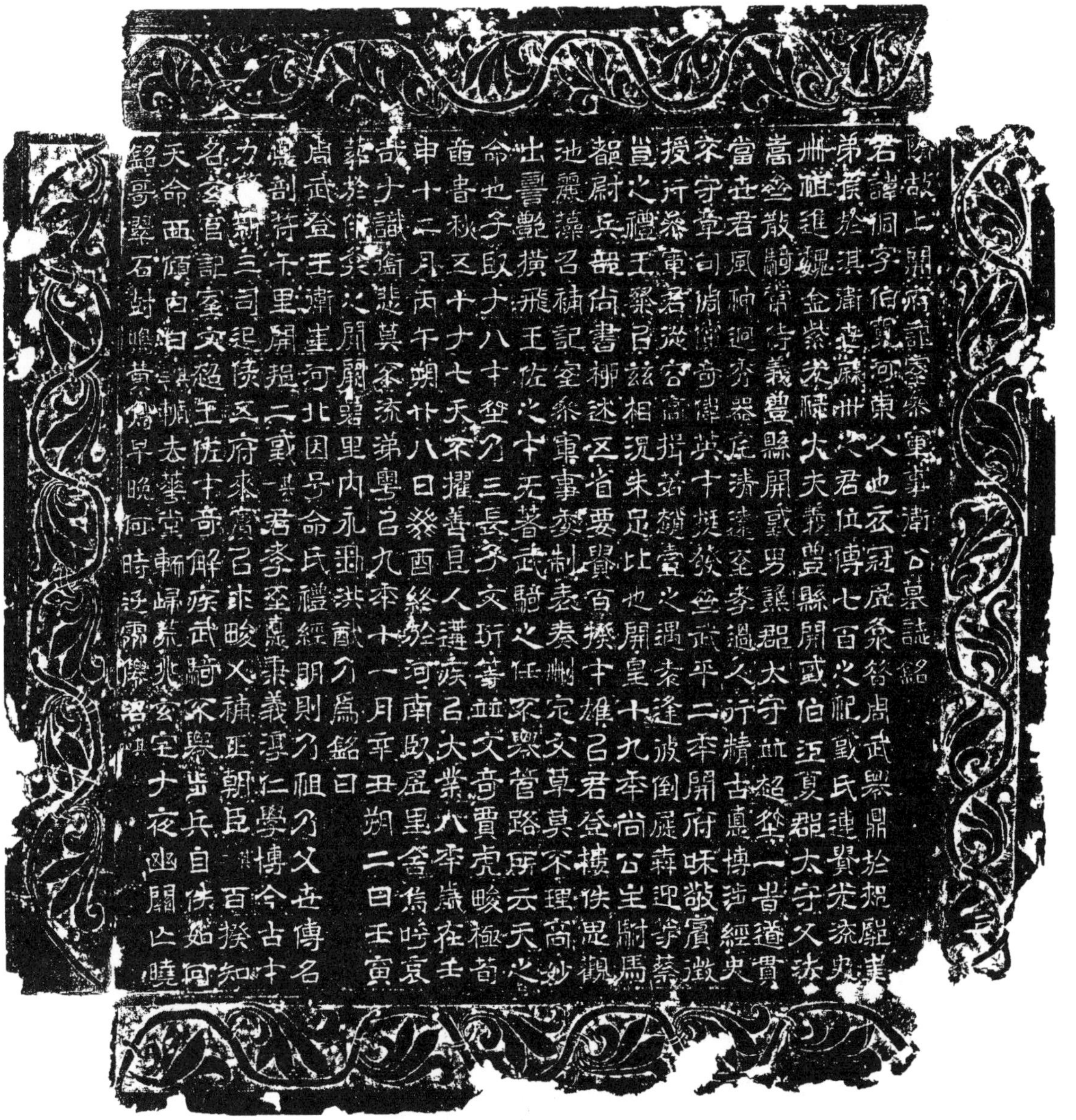

二 墓 志

隋衛侗墓志

隋衛侗墓志蓋

（四〇）大隋故滎陽郡新鄭縣令蕭明府（瑾）墓志銘

隋大业九年（六一三）十二月廿八日

大隋故滎陽郡新鄭縣令蕭明府（瑾）墓志銘

（志蓋）隋故滎陽//郡新鄭縣//令蕭明府//墓志之銘//

大隋故滎陽郡新鄭縣令蕭明府墓志銘并序//

公諱瑾，字晌文，蘭陵郡蘭陵縣人也。昔殷有三仁，微子所以建國；漢御三杰，丞//相所以封侯。弈葉爲賢，能繼厥業；樹風長世，其後克昌。故我高祖武皇帝撫運//膺期，奄有江漢，布諸方冊，可得言焉。公即梁宣帝察之孫，吳郡王岑之第三子//也。氤氳秀氣，降狼昴之淑靈；暐暐俊才，表珪璋之美質。亦由豹文始蔚，便懷搏//噬之心；鴻翼初成，即秉凌霄之志。雖黃琬早惠，辯能論日；衛玠凤敏，妙極談玄，//無以譬彼風儀，方斯神采，故譽聞臺閣，聲動縉紳。若劉德之在漢朝，曹志之於//魏世。既而磐石作固，肺腑斯屬，維城爲重，支庶畢侯。自非密戚懿親，榮家光國，//豈得錫兹青土，寵擬綠車？孝明帝降猶子之愛，以公爲永修縣侯。此邑自宋世//檀道濟以來，唯公啓封而已。至如敷袪丹陛，喉舌之寄須才；揮翰紫宸，絲綸之//務攸重。若非兼資物望，帝難其人。拜中書侍郎，專直禁闥。獻可替不，備兹顧問，//參輦侍幄，有異恒儀。加散騎常侍，在集書省。飾彼貂瑞，暎斯蟬珥，從容觀閣，時//人榮之。在職未幾，遷大將軍。霍光，朝之重臣，實武，帝之外戚，方得參知國計，預//執兵權，公之此授，諒同斯舉。及來朝上國，因留蕃邸，属荆衡失守，遂尓栖遲。逮//今上嗣業，光隆鼎祚，長秋肇建，正位後宮。以公近屬密親，乃加荏命，除滎陽郡//新鄭縣令。政号清静，吏無煩擾，時稱嚴肅，民不能欺。所以乳雉復馴，灾蝗更遠，//考課爲最，歲滿當遷。庶應加耀台階，增輝鼎鉉，抱疾如昨，奄然大漸。春秋五十，//以大業九年十一月廿四日薨于東都温柔里第。内宫追悼，哀感披庭，賵贈//禮數，一如舊式。惟公器宇高邁，風神俊爽，苞羅百氏，涉獵九流。卓爾絶群，不交//世要，蕭然自遠，本絶塵囂。加以善於接待，人無怨譙，明於聽訟，深識事情。愛玩//丘壑，留連賞會，座客恒滿，樽酒不空。嘉時吉日，故非虚度，至親密友，無遠相尋。//豈謂斯人，忽先朝露，名位未達，命也如何？乃以其年十二月庚午朔廿八日丁//酉，葬於河南縣靈淵鄉安川里北邙山之陽。前望三途，却臨九派①。原阜爽塏，龜//筮叶從，亦足以永慰游魂，長爲封樹。其銘曰：//

鬱鬱崇基，遥遥遠系。肇商發迹，自宋相繼。或佐興王，時尊稱帝。積德未已，高風//不替。誕兹英俊，克邁前修。恭温寡匹，聰睿無儔。鴻都屢踐，鳳沼經游。珥貂來

---

① 九派：指长江的诸条支流。"九"言其多，不一定确指。王维《汉江临泛》："楚塞三湘接，荆门九派通。"

侍，//錫壤爲侯。吴札觀風，秦鍼出仕，爰自賓館，移居咸里。作宰牧民，興哥（歌）立祀。桴鼓//既息，萑蒲詎起？方加顯職，叶贊明時；預倍（陪）文陛，參謀禁帷，西傾奄及，東逝難追。//九原長往，千秋未期。遣奠告遷，輴車已備。飛疏居列，哀葭在位。山晦雲愁，林空//鳥思。名何不朽，芳傳此志。//

萧瑾墓志，1919年出土于洛阳郑凹北，现藏于开封博物馆。志石方形，高、宽均56厘米。志盖篆书"隋故荥阳郡新郑县令萧明府墓志之铭"4行，行4字。志文隶书，凡30行，满行30字。

隋萧瑾墓志盖

隋萧瑾墓志

（四一）隋故使持節柱國西河郡開國公乞扶令和墓志銘

唐貞觀元年（六二七）八月五日

隋故使持節柱國西河郡開國公乞扶令和墓志銘[①]

隋故使持節柱國西河郡開國公乞扶令和墓志銘//
公名惠，字令和，桑乾馬邑人也。其先出自夏后，暨湯履革命，□□//代興，世處蕃維，恒爲宗長。祖周，第一領民酋長。父纂，魏金紫光禄//大夫、瀛州刺史、尚書左僕射。自斯已降，世襲衣纓，冠冕蟬聯，扶疏//不已。公生此高門，長兹慶緒，雄圖壯節，焉可勝原。及齊氏啓霸，皇//運開初，詢訪通人，用安社稷，乃　敕授開府儀同三司右武衛大//將軍，别封瀛州永寧縣開國公，食邑一千户。尋除南郢州宜民王。//暨齊祚既終，周鼎初立，武皇帝始兼天下，旁求俊彦，詔授柱國西//河公，餘官如故。既而周祚告終，隋氏受命，皇基締構，藉以匡維。開//皇元年，詔授壽州總管六州諸軍事，又除涼州總管，增邑二千//五百户。俄轉徐州總管，又遷荆州總管，領覃桂二總管卅一州諸//軍事。仁壽二年，詔授秦州總管。官歷三朝，俱牧千里，門交長戟，//路擁華軒，德閏生民，道邁倫伍。受三洞法，持菩薩戒，常餌玄霜，恒//餐绛雪[②]，志存輕舉，思御風雲。未遂修途，溘然長往。以大業六年歲//次庚午　秋九月己未朔廿四日，在雍州大興縣宣陽坊薨於//露寢，春秋八十有七。粤以大唐貞觀元年歲次丁亥八月庚辰朔//五日甲申，厝於山之傷（陽），礼也。諒以金難凋，聲芳易滅，故勒碑泉户，//以播宏猷。其詞曰：//

翹翹長楚，右地敷榮，布葉垂蔭，散彩流馨。一朝即世，萬古沉塋，觀//倫泣血，朝野傷情。松竹染泪，人馬悲鳴，樹斯玄版，以紀風聲。//

乞扶令和及其夫人郁久闾氏墓志，2006年10月出土于河南卫辉大司马墓地，由四川大学历史文化学院负责发掘，现藏于河南省文物考古研究院。乞扶令和墓志仅见志石，未见志盖。志石为青石质，方形，高、宽均57厘米，厚14厘米。志文楷书，凡20行，满行25字，共计470字。志盖佚。

---

① 此方墓志志主卒于隋大业六年（610年），葬于唐贞观元年（627年），按照下葬时间将其计入唐代墓志。

② 玄霜、绛雪：均为传说中的仙药名。《初学记》卷二引《汉武帝内传》："仙家上药有玄霜、绛雪。"唐裴铏《传奇·裴航》："一饮琼浆百感生，玄霜捣尽见云英。"唐孟郊《送萧炼师入四明山》诗："绛雪为我饭，白云为我田。"

隋乞扶令和墓志

（四二）唐 禕 墓 志

唐贞观五年（六三一）二月十六日

唐禕墓志

　　君諱禕，字士華，恒州人也。玄光布正，纂應帝圖，//歷代所遵，莫加人寔，齊金紫光祿大夫、隨州刺//史之孫也。唯祖唯官，蔭光三世；有貞有諒，德備//二門。父周蕩寇將軍、清河縣令。自瓊林桂樹，振//玉嚮（響）於人端；鄧菀芳枝，暢嘉音於世上。容儀可//大，烈名騰於五岳；威嚴得重，設号通於四海。任//博陵縣主簿、茌平縣令。惟禀世性零，無過弘亮；//德高階庫，達遇未沾。扶疏之葉，引翠長柯；鬱密//之花，抽輝萼上。乃秋風將扇，悴綠於橪間；結霧//既登，摧紅花於枝上。隋大業十年十月卒。夫人//氏望出南陽，貞觀四年十一月卒。五年歲次辛//卯二月辛卯朔十六日丙午，乃歲合時通，卜居//吉地，於此洛邑，殉窆九壤，玄石勒，乃作銘曰：//

　　峨峨晟德，濟濟容儀，仁倫挺拔，足亮超奇。奄從//他世，叙會無期，九泉長瘞，永□人　師。風落瓊//枝，霜摧玉葉，大運侵催，去留纏疊。風燭茂然，死生交//接，逝水難回，飆風巨攝。洪泉杳杳，深陵寂寂，聽//緒沉迷，游魂怨戚。望候程祥，埏門奄闃，形同沃//壤，名歸往昔。記我生平，刊銘金石。//

唐祎墓志出土于洛阳，现藏于千唐志斋博物馆。墓志青石质，方形，高40、宽均42厘米。志文篆书，兼有楷书、隶书，凡19行，满行18字。志石保存完好无损，除个别字损外，其余字迹清晰。原志无题，墓主姓氏不详，也无撰书者姓名。

唐裨墓志

（四三）大唐故田夫人墓志

唐贞观八年（六三四）八月廿二日

大唐故田夫人墓志

  大唐故田夫人墓志并序//
  夫人田氏，西河人，大夫鼇之後也。議郎效績，辭名//爵於當途；刺舉治民，設忠貞於炎漢。膏華茂族，可//略言焉。祖□，齊瀛州平舒縣令。父暉，晉王府司倉//參軍。并仁明表譽，忠信臨官，易俗移風，有稱䛑誦。//夫人幽閒婉順，志閱女史之圖；聞德淹和，深崇傅//姆①之教。端莊淑慎，令則有儀。爰自待年，言歸柳氏，//垂纓佩悦，勤恪婦功，奉帚持箕，肅恭賓敬。四德閑//雅，六行温柔，蕙問川流，英華郁穆。豈其春蘭罷馥，//秋菊遽凋，傷哀逝於潘生，悼長歌於莊子。以大唐//貞觀八年八月十一日終于洛陽里第，春秋六十//有二。粵以其月廿二日葬于邙山，禮也。有子德師，//率性純孝，至自非敦，怨飆風而徒攀，號穹蒼而罔//極，式鐫玄石，以作銘云。其詞曰：
  昭哉世族，赫//矣冠纓，誕生淑媛，玉潤金聲。端莊外朗，温肅内成，//惟蘭之馥，惟竹之貞。爰在妙年，作仇君子，闈闥秀//質，幽閒挺美。率禮修仁，依箴順軌，婉嫕婦道，肅恭//載理。曶運難留，生涯何久，茂菊秋零，芳蓀夏朽。杳//杳窮泉，昏昏隴首，紛綸遺迹，名存身後。//

田夫人墓志出土于洛阳，现藏于千唐志斋博物馆。墓志青石质，方形，高、宽均40厘米，厚8厘米，无边饰。志文楷书，凡19行，满行19字。现完好无损。无撰书人姓名。

---

① 傅姆：古时辅导、保育贵族子女的老年妇人。唐杜牧《杜秋娘》诗："画堂授傅姆，天人亲捧持。"

唐田夫人墓志

大唐故田氏西河人墓誌序
太□田氏西河人大夫擊之後也議郎
爵於當塗剌舉治民設忠漢實華茂族可
昭於言焉祖明表齊瀛州平臨縣令炎暉晉王府司
蔡軍并仁□□□譽忠信舒官陽□□稱□□□
夫人幽閑婉順志閱女史儀之圖闕俗移風和深崇誦
妁之教勤莊恪慎令則有待箕裘自間德淹閨德閫
玉纓佩端溫柔洛問奉蕭穆堂恭賓羊言歸
雅六行悅傷川流生華鬱肅莊其春敬蘭罷馥
秋菊遠彤哀逝於潘英悼長歌第子以大唐醮
有觀八年八月廿日終於洛陽里也有子德十
貞□□以其月十二日葬於印山禮師
率性純孝自非敦怨飆風而徒攀號
式□鎸玄石以作銘去其詞曰
□冠之纓韻脂竹媛貞玉潤金聲端莊作仇
惟蘭開挺裵之依箴順軒婉嬪婦道肅恭
資幽容蓊幕平生禮脩仁久茂菊秋零芳蘋夏杇杏
載理難留崔何
杳寐泉路昏曨首紛綸遺跡名滓身後

（四四）唐故開府索君（玄）墓誌銘

唐龙朔二年（六六二）七月廿二日

唐故開府索君（玄）墓誌銘

  唐故開府索君墓誌銘并序//
    君諱玄，字德偉，燉（敦）煌人也，今寓居洛陽縣焉。族浚長河，委//昆峰而積浪；疏源葱嶺，架蒲海而遙巒。卯金之苑燉（敦）煌，遂//爲著姓；白狼之郊索邑，高封元孫。自是迄今，輪紱相間。祖//彥，齊宋州長史。父沙，隨（隋）淮陽郡司戶書佐。并環表秀异，深//衷凝遠。化清海岱之教，踵王祥之流仁；贊光涇渭之明，婉//季長之無滯。君吉祥餘慶，胎祉千金，一覽八儒，便鈞奧義，//兼工百中，遂擅奇能。大業問罪辰韓，陳兵遼碣。君素懷文//武，檢校司兵，屯騎仰以成規，射聲資而增銳，遂授建節尉。//潤政亡謝，欽明在辰。屬草昧初基，奸臣尚阻，君飛忠志//勇，冒死爭先，爰授儀同，又加開府。方建將軍之氣，靜榆□//之袄，□奄虧拔扺（賑）之功，與庭蘭而碎葉。春秋五十四，去貞//觀十六年八月七日終於私第。夫人左氏，南陽人也。夫人//□斯言行，絢溫敏以增芬；雅履肅恭，澄敬慎而揚馥。作嬪//□氏，義含禮容；敦彼母儀，峻清高上。冀流慶於宗黨，取則//前聞；何芝蕙之罹霜，朝風奄落。春秋六十有八，越龍朔二//年四月寢疾，六月十二日終於時邕里私第。以其年七月//廿二日，与君合窆於河南平樂鄉芒山之陽翟村西南三//百步，禮也。長子寬，次子義，恐山落翠微，水凝碧障，敢詮芳//烈，其詞云尔：//
    吐源商野，宗繁漢渚，蘭芷交華，松筠鈞侶。方申餘慶，奄虧//笑語，劍影兩沉，金聲雙舉。//

索玄墓志出土于洛阳，现藏于开封博物馆。志石近方形，高45.5、宽44.5厘米。志文楷书，凡22行，满行22字。

唐索玄墓志

（四五）唐故曹州離狐縣丞盖府君（蕃）墓誌銘

唐咸亨元年（六七〇）十月四日

唐故曹州離狐縣丞盖府君（蕃）墓誌銘

唐故曹州離狐縣丞盖府君墓誌銘//

府君諱蕃，字希陳，魯郡泗水人也。齊太公裔孫，漢武牙將軍延之後，元魏邳州刺史//靈之曾孫，北齊泗水主簿平棘令暉之孫，随（隋）許昌令洪之子也。小名叔文，後繼從叔//順改焉。□性淹純，操履中正，少私寡欲，澹如也。博覽經傳，尤精王易。幼孤，事兄嫂甚//謹，鄉邑稱之。未弱冠，随（隋）大業初以父蔭入爲太廟齋郎。久之，授堯臺府司馬。此後，金//革日用，喪亂弘多，皇泰仍饑，開明連禍，窘身虐政，自拔無由。及 皇唐威靈暢于東//夏，以随（隋）官降授文林郎，從時例也。府君以爲遭天人革命之秋，君子經綸之會，而棲//附非地，沉於散冗，豈命也乎？遂安之。無復宦情，唯以講授爲事。洛中後進李大師、康//敬本等并專門受業，其後咸以經術知名，而子暢不弃士林者，實資過庭之訓也。貞//觀中，兄伯文任洋州洋源縣令，坐事幽縶，將置嚴刑，府君泣血申冤，辭令懇惻，見者//莫不歔欷。使人漢王府參軍蘭陵蕭德昭，孝友人也，不堪其悲，左僕射房玄齡特爲//奏請，得減死，配流高昌。此國初平，磧途險澀，距長安七千餘里。白兄曰："正爾而往，取//達何期？某受彼官，庶幾可濟。"於是起選授西州蒲昌縣丞，允所祈也。乘駟赴官，先兄//而至，躬率人力，渡磧東迎。德昭每言及天下友，于即引府君爲稱首。及秩滿，兄亦當//叙，接轡連車，共遵歸路，以永徽元年至于京洛。初，許昌君及夫人，随（隋）仁壽中相次薨//於本州瑕丘縣。府君昆季既幼且貧，卜厝稱家，力不逮禮，常以此疚心。至是方議遷//合，竊念曰："儻得便近，一任經營，豈不易從。"生平常事藥師琉璃光佛①，忽於夢中仿佛//見之，曰："當如意。"果授曹州離狐縣丞。濟泗舊川，風壤鄰接，可謂孝悌之至，通於神明//□歟。越三年春，大事始畢。自違鄉從宦，更歷亂離，邑里蕭條，桑梓蕪沒，眷言疇昔，千//不一存。唯府君弟兄白首俱至，州寮縣宰，吊祭成行，鄉里以爲哀榮，咸增悲仰。既而//解印還于河南，從地斷也。營新安之山墅，曰："吾將老焉。"池亭院宇，花藥竹樹，盡觀賞//之致。行二十年，忽謂人曰："吾昔夢遇韭兩畦，是重九也，老子今年正八十一，其殁乎。"//人曰："不祥言，胡爲涉口。"府君曰："死者，人之終也，賢聖未如之何，得非夭折，幸耳，何諱//爲？"以總章二年十二月八日，寢疾薨於莊第，春秋

---

① 藥師琉璃光佛：亦称药师琉璃光如来、大医王佛、医王善逝，为东方净琉璃国之教主，愿救众生之病源，治无名指痼疾。

八十一。凡在親賓，咨嗟知命。夫人//宜陽孫氏，先薨，自有墓記。今以咸亨元年歲次庚午十月庚午朔四日癸酉，合葬於//洛陽芒（邙）山之月崗，遵周禮也。桂坊太子司直清河崔懸黎暢之游款，府君言行，是所//欽承，故敬憑爲銘。其辭曰：//

　　舜岳咨賢，昌田悅聖。枝葉雲吐，源流海鏡。功啓漢封，道康齊政。家善既積，門風惟競。//誕生懿德，載襲芳塵。堅中表性，通理騰彬。滔天雲擾，戰野雷屯。鶯栖殊附，蠖屈何申。//進輕卑職，退尋幽贊。巾卷自遠，章編是玩。在原有忉，陟崗增嘆。花颺連跗，雁歸齊翰。//俗推友政，靈感淳心。卜塋舊壤，灌柏新林。庭趨荷戟，邑佐鳴琴。一丘披薛，三徑投簪。//庶茲永日，翻隨厚夜。泉閉桐閽，風回柳駕。淚集枝改，年移草化。玉篆有刊，金聲無□。//

盖蕃墓志出土于洛阳，现藏于千唐志斋博物馆。志石高60、宽60厘米。志文楷书，凡32行，满行32字。

唐盖蕃墓志

（四六）唐故平原明夫子（崇覽）墓誌銘

唐調露元年（六七九）十月廿三日

唐故平原明夫子（崇覽）墓誌銘

（誌蓋）大唐徵//事郎明//君墓誌//

唐故平原明夫子墓誌銘并序//

　　夫子諱崇覽，字思聰，平高人也。五帝軒轅之緒，三良五明//之族。東秦誓衆，索隱於兵鈐；南館沉研，鈎深於冊府。曾祖//餘慶，隨（隋）國子祭酒。祖奉世，隨（隋）都官員外郎。父恪，鄜豫二州//刺史。積善餘祜，代襲英賢，後嗣其昌，家傳德讓。夫子即使//君之第五息也。騏驥千里，鸞鳳五色。孟軻嬉戲，唯陳俎豆//之容；管輅①逍遙，但畫星辰之象。於是，文之以禮，守之以仁，//言則稱師，學便好古。道德仁義之量，可以翊天子而令諸//侯；周旋揖讓之儀，可以立朝廷而應賓客。便以孝廉擢第，//因而養德丘園，不求聞達，彷徨乎无爲之館，宵眇乎寥廓//之堂。豈意天不與善，神爽明德。蓍成顯比，公侯之必復无//徵；月犯少徵，處士之餘風遂歇。春秋卅一，終於道化坊之//第。惟君發言爲論，奏金石而硜硜；飛辯如神，吐風霜而倩//倩。彈宮叩徵，荀勖謝其知音；舉白飛觴，周瑜慚其顧曲。畫//稱八絕，婉若飛鸞；書曰无雙，曄如驚鳳。悲夫！生者，人之始//也，无者，人之終也。粵惟平素未展舉案之容，爰想幽漠宜//申合窆之禮。魂而有靈，佇遵同穴。今娶故潤州長史李懷//言之第五女，以調露元年十月廿三日合葬於緱氏。茫茫//原隰，獨嘆沙丘；鬱鬱佳城，空悲石椁。銘曰：

　　古之達者，顯//晦无常。或隱岩穴，時游廟堂。伯成去夏，伊尹翊商。苟不違//道，于何不臧。樂只君子，軒軒令德。任乎舒卷，明乎語默。□//擁蓬蒿，門生荊棘。羽客庡止，真人休息。學富丘山，言成河//漢。筆陣縱橫，文鋒照爛。八音四暢，一彈三嘆。鍾石允諧，//笙簧是贊。今我不樂，日月其除。長卿謝□，咎繇忽諸，痛矣//夫子，魂氣焉如？歸天歸地，爲鶴爲魚。//

　　明崇覽墓誌，2005年秋出土于河南洛陽偃師緱氏鎮。盝頂蓋，中央篆書"大唐徵事郎明君墓誌"3行，行3字，四周為中國傳統的十二生肖圖案和簡易花草紋樣裝飾，樸素大方。誌石方形，高39.5、寬38.5釐米。誌面與誌側皆楷書，其中誌面22行，滿行22字；左側3行，滿行22字。字體通篇布局頗爲工整美麗，是一方典型的冥婚合祔墓誌。

---

① 管輅：三國魏術士，字公明，平原（今屬山東平原西南）人，自稱"未能上引聖人之道"，"但欲論金木水火土鬼神之情耳"（《三國志·魏書·方技傳》），尤善卜筮、射覆、仰觀、風角、占相之道，世人遂以輅比京房，譽爲"一代之奇"。

唐明崇覽墓志

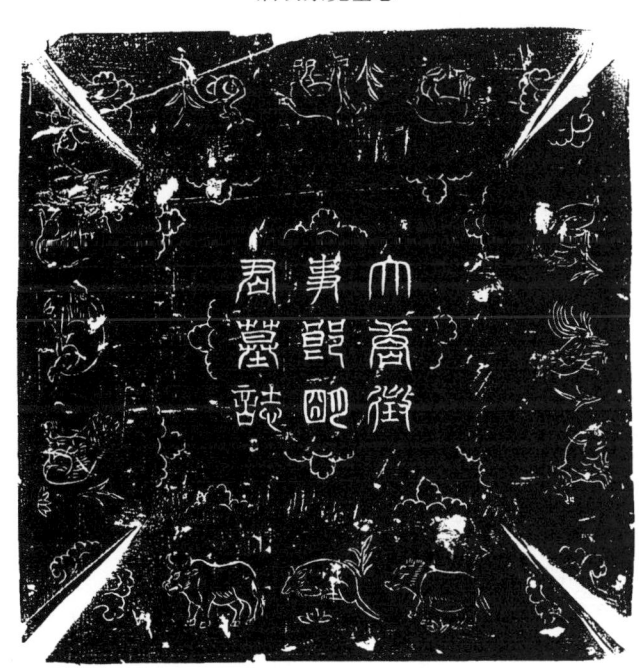

唐明崇覽墓志蓋

（四七）大唐登仕郎康君（老師）墓志銘

唐垂拱三年（六八七）二月十日

大唐登仕郎康君（老師）墓志銘

  大唐登仕郎康君墓志銘并序∥

    君諱老師，其先康國人也。以國爲姓，燕齊趙魏之流；因官命族，司∥馬司徒之號。况乎卅六國，枕白山之北隅；万四千里，當赤泉之東∥裔。金方闢境，烏弋控於龍沙；玉勝臨庭，槐江接於葱嶺。曾祖寶，康∥國王之第九子也，周游擊將軍，以西諸國首領。祖和，周明威將軍。∥父祇，随（隋）鷹揚郎將。并簪裾奕葉，劍履光芒，来朝則長樂受封，謁∥帝則甘泉畫像。康僧西入，高名動於晋京；康會南歸，盛德傾於吳∥主。豈止秅侯入仕，遠標忠孝之奇；呼韓拜職，列在王公之上。君之∥生也，卓矣不群。心懸小月之珠，足逸大宛之駿。奇姿間起，桓温之∥謝猬毛；异相孤生，李廣之推猿臂。風神廓落，器宇魁梧。邀劇孟於∥洛中，訪季心於關右。金鞍寶馬，去来三市之傍；綏頰高談，出入五∥侯之第。何曾侈靡，不能逾一万之錢；劉毅雄豪，不能多百万之費。∥陸大夫之宴喜，願得分庭；孫丞相之招賢，方齊置驛。遽而高春景∥晦，大壑舟遷。黃鳥之藥無徵，青龍之符[①]罕驗。春秋七十有四，以垂∥拱二年七月十八日，終于私第。夫人史氏，即呼論公之孫也。瑤池∥降精，碧樹飛靈。鬱彩雲之影靄，騰寶月之輕明。燕支山上，自開紅∥粉之樓；蒲陶苑中，還織青花之錦。早凋淑艷，嗚呼哀哉！粵以垂拱∥三年歲次丁亥二月乙未朔十　日，　合葬于北邙山之平樂∥原，禮也。途宮既啓，泉帳斯安。西階北寢之儀，兩鶴雙虹之化。生平∥已矣，今古悠哉。龍慌警騑，龜筛行飛。楚挽淒而薤哥斷，池臺寂而∥賓旅稀。銘曰：

    金方拓境，玉塞承家。遠分熊岳，傍枕龍沙。興邦∥蒲海，作帝莎車。王侯間起，袞冕聯華。卓彼高人，禀兹英杰。驅弛金∥市，去來金穴。逸騎浮雲，舞姬迴雪。一悲珠碎，還同石折。原陵西趾，∥邙山北路。兩鶴俱飛，雙騖顧步。庄臺落月，泉扃長暮。積厚地而猶∥存，攀昊穹而誰訴。∥

康老師墓志出土于孟津县朝阳镇南陈村西。志青石质，方形，高、宽均49厘米，厚13厘米。志文楷书，有界格，凡25行，满行25字，共计588字。志侧刻缠枝牡丹纹。

---

① 青龙之符：信物名，用以进出皇城禁宫。胡三省注《资治通鉴·唐纪·太宗贞观二十年》："东方曰青龙符，西方曰驺虞符，南方曰朱雀符，北方曰玄武符，左四右三，左者进内，右者付外。"

唐康老師墓志

（四八）大唐彭城故劉府君（德）墓志

唐垂拱四年（六八八）十月十七日

大唐彭城故劉府君（德）墓志

　　大唐彭城故劉府君墓志//
　　公諱德，字處行，彭城人也。其先則孝文皇帝子劉//初之苗裔也。祖寶，随（隋）任青州刺史。父堪，任車騎將//軍。并以文武入仕，冠盖傳芳，人興来晚之謠，俗發//去思之咏。望傾邦國，道濟興雷，蔚豹彩而含章，抱//龍韜而緯武。唯公爰在弱冠，早襲典墳，洎乎成立，//備閱經史。但以情希負郭，志屏榮班，杖藜三徑之//中，咳唾百家之内。年過知命，方思卌九非；慕梵捐//儒，翹誠十六之行。優游般若，望息愛河之波；寂靜//禪林，方銷火宅之焰。豈謂道飈易度，隙影難停。以//垂拱四年六月十日遘疾，終于私第，春秋六十有//六。慟感閭閻，悲教義鄰，交若喪，親如殯。嗣子曄，慎//終弥篤，追遠無違。即以其年十月十七日与夫人//游氏，改葬於洛陽委粟鄉　里平原，禮也。青鳥//舊地，松庭閉而不開；白鶴新塋，蒿隧幽而永閉。庶//恐年代綿遠，陵谷遷移，故勒斯文，用彰不。其詞曰：//
　　蓁氏開基，牛形啓胄。弈葉重光，人鐘百六。承□休//烈，繼彼緒餘。隙駒易掩，人代忽諸。鬱鬱夜臺，綿綿//隴路。勒兹玄石，將旌永固。//

刘德墓志出土于洛阳偃师，现藏于偃师商城博物馆。志石青石质，方形，高、宽均为48厘米，厚22.5厘米。志文有方界格，楷书，凡19行，满行19字，共计431字。

大唐彭城故劉府君墓誌
公諱德字愛行彭城人也其先則考文皇帝子劉
初之苗裔也祖寶隨任青州刺史父堪仕
中並以文武入仕冠蓋傳芳興來晚之謹俗發抱
去思之詠筮倦邢國道德興雷儺陶舍章抱
龍翰而將武惟受在弱冠早襲典墳自乎戊立
備閱經史但以情奇郭志廣榮班技兼三任之
中咳唾百家之內年過知令方思翊九徘墓梵指
儒冠誠十六之行優遊殷若筌息度河遲波研靜
禪林方銷火宅之捃蠱謂道凰易度隊讒傷以
壺洪四年六月之日適寂於私第春秋六十有
六疾感閒悲勤然文萱親如猗詞子昊人慎
於弥篤追遠限委粟鄉以其年十月十七日
氏改蔣松浴隱白鶴新瑩萬堠里平原禮也青鳥
薦地改定間而不開故勒斯文用彰永聞廊
恐年代綿遠陵谷遷移故鐫重北人鍾百六永
泰武開基牛於於好會弈墓人代忽諸鬱夜臺綿
列繼彼緒餘驤掖易因
隴路勒茲玄石駒許永固

唐劉德墓志

（四九）大周故銀青光禄大夫行籠州刺史上柱國燕郡開國公屈突府君（詮）墓志銘

唐天授二年（七九一）十月十八日

大周故銀青光禄大夫行籠州刺史上柱國燕郡開國公屈突府君（詮）墓志銘

  大周故銀青光禄大夫行籠州刺史上柱國燕郡開國公屈突府君墓志銘并序//
    公諱詮，字公理，雍州長安人也。昔者和仲始居，淳維肇國。其卦習坎，司寒於汁紀之庭；其方固陰，得道於禺强之//域。是積靈聖，實興威武。翻飛沮澤，絶雲漢而圖南；奄有中州，列星辰而拱北。宗盟與刑馬同誓，代禄將龍御齊遠。//曾祖慶尚，魏黃門侍郎、始州刺史，周大將軍、邑川縣開國公。博覽多才，奇節異度。瑣闥傳奏，下階閨而擁旌麾；王//帳論兵，誓山河而錫茅土。祖長卿，周開府儀同三司、邛州刺史。太階鄰極，有中鉉之儀制；下邑樹風，司外臺之舉//察。材爲國棟，道實人師。父通，随（隋）左光禄大夫、左侯衛大將軍，唐兵部尚書、尚書右僕射、左光禄大夫、蔣國公。出入//兩朝，遂游二帝。文昌八座，肅端揆於南宫；武衛三軍，奏鈞陳於北落。光禄之講學對問，温故知新；徹侯①之開國齊//家，謀孫翼子。公承暉鼎族，襲慶高門。厭飫名教，從容事業，有黃金以爲然諾，有白玉以爲符彩。五章之黼綏錦繡，//所以發其文；八卦之元亨利貞，所以成其德。若乃天經地義之美，共氣分形之愛，兼濟博利之仁，多聞强識之辯，//固已冥資神用，壹貫心極。起家唐太穆皇后挽郎，尋授朝請郎。攀六宫之蜃紳，躋一簣之鴻漸，貴游之選，尚德有//歸。俄除游擊將軍，守左驍衛萬善府果毅都尉。雙鞬一矢，短衣長劍，統貔虎之軍麾，秉公侯之武節。改授左屯衛//翊府右郎將，轉左衛勛一府左郎將。連五營之騎士，總八校之材官。戴鵾如林，誰何而警天闕；佩貅成旅，武步而//接皇階。委遇之隆，親賢莫貳。以公事左遷左武衛桂南府右果毅都尉。君子之過，無傷日月之明；介人維藩，復錫//爪牙之位。除右衛翊二府右郎將，尋遷定遠將軍、守左衛親府中郎將。馬卿好事，擁犀節而開邊；潘岳閑居，兼虎//賁而直省。桃都雜種，桂婁遺噍。憑馬韓之險隔，傲鯷壑之深阻。周王楛矢之貢闕而不供，漢帝樓船之師征而不//襲。公以幕中神算，堂上奇兵，出九地而先登，連五符而告捷。掃九都而填穢穴，策是攻心；服小貊而降右渠，明同//屈指。涉黃龍而獻凱，刑白馬而疇庸。封范陽縣開國侯，遷夏州都督。胙以黑土，榮之皂盖，闢千里之封畿，荒万家//之井邑。使金如粟，貪吏改節而修身；鑄戟爲農，匈奴感恩而嚮化。北庭無事，既聞王表之功；東隅未康，復仁八條//之績。册拜銀青光禄大夫，守安東都護。臨五部之邊邑，輯九種之遺黎。微暘煦而谷春，巨浪銷而海謐。風夷雜舞，//陳於上帝之庭；日

---

① 徹侯：战国秦二十等爵最高一级。秦汉沿置。因避汉武帝刘彻讳，改为通侯或列侯。

子名貂，納於中虞之府。俄丁太夫人憂，喪過乎哀，毀殆於盡。素冠在疚，方嬰欒棘之悲；墨絰①從//權，更撫且蘭之俗。起授戎州都督。導之以德，懷之以禮，恩覃竹王之徼，化漸桐師之域。雖白狼酋長，并興來暮之//哥（歌）；而玄兔氓黎，恭軫去思之嘆。裹足萬里，叫閽連月。長社之重借冠恂，襃鄉之願留種皓，無以逾也。朝廷嘉焉，復//拜安東都護。細侯之再臨并谷，政教逾新；次公之覆（復）莅潁川，功名若舊。遷瀛州刺史，改封燕郡公。未幾又除營州//都督。城連渤海，地實漁陽。龔遂理繩，還聞德化；張堪秀麥，復起謳謠。爲五郡之儀表，受三公之冕服。俄以歲連凶//慝，地居污染。實惟人望，特簡　天心。沐曠然之殊造，承往哉之寵命，拜泉州刺史。才名久著，幹具夙聞。匡坐而三//閫自清，不言而兩越俱靡。又除籠州刺史。經石門之遐裔，歷銅標之荒阻，飛鳶跕水，伏蠱含沙，象浦漲而浮天，鵬//雲低而接海。君張衡側望，馬援長謠，尋嶺障而途窮，懷　闕庭而思盡。古槐生意，猶慷慨於階除；秋柏貞心，竟摧//殘於風露。嗚呼哀哉！以載初元年八月廿八日遘疾終於邕州之旅館，春秋六十有九。悲夫！會稽騑駕，修道路而//方迎；交阯（趾）傳車，望郵亭而不入。雙鹿夾轂，未喜鄭弘；兩雁隨喪，奄悲虞固。寂寥與善，冥昧何言？惟公道德備修，神//情足用，剛而無虐，柔而不犯，有將相之才，有文武之具。彥輔之閒論兵法，非學孫吳；子高之明識政途，懸輕豹彥。//濯纓從務，束帶立朝，參五校②之兵欄，剖七州之符竹；來無全幀，去有折轅，臨河曲而還珠，入河間而賣劍。麾幢所//莅，士女奔走而相歡；節傳或移，故老攀援而灑泣。豈非忠厚仁恕，古之遺愛者歟！方當永錫純瑕，終享名器。排金//門而上玉堂，養西膠而壽南岳。而世不遺道，天實喪仁，將逝水而俱辭，共頹山而永謝，豈徒百身不贖，千載猶生//者乎！長子前廣州錄事參軍事仲翔等，慕切匪荄，哀纏集蓼，瞻隙駒而銜疚，奉楹書③而掩泣。終天不反，號啕北郭//之文；遠日有期，匍匐西階之事。即以大周天授二年歲次辛卯十月十八日，葬於洛州洛陽縣之清風鄉，禮也。清//笳急引，廣柳徐行，辭洛水之銅街，度邙山之金阠。千人會葬，看故吏之縗麻；萬里赴哀，有徵君之絮酒。白日沈兮//從此夜，黃泉扃兮不復春。嗚呼哀哉！乃爲銘曰：

軒丘鼎族，若水洪源。弈葉斯茂，宗枝以繁。後庭絲竹，長巷//旗幡。金章紫綬，翼子謀孫。其一。惟祖惟父，允文允武。履孝成規，踐仁爲矩。駕奕軒蓋，陸離珪組。開國承家，張官設府。//其二。公侯必復，賢俊挺生。一日千里，三傾五城。雲中待價，日下流名。鴻漸于陸，嚶其有聲。其三。執紼從班，牽絲就列。致//果爲毅，輸忠郊節。勇冠千夫，氣包三杰。芳譽藉甚，雄圖昭晰。其四。雲昏雲鄣，

---

① 墨絰：即"墨衰絰"，黑色喪服。《左傳·僖公三十三年》："遂發命，遽興姜戎，子墨衰絰。"杜預注："晉文公未葬，故襄公稱子，以凶服從戎，故墨之。"

② 五校：屯騎、越騎、步兵、長水、射聲校尉合稱，均漢武帝置，隸北軍中候，為北軍五營長官。宋徐天麟《東漢會要》卷六《冠》："獻帝興平元年正月甲子，皇帝加元服……賜貴人、王、公、卿、司隸校尉、城門、五校及侍中、尚書、給事黃門侍郎各一人為太子舍人。"

③ 楹書：語出《晏子春秋·雜下三十》："晏子病，將死，鑿楹納書焉，謂其妻曰：'楹語也，子壯而示之。'"後因以"楹書"指遺言、遺書。

裼起韓郊。言清旅拒，式統咆哮。蛇都落//珥，鳥服傾巢。功成破竹，寵備分茅。其五。夏塞燕墟，日南瀘北。留棠伐枳，圖形頌德。十部之最，百城之則。淑人君子，其//儀不忒。其六。天地盈虛，陰陽遞謝。未登台鉉，俄捐館舍。白馬隨車，朱驂輴駕。風月行古，丘陵坐化。其七。嘗時鐘磬，此日//旌軒。一赴泉戶，長辭郭門。山寒地裂，霧積霜繁。獨有生氣，千年尚存。其八。//

屈突詮墓志，2001年春出土于河南孟津县送庄乡西山头村东南1.5千米，原石现藏于千唐志斋博物馆。墓志青石质，方形，高、宽均72厘米，厚13厘米，四侧边浅线刻云雷纹。志文楷书，凡43行，满行43字，共计1813字。

唐屈突詮墓志

(五〇)大周故處士郭君(丞)墓志銘

唐天授二年(六九一)十月廿四日

大周故處士郭君(丞)墓志銘

大周故處士郭君墓志銘并序//

君諱丞,字繼祖,相州鄴縣人也。其先出自太原,后稷//之苗胄,周大王之胤緒,郭璞之後。璞任并州太守,封//曲陽侯,子級亦任并刺史,相承靡絶,代襲簪纓,枝派//分流,遍居他邑。此并含靈秀杰,玄象應圖,感化通神,//廡竹馬祖,乃丘園雅素,不雜囂塵,信重百金,言無二//諾。忽以兩夢二豎成灾,弗謂五運無徵,掩從風燭,春(秋)//六十有九,以大唐正月十五日卒於私第,權殯而已。//其子痛崩天之永隔,哀問竪之長離,泣西(血)二年,杖而//能起,非直春人不相,工女寢機,罷肆傾塵,感行路。以//大周天授二年歲次辛卯十月戊戌朔廿四日辛酉,//与夫人鄭氏合葬於鳳陽村東南三里平原,禮也。其//墳東依古疏高治金坊,西眺青山鉦闐響,南瞻林樹//禽鳥鳴,北望横流,魚龍游泳。俱恐田成碧海,深谷爲//陵,日往月来,蒼生變改。以兹之記,乃勒銘焉。其詞//曰://

何輿郭氏,姓望彌博?入孝出忠,情欣顧托。其一。其直如//弦,處平若砥。匪義不居,非文不履。其二。在涅不緒,見賢//斯立。苞茅方設。玉醴何入?其三。悲哉郭氏,永絶光輝。千//年丘隴,有去無歸。其四。//

郭君墓志銘,2013年出土于河南安阳。志石高约41.5、宽42.5厘米。志文魏碑体,凡20行,满行20字,共计364字。字迹大部分清晰,仅有少字残损难以辨认。

唐郭丞墓志

（五一）唐夏官郎中慕容君唐故夫人費氏（婉）墓志銘

唐聖歷二年（六九九）八月九日

唐夏官郎中慕容君唐故夫人費氏（婉）墓志銘

（志蓋）慕容君//妻費氏//墓志銘//

夏官郎中慕容君唐故夫人費氏墓志銘并序//

夫人姓費氏，諱婉，字德，河南洛陽人。其先出自季友，有勳封于費，世//爲卿士，因以邑爲氏焉。曾祖遂，魏驃騎大將軍，隋晋州刺史。祖曜，唐//沁州刺史。考大辯，益州都督府士曹參軍事。并龍翰鳳翼，玉質金相，//士林以之盛衰，王國由其輕重。夫人含貞順之懿德，禀幽閑之淑靈，//生而應圖，動而合禮。十年受教，嘗聞執槀之勞；三月有成，遽列采蘋//之奠。郎中君名流仰止，雅俗具瞻。負樂令之青天，揖袁家之絳地。御//車有典，結鏡言歸。玉笄晨謁，逾閫無諂於兄弟；銀燭宵行，下堂必嚴//於保傅。才明拔類，敏識過人。總嬪德而無雙，窮女工而第一。旁羅藝//圃，隱栝書林。飛鉛灑墨，觸象而成篆畫；艷錦圖花，寓情而發詞藻。秋//生織杼，嘗鬥鳳而盤龍；春入翦（剪）刀，每裁鶑而怗燕。澄幂酒醴，沃盥饋//食。肅事於舅姑，致美於宗廟。椒蘭播馥，琴瑟和聲。娣姒承規，宗姻仰//德。加以攀光妙月，飲澤慈雲，絶芳香，捐紫綺，行路金遺而不入，閨房//玉映而有餘。府君從鮑宣、梁鴻之高，夫人得少君、孟光之美。斯須有//變，不知玉折蘭摧；仿佛無靈，獨對悲風朗月。以上元三年八月廿九//日，卒於雍州長興里第。嗚呼哀哉！夫人仁行天至，孝德日聞。幼丁士//曹府君憂，太夫人崔氏零丁鞠育。夫人誓期不嫁，情切養親。舉族敦//逼，遂歸于我。寶箱綺篋，不爲己物；繡縷金針，咸与衆共。撫誨猶子，同//於己生。九族光輝，一門風範。及太夫人早世，夫人泣血三年，因感舊//疾，至于天逝，可不謂孝乎！粵以大周聖曆二年八月朔九日，子遷窆//於北邙山之舊塋。躑躅徘徊，舉目生哀。日澹朗兮將墜，風颼瀏兮一//來。墳樹新兮鳥既集，山門闃兮人已迴。絳紗之業何處，黃絹①之詞在//哉。乃作銘曰：//

夜炯炯兮月曨曨，枕席陳兮帷帳空。琴瑟曠兮無主，閨房閒兮網蟲。//春露夕已泣，秋風朝又急。紫苔封兮山徑濕，綠草蔓兮泉門澀。存與//殁兮相遷，古將今兮共然。去去勿復道，榮名以爲寶。//

---

① 黃絹：語出《世説新語·捷悟》，東漢人邯鄲淳曾爲孝女曹娥撰碑文，蔡邕於碑文後題八字"黃絹幼婦，外孫齏臼"，意爲絶妙好辭。後因用作稱美詩文佳作的典故。

唐費婉墓志

慕容君妻費氏墓志，出土于今洛阳孟津县朝阳镇伯乐凹村附近，现藏于开封博物馆。志石方形，高、宽均58.5厘米。志文楷书，凡26行，满行26字。

（五二）大周故相州刺史袁府君（公瑜）墓誌銘

唐久視元年（七〇〇）十月廿八日

大周故相州刺史袁府君（公瑜）墓誌銘

（誌蓋）大周故∥袁府君∥墓誌銘∥

大周故相州刺史袁府君墓誌銘并序

河北道安撫大使狄仁傑撰書∥

　　君諱公瑜，字公瑜，陳郡扶樂人也。媯滿受封，始爲列國；濤塗得姓，實建我家。汝墳化∥三老之風，漢室推五公之貴，布在惇史，今可略焉。曾祖虬，魏車騎大將軍、行臺大都∥督、汝陽郡開國公。祖欽，周昌城太守、汝陽郡開國公。父弘，唐雍州萬年縣令、舒州刺∥史。天錫純嘏，世篤忠貞，累仁積德，傳龜襲紫，汝穎之士，以爲美談。君體國懿姿，承家∥昭範，含章踐軌，貫理達微。少有大節，以射獵爲事，嘗遇父老，謂之曰：「童子有奇表，必∥佐帝王。」年十有五，乃志于學，談近古事，若指諸掌。年十九，調補唐文德皇后挽郎，授∥晋州司士。郡有事每命君奏焉。君音儀閑雅，聲動左右。唐文武皇帝嘆曰：「朕求通事∥舍人久矣，今乃得之。」時以寺獄未清，因授君大理司直。俄而烏夷逆命，鑾駕東征，特∥授君并州晋陽縣令，尋遷大理寺丞。宰劇有聲，恤刑無訟，人賴厥訓，朝廷嘉焉。遷都∥官員外郎，歷兵部、都官二員外，尋拜兵部郎中。張燈匪懈，題柱增榮，總文武之司，得∥神仙之望。　　今上俔天①伊始，潛德未飛。君早明沙麓之祥，預辯春陵之氣，奉若天命，首建∥尊名，故得保乂王家，入參邦政。俄以君爲中書舍人，又遷西臺舍人。徐邈以儒宗見∥重，劉超以忠慎推名，喻此聲芳，未足連類。遷司刑少常伯。君素多鯁直，志不苟容，猜∥禍之徒，乘閑而起，成是貝錦，敗我良田。尋出君爲代州長史，又除西州長史。驥足遲∥迴，殊非得地，雁門奇舛，空負明時。俄轉庭州刺史。無何，遷安西副都護。君威雄素屬，∥信義久孚。走月氏，降日逐，柳中罷柝，葱右無塵，雖鄭吉、班超，不之加也。惜乎忠而獲∥謗，信以見疑，盜言孔甘，文致□罪。永隆歲，遂流君于振州。久之遇赦，將歸田里，而權∥臣舞法，陰風有司，又徙居白州。竄迹狼荒，投身魑魅，炎沙毒影，窮海迷天，憂能傷人，∥命不可續，享年七十三，垂拱元年七月廿五日寢疾，終于白州。嗚呼哀哉！永昌歲，始∥還鄧州，權殯石溪里。虞翻之吊，但見青蠅；王業之喪，

---

① 俔天：《詩·大雅·大明》載：「大邦有子，俔天之妹。」意謂大國有一個女兒，好比天上的仙子。後以「俔天」借指皇后或公主。《後漢書·胡廣傳》：「夫岐嶷形於自然。俔天必有異表。官參良家，簡求有德。」《舊唐書·哀帝紀》：「皇太后慈惠臨人，寬仁馭物，早叶俔天之兆，克彰誕聖之符。」

猶隨白虎。如意初，有 //制追贈君相州刺史。恩加异代，澤漏窮泉，可謂生榮死哀，歿而不朽。前夫人孟氏，随（隋）//車騎將軍陟之孫，唐曹州刺史政之女。玉林皆寶，銀艾相暉，地積膏腴，世多賢淑。夫//人秉閨房之秀，導茉苡之風。母訓重於紗帷，婦德光於綾障。老萊之養，未極斑衣；張//胤之哀，空留畫扇。享年卅五，永徽六年十月五日，終于京第。嗚呼哀哉！即以久視元//年十月廿八日，合葬于洛陽縣之北邙山。地卜書生，塋依烈士。楊公返葬，空餘大鳥//之悲；魏主迴軒，當有隻鷄之酹。孤子殿中省丞、奉宸大夫、内供奉忠臣等，泪窮墳柏，//哀結楹書。式撰遺風，丕揚億載。其銘曰：//

峩峩碩德，惟岳生焉。顯顯英望，允邦基焉。服事臺閣，厥功茂焉。典司樞要，其業光焉。//積毀銷骨，老西垂焉。微文獲戾，投南海焉。虞翻播弃，死交趾焉。温序魂魄，還故鄉焉。//遭逢 明運，帝念嘉焉。追贈幽壤， 朝恩博焉。北郭占墓，啓塍銘焉。西階//祔葬，從周禮焉。樹之松檟，神道寧焉。刊彼金石，休聲邈焉。//

袁公瑜墓志出土于洛陽，現藏于千唐志斋博物館。志盖頂部篆书"大周故袁府君墓志銘"3行，行3字。志石高70、宽74厘米。志文楷书，凡33行，满行32字。

大周故相州刺史袁府君墓誌銘并序

河北道安撫大使狄仁傑撰書

公諱公瑜字公瑜陳郡扶樂王也嫣涒受封始為列國濤塗得姓實建我家汝
晉帝賜純蝦世篤忠貞周昌城太守祖欽魏虎牙將軍行臺大都督汝陽公開國公父昌國公舒州刺史
汝陽郡開國公祖欽周昌城太守汝陽郡開國公父雍州萬年縣令
佐王秉事十有五乃得其時以奏為石唐文皇帝歎曰朕求通事舍人毎
貞外并州司士矣令乃命君為石唐文皇帝歎曰朕求通事舍人毎
史範而錫貢纈燭汝陽郡開國公父雍州萬年縣令舒州刺史家承
昔二老陽之風漢世推王公之貴布在惇史今可略為詳焉
管稅含晉州司士今乃得之毎命君奏事君儀貌雅麗動止可觀大理寺
丞貞外丞君晉陽縣令尋敕拜兵部員外郎中張燈匪懈櫨柱增榮鑒
貞外尋拜兵部郎中
今上仙馭而得保父王家推此聲芳小子連類自出為代州長史久陝西州長史不苟容猶見
名劉超故得保父王家推此聲芳小子連類自出為代州長史久陝西州長史不苟容猶見
重之徒久得為聞奇科空中膽柢蒸右無何除鄭吉斑超不加
福之久得之風疑亂盜言孔甘徒逐成是貝錦敗我良田尋出為代州長史久陝
信信義非得伸暎見亂黎鷹氏降於白談白謗中龍析蒸右無何除鄭吉斑超不加
車之哀聞君房留石陝之後唐曹振芳於無塵之地雖邦於振州久陝以
制還鄧州追贈冠軍將軍陝州刺史恩加異代澤漏窮泉可謂生榮芳宵相暎
之哀十有八年式遺富贍芳蕪茂于洛陽縣之北印山之原禮也
平幸廿八年合葬于洛陽縣之北印山之原禮也
悲車十有八年合葬
城邑結榍主四軒遺風雲蹕陵嬪之女王林皆寶
毀毀顧德惟岳生雋顯英堂允邦基日脈事臺閣欲功淺
積毀銷骨老明樹垂南海為虞鼎播弄交趾馬北郭占墓啓
遺英徵司禮為樹定松神道尊寫幽壞剡破金石休聲遺馬

唐袁公瑜墓誌

唐袁公瑜墓誌蓋

（五三）大周洛陽縣尉尒朱公（杲）夫人韋氏墓志銘

唐长安三年（七〇三）十月三日

大周洛陽縣尉尒朱公（杲）夫人韋氏墓志銘

　　大周洛陽縣尉尒朱公夫人韋氏墓志銘
　　來庭縣尉成敬荷序//來庭縣尉蘇頲銘//
　　或曰蘭蕙所貴，馥馥貞芳；珠玉可貴，曄曄奇色。若夫無愧//諸物，有美斯人，積芬郁於閨闈，駭輝光於盼矑，乃聞乎尒//朱公夫人矣。夫人韋氏者，京兆人也。斷自殷周，豕韋得姓，//盈于歌咏，龍旂表德。豈唯黼衣朱紱，赫弈玄成之門；亦既//經國保家，殷勤文舉之嘆。振古之盛，無得而稱。曾祖澄，随（隋）//綿州刺史，唐任國子祭酒、彭城郡開國公。優游二帝，出入//兩朝。乃典郡曹，復領國冑。鎮静風俗，仁化霜於左綿；弘振//儒官，吾道行於右塾。祖慶嗣，唐太子家令。父正履，//皇朝朝散大夫、潁州司馬。并縚鏤道德，磨礱仁義。舉賢才//而爲家令，疏受當仁；權俊彦以拜侍中，郗鑒竟可。夫人地//望高顯，天生婉順。因心恭孝，率性自然。投足謙柔，莫己若//也。豈家人不見其慍喜，且君子有弃於輔佐。而韶年甫及，//芳景遽流。暫表秀於閨房，俄弃捐於館舍。粤以大周長壽//二年八月廿八日，遘疾卒於恒州之廨宇，春秋卅有一。痛//乎埋没，万化不追；已矣平生，百身何贖。尒朱公悲深异室，//思緒同衾。雖日月居諸，窮壤幽隔，而伉儷生死，仰天如何。//敬以長安三年歲次癸卯十月三日，將遷窆於洛陽縣平陰鄉//奇圪之北原，禮也。悲夫！荒郊去人，孤墳鄰鬼。松棘四//合，狐兔是游。窀穸九重，螻蟻方狎。憫和玉之掩耀，何時復//形；冀貞石之揚芬，將□不朽。爰托蘇子，乃爲銘曰：//
　　邦族之盛，閨房之映。珩璜之音，水碧之性。謂何不淑，而天//斯命。南望于鞏，北登于邙。桃李不識兮松楸已行，存者默//念兮神其可傷。//

尔朱杲夫人韦氏墓志，1997年秋出土于孟津县送庄乡十里头村东南，现藏于洛阳市文物考古研究院。墓志青石质，高50.5、宽49.8、厚15厘米。志四侧刻卷叶牡丹纹。志文有界格，楷书，凡24行，满行22字，共计513字。志石保存基本完整，字迹较为清晰。

唐尔朱杲夫人韦氏墓志

（五四）大周故左羽林衛將軍上柱國定陽郡開國公右北平陽君（玄基）墓志銘

唐长安三年（七〇三）十月廿六日

大周故左羽林衛將軍上柱國定陽郡開國公右北平陽君（玄基）墓志銘

（志蓋）大周故左羽林//將軍上柱國定//陽郡開國公右//北平陽君墓志//

大周故左羽林衛將軍上柱國定陽郡開國公右北平陽君墓志銘并序//

君諱玄基，字昭業，其先出自后稷，始於高辛。亶、季能勤勞王家，文、武能光啓周室。後景王少子封//於陽樊①，因以爲氏。末孫翁伯，避難適於北燕，故今爲右北平無終人也。自玉田流慶，弈葉於周秦；//金鉉連輝，紛綸於漢魏。曾祖冲，齊司徒郎中、武邑郡守、瀛州刺史、漁陽縣開國公。玉山千仞，金河//萬里，始題柱於郎官，即分符於方伯。祖才，隨（隋）許州襄城縣令、車騎將軍、恒州刺史。材標松桂，氣茂//蘭蓀，展豹略於鉤陳，建隼旗於藩國。考君育，唐左屯衛郎將、上柱國、范陽縣開國公。幹藝標舉，器//能優洽。猿肱挺質，苞禦侮之宏材；龍額超榮，負封侯之异骨。惟　君風雷授祉，河岳降靈。惟孝惟//忠，立功立事。武宣七德，啼猿落雁之奇；文擅九能，吐鳳驚鷟之筆。一言一行，物望之標□；一宫一//商，人倫之水鏡。虎豹尚乳，便生食獸之心；鷹隼方雛，已有從禽之望。唐顯慶元年，從薛仁貴平契//丹。龍朔元年，隨契苾何力破鴨淥，授游擊將軍、左驍衛善信府果毅。總章元年，授鹿陵府長上折//衝，仍檢校東柵州都督府長史。誅反首領高定問等，封定陽郡公，食邑二千户。君如豼之膽，探虎//穴而無驚；似鐵之心，入驪淵而罕懼。俄授左衛翊府右郎將，於鄩城鎮守，頻破吐蕃賊。永隆二年，//加授左金吾中郎。永淳元年，加壯武將軍、太子左清道率，奉　敕於嵐州總材山守捉。彎弧累札，//穿兕洞胸；舞戟雙飛，揮蛟斷骨。頻破突厥有功，弘道元年，　制加三品，授左驍衛將軍。君屢有戰//功，頻蒙優進。前副李大志，遭御史李孝廉之冤；後爲田揚名，被御史馮思勖之謗。才高致嫉，迴樹//來風。　天鑒孔明，吹毛并雪。去官廷尉，丹筆於是再揮；故時將軍，朱旗以之重建。降三階，授太中//大夫、行戎州都督府長史。于時獠地龍等反。君鶴膝鷹爪，顧盼而掃南羌；鳳角龍牙，指麾而静西//燹。以功授莊州都督，尋改授忠武將軍、行左衛勛一府中郎，仍借紫兼充清邊軍總管。時逆賊何//阿小陷没冀州。君兵有二千，騎盈數百，權謀間發，秘略潛施，殺張

---

① 陽樊：周代姬姓国，西周时都于陕西长安县东南，后东迁至太行之南、黄河之北的阳邑（今河南济源市西南），故称"陽樊"。

唐陽玄基墓志

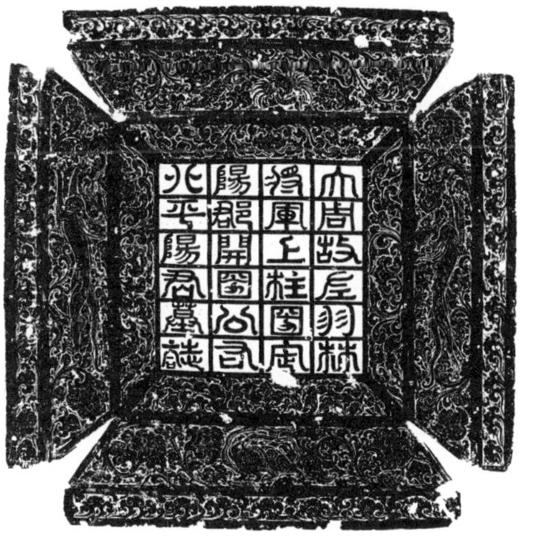

唐陽玄基墓志蓋

角於山東，斬陳餘於水上。聖曆//元年，授三品左鷹揚衛將軍。屬賊入飛狐，兵連涿鹿。君先鋒直進，如傾海以注螢；臥鼓長驅，似崩//山而壓卵。斬啜狼狽，疋馬逃歸；部落蜂驚，輕身遁走。遂以君檢校左羽林軍。俄從正，授君陪鳳//蹕，出奉鸞典。親稟　聖規，別承　進止。赤誠奉國，作　天子之腹心；白首握兵，爲　聖人之牙爪。//何期上將星沒，祖逖長違；智士山崩，任公不救。以大周長安三年二月十一日，薨於西京開化里//第，春秋七十有五。奉　敕吊慰，朝野悲傷。謁者護其喪儀，少府供其帳事。　中山夫人安定梁氏，//唐右典戎中郎、檢校單于都督府長史懷道之女也。星姝降彩，月媛澄輝。叶竹柏之幽閑，掩椒蘭//之淑問。女箴女誡，聿修宗廟之儀；婦德婦容，雅合庭闈之禮。山頭鶴影，終并沒於青松；劍上龍文，//竟雙沉於碧水。粤以其年歲次癸卯十月廿六日，合葬於洛州合宮縣之伊汭鄉萬安山南，考行//紀德，禮也。鼓吹鹵簿，采衛、霍之前規；旌翣威儀，用蕭、曹之故事。南瞻二室，猶思望幸之時；北眺千//門，不忘傳呼之日。魯肅鐵馬，每見神光；楊公石禽，獨留仙氣。嫡子待封，前朝議郎、行博州司功參//軍事、上柱國。丹山鳳穀，白水龍駒，忠列動於家邦，詩書播於朝野。飲石之射箭，雨落於鳴弦；入版//之書紙，雲飛於健筆。茶蓼成疾，捧遺硯而長號；藜棘爲容，抱藏書而永慕。山嚶雜吹，尚似鳴笳；隴//樹含霜，仍思挂劍。龜文刻石，還同峴首之碑；馬鬣成墳，更似廬山之墓。俾夫桐鄉門外，蕭蕭聞志//士之風；柏谷岩陰，凛凛見將軍之氣。其銘曰：

皇皇我祖，赫赫隆周。玉田表瑞，金鼎承休。降//生令哲，克紹前修。武定八表，文經九州。詞場放曠，筆海優柔。策府高時，言河浚流。燕弧楚劍，越戟//吳鉤。有戰必取，無勛不酬。牙璋肅肅，羽旆悠悠。鐵馬拜將，金龜建侯。高冠紫綬，甲第朱樓。人壽何//促，其生若浮。尺波易謝，寸晷難留。東山忽往，北斗長游。賓成白鶴，葬逐斑牛。寂寥風雨，冥寞山丘。//岩岩碑闕，列列松楸。天寒日慘，野暗雲愁。名揚身歿，萬古千秋。//

阳玄基墓志，1997年冬出土于洛阳市伊川县彭婆乡许营村北万安山南，现藏于洛阳市文物考古研究院。墓志并盖青石质。志盖盝顶形，顶部刻篆书4行，行6字。四刹刻缠枝牡丹纹及四神图。四边刻饰云纹。志身方形，高76.5、宽76.8、厚17厘米。志侧雕饰十二生肖图案，周以缠枝纹饰之。志文有浅线界格，魏体楷书，凡37行，满行37字，共计1334字，系无名氏撰文书丹。志石保存完整，字迹清晰可辨。

（五五）大唐故亡宫六品志石

大唐神龙元年（七〇五）八月廿五日

大唐故亡宫六品志石

  大唐故亡宫六品志石//
  亡宫者，不知何許人也。盖以良家子選　//後宮，以備内職。天生淑態，日就貞規。班氏//遺文，常守七篇之誡①；漢家舊秩，行参八子//之榮。方期位以才升，已聞名於　//鳳闕。豈謂人隨物化，遽歸魂於蟾輪。□大//唐神龍元年八月日恭終於某所，春秋六//十有五。粤以其年八月廿五日，葬於某所，//禮也。嗟乎！陽春有暮，荒凉穠李之蹊；厚夜//無晨，歇滅芳蘭之氣。式凋玄礎，永秘（閟）黄泉。//其銘曰：//
  燕姬擅北，越女稱西。□蘭比秀，桃李成蹊。//良家入選，内秩仍躋。六宫有位，四德無睽。//其（一）。落日西黯，逝川東注。忽睹佳城，永辭芳//□。晝日何仰？聞雷勿懼，万祀千秋，塵埃□//□。其二。//

大唐故亡宫六品志石，出土时地不详，现藏于千唐志斋博物馆。志石方形。志文楷书，凡16行，满行16字。志石保存完整，字迹较为清晰。

---

① 东汉班昭曾作《女诫》，分《卑弱》《夫妇》《敬慎》《妇行》《专心》《曲从》《和叔妹》等七篇，比较全面地阐述了中国封建社会妇女应遵守的男尊女卑、三从四德的伦理道德，被称为"《女孝经》"。

大唐故亡宫六品誌名亡宫者不知何許人也蓋以良家子墮後宫以傜內職天生州慇日就貞規象八置文章七篇之誠漠家驚秩行之榮方期位以才昇已間名於轄輸鳳閣宣謂人随物化窴歸於其所春之唐神龍元年八月日恭終於某十有五岁以祺年八月廿五日葬於礼也送乎陽春暮莣凉式凋玄無晨歔咸芳蘭之氣爕永秋黄泉
具銘曰
燕姞檀北趍女得西蘭比秀桃李感蹊有位四德無暎
□□入選內秩遊踨
□□但西鸞迩儿束証恚靚佳威永辞芳
具二旧何仰聞宙汉懼丐祀千秋臺埃

大唐故亡宫六品志石

（五六）大唐故右金吾衛守翊府中郎將上柱國黑齒府君（俊）墓志銘

唐神龙二年（七〇六）八月十三日

大唐故右金吾衛守翊府中郎將上柱國黑齒府君（俊）墓志銘

  大唐故右金吾衛守翊府中郎將上柱國黑齒府君墓志銘□序//
  公諱俊，即唐左領軍衛大將軍、燕國公之子焉。分邦海濱，見美玄虛//之賦；稱苴澤國，取重太沖之詞。熾種落於遐荒，積衣冠於中國。立功//立事，懸名於畫月之旗；爲孝爲忠，紀德於繫年之史。曾祖加亥，任本//鄉刺史。祖沙子，任本鄉户部尚書。并玉挺荆山，珠光蔚浦。耀錦衣於//日域，風化大行；撫仙署於天涯，星臺時敘。父常之，皇朝左武衛大//將軍、上柱國、燕國公，贈左領軍衛大將軍。材冠孤臣，行光金氏。功蓋//天地，仲孺之任將軍；賞茂山河，邵奭之封燕國。死而可作，褒贈載榮。//公禀訓將門，夙懷武略。陶謙兒戲，即列旌旗；李廣所居，必圖軍陣。由//是負燕頷之遠略，挺猿臂之奇工。弱冠以別奏，從梁王護西道行，以//軍功授游擊將軍，任右豹韜衛翊府左郎將，俄遷右金吾衛翊府中//郎將、上柱國。高踐連雲之閣，俯從秋省之游。珥晋代之華貂，盛漢年//之車服。方冀七葉貽慶，以享西漢之榮。豈圖二豎□□，俄從北斗之//名。以神龍二年五月廿三日遘疾，終洛陽縣從善之□。春秋卅一。烏（鳴）//呼，城府颯焉，邦國殄瘁。惟公志氣雄烈，宇量高深，雖太上立功，劬勞//苦戰，而數奇難偶，竟不封侯。奄及殲良，朝野痛惜。即以神龍二年歲//次景午八月壬寅朔十三日葬於北邙山原，禮也。塗移楚挽，路引周簫，//窀穸將開，黄腸遽掩。封崇既畢，翠柏方深。紀餘恨於□玉，庶碑字之//生金。銘曰：//
  於維后唐，求賢以理。顧當見用，稭侯入仕。西戎孤臣，東夷之子。求//如不及，片善斯紀。其一。紀善奚謂？加以冠纓。忠以立績，孝以揚名。允矣//皇考，早勵清貞。孝哉今嗣，無墜厥聲。其二。厥聲伊何？將門武德。受命//分閫，立功异域。克定禍亂，掃除氛慝。哥鍾賞賢，車服表德。其三。車服伊//何？金吾最盛。美矣夫子，膺兹寵命。高閣連雲，華貂疊映。享此積善，冀//傳餘慶。其四。餘慶不延，俄終小年。梁木斯壞，彼蒼者天。挽悲蒿里，簫喝//□□。□埋白日，永瘞黄泉。其五。//

黑齒俊墓志出土于洛阳，现藏于南京博物院。志石方形，高、宽均43厘米。志文楷书，凡26行，满行26字，共计约700字。

唐黑齿俊墓志

（五七）大唐安國相王故孺人晉昌唐氏墓誌銘

唐神龍二年（七〇六）十一月廿日

大唐安國相王故孺人晉昌唐氏墓誌銘

（志蓋）大唐安國∥相王故孺∥人晉昌唐∥氏墓誌銘∥

大唐安國相王故孺人晉昌唐氏墓誌銘并序∥

孺人諱　，酒泉晉昌人也。若乃唐后開基，虞賓命氏，先生緩頰，辯∥折秦君。高士潤身，名垂班傳。芳塵盛烈，振古如茲。胄緒蟬聯，其来自∥久。曾祖君徹，隨（隋）散騎常侍，　皇朝贈太常卿，戎順二州刺史。祖∥儉，　皇朝禮部、户部尚書，特進上柱國、莒國公，贈開府儀同三∥司，使持節并汾萁嵐四州諸軍事、并州刺史，形圖麟臺，謚曰裏。父觀，∥皇朝左千牛，同州河西縣令、秘書郎。并衣冠累襲，儒雅相承；玉潤珠∥明，騰芳辟映。孺人性表溫恭，體兼嫻淑。同蘭滋於九畹，猶桂挺於八∥株。窈窕流輝，洛川迴雪；參差散彩，巫山出雲。爰自笄年，良家入選。容∥德見重，主饋王宮。净若芙蕖，皎如桃李。既而婉順居體，柔明表質，憂∥勤思念，推誠進善。禮稱内則，詩咏采蘩。均西施以鍾愛，并南威而擅∥寵，猶尚推而不有，讓以得之。冀此承恩，方期与善。豈謂金英早頽，玉∥樹先摧；仙餌俄乖，神香詎返。以長壽二年正月二日卒，春秋卅有一。∥惟孺人麗質天然，徽音神授，禀傳母之明訓，被君王之寵渥，將素茗∥而比潔，與朱蕣而聯暉。承此光榮，聿應祉福。豈期降年不永，奄墜曾∥泉。惜丹桂之銷亡，悲紫蓮之歇滅。嗚呼哀哉！日往月來，邙山丘隴；万∥古塵埃，翠碑無所。黃鳥徘徊，爰奉　絲綸，光輝冥窔，貳招精爽。∥用置松門，重阜崔巍，玄廬寂寂！嗣侄智，悲纏猶子，慕切如疑，雖九飛∥之再依，終百身之無贖。粤以神龍二年歲次景午十一月辛丑朔廿∥日庚申，安厝于河南龍門之原，禮也。嗟乎！霧晦平原，風凄極野。想營∥魂於天上，秘幽靈於地下。用紀泉門，乃爲銘曰：∥

盛族賓虞，高功有魏。在位稱重，釋紛爲貴。九流楷式，千齡風味。惟史∥惟文，實彬實蔚。載誕邦媛，光耀里閭。明同朱槿，艷比紅蕖。皎侔月映，∥彩奪霞舒。欲齊金石，奄碎瓊琚。眇眇營魂，紛紛　制葬。言修神∥宇，用安靈藏。聞薤歌而嗚噎，聽松風以悽愴。獨有游鑾，時尋壟上。∥

唐氏墓誌，2005年出土于洛陽市洛陽新區翠雲路的一座唐墓中，誌石現藏於洛陽市文物考古研究院。墓誌并蓋一盒，青石質。誌蓋方形，盝頂，底高、寬均73.5、厚13.6釐米，蓋頂中央陰刻篆書"大唐安國相王故孺人晉昌唐氏墓誌銘"4行，行4字；四刹刻卷草紋，底邊飾雲紋。誌石方形，高、寬均73釐米，厚13.8釐米，四側細線陰刻卷草紋。誌文陰刻楷書，凡25行，滿行26字，共計629字。誌石保存完整，字迹清晰可辨。

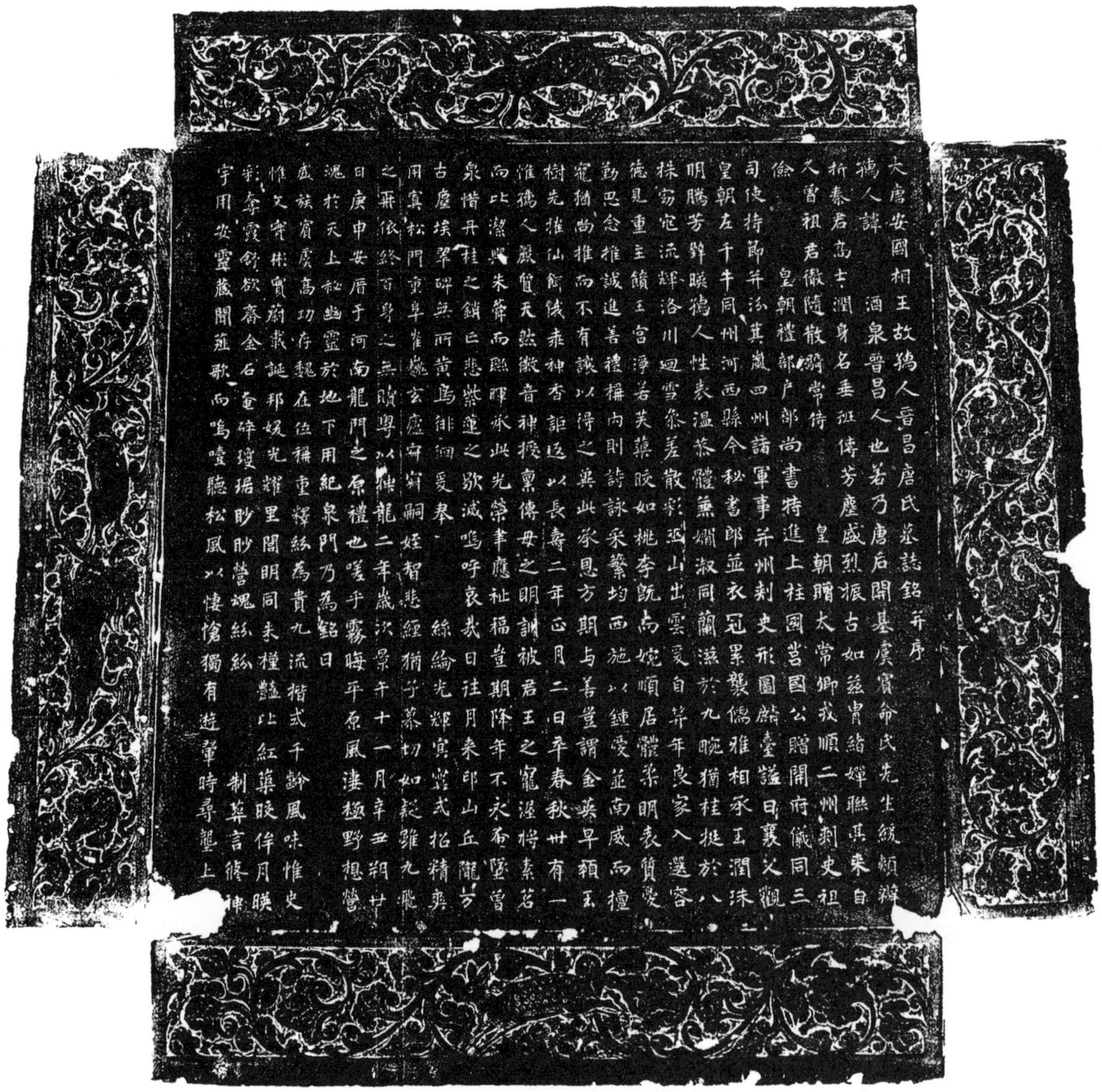

唐孺人唐氏墓志

唐孺人唐氏墓志盖

（五八）唐故簡州司馬蘭陵蕭君（守規）墓志銘

唐景龙二年（七〇八）八月廿四日

唐故簡州司馬蘭陵蕭君（守規）墓志銘

  唐故簡州司馬蘭陵蕭君墓志銘并序//

  宣德郎行太子校書郎濟陰單有鄰撰并書//

  君諱守規，字憲，蘭陵人也，其先出自黃帝、高辛氏之苗裔。齊、//梁以降，累葉重華，或衣冠盛於江左，人物稱於關闕。曾祖歸，//梁孝明皇帝。祖瑀，梁新安王，隨（隋）內史，皇朝尚書左右僕//射、太子太保、宋國公、食亳州封六百戶、贈司空，圖畫雲閣，陪//葬昭陵。父銳，駙馬都尉、太常卿、益州長史、岐州刺史，襲宋//國公，尚文武聖皇帝女襄城長公主。分輝若木，派潤天潢。//公積慶王侯，延華戚属。孝友夷雅，得之自然，禮樂詩書，於是//乎在。起家以崇文館學生擢第，授曹王府功曹參軍，轉益州//唐隆縣令。累遷蘇、曹、簡三州司馬，加朝散大夫。公道存朝市，//跡混污隆①。州縣未足爲勞，軒冕曾何屑意。不空之詠，雖播譽//於海沂；盈懷之歌，奄歸魂於岱岳。輔仁莫驗，天道如何。以長//壽二年正月一日終于位。夫人河東柳氏，蒲州使君則之孫，//都水使者子產之女也。左氏和鳴之兆，五代其昌；詩人同穴//之儀，雙魂永閟。以景雲二年八月廿四日合葬于洛州河南//縣河陰鄉邙山之北原，禮也。嗣子蘇州司功暉等，至性純深，//哀毀過禮。群鳥銜塊，方成李氏之墳；駟馬知銘，即是滕公之//室。其銘曰：//

  源系靈長，爰自帝王。積善餘慶，福流于梁。其一。盛德不已，挺生才//子。詩書禮樂，盡在是矣。其二。明經太學，作賦梁園。武城嗟屈，邦國//謠恩。其三。昔聞天道，輔德爲務。哲人云亡，彼蒼何故。其四。洛都之北，邙//山之陽。泉臺不曙，松柏蒼蒼。蘭有秀兮蘭有芳，德不朽兮聲//彌揚。其五。次子曉，揚州參軍。次子皓（暠），常州參軍。次子旺，鄭州參軍。次子晙，漢州參軍。//

  蕭守規墓志，2003年出土于洛阳，现藏于洛阳师范学院图书馆。志石呈方形，高、宽均57厘米。志文楷书，凡24行，满行23字。志石保存完整，字迹较为清晰。志主系后梁孝明皇帝蕭巋曾孙、初唐宰相蕭瑀孙，其父蕭锐是初唐时的驸马都尉，曾娶太宗李世民之女襄城长公主为妻。就是说，志主是太宗李世民的外孙。

---

  ① 污隆：指世道的盛衰或政治的兴替。语出汉刘向《列仙传·马丹赞》："马丹官晋，与时污隆，事文去献，显没不穷"。唐刘知幾《史通·载言》："国有否泰，世有污隆"。

唐蕭守規墓志

唐故蘭州司馬蘭陵蕭君墓誌銘并序
君諱守規字憲蘭陵人也其先出自黃帝高辛氏之苗裔蔭
梁孝明皇帝瑀祖新安王隨於江左人物稱於閭閈曾祖
梁太子太保宗銘駙馬都尉太常卿益州長史贈司空陪
葬昭陵父鋭國公食邑一百戶謚司空畫雲閣宗
國公積慶王俟近華館學生擢著作曹之詠雖楷磐
公乎摩起家以當文武聖皇帝女嘉城長公主分輝岐州刺史襲黃
跡隆縣令累遷蕲曹蘭州司馬勞軒冕加朝散木潤天
唐混沂盈州懷縣令之歌歸魂於岳東輔仁意不空之道存朝市
於海池和卒於位夫人依河之地柳氏蒲驗其道如何以長鑒
壽二年正月一日景雲二年八月廿四日合葬昌使君詩則同之孫
水雙槻即以永閏之女嗣子燕騮州司等于洛人河南
儀過禮郷郡之北原為景氏和鳴暉即是性絕
河陰雙毀即成李殯即銘
蒿之銘曰嗣系靈長愛值帝王積善餘慶福流於梁盛德不已挺生才
子詩書禮樂盡在是矣明經太學作賦梁園曄曄屈邦國
昔聞天道輔德務彼蒼蒼蘭有秀子衞有英德不朽
弥之陽泉臺不曜松柏

（五九）大唐故幽州都督姚府君（懿）墓志

唐景龙二年（七〇八）九月十七日

大唐故幽州都督姚府君（懿）墓志

  大唐故幽州都督姚府君墓志并序//
    君諱懿，字善意。其先吴興郡，因官北徙，今爲河南洛陽人也。嬀汭淼其昌源，姚墟奥其//靈壤。因生是宅，爰此開宗。蒸蒸大烈，綿綿逾永。武都則聲流東漢，太常則名重南國。晋//宋齊梁，人英歷秀，文武將相，吾門盈之矣！高祖宏，高行邈世，大德有閑，動少微之光景，//鬱斷山之峰崿。曾祖宣業，宇文朝征東將軍。資士遠之忠亮，秀恭泉之方範。百夫之强，//聲高比興；萬人之敵，氣盖關、張。祖安仁，青、汾二州刺史。價重三傾，禮登八命。去襜爲理，//道革齊都。露冕①臨人，風遺魏國。父祥，随（隋）懷州長史。有德有行，令問令望，應題輿而就辟，//儀端右而作範，以二崤之地，當兩京之衝，遂兼檢校函谷關都尉。漢朝丞相之子，方膺//此任；以公經濟之材，故從斯委。乃密有部署，將攀鱗翼，未集大勳，奄違昭代。公食牛英//氣，揚乎金方；穿犀勁質，括乎赤羽。感遺志而不從，哀遠圖之此頓。遂因先部曲，更集豪//雄，掃虞田之氛霧，披晋野之荆棘。矢不虚發，策無遺籌，預經綸之肇事，奉光華之旦景。//年十八，授陝州崤縣令。居無何，擢拜驃騎都尉、水陸行軍副總管，累遷左衛親府右郎//將。子奇幼能，已追先日；翁歸兼用，更在兹辰。副六軍而處右，翊千門而高衛。而功冠于//群，飛蒼點白，左遷建安府折衝都尉。公乃拂衣挂冠，散岸林壑，不交當代，自出羲皇。//高宗大帝睿文承曆，纂戎②念舊，舉籍論功，割田議賞，召拜忠武將軍、高陽府折衝都尉，//封長沙縣開國男。公以時惟偃武，志本崇文，表求明試，袖爲舉首，拜使持節硤州諸軍//事、硤州刺史。擇蒍敖之舊典，揚彦伯之遺風③，荆巫所次，謳謡屬響，尋加銀青光禄大夫，//寵良政也。龍朔二年，邛僰酋梁，亂離邊服，朝咨威重，寄静西南，拜巂州都督。纔聞叱馭，//千里肅其自清；未及下車，六條翕其攸理。既而鄭辰急節，謝酉延災，將從掃第之期，遽//迫奠楹之釁。以龍朔三年十二月一日薨于館舍，春秋七十三。公志道秉義，克家光國，//屬龍戰于野，鹿走

---

① 露冕：指地方官吏治政有方，皇帝恩宠有加。语出晋陈寿《益都耆旧传》："郭贺拜荆州刺史。明帝（汉明帝）巡狩到南阳，特见嗟叹，赐以三公之服，黼黻旒冕，敕去襜露冕，使百姓见此衣服，以彰其德"。

② 纂戎：指继承先人功绩。晋潘岳《杨荆州诔》："纂戎洪绪，克构堂基。"南朝梁刘勰《文心雕龙·时序》："至明帝纂戎，制诗度曲，徵篇章之士，置崇文之观。"

③ 蒍敖：即春秋时期楚国名相孙叔敖。彦伯：即东晋玄学家、史学家袁宏。

中原，解扉獻節，登山夢景。而軍行有賦，文實在兹，師之餘日，卷不離//手。及載戢干戈，寄安州部，仁風大偃，惠聲允塞，天無其惠，曾不愸留，餘慶有歸，高門重//啓。以神龍元年，追贈幽州都督，旌舊德也。妻彭城郡夫人劉氏，故洺州刺史志遠之女//也。端莊不忒，琴瑟友之。鵲巢興而成頌，魚軒歸而疊軫。貞規裕兮，嬪則婉兮。及晝哭生//哀，闔門示範。徙郚鄰而教德，廣孟被以宣慈。母儀載偉，女史承式。長安元年，以子官加//太夫人。虞堂高而養典崇，潘筵滿而家園盛。克祚黃髮，盈芳白華。悲夫，勞息交貿，哀榮//遞襲。颭風樹以驚枝，淼寒泉而閟水。景龍二年正月八日，薨于洛陽慈惠之里舍，春秋//八十四。其年九月庚寅十七日丙午，安祔于兹室也。長子銀青光禄大夫、守越州都督//元之，次子朝散大夫、行洛州汜水縣令元景，恐山飛海變，盛烈靡形，遂鏤金銘石，垂之//來裔。其詞曰：//

姚墟奧兮靈壤崇，嬀汭長兮寶派通。藹三古兮聲無窮，垂萬祀兮烈有融。餘慶繁兮秀于//公，幹父蠱兮匪厥躬。分茅土兮奉攸同，總符節兮揚仁風。孌河洲兮兆鳳，裕琴瑟兮//驚鴻。肅梁案兮中缺，黯虞堂兮竟空。哀榮兮共盡，蘭菊兮靡終。//

唐姚懿墓志

附：唐故銀青光禄大夫嶲州都督長沙郡公贈幽州都督吏部尚書文獻公姚府君（懿）玄堂記

唐开元三年（七一五）十月十三日

唐故銀青光禄大夫嶲州都督長沙郡公贈幽州都督吏部尚書文獻公姚府君（懿）玄堂記

（志蓋）唐故嶲州∥都督贈吏∥部尚書姚∥公玄堂記∥

唐故銀青光禄大夫嶲州都督長沙郡公贈幽州都∥督吏部尚書文獻公姚府君玄堂記∥

玄堂在陝州東硤石縣東北廿里崇孝鄉南陵里安∥陽公之原，即　∥懷州長史府君塋東南五百四十步。　∥懷州長史府君墳高一丈，周迴廿三步。石人、石柱、石∥羊、石獸各二，列在墳南。碑一所，在闕南廿步。柏樹七∥百八十六株。　∥文獻公墳高一丈五尺，周迴廿五步。石人、石柱、石羊、∥石獸各二，列在墳南。碑一所，在墳南一十四步。柏樹∥八百六十株。闕四所，在塋四隅。　∥右奉開元三年七月廿四日　制贈吏部尚∥書，諡曰文獻公。既奉　朝恩，爰加禮秩，以其年∥十月己酉朔十三日辛酉卜兆叶吉，敢用封樹。其∥明器等物，總一百五十事，并此記并同瘞于　∥玄堂南一十二步。第十子兵部尚書兼紫微令梁∥國公崇，蓼莪增感，悲號靡及。恐松柏方合，陵谷遷∥貿。而前志先在　壙内，事歸幽密，不敢輒啓，今敬∥鐫貞琰，以立斯記。∥

開元三年歲次乙卯十月己酉朔十三日辛酉記。∥

姚懿墓志出土时地不详，志石现藏于千唐志斋博物馆。墓志青石质，方形，高、宽均75厘米，厚15厘米。志文楷书，凡33行，满行33字，共计1033字。志石保存完整，字迹较为清晰。姚懿玄堂记，1983年12月于河南省陕县张茅乡西崖村南地姚氏墓出土，现藏于河南省文物考古研究院。志石方形，高、宽均56厘米。志文楷书，凡20行，满行20字。

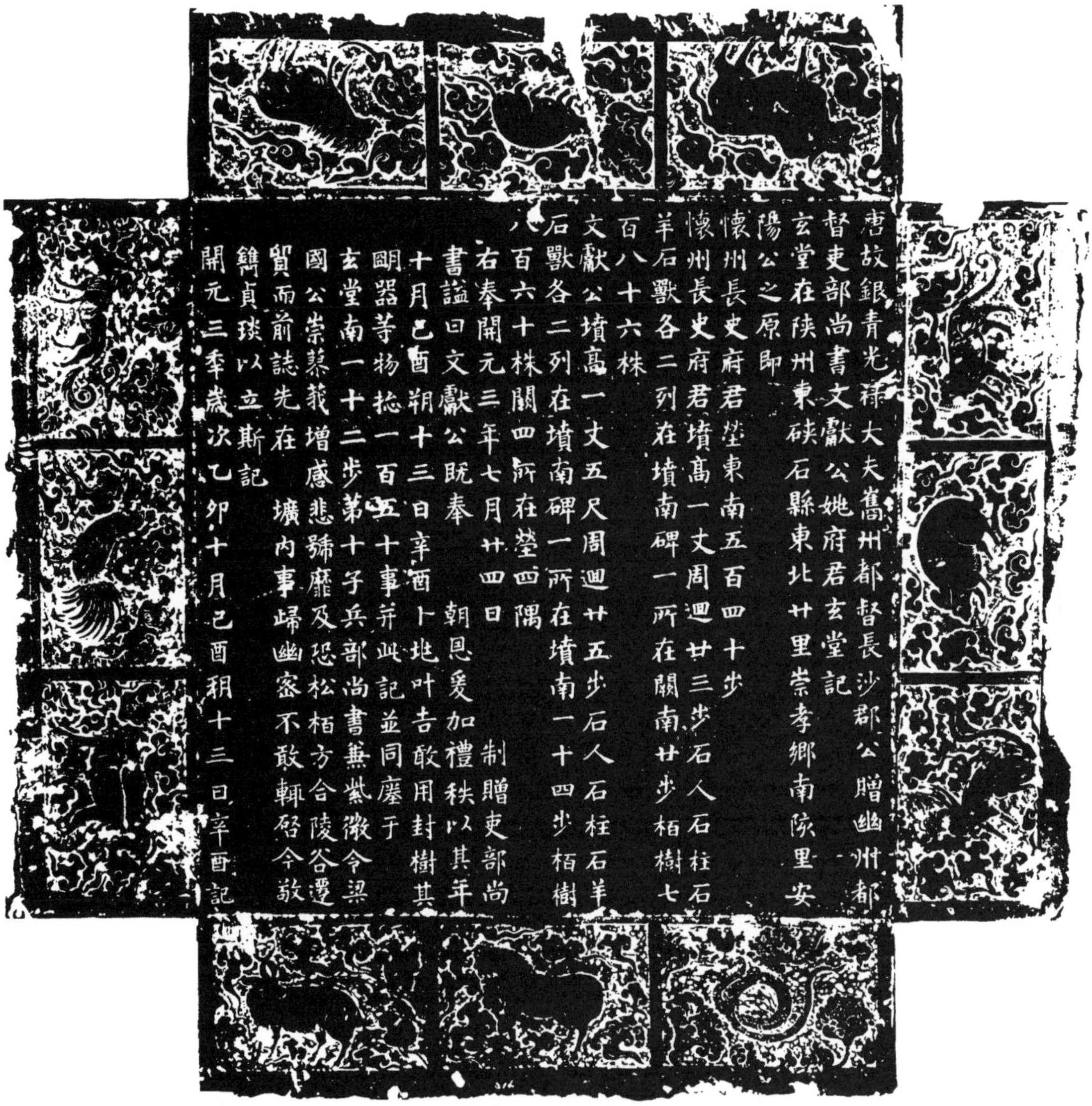

唐故銀青光祿大夫舊州都督長沙郡公贈幽州都督吏部尚書文獻公姚府君玄堂記

玄堂在陝州東硤石縣東北廿里崇孝鄉南陝里安陽公之原即懷州長史府君瑩高一丈周迴廿三步石人石柱栢樹七羊石獸各二列在瑩南碑一所在闕南廿步栢樹八十六株

懷州長史府君瑩東南五百四十步石人石柱石羊石獸各二列在瑩南碑一所在瑩南一十四步栢樹

文獻公瑩高一丈五尺周迴廿五步石人石柱石羊石獸各二列在瑩南碑一所在瑩四隅制贈吏部尚書諡曰文獻公既奉

朝恩愛加禮秩以其年十月己酉朔十三日辛酉卜地叶吉並用封樹其

書奉開元三年七月廿四日同塋于陵谷遷

卹器等物摠一百五十二事兵部尚書無憗徵今涇

玄堂南一第十子

國公崇業增感悲號攀號及恐松栢方合陵谷遷

貿而前誌先在壙内事歸幽密不敢輒召今敬

鐫貞琰以立斯記

開元三年歲次乙卯十月己酉朔十三日辛酉記

唐姚懿玄堂記

唐姚懿玄堂記志蓋

（六〇）大唐故翼州石廓戍主張君（爽）李夫人合葬墓誌銘

唐景龙三年（七〇九）八月廿五日

大唐故翼州石廓戍主張君（爽）李夫人合葬墓誌銘

（誌蓋）大唐張//府君墓//誌之銘//

大唐故翼州石廓戍主張君李夫人合葬墓誌銘并序//

　　君諱爽，字神爽，河内修武人也。若乃黄神御曆，因掌//孤而命氏；炎精嗣統，膺和鼎以分司。備諸史諜，可略//言矣。祖剌，父秋，并玉鉤貽富，金鎖呈休，白賁無咎，黄//裳元吉。君良冶之子，忠孝是資。頃以海孽不賓，河孫//未欵，既命渡遼之將，旋歌出薊之行。君時投筆從戎，//寒旗申效。有　制授輕車都尉，行翼州石廓戍主，籌//其庸也。不謂祥非墜鵲，禍變巢鵟，儀鳳四年四月一//日卒於任所，春秋有五十。夫人隴西李氏，紫氣浮仙，//白雲飛慶。張箴班誡，宋子齊姜。食魚之咏既登，和鳳//之音又洽。享年不永，先夫而逝。以大唐景龍三年八//月廿五日同窆於州西二里弼諧鄉平原，禮也。孤子//思福，瞻露草而垂泣，聽風樹而銜哀，卜兆飾塋，既安//而措。雖松檟是南陽之陌，恐蓬萊作東海之田。乃叙//芳規，紀乎貞石。其銘曰：

　　黄神御曆，掌孤命氏。炎精//嗣統，和鼎爲美。夫君誕秀，良弓之子。其一。海孽不賓，河//孫未臣。勞我偏衆，吊彼平人。功成績著，髦之絶倫。其二。//帝曰尔勛，藏于册府。爰命乃職，用光其武。才高位下，幽弦//悽楚。其三。墜鵲非祥，巢鵟降殃。蘭閨委秀，李往凋芳。雌雄兩背，鴛鴦鳳皇。其四。//鳳梧俱折，龍劍雙沉。牛停示兆，鶴吊俄臨。泉扃一閉，松柏森森。其五。//

张爽墓志，2011年10月出土于沁阳市区西北团结路中段司法局办公楼工地，现藏于河南省沁阳市博物馆。墓志并盖一盒，青石质。盖盝顶，厚9.5厘米，四周及斜刹面阴线刻桃形花纹和卷云图案，正中阴刻篆书"大唐张府君墓志之铭"3行，行3字。志石方形，高、宽均53厘米，厚9.5厘米，四侧面线刻团花纹。志文有方形界格，楷书，凡20行，满行30字，共计419字。因布稿不当，最后铭文部分或一格填两字。志石保存完整，字迹较为清晰。

唐張爽墓誌

唐張爽墓誌蓋

（六一）大唐開府儀同三司紫微令梁國公姚公夫人沛國夫人劉氏墓志銘

唐开元五年（七一七）二月十三日

大唐開府儀同三司紫微令梁國公姚公夫人沛國夫人劉氏墓志銘

　　大唐開府儀同三司紫微令梁國公姚公夫人沛國夫人劉氏//墓志銘并序
　　　　左補闕許景先撰//
　　　　夫人諱　，彭城人也。其先漢楚元王之後。夫受氏命曆，開階胙//□，曾□與極天齊峻，封盟比長河不絕，規模弘遠，世紀可詳。曾//祖乾宗，唐平坊二州刺史、洪州都督、宜春縣開國公。祖紹策，唐//雲融吉潁四州刺史、藁城縣開國公。父君潁，華州參軍、郴州平//陽縣令。并降靈台岳，聯華國圖，立德成於懋官，盛業稱其可久。//夫人服柔謙之訓，降明淑之靈，含純瑕以內融，伉貞婉而特立。//始則內資姆教，鬱爲婦道之宗；終亦作配國禎，式規王化之本。//時梁公迹淪吏隱，望屬蒼生，盤桓利居，始膺招貴。夫人躬浣濯//以立素，率紘組以底勤，怡順而傍睦宗姻，尸齋而肅恭祭祀。方//將貽訓彤管，傳經后師，而景命不融，與善冥昧。閟虹光於厚穸，//墜瑤華於早春。以垂拱元年八月四日終於鄭州官舍，春秋三//十四。時以聖曆元年十月廿三日權歸殯邙山，禮也。夫人慈敬//沖謙，秉心泉塞，正詞以直道，柔色以承顏，進止合環佩之聲，內//懸有揮機之別，幽世永絕，遺範尚存。嗚呼哀哉！　今開府梁公，寅//亮百揆，出入四朝，若伊尹之保成湯，周邵之佐文武，功銘彝鼎，//績東　帝心。乃下　制追封沛國夫人。以開元五年歲次丁巳//二月壬申朔十三日甲申改葬萬安山南大塋，禮也。永懷異室，載卜幽埏。//爰加相國之封，乃錫侍中之賵。雖金鉉之貴，禮隔於//終天；石窆之榮，義光於歿世。長子故光祿少卿彝，克紹丕訓，不//幸早亡。次子太子中舍异，文藝溫恭，時推孝友。悲口澤而日遠，//懷蓼莪而罔極。門人盡飾，復見吊容。假葬有稱，還遵正禮。銘曰：//
　　　　懿茲邦媛兮，厥德自先。內循姆訓兮，明淑惟賢。象服副笄兮，不//偕永年。夫貴妻尊兮，封邑乃傳。哀榮備禮兮，永閟終天。//

　　姚崇夫人劉氏墓志，1998年12月出土于伊川县彭婆镇许营村北宋范仲淹墓东侧万安山南麓，现藏于洛阳市文物考古研究院。墓志青石质，方形，高74、宽73、厚17.5厘米，墓志四侧阴线浅刻十二生肖图，每生肖图旁衬以缠枝牡丹花纹饰。十二生肖的标名，除蛇、马、羊（按此字残存）外，其余均标其相应的地支名，其中猴标为壬，鸡标为申，显然是刻工疏忽造成的错误。墓志四侧刻绘十二生肖图，在洛阳地区出土的唐代墓志中，此志当属时代较早的一例。内中"左补阙许景先撰"七字作隶书。志文楷书，凡25行，满行24字，共计588字。志石保存完整，字迹较为清晰。

唐姚崇夫人劉氏墓志

（六二）唐故通直郎行陵州貴平縣丞柱國祁府君（惠）墓誌銘

唐開元六年（七一八）十二月十四日

唐故通直郎行陵州貴平縣丞柱國祁府君（惠）墓誌銘

  唐故通直郎行陵州貴平縣丞柱國祁府君墓誌銘并序

  東都福先寺主彪上人爲作文//

  府君諱惠，字敏，其先太原祁人，晉大夫奚之遠胤，至漢祚勛爲河東太守，因//爲聞喜著族。府君即勛之後也，遠祖寓居譙郡，故爲鹿邑人焉。建國開家，//帝嚳之靈緒；疏宗命氏，則伊堯之洪胤。祖粲，隨（隋）許州長社縣丞，面乘鳧之□//境，背馴雉之神郊，績著恭勤，位光毗贊。父行，生□隨季，運偶沸騰，晦迹丘//園，不求聞達。府君器局淹雅，風神秀逸。幼挺奇操，玩三墳之典册。長擅异能，//包六義之文翰。年甫弱冠，補四門學生，庇影庠塾，游心經史，黌館諸儒，特相//友愛。《春秋》《周禮》《論語》《尚書》義畢該通，文皆暗誦。尋而射策高第，以乾封元年//擢授登仕郎，咸亨五年選授儒林郎，守幽州都督府博士。爰開絳帳，式統□//衿，譽重燕垂，風流薊野。其時獫狁孔熾，獯虜①挺灾，有敕命都督李文暕爲//嬀州道，總管府縣。寮采多預戎行，府君投筆前驅，揮戈直進，臨危不懼，有慕//先登。雖季路北游，班超西上，方之膽勇，此無愧焉。李公嘗謂諸官云："祁生業//綜文儒，兼優武略。仁者有勇，信不虛談。"因補府君爲檢校果毅，尋破横松、□//鐸、賀渾、黑沙、赤沙、隨河、帶山等陣，以功授柱國。垂拱年，授通直郎行陵州貴//平縣丞，當以雙流迢遞，九折崎嶇，欲遵從政之途，旋迫奉親之義。遂歸□//井，盡養於家。尋丁艱苦，幾將滅性，因而毁瘠，遘疾彌留，以大周長壽二年十一//月九日，卒於私第，春秋五十有五。庚康初逝，始聞埋玉之悲；張鷹後來，旋見//拂琴之慟。夫人符氏，即隴西符堅之胤，幼懷貞順，長洽閨儀，闡芳訓於椒庭，//扇嘉猷於桂户。而以母儀遠著，禮宗之慶不渝；婦則遙通，投杼之恩非爽。唐//隆年，敕授樂城、高安、武城、宴臺、龍崗等鄉君，太極元年授中牟縣君，彩帛盈//賜，粟禄供差，何期壽耋之年，俄迫殞迫。開元二年八月十日遇疾，卒於私室，春//秋八十有四。嗚呼哀哉！粵以大唐開元六年歲次戊午十二月庚甲朔十四日癸酉，//与夫人庫延氏合葬於縣東南廿五里吳臺鄉之原，禮也。嗣子輕車都尉履//冰、右驍衛翊衛陪戎校尉履抱、履搞、履懇等，茹荼永慕，食粒長懷，願樹家聲，//思傳祖德，式鐫金石，

---

① 獯虜：古代對北方少數民族的蔑稱。《文選·王粲》："一舉滅獯虜，再舉服羌夷。"唐李益《從軍有苦樂行》："北逐驅獯虜，西臨復舊疆。"

乃述铭云：

公侯茂绪，牧伯华胄。是曰大夫，抑惟//太守。珩璜错杂，簪组纷糅。筠劲松贞，泉澄岳秀。其一。於穆夫子，含章挺生。文宗//博赡，武略纵横。望标人杰，誉重时英。电波遥谢，凤树先惊。其二。婉彼佳人，□□//君子。调谐琴瑟，名高图史。芬若芝兰，晔如桃李。九京不作，千秋已矣。其三。□□//旧郡，坟依古岗。泉深壤白，沙涨尘黄。落日翳景，浮云无光。年年岁岁，松□□□。//

祁惠墓志，1959年10月出土于郸城县吴台乡东北，现藏于周口市博物馆。志石青石质，高74.5、宽72、厚9厘米。志文有界格，楷书，凡29行，满行29字。志石保存较为完整，字迹清晰。

唐祁惠墓志

（六三）大唐故冠軍大將軍史北勒墓志

唐开元七年（七一九）四月十五日

大唐故冠軍大將軍史北勒墓志

  大唐故冠軍大將軍史北勒墓志并序//
  公諱多，字北勒，西域人也。建土鹿塞，代貴龍庭，交贄往来，//書于囊策，公其後也。曾祖達官，本蕃城主，自天縱知，神朗//宏達，不由文字，晤暗古今。率彼附容，遠欽　皇化。祖昧嫡//襲，不墜忠貞。父曰，夙使玉關，作鎮金塞。乃礼遣長子削衽//来庭，公之是也。公至自，皇上嘉其誠款，特拜授中郎將。自//參侍丹墀，綿歷年祀，嘗無纖犯，聲譽日聞。又加冠軍大將//軍，進位上柱國，轉右領軍衛中郎將。擁虎□□猛士，警翼//皇圖；運豹韜之奇籌，珍摧匈寇。公素知止足，不尚矜華。謝//病丘園，甘寢私第。歲時月見，二三而已。谷神不死，徒着五//千之□；賢聖□歸，終化一棺之土。以開元六年十月廿六日，//薨於里第，春秋一百一。七年四月十五日，遷厝於洛陽城//南，礼也。其處則迩接華陽，依紫微於北極；俯臨伊渚，奇琇//控於南山。瑞則仙鶴吊人，圖則神龜占地。絶漿哀子，痛甚//曾參。樹劍良朋，悲深吴礼。沿兹銘典，以勒泉門。翼播金聲，//永存玉策。其詞曰：
  惟德動天，無遠不届，赫赫宗唐，四//方是拜。英英公族，則爲蕃首，聲聞中華，威振細柳①。粤自龍//庭，入侍鳳闕，削衽拖紳，解辮冠發。翼翼警衛，豐豐歲月，忠//懇日聞，礼數時越。功逾衛霍，績出韓彭，玉門擁節，金嶺麾//旌。不尚矜華，屢乞骸骨，謝病歸家。星離寡疇，日逗纖隙，人//生斯須，忽如過客。纍歷草隧，蕭瑟風柏，泉路一分，幽明永//隔。名冀與兮天壤俱，雕兹石兮勒銘策。//

  史多墓志，出土于洛阳，现藏于洛阳师范学院。志石青石质，方形，高、宽均46厘米，厚10厘米。志文楷书，凡22行，满行22字，共计466字。志石保存完整，字迹清晰。

---

① 细柳：语出《史记·绛侯周勃世家》，周亚夫屯兵细柳（今陕西省咸阳市西南渭河北岸），军中常备不懈，军纪森严，天子进入军营也须按军纪行事。后遂用细柳营、细柳、亚夫营、亚夫军等称誉军纪严明的军营，也泛指兵营。

二 墓 志

大唐故冠軍大將軍史訶耽墓誌并序
公諱訶耽字北勃西域人也建土康代貴就龍庭交質往兼
書于景策公共其後也曾達官亦蕃城主自天縱知神朗
客不隆忠貞父字暗暗至古今辜彼附容遠欽皇化禃昧繽
龍庭侍伏堙上柱國歷年祗鳳俠玉関作鎮金塞乃特拜授中郎削
象進位豹韜之奇等右領軍衛無繊上嘉誠欵聞又加冠軍大將
皇圖運鞠勳籌弥權領軍中郎将素知止神不死徒著猛士警翼
軍待扞松歸之禩之間已谷不尚於葦謝長子
病丘園甘棠終萬化月見六年十月廿六日
於園聖春秋一時棺之以閏運歷於洛陽城
千里賢薺一歲三开元年四十還賃伊渚奇
覺於也其虞百七四月十五日俯賠之崇唐
南礼南接華一依紫於北絶舖泉痛甚
控於山華陽則微覦地俯浮擔金菅
曾於玉瑞仙則神龜北地紹泉翼擋
永策良鳩吊風圖則地絶戶泉舉
是其角礼泓鐵銘天無殺柳門自
廉詞玉德鵂典中遠勳學營忠
連公曰吳心驂以不胼歲雲
日挨公解首馨威振細月
不則為蓋冠驥翼二彭
尚功羋辯贊出雛實
於礒吟牢結衛彭寳富
得胡對病家星王日
鳳數越薨歸家星門逗
閏時祖骨出權權道
礼矣功寢茸掌當日連
生怨樂是得莫漢容篚
斯日之不於名客得微
誶不知過華知過得維
諭尚廳客髙雎石方
名閣禮襄擁傷勒鑣
巢然雎蕪稼石芳柏
與忽於嬈怡茲勒銘泉
兮尚雎瓌鸝路
芳芳莿茲勒銘一
矣石芳銘 分
遺名巢雎 幽
陽生與 明

唐史北勒墓志

（六四）大唐故左監門校尉上柱國康君（遠）墓志銘

唐开元九年（七二一）十月十一日

大唐故左監門校尉上柱國康君（遠）墓志銘

大唐故左監門校尉上柱國康君墓志銘并序//
　　君諱遠，字遷迪，其先衛康叔之門華，《風俗通》之叙述，祖宗//累美，子胄光揚。君稽古文儒，英威武略。有去病漂姚之號，//超伯宗戍巳之名①。直以祐靜三邊，東西百戰。篋迹式遁於//嚴衛，宏功載錫於元勳。實典兵戈，幾防階闥。春秋六十有//二，忽以長壽元年十二月八日，歸歿于雲陽縣界之私第。//嗚呼！其生也命，其死也哀。空裏載覯於飛鳧，床下旋聞於//蟻鬥。夫人隴西縣太君曹氏，春秋七十有九。豈期纏疴不//愈，救療無徵。幾勞岐扁之功，匪免沉冥之酷。以神龍三年//四月廿五日，卒于洛陽縣毓財里之私第。則知魂銷魄去，//恨夜月之全空；泪竭珠亡，覺天星之半落。嗣子貞固，正議//大夫、上柱國、行易州遂城縣令。擗地號天，陟屺陟岵。毀瘠//過禮，茶酷於人。扶杖孝畢於三年，貶藥禍延於七尺。靡及//安措，旋已淪亡。今此厥孫，葬于厥祖，即以開元九年歲次//辛酉十月乙亥朔十一日乙酉，開鑿塋域，遷召魂骸。西□//三秦，東還九洛。夜臺懸鏡，配鸞鵲而同棲；寶匣埋鐔，喜蛟//龍而共穴。白楸一閟，留盛德於千年；青松數行，記荒墳//於萬古。刻石不朽，乃作詞云：//
　　□秋忽敗於芝蘭，兩宗并掩乎棺槨。魂柩西別于涇渭，卜//兆東屆于河洛。其一。高原接其熊耳，極野鑿其龍盤。靈輀送//往而移易，薤挽悲咽兮辛酸。其二。唯地久兮天長，恐陵平兮//谷徙。古之賢聖兮猶化，今日沉埋兮到此。泉下獨守於冥//冥，山上空存於壨壨。其三。//

康远墓志，1997年8月出土于洛阳孟津送庄乡，现藏于千唐志斋博物馆。志石方形，高72、宽75厘米。志文楷书，凡23行，满行22字。志石保存完整，字迹清晰。

---

① 此处是用西汉霍去病和东汉耿恭的典故来暗示康远曾经担任武职并在西域征战。

唐康遠墓志

（六五）大唐故正議大夫易州遂城縣令上柱國康公（固）墓志銘

唐开元九年（七二一）十月十一日

大唐故正議大夫易州遂城縣令上柱國康公（固）墓志銘

（志蓋）大唐故康府君墓志銘

大唐故正議大夫易州遂城縣令上柱國康公墓志銘并序//

大矣哉！豫章挺生於七年，森直亭亭而拂漢；明珠無類者一//寸，光彩熒熒以射人。惟君盛德，比之可逮。君諱固，字義感。春//秋七十有二。考其門緒，則媲金社以傳名；驗其聲華，則比玉//人兮挺譽。出身獻直以事　主，效職盡節以圖榮。諒知//命有推遷，物皆代謝。以開元八年十月廿一日，寢疾終于魏//州館陶縣之別業也。豈期天上書降，載召王君；人間友亡，空//思管氏。精靈不駐，諒移南斗之星；告老非遠，遽閱東溟之水。//今飛鵬易睹，隙駒難留，何先榮而後悴，何生勞而死休！夫人//趙氏，成州刺史之長女也。充國之貴族，元淑之家孫。閨範克//彰，邕和早著。適人以禮，俯就於初笄之年；結偶有期，克展於//乘龍之譽。春秋卅有七。去垂拱三年三月廿一日，終于西州//之官舍。所恨掎桐半死，葛藟全凋，魂魄遠滯於莎車，旌旗近//隨於柳駕。炎涼幾變，背貫斗之關河；墳隴再營，得芒山之囗//勢。即以開元九年歲次辛酉十月乙亥十一日乙酉，合葬囗//河南府河南縣平樂鄉之北原，禮也。固以琴瑟和諧，蛟龍再//合。松埏窈窕，下徹於三泉；薤挽悲離，逆終於萬古。山川溟兮//牢落，天靄靄而雲愁；草樹颯兮摧殘，風蕭蕭而月苦。有子囗、//簡等，并哀纏七祀，痛冠三年。囗不違於禮經，實乃戀乎天囗。//陳叔明之哭父，吐血崩心；王叔治之喪囗，鄭人罷社。今既囗//刊翠琰，載記黃壚，昭晰克存。乃爲銘曰：//

天道兮運行，人靈兮契合。共埋閟於鸞鳳，配山阜兮重沓。苦//大夜之昏昏，畏寒飆之颯颯。哀聲兮愴恨，煙露囗囗嗑吊。生//者既并於川流，死者克齊於海納。其一。//

康固墓志，1996年出土于洛阳孟津平乐乡，现藏于洛阳市文物考古研究院。志石方形，高57、宽56厘米。志文楷书，凡24行，满行23字。志石保存完整，字迹清晰。

唐康固墓志

唐康固墓志蓋

（六六）唐故并州大都督府倉曹參軍甘君（瑜）墓志銘

唐开元十年（七二二）二月廿二日

唐故并州大都督府倉曹參軍甘君（瑜）墓志銘

（志蓋）大唐故∥甘府君∥墓志銘∥

故并州大都督府倉曹參軍甘君墓志銘并序∥

公諱瑜，字師範，丹陽人也。食菜於甘，爲周卿士。保∥姓受氏，茲其厥初。曾祖儉，隨（隋）青州刺史。祖基，皇朝∥皇朝（此处"皇朝"二字衍）贈太子中舍人。父覽，陝州司馬，贈潤州刺史。∥惟祖惟父，允膺世濟。克明畯德，垂裕後昆。公冲和∥自天，忠恕周物。動不逾矩，德無常師。朋友益敬，宗∥族稱悌。敏行訥言，抱素見樸。解褐拜湖州烏程縣∥丞，除太常寺協律郎。遷岐州司士參軍，攝利州司∥馬。又遷并州大都督府倉曹參軍。惟明惟允，所居則化。其典樂也，則金石攸叙，雅頌以和。其理人也，∥則府無留事，行有餘力。東莅勾吳，西撫巴漢。及岐∥懷惠，分并有聲。《詩》曰："布政優優，百禄是遒。"何斯言∥之無徵，忽早世以歸盡！以開元九年十一月廿九∥日終於并府，春秋五十有九。取諸大過，卜其宅兆。∥逾月有典，外姻斯至。以開元十年二月廿二日葬∥於偃師北原，禮也。嗣子晧等，閔凶疚懷，昊天銜恤，∥追琢貞石，昭銘景行。銘曰：

命也莫測，人之云∥亡。輔德与善，茲理茫茫。浮生已盡，大夜何長。九原∥可作，蕭蕭白楊。

秘書監正字孫遜撰∥

甘瑜墓志出土于洛阳偃师市。墓志并盖一盒，青石质，方形，高、宽均44厘米。志盖隶书"大唐故甘府君墓志铭"3行，行3字。志文有界格，楷书，凡19行，满行19字。志石保存完整，字迹清晰。

唐甘瑜墓志

故并州大都督府仓曹参军甘君墓誌铭并序

公讳瑜字玘师范丹阳人也食菜於甘为因卿士

姓受氏焉其厥初曾祖俭随青州刺史赠润州刺史朝

皇朝赠太子中舍人文览陕州司马赠基公冲扶

祖惟忠恕周物动不踰明畋德垂裕后昆公敬宗

自天悌敬行谘言素矩明德毗无常师朋友鸟程

挨稱太常寺协律郎褐解拜湖州携刹州

除太又迁并州大都督府仓曹参军惟明惟允所居

馬府化其典樂也则岐州司士泰軍刺史所居

則府无留事行有餘金石

則化其典樂也則金石

懷惠分无微忽早世以归畫以开

日终有典外姻春秋五十九取諸大过卜其宅兆

踰月有并外姻斯年十二月廿二日藝

扞傻師北原礼景嗣子皓等关因疚莫测昊天之

追琢貞石昭兹铭曰生之命也大夜何长九原六

亡立辅德与善玆理茫茫浮秘书监正字孙遂撰

何作蒲德扬

（六七）大唐故錦州刺史趙府君（潔）墓志文

唐开元十二年（七二四）二月一日

大唐故錦州刺史趙府君（潔）墓志文

大唐故錦州刺史趙府君墓志文并序

開元拾貳年歲在甲子貳月辛卯朔壹日辛卯//

原夫混沌將辟，清濁乃位，君臣既著，文武鬱興。因古而觀，賢俊紛至。//暨乎純粹挺質，海岳資靈，群懿在躬，眾能咸輿者，則我　使君公//得之矣。公諱潔，字思貞，天水人也。出自帝高辛之後。高祖弈，北齊左六//驃騎府左車騎將軍；曾祖翱，周使持節景州諸軍事、景州刺史。祖穆，//随（隋）登州別駕、朝散大夫、上柱國。縑綢畢奧，文史稱材，且迂王祥之德，行//牽龐統之任。父澹，光州參軍，終於利州司法。簪蟬積襲，問望雙舉，//器宇冲逸，風神凜然，察案抱其閑雅，吏人欽其盛惠。苗而不秀，凋其//國華。公去垂拱中武舉及第，　制授左羽林衛長上。天軍擁劍，中//墨屯兵，既赳赳而可觀，亦鏘鏘而有序。後　制舉，英雄蓋伐，詞令抑//揚，公第以甲，授左領軍衛司戈。粵奉鈎陳，是司闡錡，苦節凌屬，稍遷//左衛司階。屬柳城狼戾，榆塞①猖狂，　王師出征，頻喪其律。公受黃鉞，陟之//元勳，　制授左領軍衛河南府金谷府右果毅都尉，尋轉右衛京//兆府平鄉府折衝都尉。日慎一日，久能弘道，俄充中受降副使。塞垣//地險，胡騎天驕，挺武庫之戈矛，當凶奴之要害。五載鎮壓，風塵不//動，公之力也。有　制嘉之，擢為右金衛衛河南府寶圖府折衝。時//蠻陬作梗，　制擇修良，授公使持節、錦州諸軍事、錦州刺史。//公自下車問政，褰帷孚物，恤隱求瘼，風化冀漸。身士百姓，夐古//生梗。詎荷仁明之德，潛行梟鏡之謀。奄此非命，終於夷落。於是//天子作怒，諸將憤心，短兵万計，洪舸連軸，期以不日，截其饞頸，仇其//怨也。公之薨年，春秋六十有七，葬於河南府邙山盧村南原，禮也。//至孝期壁，恐鯨飛東岱，龜化南溟，不鐫有道之文，誰識黃昌//之墓。銘曰：//

洪荒既判，君臣以立。代不乏賢，惟材是急。公之降靈，海岳之精。出身//事主，爰司禁兵。鴻漸于干，鷟遷於谷。司彼戈矣，　制授//其祿。其德日新，其榮歲積。階陛之任，劬勞無厭。惟忠惟孝，允文允//武。功立清夷，宜超赤府。眷彼陬落，殲我良人。式鐫貞石，永志窮塵。//

---

① 榆塞：指邊關、邊塞。語出《漢書·韓安國傳》"后蒙恬為秦侵胡，辟數千里，以河為竟。累石為城，樹榆為塞，匈奴不敢飲馬于河"。

唐赵洁墓志

赵洁墓志出土于洛阳，现藏于千唐志斋博物馆。志石方形，高、宽均53厘米。志文行楷，凡27行，满行27字。志石保存完整，字迹清晰。该志字体活泼酣畅、飘逸秀美。这种以行楷入志，在唐志中尚不多见。

（六八）唐故朝請大夫行尚書考功員外郎上柱國魏郡安陽邵府君（炅）墓誌銘

唐开元十五年（七二七）正月十二日

唐故朝請大夫行尚書考功員外郎上柱國魏郡安陽邵府君（炅）墓誌銘

唐故朝請大夫行尚書考功員外郎上柱國魏郡安陽邵府君墓誌銘并序

諫議大夫姚重賊撰//

邵公奭，文王子也。實佐周室，胙之于燕。綿綿慶流，貽厥萬祚。則公之丕系，其//尚矣哉！夫其弈世纘戎，嗣德無斁，葳蕤緗籍，抑不可備已。公諱炅，字炅，安陽//鄴人也。曾祖儼，隨（隋）秘書郎。祖才偉，皇朝洋州黃金縣令。父處珣，//皇朝揚州江陽縣尉。并忠肅恭懿，宣慈惠和，允升簪裳，纂乃洪閥。公承列代//之華構，禀生人之上姿。厥初誕弥，英碩秀發。爰在志學，好古敏求。學精六藝//之華，道叶五常之粹。文章雄拔，杰出當時。維昔有子建詩、相如賦，文舉之高//妙，公幹之宏逸，我則兼之。彼多慚色，其餘則自鄶①焉。夫如是，可謂翰林之上//卿，詞場之盟主。初以鄉賦進士擢第，居無何，制授蒲州汾陰縣尉，又改//汴州浚儀尉。皆以秀茂之首，膺弓旌之命。翹楚是刈，翰飛戾天。襃然王庭，拔//乎其萃。令問休赫，君子韙之。遂遷大理評事、左御史臺監察御史。中年爲文//吏巧詆，出爲歙州司倉。天鑒孔明，逾歲昭洗。又徵爲右御史臺監察御史，//遷殿中侍御史、判考功員外郎，事累月而政除焉。荐履清班，庶績咸乂。所在//异政，其聲孔嘉。自邑佐以至于省郎，咸制命衷升，以表盛德。故其作尉也，//則曰志行公方；其廷評也，則曰操履堅白；其軌憲也，則曰風規審正；其爲郎//也，則曰風憲是揚。寄矣大猷，簡兮俁俁。爲道日廣，樹德方滋。宜其熾而昌，壽//而臧。玄兗赤舄，淑旂綏章。式是台鉉，殿天子之邦；千禄百福，復公侯之始矣。//鵬溟可圖，已得長風之勢；舟壑不固，遄驚大夜之遷。夫子遂歌於太山，聲□//且夢於洹水。彼蒼与善，胡然匪忱。越開元四年五月廿二日，春秋卌有九，遇//疾終於京兆萬年縣道政里之私第。嗚呼哀哉！旅櫬西秦，龜謀未習。夫人蘭//陵縣君蕭氏，淑慎明婉，秉心塞淵。痛雄劍之先沉，咏《柏舟》以終骨。窈窕嬪室，//率禮無違。有子四人：長曰翼，次曰軫等。并克邁乃訓，惟懷永圖。蒸蒸幹蠱，煢//煢在疚。洎今開元十五年歲次丁卯正月甲戌朔十二日乙酉，歸厝於河南//洛汭鄉萬安山之陽，禮也。山河液秀，靈和世

---

① 自鄶：鄶，亦作"桧"，《诗经》十五国风之一，第十三叫"桧"。春秋吴国季札观乐于鲁，鲁为歌雅颂及各国之诗，季札各有评议，自桧以下不再评议。后以"自鄶"表示不屑于加以评论的低微的事物。见《左传·襄公二十九年》。

唐邵炅墓志

滋，綴英揚蕤，貽尔萬嗣。碩人之//不朽矣，孝子之克終矣。銘曰：//

偉高文之嶸起，含變化於神理。煥縟錦以奪目，亦鏗鏘而盈耳。天何生此才//而台階不履，与颜冉兮早世？噫！玉折兮蘭死，不其悲矣！河水逶迤洛水清，//皇衢中坦天地亨。間閶嵯峨而洞烈，冠劍肅穆而羅英。于嗟碩人兮今不見，//山蒼蒼兮雨冥冥。//

邵炅墓志，2000年7月出土于伊川县彭婆乡徐营村村北，现藏于千唐志斋博物馆。志文楷体，凡29行，满行29字。

（六九）大唐故揚州大都督府江楊縣尉邵府君（處珣）夫人鉅鹿郡君魏氏（天啟）墓誌銘

唐開元十五年（七二七）正月十二日

大唐故揚州大都督府江楊縣尉邵府君（處珣）夫人鉅鹿郡君魏氏（天啟）墓誌銘[①]

大唐故揚州大都督府江楊縣尉邵府君夫//人鉅鹿郡君魏氏墓誌銘并序//

朝議郎行汴州司功參軍事劉澄瀾撰//

夫人，古城人也。大名天啟，世祿地積。周民部//尚書雄之曾孫，隨（隋）泗州刺史、 皇將作近至//倫之孫， 皇豫州新蔡縣令齊之女。居室也，//柔順有孚，含章元吉；作配也，鳳兆斯應，龍琴//以和。府君之終，二子昇、炅，並從薄宦。夫人教//以義方，闢以文圃，并爲天下藉甚。炅既上應//列宿，昇復遠至方伯。子由母儀，母以子貴。神[②]//三年，封鉅鹿郡君焉。而炅至性過人，終於考功//員外。夫人哀其中夭，傷悼遘疾，藥物無效，//羸憊日侵。以開元五年五月廿三日，終於景//行里之私第，春秋六十有八。粵以開元十五//年歲次丁卯正月甲戌朔十二日乙酉，遷葬//於河南府河南縣萬安山之陽段里，禮也。嗚//呼哀哉！乃爲銘曰：

龜圖允臧，龍劍斯合。松//柏今古，川原重沓。山夜趨兮水東流，杳杳泉臺凡幾秋。//

魏天啟墓誌，2000年7月出土於伊川縣彭婆鄉徐營村村北，現藏於千唐誌齋博物館。誌石方形，高、寬均45釐米，四側爲神獸及蔓草花紋。誌文有界格，楷書，凡18行，滿行17字。

---

① "江楊"之"楊"，應爲"陽"之誤。另據邵府君之子邵炅誌云："父處珣，皇朝揚州江陽縣尉。"知邵府君名處珣。

② "神"應爲"神龍"之省稱。

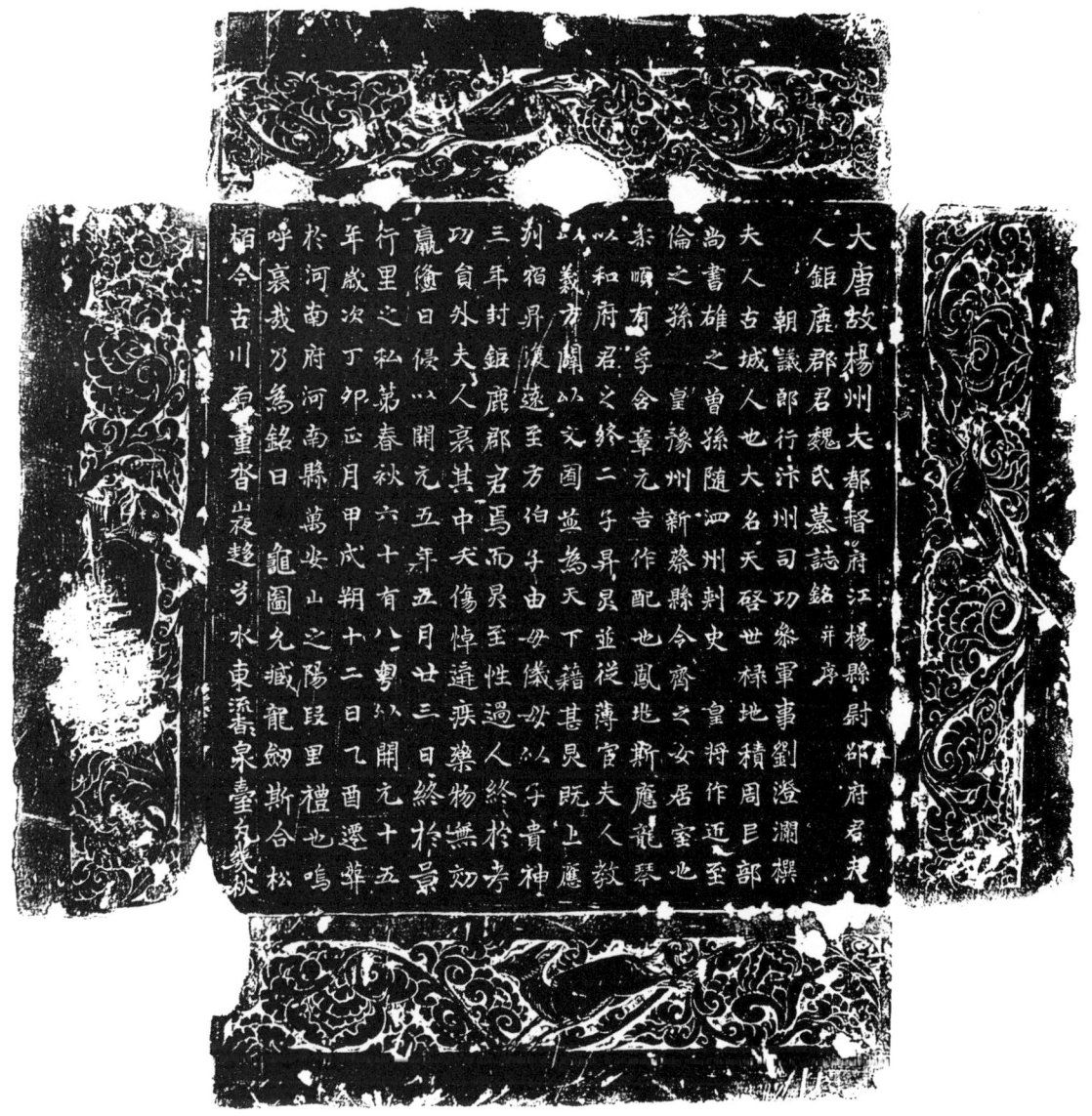

唐魏天啓墓志

（七〇）唐故尚書左丞相燕國公贈太師張公（説）墓志銘

唐开元十九年（七三一）三月

唐故尚書左丞相燕國公贈太師張公（説）墓志銘

（志蓋）唐贈太∥師燕文∥貞公張∥公墓志∥

唐故尚書左丞相燕國公贈太師張公墓志銘并序∥

工部侍郎集賢院學士族孫九齡撰

朝散大夫中書舍人梁升卿書∥

大唐有天下一百一十三年，開元十有八載龍集庚午冬十二月戊申，開府儀同三司、∥尚書左丞相、燕國公薨于位，享年六十四。嗚呼哀哉！∥皇帝悼焉，　制贈太師，盖師傅之舊，　恩禮有加也。　詔葬先遠，襄事∥有日，又特賜　御辭，表章琬琰。公義有忘身之勇，忠爲社稷之衛，文武可憲∥之政，公侯作扞之勳，皆已昭昭於天文，雖與日月爭光可矣。　公諱説，字説，范陽∥方城人。晋司空壯武公之裔孫，周通道館學士諱戈府君之曾孫。贈慶州都督諱恪府∥君之孫。贈丹州刺史、刑部尚書諱騭府君之季子。自上世積慶，及公而祥發，神明所府，∥道德爲樞。生以寧濟，幼而休動，鷹揚虎視，英偉磊落，越在諸生之中，已有絶雲霓之望∥矣。初　天后稱制，舉郡國賢良，公時大知名，拔乎其萃者也。起∥家太子校書，迄于左丞相，官政卅有一，而人臣之位極矣。尚書國之理本，公悉更之；中∥書朝之樞密，公亟掌之。休聲與偕，升降數四，守正而見逐者一，遇坎而左遷者二。其餘∥總戎于外，爲國作藩，所平除者，唯幽、并秉節鉞而已。至若三登左右丞相，三作中書令，∥唐興已來，朝右莫比。蓋聖賢之運有會，師臣之道欲行，人雖求多，我每餘地。馨香之發，∥專聞自久。宜其詡戴　聖后，師範百寮，功烈過於如仁，德聲∥出於咸一。此固與板築屈起、屠釣作合之類，亦云异也。公志玄遠，而性高亮。未嘗自异，∥會節乃有立，何所不可，體道以爲宗。既定國於一言，亦保身於大雅。其於經理世務，雜∥以軍國，決事如流，應物如響，紛綸輻湊，其猶指掌。及夫先聖微旨，稽古未傳，缺文必補，∥墜禮咸甄，與經籍爲笙簧，於　朝廷爲粉澤，固不可詳而載也。始公之從事，實以∥懿文，而風雅陵夷，已數百年矣。時多吏議，擯落文人，膚引雕蟲，沮我勝氣，丘明有耻，子∥雲不爲，乃未知宗匠所作，王霸盡在。及公大用，激仰後來，天將以公爲木鐸①矣。斯文豈∥喪，而今也則亡。嗚呼！克生以輔時，而臣道不究；致用以利物，而人將安仰？　∥

---

① 木铎：以木为舌的铜铃，振而鸣之以引起众人注意，古代用以宣布政教法令。亦指宣扬教化的人。语出《论语·八佾》："天下之无道也久矣，天将以夫子为木铎"。

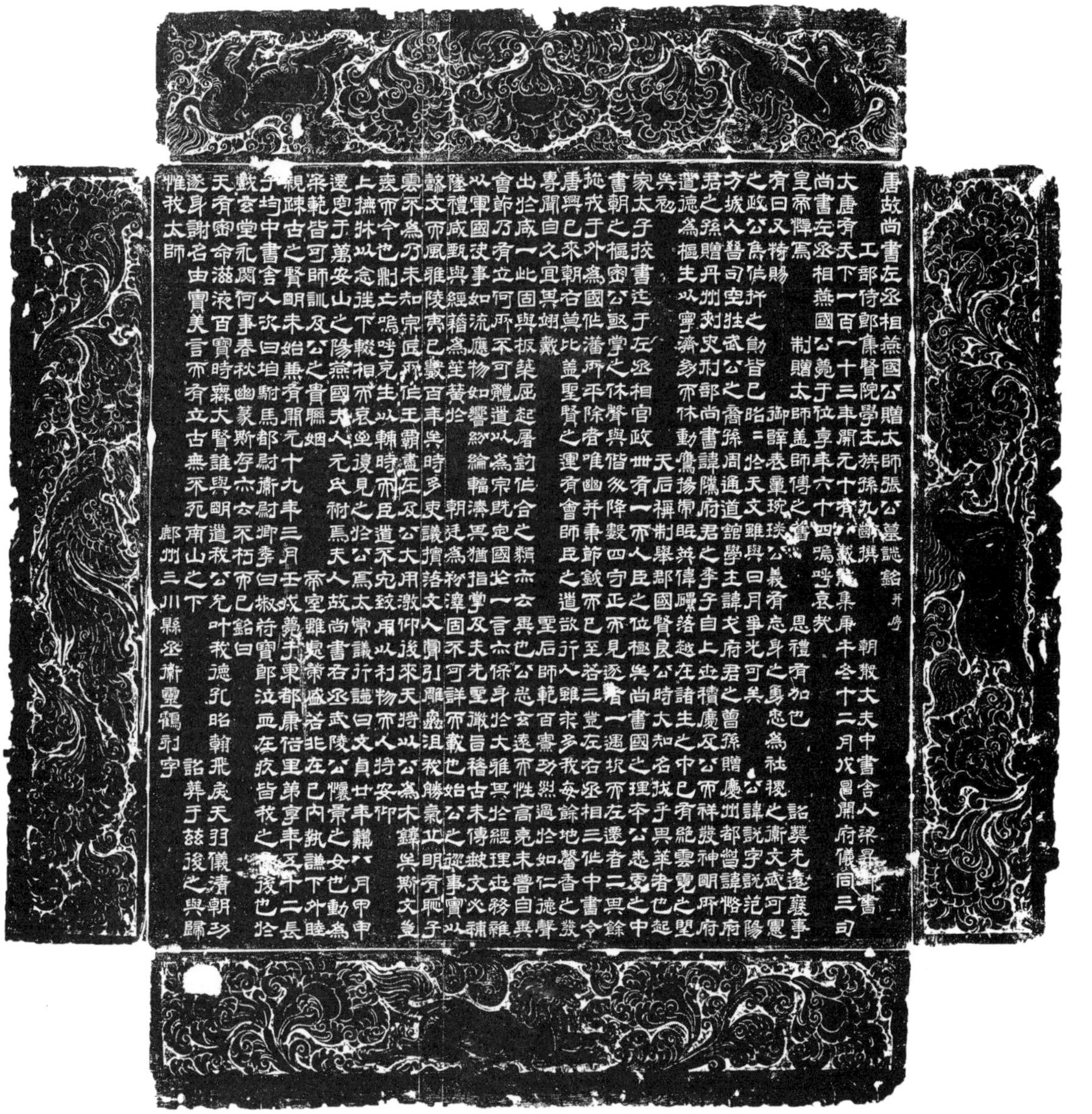

唐張説墓誌

唐張説墓誌蓋

上撫床以念往，下輟相而哀至，復見之於公焉。太常議行，謚曰文貞。廿年秋八月甲申，//遷窆于萬安山之陽，燕國夫人元氏祔焉。夫人，故尚書右丞、武陵公懷景之女也。動爲//柔範，皆可師訓。及公之貴，聯姻 帝室，雖處榮盛，若非在己。內執謙下，外睦//親疏，古之賢明，未始兼有。開元十九年三月壬戌，薨于東都康俗里第，享年五十二。長//子均，中書舍人。次曰垍，駙馬都尉、衛尉卿。季曰埱，符寶郎。泣血在疚，皆我之有後也。於//戲！玄堂永閟，何事春秋，幽篆斯存，亦云不朽而已。銘曰：//

天有密命，滋液百寶。時無大賢，誰與明道？我公允叶，我德孔昭。翰飛戾天，羽儀清朝。功//遂身謝，名由實美。言而有立，古無不死。南山之下， 詔葬于兹。後之與歸，//惟我太師。

鄜州三川縣丞衛靈鶴刻字。//

张说墓志，1999年秋出土于洛阳市伊川县吕店乡万安山南麓袁庄村西北，现藏于洛阳市文物考古研究院。墓志并盖一盒，青石质，方形。志盖盝顶，高53、宽52厘米，斜刹高16.4厘米，边厚5厘米。顶部四边及四刹刻变形蔓草纹，四斜刹蔓草间分别饰雄狮、青龙和奔马。盖顶篆书"唐赠太师燕文贞公张公墓志"3行，行4字。志石高80.8、宽80.4、厚16.5厘米。志四侧刻变形蔓草纹，间以雄狮、朱雀、奔马。志文隶书，凡32行，满行33字，共计936字。志石保存完整，字迹清晰。

（七一）唐故滄州東光縣令段府君（嗣基）墓志銘

唐开元十九年（七三一）十一月十五日

唐故滄州東光縣令段府君（嗣基）墓志銘

　　唐故滄州東光縣令段府君墓志銘并序//
　　府君諱　，字嗣基，武威姑臧人也。周之宗盟，實啓鄭國，武公之子，有大叔段，//因而氏焉。當春秋時世濟不隕，及秦削諸侯爲郡縣，故徙于關西。漢太守會//宗、後漢太尉熲，遂爲郡著姓。自太尉十四代以至　府君，弈葉明德。　//曾祖孝先，齊左丞相、平原王。　大父德堪，上郡王，入隨（隋）扶始汴蔡四州刺//史。　考寶玄，給事中、刑部侍郎、尚書左丞、銀青光禄大夫、大理卿、洛州長//史、越州都督。　府君地承丕構，家傳禮樂，體二氣之清純，究六藝之淵奥。因//心孝友，發言忠信，鄉黨宗焉，朋友義焉。始以門子宿衛選韓王府功曹，王虛//心禮遇，動見諮訪。　君不樂王吏，思保休閑，而王母彭城夫人在堂，義資奉//養，補潤州司士，無何以内艱去職，憂毁之至，有加於人。服闋，調滄州東光令。//渤海舊俗，亦号乱繩，爰自下車，累著威惠。惟　府君委心體命，動匪干求。學//不爲人，將以明道；官耻苟進，必在濟時。不希世以取容，獨浩然而養正。物忌//高潔，故大位不躋，享年五十七。永淳二年十二月十五日捐背於縣廨，明年//奉靈櫬殯於河南北山。　夫人滎陽鄭氏，相州滏陽令行感之女也。//漸慶華胄，夙習義方，訓育諸孤，實賴而立。春秋卅五，垂拱二年寢疾，弃背於//都恭安里，是年三月安厝於　府君塋側。次子崇簡，右金吾將軍。次崇古，綏//氏丞。季崇節，朝請大夫、睦州司馬。遭家不造，豐罰所鍾，越在稚年，再集荼蓼。//苟□而禄不逮，色養之辰，抱志時深，未申遷祔之禮。孔懷相泣，毒痛肝情。//開元十九年十一月十五日，克葬我　府君夫人鄭氏于洛陽縣平陰鄉//之原，從周制也。初　府君前夫人范陽盧氏麟德閒殂化，假殯於邙山。生崇//素，早亡，失其兆域，故不得從也。継室以　夫人遂合祔焉。先是有術者卜宅//於兹山，既而曰此地却抱重崗，前直平阜，地峻於乾戌，勢坦於東南，占曰宜//之。遂創塋闕。小子不天，夙虧庭詰，得自古老之遺述，敢測　往行之高深。//攬牘銜哀，罔知詮序。銘曰：//
　　皇矣　嚴考，體自生知。始仁□孝，履儉宣慈。發迹王國，出佐江圻。宰兹東土，//人用靖綏。柳下直道，長岑□卑。惟今望昔，異世同時。哀哀　母氏，鞠我勞瘁。//殷斯勤斯，訓導昭示。方□終養，中年委弃。不吊昊天，糜肝血泪。邐迤連崗，阡//惟北邙。原平巽位，岫起乾方。卜筮載叶，人謀允臧。百靈幽贊，神用寧康。髻//發日淺，憂慕時長。於戲罔極，永世摧傷。//

唐段嗣基墓志

段嗣基墓志出土于洛阳，现藏于洛阳师范学院河洛古代石刻艺术馆。志石方形，高、宽均70厘米。志文有界格，楷书，凡29行，满行29字，共计775字。墓志书刻精良，是研究初唐书法演变的重要实物资料。

（七二）大唐故朝議郎行潤州司戶參軍事范陽盧府君（正容）墓誌銘

唐開元十九年（七三一）十一月廿七日

大唐故朝議郎行潤州司戶參軍事范陽盧府君（正容）墓誌銘

（誌蓋）大唐故//盧府君//墓誌銘//

大唐故朝議郎行潤州司戶參軍事范陽盧府君墓誌銘并序//

君諱正容，字休昭，范陽涿人也。烈山之啓夫宗冑，營丘之貽厥宴翼。俾綿綿如瓞，//福流千載；猗猗若蘭，榮冠百氏。洎尚書漢室而寅亮紬統，中郎晋庭而文章增飾，//其後則連衡而疊軌，不乏賢而濟美，衣冠禮樂，盡在是矣。曾王父昌衡，隨（隋）金州刺//史。大父寶素，隨（隋）晋州別駕。父志安，皇朝相州鄴縣、鄭州滎澤二縣令，雍州萬年縣//丞。積德累仁，纂戎垂裕，布在邦族，人到于今宗之。君即萬年府君之少子也。粹精//潛降，戩慶昭復，偉度崇質，蘊真保和。是用居家以理聞，形國以用進。起家調補曹//州參軍事，尋授潤州司戶參軍。參卿優優，自濟之南以譽洽；議曹藉藉，涉江而東//以績宣。允光筮仕，斯焉為得。及潤州滿歲，言旋洛師，宛其舊居，式宴慰矣。昔君始//孩也，藐焉而孤，有昆弟四人，哀哀孺慕，吟《蓼莪》以視息，詠《鶺鴒》之急難，乃相率有//成，克荷以立。噫！元昆始尉于西蜀，而早世不造；仲兄次掾乎北京，而中年見背。咸//德茂才秀，華而不實，悲夫！第三兄諱正言，歷官中外，當朝鶱躍，問望攸先，家國所//貴。自太子家令遷監門將軍，聲名之重，文武不墜。逮君之歸也，唯其友于花萼聯//輝，形影相吊，穆孫子以義方錫羨，衎門庭以禮問和樂。是將福履所綏，壽考其頤，//齊龜鶴與金石，比蘭馨及菊滋，豈復人必中廢，天無憖遺乎？不圖鞠凶，倏而為恙，//遍藥禱無降，積時月大漸，以長安四年正月十一日，奄捐館舍于河南行修里第，//春秋五十有一。夫人隴西李氏，太子庶子上義之長女也。嬪于君子，如瑟琴之和；//字夫諸孤，得芝蘭之秀。柔儀慈訓，炳然而明矣。享年六十有七，以開元十九年七//月十七日，即化于府君之舊寢，以其年十一月廿七日，合葬於河南萬安山南址，//禮也。君純固至行，緝熙昭業。篤信釋氏，同室以禪寂薰修；精習孔門，良冶以經明//傳授。夫夫婦婦，父父子子，其在家必達也。如是豈在邦而謂無聞焉？位不充量，善//而無壽，命也。有子七人，六子以明經擢第，雁行之季者，亦業就而丁艱焉。五子則//從班例也，豈不韡韡而揚名之慶歟？并泣血在疚，茹荼銜恤，訴天地而靡贖，遲松//楸以永懷。禮全飾終，刊此不朽。銘曰：//

周之功齊荒于東，漢之德燕封于北，國有賢臣兮。承乎家鐘鼎聯華，命乎世禮樂//垂裔，代有哲人兮。昭復誕慶，惟君之令，含光日新兮。發揮修業，惟君之法，保和天//真兮。和鳳斯久，瑟琴以友，家室如賓兮。贈鯉斯德，負荷以克，珠玉焉珍兮。在家而//理，在邦而仕，揚名於親兮。齊體比譽，同穴合祔，飾終於身兮。楚挽風急，虞軒露濕，//蕭蕭四鄰兮。萬安前向，三河却望，永永千春兮。//

猶子朝議大夫行中書舍人絢撰。嗣子均芳，次子光懿，次子光遠。//

猶子前晉州司士參軍事踐微書。次子光裕，次子待進，次子光俗。//

卢正容墓志，2001年出土于河南伊川县彭婆乡。墓志并盖一合，青石质。志盖盝顶形，高66.5、宽65厘米，盖四刹面阴线刻缠枝花纹，其上篆书"大唐故卢府君墓志铭"3行，行3字。志石方形，高、宽均65.5厘米，厚12.5厘米，四侧面线刻缠枝花卉及奔鹿图案。志文有界格，楷书，凡31行，满行31字。志石保存完整，字迹清晰。

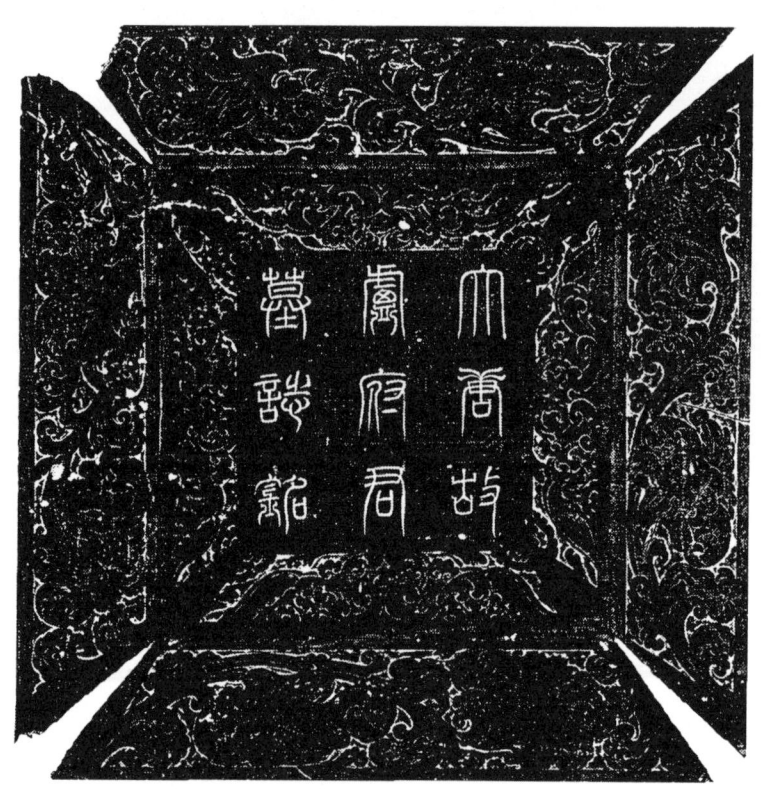

唐盧正容墓志蓋

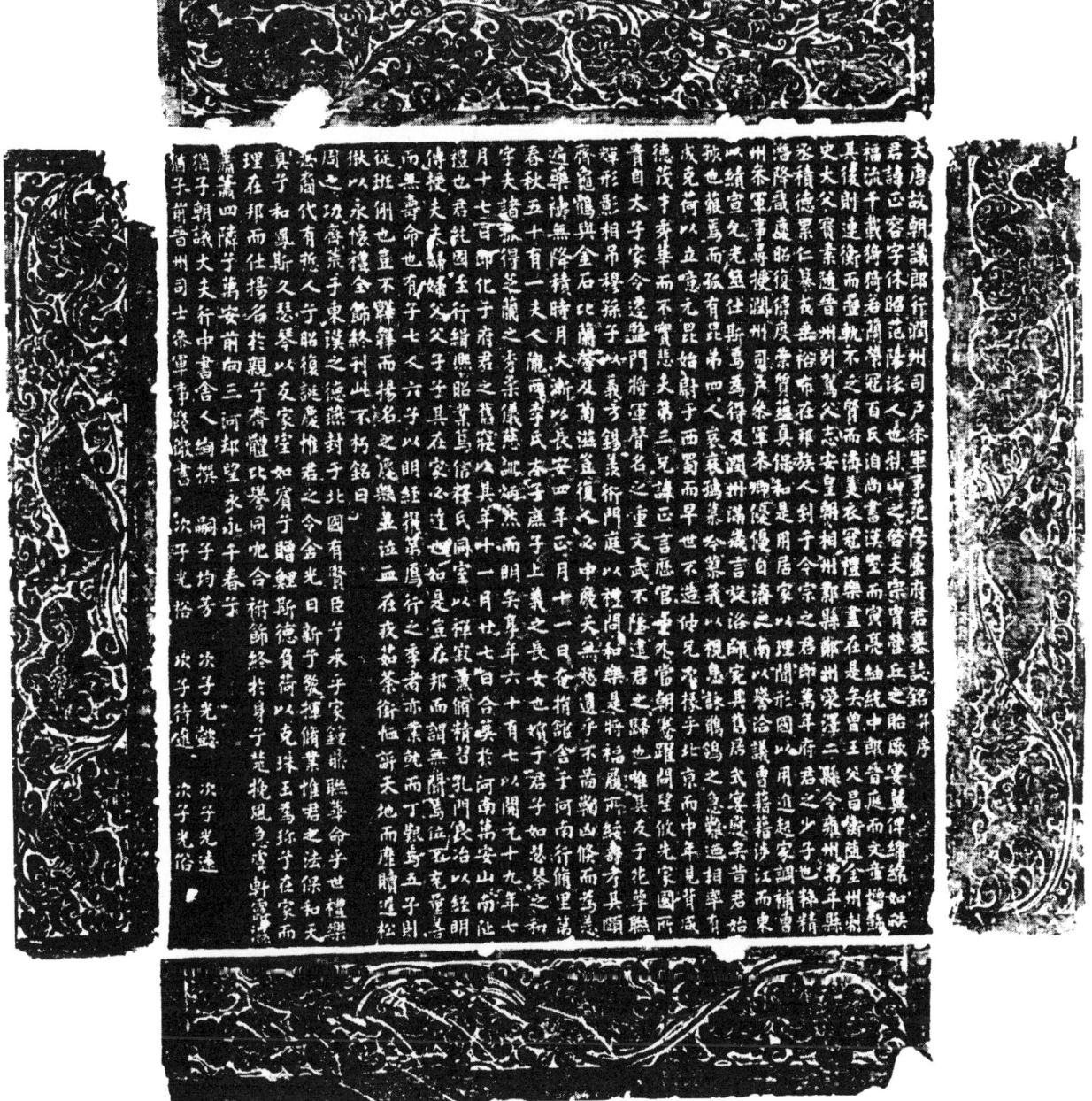

唐盧正容墓志

（七三）大唐故中大夫使持節鄂州諸軍事鄂州刺史上柱國范陽盧府君（正道）墓志銘

唐开元二十一年（七三三）二月十六日

大唐故中大夫使持節鄂州諸軍事鄂州刺史上柱國范陽盧府君（正道）墓志銘
  大唐故中大夫使持節鄂州諸軍事鄂州刺史上柱國范陽盧府君墓志銘并序//
  河南府洛陽縣尉京兆韋良嗣撰
  孫女婿前寧王府參軍滎陽鄭琪書//
  皇唐開元十四年十月廿六日，中大夫、使持節、鄂州諸軍事、守鄂州刺史、上柱//國、范陽盧君，卒于東都行修里第。其明歲二月十八日，安神于河南萬安山之//陽原。《洪範》之考終，《魯史》之書順，得經之義也。粵廿年八月廿七日，夫人滎陽鄭//氏終于行修第。以今兹廿一年二月十六日，遷窆于府君塋。周公之合祔，風人//之同穴，得禮之適也。嗚呼！惟君漢北中郎將植之裔胄。曾祖曰金州刺史、上柱//國昌衡，生晋州別駕寶素，寶素生綿州長史安壽，安壽生鄂州刺史正道。以慶//靈之積，實鍾美于君。俾其保合大猷，光濟累德，以冠天下之族姓，而爲士林之//標表，不其尚歟？君生有懿姿，長而弘量，淳深夷坦，柔惠簡潔。中照隨和之英精，//外合律呂之正聲，修身以舉群善，秉節而成庶務。始調補信都主簿、大平丞、陕//州司士參軍、汴州浚儀令。所居必化，爲世吏師。加朝散大夫，以褒异也。稍升入//畿輔，以使能也。歷洛州新安、滎陽二縣令、蒲州司馬，左授閬州司馬、常州司馬、//晋州長史。弥久外職，遂虛大任，默默從事，議者同嗟。夫垌牧垂耳耶，竟有過都//邑，效千里之實；岷山濫觴耶，終見吼雷電，流九派之疾。何則其源長、其致遠？才//俊勢激，使之然也。未有不應本末之體，以失人倫之望，如君之没没也。悲夫！既//而春秋高，以班例，拜鄂州諸軍事，入朝會計，表請罷職，　優詔蒙許。逾歲//而終，時年八十。夫人鄭，大隨（隋）民部尚書善果之孫，皇廣州長史玄度之女。以茂//族才美，作嬪于世賢，終温且淑，蹈和納順，是以光石窌之封，繫金柅之吉。夫能//保令名之重，子皆被可人之目，究觀陰禮之本，以知夫人佐助訓導也居多焉。//享年八十有二。其在《雅》《頌》曰："鰲而女士，俾耆而艾；從以孫子，俾昌而大。"鄂州之//謂矣。有子五人：長曰桃林令堅，次朝散大夫、恭陵令寬，次太原府士曹參軍徹，//次朝散大夫、太府寺丞曉，次太子通事舍人竦。有穆有容，克明克敏，榮親昭孝，//光賁泉穸。以不朽之業，來咨諸通儒。謂予學于舊史氏，故憑爲實錄。銘曰：//
  赫赫炎農，泱泱大風。今爲冠族，宜代天功。夫子之生，昭明有融。挺姿華苑，横屬//長空。期於必復，匪往求蒙。比入屯固，乃侯乃公。弱冠升任，中年

唐盧正道墓誌

莫遇。漢法左遷，//旅人寒步。克勤小物，不改初度。傳節方驅，春秋既暮。告終長畢，却賻省計。偕老//同歸，□有餘裕。萬山直上兮古闕不連，曾無舊兆兮但見新阡。應□來相兮□//廿年貴，臣因之兮公墓在焉。今之所得兮實指牛眠，威威華蓋兮正直其前。松//楸黛蔽兮終不見天，始知古人兮哀彼下泉。//

盧正道墓誌出土于河南省伊川縣彭婆鄉許營村西北田間，唐鄂州刺史盧府君神道碑北側約20米處，現藏于洛陽古代藝術博物館。墓誌青石質，正方形，高、寬均59厘米，厚15厘米。誌文有界格，楷書，凡30行，滿行30字。誌石保存完整，字迹清晰。

（七四）唐御史大夫張公故夫人潁川郡夫人陳氏（尚仙）墓誌銘

唐开元廿四年（七三六）二月廿二日

唐御史大夫張公故夫人潁川郡夫人陳氏（尚仙）墓誌銘

　　唐御史大夫張公故夫人潁川郡夫人陳氏墓誌銘并序//
　　朝議郎行尚書司門員外郎張鼎撰
　　右拾遺徐浩書//
　　有嬀之後曰陳，陳，水屬也，陰也。少昊之系曰張，張，商姓也，陽也。夫//陰有順陽之義，故陳氏卜妻而歸我御史大夫張公焉。夫人諱尚//仙，字上元，累葉家於潁川。貴有從夫，榮則因地，遂特封此郡焉。慶//流華宗，世食舊德。王父操，隋鹽州司馬。大父惠，皇銀州錄//事參軍。烈考言，皇沙州龍勒府折衝都尉，夫人則都尉之//長女也。坤光禀柔，河山蘊德。秉意純潔，儼容端莊。光香猶蘭，綢直//如髮。纖紝爲緒，女工之初迹；采繁行潦，婦政之中道。徙宅卜鄰，母//訓之終仁。務三而已，禮備於身。而況能咨長以恭，接下無怨。孝友//乎因心而至，敏慧乎自誠則明。匡君子所不及，睦庶姜而有序。宜//其移天獨坐，佩金印者四；錫胤六人，拖朱綬者二。方將列鐘鼎，和//塤篪①，增石窌之封，繫金扼之固。言笑終吉，信誓偕老，亦何知陳鳳//先飛，潘魚中析，碩人不祐，是無天也。以開元廿四年二月四日遘//疾，終于從政里之私第，享年卅有九。嗚呼！橫塗在堂，明竁有日。匠//人請櫬，成小君之喪。天使臨門，歸仲子之贈。東龜既灼，北//原在兆。即以其年二月廿二日，權殯於邙山金谷鄉之原，禮也。月//宿殷奠，風催去旐。花蕚空兮不復春，松扃閟兮何時曉。我大夫以//爲，妻者，身之齊也，敢不敬歟？死者，人之漸也，得不痛歟？雖委運歸//根，大道之順，而終天没世，生人之苦。嗣子太子通事舍人獻誠、次//子尚舍直長獻心等，悼心失圖，泣血如慕，嗟未及冠，疚焉主喪，思//陟屺而靡從，庶刊石以不朽。銘曰：//
　　琪樹花兮瑶臺月，弄明璫兮綴雲髮。洞簫學鳳兮聲再歇，神劍爲//龍兮影孤没。奈何一去青春時，松檟千秋對嶤闕。//
　　開元廿四年歲次景子二月辛亥朔廿二日壬申//

陈尚仙墓志，2003年春出土于河南洛阳红山乡。志青石质，高72、宽70厘米，志文有界格，楷书，凡25行，满行25字。志石保存完整，字迹清晰。

---

① 塤篪：塤为古代土制吹奏乐器，篪为古代竹制吹奏乐器。以塤、篪相应和比喻兄弟般和谐，后因用作比喻兄弟和睦。语出《诗经·小雅·何人斯》："伯氏吹塤，仲氏吹篪。"

唐陳尚仙墓誌

唐御史大夫張公故夫人潁川郡夫人陳氏墓誌銘并序
朝議郎行尚書司門員外郎張鼎撰　右拾遺徐浩書
夫人陳氏屬也陰也少昊之系曰張公商姓也陽也夫
有嬀之後曰陳陳水陰之義而歸我榮則大夫張公焉
陰字上元累葉舊德王父隋貴有從夫因地遂特封此郡夫人馬慶當
仙華宗烈考言故潁川貴父張　皇銀州　錄　夫
流革操舊德王父沙州龍勒府折衝都尉　　　　　
事參軍也　皇沅州司馬大夫　張夫人
長女織紝絲三女工之初　採蘩　中道　徂　定　　
訓之終身而禮備於　女纁容端莊光　猶　蘭蘭銅之
如駿已　而　　仁務至敏　之　　　孝友
其因心　獨至　　　　　　而　睦　接　而有序
其移天獨生仁務　　繫金印　六人　　　　　　
平　　　佩金　封之固　言笑終　　　　　
壙箸增石窆中　　　第　　　天　　為　信揖　楷　　　　
其終于從政里之私室　　　有九也　呼　在堂明　　　　
疾飛魚　　成小君之喪享年四十　以　　　　子之開元廿四年二月　　
先殷　　　即　權殯於山金谷之鄉贈　太尉　　
人諸　　身催去敢　花　　里邑時之東　　　　
原在此槍　之旋花章　　　　　何時曉　　　　
為夷者　直之順而終　不敢欲　　嗣之營也得不痛歟
　殷　之長獻心等悼沒失圖　　　　　　　　
根大道合乎也　誠以　　　　　　　　　　　　
陟祀而直　　　銘雲　　　　　　　　　　
為樹花兮從庶以不朽　驂雲蓋洞蕭學鳳兮聲響歇神劍
　其子　蘧兮遙臺　月　　千秋對義闕兮　
龍子影　　　　　　　　　　　　　　　　
　　　　　　　　　　　　　　　　　　　　
開元廿四年歲次景子二月辛亥朔廿二日壬申

（七五）大唐邠王故細人渤海高氏（淑嬐）墓志銘

唐开元廿四年（七三六）八月廿三日

大唐邠王故細人渤海高氏（淑嬐）墓志銘

（志蓋）大唐邠王 // 故細人渤 // 海郡高氏 // 墓志之銘 //

大唐邠王故細人渤海高氏墓志銘并序 //

司空上柱國邠王守禮書

洛陽縣鄉貢進士王蕃奉教撰 //

監于春秋，寅酌詁訓，楸擇邦媛，精求淑女， // 樹彼風化。是以國君之制，有三歸焉。損益异宜，不相沿襲，略其同 // 之選。迹其所由，細人即侄娣①之謂也，諱淑嬐，字嬪奴，渤海蓨人。唐分四岳，肇洪源於 // 濫觴；齊委二卿，擢修幹於合抱。伐濟其美，不隕其名。曾祖裕， 皇任澄州 // 刺史。當無爲之朝，處共理之地。每推誠以徇物，豈役智以矜功。慕長者於劉昆，狹中 // 孚於郭伋。祖智惠，皇任汝州司法參軍。正以閑邪，直以馭柱。循三尺之 // 律②，不爲權移；按五刑之科，亟聞陰德。父思業，吏部常選。負廊廟之材，耻居常調；輕州 // 縣之職，且樂田園。高門之慶，歸於細人矣。銀漢降靈，彩雲孕質，雅漸胎教，天生麗容， // 保傅無所施其能，粉黛不足增其美。膏沐箴誡，狎玩組紃。《葛覃》之咏既彰，《關雎》之思 // 何遠。邠國大王，位尊齊楚，德邁間平③。托媒氏而委禽，備少姜之盛典。年十八，開元五 // 年七月廿七日歸于我。自結縭朱邸，甫艷青春。一偶坐於筐床，便假詞於同輦，乃退 // 而稱曰："女謁上僭，則粢盛不修；冒寵專房，則胤嗣不廣。" 於是奉元妃以肅敬，睦諸下 // 以柔謙。淑慎其身，先人後己。演貫魚之序，陳授環之儀。喜慍忘懷，與物無競。隨珠耀 // 掌，方欣母貴之榮；夭桃在顏，遙興愛弛之誡。固辭恩幸，退處幽閑。悟泡幻之有爲，遂 // 虔誠於妙觀。縈針緝縷，錯綜真容，日居月諸，服勤無倦。姊婿萊州昌陽縣丞王玄悦。 // 細人以天倫至重，孝友情深，義雖爽於歸寧，理或申於同氣，企予之望，實獲我心。觀 // 伯姊於萊夷，別愛男於都輦，留歡已滯，迴靷未從。目蜃樓而骨驚，歌式微以竊嘆。鳴 // 琴罷曲，怨將鵠而思盈；落日沈（沉）輝，嗟倚門而不見。因兹遘疾，奄弃生涯。憂能傷

---

① 侄娣：同 "娣侄"，古代嫁女，以她的侄女与妹妹从嫁一男子为妾，称侄娣。语出《礼记·曲礼下》："国君不名卿老世妇，大夫不名世臣侄娣。" 孔颖达疏："侄是妻之兄女，娣是妻之妹，从妻来为妾也。"

② 三尺之律：代指法律，因古代的法律多写于三尺长的竹简上，故称三尺律。

③ 間平：指汉河间献王刘德、东平献王刘苍。两人皆有贤名，后世因以 "間平" 代指宗藩王中的贤者。

唐高淑嬿墓志

唐高淑嬿墓志蓋

人，噫//可悲者。開①廿三②十一月七日，終於昌陽縣之公館也，春秋三十有六。海隅僻壤，山川//幾重，寢疾蔑聞，臨喪靡救，倍切安仁之思，彌傷奉蒨之神。至若繞梁之聲，馬上之曲。//朱脣微動，超北方而更新；玉手縴揮，遇西施而知美。絕廣陵於昭代，閟陽春於夜臺。//人琴兩亡，見於斯矣。即以開元廿四年八月廿三日，歸葬于東都偃師縣首陽之原，//禮也。哀子承寬，初，家人未之告也。振彩衣而陟屺，方悅親還；詠自華以慰懷，仁申孝//養。及靈軒委戶，旅櫬充堂，殯壁崇朝，蘇而不寤。雖高柴泣血，曾子絕漿，徒列孔門，詎//齊純至。且銘以誄德，書以飾終。德俟銘而美彰，銘待書而善發。長卿何幸，過聽梁園。//下慚能誄之才，上辱天人之翰。辭不獲命，敢述銘云：//

《傳》稱嘉偶，《詩》美齊姜，宗卿錫胤，弈（奕）葉其昌。爰誕令淑，作嬪于王，夢蘭襲慶，懸弧表祥。//曰我伯姊，在天一方，孝思罔極，情深陟岡。吉凶回手，神理微茫，雲消巫嶺，雨散高塘。//新聲掩抑，妙曲摧藏，永懷禮李，翻恨韶光。//

河南府河南縣感德鄉人李仙琦奉教鐫。//

開元廿四年歲次景子八月戊申朔廿三日庚午，營送終安葬之禮也。//

高氏墓志，1984年5月出土于河南省偃師縣首陽山鄉，現藏於偃師商城博物館。墓志並蓋一盒。志蓋為盝頂形，蓋頂呈方形，高、寬均82.5厘米。四邊及四角飾纏枝蔓草紋，四剎飾瑞獸、海石榴、纏枝花紋。頂部陰文篆書"大唐邠王故細人渤海郡高氏墓志之銘"4行，行4字。志石方形，高、寬均82.5厘米，厚15.5厘米。志側邊飾折枝花、瑞獸、海石榴花紋。志文楷書，凡33行，滿行32字，共計952字。志石保存完整，字跡清晰。

---

① 此處應脫一"元"字。
② 此處應脫一"年"字。

（七六）唐故滎陽郡夫人鄭氏（德曜）墓誌銘

唐開元二十八年（七四〇）十一月壬寅

唐故滎陽郡夫人鄭氏（德曜）墓誌銘

（志蓋）唐故滎∥陽郡夫∥人鄭氏∥墓誌銘∥

唐故滎陽郡夫人鄭氏墓誌銘并序∥

固安文公三從弟朝散大夫行尚書吏部員外郎僎撰

漢陽沙門湛然書∥

《禮》崇冢宰，故《天官》操挹理之權；《詩》首河洲，故《國風》發玉化之本。粵惟才膺元老，審衡鏡而熙帝載；德∥備小君，體沉潛而正家道。叶成世範，齊厚人倫，實在□固安文公與滎陽夫人者矣。夫人則故金紫∥光禄大夫、吏部尚書、贈益州大都督、上柱國、固安縣開國公、諡曰文、范陽盧府君之夫人，姓鄭氏，諱∥　，字　，號德曜。則隨（隋）中書侍郎道念之五代孫，　皇朝祠部郎中從簡之仲子也。鼎業橫於百代，∥盛門推於四海。鄭鎬周京，浸文武成康之澤；河濟鄭國，樹公侯伯子之風。命卿則台袞連踪，錫土則∥山河繼業。談經漢后，孔安國之精微。不拜單于，蘇子卿之節概。代濟休烈，洎于祠郎。章奏無對，神仙∥有光。夫人門慶授靈，地氣鍾秀。言容禮法之則，貞淑賢明之姿，篡組服勤之工，出入待傅之矩，罔資∥師教，率由天作。年甫二十，嬪于文公。齊懿氏之適陳，猶仲子之歸魯。出門逮事，入廟執恭。能延　∥皇姑之慈，無違宗婦之道。閨閫肅穆，蘋藻馨香。神保是享，福應如答。景雲初，文公擢中書舍人，　∥制封滎陽縣君；尋以升吏部侍郎，進號為郡；又以升工部尚書，加封郡夫人。文公名器日崇，夫人車∥服加等。高堂增陛，長戟垂髦。翟衣與紫綬交暉，魚軒與朱輪接軔[①]。鐘鼎在列，不近耳目之華；衣服加∥身，無忘浣濯之儉。鑒照圖史，精求大乘。率性自契於昔賢，攝心以證於今學。初，夫人獨有庶兄，孑然∥嗣世。言念宗國，若喻包桑。乃崇推轂之恩，以致代耕之禄。故能獲守前祀，無廢舊勳。又嘗讀《詩》至《蓼∥莪》壹章，乃覼歔三復，永思報德之大，是有終身之憂爾。其寬和仁恕，孝慈端肅。懿風襲於閨門，融心∥睦於娣姒。婚姻以叙，冠四海之華族；子孫其昌，膺萬邦之俊選。故得芝蘭積地，冠蓋盈門。咸資內訓∥所成，實賴宜家之範。兄可以高居正寢，作配宗公，蕃衍六姻，薰華百代者矣。始文公掌選，迄于歸老，∥其

[①] 翟衣：隋朝服制，皇后及公侯伯子男夫人皆有翟衣，各用不同數目的雉羽為領襟。后以"翟衣"代指皇后或有封號的貴婦人。語出《隋書》卷十一《禮儀志六》。魚軒：為春秋時諸侯夫人所乘之車，因飾魚皮得名，后代指貴族夫人。語出《左傳·閔公二年》。

間輔佐君子，求審賢才。俾嘉謀發於朝廷，故事留於臺閣。增岳益峻，實由相□。及廿有五年，文公//違代，容車返葬，往來鄴洛，庀器者冢宰，歸賵者國卿。諸子銜恤而不言，夫人以義而制事。皆豐約中//度，哀榮有典。於戲！偕老無闕於成仁，飾終不求乎越禮。有令德也，有令德也夫！享齡六十，開元之廿//有八年秋九月戊戌，薨于洛師□□里第。嗚呼哀哉！即以其冬十一月壬寅，權殯于河南縣伊川鄉//龍門山西靈塔之右，從　遺□□。有子四人：長曰纘，故王屋令。次曰諭，比部郎。次曰允，陝司倉。曰//衡，都水丞。并其識清明，其器宏達。早編才子之籍，雅有前人之風。可以知文公積善之靈，可以貌夫//人徙家之訓矣。哀哀孺慕，永泣血於寒泉。區區斯文，敢銘德於貞石。嗚呼！銘曰：//

自周作鄭，封賢繼聖。丹書緇衣，吐曜聯暉。代濟其美，王室彼依。慶靈畢集，清華是歸。盛業鍾粹，至柔//降和。邦媛秀出，淑問逾多。□□君子，象服峨峨。動成禮法，儀若山河。文公曲選，令胤記言。從夫以子，//處貴不奠。板輿春御，衽席冬溫。眾姻賀容，候色趨門。遠慕周姜，不矜宋子。采蘋叶訓，鵲巢均美。志敦//素約，器捐華侈。行必中繩，言思可紀。世道方輿，生涯忽度。時喪母儀，朝憐孺慕。高堂象設兮如在，大//夢杳冥兮無寢。寒郊晚兮烏沒，霜墳孤兮月駐。闕塞中斷兮伊川東注，于嗟夫人兮此焉封樹。//

郑德曜墓志，1988年出土于洛阳市龙门镇，现藏于洛阳市文物考古研究院。墓志并盖一盒，青石质，方形。盖盝顶，高、宽均80厘米，厚12厘米。顶部篆书"唐故荣阳郡夫人郑氏墓志铭"，凡4行，行3字。字周围饰以线刻蔓草花纹。其四刹主题纹饰为一雄狮，巨口大鼻、张口吐舌，项毛蓬松，身饰梅花数朵；后面为一顾首鹿；左面饰一张翼鸟，首似蛇，身似孔雀；右面亦饰一张翼大鸟。兽、禽左右都饰以蔓草花纹。志石高、宽均77、厚15厘米。墓志的四个侧面顺其长度各刻一枝"S"形缠枝花草为衬托，在其中部各饰一主题花纹。前侧正中饰一大朵牡丹花；后侧饰一动物，形似狮，身饰圈点形小花数朵；左侧饰一顾首之梅花鹿，四肢前后平伸，身饰梅花点；右侧所饰动物形似虎。志文隶书，凡30行，满行48字。志石保存完整，字迹清晰。

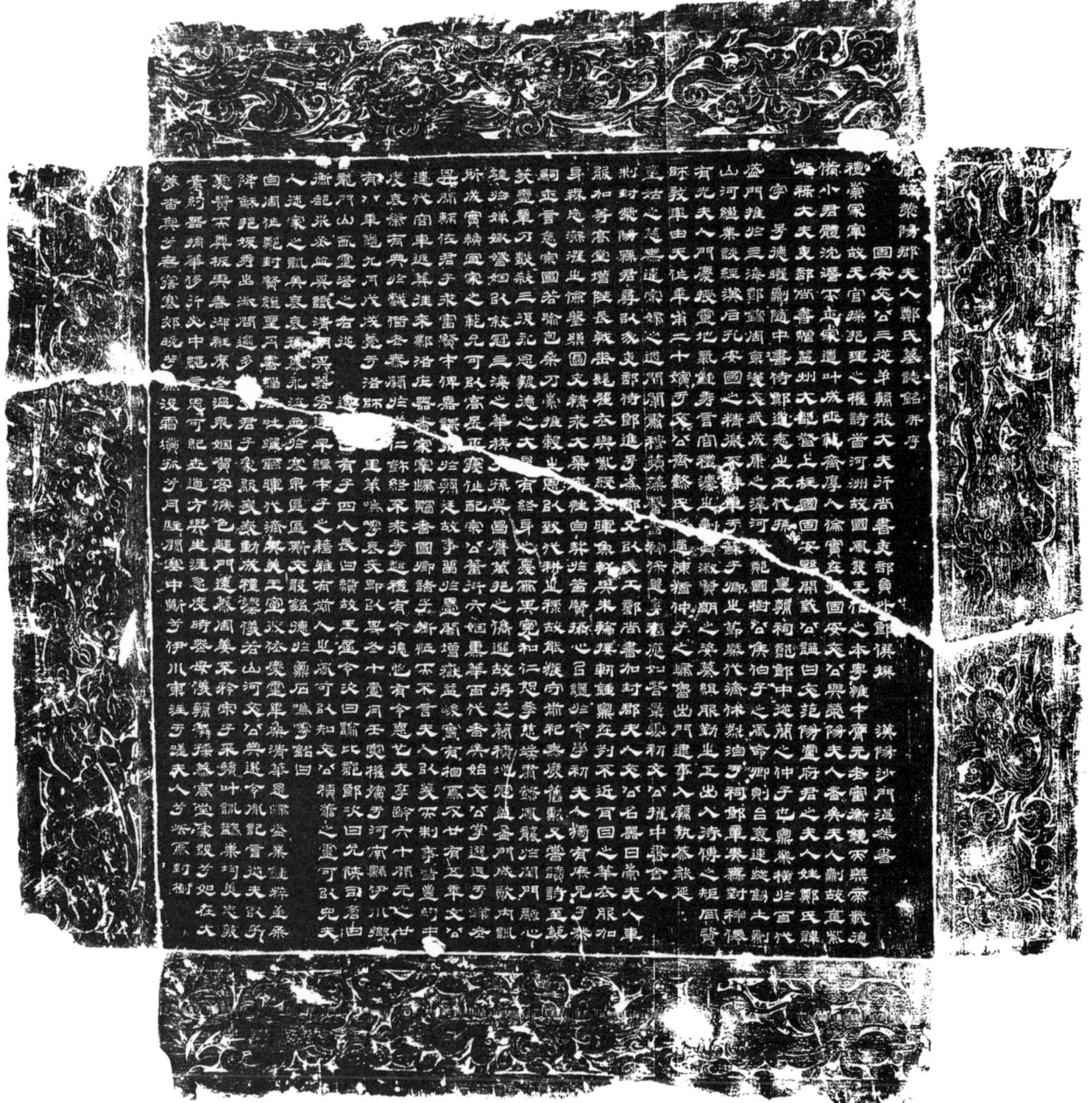

唐鄭德曜墓志

（七七）唐長河宰盧公李夫人墓志文

唐天宝元年（七四二）正月三日

唐長河宰盧公李夫人墓志文

  長河宰盧公李夫人墓志文//
   有唐開元廿九年歲在重光十二月五日，德州長//河縣令、范陽盧公夫人、趙郡李氏，遘疾卒于東都//洛陽德懋里之私第，春秋卌有八。其明年獻月三//日葬于長樂原，附　先塋之西北，禮也。夫人即　//皇朝黃州司馬慈之孫，考功員外郎秦授之女。出//彼令族，嬪于高門，婉淑聽從，昭明女史之訓，礪鑿//紛燧，嚴事舅姑之禮。故上睦伯仲，皎棠棣之華；下//祐子孫，衍椒聊之實。盖德之廣也，仁之裕也。偉矣！//夫我盧公，適佩銅墨，方臨長河。夫人宜列鼓鐘，友//琴瑟，哀窈窕，吟傾筐①，以輔于賢，以贊厥美。而溘委//玄化，非天喪予，天實爲之，所不可贖。嗚呼哀哉！諸//孤洌、浰、澐、汦、況、清等，哀哀長號，崩叩幽穸，灑血瑤//版，俾余志焉。曰：//
   貞淑焉瘥兮德音昭晰，終然化往兮宅此靈穴。地//下冥冥兮寒泉幽咽，空林皎皎兮長愁孤月。//
   大福先寺沙門湛然撰兼書。//

  长河宰卢公李夫人墓志，出土时地不详，现藏于偃师商城博物馆。志石青石质，方形，高、宽均49厘米，厚13厘米。志文楷书，凡17行，满行19字，共计290字。志石保存完整，字迹清晰。

---

① 傾筐：《世说新语·贤媛》："王右军郗夫人谓二弟司空、中郎曰：'王家见二谢，倾筐到庋；见汝辈来，平平尔。汝可无烦复往。'"郗氏谓其夫王右军对谢安、谢万倾筐相待，后因以"倾筐"喻尽其所有。

長河宰盧公李夫人墓誌有唐開元廿九年歲在重光十二月五日瀘州長河縣令范錫盧公夫人趙郡李民道藐華子東非浴葵亐長樂原祔葬春秋世有八其明年獻月三日朝族嬪于高門司馬慈之西北禮也夫人即皇令黃州長樂原之孫切貞昭門外郎奉授之訓碩之彼子疑族蠑於蟬從仲映槃樣之華下裕孫嚴之禮涓睦伯映蠑樣之偉矣夫我孫衎娣之姑之竇蓋淚世仁之裕世琴瑟公道吟銅墨方臨于長河夫人仁之贊戲美面我諸化非天喪寶爲之灰不可贖嗚襄我玄洲淚淸峯衰長姊崴叩幽夢濺血瑶版得餘誌寫曰惪音昭昕終然化注芳宅此靈穴地貞洲蒙葬芳泉幽空味痠晈芳長愁咏用下寅寅大福先寺沙門邊歟撰兼書

唐盧公李夫人墓誌

（七八）大唐故冀州刺史陽府君夫人范陽縣君盧氏墓志銘

唐天宝元年（七四二）十一月一日

大唐故冀州刺史陽府君夫人范陽縣君盧氏墓志銘

（志蓋）大唐故//盧夫人//墓志銘//

大唐故冀州刺史、陽府君夫人、范陽縣君盧氏墓志銘并序//

子婿朝請大夫貶歷陽郡司馬員外置同正員裴休復撰//

夫人其先范陽世冑，衣冠盛於北土，立德立言，備諸史策，後右丞府君//因仕遂爲洛陽人。且族著甲科，盧氏爲首，曆古軒冕，代有人焉。洎右丞//府君昭前人之光，而加之以令德。夫人即右丞府君之幼女。曾祖//愷，隨（隋）吏部尚書。八坐分榮，聲聞曳履，德業所著，布在《隨（隋）書》。祖義方，隨（隋）//鄒平縣令。三异稱善，政洽鳴琴。父律師，皇刑部侍郎、尚書右丞。操//持平典，望重佐時，端肅中臺，才光右轄。夫人幼而偏罰，哀類成人，右//丞府君，情加敬异，鍾念特深。夫人徽華早茂，令範克修，箴訓有儀，夙//聞師氏言容，以德受教公宮。年十有三，作嬪君子，於是，見《關雎》之義焉。//府君以盛德周才，累登清要。夫人以礜節忠輔，有誠退朝。長桐曳和//鳳之音，方江婉盤龍之態。從夫有秩，事高羊祜之妻；訓子能賢，無愧孟//軻之母。至於事舅姑以孝，與娣姒以和，撫子侄以均，奉宗姻以敬。潔//蘋蘩之祭，服浣濯之衣，不以貴而奢，不以富而敖。此則德流中外，宗族歸//仁。所冀瓊瑤永清，貞於歲月；不圖蘭蕙遽歇，滅於風霜。春秋七十二，以//開元廿九年五月十七日遘疾，薨於東京濟源縣軹關鄉之別業。玉釜//煎香，瓊田育草，無由更遇，悲矣如何？長子參，前河內郡修武縣丞。次子//損，門下省典儀。忠貞以節，孝友因心，喪過乎哀，毀殆滅性。長女適河東//薛融，次女適休復，第三女適故范陽盧抱素，第四女//適博陵崔堅，小女適博陵崔宥。夙挺惠和，生知礼敬，愴劬勞之罔極，痛瞻望之無依，并恭守遺言，事從儉約，喪事以礼，備物其儀。以天寶元年十一月一日，遷葬//於河南府偃師縣首陽鄉土樓首陽之原，礼也。乖魯禮而循古，盖遵遺//旨。悉姻親之遇厚，願記餘芳。豈夢腸之能述，緬懷遺愛。因墜泪而成文，//其詞曰：//

天道茫昧，生涯奄忽。玉樹摧殘，瓊枝埋没。清笳夜動，素挽朝發。柳陌悲//風，松埏思月。華堂尚在，高臺未傾。鏡孤鸞去，琴悲鶴驚。音容永往，賢淑//長馨。雖傳芳於昭代，獨留恨於冥冥。//

唐卢夫人墓志

卢夫人墓志，2005年出土于河南偃师市，现藏于偃师商城博物馆。墓志并盖一盒，青石质，方形，高、宽均82厘米，厚18厘米。志盖顶部篆书"大唐故卢夫人墓志铭"，凡3行，行3字，四周阴刻祥兽及花草图案。志文有界格，楷体，凡27行，满行27字，共计676字。志石保存完整，字迹清晰。

（七九）大唐故板授海州司馬胡公（思）伉儷墓志銘

唐天宝元年（七四二）十一月十九日

大唐故板授海州司馬胡公（思）伉儷墓志銘

大唐故板授海州司馬胡公伉儷墓志銘//

公諱思，即東京新安縣之杞梓者。杜夫人諱淑，亦//南國石城之佳麗也。一時花燭，百年風月，如鴛如//鸞，似魚似水。公則表外，自得洛陽之才；母則治内，//終擅魯室之德。姜庭譽重，九谷不能非間；冀野風//高，三川以之是抱。行有餘力，或尚修道。衹樹給孤//之施，率尔齊行；橋梁義井之功，周旅共勉。豈謂天//道蒙昧，生涯隳落。母先開元三年正月廿一日溘//化，既慘龍門之桐；公後十年七月三日云亡，更愴//蛟津之劍。去留雖有淹速，泯没終共逃空。男女羈//孤追哀不已。粵以天寶元年歲次壬午十一月壬//寅朔十九日庚申改葬，於新安縣龍澗鄉韓朋嶺//西平原卜兆，礼也。黄泉百萬世，白日三千年；願作//雙飛鶴，接翮恒漣翩。乃爲銘曰：//

金姿兮玉媛，松森兮竹蒨。月遥兮風□，露冷兮雪//霰。委簪珮於山崗，留姓名於京縣，□□□於圓泉，//庶雕鐫於方硯。//

天寶元年歲次壬午十一月壬寅朔十九日庚//申建。//

胡公伉儷墓志，1999年8月出土于新安县新城成教中心工地。志石方形，高、宽均37.5厘米，厚12厘米。志文楷书，凡19行，满行19字，共计300字左右。志石保存完整，字迹较为清晰。

唐胡思夫婦墓誌

（八〇）唐京兆府涇陽縣尉沈府君（全）墓誌銘

唐天宝元年（七四二）十二月二日

唐京兆府涇陽縣尉沈府君（全）墓誌銘

  唐京兆府涇陽縣尉沈府君墓誌銘并序//
  洛陽縣尉張寰撰//
  公諱全，（字）交密。其先，吳興武康人也。食菜於沈，以國命//氏焉。曾祖纂，随（隋）秘書正字。祖德，皇朝//潞州長子縣令。父貞松，皇朝泗州下邳縣//令。以能達政，工文傳業，洎公之轉昌矣。始進士出身，//解褐右率府騎曹，驪珠出潛以照廡，鳴鶴在陰而聞//天。緣坐，貶梁州南鄭等三縣尉。無何，改京兆府涇陽//縣尉。直節難合，如簧順音，貶舒州望江縣尉。大夫因//于小子，大賢悲其旅人。公曜世之才，逸羣之器，道不//苟合，命不偶時。常縱酒埋迹，抒懷托諷，盖文章在於//一門矣，文集十卷。晚歲遘疾，去國失靈。以開元十二//年九月，終于陳留郡雍丘之客舍，享齡六十一。嗚呼！//去世已久，正雅不滅，若斯遺芳，何必大位。追樹松檟，//載卜窀穸。以天寶元年十二月二日，祔于北邙東原，//禮也。哀挽遠咽，愁雲曾陰，黃墟不開，白馬来吊。嗣子//崖，奉承祖業，文耀當代，泣血純孝，俾予述銘。銘曰：//
  丕承来裔，炳哉斯文。斯文伊何，金聲瓊芬。千秋長夜，//□冥寞君。//

沈全墓志出土于洛阳。墓志青石质，方形，高、宽均46厘米。志文楷书略具行意，健劲俊朗，接近盛唐书法家徐浩风格。志文楷书，凡19行，满行20字。志石保存较为完整，字迹清晰。

唐京兆府泾阳县尉沈府君墓志铭并序

洛阳县尉张寰撰

公讳全交，密其先吴兴康氏，以国命徙江州，以食菜於沈，以国命氏。马长子曾篡随秘书正字。祖德，汜州下邳县令，皇朝泗州下邳县令。父贞松，之公以皇朝注州长史县令，转昌庐鸣鹤始进士出身，间在阴而困京地府泾阳县大夫不解褐右率府骑曹骊珠业泊出潜州尉，无何改咸鸣京地府尉，遇世之望江县尉，群之器文章在於天缘坐贬梁州南郑县尉其世之抒怀讽以开元十二於县小子直节难合悲如黃籣顺音公曙迹玄国失灵苫文章十二于合命文集十卷晚岁蓮痕埋舍宣菊不偶时常终酒苞客六十一鳴年九月终于陈留郡雍丘之遗何必大位追树松一门矣久天宝元年善斯芳不用白馬来吊冠十世卜宅安以天宝元蔵年十二月祔于北邙東原载也壵奉哀挽祖业咽然当代泣血黄壚纯孝俳予述铭曰丞承商来裔炳我斯文斯文伊何金声琼药千秋长夜

（八一）大唐故國學生高府君（逸）墓志銘

唐天宝元年（七四二）十二月廿五日

大唐故國學生高府君（逸）墓志銘

（志蓋）大唐故//高府君//墓志銘//

大唐故國學生高府君墓志銘并序//

　　公諱逸，字衡，渤海人也。昔太公拯商人於塗炭，成帝業於有周。//允答元勛，俾侯東土。克開厥後，定霸南荆。公子侯以佐國稱賢，//食菜高邑，官宿其業，因爲氏焉。天祚明聖，必昭祀於百代；運應//圖緯，有二分於天下。王父諱侃，皇朝左監門衛大將軍，食邑二//千户，贈左武衛大將軍，謚曰威。公才備文英，功蔚夷虜，炳煥朝//史，垂裕無疆。大父諱崇德，皇朝洮勝二府都督，沁會延三州刺//史，并府司馬，太子右衛率。岳靈秀傑，蕃屏良能。方濟理於巨川，//惜梁木斯壞。父諱琛，睢陽郡司功。器瞻汪規，才爲碩量，鵬圖鎩//翮，雖屈從時。公幼承獨立之訓，夙負成人之志。智順時以舒卷，//心秉義而淵塞。神氣冲敏，加修政於礼容；才識清高，更剋己於//文學。始以門蔭補國子生，從俊選也。用執推其聖童，相工謂其//台輔。俄而家君以非罪見貶，播遷江隅，轉職近州，累稔盈紀，勤//奉色養，不遑彈冠。以爲弃親從榮，不可事上。啜菽侍觀，樂在其//中。緩於宦情，未有貴仕，著誠若此，豈非孝耶。項以　聖主登賢，//明相在位，將申　慈父之冤，遠投嘉石①之訴。豈期天閻未登，//壑舟遽止。以天寶元年十一月八日，暴□於西京平康里之客//舍，春秋卅有四。嗚呼！秋亡其兄，冬喪其弟，巢傾兩鳳，穴碎雙珠。//家亡千里之駒，時絶二龍之舉。旅櫬飄泊，來歸故鄉。灼龜順兆，//言閟泉堂。以其年歲次壬午十二月壬申朔廿五日甲申，安葬//於龍門西原，礼也。室未備於馭輪，粲乃絶於孤玉。廣陵將掩，載//慟延陵之慈，淡谷有遷，是效杜公之記。乃爲銘曰：//

　　承厚慶兮長源，宜子孫兮衍繁。何苗秀兮不實，閟玉樹兮泉門。//

高逸墓志，2004年春出土于洛阳市龙门镇龙门山西原，旋归洛阳古玩城某氏。志盖篆书"大唐故高府君墓志铭"3行，行3字。志石方形，高49.5、宽50厘米。志文楷书，凡23行，满行24字。志石保存完整，字迹较为清晰。

---

①　嘉石：有纹理的石头，立于库门外、外朝之左，命有罪过而尚未触犯刑法者，坐于石上以辱之，使其改悔。《周礼·秋官·大司寇》曰："以嘉石平罢民。凡万民之有罪过而未丽于法而害于州里者，桎梏而坐诸嘉石，役诸司空。"

唐高逸墓志

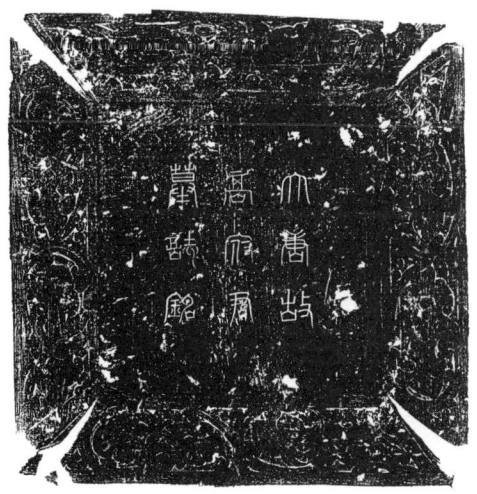

唐高逸墓志盖

（八二）唐故文安郡文安縣尉太原王府君（之渙）墓誌銘

唐天宝二年（七四三）五月廿二日

唐故文安郡文安縣尉太原王府君（之渙）墓誌銘

  唐故文安郡文安縣尉太原王府君墓誌銘并序//
  宣義郎行河南府永寧縣尉□河靳能撰//
  才命者自然冥數，軒冕者儻来寄物，故有修聖智術，講仁義行，//首四科而早世；懷公輔道，蘊人倫識，官一尉而卑棲。命與時歟，//才與達歟，不可得而偕歟？公名之渙，字季凌，本家晉陽，宜徙絳//郡，即後魏絳州刺史隆之五代孫。曾祖信，随（隋）朝請大夫、著作佐//郎、 皇蒲州安邑縣令。祖表， 皇朝散大夫、陽翟丞、瀛州//文安縣令。父昱， 皇鴻臚主簿、雍州司士、汴州浚儀縣令。公//即浚儀第四子，幼而聰明，秀發穎晤。不盈弱冠，則究文章之精；//未及壯年，已窮經籍之奧。以門子調補冀州衡水主簿。氣高於//時，量過于衆。异毛義捧檄之色[①]，悲不逮親；均陶潛屈腰之耻，□//於解印。會有誣人交構，公因拂衣去官，遂優游青山，滅裂黃綬。//夾河數千里，籍其高風；在家十五年，食其舊德。雅淡珪爵，酷嗜//閒放。密親懿交，惻公井渫，勸以入仕，久而乃從，復補文安郡文//安縣尉。在職以清白著，理人以公平稱。方將遲陟廟堂，惟茲稍//漸磬陸。天不与善，國用喪賢，以天寶元年二月十四日遘疾，終//于官舍，春秋五十有五。惟公孝聞于家，義聞于友，慷慨有大略，//倜儻有异才。嘗或歌從軍，吟出塞，瞰兮極關山明月之思，蕭兮//得易水寒風之聲，傳乎樂章，布在人口。至夫雅頌發揮之作，詩//騷興喻之致，文在斯矣，代未知焉，惜乎！以天寶二年五月廿二//日，葬於洛陽北原，禮也。嗣子炎及羽等，哀哀在疚，欒欒其棘。堂//弟永寧主簿之咸泣奉清徽，托志幽壤。能忝疇舊，敢讓其詞。銘//曰：
  蒼蒼窮山，塵復塵兮。鬱鬱佳城，春復春兮。有斐君子，//閒茲辰兮。于嗟海內，涕哀辛兮。矧伊密戚，及故人兮。//

---

① 毛义捧檄：《后汉书·刘赵淳于江刘周赵列传》："庐江毛义少节，家贫，以孝行称。南阳人张奉慕其名，往候之。坐定而府檄适至，以义守令。义奉檄而入，喜动颜色。……张奉叹曰：'贤者固不可测，往日之喜，乃为亲屈也。斯盖所谓家贫亲老，不择官而仕者也。'"后以此典表示出仕为官。

唐王之涣墓志

附：唐故文安郡文安縣尉太原王府君夫人渤海李氏墓誌銘

唐天宝七年（七四八）十一月二十四日

唐故文安郡文安縣尉太原王府君夫人渤海李氏墓誌銘

　　唐故文安郡文安縣尉太原王府君夫//人勃（渤）海李氏墓誌銘并序//
　　夫人，其先勃（渤）海人也。祖彥，　皇青州司//馬。父滌，　皇冀州衡水縣令。夫人即衡//水公第三女。載十八，適于王氏，時王公//衡水主簿，因而結婚也。夫人凡生一子。//王公天寶二載終于文安。夫人以天寶//七載十一月四日遘疾，終於河南縣孝//水里私第捨（舍），春秋卅有四。惟夫人性含//謙順，德蘊賢和。惜乎！以天寶七載十一月//廿四日，葬於洛陽北原，禮也。蓋未合也，//蓋從權也。嗣子羽，哀哀在疚，藥藥其棘。//銘曰：
　　佳城鬱鬱，春復其春。窮山蒼//蒼，松柏愁人。泉扃一閉兮開無辰。嗚呼//哀哉兮思慕終身。

　　大理丞王縉撰。//

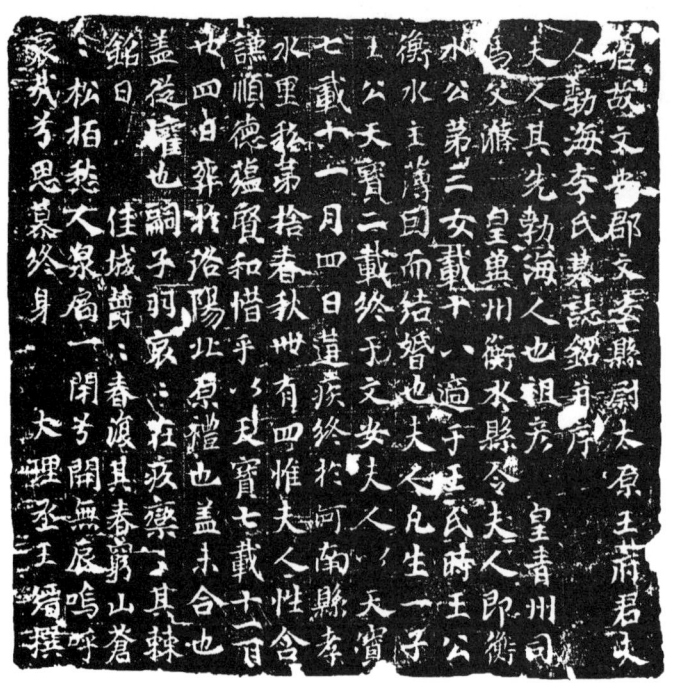

唐王之渙夫人李氏墓誌

　　王之渙墓誌出土於洛陽，誌石方形，高、寬均36厘米。誌文有界格，楷書，凡24行，滿行24字。局部有缺損。其妻李氏墓誌出土時地不詳，現藏於千唐誌齋博物館。誌石方形，高、寬均27.5厘米，誌文楷書，凡15行，滿行15字。

（八三）唐故朝議郎河間郡束城縣令李府君（崇默）墓志銘

唐天宝四年（七四五）正月丙寅

唐故朝議郎河間郡束城縣令李府君（崇默）墓志銘

　　唐故朝議郎河間郡束城縣令李府君墓誌銘并序//
　　處士高陽、許恒陽纂//
　　公諱崇默，字藏用，趙郡元氏人也。昔　玄元①生周，隱迹柱史，關//尹服其道，仲尼從之師。斯爲元宗，貽闕洪蔓。曾祖，皇范陽郡//固安縣令弘，以義行聞於世。弘生雲安郡司馬玄樑，樑生衛尉//寺丞暎訓，訓生公。凡四世，皆濟其美，不損其名，家邦克開，忠孝//惟允。公弱不好弄，長有成德，趨庭聞詩，強學知古，初以先大夫//蔭授左衛勳衛，尋以　中宗輦脚出身，盖門子而易也，調補博//陵郡參軍事。時高孫楚之名，轉常山郡司功；人詠范滂之美，攝//提歲遷河間郡束城縣令。溫敏以惠下，清貞以善俗，人知向方，//官克用乂，政有經矣。屬郡守王審禮與公不協，將害于理，公無//競維人，祗勤於德，因移病縣道，挂冠府門，瀍博之氓，啜其泣矣。//公明而用晦，謙以葆光，居自得之場，立不貸之圖。雖返服瀍洛，//養蒙丘園，安時若命，竟澹如□，方將利用依遷，乃徐有悅，如何//不淑，奄忽而化。春秋六十五，以天寶四載正月丙寅終于偃師//縣亳邑鄉之別業，其年在徐月丙申，窆于首陽南原，禮也。嗣子//曰樅、曰嵩、曰岑，疾首無依，茹荼增酷，傳芳遺烈，伐石幽壤，猥托//蒙固，俾旌其詞。銘曰：
　　振振李公，溫溫令質。直方其大，柔//惠自律。于以筮仕，觀夫我生。　龍興列衛，熊軾參卿②。黃綬栖鳳，//銅章製錦。化成有孚，道遇太甚。解印瀍博，歸軨洛師。人何不喜，//天實爲之。宅兆伊何，首陽之下。圖徽刻石，千秋万古。//

李崇默墓志，2003年出土于偃师市首阳山镇砖厂，现藏于偃师商城博物馆。志石青石质，方形，高52、宽53、厚11厘米。志文隶书，凡21行，满行24字，共计475字。志石保存完整，字迹清晰。

---

① 玄元：指老子。唐高宗李治追封老子为太上玄元皇帝。
② 熊軾：指公、侯的车仗级别。《后汉书·舆服志上》曰："公、列侯安车，朱班轮，倚鹿较，伏熊轼，皂缯盖，黑轓，右騑。"

唐李崇默墓志

（八四）唐故羽林軍大將軍張公故夫人天山郡阿史那氏墓志銘

唐天宝六年（七四七）七月廿八日

唐故羽林軍大將軍張公故夫人天山郡阿史那氏墓志銘

（志蓋）故天山//郡夫人//阿史那//氏墓志//

故羽林軍大將軍張公故夫人天山郡阿史那氏墓志銘并序//

左司禦率王晦撰//

李陵以五千之卒，深戰虜庭，兵盡矢殫，存大降醜，冀復仇也。獫□//敬其才，以女妻之，潛計未遂，遽葬夷貊①。清河張公，諱義之。三德粲//分，万人之敵，慈河作副，蒲海專征，戰摧凶渠，威振胡國。其有單于//貴種，舊修貢賦，重公顧量，慕公籌謀，以閼氏生女，願托高媛。公遂//具禮以納之。誕二子，仲幼而殤。公每鍾鼓樂之，永如賓敬。且陵戰//垂翅，不由己而媾。公征剋（克）勝，懷遠以婚。陵空檄書，名傳高節。公能//建效，勛就凱旋。本其情則全身後圖，考其事則安邊靜鎮。隨時之//義，何遠乎哉！公累績冠軍，開國食邑。封夫人天山郡夫人，以夫爵//授榮寵光也。夫人姓阿史那，本部落左廂第二矗官、雙河郡都督//慴舍提噉啜第二女。生而敏惠，笄以溫和，素豐淑容，惟多令範。自//適配君子，調諧琴瑟，閨門穆清，婦道恭禮。何期積善遺慶，皇天貶//仁，遇疾，天寶五載六月十六日，終于萬年勝業里之私第，春秋五//十四。張公以齊體義重，慟哭增傷，鼓盆雖歌，未忘追慕。痛中堂之//翠幌，唯簞空床；思雙影之龍泉，遽雌分匣。即以六載七月廿八日，//遷祖於洛交郡安昌鄉故郡之原，權安厝也。哀子定遠將軍、守右//內率府率、上柱國、賜紫金魚袋昌庭，泣血絕漿，崩心號露，杖而後//起，哀以送之。猶恐陵不堅，谷不固，罔刊沉石，曷驗封房。乃爲銘曰：//

人在代兮侯營營，求富貴兮存聲名。惟夫人兮受光寵，偶將軍兮//招大榮。曷不偕老齊眉，壽考中路而分，獨處荒墳。飛旒旐，唱薤歌，//煙雲晦野色，松柏悲風多。佳城一奄無時曉，長夜千秋將奈何。//

天寶六載歲在丁亥七月乙亥朔廿八日壬寅。//

阿史那氏墓志，2004年秋由河南洛阳师范学院图书馆收集。墓志并盖一盒，青石质，高79.5、宽77、厚14厘米。志盖盝顶，篆书"故天山郡夫人阿史那氏墓志"4行，行3字，周围云朵纹，四刹镌四神。志文楷书，兼有行意，凡23行，满行25字，志石保存完整，字迹清晰。

---

① 夷貊：古代对东方和北方民族之称，亦泛指各少数民族。《史记·日者列传》："盗贼发不能禁，夷貊不服不能摄。"

唐阿史那氏墓志

大唐羽林軍大將軍張公故夫人天山郡阿史那氏墓誌銘并序
左司禦率王曉撰
李陵以五千之卒深入匈奴覆也驗其才以女妻之潛計未逐英雄大降醍醐與滇鑠也驗
兮萬人之敵苾河作副蒲海專征戰胡張公諱戡之三德發於種舊俗貢賦重公顧童業公等謀以閻氏之永如賓詫高媛公逡
貴禮以納之訟二子仲幼而殤公等謀以閻氏之永如賓詫高媛公逡
具翅不由己而致奉公累績冠軍則全身後圖以婚陵空能名傳高節公能
垂翅不由己而致奉公累績冠軍則全身後圖以婚陵空能名傳高節公能
建劼勳就也夫人姓阿史那部落邑封廟左第二蒹官雙河郡都督
義何遠乎哉公第二女生而敏惠□子孝婦清婦道恭禮期積善遺慶皇天不
授榮寵光斁也夫人婆閏門禱清婦道恭禮期積善遺慶皇天不
惘配君子調詁琴女子萬年滕以溫和素豊澗容惟多令範洲
適遇疾天寶五載六月十六日終於益雞歌何葉里之私第春秋五
十四張公齋體愛重哭增傷悼遐悲益雞歌何葉忘追慕痛中堂之
仁率府上柱國賜紫金魚袋昌故郡之原推安曆分亞即以六載七月廿八日
逆於維舊魄思影之龍泉遥雖分亞即以六載七月廿八日
祖於洛郊安昌不堅谷不回洞到沈石昌驗封房乃為銘曰
幃唯華空齋思哀重懨哭增傷悼遐雖分亞即以六載七月廿八日
內率府上柱國賜紫金魚袋昌故郡之原推安曆分亞即以六載七月廿八日
遠氣以送之獨恐陵偃不堅谷不回洞到沈石昌驗封房乃為銘曰
人在代兮号侯營守存聲而分獨兮荒墳脫旅旋喟芳
赴大榮昌不俟走齋眉壽孝兮存萬佳城一奄焉無時曉長夜
招雲暎野色松柏悲風多佳城一奄焉無時曉長夜
烟雲暎野色松柏悲風多佳城一奄焉無時曉長夜
天寶六載歲在丁亥七月乙亥朔廿八日壬寅

（八五）唐故工部尚書贈太子太師郭公（虛己）墓志銘

唐天宝八年（七四九）五月十五日

唐故工部尚書贈太子太師郭公（虛己）墓志銘

（志蓋）唐故工部//尚書贈太//子太師郭//公墓志銘//

唐故工部尚書贈太子太師郭公墓志銘并序

劍南節度孔目官徵仕郎太僕寺典廐署丞張庭詢檢校//

朝議郎行殿中侍御史顏真卿撰并書//

維唐天寶八載，太歲己丑夏六月甲午朔十有五日戊申，銀青光祿大夫、守工部尚書，兼//御史大夫、蜀郡大都督府長史、上柱國郭公薨于蜀郡之官舍，春秋五十有九。//皇上聞而悼焉，詔贈太子太師，賻物千疋，米粟千石，官給靈輿，遞還東京，所緣葬事，量事//官供。明年青龍庚寅夏五月戊子朔十五日壬寅，葬于偃師縣之首陽原先塋之東，禮也。//嗚呼！公諱虛己，字虛己，太原人也。其先虢叔之後，號或為郭，因而姓焉。巨況泰璞，蟬聯史//氏。公即隋驃騎大將軍、開府儀同三司昶之玄。皇朝涇州刺史、朔方道大總管、贈//荆州都督諡曰忠澄之曾。朝散大夫、太子洗馬琰之孫。朝議大夫、贈鄭州刺史義之子也。//自驃騎至于鄭州，世濟鴻休，有嘉聞而不隕名矣。公粹精元和，禀秀星象，蹈道深至，安仁//峻極。孝悌發於岐嶷，德行淪于骨髓。幼懷開濟之心，長有將明之望。十歲誦老莊，即能講//解，臬諸經典，一覽無遺。十一丁鄭州府君憂，泣血齋誦，三年不息。太夫人在堂，終鮮兄弟，//左右就養，朝夕無違，六親感嘆焉。未冠，授左司禦率府兵曹，秩滿授邠州司功，充河西支//度營田判官，拜監察御史裏行，改充節度判官，正除監察御史，轉殿中侍御史，判官仍舊。//屬吐蕃入寇瓜沙，軍城凶懼，公躬率將士，大殄戎師。皇帝聞而壯之，拜侍御//史。俄遷虞部員外郎、檢校涼州長史、河西行軍司馬，轉本司郎中，餘如故。轉駕部郎中，兼//侍御史，充朔方行軍司馬。開元廿四載，以本官兼御史中丞、關內道采訪處置使，加朝散//大夫、太子左庶子，兼中丞、使如故，數年，遷工部侍郎。頃之，充河南道黜陟使，轉戶部侍郎，//賜紫金魚袋。天寶五載，以本官兼御史大夫、蜀郡長史、劍南節度支度營田副大使、本道//并山南西道采訪處置使。清靜寡欲，不言而化。施寬大之政，變狡訐之風，不戮一人，吏亦//無犯。省繇費，躅力役，巴蜀之士，暖然生春，前後摧破吐蕃不可勝紀。有羌豪董哥羅者，屢//懷翻覆，公奏誅之，而西山底定。特加銀青光祿大夫、工部尚書。七載，又破千碉城，擒其宰//相。八載三月，破其摩彌、咄霸等八國卅餘城，置金川都護府以鎮之。深涉賊庭，蒙犯冷瘴。//夏六月，輿歸蜀郡，旬有五日而薨。嗚呼！公秉文武之姿，竭公忠之節，德無不濟，道無不周，//宜其丹青，盛時登翼 王室，大命不至，殁於王事。上阻 聖君之心，下//孤蒼生之志。不其惜歟！至若幕府之士，薦延同升，則中丞張公、鮮于公持節鉞而受方面//矣，司馬垂、劉璀、陸衆、韓洽布臺閣而立朝廷矣。其餘十數士皆國之聞人，信可謂能舉善//也已矣！有子五人。長曰揆，河南府參軍，先公而卒，贈秘書丞。次曰恕，右金吾衛兵曹。次曰//弼，太原府參軍。次曰彥，左威衛騎曹。季曰樞，冲年未仕。皆修潔克家，祗荷崇構，柴毀孺慕，//纍然銜恤。以真卿憲臺之屬，嘗飽德音，見托則深，敢忘論撰。銘曰：//

　　天降時雨，山川出雲。帝思稊乂，間氣生君。君公峨峨，國之威寶。有赫其德，無竟伊//道。道妙德充，如岳之崧。七司天憲，六踐南宮。澄清關輔，節制巴賨。雨人夏雨，風物春風。仁//惠載孚，典刑克舉。吐蕃叛德，王師振旅。公實征之，深入其阻。平國都護，首恢吾圉。蒙疾西//山，吉往凶還。孰云劍閣，翻同玉關。皇鑒丕績，爰申寵錫。師範元良，以嘉魂魄。歸葬//于何，首陽之阿。嶕嶢墳闕，牢落山河。氣咽簫鼓，風凄薤哥。行人必拜，屑泪滂沱。//

郭虚己墓志，1999年出土于偃师市首阳山镇一砖厂内，现藏于偃师商城博物馆。墓志并盖一盒，青石质。志盖盝顶，高107、宽104、厚4.5厘米。盖顶篆书"唐故工部尚书赠太子太师郭公墓志铭"，凡4行，行4字。志石四边单线浅刻瑞兽、海石榴及牡丹花纹。志文有浅线界格，楷书，凡35行，满行34字，共计1150字。字体端庄工整，刻工十分精细。

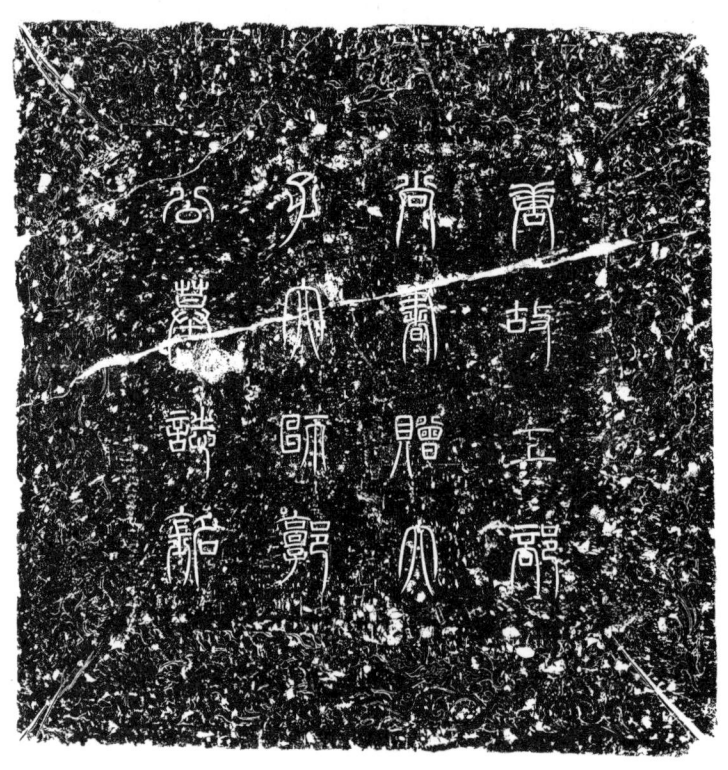

唐郭虚己墓志盖

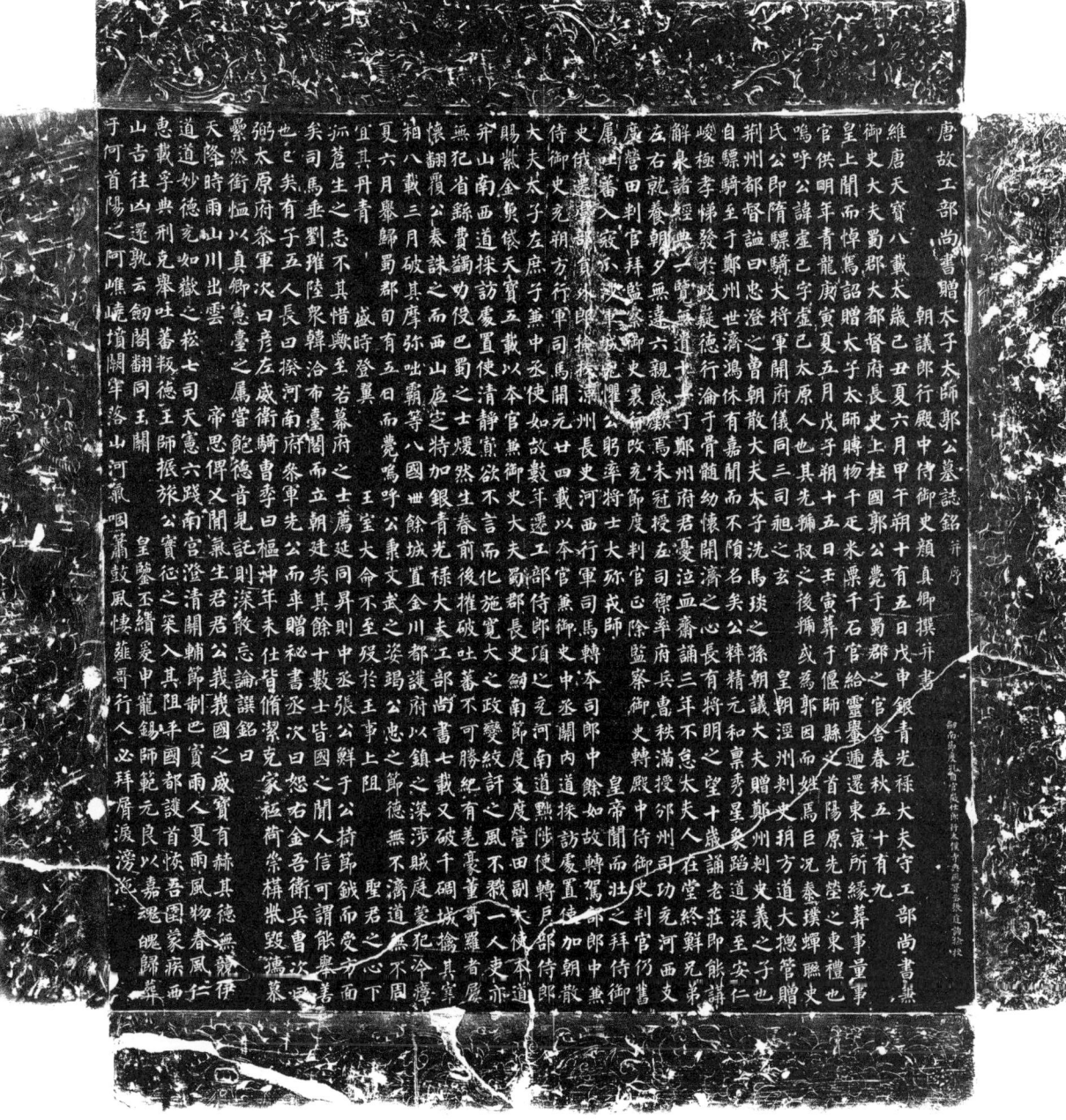

唐郭虚己墓志

（八六）大唐故安府君（思温）史夫人墓誌銘

唐天宝十年（七五一）四月八日

大唐故安府君（思温）史夫人墓誌銘

  （志蓋）大唐故∥安府君∥墓誌銘∥

  大唐故安府君史夫人墓誌銘并序∥

  鄉貢進士李暹撰∥

  府君諱思温，夫人并洛陽人也。官婚尚遠，綿歷∥代數，但式遵古訓而不壞俗焉。君德高業廣，風猷衆欽。孝友仁慈，淑善温克。博學聰惠，遇物多∥能。儒釋二門，特加精意。篆隸得迴鸞之妙，莊周∥自天性之奇。木秀於林，風高早折。去開元九載∥終殁，權殯於鞏縣。夫人史氏，少以知禮，四德備∥閑。孝養忠貞，孀居守節，卅餘載鞠育偏孤。夢奠∥雨楹，樑木斯壞。去天寶八載六月廿七日，終於∥陳留郡，寄瘞。孤子令璋，哀號貫裂，祠拜乖違，啓∥卜兩塋，同歸一葬。以天寶十載歲次卯辛四月∥癸丑朔八日庚申，合祔於洛陽縣平陰鄉城村之界，禮也。執哀過禮，君子□難。銘曰：∥

  洛陽東陌，邙山北原。松林□□，宅兆∥新墳。昔爲孤壟，今契蛟津。□泉扃兮∥日暮，悲狐兔以爲鄰。∥

安思温史夫人墓誌，1999年4月出土于河南孟津县平乐镇刘坡村，现藏于千唐志斋博物馆。墓誌并盖一盒。志盖盝顶，篆书"大唐故安府君墓誌銘"3行，行3字，有界格，周边线刻波纹，四刹为蔓草花纹。志石方形，高36、宽36.5厘米，四侧线刻兽首袍服捧笏十二生肖纹。志文有界格，楷书，凡17行，满行18字。志文略有残损，盖面有划痕。

大唐故妷府君史夫人墓誌銘并序
鄉貢進士李遏撰

府君諱思溫夫人並洛陽人也君誓尚遠緜歷
代數但武遵去訊而不壞俗烏君德高業廣風
猷儻衆欽彩交仁藹溫克博學聰惠遇物多莊周
能釋之門特加精意家餘祈迴鷥之妙九載
自天攉疽犾翠縣夫風史氏少知禮充
終復養忠貞婿居守人世高早以偏四
闕孝斯懷去天節餘戴鞠德備
兩鄰木廏子合寶八月育七孝於
兩福哥庵一合以璋載裂拜日奠
五洛朝同過禮夫家十陰乘終
禮陽八歸孤祔子歸陽茆卒達啓於
也東日家陌年松貫當辛四月將
新昔執氣山原契陽次四城
墓爲禮邇今林泉宅地
悲孤 拂津 方
孤免以爲蹉

唐安思溫史夫人墓誌

唐安思溫史夫人墓誌蓋

（八七）唐故豐王府戶曹參軍皇族叔李府君（復）墓誌銘

唐天寶十年（七五一）十月廿一日

唐故豐王府戶曹參軍皇族叔李府君（復）墓誌銘

唐故豐王府戶曹參軍皇族叔李府君墓誌銘并序//
前國子進士李枚述//
公諱復，字自然，隴西成紀人也。寵章弈葉，國史家諜//詳焉。曾祖子同，朝散大夫、滎陽郡滎陽縣令。祖慈力，//新都、平遙二縣尉，鄴郡成安縣丞。洋洋政聲，嘉子游//之用大；忽忽不樂，惜君山之位卑。父珍，魯王府功曹//參軍。日曳長裾，時唯坐嘯。詞賦空滿，思盡西園之月；//人琴兩亡，哀結東平之樹①。世濟其美，公其嗣之。公秀//而文，溫而屬，在家而孝友著，從宦而冰霜潔。解褐補//長葛尉，廉使以清白聞，遷獲嘉尉。秩滿，以考績進，轉//陸渾主簿兼御史判官。驚鳳之姿，猶棲枳棘；鷹隼之//擊，欲屬風霜。未登憲府之榮，忽卧漳濱之疾，勢摧六//月，時滯十旬，遂表請歸閑養疾。朝儀優奬，改授豐王//府戶曹，從閑逸也。梁王好事，且重枚生；子建爲文，俄//傷阮瑀。天寶十載五月廿七日，終於滎陽私第，春秋//六十八。夫人太原王氏，宜家之慶，雙鳳于飛，偕老之//期，一劍先没。以其載十月廿一日，合祔於偃師縣首//陽東原，周禮也。嗣子岫，泣血無從，哀號罔極。感霜露//之永慕，懼陵谷之將遷，爰命抽毫，以旌豐石。銘曰：//
逸翰騰凌，迴飆忽勁。騏驥未騁，松柏本性。其一。龜崗卜//兆，馬鬣開封。愁雲荒壟，苦霧寒松。其二。哀哀羈孤，血泣//荼苦。黄絹幼婦，千秋萬古。其三。//

李復墓誌出土于洛陽偃師，現藏于偃師商城博物館。誌石青石質，方形，高53.5、寬52厘米，厚9.6厘米。誌文楷書，凡22行，滿行20字，共計417字。誌石保存完整，字迹清晰。

---

① 東平之樹：語出《漢書·東平思王劉宇傳》："（東平思王劉宇）立三十年薨"，顏師古注引三國魏劉劭王象《皇覽》："東平思王冢在無鹽，人傳言王在國思歸京師，後葬，其冢上松柏皆西靡也。"後以"東平之樹"謂人死後猶不泯眷戀故國之情。

唐李復墓志

唐故豐王府戶曹參軍□族州李府君墓志銘并序

前國子進士李□述

公諱復字自然隴西成紀人也。寵章弈祖子同朝議大夫榮陽郡戍安縣令祖慈子游詳寫曾遙二縣尉鄭郡戍洋洋政聲嘉□之用大□□不樂惜君山之樹七□□□□琴雨□長裾時准坐□詞賦室滿思□□□人□隼日□□家結東平之□□□□□□而文溫雨厲係以清白聞逐微著花官一水霜□解褐補仕渾主得廉御史判官鸞鳳之姿循楪枳棘鷹之月□陳涉扁旬遂閑逸也。梁王好事且家之慶雙鳳飛於松桂，朝議便□□□□戶曹泛開冥表請歸閑養疾朝議□□□為文□六月□□□風霜未登憲府□□□□□□□□府院導專天寶十載終於榮陽弟泰秋之□六十八細先逝以其載十月廿七日合祔於□□□期一夫人太原王氏宜家之□□□□□□陽東原□□□山嗣子岫泣血□□□□□□之永慕嗚陵谷之将遷文爺□□□□□□□□駘駸迴毗忍刊韓驅□□□□□□□□北馬既聞封幼郎千秋萬古荅苔黃綺幻愁雲荒塊苔霧寒松其　乃其銘曰

（八八）唐故朝議郎行東海郡録事參軍房府君（承先）吴夫人墓誌銘

唐天宝十年（七五一）十月廿四日

唐故朝議郎行東海郡録事參軍房府君（承先）吴夫人墓誌銘

（志蓋）大唐故//房府君//墓誌銘//

唐故朝議郎行東海郡録事參軍房府君吴夫人墓誌銘并序//

前右驍衛騎曹楊拯撰//

公諱承先，字承先，清河人也。昔舜封堯子於房，爰錫我族。洎雅爲清河//太守，肇允厥居。夫其禮樂承家，衣冠奕世，式叙令德，以宣寵光。即我曾//祖彥謙府君，隨（隋）監察御史、//郜州司馬、涇陽宰，唐贈徐州刺史，柏署飛//烏，冶中展驥，始鳴琴而述職，終露冕而追榮。祖玄齡府君，皇開府儀//同三司、尚書左僕射、中書令、梁國公，登庸三台，敷贊百揆，時仰珪璋之//德，朝資社稷之臣。父遺義府君，皇太子舍人、縠州刺史、青宮輔德，皂//蓋司藩①，挺杞梓之良材，體江山之逸氣。公即使君之元子也，識量森邃，//心期激昂，業紹家聲，人推國寶。嘗以爲孝悌者仁之本，恭儉者行之純，//忠信者政之綱，德禮者身之幹。念存斯義，實獲我心。公之自強，有令聞//也。年弱冠，以崇文生升第，解褐補東海郡録事參軍。游刃惟新，直繩不//紊。莅事以簡，能聲載揚，故君子趨之。滿歲薄游，至於江表。以開元有三//年二月廿二日，不幸遇疾，終於豫章郡，春秋卅有八。冥昧歸魂，翩翻絳//旐，親交淒歔，行路嗟稱。天道如何，斯人永逝。以開元有三年三月十七//日，假葬於洪崖邑之東原。夫人天水吴氏，皇廣州新會宰玄縱府君//之息女也。有子二人，長曰安禹，次曰晋，晋先兄而没。初安禹尉開封也，//夫人以從子之道，板輿東征，禍集高堂，悲生風樹。惟兹至性，泣血崩摧，//禮稱顔丁，無以加也。服闋，轉右驍衛騎曹，誓將改卜原塋，躬親負土，謀//龜筮而未協，踐霜露而增悲。閔水驚波，藏舟遽往，終天不及，埋恨何申。//孫琮等純孝風聞，聿遵先志。以今辛卯歲十月庚戌朔廿四日，遷祔於//偃師縣首陽鄉之原，禮也。寒郊苦霧，平楚淒風，一兹泉壤，萬古攸同。銘//曰：

英英我公，敏政懷忠。虛心内朗，應物旁通。周旋雅致，似續清//風。長才未展，大運斯終。令子純懿，哀哀永慕。禀命不融，又先朝露。亡殁//重疊，歲時環平。爰有孝孫，聿修遷祔。既先遠日，哀慟於心。玄扉暫啓，素//驥俄臨。風悲野迥，雲慘松深。重泉已矣，長夜幽陰。//

潁川陳峴書。//

---

① 皂蓋：唐州刺史或郡太守的別稱。汉郡太守秩二千石，其所乘车盖为黑色，称皂盖。《后汉书·舆服志上》曰："中二千石、二千石皆皂盖，朱兩轓。"

房承先吴夫人墓志出土时地不详，现藏于偃师商城博物馆。志石青石质，方形，高、宽均62厘米，厚13厘米。志文楷书，凡27行，满行27字，共计672字。志石保存完整，字迹清晰。

唐房承先吴夫人墓志

唐房承先吴夫人墓志盖

（八九）唐故朝議大夫行尚書膳部員外郎上柱國崔府君（藏之）墓誌銘

唐天宝十年（七五一）十一月五日

唐故朝議大夫行尚書膳部員外郎上柱國崔府君（藏之）墓誌銘

（誌蓋）唐膳部∥員外郎∥崔公志∥

唐故朝議大夫行尚書膳部員外郎上柱國崔府君墓誌銘並序∥

朝散大夫檢校金部員外郎上柱國徐浩撰並書∥

崔氏之先，太岳之裔。齊丁公子受姓因封，秦司徒家徙居爲族。博陵之後，∥不乏賢才。自魏司工尚書、幽并二大都督、恭懿公諱秉府君，生北齊趙定∥二州刺史諱仲琰府君，生梁襲定州刺史、博陵公諱仲哲府君，生隋處士∥諱公牧府君，生 皇朝朝散大夫、雍州涇陽縣丞諱玄亮府君，生朝請∥大夫、洛州廣武縣令、上柱國諱無縱府君。六代無違德，一行無伐善。慶積∥有徵，源長流衍。是生府君諱藏之，字含光。夙禀義訓，性與道合。心皎白雪，∥志抗青雲。年十有七，游於滎陽。刺史于季子解榻致禮①，嘉其文彩，薦以秀∥才。府君長揖盜夸，固拒孟晋；飛遁穹谷，結廬嵩山。著書數萬言，坐忘四五∥載。知身是幻，見法皆空。因詣大照禪師，摳衣請益，頓悟先覺，無生後心。開∥元初， 上方闢圖書之府，徵内外之學。麗正學士、左常侍元公行冲，與沙∥門一行特表聞薦，召入麗正殿，詳註《莊》《老》。公以進而無位，退不得隱，遂應∥進士，一舉登科。其年，上所註《老》經， 制補集賢院直學士。無何，丁太夫人∥憂，柴毀棘心，菓形杖起，閭里哀之。外除補益州參軍。嘗有志於青城峨眉∥間，因請急游焉。探幽不極，終歲忘返。長史張敬忠知其雅量，差攝采訪、運∥糧等判官。奏課，授虢州司户參軍。歲餘，采訪使、蒲州刺史韓朝宗以清白∥升聞，補長安尉。爲執事者所害，換揚州大都督府兵曹參軍。長史李知柔∥決獄多僻，訟言載路。黜陟使、尚書左丞席豫，召公按問，盡發幽冤。不懼長∥吏之威，深懷仁者之節。席公奏文華表譽，清白持綱。遷太府丞知庫，泉貨∥餘羨，奸僞屏息。屬 駕幸溫湯，時遇霖潦，儲供所給，實在近郊。京兆尹兼∥刑部尚書蕭公炅，奏授藍田令。疲人用康，能事畢舉。 朝廷日能，擢拜膳∥部員外郎。禀命不融，以天寶九載十一月廿日，遘疾終于京兆懷真私第，∥春秋五十七。以来載十一月五日，歸葬于河南萬安山，祔先塋，禮也。嗣子∥堅，年甫孩啼，呱號襁褓。季弟太府少卿温之等，痛激天倫，庀徒②戒事。泉燈∥永夜，掩

---

① 解榻：語出《后漢書·徐稚傳》載，太守陳蕃對徐稚很看重，蕃在郡内不接待賓客，唯稚來，則特設一榻，稚離去則將榻懸挂起來，後以"解榻"指接待嘉賓、禮賢下士。

② 庀徒：聚集工匠、役夫。唐陳子昂《宜冥君古墳記銘序》："庀徒方興，畚锸攸作。"

文昌之一星;石篆何年,瘞藍田之片玉。嘗同僚也,敢作銘云://

系太岳,居博陵。代濟美,言足稱。惟府君,才不矜。德簡簡,孝蒸蒸。徵碩儒,演//精義。鄉秀士,郡從事。泉府丞,王坼吏。居則理,政尤异。拖朱綬,登粉闈。草奏//允,時望歸。命不淑,善何依。茲山陽,閉泉扉。//

崔藏之墓志出土于洛阳,现藏于千唐志斋博物馆。志石方形,高、宽均64.5厘米。志文楷书,凡29行,满行28字。

唐崔藏之墓志蓋

唐崔藏之墓志

（九〇）唐順節夫人墓志銘

唐天宝十一年（七五二）二月壬申

唐順節夫人墓志銘

　　順節夫人墓志銘并序//
　　朝議郎左補闕内供奉張之緒撰//
　　順節夫人姓李氏，隴西成紀人也。//大唐景皇帝七代孫，皇工部尚書、//漢陽公寂曾孫，皇馮翊郡司法昭//仲孫，中部太守惇少女，左補闕張之緒妻。//孝行節儉，仁厚慈惠，未笄必於是，歸我必//於是。寡乎言，撿禮自視；柔乎德，舉族推美。//以此逮下，昌乎而家；以此歸人，吁乎君子。//天寶辛卯載終于常樂里私第，春秋卅五。//哀哉哀哉！壬辰歲二月壬申，權厝于宣武//原，儀也。嗣子亞、墊、窒，恍兮如失，躄于地，號//于天。余撫而哀之，乃爲銘曰：//
　　振振公族，溫美如玉，其玉維何？沖謙自勖。//維彼淑德，穆于昆弟，其穆維何？宗親懷惠。//遺美不朽，其神則游，目爲順節，以表厥休。//嗚呼順節，此原千秋！//
　　廣陵倉曹李湊書//

顺节夫人墓志出土于洛阳，现藏于千唐志斋博物馆。志石青石质，高、宽均46厘米。志文楷书，凡17行，满行16字，共计246字。志石保存完整，字迹清晰。

唐順節夫人（李氏）墓誌

（九一）唐故少府監鄭君（岩）墓誌銘

唐天宝十一年（七五二）五月十五日

唐故少府監鄭君（岩）墓誌銘

  唐故少府監鄭君墓誌銘并序//

  憲部尚書張均撰//

  維天寶十一載歲在壬辰正月己卯朔十七日乙未，銀青光禄大夫、□□□、//上柱國、咸林縣開國伯鄭君卒于咸寧之親仁里，春秋六十有五。嗚□，□□//朝之貞幹，士之表式，榮名休運，明德令終，蓋殁而不朽者矣。夏五月□□□//十五日辛未，歸窆於河南伊汭鄉萬安南原。篆石紀墓，以永風烈，孝□□□//也。君諱岩，字良石，河南滎陽人。周之胄係，昔宣王封友于鄭，氏之以國。自□//武善袞職，興衆闡微言，英猷弈緒，世爲冠族。君六代日盤陁當，後魏練次名//宗，尤推北祖之盛。烈考齊州歷城丞，出爲循良，入爲孝悌，蘊冲德以潛施，克//追榮以顯復。君即歷城府君次子，故工部薛紘之甥。辛卯歲，制曰："少府監//鄭岩故父琰、故母薛氏，載留翼子之規，更啓揚親之美。琰可贈使持節、濟南//郡太守。薛氏可贈河東郡夫人。"餘慶永錫，孝慈著矣。君少孤，卓有立志，俊識//發於髫歲，逸氣蓋於時倫。年十四明經擢第，弱冠署臨河尉。識者許之驥足//鳳毛，必將一舉千里。凡更職十五，一幹京劇，三徙華光，掌簿鴻臚而踐少卿，//參掾神州而登亞尹①。兩出外郡，佐于汝而牧于絳。再入少府，始其副而終其//正。散秩傍統者不紀焉。君權敏可以摻擿變詐，明決可以憪刷繁疑。雜京兆//之庭訟百端，必提耳而先化；省少府之國費億數，每推心而後刑。其餘至而//理，去而思，萬年与絳，立頌載德。扈從華清宮，遘疾還京，奄然不起。朝廷道路，//莫不悲嗟。議者曰："剋志追榮君之孝，精力從事君之忠。"符節外臨，則吏人清//德；珪璋内範，則子弟令名。宜其宰四叙於天機，濟王壽於靈祚，近而不究，非//命謂何。君夫人，余之女弟。德配君子，行標母儀。嗣子潤，次汲，次泌，并以貞秀//履清貫。女子四，哲謀肅艾，咸歸令門。余与夫子少相親，老相失。故園金谷，//長孤世嗣之游；白馬素車，莫展巨卿之送。式昭景行，以寄泉壤。銘曰：//

  鄭本周出，周遷鄭依，史伯謀盛，延州識微。英風世□，纂德有輝，武慚北使，融//謝東歸。少府弈弈，袞衣未焉，飾吏以文，休聲以迹。山藪仁義，埃塵寶璧，道遺//簠金，化流刻石。匪日天促，祐德爲淺，豈不尊榮，在用未展。命實天喪，才淪世//須，適自何起，今歸本無。獨哀哀之純孝，慍福履於洪爐。//

---

① 亞尹：唐京兆少尹的別稱。唐岑參《酬成少尹駱谷行見呈》詩："亞尹同心者，風流賢大夫。"

唐鄭岩墓志

郑岩墓志出土于洛阳市伊川县彭婆乡许营村。志石青石质，高、宽均78厘米。志文楷书，凡27行，满行29字。右下角缺损，缺失10余字。

（九二）大唐隴西故李府君墓誌銘

唐天宝十三年（七五四）闰十一月廿一日

大唐隴西故李府君墓誌銘

（志蓋）李君//墓誌//

大唐隴西故李府君墓誌銘并序//

府君諱　，字　。昔貳師射石虎，没箭其羽[①]，苗裔其來自遠，//天爵人官，蟬聯不墜。祖亮，貞幹絶代，疏爵不仕。父貞節，//寬仁厚德，禮讓是先。鄉間領袖，人慕諒直。府君英才秀//异，卓尔不群，出衆人之表，鄉黨敬之如神明焉。剛毅俊拔，//一時之冠。呼嗚！人何代不故，壽終宜令。春秋七十有三，以天寳//十一載八月十一日，奄於斯弟（第）。妻梁夫人，水清玉液，履操貞//明，四德無虧，六行有則。天寳八載五月十一日亦殂。其世男進、芬，//孫瑜等，伏棺號叫，不漿七日，有顧悌高柴之痛。以天寳十三載//歲次甲午閏十一月壬戌朔廿一日壬午，合葬於汜川東北平//原，禮也。南瞻非嶺，北眺孟津，看羽客之往来，望靈查之上下。嗚//呼嗚呼，諸子長孤。已矣已矣，使人弦爵不理。扃門一閟，無再見期。//松柏森森，乃爲銘曰：

地稱岩邑，川帶鴻溝。令問令望，惟公惟侯。//乃祖乃父，置悔置尤。外無皂白，内蘊楊秋。偉哉華冑，盛矣芳塵。//智能拔俗，才堪絶倫。家聲門閥，抱義懷仁。挺兹淑質，時惟令賓。//詩河之魴，女德惟梁。優柔玉潤，蘭桂馨香。閨闈有穆，九族//稱楊。金波已往，蘋藻流芳。　方祇圓魄，轉氣垂精，挺//兹彦媛，嗟乎淑靈。今古長隔，凄凄柏聲，子子孫孫，四時//涕泠。//

李君墓誌，2006年出土于荥阳薛村墓地，现藏于河南省文物考古研究院。墓誌并盖一盒。志盖方形，高、宽均37厘米，顶部篆书"李君墓志"2行，行2字。志石方形，高、宽均37厘米，厚9厘米。志文楷书，凡19行，满行25字。志石保存完整，字迹清晰。

[①] 指汉贰师将军李广射虎的典故。语出《史记·李将军列传》。唐杜甫《曲江》诗之三："短衣匹马随李广，看射猛虎终残年。"

唐李君墓志

唐李君墓志盖

（九三）唐故睢陽郡穀熟縣丞鄭府君（昃）墓誌銘

唐天寶十三年（七五四）十一月廿九日

唐故睢陽郡穀熟縣丞鄭府君（昃）墓誌銘

  唐故睢陽郡穀熟縣丞鄭府君墓誌銘并序

  次子沔述 //

  洛陽大福先寺沙門湛然書 //

  府君諱昃，字休光，滎陽開封人。惟先周後也，蓋宣王封母弟友於鄭，曰桓 //公，為周司徒，實屏王室，光烈休顯，莫之與京。故弈世襲慶，黃中接武，德門 //高峻而冠于今。曾祖乾政，隨（隋）左衛兵曹參軍。祖寶倫，隨（隋）左驍軍司馬， //貞觀初加朝散大夫，汧陽郡司馬。父獻，武后朝左武威衛錄事參 //軍。府君生有成德，內明外順，循禮以動，弘道為資，知雄守雌①，依仁 //游藝。義以濟物，善無近名；蘊九德以養和，綜百氏而敦學。不睹喜慍，孰知 //津涯。修詞尚夫子之文，操琴盡伯牙之妙。弱冠自宿衛調補尋陽郡尋陽 //縣尉，丁左武威衛府君憂去官。服闋，授彭城郡彭城縣尉，椎輪為五輅之 //初，累土實九層之漸，坦以樂道，靖然安阜。袟滿，授睢陽郡穀熟縣丞，未之 //官而遇疾。以開元九年七月十三日，棄背于東京綏福里之私第，春秋卌 //有五。後雕之志，先秋而落，曾不永年，焉及貴仕。嗚呼嗚呼！夫人博陵崔氏， //隨（隋）左武侍公牧之曾孫，涇陽丞玄亮之孫，陳留郡司馬無固之女，淑慎四 //德，叶和六姻，慈惠睦於閨庭，令聞被於邦族。訓習詩禮，解融真空，不見可 //生，坐冥中道。以開元十年六月五日傾背于綏福里，春秋卌有八。漪、沔等 //不天，總角而無怙恃，湊纏幼學，洽僅免懷。嗚呼昊穹，艱疚太甚，集 //蓼非苦，泣血何追。哀上堂而不見，仰留象而增毒。始卜葬未克，并藁殯于 //鼎門之南。終窶且貧，荏苒星歲，方求仁者之粟，以議封崇之禮。粵天寶十 //三載歲次甲午十一月壬辰朔廿九日庚申，還厝于偃師首陽鄉之原。惟 //昔緒言曰：葬者藏也，欲人之不見。儉以中禮，厚而何為？華元之不臣，□ //如揚孫之令子，故凡所器備，稱家有無，敬安宅兆，不悶金玉，從先志也。□ //載采而思遠，祿不及而崩絕。銜恤茹荼，申悲泉壤。銘曰： //

  皇考秉哲，才邈行殊。去德之累，抱道之腴。薄游下邑，未聘天衢。蘊□ //長往，藐焉諸孤。母氏育德，善超玄理。執禮宜家，服勤宗祀。敦和九族，均□ //七子。樹欲靜柯，風胡不止。清洛之北，首陽之前。依依隴隧，膴膴原田。□□ //堂於此日，盡敬愛而何年？永矣莫及，哀哀昊天。 //

---

① 知雄守雌：語出《老子》第二十八章"知其雄，守其雌，為天下谿"。雖知本身剛強，卻以柔弱自居，指鋒芒不外露，與世無爭。這是古代道家息事寧人的處世哲學。

唐鄭昃墓志

郑昃墓志，1990年出土于偃师南蔡庄村砖厂，现藏于偃师商城博物馆。志石青石质，方形，高、宽均69厘米，厚19.5厘米。志文楷书，凡27行，满行28字，共计698字。志石保存完整，字迹清晰。

（九四）大燕聖武觀故汝道士馬凌虛墓志銘

大燕圣武元年（七五六）正月廿二日

大燕聖武觀故汝道士馬凌虛墓志銘

　　大燕聖武觀故汝道士馬凌虛墓志銘∥
　　刑部侍郎李史魚撰
　　布衣劉太和□∥
　　黃冠之淑女曰凌虛，姓馬氏，扶風人也。鮮膚秀質，∥有獨立之姿；環意蕙心，體至柔之性。光彩可鑒，芬∥芳若蘭。至於七盤長袖之能，三日遺音之妙，揮絃∥而鶴舞，吹竹而龍吟。度曲雖本於師資，餘妍特禀∥於天与。吴妹心愧，韓娥色沮，豈唯專美東夏，馳聲∥南國而已。与物推移，冥心逝止。厭世斯舉，乃策名∥於仙官；悦己可容，亦托身於君子。天寶十三祀，隸∥於開元觀，聖武月正初，歸我獨孤氏獨孤公。∥貞玉迴扣，青松自孤，淵敏如神，機鑒洞物。事或未∥愜，三年徒窺；心有所□，一顧而重。笑語晏晏，琴瑟∥友之，未盈一旬，不疾而殁。君子曰：華而不實，痛矣∥夫！春秋廿有三。遂以其月景子窆於北邙之原。祖∥玄明，梁川府折衝。父光謙，歙州休寧縣尉。積善之∥慶，鍾於淑人，見托菲詞，紀兹麗色。其銘曰：∥
　　惟此淑人兮穠華如春，豈与兹殊色兮而奪兹芳∥辰？爲巫山之雲兮，爲洛川之神兮，余不知其所之，∥將欲問諸蒼旻。
　　聖武元年正月廿二日建。∥

马凌虚墓志出土于洛阳，现藏于千唐志斋博物馆。志石青石质，方形，高、宽均35厘米。志文楷书，凡19行，满行19字。志石右下角稍残，字迹较为清晰。

唐（大燕）馬淩虛墓志

（九五）大唐故兵部郎中張府君（具瞻）夫人華原縣君韋氏志銘

唐大历三年（七六八）十一月十四日

大唐故兵部郎中張府君（具瞻）夫人華原縣君韋氏志銘

大唐故兵部郎中張府君夫人華原縣君韋氏志銘//
尚書刑部員外郎程皓撰//
皇唐寶應二年六月六日，故兵部郎中張具瞻夫人華//原縣君即世於揚州六合縣之混成觀，書時也。夫人//皇朝考功郎中瓊之息女，年十八歸 我郎中，凡享年//四百廿四甲子，書壽也。積德高闈，作嬪清族，佩服□婉，//祗承 舅姑。豈無其養，所重者敬。養可能也，敬爲難；敬//可能也，安爲難；既敬而安，婦道終矣。夫人宿植智□，//了晤真如，及喪所天，深入禪寂，外禮成訓，內和爲則。生//子五人，皆纘復先業，不隕名教，可謂有始有卒，宜其碩//大吾門矣。長子曰翃，見任監察御史；次子曰翔，見任大//理評事。繡衣立朝，輶軒求瘼，縉紳之士，以爲美談。郎//中先卜葬於邙山，夫人後寓殯於廣陵。翃等匍匐旅//櫬，泣血終天。卜兆既從，歸來同穴。嗚呼哀哉！大曆三年//十一月十四日，合祔于 郎中舊塋。從周禮也。銘曰：//
天榮者壽，世載者德，而今見焉，自古鮮克，哲婦則兮。//從夫以順，教子以慈，而今聞焉，自古難爲，賢母儀兮。//以德以壽，曰慈曰順，而今具焉，仁聲獨震，垂家訓兮。//二連匍匐，万里稱嗟，而今祔焉，孝行無涯，照國華兮。//
大理主簿豆盧巽書。//

张具瞻夫人韦氏墓志出土于洛阳邙山。志石方形，高53、宽52厘米。志文楷书，凡20行，满行21字。志石保存完整，字迹清晰。

大唐故兵部郎中張府君夫人華原縣君韋氏誌銘

皇唐寶應二年六月六日故兵部郎中張具瞻夫人
皇朝諱君即世於揚州六合縣之湜成觀書時也夫人華
原諱囗囗郎中瓚芝見女年十八歸我郎中凡事夫人
四百廿四甲子壽也積德惠閨作嬪清族佩服者灘敬
祀承易姑當無所重者敬養可能也夫人宿植智為
奇能也安為難既致禮成訓內和為則碩仕
了悟真如及襄漠天采入禪寂道終矣次子曰翔見任
于吾人皆長子曰輔斬見求癢揞紳之士以為美談郎
大夫五門愈孺衣那山既夫人後寓殯折廣陵翱等甸振郎
理先評事持卒天卜地合祔于來同穴嗚呼哀我大曆三年
中泣血終泜従歸郎中舊塋從周禮也銘曰
攔十一月十四日見聞古難克哲為賢母儀則方
後天荣者壽世載者德而今寫自獨聲震垂家訓
夫以壽教子以慈而今寫仁行無涯照國華方
以德以順日慈而今具寫孝
二連甸萬里稱嗟而今祔
　　　　　　　　　大理主簿盧巽書

唐張具瞻夫人韋氏墓志

（九六）唐故北海郡守贈秘書監江夏李公（邕）墓誌銘

唐大历三年（七六八）十一月廿日

唐故北海郡守贈秘書監江夏李公（邕）墓誌銘

　　唐故北海郡守贈秘書監江夏李公墓誌銘并序//
　　族子著作郎昂撰//
　　公諱邕，字太和，本趙人也。烈祖恪，隨晉南遷，食邑于江數百年矣。//其出未大，及公，前人諱善，顯而不榮，宜公興之。公才傑藝能，皆興//器也。而騏驥①不可以牛處，角實爲害。初，天后朝以文召試，拜左拾//遺。時廣平公璟爲御史丞，劾易之且撓，公抗音離次，極讜言，軒陛//惴恐，太后不能爲辭，直臣勇於立辟矣。雖出爲南和令，而爵祿//者愧。厥後遷御史、尚書郎守外臺，其餘貶逐海嶺，豈傷角耶？譙王//之難，韋后之亂，公之忠力，焜耀今昔。故遘化之放也，布衣孔璋，□//以身贖，事雖不從，感之是難。季年理衛州，便人反謗。移青州，又□//所佞。謬旨陰中，以東宮之姻，妄詞連之，千里獄訊，不得讞報。年七//十三，卒於强死，哀哉！罹禍之後，邊將作亂，故留于鄆東卅里，未及//歸葬。先帝克平，幽顯皆復。尚書盧公訟理，追贈秘書監。公之胤//曰穎、曰岐、曰翹（翹）。家之寶也，而岐死矣，二孤流落，未遑窀穸。戊申之//年，葬者通歲，御史大夫、揚州長史韋公遇公從子暄，謀葬有闕，以//錢廿萬及芻靈之物備用。夫人太原郡君溫氏，以大曆三年十一//月廿日，同窆于洛陽之北原，從兆順也。嗚呼！流放也，孔生請死。//贈雪也，盧公上表。故人賵禭，猶子營護，其義分豈獨得之當時哉！//人有不知公者，或以爲外暴內侈，尚革好俠，曾不知泛愛之道，猶//春風入林，不辨嘉木與衆薪也。嗚呼！犀象齒革②，賢達監戒，而公是//之，君子以爲恨。銘曰：//
　　物惡獨勝，高不必全，其道匪直，曷哉乾元。天疾佚德，昆山是焚，公//死青州，其誰不冤！旅殯中路，遭時未壇，今也遷卜，長歸九原。//

李邕墓誌出土于洛陽，現藏于千唐誌齋博物館。誌石方形，高47、寬46厘米。誌文楷書，凡23行，滿行25字。誌石下稍有殘損，字跡尚清晰。

---

① 騏驥：古代駿馬名，傳說爲周穆王八駿之一。《莊子·秋水》曰："騏驥驊騮一日而馳千里。"也喻指賢才。杜甫《奉贈鮮于京兆二十韻》："騏驥開道路，鵰鶚離風塵。"

② 犀象齒革：犀，犀牛。古時以犀皮製鞭、盾等物。象齒，古時爲上等工藝品原料。指犀象因其革（皮）、其齒而喪生。比喻人因才得禍。

唐故北海郡守贈秘書監江夏李公墓誌銘并序

公諱邕字太和本趙人也烈祖隨晉南遷食邑于江毅百年美
其出於前人諱善頎而不榮耳公興之公牙傑敢扺
若難未及公興御史丞勾實於宮初天后朝雖以文古藝軒陛
論時廣而騁不可爲邱縣今抗音雜次試譟言
愧厭太平公原馮御史邱力守昌楊貶出為南和令祠
恩後公之尚書郎煇耀扺立辟逐海嶺之敬也
事後遷御史忠星昔故矣雖之及青州文
旨雖不逵之逅詞理衛便之報謝州未及
帝求死従感是妃連州之遵也人謀东世里
中以我東咸之後邊獨作乱千鄴不毐鄫於郡東
克我宫幽顯之稠詞廬故里獄梓書監
辛匪皆復尚公諡建法迸書監有
歲喧物大書公遏温氏從洛葬崴戌申之關
日同萬也夫史美公呼流汙以大唐謀宅年十
葬靈年歲大楊北吾其嗚義曽分豈唐三十一之
者柩日岐之太孤其義不知獨謀年當道月
通同朝原伃君共温嘗愛得之請道
錢廿萬也遇也好賢逵知監誡而公還
贈月卅日 狸儀豕賢逵知監而公

人有不知公者亦不辯焉或嘉木與衆薪也鳴呼
之君子以公上表故人贈陪暴荼也
春風入林不爲上嘉有以爲銘曰

物與備諫高不必 金其道匪直罵勃亂元天吏佚德豈山是焚
死與州共誰不竟痛其中路遭時未堉今也遭卜長歸九泉

唐李邕墓誌

（九七）大唐故著作郎貶臺州司户滎陽鄭府君（虔）并夫人琅琊王氏墓志銘

唐大历四年（七六九）八月廿五日

大唐故著作郎貶臺州司户滎陽鄭府君（虔）并夫人琅琊王氏墓志銘

（志蓋）大唐故//鄭府君//墓志銘//

大唐故著作郎貶台州司户滎陽鄭府君并夫人琅琊王氏墓志銘有序//

公諱虔，字趨庭，滎陽人也。本枝自周，因國氏鄭，尔来千有餘年，世爲著族。//曾父道瑗，随（隋）朗州司法參軍。大父懷節，皇澧州司馬，贈衛州刺史。//父鏡思，皇秘書郎，贈主客郎中、秘書少監。公則秘書之次子。源長慶//深，世継其美。公神冲氣和，行純體素，精心文藝，克己禮樂。弱冠舉秀才，//進士高第。主司拔其秀逸，翰林推其獨步。又工於草隸，善於丹青，明於陰//陽，邃於算術，百家諸子，如指掌焉。家國以爲一寳，朝野謂之三絶。解褐//補率更寺主簿，二轉監門衛録事參軍，三改尚乘直長，四除太常寺協□//郎，五授左青道率府長史，六移廣文館博士，七遷著作郎。無何，狂寇憑陵①，//二京失守，公奔竄不暇，遂陷身戎虜。初脅授兵部郎中，次國子司業。//國家克復日，貶公台州司户。非其罪也，國之憲也。經一考，遘疾於台州//官舍，終于官舍，享年六十有九，時乾元二年九月廿日也。夫人琅琊王//氏，皇鳳閣侍郎平章事方慶之孫，皇侍御史晙之女。承大賢之後，盛//德相継。母儀母則，傳在六親；婦道婦容，聞于九族。享年廿有五，以開元十四//年十一月二日，先公而殁。嗣子元老、野老、魏老。有女五人。既奉胎中之//教，又承庭下之訓。動乃應規，言必合則。咸以世事多故，或處遐方，唯長//女、次女、幼子在焉。初，公以權厝於金陵石頭山之原，夫人在王城南定//鼎門之右，頃以時艱，未遑合祔。昨以詢於長老，卜於龜筮，得以今年協從//是禮。長女、次女相謂曰：“吾等雖伯仲未集，而吉歲罕逢，今誓將畢乎大//事。”於是自江涉淮，逾河達洛，萬里扶侍，歸于故鄉。昨以六月廿五日，將//啓城南故窆，言歸鄭邑新塋。大隧既開，玄堂斯儼。盤藤繞塔，彰神理之//獲安；蔓葛縈棺，未精誠之必感。青烏有言曰：“地之吉，草木潤。神之安，福後//胤。此其是也，必不可動。”僉曰：“此其爲万代椁櫬，胡造次而易哉！”於是長女、//次女等嘆曰：“不歸故鄉，亦聞古禮。”遂以大曆四年八月廿五日，祔於夫//人故塋，崇禮經也，議不可動也。外生盧季長備聞舊德，書此貞石。銘曰：//

於昭我舅，道德是尊。才高位卑，天道奚論。茫茫野田，蒼蒼古原。淒涼封

---

① 凭陵：指猖獗、横行。高适《燕歌行》："山川萧条极边土，胡骑凭陵杂风雨。"

闕,∥冥冥雙魂。隴月夜明,松風晝昏。千秋万祀,傳於子孫。鼎門之右,龍門之側。∥鬱鬱佳城,志滎陽塋域。∥

郑虔并夫人王氏墓志,2001年出土于河南洛阳定鼎门遗址南李屯村,现藏于千唐志斋博物馆。墓志并盖一盒,方形,高、宽均45厘米,志盖四周饰卷云并牡丹花纹,志盖顶部篆书"大唐故郑府君墓志铭"3行,行3字。志文楷书,凡28行,满行28字。

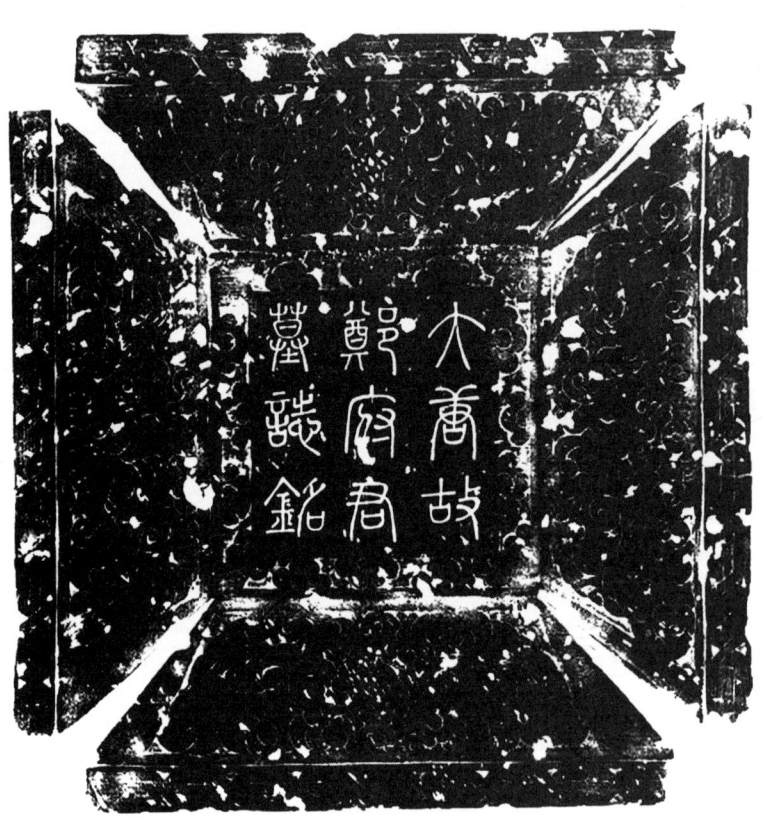

唐鄭虔并夫人琅琊王氏墓志蓋

唐鄭虔并夫人琅琊王氏墓志

（九八）有唐通議大夫守太子賓客贈尚書左僕射崔孝公（沔）墓志

唐大历十三年（七七八）四月八日

有唐通議大夫守太子賓客贈尚書左僕射崔孝公（沔）墓志

（志蓋）有唐尚∥書左僕∥射崔孝∥公之墓∥

有唐通議大夫守太子賓客贈尚書左僕射崔孝公墓志

潁陽縣丞徐珙書∥

初，孝公之薨也，以開元廿九年十二月廿九日權窆于邙山，故人北海太守江夏∥李邕爲志曰：∥

觀夫君子者以和爲量，至人者與一爲徒，正氣漫於四支，淳德封於百行。豈曾子∥之問，避席以知；金人之銘，緘口乃慎。且柔進後動，巽止後居，上下淡而克交，中正∥順而偕應，則無繩自直，不戒有孚，泯乎大方，叶於全朴者，其惟我崔公歟？公諱沔，∥字若冲，博陵安平人也。其先出自炎帝之子伯夷，至太公表於東海，厥嗣食菜於∥崔城，因而氏焉。至若南山黃公、濟北子玉，或秉節傲帝，或銘座律人，風烈前修、光∥太（大）後嗣者也。曾祖諱弘峻府君，隨（隋）銀青光禄大夫、趙王長史。祖諱儼府君，∥皇朝益州雒縣令。考諱暟府君，朝散大夫、汝州長史、安平縣開國男、贈衛尉少∥卿。并人倫高摽，名教華蓋，雅杖憲矩，薦臻德名。公稚無童心，少有大觀，見素抱朴，∥知雄守雌。内陽而外陰，内健而外順，每向晦藏密，參寥聚精。儲心清魂，謂羲皇之∥代；收視玄覽，讀聖人之書。借如孝移於君，仁勇於義。朋思有未言之信，昆弟有∥不間之歡。流念注於恤孤，形政加於子物。所謂情必造極，事必率真。無得而稱，故∥言不入境；無私而照，故廣不窮涯。所以好謀而成，舉必弘化；臨事而斷，理無變觀。∥務劇而自足於閒，物競而獨安於靜。其有爲也，四時運而無窮；有守也，一言形而∥可復。所以順動以悦，流謙而光，明莫人非，幽罔鬼怨者此爾。古人曰：丈夫處其厚，∥君子蹈其常，不然，曷以寬服於人，柔制於物？盛德可以鎮薄俗，雅言可以軌後昆。∥豈徒懿乎文，典于學，射策科甲，茌政迹尤。隨手之能，道形始於無作；易御之妙，神∥用契於無間。且夫游上林者，不華於纖草；觀巨壑者，豈壯於餘波。今欲一名出徒，∥一事异等，叙尋常之紀，際深廣之端，則恐修短不侔，巨細相混，存其遠者，實所庶∥乎略其小焉，故可知矣。非夫歷官之次，即歾之辰，誠足稱多，未敢聞命。公廿四，鄉∥貢進士擢第，其年封中岳，詔牧伯舉賢良，公與兄故監察御史諱渾雙名居右，∥敕授麟臺校書郎。滿歲，補洛州陸渾主簿。宅汝州府君憂，外除，擢左補闕。無何，∥拜殿中侍御史，復換起居舍人，纍祠部員外郎，擢給事中。居數月，轉中書舍人，辭∥官請侍優，制改虞部郎中，仍都留司，因攝御史中丞，尋即真充都畿按察使。時//宰反聽，屈著作郎。既而悟焉，翼月，檢校秘書少監，遽而正授。前後奉 詔再判大//理，又知禮部侍郎， 恩加朝散大夫，遷左庶子。丁內艱，弥私制①徵中書侍郎。一歲，//河朔無年，特詔公魏州刺史。 皇上有事泰山，觀大禮，加朝議大夫。因上計，分//掌吏部選事。未幾，入爲左散騎常侍兼判國子祭酒。始東都副留守，復秘書監。//上籍田，東都留守册太子賓客兼懷州刺史。俄而去兼，加通議大夫。終東都副留//守。時春秋六十有七。嗚呼！以開元廿七年十一月十七日，薨於居守之內館。門下//省居守以聞， 聖上哀悼，追贈禮部尚書，賵以粟帛。太常考行，諡曰孝。注老子《道//德經》，文集三十卷。嘗以公碩行多才如彼，清資盛業如此，雖蒼生有望，而明神或//欺，三旌②未躋，百齡不極，紫綬加於黃壤，陰室啟於玄冬。斯並志士興悲，大雅流嘆。//首公者爲國，軌物者在人，職此感多，念兹體大，豈眇小罷市，握龂輟歌而已哉！公//位事則高，家節以約，弊其衣服，糲其鼎方，雖道際於尊，而儉逼於下。頃以依於佛，//濟於仁，厚禄半於檀那③，上農遍於周急，故賞用四壁，人不堪憂，而詩書一床，獨以//爲泰。及撤瑟初艱，蓋棺他日，聚族之費，崇福之餘，薄葬不足以送終，遠日不足以//集事。長子同州馮翊縣尉成甫、嗣子祐甫等，并至性本天，彝訓過禮，恙極於侍，哀//極於追，柴毀失容，綆淚成血。邑十三同學，廿同游，晝連榻於蓬山，夕比燭於書幌，//直則爲友，道則爲師，一剛一柔，厥迹頗異；好文好義，職允攸同。情以久深，心以知//盡。今哭位淄水，殞日伊川，懸棺惠顧而應留，吊馬悲鳴而不及，信運斥質死，豈搦//管思存。其詞曰：//

塞默玄造，蒼茫大爐，道兮而逝，德兮而孤。周仁不祐，濟義不扶，年罔極壽，位弗登//樞。憲矩安仰，名教誰模，四始殆喪，百禮將蕪。巳矣巳矣，天乎天乎！//孝公長子成甫，服闋，授陝縣尉，以事貶黜。乾元初，卒于江介。成甫之長子伯良，仕//至殿中侍御史；次子仲德，仕至太子通事舍人；少子叔賢，不仕，并早卒。今有伯良//之子詹彥，并未仕；仲德之子，未名。 孝公之嗣子祐甫，仕爲朝散大夫、權知中書//舍人事、賜紫金魚袋。永泰中， 天子有事南郊，旌寵舊德，是以有僕射之贈。越以//大曆十三年歲次戊午四月丁丑朔八日甲申，嗣子祐甫奉 孝公之櫬遷于邙//山之平樂原，以 夫人太原郡太夫人王氏祔焉，禮也。//

---

① 私制：私人的禮法。《文選》潘岳《悼亡詩》："改服從朝政，哀心寄私制。"李周翰注："改凶服從朝政之吉服，哀心不易，私存其禮也。制，禮也。"

② 三旌：古代諸侯分公、侯、伯、子、男五等，三旌指公、侯、伯三卿。因其車服各有旌別，故稱三旌。《莊子·讓王》："子綦爲我延之以三旌之位。"陸德明釋文："三旌，三公位也。司馬本作三珪。"

③ 檀那：佛教用語，布施、施捨、給與之意。

唐崔沔墓志碑陽

唐崔沔墓志碑陰

附：有唐太原郡太夫人王氏（方大）墓志

唐大历十三年（七七八）四月八日

有唐太原郡太夫人王氏（方大）墓志

（志蓋）有唐太//原郡太//夫人王//氏之墓//

有唐太原郡太夫人王氏墓志//

初，夫人之終也，以開元廿三年十月廿七日，權窆於邙山。//夫尚書左僕射孝公爲志曰：//

夫人姓王氏，字方大，太原晋陽人也。其先出於周靈王太子晋。太//子上賓於帝，子孫留焉，時人号爲王家子，因以命氏。周漢以降，代//爲著族。夫人即後魏龍驤將軍慧龍之九代孫也。曾祖仁緒，//隋文林館學士；大父惠子，隱居不仕；考溫之，皇朝鄆州録//事參軍事。并當仁由道，命不祐能。夫人淑姿端雅，厚德寬裕，孝友//冥至，恭順夙成，周閑内儀，通識前載。年十有八，歸我崔氏。逮事//先夫人，属有沉綿之疾，夫人服勤就養，誠孝純深。虔奉諸姑，和敬//娣姒，慈撫猶子，禮協宗姻，至行有孚，休問增茂。貨不藏已，貴而能//貧，衣無珍華，食必蔬素。享年五十，以開元廿二年六月廿六日，暴//終于東都崇政里第，悲夫！周慎安乎苦節，謙約終於短祚，天與善//人何如哉！夫人有一男三女，并至性哀毁，殆不勝喪。刊石表志，措//諸幽户。其詞曰：//

休門畜德兮詒厥修令，碩人其頎兮誕敷淑性。含章通理兮端裕//純正，謙慈恭睦兮孝友和敬。天授夫德兮莫永斯命。臨其穴，惴其//慄，冬之夜，夏之日，百歲之後，歸于其室。//

太原太夫人之子祐甫，仕爲朝散大夫、權知中書舍人事、賜紫金//魚袋。長女適芮城尉、范陽盧沼，次女適冠氏尉、范陽盧招，少女適//臨汝郡司戸參軍事、范陽盧衆甫，并早卒。永泰二年，祐甫爲尚書//司勳員外郎，属 縣官有郊祀之禮，因廣孝道，追封邑号，是以有//太原郡太夫人之命。越以大曆十三年歲次戊午四月丁丑朔八//日甲申，嗣子祐甫奉 太原郡太夫人之櫬祔于 尚書左僕射//孝公，禮也。//

前侍御史元至書。//

崔沔及其妻王方大墓志，1930年出土于洛阳北十八里张阳村东北、瓦店村西南，现均藏于开封博物馆。崔沔墓志并盖一盒。志盖盝顶，四周有阴线刻花草纹，顶部刻"有唐尚书左仆射崔孝公之墓"4行，行3字。志石高、宽均98厘米。志文隶书，凡52行（后26行刻于盖之背面），满行31字。夫人王方大志石并盖一盒。志盖盝顶，高、宽均72厘米，四周有阴线刻花草纹，盖顶篆书"有唐太原郡太夫人王氏之墓"3行，行4字。志石高宽均为73厘米。志文楷书，凡25行，满行25字。志、盖二石均完好。此志为王方大死后44年，崔家重修坟茔而刻。志载王氏先祖、婚嫁年龄及在大家族中谨慎的德行操守。文后为嗣子祐甫补记其仕为朝散大夫、权知中书舍人。

有唐太原郡太夫人王氏墓誌

夫人之終也以開元廿三年十月廿七日權窆於印山
初夫人尚書左僕射孝公為誌曰
夫人姓王氏字方大太原晉陽人也其先出於周靈王太子晉大
夫人即賓朴帝子孫留焉為玉家子因以命氏周漢以降代
考上族弟馬林館學士即後魏龍驤將軍蕤龍之九代孫也曾祖仁諝
事恭軍事並周仁由道命不祐能孝溫之皇朝鄜州仁諝
隋文恭軍事並成周閣內儀通識前載年十有八歸我崔氏逮事
先考大怒撫徹子禮之族姻金前載年十有八歸我崔氏逮事
妣如諝猶子禮公姿素尊政毀華諸姑和敬
終於衣冠無弥至里華悲夫人周慎安乎苦篤諧始不
人何如哉夫人有一男二女並金性哀毀殆不膝塋
舍於東都崇政里諝政里諱珪夫人有一男二女並金性哀毀殆不膝塋
諝韻其詞曰
門戶其詞曰
外正誕德華碩人其頌芳詠敦淳性合章通理芳端裕
懷冬之夜太原太夫人其頌芳詠敦淳性合章通理芳端裕
太原長安慎惟城睦芳和敬天授夫德芳草永斯命臨其穴懍其
魚貞司戶次軍事范陽盧次歟次女權冠氏尉范陽盧招少女適
司勳員外郎屬於縣官有鄉祖之禮自廣孝道追封邑號是以有
臨次員外郎屬於縣官有鄉祖之禮自廣孝道追封邑號是以有
日十原郡太夫人之觀耐于尚書左僕射
十田申嗣子祐奉大原郡太夫人之命越以大曆十三年歲次戊午四月丁丑朔八
嗣子祐奉太原郡太夫人之命越以大曆十三年歲次戊午四月丁丑朔八
禮也 前侍御史鄒元至書

唐崔沔妻王方大墓誌

唐崔沔妻王方大墓誌蓋

（九九）有唐朝散大夫守汝州長史上柱國安平縣開國男贈衛尉少卿崔公（皚）墓志

唐大历十三年（七七八）四月八日

有唐朝散大夫守汝州長史上柱國安平縣開國男贈衛尉少卿崔公（皚）墓志

（志蓋）有唐衛尉//少卿安平//男崔公墓//

有唐朝散大夫守汝州長史上柱國安平縣開國男贈衛尉少卿崔公墓志//

初，安平公之薨也，以神龍元年十有一月廿四日假葬于邙山，晋陽縣尉吴少微、富嘉//謨同爲志曰：//

伊博陵崔公諱皚，歲十有八，以門冑齒太學。明年，精《春秋左氏傳》登科，冠曰慈明，首拜//雍州參軍事，次左驍衛兵曹，次蒲州司法。中書令李敬玄、侍中郝處俊，國之崇也。時　//元良監守，朝於李而暮於郝，以率更職典刑，禮咨公爲丞，俾輯宫事。沛王府功曹曉，公//之仲昆；京兆杜績，公之姊婿，以主客郎中終，而兄亦早殁。公奉嫂及姊，盡禄無贏，其後//相次淪亡，公家貧，庀喪莫給，乃鬻僮馬以葬。群甥呱呱開口待哺，公之數子咸孺稚焉，//彼餐而厭，以糊予子。時咸通歲，關輔大饑，闔門不粒，幾乎畢斃。朝廷嘉之，遷尚書庫//部員外郎，時年卅八。　帝有恤人之命，特除公爲壽安令。日給都苑，大走關邇，郵輜無//留，賦訟咸理，使讒教不辱，故人頌石而德之。有後宰杜玄演及継演者，皆嫉我惠能，戕//我圖篆，舉邑號護，訶怒驟楗而不能禁焉。會江介郡縣，吏多貪黷，潭州司馬樂孝初、永//州司馬夏侯彪之，暴猾之魁，贓賄無紀，憲訊纍發，皆不敢劾。公以剛直受　命，南輈按//罪，親數二墨于　朝，咸伏其咎。奸禄者因憚公嚴正故直，徙爲醴泉令。而縣之義倉，舊//多積穀，朝貴與州吏協謀覬饋，以傾我教廩。公正言於朝，多所訐忤，遂左爲錢唐令。故//老懷愛而憤冤，號訴而守闕者千有餘人。期而得直，復爲舊黨所構，卒以是免。閉門十//年，寢食蓬蓽，終不自列，久乃事白，授相州内黄令，遷洛州陸渾令。南山有銀冶之利，而//監鼓者不率，公董之，復爲礦氏所罔，免歸。人吏奔訴，而又獲理焉。登除澠池令，遷潤州//司馬，加朝散大夫，汝州長史。范陽盧弘懌，雅曠之守也，既舊既僚，政愛惟允。及盧公云//亡，公哭之慟，因有歸歟之志。無何，張昌期乃莅此州，公喟然嘆曰："吾老矣，安能折腰於//此豎子？"遂抗疏而歸，惡權凶也。　皇聖中興，舊德咸秩，以安平之三百户爵公爲開國//男焉。初，公　皇考雒縣府君儼在蜀之歲，公年始登十，而黄門郎齊璿長已倍之，與公//同受《春秋三傳》於成都講肆。公日誦數千言，有疑門（問）异旨不能斷者，公輒爲之辯精，齊//氏之子未嘗不北面焉。由是博考五經，纂乃祖德，則　我烈曾凉州刺史大將軍詵、烈//祖銀青光禄大夫弘峻之世業也。累學重光，於赫萬祀。公尤好老氏《道德》《金剛般若》，嘗//誡子監察御史渾、陸渾主簿沔曰："吾之《詩》《書》

《禮》《易》，皆吾先人於吳郡陸德明、魯國孔穎//達重申討核以傳於吾，吾亦以授汝，汝能勤而行之，則不墜先訓矣。"因修家記，著《六官//適時論》。神龍元年，公七十有四，秋七月季旬有八日，終於東都履道里之私第。公病之//革也，命二子曰："吾所著書，未及繕削，可成吾志。"伯殞季血，敢守遺簡。乃於緘筒中奉春//之遺令曰："吾家尚素薄，身殁之後，斂以時服。吾死在今歲，不能先言，汝知之。"公博施周//睦，仁被衆艱，是以有文昌之拜；大惠不泯，是以有宜陽之歌；守正不回，是以有三塗之//歸，海浙之遠。昔十歲執 先夫人之喪，十五執 先府君之喪，禮童子不杖，而公柴病，//孝也；嘗與博士李玄植善，植無所居，公亦窶陋，分宅與之，義也；性命之分，人莫之測，而//公先之知，命也。銘曰：//

　　古先聖宗，莫大乎炎農；今日世祿，莫盛乎禁族。中有齊子，受邑命氏，裔德明明，夏里長//岑，瑗實洪懿之英英，以暨乎安平。北山荅蒼兮封纍纍，蒿棘榛榛兮狐兔悲，城闕傾合//兮洛逶迤，金歌劍盖兮相追隨。嗟嗟大夫兮獨不偶，已焉已焉終何爲？//

　　安平公之元子渾，字若濁，居喪不勝哀，既練而歿。御史之長子孟孫，仕至向城縣令；嫡//子衆甫，仕至朝散大夫，行著作佐郎，嗣安平縣男；少子夷甫，仕至魏縣令。天寶之末年，//夷甫卒；乾元之初年，孟孫卒；寶應之初年，衆甫卒。衆甫之子滿嬴、貞固，并先衆甫卒；貞//固之子公度又夭。今有孟孫之子牀，仕爲大理評事兼澧州錄事參軍事，夷甫之子契//臣未仕。 安平公之次子沔，字若冲，服闋授左補闕，累遷御史、尚書郎、起居、著作、給事//中、中書舍人、秘書少監、左庶子、中書侍郎、魏懷二州刺史、左散騎常侍、秘書監、太子賓//客，薨，贈禮部尚書、尚書左僕射，謚曰孝。僕射之長子成甫，仕至秘書省校書郎、馮翊陝//二縣尉，乾元初年卒。成甫之長子伯良，仕至殿中侍御史；次子仲德，仕至太子通事舍//人；少子叔賢，不仕；并早卒。今有伯良之子詹彦，仲德之一子未名，并未仕。僕射之嫡子//祐甫，仕爲中書舍人，開元十七年， 玄宗親巡 五陵，謁 九廟，將廣//孝道，申命百辟①，上其先人之官伐，悉加寵贈。僕射孝公時爲常侍，是以有衛尉之命。初，//安平公之 曾祖涼州刺史，自河朔違葛榮之難，仕西魏，入宇文周。自涼州以降，三//代葬于京兆咸陽北原。 安平公之仕也，屬 乘輿多在洛陽，故家復東徙。神//龍之艱也，御史僕射以 先妣安平郡夫人有嬴老之疾，事迫家釁，是以有邙山之權//兆。自後繼代，家於瀍洛。及 安平公之曾孫也，爲四葉焉。況屬兵興，道路多故，今之//不克西遷也，亞於事周之不諧北葬。通人曰：禮非從天降，非從地出，人情而已矣。此不//用情，又惡乎用情。越以大曆十三年歲次戊午四月丁丑朔八日甲申，嫡孫婦隴西縣//君李氏、介孫中書舍人祐甫，奉 安平公之櫬，遷窆於邙山之平樂原，以 //安平郡夫人王氏祔焉，禮也。

　　以九日乙酉窆。//

---

① 百辟：百官。《宋書·孔琳之傳》："羨之（徐羨之）內居朝右，外司輦轂，位任隆重，百辟所瞻。"唐白居易《醉后走筆酬劉五主簿長句之贈》詩："闤闠晨開朝百辟，冕旒不動香煙碧。"

唐崔皚墓志碑陽

唐崔暟墓志碑陰

附：有唐安平縣君贈安平郡夫人王氏（媛）墓志

唐大历十三年（七七八）四月八日

有唐安平縣君贈安平郡夫人王氏（媛）墓志

（志蓋）唐安平//郡夫人//王氏墓//

有唐安平縣君贈安平郡夫人王氏墓志

潁陽縣丞徐珫書//

初，夫人之終也，以開元九年十月廿二日權窆于邙山，族孫監察御史頌爲//志曰：//

夫人姓王氏，諱媛，字正一，太原晋陽人也。周儲慶靈，舊德光乎百代；魏后定//姓，高門冠於四海。勛賢必復，史牒興能。夫人即後魏征虜將軍廣業之五代//孫也。曾祖寶倫，北齊汾州司馬。祖仁緒，隨（隋）文林館學士。父惠子，不事//王侯。德音孔昭，弈葉弥茂。夫人福履幽贊，靈和秀徹，孝敏自衷，寬明達禮，婦//道檢身，以柔立家。人宅心以潛化，周防無希，含章幼成。乃歸我 安平公博//陵崔府君諱皚，時年十有三矣。貞純內炳，胥宣中教。夫人不逮事舅姑。//府君友于兄弟，將順其美，率由好仁，刻意躬行，服勤利博，衣必命而後襲，膳//有嘉而先饋，若奉所尊焉。久之，府君頻有天倫之戚，夫人視養生侄，曲成//惠和，宗族斂衽①以歸仁，兒童易衣而莫辯。咸通之歲，關輔阻飢，府君爲率//更寺丞，素業清約，位纔非隱，禄未充家，孤遺聚居，稚孺盈抱，夫人於是劬勞//自嘯，推美分甘，至樂融天，且康衆心，餧而無怨。府君利用進德，雍容禮闈，//睦親行成，內舉義直。夫人次兄曰溫之，山東儒藝，國庠游學。府君感夫人//誠敬克家，益盡心推薦于代。向非輔佐有力，庇宗得所，孰能使六親邕邕二族//交泰，故君子韙之。尋以外戚專朝，忠臣削迹，府君因事而退，拂衣就閑。夫//人清淨無欲，聽從有裕，即荆布而安，舍丘園而逸，是知德曜有隱居之具，於//陵聽箕帚②之言，高義充符故也。抑嘗深見淳薄，不慕榮盛，冑實稱美，姻則惟//親，皆山東素門，罕涉權右，亦夫人雅志也。府君後起爲汝州長史，以安平//縣開國男加朝散大夫，累踐通班，載榮中饋，受封安平縣君，昭寵命也。長子//監察御史渾，直指清立，慶長運短，丁安平府君憂，渾居喪孝聞，既練而殁。夫//人雅好釋理，會通衆妙，雖哭無晝夜，而心照玄空，情禮外敷，道精深入，爰撫//孤弱，濟

---

① 斂衽：整飭衣襟，表示恭敬。语出《战国策·楚策一》："一国之众，见君莫不斂衽而拜，抚委而服。" 汉 桓宽《盐铁论·非鞅》："诸侯斂袵，西面而向风。"

② 箕帚：清扫工具，可用来比喻为人服役。箕帚又多用以代指妻妾，因妻妾主内务。《文选》卷三十一王景玄徵《杂诗》："弄弦不成曲，哀歌送苦言。箕帚留江介，良人处雁门。"

于艱難。文伯之母，言不逾閾；展禽之妻，誅足旌行。古今有之矣。初少//子汭，除殿中侍御史，職多皇華，慮闕溫清，辭不拜職。夫人誨之曰："汝門緒不//昌，令兄天喪，宜恭恩命以承家業，朝廷孝理亦將及於汝也。"俄而//大君嘆美，有命憲曹，俾都留臺，兼遂忠孝。子懷舍肉之賜，母師遇登臺之渥，//彰慈教也。前年汭自秘書少監遷左庶子，加朝散大夫，夫人當進封太君，巫//請申叙。夫人喟然而言曰："汝以我故也，國恩寬假，從容祿養。外無汗馬行//侵之勞，内無危言謇諤之節，而坐致榮進，將何以安之？吾承先大夫餘蔭，//舊封縣君，不願有所加也。"卒不許叙。天下稱仁焉。故宜爾子孫，行光邦國，咸//肅膺閫訓，允若家聲，教之和也。門閭可式，鄉黨稱悌，安土忘貧，滿堂常樂，和//之至也。中表聞義而相睦，吉凶習禮而臻仰。德廣所及，豈止於燕翼哉！夫人//本宗清貧，禮葬未克，每撤甘旨①損服②用，封樹二尊，洎乎亡姊舊喪，畢舉備物//飾終，此又夫人之孝也。嘗於禪誦組紃之暇，精陰陽曆美之術，知來以數，自//刻諱年。及初遘疾也，便命具湯沐易衣裳，發篋中縑彩遺親，親告別不營醫//療，精爽自如。兒女進藥銜悲，固請曰：強爲汝飲之，知無益也。寢疾凡卅六日，//以開元九年四月廿一日終于東都崇政里第，春秋七十有四。知命不憂，德//全終始矣。銘曰：//

　　帝子登仙，王家有後，秀生淑德，懿哉慈母。言歸有初，尚柔無逸，惟明克理，用//晦元吉。大夫食邑，内主命朝，姬姜族配，禮樂榮昭。嗟我高行，永終茂祉，祭//有仁粟，膳餘孝鯉。京兆蒼阡，蒸言遠日，邙山宿草，權封此室。//

　　安平夫人次子汭，服闋，拜中書侍郎，開元十一年冬至，玄宗有事南郊，//制詔侍從登壇，官加一階。侍郎上言，請以加階之恩追贈邑號，制贈夫人//安平郡太君。至十七年又以陵廟巡謁之禮，申錫類施及之私，侍郎時//已遷爲左散騎常侍，故有安平郡夫人之命。越以大曆十三年歲次戊午四//月丁丑朔八日甲申，嫡孫婦隴西縣君李氏，介孫中書舍人祐甫，奉//□□郡夫人之櫬祔于安平公，禮也。

　　以九日乙酉窆。//

崔皑夫婦墓志，1929年出土于洛陽市張羊村北瓦店西北，現均藏于河南博物院。崔皑墓志並蓋青石質，方形，志石陰陽兩面刻字。志文隸書，陽面凡28行，滿行33字，陰面凡26行，滿行31字。崔皑夫人王媛墓志並蓋青石質，正方形，志石陰陽兩面刻字。志蓋盝頂形，四周刻花紋圖案，頂篆書"唐安平郡夫人王氏墓"3行，行3字；志石方形，高、寬均91厘米，厚19厘米。志文隸書，陽面凡24行，滿行29字，陰面凡24行，滿行29字。

---

① 甘旨：美味的食物。南朝梁元帝《金樓子·立言》："甘旨百品，月祭日祀。"

② 損服：減少或降低所用車馬、衣服的規格，以示儉約。《漢書·谷永傳》："古者穀不登虧膳，災婁至損服。凶年不墍塗，明王之制也。"《後漢書·何敞傳》："《禮》，一穀不升，則損服徹膳。"李賢注："損服，減損服御。"

唐崔皚夫人王媛墓志碑陽

唐崔鍇夫人王媛墓志碑陰

（一○○）唐故伊闕縣令鉅鹿魏府君（系）墓志銘

唐大历十三年（七七八）十一月十八日

唐故伊闕縣令鉅鹿魏府君（系）墓志銘

（志蓋）唐伊闕//令魏府//君墓銘//

唐故伊闕縣令鉅鹿魏府君墓志銘并序//

前鄉貢進士張莒撰　睦州司馬劉長卿書//

唐特進侍中鄭國文貞公之曾孫，曰系，字景宗。逮事　玄宗，補千牛備身，//肅宗世授左驍衛錄事參軍，今　皇帝嘗詔吏部侍郎王延昌董//邦畿郵傳，俾選官屬，而辟爲象焉，拜大理評事。暨舊府廉察京輔，而//公又佐之，轉大理司直，調鄧州南陽令。以政術顯聞，觀察使嘉縣人//勤慕之請，奏朝散大夫，再專舊邑。改襄州襄陽縣令。故相彭城劉公//成賦中邦，有懷能吏，表公河南府伊闕縣令。封畿千里，政是一人，勞//之將圖，報且未及，以大曆戊午歲九月十日寢疾告終，享年五十有//一，嗚呼哀哉。　皇唐歷祚九　葉，僅百七十年，雖神祇歷數之運，//保在　天命，而深源固本之道，動自文貞。縱子孫之齷齪常才，尚宜//賞延邑食，世世無絶，況貞固弘朗之器，而不及大位者乎。爲後之□//國者，曠是大體也，爲文貞謙讓之德，而授之子孫歟。自文貞生叔□，//而官止潞州刺史，潞州生殷，官止蔡州汝陽令，皆崇德象賢，而爵□//不嗣。寶應年中，　天子悼焉，贈潁州刺史，公即潁州之第三子也。//溫良忠簡，蓋習之家政；文敏仁恕，又得之心誠。天寶之難，　先朝勛//德之胤，半仕穹廬，而公迫於爲（僞）庭，蒙死稱疾。洎　朝廷僅寧征討，禁//網疏闊，故于時陷利者亦詭合多進，而公歷職廉白，安貞以和，是宜//論道輔時，丕顯先業。嗟夫，官不稱德，德不享年，哀哉。以其年十一月//癸卯十八日庚申，祔葬于洛陽首陽原，從　先塋，礼也。夫人滎陽鄭//氏，嗣子駟，茹哀纏毒，扶杖未支。季弟暐，疲然永慟，保護修葬。是用銘//石寵坎，且申哀誠而紀歲時也，銘曰：//

生有稱兮歿何往，洛川北兮首陽上，猗世德而不延，賞貞芳猶可尚。//零落歸草莽，死可作乎，魂有反乎。陰陽遞遷兮先後歸無，仁哲亦盡//兮噫乎嗚呼。//

魏系墓志，2003年秋于河南省洛阳偃师市出土，现藏于西安大唐西市博物馆。墓志并盖一合。墓志盖篆书"唐伊闕令魏府君墓銘"3行，行3字。志石方形，高、宽均59厘米，厚10.5厘米。志文楷书，凡25行，满行26字。

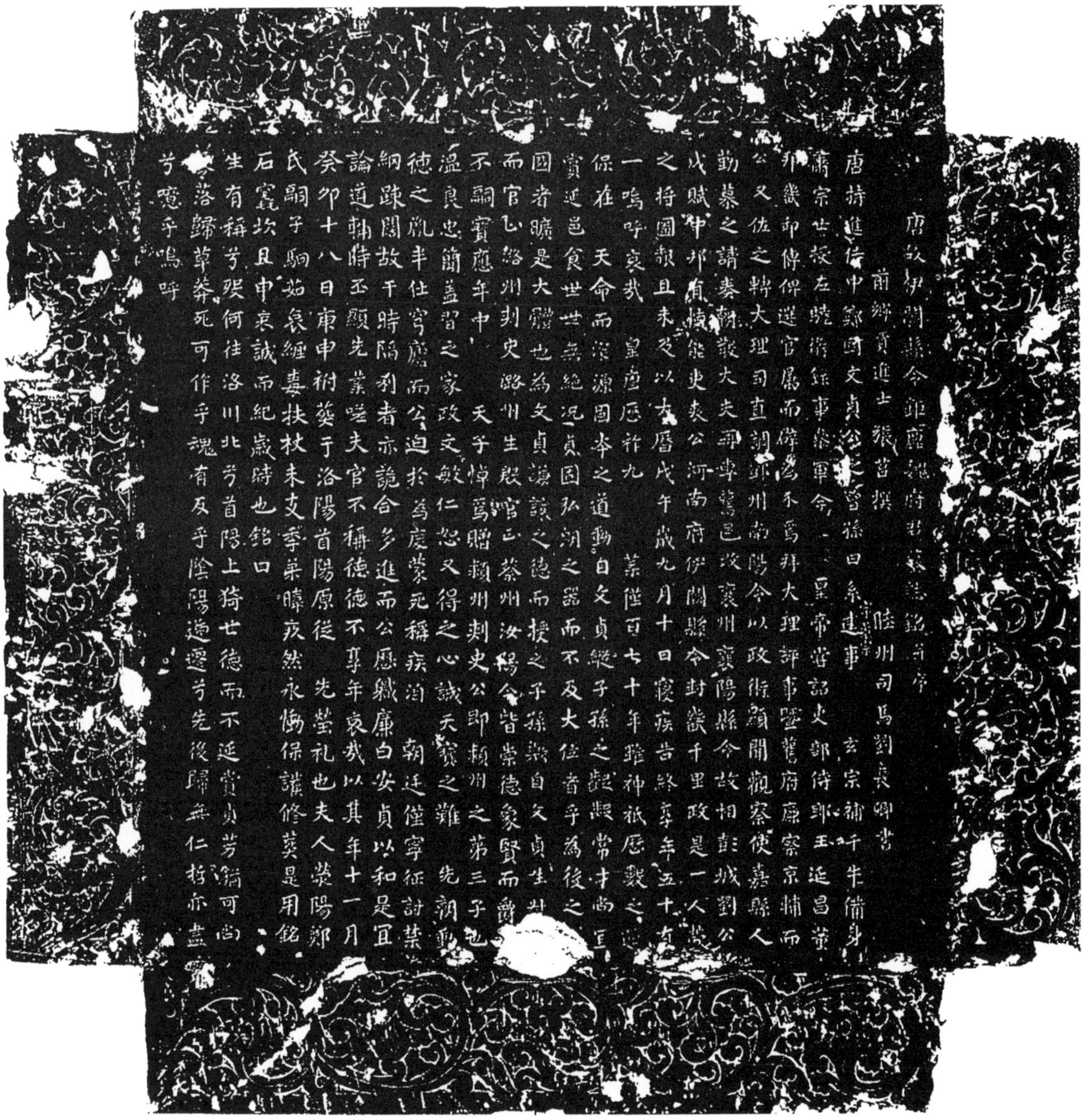

唐魏系墓志

唐魏系墓志蓋

（一〇一）有唐中書侍郎同中書門下平章事常山縣開國子贈太傅博陵崔公（祐甫）墓志銘

唐建中元年（七八〇）十一月廿四日

有唐中書侍郎同中書門下平章事常山縣開國子贈太傅博陵崔公（祐甫）墓志銘

（志蓋）有唐相//國贈太//傅崔公//墓志銘//

有唐中書侍郎同中書門下平章事常山縣開國子贈太傅博陵崔公墓志銘并序//

吏部侍郎邵説撰　前河南府潁陽縣丞徐珙書　國子丞李陽冰篆//

惟天將啓　元聖，必先陰騭，克生大賢，以佐　興運。故我太傅，爲　唐宗臣。公諱祐甫，字貽孫。系于//太岳，代爲冠族。高祖，隨（隋）趙王府長史弘峻。曾祖，　皇雒縣令儼。大父，庫部員外郎、汝州長史、贈衛尉少卿暄。烈//考，中書侍郎、太子賓客、贈尚書左僕射、孝公沔。咸以文行介直，稱於天下。公禀象緯之精，受清剛之氣，博厚明//允，宣慈忠肅，天所相也。年纔幼學，有司將補崇文生。公曰："此　朝廷賞延所及，非立身揚名之道。"竟不之就。//未及弱冠，再有家艱。創鉅所嬰，浸成心疾。寢不能寐，動逾時月。自是每憂傷之至，輒與疾俱。年廿五，鄉貢進士//高第。時輩多朋黨請謁，以務聲華，公獨不然，端居以得之。調補秘書省校書郎，轉壽安尉。屬禄山構禍，東周陷//没，公提挈百口，間道南遷。訖于賊平，終能保全，置於安地，信仁智之兩極也。尋江西連帥皇甫侁，表爲廬陵郡//司馬，兼倅戎幕。時永王總統荆楚，搜訪俊杰，厚禮邀公。公以王心匪臧，堅臥不起。人聞其事，爲之惕慄。公臨大//節，處之怡然。王果擁兵，浮江東下，劫佻愛子，質於軍中。公勵元戎以斷恩，激平察以扶義。凶徒撓敗，繫公之力。//轉洪州司馬，入拜起居舍人。歷司勳、吏部二員外郎。問望素崇，獨步華省。綸誥之地，次當入踐。公歎曰："羈孤滿//室，尚寓江南。滔滔不歸，富貴何有！"遂出佐江西廉使，改試著作郎，兼殿中侍御史。其厚親戚、薄榮名也。轉檢校//吏部郎中，改永平軍行軍司馬。金印紫綬，兼中司之秩。入爲中書舍人，天下望公居此久矣。既在近密，其道乃//光。議政詳刑，多所匡補。有獻猫乳鼠者，百辟皆賀。公獨不賀，立草其奏曰："祀典迎猫，爲除田鼠。今反乳之，是執//法者不能觸邪，理兵者不能禦寇，天戒若此，庸可或乎！"　代宗深嘉納之。尋知吏部選事，善政洋溢，僉論//以爲能繼先孝公，分掌十銓之美。是歲，　先皇厭代，聖君纘業。公奉　遺詔，易月之禮，移書太//常。時宰忌德，閏月癸酉，奏貶公爲河南少尹。群議已發，溢於　上聞。　天心感寤，不俟終日，當國以退，//俾公代之。甲戌，超拜銀青光禄大夫、門下侍郎、同中書門下平章事、　太清太微宮使、崇玄弘文館大學士。在//昔君臣聖賢相合，皆以周旋草昧，契闊艱難。謀猷著於經始，眷舊形於未躍。然後君任之而不疑，臣奉之而不//愧。惟公作相，卓立無倚。以大順寤　明主，以大才發元化。賚予之夢，疇或知之。獨冠千古，惟公而已。有言//上封章者，多疾於相府，勸公擇其才者冊用之，不肖者黜退之，無害至公，足以銷謗。公憮然曰："威福之柄，不在//人臣。鄭卿鄉校，吾之師也。"天下服其弘量。轉中書侍郎，集賢殿、崇文館大學士，修國史，封常山縣開國子，平章//事如故。公之入相也。屬　代宗陵寢初營，　今上勤政，事無巨細，悉關決於公。公神隨務勞，疾與時遘。//自秋沮冬，手足半廢。匡床伏枕，累表自陳。　聖上慘然曰："儻遂不起，喪我股肱，奈　社稷何。"乃下優//詔，許就私第。官爵之讓，終不見聽。而傳乘旁午①，以召良醫；　御府珍藥，相繼道路。自是，每軍國大務，　//朝廷疑事，輒降中貴就第，密訪所安。公手不能書，口占以對。啟沃之迹，人莫得知。自頃執政者一日不覿　//龍顏，人情則有墨論。故語曰："一日不朝，其間容刀。必為耳目，以司讒揀。"公則閉關移疾，載離寒暑。輕薄利口者//宣之使言。而　聖上之恩日崇，百寮之敬彌肅，蒼生之望益重。猗歟偉歟，何施而臻於此，夫盛德大業至//矣。嗚呼！善積于身，胤絕于身。天道神理，大欺我也。以建中元年歲次庚申六月一日，薨於京師靜恭里第。春秋//六十。　聖情震悼，賻襚有加。衣冠士庶，道路相弔。冊贈太傅，以其從子為後，錫名曰植。賜洛陽腴田十頃，//甲第一區，殊常之澤也。夫人太原王氏，暨厥一女，隴西李緄妻。哀奉紼紖，歸于東周。即以其年十一月廿四日，//有司奉　詔備禮，葬於河南邙山之先塋。公率性體道，絕私寡欲，直而婉，清而通，躬儉節用，菲衣惡食而自//得也。至於文章著述，發言吐論，必以訓代軌物為可傳也，為可繼也。有數十百篇，未及編次，斯為不朽歟？疾亟，//告所知曰："吾為輔弼，明堂辟雍，未之能建；冊中告禪，未之能行；　廟舞雅樂，未之能定。以是而歿，其如吞惶//何？"君子曰："古之遺忠也。"敢宣述茂美，以為實錄。篆刻幽石，志之下庭。銘曰：//

嗚呼元臣，莫究其涯。直而能清，質而不華。揮翰掄材，濟美居多。移書抗議，執禮無頗。人或我疵，　帝用我嘉。//乃持國政，國政惟和。百度以鼎，九功可歌。道長運速，已矣如何。　寵贈斯崇，哀榮則那。永安真宅，畢此山阿。//

崔祐甫墓誌，出土于今洛陽孟津縣朝陽鎮張陽村東北、瓦店村西南，現藏于開封博物館。誌蓋盝頂，陰刻篆書"有唐相國贈太傅崔公墓誌銘"4行，行3字，誌蓋四周陰刻花草紋；高、寬均為107厘米，厚22厘米。誌石高、寬均107厘米。誌文隸書，凡38行，滿行42字。崔祐甫係崔沔之子。

---

① 旁午：旁舞，即不同的見識，眾說紛紜，錯綜交雜。午，縱橫交叉。新刻《儒門事親·序》："長沙以還，明哲輩出，家擅專門，人立異見，諸說旁舞，多歧亡羊。"

唐崔祐甫墓志

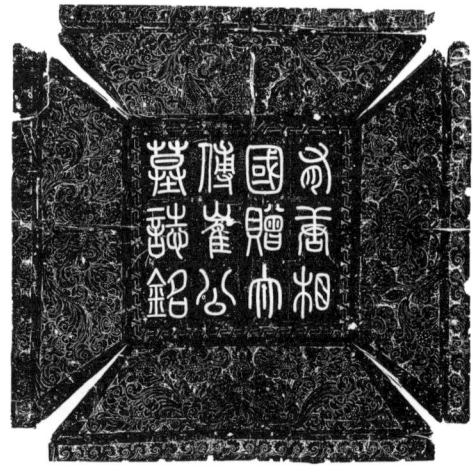

唐崔祐甫墓志盖

（一〇二）唐故常州義興縣令陸君（士倫）墓記

唐貞元四年（七八八）正月廿二日

唐故常州義興縣令陸君（士倫）墓記

（志蓋）唐故常州∥義興縣令∥陸君墓記∥

唐故常州義興縣令陸君墓記∥

　　君諱士倫，字德彝，河南洛陽人也。曾祖諱泰，　皇朝司農∥寺丞。祖諱景裕，　皇朝漢州雒縣尉。父諱據，　皇朝尚∥書司勛員外郎。君即司勛之長子也，孝友之性，發於自然，年∥廿一，道舉明經及第。丁司勛府君之憂，水漿不入口者數日。∥服闋，選補蘇州常熟縣尉。廣德中，海賊間釁，君捕斬其黨，遷∥左金吾衛兵曹參軍。未幾，河南尹奏授河陰縣尉，驟歷京兆∥府咸陽縣尉。屬江淮轉運使、吏部尚書劉晏薦君清足以撿∥人、幹足以成務，　詔授常州義興縣令。本道廉察以舊人∥領縣未幾，狀請却留。轉授君常熟縣令。無何，又改杭州錢唐（塘）∥縣令。政績尤異，郡以狀聞。及滿歲，非時調選。君素薄州縣之∥吏，淡於趨謁之門。猶以家寄江潭，將求三逕之用①。執事者聞∥之，再授義興縣令。辭滿。丁繼親憂，如執司勛府君之喪。素患∥氣痎，遂變風疾，沉痾衾枕，纏綿四周。不幸以貞元四年正月∥四日終於洛陽縣福先伽藍，享年六十二。以其月廿二日辛∥未，歸祔於河南縣中梁村先塋，禮也！嗣子虎虎，次子益郎，次∥子齡齡，長女万歲，次女羅三，次女正正。惟君孝以揚名，才以∥周物。與朋友信，視諸弟仁。宜其束帶登朝，俯拾朱紫，如何位∥止小邑，壽過中年。雖窅冥之數難徵，而脆促之悲可痛。夫人∥逍遙韋氏，母儀婦則，爲中外之範。撫視孤弱，虔卜令時。行哭∥之聲，淒愴异等。恐年歲滋遠，陵谷方遷，春秋灑掃，蕪沒所在，∥謹記於石，以備永久。∥

陆士伦墓记出土于洛阳。墓志并志盖一盒。志盖楷书"唐故常州义兴县令陆君墓记"3行，行4字。志石方形，高、宽均49厘米。志文楷书，凡22行，满行23字。

---

① 三迳：指归隐者的家园。语出晋赵岐《三辅决录·逃名》："蒋诩归乡里，荆棘塞门，舍中有三径，不出，唯求仲、羊仲从之游。"

唐故常州義興縣令陸君墓記
君諱士倫字德彝河南洛陽人也曾祖諱泰皇朝司農
寺丞祖諱景祁皇朝漢州雒縣尉父諱揚皇朝司尚
書司勳貞外郎君即司勳府君之長子也孝友之性發於自然日
二一道舉明經及第丁司勳府君之憂水漿不入口者毀
左金吾衛兵曹參軍末幾授河陰尹奏授河陰縣尉歷京地
府咸陽縣尉屬江淮轉運使部尚書薦君清是以擾
人幹之以奏狀請卻留授常州義興縣令晏君本道廣察以舊人
領縣未幾政績尤異郡以狀聞及滿歲非時調選君素薄事者門
縣令政績九異郡之門獨之用執事者門
吏淡於再授義興縣令辭滿丁憂寄江潭將求三年以家寧時
之再授義興縣令之丁繼親憂如執司勳府君之喪貞元四年正月
氣痢遂憂成疾沉瘤袞挽縣經凡不辛以其月廿二日卒
四日終於河南縣福伽藍寺礼也嗣子虎虎次子益郎次
未婦祔於河南縣中梁村先塋礼也君有女二人以楊名以何從
周物與朋友信視詰弟三次女羅三次女萬歲次女如何從
止小邑壽過中年雖官不難徵朝俯從之悲可論爰令時行燒
之聲悽愴異等恐平歲滋遠陵谷友遷春秋漢掃無況所
謹記於石以俻永久

（一○三）唐故銀青光禄大夫兵部尚書上柱國漢陽郡公贈太子少保馬公（炫）墓志銘

唐貞元八年（七九二）二月十七日

唐故銀青光禄大夫兵部尚書上柱國漢陽郡公贈太子少保馬公（炫）墓志銘

　　唐故銀青光禄大夫兵部尚書上柱國漢陽郡公贈太子少保馬公墓志銘并序//
　　中大夫國子司業上騎都尉賜紫金魚袋鄭叔規撰//
　　馬氏之先尚矣，有若伯益、典舜、虞仲，衍爲殷御，造父事穆天子，叔帶臣晋文侯。夙仕晋爲世卿，後遂//開國，奢破秦，封馬服，由此命氏。至西漢，侍中通，始自邯鄲徙茂陵，代爲關□著姓。厥後，太師宮以高//潔致公相，司空成以勛勞傳爵邑，伏波之建標銅柱，捕虜之圖像雲臺，南郡之文雅經術，武威之智//謀忠勇。晋宋以降，冠盖相望，鬱其前烈，宜廣後裔。公諱炫，字抱元。五代祖岫，梁安州刺史，西魏拔□//授荆州刺史，後梁贈太尉、荆州牧，謚曰肅。高祖喬卿，梁襄州主簿。曾祖君才，隋末爲薊令，遇大業□//蕩，群盗充斥，賊師竇建德、高開道等攻逼四境，竟克保完，以功遷上大將軍、開府儀同三司。及　//聖朝受命，奉燕王李藝表入奏，擢拜右武侯大將軍，封南陽郡公，故尚書郎趙郡李華撰碑文，備載//名迹。王父璠，州舉明經高第，三命爲開州萬歲令，贈工部尚書。烈考季龍，有文武才略，　//天后朝，□安王武攸宜出鎮薊門，廣派時彦，奏充要籍，超加戎秩。開元中，連帥蕭嵩、李昌皆特器異，//累遷右金吾衛郎將、大同軍副使、嵐州刺史，累贈尚書左僕射。公即僕射府君第三子也。承休裕之//繁祉，稟義方之明訓，蹈中履順，經德秉哲，有大易之直方易簡，有四教之文行忠信。少博學，工爲文，//而雅好□遁，不求聞達。嘗隱居蘇門山，慕孫阮高躅，有終焉之志。會天寶末，禍起河朔，因避地汾澮//間。于時故太尉李公光弼鎮太原，素聞其名，表授孝義尉，且爲戎幕管記，軍府之務，悉以咨之。其後//太尉剪强寇於嘉山，捍大患於盟津，出入中外，經綸夷險，奇功茂績，公實參之。累遷殿中侍御史、太//子中允、比部刑部二郎中。廣德中，僕射田神功鎮大梁，　朝論以田武臣，宜得良佐，除公檢校//兵部郎中，倅其戎政。轉鄆州刺史，理有异績。是歲，兖部諸郡虫蝗爲灾，而獨不入東平之境。　//朝廷嘉之，徵拜檢校吏部郎中。俄而出守閬州，復如東平之理，遷大理少卿。議讞平恕，號爲稱職。建//中初，　上方勵精爲理，慎擇吏二千石，故又命公出典潤州，果著殊效，允膺高選。黜陟使、故相//柳載以狀聞，徵爲太子右庶子，遷左散騎常侍。論思獻納，多所匡補。　公介弟，司徒兼侍中，北平郡//王以宏略靖寇，虐以大猷，輔　□化，出爲上將，入踐元台。以鸞臺騎省，當以親避，由是轉公爲刑//部侍郎。花萼相鮮，塤箎合韻，弟兄兩大，中外絶倫。公退軫若驚之懷，深覽知止之誠，抗疏移疾，懸車//告老，封章累上，雅志難奪。　上重違其請，特拜兵部尚書，優許致政焉。嗚呼！公含道體仁，清真//浩素，才足以繼世務，行足以厚人倫，周旋必由於禮，進退不失其正，《詩》所謂既明且哲者，公其得之。//以貞元七年九月二日，薨于京師安邑里私第，春秋七十有九。夫人河南賀蘭氏，相州刺史、侍御史//溫之孫，大理司直兼金部員外郎貢之女，勛華茂緒，婉嬺淑德，實佐君子，克閑有家。景命不永，先公//而歿。嗣子陶，志荷先構，學通舊史，官至太子中舍人，不幸早世（逝）。大司徒至性友悌，哀過乎禮，命陶也//之子曰寅、曰貽慶、曰邈等，遷護　公及夫人之喪，以八年二月十七日祔葬于潁陽縣潁原鄉御井//原，禮也。司徒以叔規久忝府佐，備聞家聲，命刊琬琰，永志陵谷。其銘曰：//

□陽之裔，伯益濟美。自殷歷周，參列多士。處晉爲趙，因封命氏。兩漢以還，英賢繼軌。荆州鷹楊（揚），底績//大梁。武侯蟬蛻，疏封　我唐。尚書毓醇，厥後其昌。僕射垂裕，由斯發祥。愔愔少保，簡粹含道。識達//□通，學窮探討，亦既筮仕，爰初振藻。飛書運籌，持斧起草。出臨三郡，政號神明。入踐上列，才推直清。//乃登常伯，乃作秋卿。□則行道，終然戒盈。我有令弟，國之元弼。致　君唐虞，六合寧壹。介然驚寵，//雁尔辭疾。　帝嘉□誠，優進崇秩。位極身退，名高德全。未養上庠，俄悲逝川。連崗古地，幽壟新阡。//百代千祀，餘芳藹然。//

侄孫朝請郎行太原府參軍盍書并篆額。//

马炫墓志，1991年2月出土于洛阳伊川县白沙乡范村北，现藏于伊川县文物保护管理委员会。志石为青灰色石灰岩质，方形，高、宽均76.5厘米，厚22厘米。志文楷书，凡37行，满行38字，共计1247字。盖已佚。

唐馬炫墓志

（一○四）唐故賈府君（璇）墓誌銘

唐貞元九年(七九三)正月廿九日

唐故賈府君（璇）墓誌銘

  唐故賈府君墓誌銘并序//
    君諱璇，字十□，洪同（洞）人也。因祖任洛陽令，爲洛陽□//矣。賈誼之後，右稷之柸。曾祖少以從戎，不得□//名。祖偃定，偃卧丘園，躬耕南畝，詩書爲業，//逸性安閒。父暉，守道自德，鄉人仰之。君少且孤，//安寢其親，愛育季弟，炯誠其子，恭惟克身。//閭里爲則，歡賞其賓，義方多見，忠信博聞。何期太//山頹，梁木壞，哲人長往，鄉人流涕。君即於其日呼弟//命子而言曰："吾疾將衰。"嘆曰："日月逝矣，歲不我与，人//生幾何？俄成終古，吾當逝矣。"君六十有二，於貞元八年//十月廿日卒於家亭。是時也，愁雲變色，寒草抽心。季//弟失誨而行悲，貞妻孀居而懷泣，稚子落陰，孤幼無//依。嗚呼！即以來年正月廿九日，殯於□原祖父之塋側，去//都城東北五里。其地左右合宜，青山之陰，邙山之陽，松//柏森森而永固，野櫸万頃而蒼蒼。其詞曰：//
    □□傷神，女涕崩郭，鏡轉孤鸞，琴哀白鶴。//

  賈璇墓志，系1949年前在洛陽邙山被盜掘出土，后被張伯英先生收入千唐志齋博物館。志石方形，高36.5、寬36厘米。志文楷書，凡16行，滿行21字。

唐賈璇墓志

（一〇五）唐故華州司法參軍范陽盧公（暠）墓志

唐貞元九年（七九三）二月壬申

唐故華州司法參軍范陽盧公（暠）墓志

唐故華州司法參軍范陽盧公墓志并序//

河東裴垍篆//

夫蘊至道之精，保大和之德，醇粹中積，含章不耀，濟//濟冠冕，得之於盧公。公諱暠，范陽涿人也。曾祖承福，//皇益州司馬。祖瑶，梓州銅山縣令。考伯初，鄭州別駕。//公即鄭州府君長子也。弱冠以門蔭補太廟齋郎，//釋褐信州上饒尉，轉饒州司功。俄拜同官尉、翠縣丞，//改華州司法。公從政通敏，執心諒直。財必周急，歲無//兼衣。匪潤於屋，克協於礼。總茲具美，集于公射。而位//不崇，壽不永，豈非天無全功之道歟？公因休沐淝陵，//將歸所莅，中道遘疾，以貞元八年十月十九日，終于//大梁旅次，春秋六十二。明年二月壬申，葬公于洛城//東良原，祔先塋，禮也。夫人河東裴氏，德備禮經，哀貫//蒼昊。嗣子利貞等，孝自天性，哀越常倫。以宗族流離，//相視無救，泣訴伯舅，祈以成喪。以余為叔舅也，備識//公志，請紀貞石。俟陵谷之遷，故直書而已。詞曰：//

峻岳靈海，茂緒遥源。播美來葉，昭訓後昆。世途詎幾，//人生飄忽。孤墳崔嵬，餘芳射越。//

盧暠墓志，1997年出土于洛陽市郊區白馬寺鎮楊坟村，現藏于洛陽市文物考古研究院。志石青石質，方形，高、寬均37.5厘米，厚7.6厘米，志石四側刻有浅阴線紋的花卉圖案。志文楷書，凡18行，滿行20字，共計330字。

唐盧昌墓志

（一〇六）唐故朝散大夫國子司業守河東縣令竇伯陽夫人太原郭氏志銘

唐貞元十年（七九四）七月十四日

唐故朝散大夫國子司業守河東縣令竇伯陽夫人太原郭氏志銘

（志蓋）唐故郭//氏夫夫（人）//墓誌銘//

故朝散大夫國子司業守河東縣令竇伯陽夫人太原郭//氏志銘//

維唐故朝散大夫、國子司業、守河東縣令竇伯陽夫人郭//氏，貫河南府河南縣洛汭鄉永寧里人也。曾祖諱信臣，朝//請大夫，守通事舍人。祖諱元景，朝議大夫，行渠州刺史。父//諱仙芝，朝散大夫，行歸州刺史。天寶中，適扶風竇伯陽為//妻。伯陽，貫河南府洛陽縣人也。曾祖諱義節，行鄂州刺史。//祖諱誡盈，守青州刺史。父諱庭芝，守陝州刺史，御史中丞。//夫人門傳閥閱，家掌魚書，世承軒蓋之榮，代習朱輪之貴；//立性冲和，行能歧逆，志稟松芸之樑，心懷仁義之名。三從頗//依，四德畢備。如其精人，為保無疆之壽，將勝永貴之祿，何//圖上倉（蒼）見忍，神不降福，疾疹既至於屑脱，大命奄隨其風//燭。貞元十年四月廿日終於洛陽私第。一女適前韶州刺史//李昌幽，早亡。一子易，見居苫廬，崩號摧絶，痛貫忤心，告号//天之不及，戀慈眷之無因。精魄既散，形體須歸，今撿長歷//良時，將葬于偃師縣土婁故夫之塋。嗚呼，浮生易終，藏//舟難固。夜臺一掩，永弊於重泉；堁室既開，長居於陰户。//千秋萬古，故作是記。//

貞元十年七月十四日。//

竇伯陽夫人郭氏墓誌，20世紀90年代出土于偃師，現藏於偃師商城博物館。墓誌並蓋一盒，青石質，方形，高、寬均43.5厘米，厚8厘米。蓋盝頂，頂陰刻楷書"唐故郭氏夫夫（人）墓誌銘"3行，行3字。四邊陰線刻龜背文，四角刻條紋，四刹各刻一朵牡丹。志文楷書，凡19行，滿行22字，共計371字。

故朝散大夫國子司業守河東縣令竇伯陽夫人太原郭
氏誌銘
維唐故朝散大夫國子司業守河東縣令竇伯陽夫人郭
氏貫河南府河南縣洛汭鄉水寧里人也曾祖諱信丹朝
請大夫守通事舍之祖諱元景朝議大夫也行渠州刺史父
諱仙芝朝散大夫行歸州刺史天寶中適扶風竇伯陽為
妻伯陽貫河南府洛陽縣人也曾祖諱義節行鄧州刺史
祖諱誠盂守青州刺史父諱庭芝守陝州刺史御史中丞
夫人門傳閨閫家世承軒盖之榮代習朱輪之貴
性中和行能岐嶷精爻爲保無壇之樣柯
依四德畢備如其仁義之名三從頓
上會見忍神不降福夜寐丕至於肩臕大命奄隨其風
燭貞元十年四月廿日終於洛陽私弟女適前韶州刺史
李昌幽早已一子陽見居苫廬崩摧絕痛貫忤心告号
天之未及惌慈眷之無因精魄既散形體須夤婦今檢長歷
良時將葬於偃師縣士妻故夫之葬鶯呼浮生易終葬
難固夜畫一掩冰骨柊重泉壙室既開長居於陰户
千秋燹古故作是記
貞元十年七月十四日

（一○七）唐故試許州許昌縣尉清河孫府君（和）墓誌銘

唐貞元十二年（七九六）正月十六日

唐故試許州許昌縣尉清河孫府君（和）墓誌銘

（誌蓋）孫府//君墓//誌銘//

唐故試許州許昌縣尉清河孫府君墓誌銘并序//

姚擢撰//

公諱和，字柔德，其先清河人也。自後屬時之亂離，移家管//邑，遂爲鄭人焉。曾祖　、祖　、烈考偃，皆晦迹閒//居，不求名實。公即偃之長子也。文學入孔門之室，//筆翰躡右軍之踪。自艱難已來，宜從軍府，//故鄭滑節度檢校右僕射李公知其吏能，自太子//通事舍人表進許昌縣尉，仍知表奏，前後屢更//節制，莫不嘉而用之，可謂美矣！嗚呼！卧疾，以貞//元十一年十二月六日終于滑臺官舍，享年四//十有一。嗣子及太夫人扶護歸于管城，以明年//丙子歲正月十六日窆于州城西北固城里京水//之東原，禮也。長子頌、仲子靈臺、次子師師、小子//軟奴皆幼稚，相過銜悲，孺泣擢悉同故里，莫不感//其盛德。恐陵谷遷徙，爰述斯銘，其詞曰：//

盛德之後，慶流百世。翼子謀孫，賢達相繼。//日華至孝，玉石居貞。倚門望絶，以失趨庭。//於戲孫公，令德無窮。奄爲异世，永閉泉蒙。//

孫和墓誌，2006年出土于鄭州。墓誌并蓋一盒，青灰色石灰岩質，方形，磨制精細。墓誌蓋高、寬均34厘米。從四邊起向上斜收盝頂式平方頂，四面呈斜坡成四剎。頂平面邊長8、厚7厘米，邊沿厚4厘米。頂面有雙線十字基格，篆書"孫府君墓誌銘"3行，行2字。鎸刻認真，字體工整。墓誌蓋四剎和墓誌四窄邊均刻有卷雲紋。誌石上寬34、下寬32、厚8厘米。誌文楷書，凡18行，滿行22字，共計306字。

唐故試許州許昌縣尉清河孫府君墓誌銘并序

姚耀撰

公諱和字柔德其先清河人也自後屬時之亂離移家管
邑遂為鄭人焉曾祖烈考偃皆晦跡開
居不求名寶公即偃之長子也文學入孔門之室
筆翰蹈舋之蹤自銀鞭已來官從軍府
故鄭滑節度掄拔右軍之傑射李公知其吏能自太子
通事舍人表進許昌縣尉仍知表奏前後屢更
即制莫不嘉而用之可謂美矣唯時所獲以貞
元十一年十二月六日終于滑臺官舍享年四
十有一嗣子及太夫人扶櫬歸于管城以明年
丙子歲正月十六日窆于州城西北固城里京水
之東原禮也長子頌仲子寧師季小子
軟奴皆幼稚坦過衛悲禱泣摧泰同故里莫不感
其盛德昭陵谷遷從夏述刊銘其詞曰
盛德之後　慶流百世　蘭于謀孫　賢達相繼
白韓至季　玉石居貞　將門望絕　內失芝庭
於戲孫公　令德紐翰　奮為異世　永閟泉裴

唐孫和墓誌

唐孫和墓誌蓋

（一○八）唐故洛陽縣尉崔府君（可準）墓誌銘

唐貞元十七年（八○一）七月廿二日

唐故洛陽縣尉崔府君（可準）墓誌銘

  唐故洛陽縣尉崔府君墓誌銘并序//
    從弟河南縣尉遂撰//
  府君諱可準，字允中。其先齊之大族，存乎魯史。厥後徙居，食邑博//陵，代爲安平人也，而地望繫之。洎于漢魏，歷于周隨（隋），文章人物，鬱//而盛矣。君五代祖弘昇，隨（隋）黃臺公，階升金紫，位及將軍。功績顯揚，//《隨（隋）書》有傳。高祖處仁，皇朝殿中侍御史，秉乎風憲，如隼在林。曾//祖玄泰，徐州司馬。司馬有德而生顯祖禮部郎中玘，玘生顯考鋋。//鋋任河陰令，居五等之列，振百里之風，而時稱焉。鋋生府君，君同//□兩人，孝友慈仁，睦親愛下。早孤自勵，及長能成。是以經明行修、//鄉舉里選，解褐以明經蔭第，制授朝散郎、試左衛率府兵曹。//誥詞曰："雅有幹能，精其吏職。"其始仕也，有是夫則可以進，可以立。//又調轉左清道率府兵曹。時河東節度馬侍中以才雄自任，議論//難可采其吏者。君亦膺之，奏授太原府文水尉。誥有之曰："怗危//於寇境，濟務於官軍。兵食用饒，群才之力。不有昭獎，何勸忠勞。"又//見其績也。旋調京兆雲陽尉，以獎其前功也。袟滿，據年復授洛陽。//登畿履赤，士族之顯著，而況貞固幹事，利物合義。洛陽北部盜賊//稍清，繫君曾掌賊曹，兼判衆務，所以有其聲而著其美也。君年五//十二，考秩未終，不幸遇疾。以貞元辛巳歲六月二日終于陶化里//私第。以其年七月廿二日，權葬于偃師西大塋側，禮也。夫人范陽//盧氏，先君即世，龜筮不告，未及合祔。有子一人，當小學之年，未任//喪事，而姊兄鄭氏主之，哀過其喪，仁姊之志也。以余宗族之魯衛//也，實同其源。見托斯文，銜酸而志其辭曰：//
  命者性之始也，死者生之終也。有始必終，信哉聖人之言也。嗚呼//崔君，雖則如是，去何太早，遺孤如寄。斷蓬無根，逝水河源，飄飄秋//□，□散歸雲。茫昧長夜，倏忽誰言。//

  崔可準墓誌，1991年出土于偃師北部邙山，現藏于偃師商城博物館。誌石青石質，方形，高、寬均49厘米，厚11厘米。誌文楷書，凡25行，滿行25字，共計544字。

唐崔可準墓志

（一〇九）唐故朝散郎前試詹事府司直兼蘄州黃梅縣令姚公（侑）墓誌銘

唐貞元十八年（八〇二）九月十八日

唐故朝散郎前試詹事府司直兼蘄州黃梅縣令姚公（侑）墓誌銘

（志蓋）唐故司∥直姚公∥墓誌銘∥

唐故朝散郎前試詹事府司直兼蘄州黃梅縣令姚公墓誌銘并序∥

再從外生朝散郎前行河南縣主簿徐放撰∥

貞元十八年五月廿二日，有唐試詹事府司直兼蘄州黃梅縣令、賜緋魚袋姚公，啓∥手足于東都慈惠里之私第，享年五十有六。嗚呼哀哉！公諱侑，字百華，其先帝嬀之∥後，今爲吳興人也。曾祖元崇，皇朝開府儀同三司、中書令、梁文貞公。祖彞，正議大∥夫、鄧州刺史、光祿卿。父闈，魏州貴鄉縣令。文貞以伊傅之業致君，與三五同德，盛∥烈餘裕，昭於簡書。光祿實克荷大名，家聲不墜。居千乘以設教，踐九列之榮班。貴鄉∥仰世德悠長，懿荏官績，用輶輧無悶，鳴琴晏如。公信義立誠，利用求試。寶應年，河南∥轉運使穆郎中寧，楨幹剛腸，唯才是與。公嘗隸職，旋獲己知，薦授亳州臨渙縣尉。大∥曆初，邠寧節度使馬尚書采譽於時，急賢爲竟，以兹赴辟，且序常資，奏授陳州宛丘∥縣丞。循道而行，苟得爲恥，雖彰能於俛仰，復命秩於徒勞，轉鄭州陽武縣丞。建中年，∥四海底清，中外齊致。以字民之職，爲教化所由，衡鏡掄材，公實在選，授潞州銅鞮縣∥令。期月而信讓漸洽，三年而富庶知方。滿歲，爲本道節度使相國李公表請量留。從∥人之欲，就加試詹事府司直。寵朱綬銀章，所以表朝廷之興能，鏡屬城之不類也。∥貞元初，署蘄州黃梅縣令。休問成績，若銅鞮焉。本管廉使亞相何公，謂公無忝祖曾∥之光，式盡子男之術，類能之際，獎异殊倫。凡四書上考，一書上下考。近年爲邑者，及∥此或稀。辭秩之日，何公詠場苗之詩，咨幕府之畫。公以久處遠地，永懷吾廬，怡神□∥和，歸卧清洛。初，文貞公置第慈惠里，名諸孫皆以門字加之，良有以也。意百年之後，∥俾長戟不遷，繁枝附本。尔來或游或仕，居者闃然。高門崇墉，鞠爲茂草。公乃塓垣支∥壞，肯構於斯。里中黃髮之老，過門欽曰："吾徒後死，有以爲慰者。復睹梁文貞家，流□∥相向，不知其已。"於戲！文貞熙帝之載，翼亮四后，垂裕無窮。後之人其思感若是。惟∥公纂修舊業，無忘祖訓，將日就必復之義，始於立家宜祥，發于孝孫，俾貴壽是享。矧∥公復抵事吏理，在邦巫聞，何未如之，竟無所答。爲善者惑，可勝欺耶。以其年九月十∥八日葬於河南縣伊汭鄉万安山之南原，克從先塋，禮也。夫人濮陽郡吳氏，德禮工∥容，達於親戚。有四男二女：嗣子成宗，太廟齋郎；次子成允，前亳州蒙城縣尉，次成則、

//成功，皆柴毁孺慕，加於常人。以放公族之出，宜叙徽烈，銜悲承命，庶無愧詞。銘曰：//

始傳緒兮有虞，今流派兮從吳。緬德慶之悠久，嗣忠賢之令圖。既牽絲兮績用乃成，//終製錦兮教義惟明。當滿歲兮寵章荐降，百里熙熙兮重如春榮。竭來兮蘄水之濱，//類能兮冠冒時之等倫。詠歸來兮高門載闢，恣偃仰兮以全吾真。何脩翼之未奮，顧//馳景而莫留。泉扃不晝兮月色恒苦，松路無春兮風光竟秋。新阡牢落兮萬安之下，//終古淒涼兮斯焉若休。//

唐姚侑墓志，2000年2月出土于伊川县彭婆乡万安山南原，现藏于千唐志斋博物馆。志盖盝顶，志、盖均高55.3、宽56厘米。志盖周边为几何纹，四刹为牡丹花纹。盖文篆书"唐故司直姚公墓志铭"3行，行3字。志石四侧亦为牡丹花纹。志文楷书，凡31行，满行32字。

唐姚侑墓志盖

唐姚侑墓志

（一一〇）唐故朝散大夫監察御史裏行上柱國賜魚袋盧公（湘）墓誌銘

唐元和二年（八〇七）八月十七日

唐故朝散大夫監察御史裏行上柱國賜魚袋盧公（湘）墓誌銘

　　唐故朝散大夫監察御史裏行上柱國賜魚袋盧公墓誌銘并叙（序）//

　　外甥、中散大夫行尚書祠部郎中雲騎尉鄭膺甫撰//

　　公諱湘，字鏡源，范陽涿人也。其先封於齊，漢侍中植之後，族望崇茂，//軒裳弈曄，代有貴仕，世立明德，史諜詳焉。曾祖志安，皇鄭州滎澤縣//令；祖正言，皇右監門衛將軍，贈兗州刺史，謚曰光；父先之，皇河南府//汜水縣丞。公即汜水府君第五子也。弱冠，解褐授商州豐陽縣主簿。//夫推重爵之輪者，發迹必固；成遠大之用者，操根必正。諸道租庸使、//御史大夫劉公晏，知公之才，遂表爲□州乾元縣令。時属羌戎背叛，//代宗皇帝翠華幸陝。至於保壯壘，握全師，尚束手持貳，未果其用。公//推以誠信，神與正直，故邑井無虔劉之患，士庶免俘掠之苦。後耆艾//抗疏，特　詔授太子通事舍人。郡守吳仲孺以報未獲，功聞□宰衡，//爰拜詹事府主□，旋爲隴右節度使相（相）國李公辟，授試大理評事，充//陳鄭等州團練判官。調集援陝州大都督府倉曹參軍。廉使李公國//清以搽署適用，表授夏縣令。未期，政術有聞，加朝散大夫，賜魚袋。朱綬//之貴，銀章①之榮，以旌賢也。建中末，賊泚犯順，鑾輿出狩，飛輓之□，//朝難其才，□支使、户部侍郎裴公腆，表請知兩川運粮務。當變通□//剛。重選拜監察御史裏行，以酬勤也。公精識茂行，博學執禮。天下無//事，而卧龍未起；霄漢可即，而鸞翮非鎩。而位不崇顯，壽不遐永，識者//歎之。以貞元三年閏五月十八日，寢疾終于興元□城固縣之别墅。//逾月，窆于縣之北原，盖從權也。先夫人博陵崔氏，左庶子浩之女。繼//夫人滎陽縣君鄭氏，刑部侍郎少微之孫、滁州别駕朝之女。有子三//人：長曰行質，河中府永樂縣尉；次曰從贄，方舉進士；幼曰德貞，皆稟//嚴訓，不墜素節。二女：長適給事中苗粲，幼適前滑州匡城縣主簿鄭//達。行質等以日月有時，將護帷裳，歸于洛師，以元和二年八月十七//日合祔于河南縣萬安山之南原，從先大夫之塋，禮也。膺甫夙承撫//訓，備仰素行，伏以刊貞石，期於不朽。虞陵谷之將變，故忍哀述懿，申//于銘曰：

　　維嵩之西，伊川之東，爰啓佳城，龜書協同。雙旐翩翩，一//車憧憧，迩自翠洛，遠由漢中。合祔斯原，周典克崇，寂寞千古，永垂清風。//

---

①　銀章：漢制，凡吏秩比二千石以上皆銀印。隋唐以後官不佩印，只有随身魚袋。金銀魚袋等謂之章服，亦簡稱銀章。語出《漢書》卷十九上《百官公卿表上》。

唐盧湘墓志

卢湘墓志出土于偃师。志青石质，方形，高、宽均45厘米。志文楷书，凡28行，满行26字，志文竖排有浅格，自左向右排列，其排列方式在出土唐志中较为少见。

（一一一）唐故中書舍人集賢院學士安陸郡太守苑公（咸）墓誌銘

唐元和六年（八一一）正月十四日

唐故中書舍人集賢院學士安陸郡太守苑公（咸）墓誌銘

　　唐故中書舍人集、賢院學士、安陸郡太守苑公墓誌銘并序//
　　遺孫、朝議郎、前殿中侍御史內供奉賜緋魚袋論撰//
　　有唐故中書舍人、集賢院學士、安陸郡太守、館陶縣開國男苑公，以至德三年正月廿九日，薨//于揚州之官舍，享年卌九。權窆于禪智寺北原。世難家貧，久未歸葬。遺孫論、詢、詡等，霜露感深，//歲月逢吉，謀於龜筮，求於親知。至元和五年十月十八日，詡自惟揚啓舉　府君旅櫬，論、詢等//自江陵扶護　祖妣邵夫人旅櫬，偕至于洛中。越明年正月十四日，葬　我祖館陶公、祖妣邵//夫人于洛陽縣平陰鄉之邙原，禮也。嗚呼！公諱咸，字咸。其先帝嚳之後。武丁子名文，封於宛//葉間，因以得姓。五代祖禮，仕周爲振威將軍，鎮守邊徼，因家馬邑，今爲馬邑善陽人也。生隨（隋）奮//武將軍，從師護邊，爲突厥所掠。至貞觀元年，率麾下將士萬餘人轉戰南歸。　太宗嘉之，封//上柱國、芮國公，累遷左金吾衛大將軍、安撫等州諸軍事、安州刺史，食實封三千戶，諡曰忠，諱//君璋，　公之高祖也。生左武衛大將軍，汾代甘等州刺史，武威郡公諱孝文，　公之曾祖也。生//洺州司法參軍諱問，　公之王父也。生贈濟陽郡太守諱操，　公之皇考也。流長根深，波委葉//茂，克生才子，實爲國華。嗚呼哀哉！論等少孤，又不逮事　王父，嘗聞於賓客家相之言曰：　公//既齔，聰敏加於人。七歲誦詩書，日數千言，十五能文，十八應鄉賦，恥以文字進，以經濟爲已任。//開元中，聲明文物，振邁漢魏，求名之士，難於登天。　公當此時，年始弱冠，爲曲江公張九齡表//薦，　玄宗親臨前殿策試，除太子校書，仍留集賢院。　上以董仲舒、劉向比之，由是除右//拾遺。無何，丁太夫人憂。服闋，歷左拾遺、集賢院學士，旋除左補闕，遷起居舍人，仍試知　制誥。//時有事于南郊，撰冊文。封館陶縣開國男，改考功郎中、兼知　制誥，拜中書舍人。諸弟犯法，//公素服詣　闕，請以身代，由是貶漢東司戶。未幾，復除中書舍人。天寶末，權臣怙恩，　公道//直不容於朝，出守永陽郡，又移蘄春，旋拜安陸郡太守。屬羯胡①構患，兩京陷覆，　玄宗避狄。//分命永王都統江漢，安陸地亦隸焉。永王全師下江，強制於吏。　公因至揚州，將赴　闕廷，//會有疾，竟不果行，嗚呼哀哉！　公以盛德盛才，加之以政事，論瑣劣不逮，郯子之言，敢以類舉。

---

① 羯胡：《魏書·石勒傳》載"其先匈奴別部，分散居于上黨武鄉羯室，因號羯胡"。後亦用以泛稱來自北方的外族，此處當指安史之亂。

//天寶中，有若韋臨汝斌、齊太常澣、楊司空縮數公，頗爲之名矣。　公与之游，有忘形之深，則德//行可知也。每接曲江，論文章體要，亦甞代爲之文。洎王維、盧象、崔國輔、鄭審，偏相属和，當時文//士，望風不暇，則文學可知也。右相李林甫在台座廿餘年，百工稱職，四海會同。　公甞左右，實//有補焉，則政事可知也。夫子設四科，第學者，　公兼其三，天胡不仁，何盛　公之才行，虧　公//之年壽。若使　公當時居卿相間，則羯胡豈敢南向，戎馬不復生郊矣。文集十卷，行之於世。嗚//呼！　公於西方教，深入總持秘密之行，齊榮辱是非之觀，又不可得而窺也。夫人汝陰令諒之//第二女，學兼内外，識洞玄微，教授甥侄，頗有達者。晚歲尤精禪理，究無生學。　公薨後十年而//夫人殁。遺命左右曰：歸祔鄉園，勿我同穴。論等恭聞斯語也久，不敢違先旨。故兆域之内，　公//居庚，夫人居壬，相近四十尺，遵遺令，徵曆者之吉也。長男籍，大曆中授河南府伊陽縣尉，不幸//早世（逝）。亦以今日合祔清河崔夫人于南塋，相遠七十丈。三女：長曰賢，早亡；次曰廣果，爲比丘尼，//行高釋門，知名江左；季女尹庶鄴妻，殁有年矣。遺孫論等承姑之命，奉　公之櫬葬于兹，不唯//虞陵谷，亦慮後之人有疑雙墳，故爲銘曰：//

邙嶺南兮洛食北，啓新兆兮安有德。卜永年兮千万億，子孫拜享無終極。遵釋教兮奉遺言，匪//同穴兮建雙墳。虞陵谷兮疑後人，寫曩意於斯文。//

河東姚宋禮鎸//

苑咸墓志，2002年出土于洛阳，现藏于洛阳师范学院图书馆。墓志方形，高、宽均69厘米，厚22厘米。志文楷书，凡36行，满行36字。

唐苑咸墓志

（一一二）大唐故京兆府咸陽縣尉攝宣歙池等州觀察判官吳郡顧君（師閔）墓志銘

唐元和八年（八一三）六月廿八日

大唐故京兆府咸陽縣尉攝宣歙池等州觀察判官吳郡顧君（師閔）墓志銘

大唐故京兆府咸陽縣尉攝宣歙池等州觀察判官吳郡顧君墓志//
宣歙池等州都團練觀察處置等使宣州刺史兼御史中丞范傳正撰//
唐元和八年歲舍癸巳三月四日，吳郡顧君不禄于宣州從事之官//舍，年卌二。既大澉（殯），擇其先遠，將歸葬于河南偃師縣亳邑鄉劉//村里。用其年六月廿八日，祔于 先人塋。君諱師閔，字□□。//曾祖克忠， 皇朝贈邵州刺史。 祖望，贈秘書監。 父少連，//兵部尚書，贈右僕射，謚曰敬。嗚呼！ 敬公以文行忠信光耀//明代，豊（豐）德高義映乎時賢。君始冠，能以經明中第，脱褐授同//州參軍，登拔萃科爲咸陽尉。君沉靜專默，簡而好退，自一尉//王畿，十歲不遷，百年幾何？ 又鍾短曆，嗚呼！ 傳正 敬公之門//人也， 敬公司太常，文科采拔，鯤生於不識不知之中，華而茂//之異，實而榮之自。 敬公華實厥躬，垂廿年受//天子爵禄，至于時所貴。願分微榮，仰答 知遇。願析籌畫，以//裨不逮。此心始諧，死生間之。我生有情，此慟何極！夫人清河張氏，//故河南尹式之女也。先君而逝，有二男三女。長男曰承慶，次曰//，承慶年十七已知恭順，諸女皆稚孩。嗚呼！存殁一指，余非斯人。於//是收無從之涕，志君之墓。銘曰：//

藻身以文兮文既彰， 廿而仕兮卌而亡。 旅魂之飄飄兮//歸洛之邙， 祔先人兮松柏鄉。 泣志貞石兮，終古茫茫。//
前後二娶皆河南女，今後夫人祔焉。//

顧師閔墓志，1990年出土于河南省偃师市北部邙山，現藏于偃師商城博物館。盖佚，志石方形，志石高、宽均44厘米，厚10厘米。志文楷书，凡20行，满行45字，共计438字。

故京兆府咸陽縣尉攝宣歙池等州觀察判官吳郡顧君墓誌
宣歙池等州都團練觀察處置等使宣州刺史兼御史中丞范傳正撰

唐九和八年歲舍癸巳三月四日吳郡顧君不祿于宣州從事之官
舍，年卅二。既大斂擇其先遠將歸葬于河南偃師縣亳邑鄉劉
村里。用其年六月廿八日祔于　先人塋君諱師閔字□□□
　曾祖克忠　皇朝贈邠州刺史　祖堅贈秘書監　父少連
　吏部尚書贈右僕射謚曰敬　嗚呼敬公以文行忠信光耀
明代豐德高義映乎時賢君始冠散以經明中弟脫褐授同
州参軍登拔萃科為咸陽尉始靜專默簡而好退自厲　敬公之門
王轍十歲不遷百生幾鍾短曆嗚呼傳正我　敬公司太常丞科挾俯鱗生於不識之中華義
人也　敬公之異實西榮之自敬實歐躬垂卅年受
之天子爵祿至于時所貴顏氣微榮仰咨知遇顧祔篤壽以
桿不遠此始諧死生閒之我生有情山恫何趣夫人清河張氏
敬河南尹式之女也。先君而逝有二男三女長男曰承慶次曰
承慶年十七已如恭順諸女皆稚孩嗚呼存歿一拍余非斯人於
是殁身無從之涕之誌君之墓銘曰
藻身以文兮交既
歸洛之郊　　　松而仙兮卅而止　　　振塊之飄飄兮
　　　　樹先人兮松柏鄉　　泣誌貞石兮絲古茫茫
　　　　前後五娶皆河南女今後夫人祔焉

唐顧師閔墓誌

（一一三）唐朗州員外司户薛君妻崔氏（蹈規）墓志

唐元和十四年（八一九）二月癸酉日

唐朗州員外司户薛君妻崔氏（蹈規）墓志

（志蓋）大唐故//崔夫人//墓志銘//

唐朗州員外司户薛君妻崔氏墓志//

柳州刺史柳宗元撰//

　　唐故永州刺史、博陵崔簡女諱蹈規，字履恒，嫁爲朗州員外、司户、//河東薛巽妻。三歲知讓，五歲知戒，七歲能女事。善筆礼，讀書通古//今，其暇則鳴絲桐、諷詩騷以爲娱。始簡以文雅清秀重於世，其後//得罪，投驩州。諸女蓬垢涕號。蹈規，柳氏出也，以叔舅宗元命歸于//薛。惟恭柔專勤，以爲婦妻，恩其故，他姬子雜己子，造次莫能辯。無//忮忌之行，無犯迕之氣。一畝之宅，言笑不聞于鄰。元和十三年五//月廿八日，既乳病肝，氣逆乘肺，牽拘左腋，巫醫莫能已，期月之日，//潔服飾容而終，享年三十一，歸于薛凡七歲也。十月甲子遷柩于//路，其明年二月癸酉祔于墓，在北邙山南洛水東。巽始以佐河北//軍食有勞，未及録。會其長以罪　聞，因從貶。更//大赦，方北遷，而其室以禍。巽之考曰大理司直仲卿，祖曰太子左//贊善大夫環，曾祖曰平舒令煜，高祖曰工部尚書真藏。簡之父曰//大理直畢，祖曰太常寺太樂丞鯢。//唐興，中書侍郎平章仁師，議刑不弊，其五世大父也。巽之他姬子，//丈夫子曰老考，女子子曰張婆。妻之子，女子子曰陁羅尼，丈夫子//曰那羅延，實後子。銘曰：//

　　翼翼仁師，惟仁之碩。一言刑輕，綿載二百。其慶中缺，曾玄不績。簡//之温文，亦紹其直。七男三女，八我之出。仍禍六秩，數存如没。宜福//而災，伊誰云恤。惟薛之婦，德良才僉。鄰無言聞，臧獲以虔。推仁撫//庶，姟不异憐。兄公是怡，夫屬衍然。鬒髻峨峨，邊豆以嘉，蒸嘗賓燕，//其羞孔多。有苾有嚴，神饗斯何。奚仲仲虺，胡祐不遐。高曾祖考，胡//蝦之訛。淑人不居，誰任于家？書銘告哀，以置岩阿。//

崔蹈規墓志，20世紀80年代出土于巩义市芝田镇官庄村的一座夫妇合葬墓中，现收藏于巩义市文物考古研究所，为唐宋八大家之一的柳宗元为其外甥女所撰写的墓志。墓志并盖一盒，青石质。志盖为盝顶形，四周线刻牡丹花纹，盖中阴刻篆书"大唐故崔夫人墓志铭"3行，行3字。志石方形，高44.5、宽45厘米。志文楷书，凡24行，满行25字。

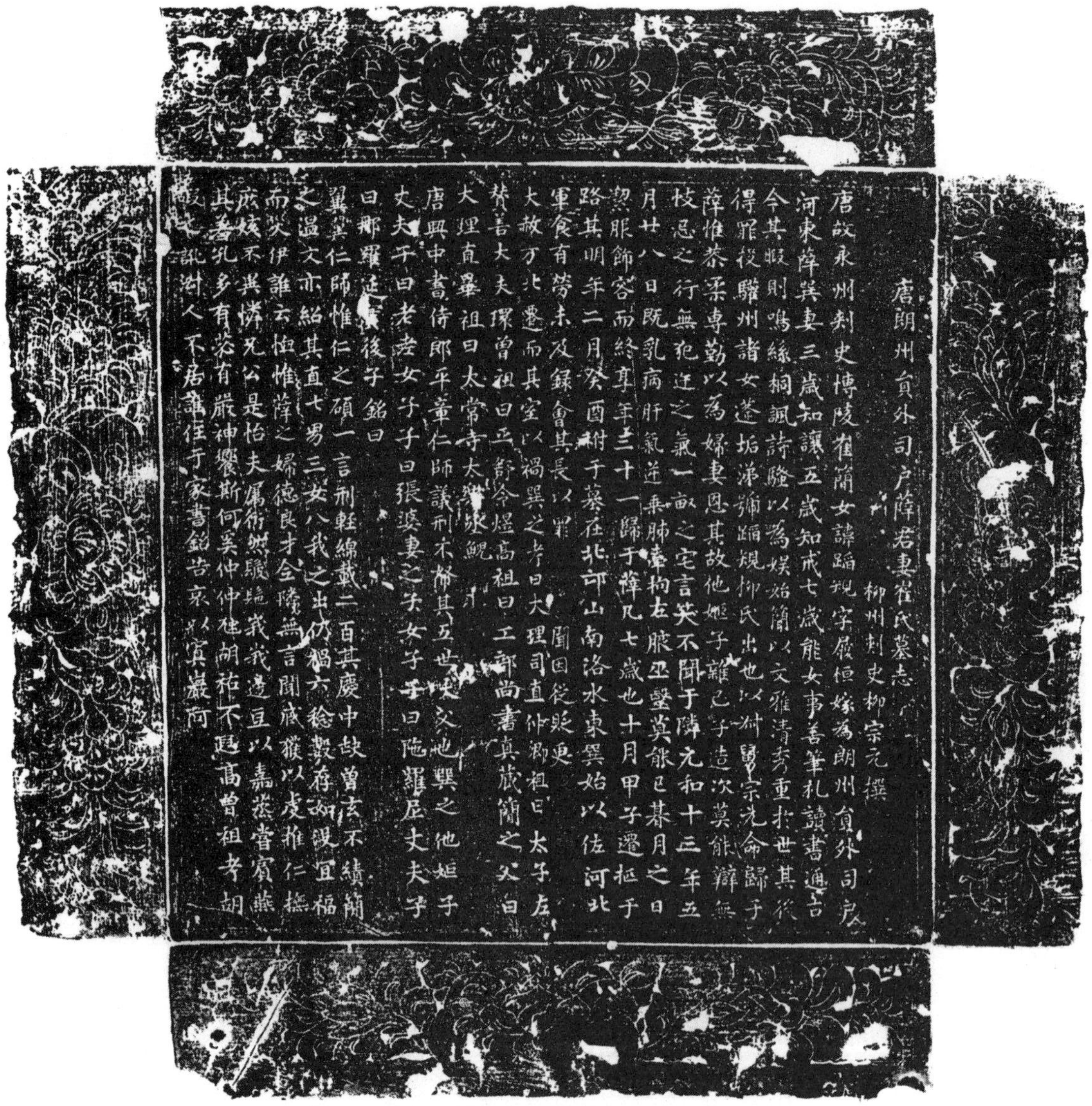

唐薛巽之妻崔蹈规墓志

唐崔蹈规墓志盖

（一一四）唐故河陽軍兵馬副使試太常卿廣平宋府君（華）墓誌銘

唐元和十五年（八二〇）閏正月己酉

唐故河陽軍兵馬副使試太常卿廣平宋府君（華）墓誌銘

（志蓋）大唐故//宋府君//墓誌銘//

唐故河陽軍兵馬副使試太常卿廣平宋府君墓誌銘并序//

府君諱華，字元茂，鄴郡滏陽人也。其先，帝乙子啓之流派，晉//陽侯弘之裔孫，襲爵紹功，史不絕録。曾祖貞，皇洺州司馬。//祖幹，皇邢州長史。考裕，皇相州長史。府君即相半刺①之長//子也。氣肅容端，行高德厚，忠惟奉上，孝乃寧親，弘究武經，//博通文教。爰自戎府，至于王都，任事既多，勛效益著。弱冠以武舉//赴省，登則克捷。及在金吾，亦預仗衛。次之天雄軍，爲田相所重，署//散十將兼銜前虞侯。後至河陽，爲元戎腹心，兼充兵馬副使，仍//分理營田之務，居皇懷撫緝焉。利彼大田，委乃深智，實諧公//望，副贍軍儲。□□雖淹，謀用允濟；賓友疏昵，待無乏時；宴奏//歡娱，恒以永日。□賀七擒之略，嘗宣百戰之功，歷職榮身，久耀當//代。恨服戎勞，止乃投戈，告休以保，福壽何圖！元和景申②歲七月//六日，終于武牢旅次，春秋七十有四。夫人太原閻氏，賢崇四德，雅善//五音，歎半梧無枝，恨孤鸞絶侶，永懷平昔，寧不痛心。嗣子忠憲，//爲本軍同十將。次子忠慶、忠亮、忠和、忠弁，修己俟時。并二女，自屬偏//孤，哀感罔極。以元和庚子歲閏正月己酉，問卜遇吉，乃遷厝于大//岯之下，小城之内，禮也。殯奠經營，皆竭謀慮，孝友成事，//志之宜哉！其詞曰：//

湯□貴裔，弘之茂宗。朝稱美質，公復盛容。//文莫測畔，武難當鋒。歷事四境，勛書萬重。//盡膺多福，俄及鞠凶。門引素車，路馳白馬。//誰謂深仁，瘞于中野。誰謂牛女，罹此鰥寡。//既崇丘墳，永保松檟。人悲風動，有感来者。//

宋华墓志，2006年出土于荥阳薛村遗址，现藏于河南省文物考古研究院。墓志并盖一盒，均保存完整。志盖方形，高、宽均43厘米，厚2～8厘米，顶部阴刻篆书"大唐故宋府君墓志铭"3行，行3字。志石方形，高、宽均43厘米，厚8厘米。志文阴刻楷书，凡23行，满行26字。

---

① 半刺：指州郡长官的下属。
② 元和景申：实为"元和丙申"，即元和十一年丙申，因避高祖李渊父李昞讳改"丙"为"景"。

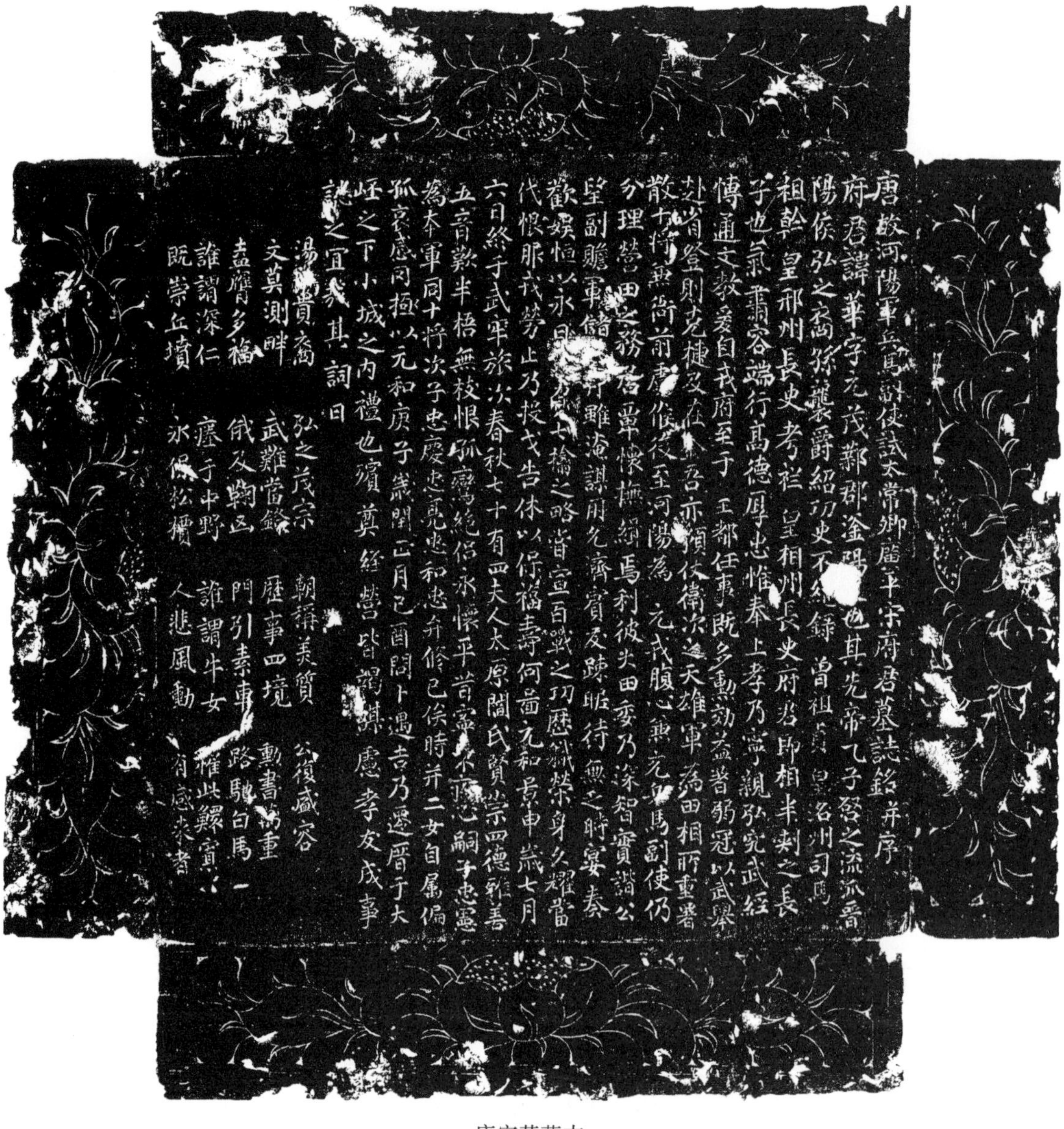

唐故河陽軍㪅朝使赴太常鄉屬平宋府君墓誌銘并序
府君諱華字之茂鄴郡滏陽人也其先帝乙之子啓之流派曾
祖齡皇相州長史考祥皇洛州司馬
陽侯弘之喬孫襲爵紹刃史不錄
子也氣肅容端行焉德厚忠惟奉上孝乃當顏弘究武經
博通文教愛自我府至于
址省登則充捷又在吾亦任載既多勳劫益著弱冠武舉
分理怨田之務魯馬利彼尖田委乃滦智寶諳公
望副聽軍儲雅識謬用名齋賓及踐畔待無之肝宴奏
歡娛恒詠永目為尉左輪之略首宣自歲之刃歷卅禁身多耀當
代恨那代勢止乃四夫人太原閻氏賃卅崇四德則善
為本軍同十將旅次桓侶永悔平何曾嗣子忠当
五音歡半梧無校恨孤霧絶侶伴和忘并於巳侯時并二女自屬偏
六日終于武牢旅次春秋七十有四
孤寰同極以元和庚子歲閏二月己酉朔卜過吉乃還厝于大
岷之下小城之内禮也賓莫經營蓋潤褀憲孝友成事
諡之宜允其詞曰

湯貴裔 文莫測畔 公俊盛容
嘉暦多福 武難當鋒 朝諱美質
去腐深仁 既及翰區 歷事四境 勳書祔重
誰謂深仁 崇丘壇 門引素東 路驢白馬
                 痛千中野 權此鰥寡
                 永保松欄 人悲風動 肖感茶者

唐宋華墓誌蓋

（一一五）唐故中散大夫守太子賓客上柱國賜紫金魚袋贈工部尚書河東薛府君（丹）墓志

唐长庆元年（八二一）十月廿二日

唐故中散大夫守太子賓客上柱國賜紫金魚袋贈工部尚書河東薛府君（丹）墓志

（志蓋）唐故太//子賓客//贈工部//尚書河//東薛府//君墓志//

唐故中散大夫守太子賓客上柱國賜紫金//魚袋贈工部尚書河東薛府君墓志//

自撰//

有唐中散大夫、守太子賓客、上柱國、賜紫金//魚袋薛丹，字貞疾。以長慶元年歲在辛丑七//月十一日，疾終于洛陽尊賢里之私第，享年//七十有七。以十月廿二日葬于偃師縣亳邑//鄉劉村之北原，//先君湖州長史、贈刑部尚書府君塋西五//里，從所卜也。生必有盡，骨肉歸于土，命也，况//得從於//先塋之左右乎！平生之義行材用，歷官之中//外多少，此生人之事也，何必書於泉壤哉！有//子一人，陝州靈寶縣尉汪，年廿有四，而未有//孫。後嗣之繼，委於運也。自志於泉下，何必銘//爲。嗚呼哀哉！//

其年九月廿八日，敕贈官并給鹵簿。//

唐薛丹墓志　　　　　　　　唐薛丹墓志蓋

附：唐故中散大夫守太子賓客上柱國賜紫金魚袋贈工部尚書河東薛府君（丹）夫人隴西縣君李氏（饒）墓誌銘

唐长庆三年（八二三）十月十日

唐故中散大夫守太子賓客上柱國賜紫金魚袋贈工部尚書河東薛府君（丹）夫人隴西縣君李氏（饒）墓誌銘

（志蓋）唐故隴∥西縣君∥李夫人∥墓誌銘∥

唐故中散大夫守太子賓客上柱國賜紫金魚袋贈工部尚書河東薛府君夫人隴西∥縣君李氏墓誌銘∥

皇唐　高祖神堯皇帝之從父子、河北道行臺、尚書左僕射、淮安郡王諱神通；王生司∥農卿、貝冀等州刺史、膠西郡公諱孝義；公生易州刺史、贈平陽太守、襲膠西公諱璥；公生∥虞部郎中、贈鄭州刺史、襲膠西公諱孟犖。公生銀青光禄大夫、陝虢觀察使、宗正卿、隴西∥縣開國子謚曰敬，諱翼；敬公娶東都留守兼河南尹裴公迴之女，實生女子，子是爲　∥夫人。夫人諱饒，字万德。始生未能孩，裴夫人即棄謝，敬公憐之，每自視毓，加於人一等。及∥能言，忽問其親所，人以實白，則泣下數行。敬公益不忍，復娶楊夫人，以撫其志。後累亡怙∥恃，繋以過禮之情，聞於親族。姊適裴氏，　夫人依之，習婦事周而歸　薛氏尚書公。初∥公在徐、泗軍，從僕射張建封之門。張疾曰病，　夫人竊謂公曰："公於張，衆目公爲得意∥者。今日張已病即死，公能無患耶？且何爲不時去？特無以妻孥在慮。"公以去，果脱徐亂。及∥公任刑部外郎，當　憲宗皇帝初即位，　太上皇在南宫，吴少誠藉淮西強頻表，∥語不遜，　朝廷病之。丞相以　公機辯，可以傳威惠，遂命宣諭。時士大夫愛　公者，悉過∥不欲遣，計令以疾告，　公未的决。　夫人挺然曰："群使公爲辭者，豈不以前去惑嬰之禍∥乎？此前去禍未肯專，而功勳可逢。設辭則禍必，而名聲凌遲。"　公以行，至則有功。元和元∥年，外命婦朝　王太后于興慶宫之前殿，他官母妻咸惴栗恐懼，贊拜幾不畢。　∥夫人服品服，首釵六樹，衣翟六等，黼領朱襮，加侯佩小綬，雅獨雍容，進退動合儀度，在　∥内廷觀者咸多之。　尚書公曰："若夫人，誠可以當崇封矣。"明日叙得隴西縣君。高崇文∥之殄劉闢也，　公爲軍司馬。崇文者驍騎耳，無餘知，　公務以憲章禮律導正之。高恨∥怒，必欲不利焉。　夫人亟止　公所持，公不聽。即日夜，使人以金帛深結高之妻黨爲解，∥高則解。至裴氏姊卒，　夫人哀哭毁甚，去靈遠三千里，凡送終之飾，無不自　夫人之∥所備。　夫人爲人和而仁，三黨之内，有孤寒者，　夫人必多爲之圖而煦之使温。∥女有已笄者，　夫人必厚具其裝而歸之良夫。其下幼或有過者，　夫人未嘗面加∥折責，但周旋誘喻而和言曡曡，唯恐傷之。則粢

盛纴紃之道，其可知也。故 夫人之寝//疾也，親属之疏遠者率懷其憂。 夫人之
即世也，在服之緦免者，咸感而慟，噫！非 //夫人之所爲也，何以至於此乎？一
子汪，茹荼銜恤，大懼 夫人之德堙于後，哭而起請//工文者志而銘焉。昔 尚書
公居 夫人之終前二期薨，自爲文以志，所卜宅兆，//原鄉里皆載記，今不復書。
維 夫人享年五十有七，其終于東都嘉慶里第，在長慶癸//卯歲七月十四日。其合
祔于 尚書公之玄堂，在是年十月之丁酉辰也。銘曰：//

　　都 后土，夫人祔居；誡彼百神，衛之永安。//
　　前鄉貢進士南卓撰。//
　　長慶三年十月十日書。刻字人孫濟。//

薛丹夫妇墓志，1998年7月出土于河南洛阳偃师市首阳山镇羊二庄村北500米处的池跃恩砖厂的夫妇合葬墓中。其中薛丹墓志并盖一盒，青石质。志盖盝顶，顶部阴刻篆书"唐故太子宾客赠工部尚书河东薛府君墓志"6行，行3字。字周线刻青龙、白虎、朱雀、玄武四神图。志石方形，高、宽均74厘米，厚15厘米。志文楷书，凡18行，满行17字。刻工端庄，字体工整，志石四周刻团花十二辰象图。李氏墓志并盖一盒，青石质。志盖盝顶，阴刻篆书"唐故陇西县君李夫人墓志铭"4行，行3字。字周线刻草叶纹及几何纹，四刹以流云为地，单线阴刻青龙、白虎、朱雀、玄武四神图。志石方形，高、宽均65厘米，厚13厘米。志文楷书，凡32行，满行34字，字周围在山树纹地上线刻十二生肖图像。

唐薛丹夫人李氏墓志

唐薛丹夫人李氏墓志蓋

（一一六）唐故正議大夫守太子賓客上柱國賜紫金魚袋贈工部尚書范陽盧府君（士玫）墓志銘

唐宝历元年（八二五）十一月十五日

唐故正議大夫守太子賓客上柱國賜紫金魚袋贈工部尚書范陽盧府君（士玫）墓志銘

　　唐故正議大夫守太子賓客上柱國賜紫金魚袋贈工部尚書范陽盧府君墓志銘并序//
　　表侄朝議大夫守中書舍人上柱國榮陽鄭涵撰//
　　太公佐武王伐殷，去獨夫，蘇天下之民，開闢已來，輔相之賢，其功爲大。姬有八方，實封于齊，胄胤紛綸，派別浸//遠。襄桓之際，因而命氏，晋魏而還，賢杰熾昌。公諱士玫，字子珣，范陽人也。曾祖諱正言，左監門衛將軍，贈兗//州都督。大父諱朓，深州司馬。烈考諱瀸，檢校尚書祠部郎中，贈太子少保。材度文業，孝友德善，儲祉鍾美，//而生府君。易簡莊明，內健外順，行必弘道，居無流心。貞元初擢進士科，其後以博學宏詞考試超等，名薦公//府。命屈選中，歸養洛師。一年而丁太夫人憂，柴毀過禮。殷奠未徹，復鍾少保府君之艱，泣血三年。如始執//喪者，君子難之。逮衣裳既除，遂韜匿聲耀，味道自放，以爲軒冕外物，曷足汨吾靈龜。不得已，方從調補左司禦//率府倉曹參軍。既滿袂，蜀帥太尉皋熟公才行，表授左金吾衛兵曹參軍，以節度推官從事轉大理評事兼//監察御史。府之疑務，目無全牛；明誠盡言，形於事任。太尉公之薨落，介使劉闢劫兵作逆，乘險自固。公挺然//獨立，屢抗直詞，猜憚頗深，幾爲傷害。天討有罪，闢就誅夷。詔以井絡①之奧授上將高崇文，高以公履道//居方，顯然有節，願留於府。公意不處，逡巡辭讓，請監支郡。會相國武公推轂守藩，雅聞其名，表授殿中侍御//史，改觀察支使。溫密直清，咨謀多適，又薦授侍御史。凡兩知蜀州事，聲績茂著，溢於聞聽。由是徵拜起居舍人，//執筆記言，必先規諷。歷司勛吏部員外郎，疇勛庸，核流品，時論多之。而遷正郎，恪居官業，考課尤異。洎蘖臣授//首，齊魯砥屬，俾佐戶貳卿楊公於陵撫其殘。人僉以公歷服職官，皆振宏蹟，况兹東土，風俗未和，擇於畯良，//第宜爲倅。皇華之選，推重一時，錫以腰章，使于新國。迴奏稱旨，拜京兆少尹。//
　　憲宗弃天下，園陵肇建，神州之任，尤難其人。咸謂公宜，遂加知府，召對褒美，面賜金組②。及//穆宗嗣統，有事上帝，禮資嚴備，務劇百司，無以易公，真拜京兆尹。肅清浩穰，慴息豪貴。西漢稱趙張//三王爲良內史，不是過也。

---

① 井絡：晋左思《蜀都賦》："远则岷山之精，上为井络。"李善注："言岷山之地，上为东井维络，岷山之精，上为天之井星也。"井是二十八宿之一，蜀地属于井宿的范围。

② 金組：金甲和組甲。《文选·颜延之》："具服金组，兼饰丹臒。"李善注："金组，二甲也……马融曰：'组甲，以组为甲也。'"

朝廷姑務，撫安四海，全用德刑，封豕長蛇，未齒鋩刃。而范陽師劉總願畫疆土，分//授節旄，累表上陳請，　公在選，因可其奏。拜右散騎常侍兼御史中丞，充瀛莫等州觀察處置等使。至則克杖//皇威，訓其逆順，提整師律，厘改章程。小人之腹□迴，大道之和就飲。　廷論稱美，拜左散騎常侍兼御史大//夫，加瀛莫節度使。　公未之知也，俄而幽鎮偕亂，凶黨結連，遂能潛索事機，默與心計，連表乞師而未報，孤堞//召寇而已危。感動偏裨，精移象緯，長紛拏而不因己力，視傾覆而徒忿人謀。乃喟然曰：以義立名，則生不如死；//以功雪耻，則詶以求伸。遂因賊師之請而適范陽。　詔迴途中，拜太子賓客，分司東都。明年，//天子念河朔之艱，傳瑞虢略，而美疹暴感，求醫　帝京。　公内揣筋力，切於休退，懇誠上達，　優詔曲遂。重拜//太子賓客，分司東都。未追四皓之游，遽有兩楹之夢。以寶曆元祀七月廿二日，捐館于河南府河南縣龍門鄉//之別業，享年六十四。居守以聞，　皇上罷朝，公卿廢事，親友相吊，賚咨涕洟。贈工部尚書，示　恩禮也。//夫人清河崔氏，大理評事參之孫，安豐令包之女。姬嬴合德，琴瑟有儀。代播芳塵，時高鼎族。蘋蘩雖耀，松槚已//行。而　公粹其文以發身，深於學以從政。端己慎獨，夙炳令聞，筮仕揚名，推爲時杰。宜乎會合休運，參綜化權，//奮兹器實，膺厥柄用。昊天不吊，殲我哲人。有子四人，長曰式方，朝散郎行太原府太原縣主簿。嗣曰弘方，前鄉貢//明經。次曰遵方，文林郎守亳州參軍。幼曰友方，左千牛備身。慼實信順，漸積訓義，咨禮襄事，捧龜而號。以其年//十一月十五日窆於河南府河南縣萬安山之南，秉周禮，蓋祔也。以涵學於《春秋》，知代系之序；參於懿密，敦話//言之契。書德泉壤，謂無愧詞。其銘曰：//

尚書之生，含和挺英。襲德承家，孝友光明。伊昔弱冠，儒素是敦。觀藝春闈，作賓蜀門。鵬摶扶搖，河出昆侖。奮//翼周行，騰芳清密。中臺右史，握蘭載筆。雅勵貞規，光揚茂實。星文正天，輶軒騁駟。便殿召問，敷奏不一。　//帝曰使乎，誠爲間出。式當尹正，倚爲匡弼。南山有臺，北鎮推賢。廉平按節，鏘金珥蟬。逆竪欺天，提兵亂燕。窮城//窘若，撾鼓填然。魷飯壺餐，聞於古人。恬安迫辱，姑息紛綸。謂吾不信，惇史匪磷。　詔還途中，職當調護。分務剖//符，東周虢土。老氏知止，疏廣請歸。都門美慕，別墅光輝。奔鳥不駐，零露俄晞。勒銘貞瑉，永永音徽。//

男文林郎守亳州參軍遵方書。//

唐盧士玟墓志

附：唐故清河崔夫人墓誌銘

唐元和十一年（八一六）九月十日

唐故清河崔夫人墓誌銘

　　唐故清河崔夫人墓誌銘并序//
　　夫朝議郎行尚書吏部員外郎盧士玫撰//
　　余之亡夫人崔氏，其先貫於清河，世爲鼎族。肇自虞夏，迄于隨（隋）唐，世有//仁賢，其禮樂官婚，摽映圖史。搢紳之徒知士大夫之氏族者，以其首出。//庶姓辨其宗系，端如貫珠，資爲談端。皆心藏一譜矣，故不備書。曾祖行//溫，　皇朝秘書監。祖參，　皇朝大理評事。父包，前壽州安豐縣令。皆冠//冕道德，簪履仁義。山東之閥，唯余之家與安豐實霸諸姓。安豐又余之//族舅也，其夫人又余之族姊也。潘揚（楊）舊好，秦晉良匹，其來尚矣。故夫人//以貞元十一年冬來歸于我，姻不失親也。其明年，余筮仕爲東宫掾，蒙//蜀師故太尉韋公辟爲從事。自楚之蜀，提挈萬里，以金石固其意，瑟琴//友其心。其相敬也，如鳳凰和鳴、頡頏雲路。未始終夕，涉於反目之譏，則//夫人之柔德婉容，貞量懿範，求諸中表，其徒實稀。嗚呼！天奪良偶，神昧//與善，以元和十一年歲次景申五月廿五日寝疾終于昇平里之私第。//嗚呼！余非鼓盆之達觀者，仰視遺掛，得無慟乎！以其七月十八日丹旐//啟路，翩其東指。卜用九月癸亥朔十日壬申，於洛陽之萬安山南祔//先塋，禮也。有子四人：長子曰式方，前涇原支度巡官，試左司禦率府兵//曹參軍，嗣子曰處訥，次子曰從範，幼子曰從矩。自訥至矩，非童則孩，於//余目前，傷慟何極。有女一人，適　今相國河東裴公之男曰詡。嗚呼！男//女號慕，僕使揮涕。洎外姻内姻、孤者孀者，來館於我而依夫人，率皆瞻//其穗帷，無不流慟。非仁德周物，孰能使其感之如此之深乎？稽夫志其//事而銘其地，虞陵谷之變也，得不爲之志焉。姑務實錄，豈敢假手於人//乎哉？余泣石而銘之，故其詞也，質而已矣。其銘曰：//

　　思夫人歸于我時，夭桃一枝，春景鏤艷，光風繡姿，今也往矣，永無見期。//思夫人理家之政，本於清净，或順其心，或革其性，由身及物，靡不率正。//思夫人睦親，藹然如春，親親來依，不患家之貧，患字之不均，均以字人，//人懷其仁。墳於何處？萬安之下。將歸尔靈，永闋吾土。松聲曉愴，月色宵//苦。從茲一訣，邈矣終古。//

盧士玫夫婦墓志，出土于河南洛阳伊川县彭婆乡许营村北。卢士玫墓志，志石高、宽均77厘米；志文楷书，凡39行，满行42字。卢士玫夫人崔氏墓志，志石高、宽均57厘米；志文楷书，凡27行，满行27字。

唐故清河崔夫人墓誌銘并序

夫朝議郎行尚書吏部負外郎盧士玫撰

夫人崔氏其先貫於清河世為鼎族肇自虞夏迄于隨唐世有仁賢其禮樂官婚標映圖史搢紳之徒知大夫之氏族者以其首出庶姓辨其宗系端如貫珠資為談端皆心藏一譜矣故不備書曾祖皆行温道皇朝秘書監祖谷前壽州女豊縣令皆解褐之黨道德積慶仁義山東之閭舊好泰晉來尚矣故夫人族姓也其潘揚舅甥諸姊妹來往及目之謦欬私第以其師故太尉夷公辟為從事我姨也其明年余筮仕為東官摰良偶神味蜀之元和十一年冬歸于余歲次景申五月廿五日寢疾終于萬里以金石固其意琴瑟諧則夫人心相敬也如鳳凰鳴不失其親也潘楊舊好泰晉之懿範仰視遺掛得無恨乎以其七月十八日對旋良足其德嫵容也如鳳凰鳴不失其親也交淺言光榮禮也其東指卜用九月癸亥洲十日壬申祔於洛陽之萬安山南祔先塋軍嗣子日憂諉何極有女一人長子日式方前泗陽主簿嗣子四人次子日從刀前支度巡官試左司禦率府兵曹參軍使揮涕泗外姻內姻者翕然相今國河東裴公之男日該非童則幼至矩非夫人率皆瞻前事懼使其感之如山之深敢夫誌其姐者來館於我而依夫人宰於

女弟徂謨傑使其感之如山之深敢假手於人其誌銘日
余目前傷子何極憂訥翕然相今國河東裴公之男
曹參軍禮也其東指卜用
鳴呼余非仁歎盆之達者仰視遺掛得無恨乎
與夫人善翔其有子四人長子
夫人故其相敬也
以其師故太尉夷公
族姓也其潘揚舅甥諸姊妹
冤陽德也其夫人又來尚矣故夫人

其緣慕唯其無不流涕泗外
余涙泣前石而銘也得不為之誌銘曰
事弐余銘惟其無不懮懼非仁德周物之故也
乎其地震陵谷之變何恃何
女弟徂謨傑使其感之如山
書榮軍嗣子日憂諉何極有女一人

女弟徂謨傑使其感之
其地震陵谷之變何恃

思夫人理家之政本於清淨戎草其性由身及物靡不均均以字人
思夫人睦親藹然如春親來依不患家之貧患吾土松聲曉悄月色宵
人從懷茲一訣逸矣終古
苔人歸于我時夷時春桃一枝景鏤艷光或風繡姿今也往矣永無期
仁墳於何處安之下將歸爾靈永閟

唐盧士玫夫人崔氏墓志

（一一七）唐故中大夫澧州刺史賜紫金魚袋范陽盧府君（昂）墓誌銘

唐大和三年（八二九）十月廿六日

唐故中大夫澧州刺史賜紫金魚袋范陽盧府君（昂）墓誌銘

　　唐故中大夫澧州刺史賜紫金魚袋范陽盧府君墓誌銘并序//
　　孫朝散大夫守尚書工部郎中上柱國商撰//
　　盧氏之先，自營丘啓封，菜邑定氏，至秦博士敖，遂稱燕人。漢侍中植，名著海內，學爲儒//宗，居涿郡，魏太祖表其地爲先賢之鄉。子毓爲魏司空，孫珽、曾孫志、玄孫諶皆名重晉//朝，爲當代髦碩。諶曾孫玄，玄子度世，又以學行秀杰，光於元魏。度世有四子，淵、敏、昶、尚，//皆克紹祖德，能嗣先業，始以人物爲盛，次以官婚爲最。自敏四世至常州刺史府君諱//幼孫，常州生黃門侍郎府君諱獻，黃門生鄂州刺史府君諱翃，鄂州生府君諱昂字子//皋。世因時而浸遠，德與門而彌光，始以明經解褐衣參陝州軍事，三遷至鄠縣令，自郎//將謫鄧州司馬，以勞錫金紫貴階，擢隋州刺史，改澧州刺史。治四歲而盜息民阜，俗欣//所戴。及符節受代，屬時難俯定，國步猶梗，乃曰扁舟泝沿，衡門偃傲，是吾之素志。及//此，遂因民留戀，故林宴息，宗谷神以養和，守儒行以立訓。暑濕生屬，凶悲亟纏，以永泰//元年六月十八日，傾背於郡之東郭別墅，享壽七十。夫人清河郡君房氏，吏部侍郎穎//□之孫，恒州刺史光庭之女，寶應二年九月終堂，春秋六十有二。兆歸未吉，先寓殯於//□楊縣。及　府君閔凶，遂即其地而權窆焉。嗣長，故河西縣令；次廣，河南縣丞贈右司//□□；別子一人，僧号守真。右司之孤工部郎中商，總角伶俜，稟慶　先世，幸糜散秩，未//□餘生，運偶　休明，得請　營護。以大和三年歲次己酉冬十月廿六日，奉遷　我王//父王母合祔于河南縣金谷鄉焦古村，禮也。府君植性高朗，臨事敏達，睦親以仁，莅政//以義，徇其志而不畏强禦，激於衷而能蹈危難。資禮樂以立身，稟孝悌而成德。故門多//疏屬，室滿群從。爲潞之主吏，有從父弟尉于外邑，使酒掇患，將爲州帥侵辱。　府君發//聲抗詞，感動觀聽，其帥遽申異禮，豈憚屈法。佐方州也，屬京洛失守，盜南侵逼，　府君//驅率郡豪，感激義武，教以戰陣，申其號令，且捍且守，隱如敵國。節度使魯炅器其能，壯//其志，請爲戎倅，委以留事。及炅師覆汝墳，卒全樊鄧，繄我之力，故遂有郡符金紫之寵。//及問俗澧濱，天下新罹寇難，挾邪樂禍之黨，猶姕姕其心，伺間竊發。有戎將與牙將交//惡，白晝起叛。　府君除惡務盡，屍谷口叛卒二百餘人，自是澧水息波，荊蠻罷析。然後//爲均田間，立阡陌，制婚冠，條喪葬，便俗約法，因人設禁。逮小子　迎護之來，與尊門//政成而去，歲逾五紀矣，黃髮舊老，猶存詠歌，因采氓謠，獲傳　祖德。嗚呼！至人不耀，君//子蹈常，必俟其時，方展其用。掾僚卑也，逢彼之怒，而能脫

唐盧昂墓志

季於禍；郡佐散也，見危思致，//由是奪虜之氣。及剖符以莅，專城而視，寬以導民。峻以操吏，有懷凶德，盡殲厥類，斯可//謂達孝悌、得權道矣。率是行之，非不器之謂歟？負其用而不躋其位，命也。銘曰：//

儒為素，孝為常，寶慈儉，體循良，言顧行，行必方，成門戶之耿光兮！其一。//資忠信，仕州縣，局高步，安卑掾，激於衷，氣乃見，由急難以淬煉兮！其二。//胡塵昏，寇鋒逼，我乘鄣，虜聯北，倅戎旃，弭凶愿，臨大節以報　國兮！其三。//剪谷口，清澧濱，留遺愛，傳邦民，迹以古，事猶新，空餘南楚兮播高芬。其四。//

盧昂墓志出土於洛陽西北八千米水泉村西北，現藏於開封博物館。志石高、寬均55厘米。志文楷書，凡33行，滿行33字。

（一一八）唐王綰李如願夫婦合葬墓志

唐大和六年（八三二）七月廿二日

唐王綰李如願夫婦合葬墓志

　　唐大和六年七月廿二日江南西道觀察支使試太子正字楊（揚）//肜志王綰墓
　　皇祖考，　唐太府寺丞、贈工部郎中，天寶//中　即世。有家童小字宜来，私姓王氏。　堂叔祖户部侍郎，遇//宰相李林甫患，　祖母以孀嫂同處連罪，遂攜孤弱，謫居康州。//時宜来從去，性本忠愿，小能孝敬，服勤歲久，長而又篤。及//祖母歸還，與娶百姓子李氏爲妻。　皇考任，度支員外郎，//嘉其貞節久固，勞困不倦，乃因王姓，去宜来字，錫與名綰，妻号//如願藏。肜生上元元年，生未三月，家有　大故，旋遇長安朱泚//兵乱，　靈輿攢塗，未及於引。　太夫人泣血憂危，不遑撫//視。乃衰服　婦禮，教綰及妻專其收養。綰妻奉　教悲號，處心//誠竭，苟有其羞，如疴在身。及長安乱平，　卜兆云畢。　//太夫人以　外祖母所處移歸東都。是歲，　太夫人丁　//祖母艱，遂寓東土。蟲蝗甚災，兵起於歲。綰妻誠恪，恭勤不怠，備//翰哺乳，提攜竄伏，有誓偕死，無萌弃遺。貞元七年，肜始九歲，再//鍾　家禍，尚是幼种。九年如願藏殂殁，十三年而綰亦殯。生纔至//學，家則無貨，斂乎而已。不塗剡，俾其窀穸异穴。元和十五//年，遂以職請俸。寶曆二年，　護次兄、仲兄、季兄　三院櫬，自餘//杭及河陰、上都歸。大和二年十月，上都啓　皇考塋，祔//皇妣於伊闕里，就　皇祖塋與　三院會葬畢。及兹凡食禄//七歲，嗚呼！　沉痛既愈，惟綰是賚。綰其未安，豈暇寧息。人咸//若曰，君始願畢矣。盍以婚姻爲念？誠不敢以婚姻處君未安之前。//大和二年，授正字官，以觀察推官職赴鍾陵。命以鍾陵俸錢，命//第二侄洙，備時服棺槨，卜宅合祔，以安永久，故記。//

王绾李如愿夫妇合葬墓志出土于洛阳。志石青石质，方形，高、宽均40厘米。志文楷书，凡23行，满行24字，共计506字。

唐王綰李如願夫婦合葬墓志

唐大和六年七月廿二日江南西道觀察支使試太子正字揚
府誌王綰墓
中郎世有家童小字宜來紇姓王氏　皇祖考　唐太府寺丞贈工部郎中天
寧棚李林甫惠祖母以婢嬭同憂連罪遂勢　堂附祖户部侍即遇
時宜來世去本忠愿不能小字敬服勤歲久長而又　皇考任度支貟外郎
如願藏彤久圓勞因王姓去宜來大故旋遇長安館妻號
葬其貞節生百姓孟兒為妻　　　　大夫人汪血憂危不追撫
祖母歸遷與娶　　　　　　　　太夫人丁　教悲聯慶心
太夫人以外姐母所戚移歸東都是歲　　　　卜北去畢
誠鞠筍有其蕙如痌在身及長安乱平
視乃襄服婦禮勒縮及妻專其奴養綰妻奉
兵乱靈與攢塗松引　　　　　　　　大夫人
鏈啼乳媼勢寬伏有誓偕死無蕄弃遺貞元七年形始九歲兩
祖母艱遂寓東土盡墾甚灾兵起於歲綰妻誠愻恭勤不怠
職請隻寶曆二年譏次兄仲兄　　形元和十五
年逝河陰上都歸大和二年十月上都寄
學家則無與敵乎綰已不　　皇方塋祔　三院觀自
皇姚恩兄泣　　綰其未安堂暇寧息咸
七歲啞呼沉痛既愈惟縮晏貧　　三院會葬畢及兹九食祿
大和 年 月 正字官以兹姻震君未安之前
若一輕沛偏時服棺槨卜宅合府以安永久故記
歸二輕沛偏時服棺槨卜宅合府以安永久故記
　　　　　　　　　　鍾陵令俸錢鈴

（一一九）唐故金紫光禄大夫守司空致仕赠司徒相國趙公（宗儒）墓志銘

唐大和七年（八三三）二月廿六日

唐故金紫光禄大夫守司空致仕赠司徒相國趙公（宗儒）墓志銘

  唐故金紫光禄大夫守司空致仕赠司徒相國趙公墓志銘并序//
  正議大夫行尚書兵部侍郎上柱國陽武縣開國男賜紫金魚袋鄭澣撰//
  朝散大夫守諫議大夫驍騎尉郭承嘏書//
  王者垂衣法宫，以大柄授閎材，故有廟堂坐鎮，環海謐属，中符一德，外撫四裔。其君臣交感之盛，出處得人//之美，壽與位偕，道與運行，焯見圖諜，沛然康濟，逮乎貞日月而宅丘陵也。俾及門之士，寄聲琬琰，以示後嗣。//無溢詞，無曼述，第以簡神明而鋪風烈，撰德之旨，庶乎不誣矣。公諱宗儒，字秉，天水人也。司馬氏著代//家，紀列甚詳。受遷於秦，降封於代。物不終否，故間生賢彦，厥後松檟既遣，占名數於河南。自元魏迄楊隋，冠//冕浸崇，道義錯出，征南之武節，侍中之公望，以至夏官貳卿諱榮， 公之五代祖也。世德貽懿，若揭日星//而麗穹昊。宜有達人，以纘厥緒。 大王父諱景，好時令。 祖諱揚先，應 制高等，歷憲臺察視，轉//殿内史官，至醴泉令。 父諱驊，字雲卿，開元中登進士。宏詞甲科，與蘭陵蕭茂挺、趙郡李遐叔、汝南邵緯//卿齊名友善。當時勝流，以不躋堂室爲愧。歷左補闕，入南宫爲比部外郎，司膳、倉部二正郎，秘書少監，累贈//太保。群三賢，吻四友；冠文圃之偉價，騰詞宗之清律。含章邁訓，鬱乎其不朽。 公幼好學，精專過絕人。斥//会章句，冥搜旨奥。天人象緯，靡不旁究。属詞大抵根六經，姑以正褒貶、垂勸誡，故名聲籍甚於縉紳間。進士//登第，從調判入殊等，授弘文館校書郎。復以判第卓异，有司擬藍田尉。時 少監府君分曹東夏，堅乞就//養，遂授陸渾主簿。徵拜右拾遺，充翰林學士，改屯田員外郎。近職如故，腴潤皇猷，善聞清機，宥//密①之理，行之可久。俄丁 少監府君艱，充窮疑慕，有激名教。其後荐居服紀，孝如前喪。歷司門、司勳員外//兼領考功事。黜幽陟明，人用勸懼，績課之法行焉。遷考功吏部郎中。既而奉 詔宣撫大鹵，承憂勤愷//悌之委，恩禮益洽，錫銀印赤紱，以光原隰。復命稱 旨，拜給事中。俄以本官同中書門下平章//事。陶甄之下，品彙皆適，蹈節不渝，降右庶子。 德宗文皇帝察納素尚雅，多其誠慎隱約，擢吏部//侍郎。輟銓尺，付管鑰，以檢校大宗伯，

---

① 宥密：枢密院的别称。语出《诗·周颂·昊天有成命》："夙夜基命宥密。"《旧五代史·晋书·桑维翰传》："及维翰再居宥密，不信宿，奏复置学士院。"

保釐成周。真拜禮部尚書，轉戶部，判東廳侍郎事，遷大冢宰。當荊門幕//府之寄，進封天水郡公。先是妖興井絡，劉辟阻命，渚宮當上游，廣伍符，以備他盜。劇寇既平，軍籍循故。//公條疏利病，冗食遂減。而南平編人，因亂就執，繫於作坊爲徒役，綿星律矣。下車咨歎，大釋無告。//璽書褒重，充滿聞聽。又有親卒帶精甲而環玉帳者，故事厚廩給，俾司腹心紀綱之任。時則幡休遞上，不介//猜阻，門鍵洞啓，衆知依歸。其平冤已責之盛績，人人舞手足。徵爲大司寇。間一歲，加天官卿。是有漢中節制//之舉，簡而廉，肅而通，無以易堯，乃踐副丞相。　憲宗在位，注意藩閫負扆，顧台臣曰：蒲津吾圉也，//非舊德誠仁，莫可鎮重。實允河中旄鉞之命，加右僕射。至則奏蠲緡泉八百萬，其他輯營部、逮鰥寡者類此。//拜司戎太常伯，尋知吏部選事，改吏部尚書。日南至，皇帝有事泰壇，命　公爲太子少傅，判//太常卿事，充禮儀使，加左僕射，復領秩宗，乃作司列。歷太子少師、太子太保，留守大明宮，進階金紫。//大和四祀，拜檢校司空兼太子太傅。　上以　公出入六朝，其杜獻者齒，倚爲輕重，嘗開青規，延//公覯見。命中貴人掖扶升殿陛，所以講玄微而臻理道，約而不煩，上懼异者移景刻。六年稽首讓位，//以司空致政。其歲九月丙午寢疾，薨于京師靖恭里之私第，春秋八十七。天子撫几震悼，不視//朝者一日。詔贈司徒。即以明年二月廿六日祔葬于河南府河南縣伊汭鄉，從先塋之次，禮也。//夫人京兆韋氏，長安丞單之女。德協筬史，先　公九年捐館舍。嗣子眞齡，前倉部郎中，茂範令才，朗若圭//彝，執喪孺慕，性實天至。長女適檢校司門員外郎盧鈃，幼女適秘書郎韋昶。惟　公自束髮立身，臯于外//內，掃率誠而易簡，體道以寬。粹文經，　王澤行，峻天爵。昇時　少監府君命秩秘丘，　公以諫列典//司　宸翰，贊書同　詔，拜後是儔。而又長於鑒裁，推轂多佳器，至有隔雲屏而同升明庭者，當//代榮之。向之文科經學，繫　公研核，望龍門而麋至。請禱宇下，永惟調餗，受脤迴翔，顯赫負清。通藻鏡之//望，故迭居銓管。嘗著《廣成菀》《幽居》二賦，及　《孝安哀冊文》，磅礡度制，傳於作者。瀚顧揣弱質，夙叨　深//遇，三復　盛烈，敢銘壽堂。其詞曰：//

　　成季之勛，宣孟之志。常山啓祚，林胡演貴。顯介　麟閣，芳塵克嗣。溶發雄文，天經地緯。山嶽介福，星辰耀//芒。挺生賢人，乃被耿光。明時蓍龜，大廈棟梁。巨壑鱗縱，長霄翼翔。從容大僚，汪濊寵章。兵符桓桓，//相印煌煌。體魄則降，德音靡忘。閟塞之前，宰樹已行。追琢遺懿，與天地長。//

趙宗儒墓志，2006年3月出土于河南洛陽伊川縣城關鎮小莊村，現藏于洛陽師范學院。志石青石質，方形，高、寬均95厘米，厚22厘米；四刹線刻十二生肖圖，間以花草。志文楷書，凡41行，滿行41字。墓志主人趙宗儒爲唐宰相，身份顯赫，志文由知名文士鄭澣撰文、郭承嘏書丹，頗爲人關注。

唐赵宗儒墓志

（一二〇）唐故光禄大夫太子太保贈司徒弘農楊公（元卿）墓志銘

唐大和八年（八三三）二月三日

唐故光禄大夫太子太保贈司徒弘農楊公（元卿）墓志銘

（志蓋）大唐故∥太子太∥保楊公∥墓志銘∥

唐故光禄大夫太子太保贈司徒弘農楊公墓志銘∥

山南東道節度觀察處置等使司徒兼侍中晉國公裴度撰∥

朝散大夫守中書舍人上柱國扶風縣開國男食邑三百戶權璩書∥

尚書庫部員外郎舒元輿篆額∥

公之先，奕世種德，及漢而大。故太尉震，名顯關西。厥後熾昌，曰公曰侯，煥乎其在史諜，以至于皇工部∥侍郎、鄭國公崇敬。崇敬生吏部員外郎、昌寧伯志誠。志誠生仙州別駕湑。湑生德州安陵丞、贈同州刺∥史子華。子華生申州鐘山令、贈左僕射寓。含華積慶，克開懿胤，娶侍御史、琅琊王君維之女，贈岐國太∥夫人，生公。公諱元卿，字正臣，弘農人。少倜儻有大志，不爲章句儒，好兵法，達吏理。弱歲侍奉之官，滯游∥汝南。彰義軍節度使、司徒吳少誠雅聞之，辟試大理評事、節度巡官。少誠且死，表以其弟少陽嗣之。公∥以淮右之師，自希烈以降，有年矣，雖云授爵，不曰順命。公隱忠潛精，將有爲也，陽委質焉，得監察御史、∥觀察推官。余嘗奉使使蔡，公在掾吏中，目余以見意，乃心結之。既而亟爲本道請事于　朝，常竊∥以情僞虛實　上告，用啓　宸衷。且以嘗執事者，陰獲大指而歸紿少陽：「以倉庾穀，羅貿江淮貨幣，此∥既流衍，彼方騰踴，商其所獲，可萬萬計。富強之策，不在兹乎！」少陽然之。既資服玩，遂耗糒糧。其用間撓∥權，如是非一。暨少陽死，其子元濟復爲三軍所立。公先事入奏，得承　問焉。∥憲宗定志討之，公請第往觀變。將至，賊已距險，不得入。且聞公之賣己，遂族公之家。還報，授岳王府司∥馬。盖謂血屬猶存，不欲受顯秩，以速賊之凶怒。改太子僕，旋兼御史中丞，爲蔡州刺史，俾環視而經略∥之。未果行，除光禄少卿。及醜類擒滅，余杖節入蔡，迹公之事，信然以　聞。遷右金吾衛將軍，出守∥汾州，恤患求瘼，西河大治。徵入，復執金吾，雖再居雄重，未副嘉績。授左散騎常侍兼御史大夫，充涇原∥節度觀察等使。公蓄耕戰之術，多開塞之方。乃搜軍實，去其浮墮；乃盡地力，闢其污萊。未及再期，而足∥食足兵，民信之矣。名懾虜虜，課最近服。禀賦有羨，奏以菽粟二十萬斛，傍給近鎮，用省度支經費，歲十∥五萬。　朝廷异之，就加銀青光禄大夫、檢校工部尚書。仍　詔刊被石文，以觀邊部。未幾，轉右僕∥射，餘如故。寶曆二年，拜左僕射、河陽三城節度使、懷州刺史。屬者此邦，兵與旱俱，凋瘵未乂。公之至也，∥斂從其薄，用取其儉，人心胥悦，氓俗斯阜。若整軍經武、利物和義、保聚離散、稻粱潟鹵，如安定之政焉。//進光祿大夫、檢校司空。大和五年，以本官作宣武軍節度，汴、宋、亳等州觀察使。公咸惠之聲，溢聞四境。//故梁、宋間，爲善者迎而喜以勸，爲惡者望而懼以懲。則不言之化，皆可歌也。其廨署①厰置，城壘溝洫，有//未至者，必廣而飾之，略無遺事。近歲著令，方牧并不帶營田使，以無本務，用去虛名。公領三藩，盡復加//之，是表全能，式旌成效。七年秋，累有陳乞，隨表赴闕，遘疾于洛，改太子太保，俾就閒而俟，勿藥也。嗚//呼！天命匪忱，以七月二十八日薨于河南恭安里第，春秋五十七。皇情愍悼，册贈司徒。以明年//甲寅歲二月三日葬于伊闕縣歸善鄉湿澗之陽，祔大塋也。夫人潁川陳氏，與四子前時在蔡，并命虎//吻。公之平昔，遇人一知，終身感之；見人一善，若己有之。敦睦親舊，賑贍貧弱，率皆然矣。將絕，左右者候//所欲言，乃泫然視柳氏孀妹曰："我病革矣，唯恐汝有衣食之闕。"命以餘俸多與之而殁，無他所屬服。名//教者聞之，爲之酸涕。其氣志有立，風概不渝，便蕃寵任，不爲不達，今所恨者，壽未至耳，謂天何哉！嗣子//延宗，贊善大夫。次曰行本，徐泗觀察支使、侍御史。次曰行魯，衛州別駕兼監察御史。次曰行敏，太子通//事舍人。次曰行恭，左神武軍冑曹。次曰行方，前鄉貢明經。已下九人，皆在丱角。長女適河南府密縣尉//崔洪。已下十人，并未笄字。延宗等以余與公周旋久，泣天飲血，托爲識焉。銘曰：//

洪族潟奕多令人，長材挺拔生良辰。臨大節兮不顧身，立奇功兮絕常倫。爵位雖高兮人望未滿，指前//程兮尚遠。其薨而落兮忽焉，孰云天道兮與善。追加禮命兮飾前徽，有往日兮無反期。士友奔送兮絑//挽淒，悲將柰（奈）何兮此時。嗚呼楊公，已而已而，萬古如斯！//

杨元卿墓志，2001年4月出土于河南洛阳伊川县万安山南湿涧村北之坡上。墓志并盖一盒，青石质，志盖篆书"大唐故太子太保杨公墓志铭"4行，行3字，志石方形，高、宽均92厘米。志文有界格，楷书，凡38行，满行39字。

① 廨署：官署，旧时官吏办公处所。晋左思《吴都赋》："营屯栉比，廨署棊布。"

唐楊元卿墓志

唐楊元卿墓志蓋

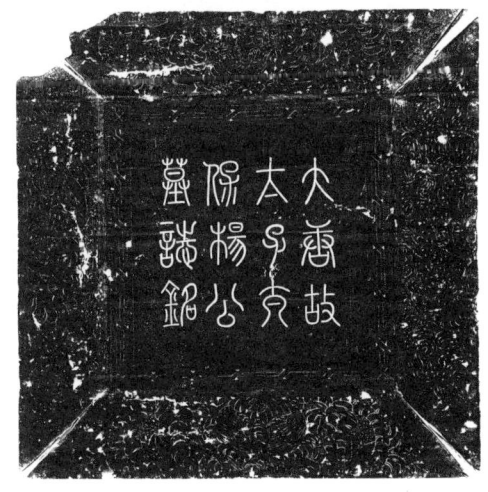

（一二一）唐故尚書倉部郎中滎陽鄭府君（魴）墓誌銘

唐大和九年（八三五）四月廿二日

唐故尚書倉部郎中滎陽鄭府君（魴）墓誌銘

  唐故尚書倉部郎中滎陽鄭府君墓誌銘并序//
  尚書水部員外郎分司東都上柱國陳商撰//
  府君諱魴，字嘉魚，滎陽人。世以禮法自名。祖守廣，升州司倉。父早，富平尉，贈考功郎中，//皆有德器。考功娶清河崔氏，生 府君。府君内外清門，少質厚喜學，爲江湖聞人。常語//所親曰："吾士家，能讀書爲文、保素業，老足矣。焉能競求名輩耶？"以是幾壯寄吴楚，或責//之，即危冠布衣西來。人指目曰："是求名疏乎？"君揚揚然不爲顧。居止荒園屋兩間，曉暮//經史，待有司試。始一二年不合，人益笑， 君益不顧。既四五年，人雜然而聲之。禮部侍//郎許公遽登 君名科， 君弊裘羸僮，迹益高。公卿大夫咸願交，不可得而見也。釋//褐奉禮郎。時李僕射光顏師陳許，率衆淮右，幣致 君於幕下。奏授秘省校書，充支度//判官，改協律郎。每有裁正，李公危坐而聽。時賊勢盛，諸將兵不一。李公將持重，俟其變。//憲宗促其成功，中使屬於道。 府君度 上意切，驟入諫李公，語數四，兵未即出。//府君瞋目呼曰："仗大順，天助我公，何懦哉！"置手板，長揖釋去，暮出境。李公懼，以所乘馬//鞭蓋酒粻謝 府君。君感泣遽返，終辭職，調于有司。有司高 府君之義，張吏籍以示，//唯所求。 君願得疲人而蘇息之，補壽州霍山令，未赴任。相國崔公在湖南，奏爲觀察//判官，授大理評事，數月府（君）罷，居洛中。長慶初，汝州防禦使劉使君述古虚右職，請 君//改授司直。 君孤幼滿家無宅居，至是得閑田於汝水之陰，躬稼穡。又於都依仁里卜//數畝之地，種竹果，鑿渠水，立堂室賓舍。園蔬蔚蔚，宜爲高人居也。浙東廉察使元公稹//聞其賢，奏爲觀察判官。授監察御史，轉殿中，賜緋銀魚。移團練判官，遷右補闕。君忠悃//敢直言，素所藴蓄，咸切時病，諫書屢奏，聞者壯之。滿秩，除侍御史，留臺東都。入爲尚書//屯田員外郎。公雅以長人施化爲心，郎吏優簡，非吾安也。求典郡以自効，除權知江州//刺史。能周通事理，以直其法，譚欺屏息，德澤布護，政成即真。尋以倉部郎中徵赴//闕，至池州感疾，大和八年八月廿四日終于旅館，享年五十八。君有開濟之業，能弛張//治道，弘通周密而勇以將之，乃相才也。爲詩七百篇及《陳許行營功狀》，思理宏博，識者//見其志焉。夫人范陽盧氏，前脩武尉慎脩之女。男二人，思誨、處訥。女三人，長適進士盧//後閔，次入道，幼在室。 府君有四昆弟，長兄忠，不仕。仲曰鮪，北海令。次弟鯢。季曰鯤，舉//秀才。君子謂 府君有令妻孝子賢昆弟，以緝和其六親，以持其家。既孤有歸，雖貧

唐鄭魴墓志

不∥亡，縉紳之倫，以貧以稱。冬十月輀車至洛師。秀才鯤与二孤將以明年四月廿二日葬∥府君於　先塋河南縣伊汭鄉之萬安山。謂商与　府君游也久，請刻遺烈于石。商退∥以爲朋友作諡号，或誄或表，光明美業，古道也，不可辭。銘曰：∥

　　艱勤立家，士子法程。謇諤居官，王猷允經。長才偉名，行峻潔清。仕而不榮，直道∥以明。∥

　　聖善僧實諦書。∥

附：唐故倉部郎中鄭公（魴）盧夫人合祔墓志銘

唐咸通九年（八六八）十二月三日

唐故倉部郎中鄭公（魴）盧夫人合祔墓志銘

　　唐故倉部郎中鄭公盧夫人合祔墓志銘并序//
　　三從甥天平軍節度副使朝議郎檢校尚書兵部郎中兼御史中//
　　丞柱國賜紫金魚袋李景莊撰//
　　倉部郎中鄭公府君諱魴，字嘉魚。北祖第二房，爲天下鼎族。由周厲王//少子宣封鄭周畿内，因得姓焉。世稱小白公茂甲族，公其後也。元和七//年，兵部侍郎許公孟容下升進士第。其首故相國李公固言，得人之//盛，至今稱之。公業古詩，寒苦不易。詞人孟郊、李賀爲酬唱侶。言進士//者，巨人詞客，從之游。諺曰："不識鄭嘉魚，不名爲進士。"公其人也，//正直不回，人多忌之。祖皇昇州司倉參軍諱守廣，祖妣清河崔氏。//考遭賊李希烈亂，忠聞，由京兆府富平縣尉除大理廷評，贈工部郎中，//諱早，妣清河崔氏，追封清河縣太君。公由進士既筮仕，尋爲相國//故清河公群弓旌之辟。旋又爲浙東元稹相辟，竟應元命。或者云，//崔公大賢盛德，元公文章之美尚浮艷，何遽捨崔公而就元公。//公曰："前敕破後敕。吾但奉詔，不知其他。"由是論者大息。公之//兄諱忠，一子曰建。次兄諱鮪，皇長沙縣令，娶夫人隴西李氏，三子七女。//弟名鯤，不婚，男子子三人。次弟諱鯤，不婚。四子，子未娶，女子適盧氏。//郎中夫人范陽盧氏，得姓於齊，爲世著姓。北祖大房，漢侍中諱植、晋侍//中諱廣、魏吏部尚書諱陽烏之後。昭彰圖諜，鬱爲鼎族。語曰："盧陽烏，鄭//述祖，非斯二家，孰曰門戶。"其閥閱可知矣。夫人曾祖諱播，皇任河//南府陽翟縣令，祖妣隴西李氏。祖諱藏密，皇任汝州襄城縣令，祖妣//清河崔氏。考諱慎修，皇亳州司兵參軍，妣絳郡李氏。祖諱仲宣，皇//齊州全節尉。夫人一姊一弟兩妹，姊適王乃弟紡，前任宣州宣城縣//丞。妹適武翊黃，翊黃以恃科第強傲，縱僕妾不法輕妻，貶謫遐徼。妻竟//離，銜冤入道，人皆歎其妻之不辜而怒翊黃一無士行。又一妹適李裔。//夫人，司兵之第二女，與姊弟妹皆李夫人出。夫人執性淑順，守//正居柔，爲六親内則。男子二人，其長曰晦，皇泗州臨淮縣尉，娶博陵//崔渠之女。女子子四人，長適進士盧後関，次奉黃老入道，次適陽翟縣//尉清河崔行規，皆他出。其第二子長言，有出身迭選，娶妻范陽盧氏。第//三女子子適燉煌李景莊。景莊承外家重疊，及是三世。長言及//第三女皆夫人出。郎中先夫人三十五年終于路次，其舊志尚//存，故不畢載。夫人年六十四，咸通九年歲次戊子九月辛卯朔廿三//日癸丑得痢血，醫占祈禱，雖千計不效。其月卅日庚申終于子壻崔行//規東都立行坊之故里第。

内孫十六人，外孫十九人。內孫兩人，皆有選//門之地。其內孫女適景莊福建觀察家兄景溫之第二子。嗚呼！//郎中家素有村墅，有名第，夫人終于子婿里第。男子、女子六人，今獨//長言及雜婦崔氏、娣婦盧氏主喪事祀事。窮困饘粥，往往出親親家。//嗚呼痛哉！景莊爲甥無服，今以子婿服緦麻。命男詠、珮輩，爲位慟哭。既//成服，遣詠奉金帛賻賵。其年十二月庚申朔七日景寅，歸祔河南府河//南縣尹樊村伊汭鄉大塋，禮也。伏以外氏弈世姻舊，景莊不肖，//嘗蒙采録，尋属傷悼，銜哀不文。承命不得辭，直書銘云：//

郎中文德，夫人令名。師資母儀，不朽作程。不及上壽，//大命其傾。嗣子子然，號天血纓。二婦哀叫，割裂五情。//孤子呱呱，所不忍聽。龜筮叶吉，閟于佳城。墳樹雖古，//淑德日馨。愚悲不勝，泪筆以銘。//

堂侄鄉貢進士珪，奉外兄天平//軍副使中丞廿四兄遠筆命書。握//管嗚咽，幾不勝情，苦痛深，悲痛深。//咸通九年十二月三日珪書并□。//

郑鲂墓志、郑鲂及妻卢氏合祔墓志，2005年秋同出于伊川县彭婆乡许营村的一座唐墓中。郑鲂墓志，青石质，方形，高、宽均64厘米。志文楷书，凡32行，满行33字，共计1013字。郑鲂及妻卢氏合祔墓志，青石质，方形，高、宽均44厘米。志文楷书，凡26行，满行27字。志文未完，续刻于同大的盖阴，盖阴楷书，凡22行，满行27字，全篇共计1207字。

唐故倉部郎中鄭公盧夫人合祔墓誌銘并序

三從塊天平軍節度副使朝議郎檢校尚書兵部郎中兼御史中
丞柱國賜紫金魚袋李景莊撰

倉部郎中鄭公諱魴字嘉魚北祖第二房為天下鼎族由周厲王
少子宣封鄭周襲内因得姓焉世稱小白公其後也元和七
年進士第其首故詞人孟郊言唱侶言進人之李弟訓唱侶言進士之
盛至今稱之公業古詩寒苦不易詞人也
者直不回人多思之之游郊由周萬公其後也元和七
正巨人詞客從公業古詩寒苦不易詞人也
孝禮姚清河崔氏追封清河郡太君鄭公嘉魚不名為進士既
諱早清河公薨弓旋又為浙河縣富平縣尉除大理評
故崔清河大賢盛德後又為浙東平縣公元狼相辟大理評
公曰前勅破文章之美尚浮艶何邊捨辟竟應命或
讳鯤一子建次兄諱長沙縣令不知其他由是論者大息或云元公
弟名鰌不詧男曰皇韶詔不詧娶夫人隴西李氏三子七女之公
郎中夫人范陽盧氏得姓於皇諱鯤次娶族漢侍中諱植晉侍
述祖諱蘶史部尚書門下三人之後著姓北祖大子房女子適廣氏
中諱廣視縣令祖諱陽之後略矣祖四子大房末娶女子適盧氏
陽祖諱廣魏縣令家祖諱馱皇夫人著大子房
府陽翟縣令孝祖慎以陽皇夫人著姓北曾祖諱播皇夫
清河崔氏二家祖慎皇夫人一姊一弟汝州裹城縣
南府夫人修皇牟彰弟彰姊姊適王汝州襄城縣
陽全入道人皆歡其妻之第郡宣州宣城縣
丞衛尉卿節度黃其妻之兩妹李氏前任宣城縣
妹適武翊黃之第二女與姊弟皆黃翊前任
夫人竟為司兵參軍不章而怒李翊夫人又
正居辜為六親内則男子二人其長曰長海皇泗州臨淮縣尉
娶博陵

唐鄭魴及夫人盧氏合祔墓志碑陽

崔渠之女女子四人長適進士盧後闕次叅黃老八道次適陽翟縣
尉清河崔行規皆他出其第二子長言有出身迭選聚妻范陽盧氏第
二女子子適燉煌李景莊景莊承
第三女子皆幼 夫人出
存故不畢載 夫人卒六十四歲通九 郎中先
日癸丑得痢血醫占祈禱雖十計不效其月卄日庚申終于路次其
規東都立行坊之故里第内孫十六人外孫十九人内孫兩人皆有選 夫人年三十五率終于路次其
門之地其素有村墅女適景莊福 夫人終事子冠景温之第二子嗚呼 三世長言及
郎中家婦崔氏娣婦盧氏主 喪事祀子事窮困饘粥往往 今獨
長言及家婦崔氏為甥無服令以子礬服總麻命男詠珮簞為位慟哭既家親姻舊非不肖
嗚呼痛哉景莊奉金帛賻贈其 撐事窮歸祔河南府河南
成服遺詠武景莊 其 柩於
南縣尹樊林伊汭鄉 大縈 禮也
當蒙採錄尋屬傷悼銜哀 大縈禮也伏以
郎中文德頃 夫人令然不 作程 不
大命其 子 嗣母儀 二 婦哀
孤子呱呱 所不忍聽 不 佳於
涕德日馨 愚悲不勝 師資天 稟血纓以銘
龜筮叶吉 墳樹雖古
淚筆以銘
堂姪郷貢進士珪奉
外兄天平
軍副使中丞卄四兄遠筆命書擦
咸通九年十二月三日 書
管鳴咽幾不勝情苦痛深悲痛深

（一二二）唐故朝散大夫守中書舍人贈禮部侍郎上柱國賜紫金魚袋滎陽鄭府君（居中）墓志銘

唐开成二年（八三七）十月七日

唐故朝散大夫守中書舍人贈禮部侍郎上柱國賜紫金魚袋滎陽鄭府君（居中）墓志銘

（志蓋）唐故中書//舍人贈禮//部侍郎鄭//府君墓銘//

唐故朝散大夫守中書舍人贈禮部侍郎上柱國賜紫金魚袋滎陽鄭府君墓志銘并序//

朝散大夫、守尚書禮部侍郎上柱國賜紫金魚袋高鍇撰//

公諱居中，字貞位，滎陽人。其先周之子孫，封國于鄭，至武公莊公，入爲卿士，出作侯伯，《鄭風》歌//焉。厥後蕃昌，至于　我唐，則門族清甲，號爲第一。公皇少府監諱岩之曾孫，皇洛陽令諱//汲之孫，皇興平令贈刑部郎中諱鋒之子。風神峻朗，才識卓异，凡與其游者，無不以管敬仲、諸//葛孔明推之。弱冠博涉群書，舉進士登第。洎參常調，銓試高等，補弘文館校書。未幾，轉鄠縣尉，//怗集賢院校理。集仙圖書秘府，非當時儒雅之士，未嘗居之。公方優游於其間，

故相國太//尉公出鎮淮南，表公從事，授大理評事、監察御史。淮海奥區，東南巨鎮，有水陸舟車之輻湊（轃），有//車甲戶賦之雲集。犴獄紛雜，刑政爲難，公清心以佐，遂致寧一。　詔徵授監察御史，分務成//周，東方諸侯，望我整肅。未逾年，追赴京師，轉右補闕。補袞之職，事重而秩卑，乃者因循而厨餐//不給，居是曹者，或自朝布路而歸。公乃上白宰府，論列司存，請加置餐錢，俾膳羞供備。諫署大//立，至今是賴。轉起居舍人，改左司員外。　今相國滎陽公，自冬官卿拜御史大夫，　朝廷//耆碩，無與爲比。與公宗從之中，素分甚厚，乃請公知御史臺雜事，拜左司郎中以兼之。事無細//大，皆委於公，承上撫下，一臺爲理。忽染足痛，而拜揖甚艱，遂移病請告十旬。除京兆少尹，未愈//不上。今兵部尚書王公，出鎮襄漢，王公則公之故府太尉令季。公以門館之舊，請修前好，願得//副倅以從之。王公喜可知，乃奏授檢校太常少卿兼御史中丞、節度行軍司馬，賜紫金魚袋。逍//遙以自遂，偃息以藩魏。無何，府罷，遷中書舍人，三表陳讓，以寒鹽不稱。

優　詔遣襄帥李公//翱，勸諭發遣。志不可奪，遂卜居於漢之上，而足病漸已。開成二年春二月，拜墓東洛。事畢，游王//屋，陟嵩少。仙壇靈境，無不齋醮；窈冥之間，肸響如答。將歸，行次山下，禪師隱公蘭若，無病而終，//其年四月六日也，享年五十有四。　詔贈禮部侍郎。即以十月七日，考于龜筮，堋于河南府//河南縣伊芮鄉萬安原，祔于　先塋。夫人清河崔氏，皇秘書監諱謙之孫，皇殿中侍御史//諱廊之女，清門華族，宜配于公。有女一人，適大理評事、隴西李瓘。幼子石胡，年始七歲，孺慕號//泣，里閭罷社。嗚呼！公之先君子，素深于道門。唯公一

子，齠齔之歲，命之加黃冠，隸于玄都觀。年//過幼學，先子云歿，姑叔以其蒸嘗無嗣，遂令反初。然後，始爲儒家子，耽閱墳史，深奧自得，及長，//舉進士。與余交最深，每良時靜夜，話及所蓄，則曰："某年至五十，即閑居不仕矣！"言之不已。予常//詰之，以爲大夫七十而致仕，古有明義。又子路無宿諾，今去五十尚遠數十歲，豈可前定耶？洎//知離之歲，將造予廬，中路而右足指痛，頃刻不可安。翌日，予省之，遂不能履地。乃曰："某今歲正//五十矣，斯痛也，匪偶然歟！豈不嘗志某之言？"猶以亞相方委臺事，尚欲牽率公家是從，痛終不//瘳，以至長告。及赴襄峴，將與余訣。又曰："某若至五十五六，即却從宜。"今五十四而歿，异哉！公雖//反儒服而慕道斯甚，身佩上清籙。自仙冠之徒，以至于岩栖谷隱，煉丹養氣者，朝夕游處，無不//宗禮。及止足之限，不知爲靈仙异人告之耶？爲精爽感通自知耶？遍游洞府，欻然而逝。爲數極//時盡自終耶？爲浮丘令威相攜耶？瓘襄葬事，請予志墓，謂備知始終，是以銘云：//

鄭之祖先周之裔，爲公爲侯佐周帝。帝代重光公善繼，文雄學富居高第。//出佐猶軒無巨細，美利及人事皆濟。徵拜右掖列軒陛，固辭得請宿心契。//儒門玄學兩揭厲，仙壇靈迹亦齋祭。言歸未及歎川逝，自古聖賢同斯瘞。//松楸旣樹泉宮閉，幽壤紀休永無替。//

子婿、儒林郎、守大理評事、隴西李瓘書。//

唐鄭居中墓志蓋

唐鄭居中墓誌

附：唐故朝散大夫守中書舍人贈禮部侍郎上柱國賜紫金魚袋榮陽鄭府君（居中）及清河崔夫人合祔墓志銘

唐开成二年（八三七）十月七日

唐故朝散大夫守中書舍人贈禮部侍郎上柱國賜紫金魚袋榮陽鄭府君（居中）及清河崔夫人合祔墓志銘

（志蓋）唐故滎陽∥鄭府君清∥河崔夫人∥合祔墓志∥

唐故朝散大夫守中書舍人贈禮部侍郎上柱國賜紫金魚袋榮陽鄭府君及∥清河崔夫人　合祔墓志銘并序∥

表甥宣歙池等州都團練判官試大理評事盧蒦撰并書∥

公諱居中，字貞位，榮陽人。自周分源，爲今冠族。∥公揚歷清顯，至中書舍人，贈禮部侍郎。開成二年十月七日，龜筮叶吉，葬于河南府河南縣∥伊汭鄉萬安原，祔于　先塋，禮也。　曾大父　皇少府監諱岩，　大父∥皇洛陽縣令諱汲，　顯考　皇興平縣令贈刑部郎中諱鋒。∥公家承　積慶，名播　盛朝，孤高自貫於精誠，霜霰不侵於勁節。必期叶　夢審像，卜畋非∥熊；一旦性識玄珠，心存止水。嵩少獨陟，逍遥不迴，果副生平棲意高尚之志也。∥大君軫悼，寵錫幽塗；德業聲光，著於史策。∥清河崔夫人，小房也。崔爲氏著於世，組綬①輝華，前後相照，小房尚於東武，鼎甲實難擬掄。∥曾祖諱顏，　皇大理正、贈秘書監。　祖諱謙，　皇秘書監、贈户部尚書。　禰諱廊，∥皇殿中侍御史、内供奉。∥

夫人仙府降靈，華門流慶，四德既備，百兩爰來。翊佐　清賢，垂爲世範，上承下訓，克敬∥能勞，志在謙和，性惟仁孝。蘋蘩法度，用彰婦道之儀；禮樂詩書，儼著　家肥之節。合族方榮∥於從爵，晝哭遽隕於盛年。殞志崩城，行路興痛。始除喪制，勵撫諸幼，庭訓有程，母儀可法。誨∥導顯擇鄰之教，端莊無投杼之疑，　中外具瞻，素風彌遠。∥

夫人有一子曰鸞，娶清河崔氏故侍御史諱之女。鸞祇受　慈訓，夙爲成人。洎童年而∥六籍該識，尔後筆端振玉，詞麗凌雲，聲華四馳，動靜一貫。果遇賢德，大開至公，飽鸞徽猷，一∥舉上第。纔攀鄱桂，旋折僉蓮，盛府弓旌，交馳道路。蒦以幼承　仁煦，慶拜升　堂，至于∥姻親，孰不汹湧。唯∥夫人謙言柔色，禮下意恭。蒦退聞於賀賓，咸贊　賢明識度無以加也。有以

---

① 組綬：古代玉佩上系玉用的丝带，亦指官职高贵的人。语出《礼记·玉藻》："天子佩白玉而玄组绶，公侯佩山玄玉而朱组绶。"

見∥夫人剋志黄庭，凝神紫府，洞頤希微之境，深知要妙之門。不然，何以致得喪不驚，喜愠無見。∥一女從大理評事李瓘，婉順令淑，奉於所天，及嬬承家，禀∥夫人之教也。咸通四年春，鷟赴　隴西，公嘉招侍　板輿来。及宛陵，時換新秋。∥夫人漸嬰違恙，鷟夕未嘗解帶，色未嘗滿容，下氣怡聲，敬養承順，祈醫問卜，感於神明。雖沉∥痾有加，而寢膳無減。嗚呼！竟以其年十二月二十九日弃世於官舎，享年五十九。明年五月∥十七日　祔葬于∥侍郎府君之泉室。鷟喪制危身，柴毀過禮，水漿不入口七日。菀以交友分至，中外情深，∥前及苦凶，諭以俯就。鷟綿力不支，號血而言曰："深慈懿範，唯兄備該，陵谷是虞，∥德行何顯？"菀悲承重命，又忝末姻，志而不文，豈避蕪淺。銘曰：∥

　　法箴誡兮克明，合禮經兮有程。濟芳猷以德峻，推華族而　門清。∥素範流而激俗，修途指而期榮。何報應之斯爽，均福位而不平。∥遵九原而歸路，啓一世之佳城。吟悲風而樹拱，逼高嵩而氣盈。∥奄幽埏之無恨，俾流慶而垂名。∥

郑居中墓志、郑居中与夫人崔氏合祔墓志，2000年9月同时出土于河南省洛阳市伊川县彭婆镇许营村，现均藏于洛阳古代艺术博物馆。郑居中墓志并盖一盒，志盖方形，盝顶，高、宽均68厘米，厚11厘米，周饰阴线牡丹纹，顶刻小篆"唐故中书舍人赠礼部侍郎郑府君墓铭"4行，行4字。志石方形，高、宽均68厘米，厚12厘米。志文楷书，凡36行，满行36字。郑居中与夫人崔氏合祔墓志，墓志并盖一盒。志盖方形，盝顶，高、宽均80厘米，厚14厘米，周饰阴线四神图像，右青龙、左白虎、下朱雀、上玄武，顶部楷书"唐故荥阳郑府君清河崔夫人合祔墓志"4行，行4字。志石方形，高、宽均80、厚17厘米。志文楷书，凡35行，满行35字。

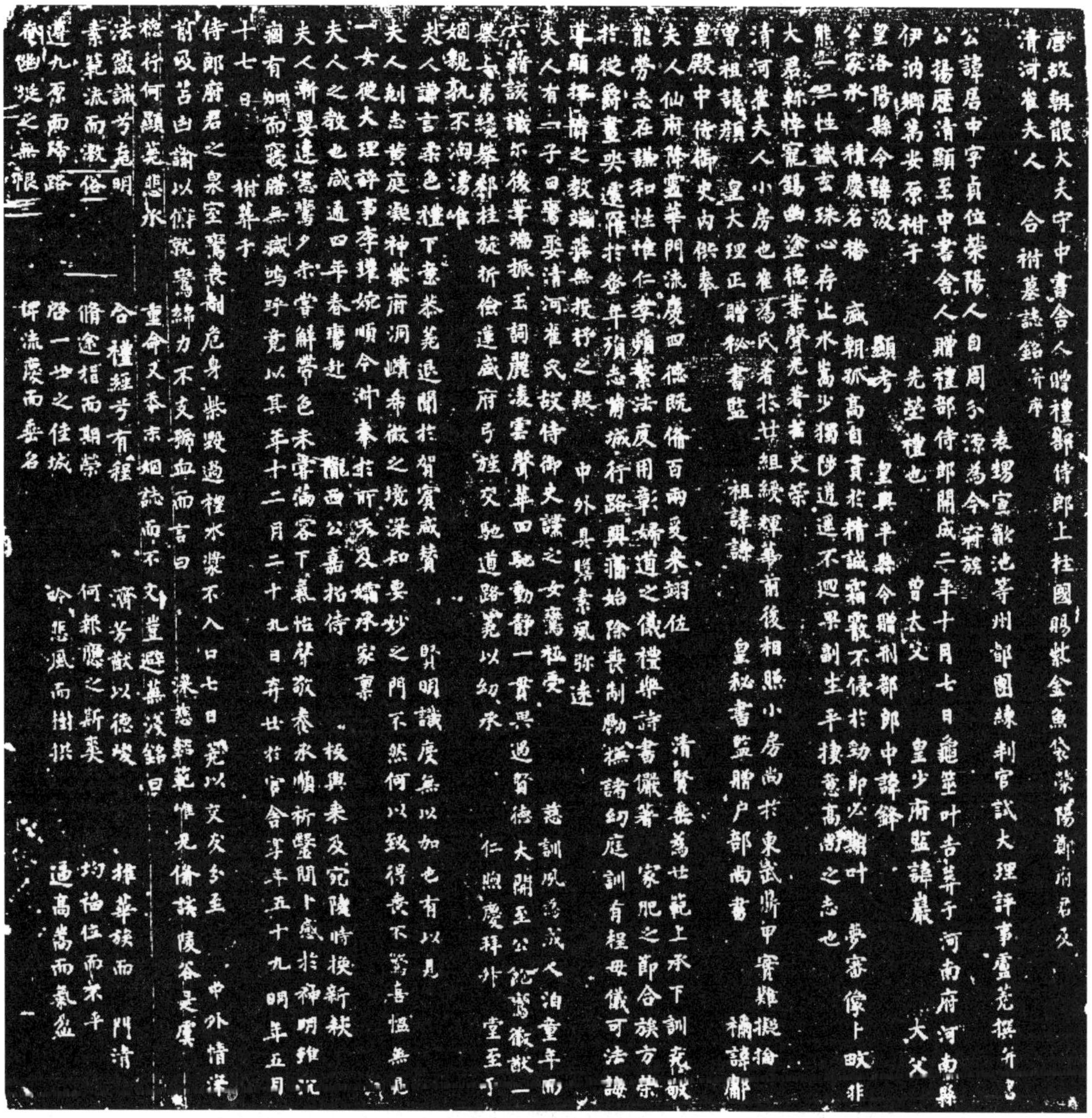

唐鄭居中及夫人崔氏合祔墓志

唐故朝散大夫守中書舍人贈禮部侍郎上柱國賜紫金魚袋滎陽鄭府君及
清河崔夫人合祔墓誌銘并序

表姪宣歙池等州都團練判官試大理評事盧荇撰并書

公諱居中字貞位滎陽人自周分源為今貫旗
公歷清顯至中書舍人贈禮部侍郎開成二年十月七日薨笶于河南府河南縣
伊訥鄉萬安原枑于先塋禮也
曾太父
皇與平樂令贈刑部郎中諱鋒
皇奧平樂令贈刑部郎中諱鋒
大父
皇少府監諱巖
大父
皇少府監諱巖
...
（以下文字漫漶，難以辨識）

（一二三）唐故孫府君（繼和）墓誌銘

唐開成三年（八三八）十一月十二日

唐故孫府君（繼和）墓誌銘

　　唐故孫府君墓誌銘并序//
　　公樂，安公之後也。　祖諱進，　父諱濟。//公諱繼和，蘊乎聰敏，善勒碑銘，內//侍省使欽其妙能，遂乃上聞，授本司//扃。公早喪　慈母，躬事父兄，其勤公家，//夙夜匪懈，尤於弱冠之歲，由未及其//婚姻。嗟乎！芳盛遘癘而亡，享年廿//三，以開成三年十月廿七日卒于河南//脩善里之私第，以其年十一月十二日//歸窆于洛陽縣三川鄉密妃里，附//先妣塋，之禮也。其銘曰：//
　　元精清淳，　其氣溫和。　剋巳（己）復禮，//孰知其他。時屬窮通，中道而廢。//天監孔明，胡爲不惠。嗟乎此公，//早邁泉途。生無所負，歿無所辜。//

孙继和墓志，2010年出土于洛阳，现藏于洛阳龙门博物馆。志石方形，高、宽均26厘米。志文楷书，凡15行，满行15字，共计191字。志主为唐代刻工，具有重要史料价值。

唐孫繼和墓誌

（一二四）唐故邠寧慶等州節度觀察處置等使朝散大夫檢校戶部尚書兼御史大夫賜紫金魚袋贈尚書右僕射北海史公（孝章）墓誌銘

唐开成四年（八三九）二月八日

唐故邠寧慶等州節度觀察處置等使朝散大夫檢校戶部尚書兼御史大夫賜紫金魚袋贈尚書右僕射北海史公（孝章）墓誌銘

　　（志蓋）唐故邠寧等∥節度檢校戶∥部尚書兼禦∥史大夫贈尚∥書右僕射北∥海史公志銘∥

　　唐故邠寧慶等州節度觀察處置等使朝散大夫檢校戶部尚書兼御史大夫賜紫金魚袋贈尚書右僕射北海史公墓誌銘并序∥

　　門吏前邠寧慶等州節度判官朝議郎檢校尚書水部員外郎兼侍御史上柱國李景先撰∥

　　史氏枝派，或華或裔。在虜庭爲貴種，出中夏爲著姓，周卿以史佚爲族望，衛國則朱駒爲宗門。漢複姓有青史氏，著∥一家之說，新豐令垂百代之範，降及吳晉，亦封東萊侯。其後子孫繁衍，散食他邑，流入夷落。獨鬻以十氏爲鼎甲，蕃∥中人呼阿史那氏，即其苗蔓也。　公諱孝章，字得仁，其先北海人。　曾祖道德，皇太常卿、懷澤郡王。　祖周洛，∥皇銀青光祿大夫、檢校太常卿兼御史中丞、北海郡王、贈太子太保。　父憲誠，皇晉絳慈隰等州節度觀察處置∥等使、銀青光祿大夫、檢校司徒兼侍中、河中尹、上柱國、千乘縣開國公、食邑一千五百戶、贈太保。　公之出也，實系∥天枝，其本葛氏，因功錫姓，附廣陵王房。幼而岐嶷，稟陰山之秀；長則忠厚，服儒家之業。越自襁褓，即來鄴都，耳倦征∥鞞，心慕墳素。一旦啓其家君曰："男子髮已冠矣，有志未就。不幸所食之粟，非仁者之粟；所處之地，非∥天子之地。悉知君臣父子之道、古今逆順之理，碌碌與群兒輩瞑目爲昏迷之鬼，無乃寒心乎。竊願攝衣鼓篋，往詣∥嵩陽山，讀古人書，以果素志。"家君憐而弗許。元和中無何，太尉訴索麾下諸將之子，署以親事，俾衛前後。　公挺然∥不群，請授文職。明日，假魏州大都督府參軍。長慶二年，特恩拜本府士曹參軍兼監察御史，仍賜緋魚袋。是時，∥先侍中代田公布爲魏師。初杖金鼓，方練戈矛，合好於鄰封，耀兵於四境。中外疑貳，未知衆心。　公乃屬詞，潛達忠∥款，聞于聰聽，朝廷多之，加檢校太子左諭德兼侍御史，充副節度使。折將卒於中軍，開戶牖爲南院。賓客宴樂，法∥令施張，魏之士心，稍稍而變。尋加檢校秘書少監兼御史中丞、賜紫金魚袋。明年，進朝散階，兼大夫。∥今上即位，嘉其忠勳，遷檢校左散騎常侍。大和二年，滄景節度李全略卒，其子同捷，席父之任，不請命于朝廷。∥皇帝臨軒，震赫天地。　先侍中表　公專征，以齎斯怒。於是提肘腋之旅，推腹心之信。一戰而下平原，再戰而摩∥滄壘。狂童旦夕以授首，羸師瘖痏而滿身。奮不顧家，勇以見義，慰激之　詔，旁午道途。豈謂差之毫釐，不冠竹帛。敵//人固非勍者，壯士由是痛之。其年，加工部尚書，復舊職。同捷獻俘，　詔罷誅討。累陳章奏，懇請　朝天，王人継来，允//遂忠懇。　對揚之後，　龍姿如春，沛然寵錫，加人數等。　先侍中名節勛伐，煥于公議，　朝廷於是計魏郊之土壤，//鎧甲之衆寡，分裂其地，移隸其軍。　詔　先侍中守本官，爲河中節度使。　公加禮部尚書，爲相衛澶等州節度使。//受　命交代之際，分兵倗擾之間。魏之師徒，翻然不順，邁禍於豺狼之口，覆族於鋒刃之間，　公之血屬殆無遺矣。//相衛之拜，纔及洛京，　帝命使人以達訃告，泣血茹毒，杖而弗興，孺慕嬰號，哀而不嗄。逾年，//恩敕起復右金吾將軍，三表陳讓，竟奪情理。　詔曰：居喪徒云執禮，違命豈得遑安，淒淒哀誠，力疾上路，拜　恩之//日，制削起復，守官如故。六年，白麻授鄜坊丹延等州節度觀察處置等使，一年固池隍，二年實竇窖①，三年繕戈甲。治//賓客，訓練卒伍，蠲放逋租，足食足兵，犬戎不敢南牧。　公之績效，琬琰存焉。　朝廷陟典方行，聳人爲善，加地進律，//宜在兹乎！九年秋，白麻守本官，授鄭、滑、潁等州節度觀察處置等使。至則鏟革繁弊，斥去墮游，居未浹旬，大立新政。//滑之濱河，厥田沃壤，齊人食力，用以入官。或爲水漬，号曰灘地，積歲已来，悉爲怙勢者所得，齊人不復歸之。　公茌//是邦之越月，盡給罷氓，豪不敢奪。滑之近年，水旱作沴，室閭愁苦，徵斂惟艱。　公以爲剋己惠民，天必降福，筆下免//繒錢、芻菽僅五十餘万，其恤貧厚下之大略如此。然竟以懲奸癉惡，頰舌坐騰。不逾年，罷節，爲右領軍衛大將軍，加//户部尚書，旌前能也。　詔曰：朕以孝章春秋方少，能自揣摩，中外迭居，以閱誠效。明年，改右金吾衛大將軍，充右街//使。　朝廷以四夷入貢，安不忘危。軫及邊陲，須擇將帥。才難之選，非　公其誰。三年七月，白麻守本官，授邠、寧、慶等//州節度觀察處置等使。属邠之師旅，有名無實，州之廛閈，附影者多。爲政之初，必歸分理，一日執其尤者二人，奮以//大白挺，斥之他方，一郡之人，惕息知勸。　公年向不惑，終鮮胤嗣，忽忽自嘆，慮爲天窮。適属是年，并夭二子，悼惜過//禮，疾生于衷。又聞邠之訛言，嘗有妖狐爲怪。悲傷之内，飲食失時，亦疑陰邪之物，惡人正直，予之今日，力不能勝。以//是腠理榮衛，頗甚錯亂，膏肓之禍，其自掇乎。其年十月十三日上表　入觀。廿日　薨于長安靖恭里之私第，享年//卅九，當開成三年歲次戊午。//　皇帝悼之，輟朝一日，賵贈如禮。　公之始婚太原王氏，故鎮州節度使庭凑之愛女，先　公而逝，權窆魏州。四年己//未二月癸丑朔八日庚申，遷祔于河南府河南縣張陽村夫之先塋，合故劍②也。趙國夫人高氏，雖非

---

①　竇窖：掘土藏物，橢圓形曰竇，方形曰窖。语出《礼记·月令》："〔仲秋之月〕穿竇窖，脩囷仓。"

②　故劍：指元配之妻，曲击《汉书》卷九十七上《外戚列传上·孝宣许皇后传》。

公出，養//之如母焉。継夫人深澤縣君崔氏，得 公之性，待之如妻焉。有男子一人，曰焕，髫齔之歲，已知毀滅。女子一人，曰十//三娘。幽閑之質，尚在孩提。季父金吾將軍檢校右散騎常侍憲忠，十起之哀，行路所感，一門之痛，骨肉倍加。金吾常//侍以景先三府首僚，千里歸葬。嘗忝科第，能叙生平，雖未曰文，不愧其請，銘曰：//

　　三代爲將，一身好文。志酬家 國，誓報 君親。年華鼎盛，志業日新。生全浩氣，没守清貧。虎眉犀額，化爲窮塵。天乎//其仁，天乎其不仁。 處士孫継書并篆盖。//

史孝章墓志，2004年6月出土于河南洛阳孟津县朝阳镇张阳村，现藏于洛阳师范学院。墓志并盖一盒，青石质。盖盝顶，高、宽均97厘米，厚22厘米。四刹线刻四神图，上玄武、下朱雀、左白虎、右青龙，线条流畅，形象逼真。顶部阴文篆刻"唐故邠宁等节度检校户部尚书兼御史大夫赠尚书右仆射北海史公志铭"6行，行5字。志石方形，高、宽均92厘米，厚19厘米，四侧线刻十二生肖图案。志文楷书，凡44行，满行44字，字迹清晰。洛阳出土的墓志一般志盖等大，此盒墓志盖大于志5厘米，在已知墓志中比较少见。志主本姓阿史那，出自突厥贵裔，两《旧唐书》《新唐书》有传，颇引人关注。

唐史孝章墓志

（一二五）唐盧氏（繪）故夫人隴西李氏（胡）墓志銘

唐会昌元年（八四一）九月十五日

唐盧氏（繪）故夫人隴西李氏（胡）墓志銘

（志蓋）唐盧氏//故李夫//人墓志//

墓志蓋下方的斜刹面錄文：

般若波羅蜜多心經//

觀自在菩薩，行深般若波//羅蜜多時，照見五蘊皆空，度//一切苦厄。舍利子，色不异空，空//不异色，色即是空，空即是色，受//想行識，亦復如是。舍利子，是諸//法空想，不生不滅，不垢不淨，不增//不減。是故空中無色，無受想行識，//無眼耳鼻舌身意，無色聲香//味觸法，無眼界，乃至無意識界，//無無明，亦無無明盡，乃至無老死，//亦無老死盡。無苦集滅道，無智//亦無得。以無所得故，菩提薩埵，依//般若波羅蜜多故，心無掛礙。無掛//礙故，無有恐怖，遠離顛倒夢想，//究竟涅槃。三世諸佛，依般若波羅//蜜多故，得阿耨多羅三藐三菩提。//故知般若波羅蜜多，是大神咒，//是大明咒，是無上咒，是無等等//咒，能除一切苦，真實不虛。故說//般若波羅蜜多咒，即說咒。曰：//

揭諦揭諦，般若揭諦，//波羅僧揭諦，菩提薩婆訶。//

般若多心經　三藏法師玄奘譯//

嘉興王季文刻字//

墓志正文錄文：

唐盧氏故夫人隴西李氏墓志銘并序//

夫宣德郎守蘇州海鹽縣令范陽盧繪撰并書//

夫人姓李氏，字胡，第十四。其先隴西成紀人。九代祖虔，即姑臧公承之第三子也。//夫人　曾祖溫王，皇朝散大夫、相王府文學。　祖成質，皇符寶郎楊府兵曹參軍。//父諱士龍，皇鄧州向城縣丞。德門華胄，煥乎氏諜。夫人即　向城第五女。孝友明//惠，鍾于夫人。夫人早喪　慈父，尊太夫人鄭氏提攜鞠養。長姊皆從人，唯季妹與//夫人形影比肩，奉于母訓。年十有九歸于我門。繪　曾祖諱朓，皇秘書郎深鄧二//州司馬。　祖考諱清，皇魏郡莘縣主簿，贈右贊善大夫。　先考府君諱仲權，皇朝//散大夫，守均王府諮議參軍，上柱國，分司東都。皆盛德徽猷，名重當代。自後魏甄//明氏族，山東鼎甲，相爲婚姻。故我盧宗與李氏，世爲姻舊。洎元和十一年　先考//任洛陽主簿日，以中外選重，迎撫慈念，加於常等。夫人虔恭婦道，承順　上下，于//兹二十有六年矣。及繪筮仕錢唐（塘）主簿，夫人生育長男，天奪慈愛，遂使夫人終無//令子。後十餘歲，誕生一女，名劉婆。敏孝至性，實异常孩。今纔八歲，視之如眼目。豈//期一朝偏弃如遺。夫人長姊數人，與季妹尤相愛。妹適壽春黎埴。黎公歷任近密，//迨今廉鎮福建。昨正初道路，集會於嘉興，路岐徘徊累日。時夫人舊疾發動，季妹//与貂蟬手調藥膳，期於必愈。何圖積善無報，醫藥百端，竟不能療其沉痼。以會昌//元年辛酉四月四日終於海鹽縣之官舍，享年四十有四。嗚呼！夫人終鮮弟兄，掌//唯一女。因鄙夫之薄宦，遠違鄉國，攜手同來，曾未周歲，浮生促景，今古永隔。夫人//性本廉敏，妙達真宗。常恨身爲冢婦，無嗣子以繼世。此則繪之薄祐，得非盛族有//替宗門之分使然。其於真空至源，生滅常數，無足介意。繪有室妹，字智，夭於殤年。//元和七祀終於汴州。明年，護其喪，擇近地有附塋良地一所。當時偏用甲穴，葬瘞//妹於兆域之隅。今卜擇於此，復其素志。尅用其年九月十五日壬午，歸葬于河南//府河南縣伊汭鄉尹樊村萬安山之南原。祔　先塋，禮也。嗚呼！繪拘守遠官，不尅//親護。今用七月十四日吉辰，發引自海鹽縣。備辦喪儀，一皆無闕。執紼①銜哀，登于//舟船。目斷丹旐，魂銷水濱。記于幽室，用虞陵谷。直書厥事，固無愧辭。其銘曰：//

擾擾浮生，無不變遷，所悲蕙質，淑慎芳妍。幼女在目，弃損何速，//姊妹乖遠，哀傷莫贖。翩翩丹旐，言歸萬安，余之衰年，前後相觀。//千秋萬古，孰不由斯路，真空之理，我將同歸，奚足獨苦！已矣哉，空銘泉戶！//

墓志底石四側面標示墓穴方位内容錄文：

下：五代祖萬年縣丞府君、四代祖監門將軍塋并在正北//堂叔瀛莫節度使贈工部尚書塋在諸塋西北//

上：曾祖深州司馬府君、祖妣崔夫人塋在此西南//諸伯祖墓皆在次北、諸院堂叔伯墓多在大塋東北//

左：祖考莘縣主簿贈贊善大夫、祖妣滎陽縣太君塋在此正西//先考均王府諮議府君、先妣太原王夫人塋在大塋次西//

右：堂伯彭州刺史塋在此次西南、男校理七兄墓在西北//親伯和州刺史廿房塋在先考塋次北、親叔餘杭十七房塋在次西//

---

① 執紼：紼，拉靈車的繩子。送葬的人帮助拉靈子，叫執紼。《礼记·曲礼上》："助葬必執紼。"郑玄注："葬，丧之大事。紼，引车索。"《后汉书·独行传·范式》："式因執紼而引，柩于是乃前。"

唐盧繪夫人李胡墓志

附：唐蘇州海鹽縣令盧君（繪）亡夫人隴西李氏（胡）墓表

唐会昌元年（八四一）九月十五日

唐蘇州海鹽縣令盧君（繪）亡夫人隴西李氏（胡）墓表

唐蘇州海鹽縣令盧君亡夫人隴西李氏墓表//

福建等州都團練觀察處置等使朝散大夫檢校左散//騎常侍兼御史中丞賜紫金魚袋黎埴撰//

維唐會昌元年歲次辛酉夏四月有四日，蘇州海鹽縣令范陽盧君繪//夫人隴西李氏歿於官舍，享年四十有四，龜兆叶吉以其年七月十//四日歸于東周，秋九月十五日壬午窆于萬安山南原，祔于 先塋，//以從禮也。 夫人乃吾姨也，故自姑蘇卦于闕而又請志焉。自//後魏滎陽太守穆侯承肇封於姑臧，厥後代著官婚，爲時甲姓。 烈//祖皇相王府文學，諱溫玉。大父皇城門郎，諱成質。顯考皇鄧州向城//縣丞，諱士龍。夫人即 向城之第五女也。門承嫡正，家傳禮法，入仕//者將以道德爲宗，故宦不求達，出適者保一齊之義。故室無再行，由//是貞白貽爲家範，端殼傳爲壹則。而他門鼎族慕其姻媾，若錦屬之//襲于苣蘭，瓊環增美于雕琢。故夫人未笄歸于海鹽焉。當貞元元//和之際， 盧之族方弈弈（奕奕）於京師，昆弟接武於省寺，公相比肩於//中外，巷不能容車蓋，庭不能布履焉。當此之時， 夫人體淑順之姿，//闡仁惠之德，進則捧 旨甘以盡敬，退則羞 吉蠲以虔禮。歡九族//若良輜，和六姻如雅音。熙熙然咸望，慶積善於後昆，飾令儀以象服。//奈何纏逾二紀，神將我欺， 良人道屈於百里， 夫人算失於中壽。//嗚呼哀哉！生男不育，有女曰劉娘，年八歲。海鹽以官繫宰邑，法無去//任，命家人 讓喪西歸。埴之家室与 夫人年齒鱗差，故幼常同歡//於 膝下，骨肉之間情愛尤昵。而埴以不肖獲奉 末姻，尔来逾二//十載。當閨閫①之宴私，話攜孩之舊事，芳芬盈耳，歲月積中，時或咸洛//索居，展禮乖闕。未拜面之前，則情因意 密；及叙 謝之後，又心隨//迹親。既樂同心，殆忘异姓。忽驚 凶訃， 情極吊傷，每扠涕於//吾姨，痛銜哀於 女弟。謹書年代，用表 泉扃。 繪書并篆額。//

卢氏故李夫人墓志出土时地不详，现藏于郑州市华夏文化艺术博物馆。墓志并盖一盒，石灰石质，方形。墓志盖正面篆书"唐卢氏故李夫人墓志"3行，行3字；墓志盖下方斜刹面阴刻楷书"般若波罗蜜多心经"，左起竖排，凡25行，满行13字；墓志盖背面刻"唐苏州海盐县令

---

① 閨閫：旧时指妇女居住的地方，即内室。汉班固《白虎通·嫁聚》："妇事夫有四礼焉……閨閫之内，衽席之上，朋友之道也。"

唐盧繪李胡墓表

卢君亡夫人陇西李氏墓表"，左起竖排楷书，凡25行，满行26字。志石方形，高宽均66厘米。志文楷书，凡28行，满行31字；志石四侧面各刻标示茔域内墓穴方位文字2行，楷书，满行23字。其中该墓志中的《般若波罗蜜多心经》刻于会昌元年，是目前我国发现石刻墓志文物中年代最早的经文，具有重要的学术意义。

（一二六）唐朝議郎守太子賓客分司東都上柱國賜紫金魚袋盧載墓志銘

唐大中二年（八四八）十月廿三日

唐朝議郎守太子賓客分司東都上柱國賜紫金魚袋盧載墓志銘

  唐朝議郎守太子賓客分司東都上柱國賜紫金魚袋盧載墓志銘并序自撰∥
  載，字子蒙，其門閥既承∥先大夫之後，不備書也。載性靈疏愚，言語方質，纔知聳善，未及有方。嘗與其維∥私[①]崔行先書云：余以爲身不登神仙，道不濟天下，過此已往，則皆略同，便當處∥山。雖其僭若斯，然而不摽竪以取名。其迹坦然，爲 舊相今賓客李公所知，∥引拔成就，自使府至諫議大夫。事∥文宗盡忠，嘗恨邊備不修，戎狄堪慮，風俗奢侈，黎庶飢寒，每因事必上表，極言∥皆發於至憂，親厚者感之。累遷同州刺史，擢拜兵部侍郎。雖祗 命来赴∥闕庭，而脚疾不任。 朝對，遂自攬分，聿来成周。其意實欲行答崔之言，漸圖∥山水之娛，以終殘年。家貧命屯，有逾塞魚鳥之思切於游飛。人多溺常而莫能∥信，懷抱惆悵，每嗟道孤。其他巨細百艱，心至善而迹至乖。陰可以質諸鬼神，∥明及或闕於形見者，亦甚有。常所痛悼，自言不天。少好作詩，忽忽亦或不凡。長兼∥叙事，多必有爲而作。其中《建中德音述》一篇，是興起 ∥德宗皇帝終美之諷。《文定》一首，是伸陳伯玉微婉被謗之尤。洎 私門傳實哀∥辭：《黄叔度碑序》《張子田文宋汴判官名權輿銘》《鄭玉水墓志》。東都留守推官名溶《與崔周楨書》、爲魏博∥田侍中《與鎮州兵馬留後王侍御承元書》及爲 田公初到鎮州《祭 王侍中∥承宗文》、任商州刺史日《告城隍神碑文》等一二十篇，庶幾及倫。其在魏鎮幕庭，∥沐 中令與 蕭中立同知之誠，難具言也。若夫登臨所踐，獨曠吳越。雖常∥所深慊，亦尋甘捨之。唯中腸抱莫達之悲，有恨山積。銘曰：∥
  何言一毛，有志有高。周旋不淑，二志徒勞。志不得行理，高不得諧喜。既負邦家，∥又乖山水。徒苞誠信，莫裕行止。迴首商顔[②]，白雲應鄗。∥
  公開成五年爲太子賓客，分司東都。以 常饌小減，遂自製此銘。後遷禮部∥尚書致仕，又轉兵部尚書致仕。至大中二年歲次戊辰五月己未朔十七日∥乙亥，弃養於東都正俗里，享年七十五。至七月廿七日， 詔贈右僕∥射。孤子佩方、遠佞，孤女比丘尼全真等，泣血茹毒。以其年十月廿三日，號奉∥先遠於河南府河南縣伊汭鄉尹段村萬安山南原，從∥先大夫塋，與 先夫人滎陽鄭氏合祔，禮也。佩

---

  ① 維私：姊夫或妹夫。《詩結·衛風·碩人》："齊侯之子，衛侯之妻。東宮之妹，刑侯之姨，譚公維私。"

  ② 商顔：一作商原。在今陝西大荔縣北。《史記·河渠書》，武帝時，穿龍首渠，"自徵引洛水至商顔下"，即此。

唐盧載墓志

方等不孝，罪逆不即死//滅，謹於篋中得 先所製銘，號天扣地，不敢改易，遂以年月謹於後。//

四從侄朝散郎前行右威衛騎曹參軍從度書。//

盧載墓志，2001年6月出土于河南洛陽伊川縣彭婆鄉徐營村村北，現藏于千唐志齋博物館。志石方形，高76、寬75厘米，四側飾十二生肖紋飾。志文楷書，凡29行，滿行30字。

（一二七）唐茅山燕洞宮大洞煉師彭城劉氏（致柔）墓志銘

唐大中六年（八五二）十二月

唐茅山燕洞宮大洞煉師彭城劉氏（致柔）墓志銘

  唐茅山燕洞宮大洞煉師彭城劉氏墓志銘并序//
  煉師道名致柔，臨淮郡人也，不知其氏族所興。和順在中，光英發外，婉嫕有度，柔//明好仁。中年於茅山燕洞宮傳上清法籙。悅詩書之義理，造次不渝；寶老氏之慈//儉，珍華不御。言行無玷，淑慎其身，四十一年于茲矣。余三冊正司，五秉旄鉞①，榮戟//在戶，輅車及門，出入寵光，無不盡見。艱難危苦，亦已備嘗。幼女乘龍，一男應宿，人//世之美，無所缺焉。脩短之間，奚足為恨。屬久嬰沉痼，彌曠六年，以余南遷，不忍言//別，綿歷萬里，寒暑再期，輿嶠拖舟，涉海居陋，無名醫上藥可以盡年，無香稻嘉蔬//可以充膳。毒暑晝爍，瘴氣夜侵，纏及三時，遂至危亟。以己巳歲八月二十一日終//於海南旅舍，享年六十有二。嗚呼哀哉！有子三人，有女二人，聰敏早成，零落過半。//中子前尚書比部郎渾，獨侍板輿，常居我後。自母委頓，夙夜焦勞，衣不解帶，言發//流涕。其執喪也，加於人一等，可以知慈訓孝思之所至也。幼子燁、鉅，同感顧復之//恩，難申欲報之德，朝夕孺慕，余心所哀。以某年某月某日返葬于洛陽榆林，近二//男一女之墓。余性直盜憎，位高寇至，道不能枉，世所不容。愧負淑人，為余傷壽，瞑//目何報，寄懷斯文。銘曰：//
  清泉一源，秀木孤根，惟子素行，不生朱門。操比松桂，粹如瑤琨，不扶自直，不琢自//溫。七子均養，人靡間言，百口無怨，加之以恩。生我三子，熊羆慶蕃，育我二女，素絢//是敦。既畢婚嫁，亦已抱孫，念子之德，衆姜莫援，誕於高族，可法後昆。昔我降秩，退//居林園，平泉秋日，坐待朝暾。西嶺高眺，南榮負暄，自茲而往，惆悵山樊。岩銷寒桂，//潤歇芳蓀，捨我而去，傷心詎論！天池南極，誰與招魂？芒山北阜，將託高原，空留片//石，千古常存。//
  第四男燁記//
  大中戊辰歲冬十一月，燁獲罪竄于蒙州立山縣，支離顧復，戀切蓼莪，欲報//之恩，昊天罔極。己巳歲冬十月十六日貶所奄承凶訃，茹毒迷仆，豈復念生。//葡匐詣桂管廉察使張鷟請解官奔訃，竟為抑塞。荏苒經時，罪逆疊深，仍鍾//酷罰，呼天不聞，叩心無益，抱痛負冤，塊然骨立。陰陽致寇，棣萼盡凋，藐爾殘//

---

① 旄鉞：旄旗和斧鉞，借指軍權。语本《书·牧誓》："王左杖黄钺，右秉白旄以麾。"蔡沉集传："钺，斧也，以黄金为饰……旄，军中指麾，白则见远。"

唐劉致柔墓志

生，寄命頃刻。殆及再期，乃蒙 恩宥，命燁奉 帷裳還祔 先兆。燁//興曳就途，飲泣前進。壬申歲春三月，扶護 帷裳，陪 先公旌旗發崖州，//崎嶇川陸，備嘗險艱，首涉三時，途經萬里。其年十月方達洛陽。十二月癸酉遷 //祔，禮也。嗚呼天乎！燁迫於譴逐，不能終 養，劬勞莫報，巨痛終天，有生至哀，瞑//目已矣。//

先衛公自製志文，燁詳記日月，編之于後，蓋審於行事，不敢誣也。謹言。//

刘致柔墓志出土于洛阳，现藏于千唐志斋博物馆。志石长方形，高61、宽64厘米。志文楷书，凡31行，满行31字。

（一二八）唐故通議大夫守夔王傅分司東都上柱國賜紫金魚袋吳興姚府君（勖）墓志

唐大中七年（八五三）十月十六日

唐故通議大夫守夔王傅分司東都上柱國賜紫金魚袋吳興姚府君（勖）墓志

（志蓋）唐故夔王//傅吳興姚//府君墓志//

唐故通議大夫守夔王傅分司東都上柱國賜紫金魚袋吳興姚府君墓志//

自撰//

叙宗族　勖，本吳興人。始　虞帝生姚墟得姓，後裔遏父封陳爲氏。至属公之子//完仕齊爲田，後有其地。齊太公和十四代至西漢執金吾代睦侯諱豐，生東漢//散騎常侍諱邕，避新室乱，遂家吳興武康成山。五代至吳郎中諱敷，舉宗復姚//氏。又五代，至晋渤海太守五城侯諱裡之。侯孫諱仲和，入後魏爲步兵校尉、秘//書監，封吳興公，遂居陝之硤石。由秘書五代至隋函谷關都尉諱祥，都尉生//唐幽嶲都督贈吏部尚書府君諱善懿，諡文獻，實勖　五代祖也。　高王父府//君，　皇中書令梁國公諡文貞（塋去寂居東南六百廿一步）[①]。　曾王父府君，　皇鄧海二州刺史、//光禄少卿（塋在寂居南八十二步）。　王父府君，　皇河南府河南縣丞、贈太常少卿（塋去寂居東北三百一十五步）。　//烈考府君，　皇宣州涇縣主簿、贈刑部員外郎（塋在寂居南地相接）。由　梁公至員外府君//諱字具在　烈考玄堂記、平凉穎（潁）川二公之詞。　皇妣，祁縣王夫人，贈晋陽縣//太君。　//

外族祁縣王氏，　外王父府君諱騰，　皇右金吾衛倉曹參軍事。　外曾祖府君//諱琪，　皇尚書水部員外、沔州刺史。　外曾叔祖諱琚，　皇户部尚書、封趙國//公。外高祖府君諱仲友，　皇楚州刺史。　內大外祖，穎（潁）州下蔡縣令、滎陽鄭//府君諱其榮。　外大外祖，河南府河陰縣主簿、河東薛府君諱回。　//叙婚娶。　勖娶　堂舅婺州金華縣尉諱公幹女。　金華公先考、金州録事參//軍府君諱勝，即勖　親外叔祖。　//紀子孫。　生男子三人：曰環，小字都官；曰瓚，小字丹霞；曰琛，小字初陽。　生女子//三人：長女實，王氏出，適虢州弘農縣令隴西李察（外孫男二人，外孫女三人）；次女二人并嬰稚。　//叙入仕。　勖，長慶元年進士出身。後選授右司禦率府倉曹參軍事。忠武軍辟爲//掌書記，授試太常寺協律郎，改試大理評事充武寧軍節度判官，又守本官、充//忠武軍節度判官。罷累月，授監察御史裏行，充浙江西道觀察支使，入臺爲監//察御史，轉殿中侍御史。改檢校禮部員外郎，賜緋魚袋，充鹽鐵轉運推官。遷尚//書職方員外郎，又改檢校禮部

---

① 括號內的字在志石中字體小，竪排兩行，具體見拓片。

郎中，充鹽鐵轉運判官，遷尚書水部郎中，又遷//尚書都官郎中兼御史中丞、賜紫金魚袋，知鹽鐵江淮留後，攝鹽鐵副使。入遷//尚書右司郎中，加朝散大夫。改守湖州刺史，加朝議大夫。遷尚書吏部郎中。又//遷右諫議大夫。改常州刺史，加通議大夫。大中四年受替，遂權居潤州別業。　//府君以大中七年三月改夔王傅分司東都。其年八月廿三日辛巳，啓　手足//于道化里，享年六十九，嗣子環等號奉　遺旨，以是年癸酉十月戊午十六日//癸酉，以　皇妣祁縣王夫人　合窆於寂居穴。//

姚勖墓志，2008年11月出土于河南洛阳伊川县彭婆乡许家营村万安山南原，现藏于千唐志斋博物馆。墓志并盖一盒，青石质。志盖盝顶形，高60、宽56厘米，顶部高34、宽33厘米，四刹阴刻青龙、白虎、朱雀、玄武四神像，志盖顶部楷书"唐故夔王傅吴兴姚府君墓志"3行，行4字。志石方形，高52.5、宽53、厚15厘米，四侧阴刻十二生肖图案。志文楷书，凡32行，满行31字。志主为唐著名宰相姚崇五世孙，志文为志主姚勖自撰。

唐姚勖墓志盖

唐姚勋墓志

（一二九）唐故陝州芮城縣令涿郡盧府君（行質）夫人天水趙氏墓志

唐大中八年（八五四）十一月二十一日

唐故陝州芮城縣令涿郡盧府君（行質）夫人天水趙氏墓志

　　唐故陝州芮城縣令涿郡盧府君夫人天水趙氏墓志//

　　子胥（婿）朝議郎守尚書戶部郎中賜紫金魚袋趙格撰//

　　府君諱行質，字子義，皇右監門將軍、贈兗州刺史、府君諱正言之曾孫，河南府汜水丞府//君先之之孫，監察御史府君諱湘之子。享年六十二，以寶曆元年二月二十七日捐館於//京師。貧不克葬，初權厝於河中永樂縣。前娶滎郡鄭夫人，即桂州司士掾絪之女，生二女：//長適高郵令崔迥，次適駕部員外王弇。後娶天水趙夫人，即嶺南道節度使、廣州刺史諱//良弼府君之孫、太原府文水令諱隨府君之女。生二子：彥方，為同州司戶參軍；獲，為京兆//府萬年尉。三女：長適涇州御史中丞張周封，次適同州侍御史鄭翊，幼適戶部郎中趙格。//嗚呼！夫人以大中八年二月七日大病於同州官舍，享年六十九。彥方等將啓//府君之柩，合葬於河南府河南縣伊汭鄉萬安山之南原　先塋之左，禮也。既有其日，二//子即以夫人之理命，徵志書於余小子。嗚呼，余之不才，而　夫人於猶子之列，獨以國//士見遇，擢在　德門，恩逾諸胥（婿）。迨惟薄宦未升，淑人先謝，既辜　厚託，嘗慊　慈心。今者//將鏤貞石，欲備贊書，顧茲寡陋，莫具　休烈，祇奉　遺旨，懼不稱德。恭聞盧氏之盛，著在//前史，洎二祖分派，官婚相較，時論者稱北祖大房，未嘗以財勢自屈，嫡庶相浼，即　府//君之閥閱門地，言之索索於口中，豈可造次而紀也。　府君生而偶儻，少耽六經，未幾，//以孝廉入仕，解褐授滑州匡城尉。孝養繼親，縉紳稱美。外兄、司徒鄭公餘慶深加愛重，//及掌樞衡，將欲顯用，因馳白書，以偵　府君之所便。　府君果不致報，且曰："吾以不苟//得於富貴，為鄭兄之所器。今吾往也，是由苟得，即鄭兄樂吾不來而不樂吾來也。"因中病//謝去。司徒嘆曰："吾居其政，不能以德進盧子義，是其道之未洽也。"後府君歷永樂、河//東二尉，居芮城，以廉易為官，化行部中。寶曆初，廉使庚公以清白課上　聞，懸秩未行，暴//漸　闕下，君子聞之，輟食聚嘆。初，　府君之悼亡未衰，將不再娶，時格　文水季祖//以清門之盛，而　夫人以閑雅有聞。　府君且曰："吾聞趙氏自漢魏已下，官婚稱//最，非鼎甲之族，不得與之通婚。"因求為文水胥（婿）。嗚呼！文水　季祖懿行無嗣，愛鍾　夫//人。夫人生資明敏，不以驕幼自縱，善鼓琴正書，通解黃老之理。既歸于　府君，即曰："此//非女子之事也。"遂以柔順宜家，慈愛接下，育前夫人之女，愛均己子，及二女將歸，乃知其//鄭出，故二胥（婿）感之，為時美談。嗚呼！　夫人博識多紀，凡吉凶之制，

唐盧行質夫人趙氏墓志

出於一言，用爲二//姓之法。行於 府君之黨，則曰趙婦之禮也；施於 夫人之黨，則曰盧姑之禮也。//當 府君捐館，諸女纔能勝喪，二子甚稚。 夫人輟哀而撫曰："使吾一慟而絕，則諸//孤丐於途中矣。"因命家僮之力耕，諸婢之庸綴。口諷手教，以訓二子，皆能經明中第，爲時//令人，娶室卿族，不隕家尚。三女以柔順自防，皆爲大家婦。見 府君積善之施， //夫人成家之業，是則享高堂之孝養，垂二十年，弄中外之諸孫，僅三十輩，斯速報之福，果//宜是耶。嗚呼！以其年十一月二十一日龜筮告吉，窆于幽宅。銘曰：//

嵩高左峙兮洛水清清，有君子兮歸此佳城。千齡萬古，水阜山平，//灼彼玄龜，白楸不驚。//

盧行質夫人天水趙氏墓志出土于河南洛陽偃師。志石青石質，方形，高、寬均66厘米。志文竖排有浅格，楷书，凡34行，满行34字。

（一三〇）唐故清河張府君（懷讓）楊氏夫人墓誌銘

唐大中九年（八五五）二月十一日

唐故清河張府君（懷讓）楊氏夫人墓誌銘

（誌蓋）大唐故∥張府君∥墓誌銘∥

唐故清河張府君楊氏夫人墓誌銘∥

　　府君諱懷讓，字德謙，祖崇，父春，本臨汝人也，後徙居成皋，皆累∥棄不仕，利爲商估，優游自樂。府君積德，善義且仁，雖利逸∥肆而不以財賄爲重，性尚寬弘，恒飲觴而適志，妙彈吹者罔不悅聆，∥良友佳賓靡不禮待，名然在戎旅而情同高尚，此公平生之志也。∥暨乎福弥禍隨，去大中八年十月廿七日，因殉鄉人葬于東山原野，忽∥致蒼卒，金軀委於厚地，魂魄散于郊垌。方藥徒施，備莫能救，∥至墓殁于私第，可爲傷嘆矣。 夫人弘農楊氏，端和迴秀，淑∥德有聞，言由礼經，動合箴試。顒顒婦道，商商母儀，貞志可佳，冰∥霜在質。七年遘疾不療，至八年二月六日奄歸大夜。烏乎！禍疊重∥叠，未及一周，公与夫人相次而逝，同甲子之壽，享年六十有八。嗣子三∥人，長曰慶武，五常爲性，孝治成家，不惑之年，奄從蒿里。次子∥楚，次子琮，乃習己兄之風，存孝悌之志，在家竭包養之敬，軍∥門秉忠謹之道，居喪毀瘠，泣血號天，思報劬勞，感大事之將∥至，龜筮叶吉，宅兆有期。以大中九年歲次乙亥二月庚戌朔十一∥日庚申，遷祔于縣東北大坯之原白浮圖村之先塋。慮陵原∥變改，故刊石爲銘。其詞曰：∥

　　空山寂寂兮聚散愁雲，故林亭亭兮若霧朝昏。∥嗣子思親兮永泣幽魂，備礼歸葬兮原上之村。∥恨生死兮隔泉門，栽松檟兮樹高墳。慮山川兮有變兮，∥勒貞石兮載斯文。旌不朽兮傳子孫，千秋祭祀保嘗存。∥

　　张怀让并夫人杨氏墓志，2006年出土于荥阳薛村，盖及志石均保存完整，现藏于河南省文物考古研究院。志盖方形，高、宽均34厘米，厚3～7厘米，顶部篆书"大唐故张府君墓志铭"3行，行3字。志石方形，高、宽均36厘米，厚约10厘米。志文楷书，凡21行，满行27字。

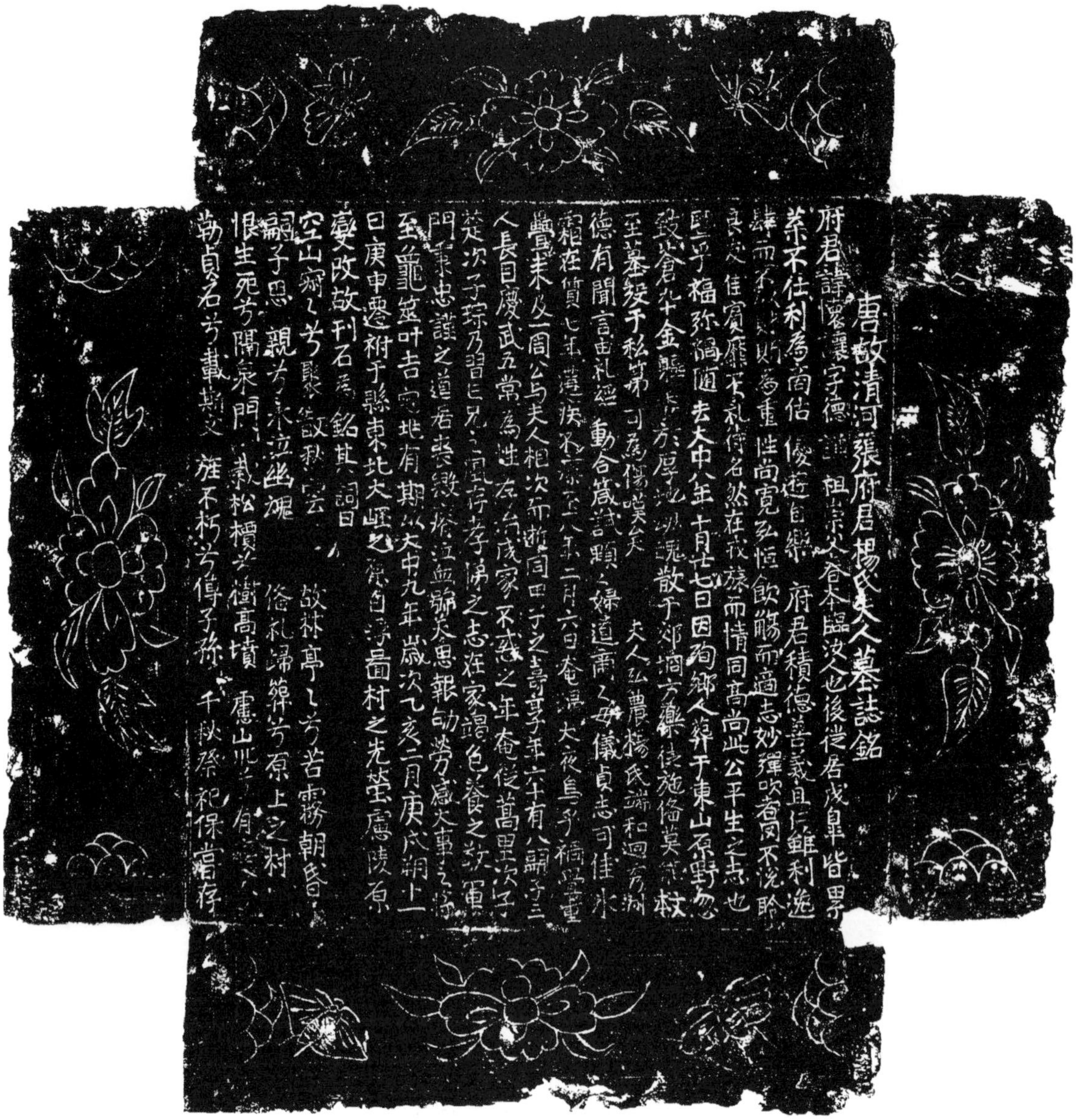

唐張懷讓并夫人楊氏墓誌

唐張懷讓并夫人楊氏墓誌蓋

（一三一）唐故棣州刺史兼侍御史敦煌令狐公（梅）墓誌銘

唐大中十年（八五六）四月二十二日

唐故棣州刺史兼侍御史敦煌令狐公（梅）墓誌銘

　　唐故棣州刺史兼侍御史敦煌令狐公墓誌銘并序//
　　弟鄉貢進士棠撰上并書//
　　伏念　先德，開成初方在寢疾，自爲志文纔十數言，　遺命小子棠書于石。其略曰：夫何功德於代？不復銘焉。君子以爲謙//簡嚴峻，得《春秋》之旨。大中八年夏六月，　公捐館于棣。遺文無有，近代撰述，尤重科名士，棠以孤侄之意，請從侄緘爲志銘，//既許諾，會緘丁　太夫人憂，諸侄泣訴，恐缺事，拜乞叔自爲之恭惟（維）。　開成舊範，不尚繁飾，直志可也，遂得從諸侄之願。//公諱梅，字敬和，得姓於周定王十三年魏文子食菜於令狐，因以爲氏。西漢王莽居攝，將遷漢祚，遠祖建威將軍邁與翟義//同謀，匡復漢室，事泄，爲莽所害。邁子鴻逃匿敦煌，因家焉，遂爲西州著姓。由漢而下，軒裳不絶。在魏則九代祖諱虯，爲敦煌//太守。於周則八代祖諱整，爲豐、始二州刺史。七代祖諱熙，仕隋入　唐，行納言事。六代祖諱德棻，爲國子祭酒，監修　國史。//五代祖諱修穆，朔州刺史。　高祖諱孝哲，鄜州洛川縣令，贈曹州刺史。　曾祖諱澅，舒州太湖縣令，鄧州録事參軍，贈楊（揚）州//大都督府長史。　皇祖義成軍節度使，開府儀同三司，滑亳潁等七州觀察處置使，檢校尚書右僕射，封霍國公，贈太傅，又//贈太師，諡曰"忠肅"，諱彰。　皇考歷宿、陳、壽、淄、唐、泗等六郡太守官，兼御史中丞，唐、陳二州皆經再授，凡專城之任者八，贈右//散騎常侍，諱通。　公，即　先公常侍第二子也。
　　長房兄諱仲舟，從事諸侯，早即亡，不得　天子官，故無聞。外族河東薛氏，//外祖諱嵩，　皇昭義軍節度使。　公幼有奇表，長好立事，常謂古之忠賢不難，齊尚禮法峻節，概自言，可以質諸神明，讀書//不務文，略取其要，而能旁該衆藝，天文地理，韜鈐風角，逢蒙五善，墨翟九攻，玄微秘妙，無不洞達。元和十二年，　伯舅尚書//公諱平，作鎮義成，取以爲節度押衙。十四年，　伯舅移鎮平盧，署如義成之職。長慶三年，　李公德裕在金陵，借以爲左押//衙。寶曆元年，右神策軍護軍中尉梁守謙，聞公善球妙，奏署軍兵馬使兼押衙，且以供奉　敬皇帝，公以非道，又進由景//監，甚不樂，思得脱去。每馳擊，佯不能。大和元年五月，果遂歸金陵，　李公復署舊職，充知左隨身將，兼馬軍右廂兵馬使。二//年，奏授兼監察。三年，　李公德裕復來義成，又與之俱授署如舊。四年冬，　李公移鎮西蜀，署如義成。六年八月，丁　太夫//人苦，自蜀奔歸于鄭。九年正月，　李公建牙鎮海，署如西蜀，兼攝潤州司馬。是歲，　李公貶掾宜春。其六月，　相國路公來//

鎮海，不許解去。路公薨。其九月，崔公鄲繼来，又縻之。開成元年七月，加都教練使。十一月，丁 先常侍艱。開成五年，方//從 李公德裕在淮海， 李公入覲，再領樞衡，以例奏授雲麾將軍，守右衛將軍，兼侍御史仍舊。會昌二年四月，封太原//縣開國男，食邑三百戶， 郊天之澤也。四年，改授右領軍衛大將軍，充威遠營使。六年三月，授銀青光禄大夫，守濮州刺史，//兼侍御史不改。 今上即位，改元大中。冬十二月，授代歸于鄭郊，以早從 贊皇公故也。 贊皇公既得罪，殁于魑魅之鄉。//其門人固不爲時所用， 公亦不言禄者六年。大中七年夏四月， 今相公彭陽公以宗黨且 舊故，亟言於 上，得授棣//州刺史，充本州鎮遏兵馬使，兼官如故。八年六月二十九日，因瘡恙薨于郡宅，享年六十有二。嗚呼！嘗自言其數云：不能過//是，至是果然。何哉！其在平盧屬馬士端叛亂之後， 朝廷疑 伯舅不善理，伯舅欲以兵獵明軍，整召宿將主校，歷問，無//一人敢領事。 公實年少，材雖穎出，而帥與列校皆以後輩待，不意能任重難， 公知帥旨，又耻軍乏材，乃提牒詣庭，請主//校帥，問："必能否？"曰："不能。"帥驚覆其說，對曰："付以威法，責成則能，疑則否。"帥奇而許之。是日，知必濟，既主張實盡善，而鄰諸侯//之勍者皆戢息。 天子喜得帥，帥喜得人。其在西蜀， 李公德裕奪蠻所侵維州城，使部將以兵據，且飛奏，方甚矜自。護軍//貴人從事而下，群官列校無不賀者。 公獨請閒，謂 朝廷必不然，不如還之，具道其狀。 李公怒，以爲沮己。 公辭疾，請//卧私第。不數日， 詔果至，大不許且有讓， 李公失色謂左右："何面見令狐某？" 公即起爲言，還城之難，蠻果不受城。 公//又陳謀，然後蠻取故城去。 李公謝而敬異焉。其在右衛， 李公德裕持權先讁所惡， 舊相又欲就讁所按殺之， 天子//爲發内豎，將命矣。 公聞之馳見 李公，語以大不可。 李公聞語怒甚，且疑其貳於己。忿謂 公曰："君欲賣我乎？" 公曰：//"賣則早賣之，不至今也，今者爲明公子孫謀，何見拒之深？必不聽，是明公自賣其生，非某之能救也。" 李公命罷去，詞益切，//左右欲引退， 公正色謂左右："汝曹何知今是非得失，事在瞬息，不急爭之，欲坐視相君爲齏粉耶！"李公撓憤良久，心乃//懼，謝不敏。明日即奏復，發馹騎追活之。 公性慎密，雖有殊德，人莫知其所。自 李公始， 謀平上黨， 公諷以兵出無名，不//祥。李公曰："天子惡末大於本，諫之有罪。" 公乃知 李公欲以兵膠 主意，及見斬劉從素於都市，益知無可奈何。乃//爲陳兵師之要以救之，薦用石雄、王宰以破壺關。又知李丕必先降，白惟信必後伏，皆如所說。 李公自是益以神異見待。//公因著兵書三十卷，号曰《會昌武備》，盡天下之要害，窮古今之玄微，以示 李公。李公伏膺，披考旬日，然後簪笏致謝，且曰：//"自古論兵者多矣，皆泛言大體，非急要所能用之，今則腐儒開卷，可以決勝千里，真不世之宏業也。"其在濮郡，晝坐廳事，命//門無擁，百姓有懇，直拉簾，砌間或坐之地，與之食飲，以詢其情。直者固得盡理，曲者亦誠而遣之，不使懾怖。至於揭卑陋爲//宏敞，變廢穢爲勝游，茂績不一刊記，可驗其在棣郡，物瑞荐臻，麦秀兩歧，禾合三穗，嘉瓜共蒂，甘棠連理，不可勝言。在家仁//孝，與友信義，廉潔貞正，白玉無玷。嗚呼！不知古之所謂賢杰亦將何以過之，以大中十年四月二十二日歸葬于河南府河//南縣伊汭鄉中梁村之南原，接　先公常侍封樹之震位，禮也！男十二人，女八人，長男一人先公卒，次男汾，主　喪事，甚//有孝道。棠昧於記述，多有闕遺，哀慕悲慚，泣爲銘曰：//

公身之有，貞元癸酉。公生之畢，大中甲戌。生于鄭郊，殁于棣城。葬于萬安，密近　先塋。嗚呼痛哉！陵谷//爲虞，不敢文　祇以銘。//

令狐梅墓志，1991年3月出土于河南省伊川县彭婆乡许营村北约1.5千米处。志石青灰色，石灰岩质，方形，高、宽均65厘米，厚11.5厘米。志石四侧刻十二生肖像，每侧三个，上刻猪、鼠、牛；下刻蛇、马、羊；左刻猴、鸡、狗；右刻虎、兔、龙。生肖为人身兽首形像，踞坐于莲花之上，身着宽袖袍服，双手捧笏。志文楷书，凡47行，满行47字，共计1986字。

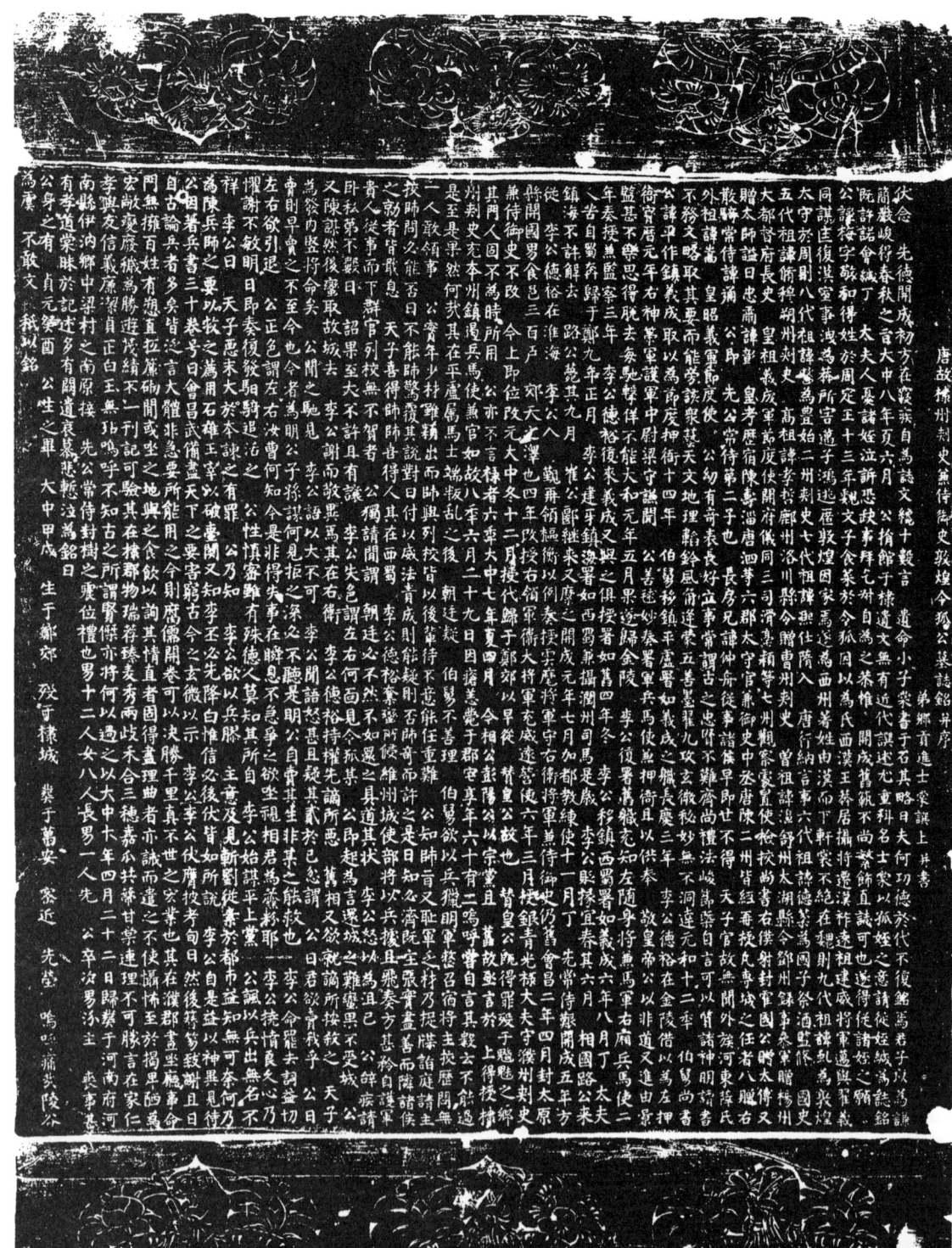

唐令狐梅墓志

（一三二）唐故范陽盧氏滎陽鄭夫人墓誌銘

唐大中十二年（八五八）五月十二日

唐故范陽盧氏滎陽鄭夫人墓誌銘

（誌蓋）唐大中故//範陽盧氏//滎陽鄭夫//人墓誌銘//

唐故范陽盧氏滎陽鄭夫人墓誌銘//

度支巡官朝議郎殿中侍御史內供奉柱國盧頔撰//

夫人滎陽人也，其先本於姬姓，至周屬王封少子友於鄭，後爲韓所滅，以國爲姓。至溫三子分爲三祖，最少子曰//簡，号爲南祖。自後魏已降，衣冠礼樂，大啓閥閱。六代祖渾，有功於魏，其勳烈備在《魏書》。夫人曾祖諱羨，皇池州刺//史，贈太尉。崇德茂範，是生貞良。祖諱綱，皇太子太傅，贈太師。公進士擢第，首冠宏詞。迥出判等，授鄂縣尉。由西川//掌記歷補闕、起居、史館修撰。轉職方員外，遷司勳員外、知制誥，尋加翰林學士、中書舍人，後爲承旨。翰林承//旨自公始也。優游內廷凡十五年，備有懿績。今之翰林壁記，公爲之首。後之由是者無不遵其故事。公自內署拜//中書侍郎、集賢大學士。由中書爲門下侍郎、弘文大學士。公出入六朝，秉心如一。獨憲宗寵遇特异，總//轄樞務，康濟域中，于今賴之。後爲嶺南節度使、同州刺史、東都留守。復持上銓，所至之處，而人自伏。凡師傅之官，//無不由之。公竟告老，以太傅致仕。果以壽歿，人謂善始令終，公其有之。以公之德之美，宜鍾其後。父曰祇德，襟靈//沖粹，鬱爲人瑞，少能勤學，不競浮名。自以門蔭筮仕，入省爲員外郎中。累換名曹，自庫部郎中爲國子司業。由司//業爲河南少尹。公始至洛中，衣冠仕族，如有所歸。自河南爲汾州刺史，未下車而人知化。由汾州入爲右庶子，未//數月出爲楚州團練使，復加金紫。說者以爲淮甸薄俗，号爲難治。公推恩信若扇和風，淮夷悅服。時以關輔亢沴，//民窮爲盜不可止。朝庭（廷）借公治馮翊，公至之日，恭行舊化，而宄盜自息。自馮翊廉問洪州，眾稱洪地繁夥，前//爲治者，率以奢麗自驕。公乘單車至，內外皆敞，一無所取。高臥郡齋，唯以几杖瓶罌爲伍。賓至者如造禪境，論者//嘆伏。公竟乞歸，調護河洛，凝塵滿席，晏如也。夫人即公長女也。夫人其出姑臧（藏）李氏，爲天下之鼎族。肅宗朝//中書侍郎、集賢崇文大學士揆，即夫人外曾祖也。故杭州刺史幼公，即夫人外祖父也。肅宗常謂揆曰："卿門//地、人物、文章，皆爲當代之冠。朕宗族中乃遂有卿，足爲朝庭（廷）羽儀也。"當時稱揆爲三絕。故我外舅賓客屬//愛夫人，不与他等。夫人襁褓中，即失所恃。賓客每自鞠育，其動息圓轉如不忍視。夫人稍長，雖承慈煦而自//勵益。至其女儀婦道，坦然可觀。賓客常奇此女，願与端士。頔自顧不敏，謬在選中。夫人相從之日，亦如得所//依。輅素貧賤，夫人地稱德門，而生實貴冑。輅常慮以蔬糲爲慊，夫人飼糠粃如御珍羞，衣壞繒如襲紈綺。夫人奉//祭祀、憂婚嫁如不及。愚有二孤侄，皆夫人之屬配，其德亦勤矣。輅族大，其內外之親，夫人奉之而未嘗懈于色。輅//退而自省曰："庸何德以堪之。"夫人之兄五人，皆杭州使君之外孫也，中外盛爲美談。長兄曰顥，幼而爽晤，嘗遇//識者曰："此兒神宇奧徹。必杰起其類，感志吾言。"長果博文强識，廿六首冠上第，興元師辟爲支使。以公之幹局，豈//宜處尋常之內。今我皇御寓之明年，召宰臣以選尚甚切。公適自外來，宗卿以公爲獻，大洽聖旨，遂尚//萬壽主，賜以金紫，一拜右拾遺內供奉，遷起居郎，尋召入翰林，歷踐清貫，休譽藹然。公不介意我皇之遇，//公之分又前古之所未聞也。公亦不矜其寵。公自諫議大夫、知制誥轉中書舍人，固辭出翰苑，守右庶子，拜戶//部侍郎，由戶部拜兵部侍郎。上以公文學之領袖，乃命屈主文柄。其趨名者皆爭出其下。既貢事畢，頗歸人//望。及除春官，復拜戶部侍郎判戶部事，公戚戚不樂。始三日，有吏捧牘至公，諦之曰：和糴軍儲五十萬，貴效在旬//朔，願得吏以委之。公以簡文頤，熟視其吏曰："非予所能也。"亟拜詔，乞守閑秩。上知公志不可奪，乃除秘書//監。公若以美遷，乃閉關自固，唯以藝植琴書爲樂，人罕見其面。以萬壽之貞一，宜爲配合。其事布在衆多，非小//子所得而稱也。夫人始抱恙，公廢寢食，志求方術，唯是國醫扚見其迹者，公悉以多金誘之，咸造其門。貴主以//公之故，不遑其居，乃命駕肩輿降里閈，自視其疾，夫人初被瘡甚，萬壽親自湔浣，左右爲之泣下。嗚呼！耳目所//不及者，於今見之。此苟非吾兄友愛之所感，又焉能及此哉！次兄曰顗，前進士，未及諸侯之命，以疾殁於招國//私第。次曰項，後五年繼踵於春官。其人文之美，無以加焉。次曰就，常以二昆未立，不願偕進。每自養勇，尤精於八//韻，同志者伏其能，驅車西來，果一戰而捷，人不以爲忝。次曰晦，宇韻高朗，志若不群。每讀書爲文，意不在尺寸名，//將欲垂裕於後昆也。夫人有別妹一人，適趙郡李惊、楚州司功參軍。夫人生四女一男。男曰鄭六，女曰穩，次曰馮，//次曰戎戎，先夫人兩歲不育。最小女生已四歲矣，夫人不忍加其名。及夫人之終，呱呱然而有號慕①之性。輅未婚//前有兩男一女，皆已成人。男曰詠，舉進士。次曰諤，以經業出身。女曰穠，未許嫁。穠、穠自冬徂春，侍夫人之疾，衣不//解帶，家人以爲難。夫人以大中十二年閏二月十五日，終于長安務本里第，享年三十二。以其年五月十二日，歸祔//于河南府河南縣伊汭鄉尹樊村萬安山南盧氏之先塋，禮也。輅奉外舅賓客之命，次第夫人之懿行。辭//不獲免，銜涕書爲銘曰：//

蘭何生而芳，中秋其萎。桂何圓而曜，既望而虧。鳳孰粹其容，而罕見其儀。

---

① 号慕：指哀号父母之丧，表达怀恋追慕之情。语出《孟子·万章上》："万章问曰：'舜往于田，号泣于旻天，何为其号泣也？'孟子曰：'怨慕也。'……大孝终身慕父母。五十而慕者，予于大舜见之矣。"

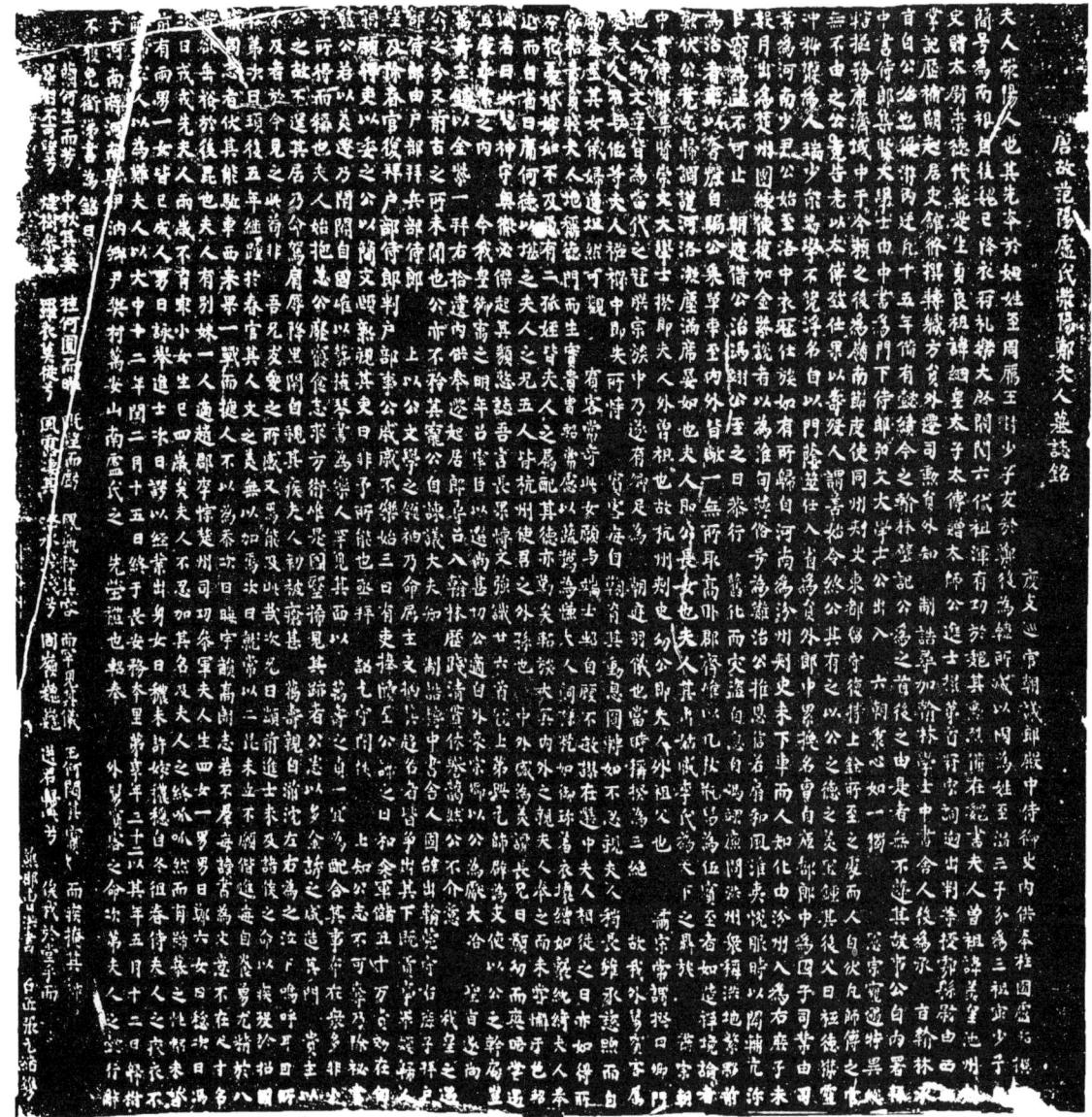

唐盧韜夫人鄭氏墓志

玉何閟其寶，而疾掩其輝。//翠羽不可望兮，煙樹參差。羅衣莫從兮，風露淒其。洛水淺淺兮，周嶺巍巍。送君歸此兮，俟我於堂乎而。//

譙郡曹洪書，石匠張元緒鐫。//

郑夫人墓志，1985年3月出土于河南洛阳伊川县彭婆乡许营村北，现藏于伊川县文物保护管理委员会。墓志并盖一盒，青石质。志盖为盝顶形，四刹阴线浅刻左青龙、右白虎、上朱雀、下玄武四神图案；顶部阴刻篆文"唐大中故范阳卢氏荥阳郑夫人墓志铭"4行，行4字。志石方形，高、宽均62厘米，厚11.5厘米。志文楷书，凡45行，满行43字，共计1768字。

（一三三）大唐故晋昌唐府君夫人田氏墓志

唐大中十四年（八六〇）正月四日

大唐故晋昌唐府君夫人田氏墓志

（志盖）唐故京∥兆田夫∥人墓志∥

大唐故晋昌唐府君夫人田氏墓志∥

太原王翘述∥

夫人孟州河陽縣人也。祖　，立性剛直，終身∥不仕。父黯，烈職衙門，名居上將，有征伐討∥叛之功，奉主有忠勤之志。夫人性唯純孝，∥儉而不奢，四德必備，内外謙和。訓子取孟母∥之儀，教女依崔氏之則。居孀，蓬首十有四∥年，撫鞠偏孤，不失其所。衣不重裳，食無二∥味，理家省用，不蓄私財。去大中十二年三月中∥遘疾，醫方無療。其月廿三日奄歸大夢，享∥年五十四。孤子幼，立潛擗踴哀叫，泣血號天，行∥路興悲，懦夫增氣。以十四年正月四日良辰葬∥制城鄉契胡舊塋，禮也。幼子廣章，年未弱∥冠，亦染瘵疾，次而亡殁，今亦葬焉。凶豐重疊，∥哀毁過礼。嗚呼！慮悵悄然，慈顔永隔，金烏∥告日，丹旐翩翩，翹忝為姻婭，人劣詞微，固∥辭不獲，乃遂其請，烈之斯文。慮陵谷遷變，∥遂刊它（他）山之石，紀其銘曰：∥

修短兮固定，禄壽兮不久，冤叫兮無形，行縱兮何有，∥薦奠兮惟馨，叙别兮惟酒，勒石兮紀年，千秋兮不朽！∥

田夫人墓志，2006年出土于河南荥阳薛村，盖及志石均保存完整，现藏于河南省文物考古研究院。志盖方形，高、宽均37厘米，厚5~8厘米，顶部篆书"唐故京兆田夫人墓志"3行，行3字。志石方形，高、宽均37厘米，厚8厘米。志文楷书，凡20行，满行20字。

大唐故晉昌唐府君夫人田氏墓誌
太原王憩述

夫人孟州河陽縣人也祖立性剛直終身
不仕父點烈職奉門名居上將有征伐討
叛之功奉主有忠勤之志夫人性唯純孝
儉而不奢四德必備內外謙和訓子耶孟母
之儀教女依崔氏之則居孀蓬首十有四
年撫鞠偏孤不失其所衣不重裳食無二
味理家省用不當私財玄大中十二年二月中
遘疾醫方無療其月廿三日奄歸大夢享
年五十四孤子潛擗踴哀叫泣血蹜天行
路興悲憚夫增氣以十四年正月四日良辰祔
割城鄉舊塋禮也幼子廣章年未弱
冠呢涕瘦疾次而亡殘今然猙夸兩罘
哀毀過礼鳴呼慇悵顏永隔金烏
告日丹旌啼翻翹飛為妲娥人芳詞山後固
辯不獲乃遂其請烈之斯文廬陵谷變襄
遂引它山之石紀其銘曰
從短芳圓定 祿壽芳不久 兌四芳無形 行終芳何有
萬真芳惟馨 釧別芳惟酒 勒名芳紀斗 千秋芳不朽

唐田夫人墓誌蓋

（一三四）唐故太子司議郎劉府君（干）墓志銘

唐咸通三年（八六二）十一月八日

唐故太子司議郎劉府君（干）墓志銘

（志蓋）大唐故//劉府君//墓志銘//

唐故太子司議郎劉府君墓志銘并序//

從姪鄉貢進士彥若撰//

府君諱干，字知退，其先彭城人也。曾祖京，靈州司馬。祖鍠，齊州章//丘丞。烈考湜，貝州武城令。府君即武城之季子也。踐修軌業，雅有//弘器。幼性通敏，日誦數千言，洞曉六經百家之説。冠年，蘊聰明之餘，討//諷佛書，精研聲英，考核象數，纂群微於太素，索衆妙於重玄。常好著述，//孜孜論評。撰《渾議》五篇，采希夷之奥域，得渾淪之精粹。最依天爵，符于//孔氏抉聖之旨、執聖之權。以五經登科，起家華州參軍，選授金吾録事。//相國周墀，欽風仰止，表其尤異。帝用嘉焉，恩除四門博士。茹今涵古，//以磨諸生；譚諧兒（貌）美，使皆醉義。旋撰《進聲録》一十七卷，恩除萬年尉。重//修進《切韵》一十二卷，《通纂》《通例》共一十卷。恩除河南丞，皇私重疊，聖//澤滂沛。宣宗文皇帝以所進可爲模楷，詔局之于秘閣。魏博//節度使、中書令何弘敬延嚮令望，以表 上聞，果允其薦，恩除河南府//户曹參軍，選除左春坊太子司議郎。歷任一十九考，縻禄廿九年，位以//清居，德膺天縱。嗚呼！孰意夢楹之兆①，旋成易簀之悲。以咸通三年夏四//月廿二日終于東都崇政里第，享年五十八。夫人王氏，不享偕老，昔//歲而終。有孤五人，長曰樸，荷百代之丕構，傳一德之素範。弓裘是繼，光//昭其先，以五經登科。旋鍾不造，柴毁骨立。次曰樞、曰櫃、曰楷、曰杠，皆至//性銜哀，扶羸先逺。女二人：長曰峰娘，未歸他室；次曰超覺，性依釋氏。以//其年十一月八日壬申窆于河南縣伊汭鄉中梁村之北山，龍門之南，//伊水之西，祔夫人王氏之原，礼也。嗚呼！玄堂永閟，幽篆斯存。俾明行淑//德，不隨世之磨滅者，唯志而銘之。銘曰：//

天宥密命，靈滋百寶。時無英賢，孰與明道。一。公之叶允，//克慎克修。考策研經，用闡洪猷。二。象數之微，深探其奇。//聲韵或非，畢擠厥疑。自我得之，永爲世規。三。行潔名揚，//實涵醇美。儀形雖謝，德馨不死。四。北峙龍門，左盤伊水。//佳城永存，以閟君子。//

---

① 夢楹之兆：旧时指临终的征兆。《礼记·檀弓上》："予疇昔之夜，梦坐奠于两楹之间。夫明王不兴，丽天下其谁能宗予，予殆将死也。盖寝疾七日而殁。"

唐故太子司議郎劉府君墓誌銘并序

從姪鄉貢進士彥若撰

府君諱干，字知退，其先彭城人也。曾祖京，靈州司馬。祖錦，萊州雅章……（以下略）

唐劉干墓誌

唐劉干墓誌蓋

附：唐故太原王夫人墓銘

唐大中十一年（八五七）十一月二十日

唐故太原王夫人墓銘

　　唐故太原王夫人墓銘//
　　徵事郎守河南府河南縣丞劉干撰//
　　有慶州刺史王公諱悅，軍旅有謀，政事能治。元和中，//天子將以公爲復河湟帥，會公薨而罷，則其人可知也。夫//人即公之季女，年二十而嬪于我。我以五經第，爲華州//參軍事，俸少家貧，夫人以強能勤儉，助于余治，故干克//承其家焉，今爲河南丞。夫人生有五子焉，三男未有名，//二女未有歸。於大中十一年夏四月九日終于河南之崇政坊//我之第也，行年四十一。傷哉慟焉！天命之不長，与我同其//勤儉，而不能終享我之祿秩。未中身而殁，俾余無与//共有其家者。傷哉慟焉！視五子之未知藏否也。傷哉慟//焉！以其年十一月二十日葬于河南縣伊汭鄉中梁村之//北山，龍門之南，伊水之西，有無稱家而封樹焉，今人之禮也。//今人之墓，皆請能文者志之。愚以爲人雖善志，不如//自志之詳實。故自志云：//
　　王氏之女，劉氏之妻，厥生五子，未冠未笄。年未中身，弃我//而死，誰嗣乃事，誰親乃子。質文有禮，日月有期，闕口之西，佳城//是依。陟彼南崗，我心傷悲，于千万年，与子同歸。//

　　劉干夫妻墓志，2004年秋出土于河南省洛陽市伊川縣萬安山南麓，志石現均藏于洛阳師範學院圖書館。劉干墓志并蓋一盒，方形；志盖高、寬均27厘米，頂部篆書"大唐故劉府君墓志銘"3行，行3字；志石高、寬均47.5厘米，厚8.2厘米；志文楷書，凡27行，滿行27字。劉干妻王夫人墓志，方形，高45、寬44.5、厚9.2厘米；志文楷書，凡18行，滿行24字。

唐故太原王夫人墓銘

微事郎守河南府河南縣丞劉于撰

有慶州刺史王公諱悅軍旅有謀政事能治元和中天子將以公為復河湟帥會公薨而罷則其人可知也夫人即公之季女年二十而嬪于我我以五經第為華州茶軍事俸少家貧夫人以強能勤儉助于余治故于克承其家焉今為河南丞夫人生有五子焉三男末有名永其二女末有歸於大中十一年夏四月九日終于河南之崇政坊我之第也行年四十一傷哉慟焉天命之不長与我同其勤儉而不能終亨我之祿秩未中身而殁俾余無与共有其家者傷哉慟焉視五子之末知否也傷哉慟焉以其年十一月二十日葬于河南縣伊汭鄉中梁村之北山龍門之東碧氷之西有無稱家而封樹焉今令之禮也今人之墓皆請能文者誌之愚以為人雖善誌不如自誌之詳實故自誌云王氏之女劉氏之妻嚴生五子末冠笄年未中身弃我而死誰嗣乃事誰親乃子賈文有禮日月有期闕兄之西佳城是依陟彼南崗我心傷悲于千乃年与子同歸

（一三五）唐故承議郎使持節都督登州諸軍事守登州刺史孫府君（方紹）墓誌銘

唐咸通六年（八六五）五月十七日

唐故承議郎使持節都督登州諸軍事守登州刺史孫府君（方紹）墓誌銘

  唐故承議郎使持節都督登州諸軍事守登州刺史孫府君墓誌銘并序//
  府君諱方紹，字比璉，魏郡武水人也。曾諱遜，皇唐刑部侍郎、贈尚書//右僕射、謚文公。大王父諱成，皇桂管觀察使、贈太子太保，謚孝公。烈考諱//微仲，皇沔州刺史。府君即沔州刺史次子也。府君納彩于隴西李氏//夫人而生府君。外王父諱士龍，皇鄧州向城縣令。府君性聰敏而志高//上，學該百氏，文擅周雅，仲尼四教而常行之以仁德，修其心以慈順由其家//人，謂昆山片王（玉），未之過也。年未弱冠，以門蔭補授懷州參，秩滿，授汝州//司户參軍。會竹林典仵之任，不行，因授與卌四房弟。所以不歷寶應副二、穀孰//六百石。自不宜後，長在 先夫人左右，冬温夏清，時無闕耶，暇即閉關肆（肆）習。//無何，大中初，丁 先夫人哀，疢毀尫過制，服闋，文戰西上，雄詞當時。時命未亨，有乖//衷抱，期年卌二。房兄受虔州唐牧，郎中辟命，到職未逾月，薨。明年，又卌四房//弟又縈風疾，手足頻傷，痛悼纏綿，無時暫解。兼以孤稚滿室，更無因依，遂罷//舉理舊官。大中十一年，授大理寺丞。在法官二載，斷決冤疑，實爲大理。歲滿遷拜//本寺正，除書云："詳丹筆①之典，必務平返；念赭衣之徒，不忘哀敬。"在正批斷精核，卿//長知重，遂較殊考，正授代後，薦書交馳。今上苦於求瘼，遂應良牧之呂，拜東//牟太守。到任，綱振六條，化洽千里，又思報國安人，切疢于心。無何，將息失度，//遂中風水之疾，鄰至於尋醫祈藥，無處不到。奈何神理憒昧，所向無//憑，以咸通六年五月十七日薨於位，享年五十四。有子二人：長曰鄴，//次曰牢。號天叩地，身肝碎；茫茫蒼天，何處是依。府君理州府即愛//人，李公致祭文云："所至而理，所持而清。"即以咸通九年八月十一日，孤子鄴 //啓護歸葬于東都邙原杜翟村附先塋，禮也。鄴自童卯，至于辨東//西，見府君所行之，盡皆備記，所貴實録，輒敢纂修，乃執筆爲銘：//
  天地含英，五岳降靈，誕此仁德，獨立令名。白珪無玷，//松筠堅貞，紀美兹石，千載播聲。
  長男鄴撰，　第十六侄鄴書。//

---

① 丹筆：古時以朱筆謄録罪人名册，稱爲"丹書"，而書寫罪人名册所用的朱筆，則稱爲"丹筆"。唐代徐堅《初學記·刑罰》引謝承《後漢書》："盛吉爲廷尉，每至冬節，罪囚當斷，妻夜執燭，吉持丹筆，夫妻相對，垂泣決罪。"

唐孙方绍墓志

孙方绍墓志出土于洛阳，现藏于开封博物馆。志文楷书，凡24行，满行31字。

（一三六）唐林存古墓誌銘

唐咸通七年（八六六）三月二十四日

唐林存古墓誌銘

　　有唐分司御史楊授下指使人林存古，潮陽人//也。謹厚小心，忠孝皆有，在吾家二十五年矣。劬//勞戮力，功績彰名，求之輩流，不可多得。余從事//河東，日嘗授職於衙庭。洎分務洛中，時亦列名//於曹署。非盡善盡美，孰致如斯。必謂更享遐年，//以期遷進。臥疾僅經旬月，醫藥無所闕如。以咸//通七年三月二十二日卒於余家，年四十有一。//後二日葬於城東地。妻曰阿羅，與尔同鄉貫也。//乳哺余之長女，今已成人。其爲功勤，與夫相類。//男名撖兒、佛奴，女曰小評。撖以不道他適，佛、評//皆在吾家。録尔前勞，遂立銘記。辭曰：//

　　君致忠勤之績，妻施乳哺之勞，//奉指蹤而無怠，處流輩以居高。//春已暮兮君已謝，遽捨我兮歸長夜，//吾不知其所宰，將何警乎屬者。//

　　林存古墓誌，1996年5月出土于河南洛陽市東南郊的李樓太平庄。誌石青石質，方形，高、寬均39厘米，厚7.5厘米。誌文楷書，凡15行，滿行18字。

唐林存古墓誌

(一三七)唐故勃海郡盖公(凝)志石

唐咸通八年(八六七)十一月十三日

唐故勃海郡盖公(凝)志石

  唐故勃海郡盖公志石//
    公讳凝,享年七十八矣,终于江陵//府岁稔里之私第也。 夫人阚//氏,先公亡也。有子五人,曰//综,曰敏,曰弘,曰厚,曰玄;女二人,皆//适他氏。综自江陵护儭归//洛,以咸通丁亥岁十一月十三日//戊申, 合祔于河南府洛阳县//北部乡北袁村之阳,礼也。//

盖凝墓志出土于洛阳。志石高30.5、宽31厘米。志文楷书,凡9行,满行13字,共计100字。

唐盖凝墓志

（一三八）唐故留守兵馬使魏公（涿）墓志

唐咸通九年（八六八）七月十八日

唐故留守兵馬使魏公（涿）墓志

　　唐故留守兵馬使魏公墓志//

　　留守衙前判官文林郎試左内率府胄曹參軍郝乘撰//

　　魏氏，鉅鹿人也。遠祖漢朝宰輔相舒勃，隆盛當時矣。迩来文武幾變，//派流不殊，垂裔至　先府君諱弘章，兄弟三人處長，留守押衙。有子四//人，公最稚矣。

　　公名涿，字燕夫。自齠齔之年，從師友之訓，冰容沉厚，器//量俊高，罷業在承順之歡，私心著持生之要。年纔十五，丁　父之憂，//形銷哀戚，幾不勝任。弱冠之秋，婚延福李氏幼女，秦晋契合，配偶稱宜。廿//一，受　留守衙前虞候，副知茶務。廿四，遷衙前將，務獲正專。廿八，遷散//兵馬使添衙。至明年二月廿九日，復丁　母憂。想劬勞之恩，聲聲//徹骨；仰　罔極之德，拜拜斷腸。至八年八月廿日昏黑歸家，心覺迷亂，//名醫走召，靈藥湊尋，竟無一功，醫巫慚退。悲哉！遽逢夭柱，俄變古//今，榮樂頓捐，音容倏阻。　仁叔慟比予之哀，昆仲斷雁行之痛，親//族悲涕，閭里湣然。　君齡雖幼焉，心且廣矣。理家致允愜之功，主//務立施張之譽，時謂鉅鹿一賢矣。何乃德之有餘而且壽之不足？謂何//福而來？謂何违而殞？蒼旻不祐，殲此良人。無兒遠侔於伯道，有子//繼取於猶男，男曰小申，年始十五，早喪　二天，移房嗣奠，著筮明兆。//以咸通九年歲次戊子七月十八日，葬于河南縣平樂鄉杜郭村，//祔于　先塋。慮桑田更變，固勒貞珉，乘素諳行能，紀叙平//昔，乃爲銘曰：//

　　一美丈夫，三端磊落，内外周勤，遠迩誠托。年華職崇，//機深材略，藹藹門眉，光榮棣萼。//三十喪兮悲苦重，叔兄侄兮哽咽容。少妻痛積兮孀潔，此世永閉兮絕逢。//嗟訝盛衰兮已矣，空留掛劍兮青松！//

　　鄉貢進士李誠書。//

魏涿墓志出土于洛陽，現藏于千唐志齋博物館。志石方形，高44、寬42厘米。志文楷书，凡24字，满行25字。

唐魏涿墓志

（一三九）唐故朝議郎河南府户曹參軍柱國長樂賈府君（洮）墓志銘

唐咸通十四年（八七三）八月廿八日

唐故朝議郎河南府户曹參軍柱國長樂賈府君（洮）墓志銘

  唐故朝議郎河南府户曹參軍柱國長樂賈府君墓志銘并序//
  季弟鄉貢進士涉敬述//
  表生鄉貢進士顧紹孫書//
  表弟文林郎守江陵府石首縣尉陳利物篆額//
  維咸通十四年夏五月六日，前河南府户曹參軍賈公遘疾，終//于上都長安縣豐樂里廢開業寺，享年五十一。其年八月廿八//日，窆于萬年縣寧安鄉姜尹村，從權也。賈氏自周叔虞之後，春//秋時有賈伯，又有華、他二人顯於晋。秦末漢初，回生誼，誼之文//學、官爵至今稱之。誼玄孫迪，漢河東守，始自洛陽遷于襄陵，故//賈氏復歸晋也。曾祖惠元，皇朝嵐州刺史。祖嶸，秘書丞。父位，金//州司馬，積德累行，降生哲人。公諱洮，字德川，頴川陳氏夫人、散//騎常侍諫之女之出，伯仲四人，公其長也。公幼有節概，聰敏過//人，弱歲詣太學，八舉登三史第。尔後丁頴川夫人之艱，服闋數//載。解褐爲閿鄉縣主簿，秩滿，吏部奏爲經學考試官，除廣文助//教，受代調爲太學博士，又調爲河南府户曹參軍。時洛川大饑，//公府無俸，弃而西歸；二年而卒。公學識材智動必濟物，當代君//子以爲國器，至於急人之急，紓人之難，托死存孤，輕利重氣，人//之難也，必能行之，惜哉！不享長筭，不登大用，爲善之利又何有//哉！公娶太原溫氏夫人，國子祭酒琯之女，有男三人：長曰科兒，//次曰相兒，季曰廣兒。力困路遠，未克祔于大塋，終俟他年，將葬//其志。季弟涉，收泪搦管，謹志于墓，銘曰：//
  水之東，日之西，前人後人遵此蹊。所痛者，流未至海，//景未薄崁，有道不達，可呼于天。//
  鐫者尹仲俊。//

贾洮墓志，出土于洛阳北邙山，现藏于千唐志斋博物馆。志石方形，高42.5、宽42厘米。志文楷书，凡24行，满行24字。

唐賈洮墓志

唐故朝議郎河南府戶曹參軍樓國長樂賈府君墓誌銘并序

　　季弟鄉貢進士涉敬述
　　表生弟文林郎守江陵府石首縣尉陳利物篆額
　　表生鄉貢進士顧紹孫書

維咸通十四年夏五月廿六日，宅于萬年縣寧安鄉廢開業寺，享年五十一，其年八月廿八日
秋時，有賈至，今稱之，有華他二人，顯於晉泰，末漢初回生誼之後，文
學官爵祖惠玄孫迪漢河東守，始自洛陽遷于襄陵之故
賈氏復歸晉也。曾祖嵒，朝散秘書丞，父位，故文
州司馬，諱德茂行，降生伯仲四人。公諱洮，字德川，公幼有節槩，聰敏過人
人常侍諫議大夫之女出，伯公諱爾，後丁穎川陳夫人之難，關敏助
歲詞太學，舉登三史第，頴川夫人之鄰繁大文君歎
解褐為閿鄉縣主簿，秩滿，吏部奏為經學，智動必濟物，當代有
載為代調大學博士，又調為河南府戶曹參軍時，識材死存孤，輕利重氣，
人無俸棄而西歸，二年而卒。公學誼官洛川大君歎
教受代調為大原溫氏夫有國子祭酒館之女
公府聚太原溫氏夫國子祭酒館之女未克祔于大瑩，終侯他季
之難也，必能行之惜哉！不享長筆不登大用，為善之利入何科兒
哉之子以為國器至於急人之急紓人之難，託死存孤，輕利重氣，有
其公裴相見李曰廣兒力困路遠未克祔于大瑩，謹誌于墓銘曰。所痛者流未至海
次志日相見李曰收涙搦管謹誌于墓銘曰。
其志未弟涉
水之東
景未薄洪有道不達可呼于天。
鐫者尹仲徐

（一四〇）唐故刑部尚書崔公府君（凝）墓志

唐乾寧三年（八九六）八月十八日

唐故刑部尚書崔公府君（凝）墓志

（志蓋）故博陵//崔府君//墓志銘//

唐故刑部尚書崔公府君墓志并序

朝散大夫守御史中丞上柱國賜紫金魚袋狄歸昌撰//

夫往來之山，喬松所集；廣都之野，威鳳攸居；積石之産者瑤林，璇星之應者朱草，是知水澈必由乎流遠，氣和//蓋自於春舒。允矣哲人，克生茂族。公諱凝，字得之，博陵人也。百氏之中，首推四姓，四姓之内，獨冠三宗。//曾祖涔，皇任秘書郎。祖諱鄖，皇任徐泗等州觀察判官、監察御史，贈吏部郎中。皇考壽，皇任汝//州防禦使大夫，累贈司徒。皇妣京兆韋氏，趙國太夫人。先大夫清風襲古，潔操標時，立瑞世之貞//規，揭振俗之雅裁，積茲懿美，留遺後昆。公岳降神，自天生德，丕承峻趾，克紹清風。幼學以孝悌著稱，//弱冠以器識知名，實爲國華，遂從鄉薦。咸通六年，一上升第於故相國李公蔚之下。

故相國崔公延昭鎮河陽，//署節度推官，奏校書郎，轉協律郎，充河東支使，改留守判官。俄充鹺巡，移計推，皆赴崔公之嘉招，隨府而莅職也。未幾，//故相國劉公鄴奏以藍田縣尉，直弘文館。不月，除右拾遺、内供奉，遷殿中侍御史，轉刑部員外，拜起居舍人，除司勳員外//兼侍御史知雜事。中謝日延英，面賜朱衣象版。久之，洎罷鐵冠，故相國豆盧公瑑請以本官充史館修//撰，復轉吏部員外郎。故相國鄭公從讜奏兼延資判官。既而大盜移國，属車蒙塵，俄除洛陽宰，不之任。歸昌與//公攜手崎嶇，裹足奔問，建不拔之論，豈以家爲？持無隱之誠，備聞身許。未達行在，除考功員外郎。//故太尉韋公昭度奏充集賢殿直學士。鳴皋之能出群，漸陸之姿難過。遷祠部郎中，知制誥。未周月，拜中書舍人，//面賜金紫，即以本官充翰林學士，仍轉户部侍郎，知制誥，依前充職。時相國蕭庶人悍愎怙權，忍虐多忌，惡//公之推誠异己，慮公以守正得君。竟困鑠金，遂成抵玉。左遷秘書監，由是物論喧然，人情//是属。遂再升翰苑，復兼版圖，將命以釋於懷疑，于役凤期於靡監。仗明誠以入不測，但倚神全；保大節而陷//危機，甘臨死所。觸藩周决，脱輻逾時。及間道高翔，潛身遠引，自免虎須之難，靡勞雁足之書。//朝廷聞之，慰悦良極，徵拜吏部侍郎。公以幸出危途，願棲幽泉，不悮赴闕，且欲閉關。值//元帝登遐，//今上御曆，惟公素履，久置宸襟。復以吏部侍郎徵入，遷刑部尚書，判户部事。定三典之輕重，辯//九士之耗登，屢改檀榆，彌彰功緒。仍兼判吏部三銓選事，充修奉太廟使，改户部尚書，依前判戶部，//修奉不移。歲久，遷御史大夫，補已往之勤，實大用之漸，竟負岩廊之望，徒懷燮贊之工。復轉刑部尚書兼知貢舉。//公心目自任，請謁無階。致不當之言，上達　旒扆；成中覆之事，半斥生徒。　公坐是，左遷爲合州刺史。//沉憂内結，美疹潜增，賈誼懷忠，凄凉末路；桓譚失志，已矣平生。以乾寧二年八月廿五日薨于郡舍，享年五十有八。//以來年八月十八日窆於河南府偃師縣亳邑鄉土婁管姜村，祔于　先塋，禮也。　公婚隴西李氏，有//子二人。長曰祥，孝謹滋中，詞華發外，方從貢籍，奄謝韶年。次曰泌，動直靜專，依仁游藝，蔚爲良器，以紹　//德風。　公之兄，工部侍郎潔，塤箎合雅，棣萼聯跗，同點胤之雙高，類漑洽之并秀。且夫語嵩衡之峻，非培塿之能；//知論江海之深，豈汙潢之所測。附棺紀德，刻石銘功，宜假雄詞，俾陳　盛業。以歸昌早親季孟，幸比金蘭。遂將//不朽之文，托在匪才之筆。前依松茂，諒柏松以爲榮；今睹芝焚，顧蕙嘆而何寄。莫辭見命，亦貴達情，徒欲鋪//舒，終慚漏略。其銘曰：//

　　昴尾之精，嵩華之靈，膺斯則降，爲世而生。福草金漿，瑞芝瓊實，偶聖則見，//因時而出。公之之行，公之識量，公之履歷，公之問望。敦厚誠明，介素身亮，//睿旨深隆，輿情是繫。亞輔之重，入相之資，竟孤美器，終爽貞期。再陟司寇，//仍持禮闈，推公自任，浮論攸非。佞物與專，當仁被責，曳履退飛，剖符退讁。//心地凄凉，情田怵迫，罔值奏醫，俄成岱客。嗚呼哀哉！//聖情開悟，官復秋卿，永矣厥終，克保家聲。仁兄蕆事，故友刊銘，意雖重複，//辭愧丁寧。煙開新壟，風引懸旌，但悲仁遠，空流德聲。嗚呼哀哉！//

　　姪男將仕郎前國子太學博士騰奉　□命書并篆蓋，　鐫字人王緒　王安。//

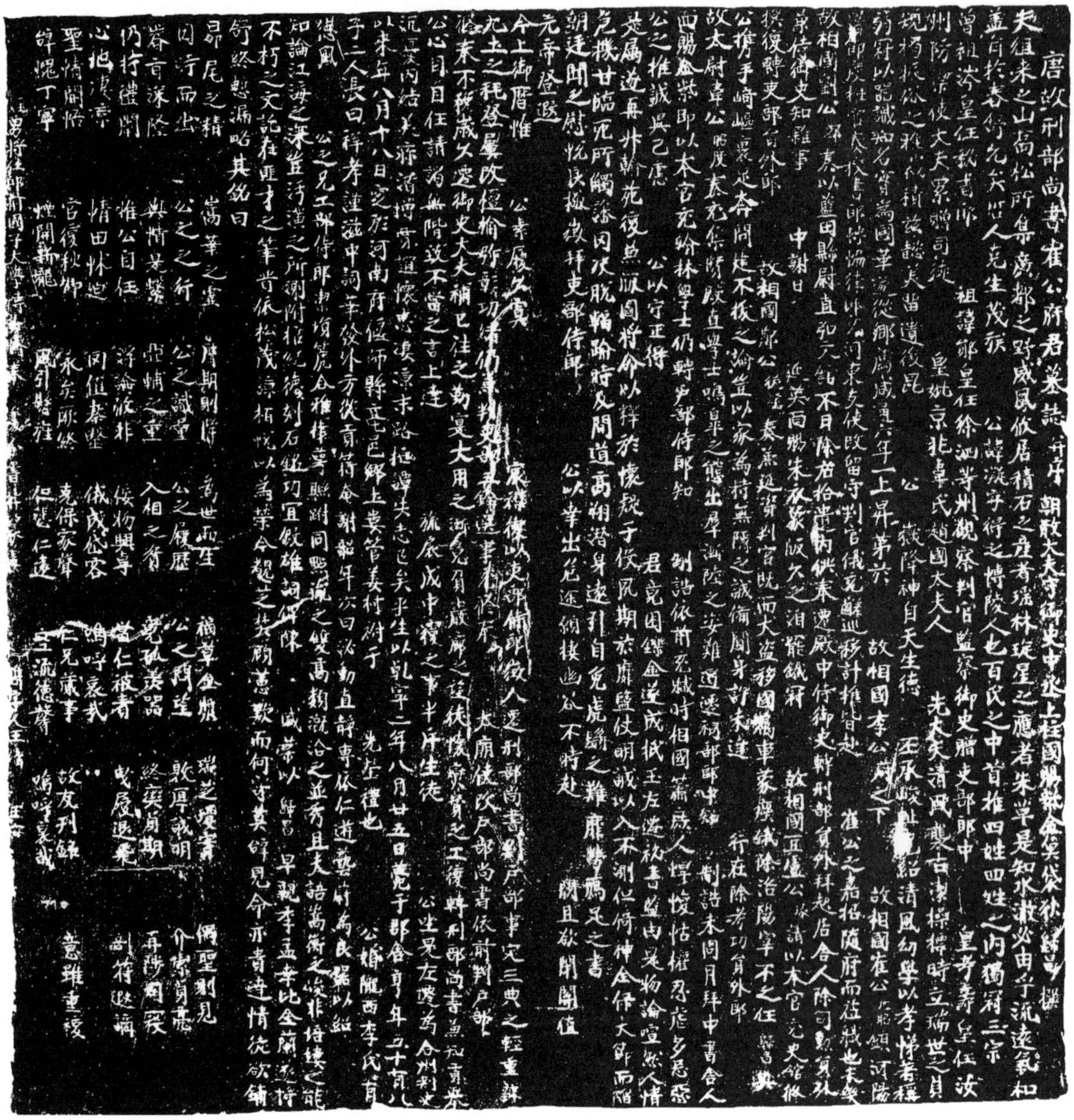

唐崔凝墓志

唐崔凝墓志蓋

附：唐崔氏亡室李夫人墓志

唐咸通八年（八六七）七月十二日

唐崔氏亡室李夫人墓志

（志蓋）崔氏亡∥室李夫∥人墓志∥

　　有唐前鄉貢進士崔凝　亡室隴西李氏，∥鄭王亮之七代孫。曾祖匡佐，兗州金鄉縣令。∥祖諝，江陵府石首縣丞。皇考公僅，洪州都督∥府別駕。妣范陽盧夫人。咸通二年四月九日∥親迎於鄧州，八年六月廿七日歿于孟州汜∥水縣，年二十五。有男一人泳郎，五歲。嗚呼！∥夫人孝行貫於神明，婦德顯於姻族。及笄之∥齒，執別駕府君之喪，周歲不進粒食，終制不∥去。眉睫熒然在疚，僉以爲難也，而又禀性介∥獨，不執金錢，不聚貝帛。從夫（人）之後，此道彌光。∥洎予閔凶，遂嬰微疹，再茹茶蓼，發爲沉痼，藥∥石無驗，風燭興悲。嗟乎！有懿美之範，挺淳至∥之性也。如是豈不宜克保龜鶴，永奉∥蒸嘗？胡福善禍淫之，道茫昧如斯耶？彼蒼悠∥悠，悼問何及？以七月十二日窆于河南府偃∥師縣亳邑鄉姜村，祔　大塋之北。抆淚授毫，∥識於泉壤。悲夫！

　　凝自書。∥

崔凝夫婦墓志，1991年出土于河南洛阳偃师西杏元村北，现均藏于偃师商城博物馆。崔凝墓志，盖盝顶形，周边刻龟背纹，四刹阴刻四神图案，顶部阴刻篆书"故博陵崔府君墓志铭"3行，行3字。志石方形，高68、宽69、厚11厘米；志文楷书，凡38行，满行46字。崔凝李夫人墓志，志盖盝顶形，四刹单线刻四神图，顶部阴刻楷书"崔氏亡室李夫人墓志"3行，行3字。志石方形，高30.5、宽29.5厘米；志文楷书，凡17行，满行17字。

有唐前鄉貢進士崔凝亡室隴西李氏
鄭王亮之七代孫曾祖匡佐竞州金鄉縣令
祖諗江陵府石首縣丞皇考公懌洪州都督
府迎別駕娶范陽盧夫人咸通二年四月九日
水縣年二十五有男一人泳郎五歲嗚呼記
夫人孝行貫於神明婦德顯於姻族及筓之
齒執別駕府君之喪周歲不進粒食終制不
獨不眷睞竟然在疚斂以為難也而又稟性不
去予不執金錢不聚貝帛從夫之後此道弥光
酒無驗金燭興悲嗟之範挺永奉蓐藥
之性也如是豈不宜克保龜鶴耶彼蒼悠
石當胡福禍遙之道洎昧如斯耶彼悠悠
悠悼問何及於七月十二日室于河南府偃
師縣毫邑鄉姜村祔大塋之比攵渡援毫
識於泉壤悲夫
凝自書

（一四一）大梁故宋州觀察支使將仕郎檢校祠部員外郎兼侍御史賜緋魚袋賈府君（邠）墓志

后梁贞明元年（九一五）五月十二日

大梁故宋州觀察支使將仕郎檢校祠部員外郎兼侍御史賜緋魚袋賈府君（邠）墓志

　　大梁故宋州觀察支使將仕郎檢校祠//部員外郎兼侍御史賜緋魚袋賈府君//墓志

　　妻弟秘書省校書郎鄭山甫撰//

　　維貞明元年夏五月五日，攝河清縣令賈公遘//疾，終于縣宅，享年五十三。其年五月十二日，窆//于河清縣述仙鄉楊寺村，從權也。賈氏自周叔//虞之後，春秋時有賈伯，又有華、他二人顯於秦//晋。秦末漢初，回生誼，誼之文學、官爵至今稱之。//誼玄孫迪，漢河東守，始自洛陽遷于襄陵，故賈//氏復歸也。高祖惠元，前朝嵐州刺史。曾祖嶸，秘//書。祖位，金州司馬。父洮，朝議郎、河南府戶曹、上//柱國。公諱邠，文美太原溫氏夫人，前朝國子祭//酒琯之女也出伯仲三人，公其次也。幼有節操，//累任宰字，兼爲宋州郎官，百姓攀留，人皆欽仰。//妻滎陽鄭氏夫人，濟陰福之女也。夫人蓬首素//食，万計克歸于//大塋山南。搦管爲志，哀而不銘。//

賈邠墓志，系1949年前在洛阳被盗掘出土，现藏于千唐志斋博物馆。志石高63.5、宽34.5厘米。志文楷书，凡17行，满行18字。

後梁賈邠墓志

（一四二）唐故銀青光禄大夫門下侍郎兼工部尚書同中書門下平章事監修國史判國子監事上柱國清河縣開國伯食邑七百户贈尚書右僕射追封開國公謚恭靖崔公（協）墓志銘

后唐天成五年（九三〇）正月二十九日

唐故銀青光禄大夫門下侍郎兼工部尚書同中書門下平章事監修國史判國子監事上柱國清河縣開國伯食邑七百户贈尚書右僕射追封開國公謚恭靖崔公（協）墓志銘

　　唐故銀青光禄大夫門下侍郎兼工部尚書同中書門下平章事監修國史判國子監事上柱國清河縣開國伯食邑//七百户贈尚書右僕射追封開國公謚恭靖崔公墓志銘并序//

　　正議大夫禮部尚書致仕上柱國贊皇縣開國男食邑三百户賜紫金魚袋趙郡李德休撰//

　　粤若天體，剛而垂象，或因象以儲賢，帝守位以聚人，亦資人而成績。是則祥開應昴，蓋臣起豐沛之鄉；功贊慕膻，才子//得高辛之族。以今况古，良有属焉。//

　　公諱協，字司化，清河人也。炎帝乃姜姓之祖，子牙實崔氏之先。泰岳肇其繁昌，積石疏其綿遠。營丘之後，世濟公侯；皇//唐已來，彌爲鼎甲。故太常卿贈太師諱邠，曾祖也。吏部尚書贈司空諱瓘，王父也。楚州團練使，贈司徒諱彦融，列考也。//調正聲以諧神人，敷藻鑒以主衡鏡。典方州以揚教化，襲吉德以啓鏚基。乃祖乃宗，令問令望。世有明哲，顯于鈞台。昔//考父偝墙，爰生達者。于公議讞，果兆高門，可謂信而有徵矣。//公即楚州之嗣子。先鄭國太夫人，故兖海節度使鄭公助之女也，德洽篋頌，道備言容。澣濯罔墜於素風，苤苢允鍾於//良胤。　公禀曠時之秀氣，膺累葉之純熙。既契黄中，乃光名教。在佩觿之歲，誠有禮容；殆加冠之年，居//然國器。知老氏之關鍵，得夫子之日月。言必楷模，性亦深阻。當時君子曰："此天下奇才也。"由是廊廟之望，扶摇之程，自//兹而發軔矣。乾寧初，　昭宗皇帝以文柄授隴西李公擇，而　//公以進士登甲科。周室漸稱其多士，舜旌爰得其賢才，以奥甚碩儒，明超計相，釋褐校書郎、度支巡官。志慕鸑鳳，言可//褒貶，結綬渭南尉、直史館。白筆可以繩愆糾謬，皁囊必以獻可替否，遷監察御史、左補闕。蟻階記事，允属端人，雉省握//蘭，咸贊文稱，擢起居舍人、户部員外。洞究公方，周知圖籍，登吏部員外、户部郎中，賜緋魚袋。將以轄會府，歷左司郎中。//俾其肅神州，任萬年縣令。封駁之規，簡求所重，除朝散大夫、給事中，賜紫。侍從之貴，金瞜爲難，拜左散騎常侍。八議緩//死，仁愛之事也；七德貞師，廓清之端也，升刑部、兵部侍郎。出入名曹，騰凌峻望，資其題品，遂録銓衡，領吏部侍郎。遇　//先君之怨，報不豐之言，直在其中，已之無慍，黜太子詹事。才必過職，吏不敢欺，復領兵、吏部侍郎。　//國朝中興，憲法再舉，拜御史中丞。伯夷之賢，典兹三禮，后夔之德，諧彼八音，陟禮部尚書、太常卿。藉其餘刃，兼判上銓。//今皇帝下武承基，允文敷德。櫛沐之道，既濟艱難。小大之神，咸已砥属。而猶想非熊而獲，英佐思上。帝以赖良弼，式示//旁求，乃膺爰立。天成二年正月十一日，制授中書侍郎、平章事，仍加男爵、户封焉，旋兼判國子祭酒。三年三月//十七日，又進門下侍郎、平章事兼工部尚書，監修國史。建皇極，凝庶績。君子勤禮，小人盡力。萬物荷其埏埴，九歌詠其//功德。固太常備於紀述，非曲筆所能刊勒者也。四年二月，天子自汴還雒。二十七日，//公扈蹕至須水驛，忽搆屬階，遂沉台耀，享年六十有六。//

聖上痛阿衡之云亡，嘆邦國之殄瘁，輟萬機而廢朝，掩重瞳而墮泪。至止之日，命國子司業鄭鵬，致祭私第。文武百辟，//列吊靈筵。宣賵粟麦布帛，數皆盈百。詔贈右僕射，考行定諡曰恭靖，追封開國公。俾散騎常侍張文寶，叙//其茂實，碑于阡壟。以明年太歲庚寅正月丙寅朔二十九日甲午，歸葬于河南府偃師縣亳邑鄉祁村里，禮也。嗚呼！依//日月之輝，執造化之柄，盛德穆若，餘烈爛然，生榮没哀，既貴且壽，天之報施善人也，不亦宜乎。//公和而不同，文而有禮。風神魁岸，可以懾單于；談論縱橫，諒能悲鬼谷。嘗自方於管樂，果致身於伊皋。至於履歷著芳//猷，光輔捍大患，此梗概而言之，不能偏舉也。//

公婚北祖大房范陽夫人盧氏，鼎甲名門，綽有淑德。穠華早落，禮法空存。父沇，踐登上第，履歷清資，德//望弥高。皇任左庶子、金紫。母滎陽夫人鄭氏。有子三人，長曰壽光，娶第二房范陽盧氏。//父程，皇任兵部侍郎、平章事，贈禮部尚書。母清河國夫人，亦門內從妹也。次曰馬馬，幼曰体工，有孫曰檐夫。//皆挺秀含華，象賢禀氣。居喪之禮，有加於人。遠日將赴於先原，貞石願言於實錄。以德休於//相國。道惟神契，義即同年，策杖而興，泣血以請。但齒當衰晚，心殆藝文。睹令胤之深誠，非復克讓；叙//故人之溢美，無乃未周。載爲之銘曰：//

大樸既散，列宿麗之。大象既執，通賢輔之。二八已後，五百爲期。才難如此，國尚可知。//清河崔公，泰岳之胤。質禀星精，家傳相印。氣勁霜雪，道懷忠信。穟樹千尋，丘墙數仞。//宗伯試可，時君遂良。升臺歷省，爲龍爲光。嘗謂負鼎，何如釣璜。爰陟重位，乃輝巨唐。//歸全先人，卜吉舊里。佳城之中，豐碑對起。荒草愁雲，流年逝水。深谷徙變，//徽烈無已。//

從表侄鄉貢進士李光緯書。//

後唐崔協墓志

附：崔氏范陽盧夫人墓志之銘

后唐同光三年（九二五）十一月十三日

崔氏范陽盧夫人墓志之銘

　　　崔氏范陽盧夫人墓志之銘并序//
　　　朝議大夫守禮部尚書上柱國賜紫金魚袋崔協撰//
　　夫人北祖大房范陽盧夫人。　大唐庚子歲，未及筓，歸迎伉儷，乃清河//小房氏。　夫人承嫡出，適　//我家爲冢婦，淑雅和明。於百氏鼎甲之族，休婉肥家，超夐懿範，天賦無比。//夫人曾祖諱服，皇任太原府晉陽縣令，累贈司空。祖諱詞，皇任登州刺史，//累贈太保。父諱沆，皇任擢進士第。聲逾泗磬，疊歷清華。終左庶子，金紫。　//夫人　//先妣鄭夫人，　先考諱助，兗州節度使次嫡女。夫人嫡仲季三人，//元適清河小房崔氏謙，女弟一人，在家疾終。　夫人秪，協親姨妹也。有//三子，皆襁褓不育。　夫人傾歲以協丁　外艱，哀疲奉禮過性，侵//盡婦道，遂構疾亟甚，醫藥不切。未逾月，偕與協　//先妣太君，同權事河中府臨晉縣北上王村。属中原多事未定，道路杳隔。//及　後唐未振，起已前邈，是四十餘年，　遷舉（奉）歸　//先原不得。今遇本姓，歲月良便，天下已平。　遷奉//先妣太君神襯，歸　//先原河南府偃師縣毫邑鄉祁村里，因奉　//尊之行，禮也。又遂其斯舉，此終大幸也。時　//後唐同光三年歲次乙酉十一月戊子朔十三日壬寅。協与　//夫人結琴瑟之道，互致敬相從之分。釋氏云乃多生，相善布施，歡喜今世。//契夫婦之遇。然修短不圓，只得七八年間，舉按（案）齊眉，絲蘿增茂。天不我福，//俾余一生孤飛。今則榮護　//先妣太君，来歸福地，始平之履，浮生極禎遇矣。協今躬親修建祥勢，//塋域平坦。他年之幸，幸必穴同。哭叫不應，泪徒逗盡。玄堂清廣，靈崗秀安。//叙事不多，以書其實。銘曰：//
　　夫人来歸，姻不失親。處世之寶，輝山潤濱。不遂偕老，//吞恨難倫。先原如書，吉歲良辰。福利之域，周爲四鄰。//他時祔此，共慶萬春。//

崔协夫妇墓志出土于洛阳。崔协墓志，志石方形，高、宽均85厘米。志文楷书，凡45行，满行45字。崔协妻卢氏墓志，高46、宽48厘米。志文楷书，凡28行，满行28字。

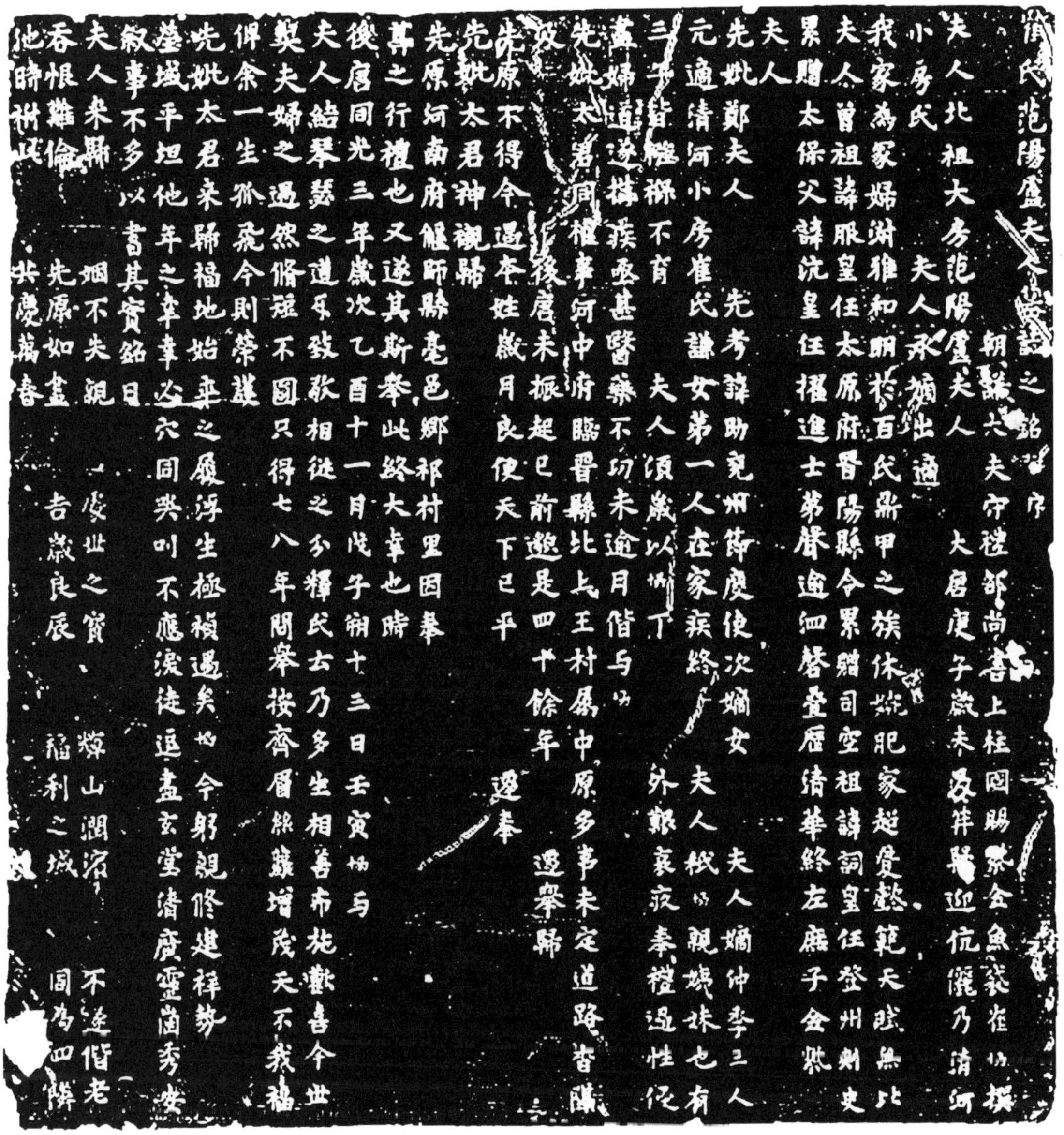
唐故范陽盧夫人墓誌之銘并序
朝議大夫守禮部尚書上柱國賜紫金魚袋崔協撰
夫人北祖大房范陽盧夫人 大居庚子歲未及笄歸迎伉儷乃清河
小房氏 夫人承嫡出適
我家為冢婦淑雅和明於百氏鼎甲之族休焯肥家超受懿範天賦無比
夫人曾祖諱服皇任太原府晉陽縣令累贈司空祖諱詞皇任登州刺史
累贈太保父諱沆皇任攝進士第贊途細辔疊履清華終左庶子金紫
夫人
先妣鄭夫人 先考諱助兗州節度使次嫡女 夫人嫡仲季三人
元適清河小房崔氏諱女弟一人在家疾終 夫人秖以親娣妹也有
二子皆繈褓不育 夫人須歲以懺丁 外艱哀疚奉禮過性從
蓋婦道逆構疾亟甚醫藥不功未逾月偕亡以
先妣太君同殯車河中府臨晉縣北上王村屬中原多事未定道路皆隔
没後唐末振起已前邀是四十餘年 遷舉歸
先原不得今遇舍姪歲月良便天下已平 遷奉
先妣太君神觀歸
先原河南府偃師縣亳邑鄉祁村里因奉
葬之行禮也又遂其斯舉此終大幸也時
後唐同光三年歲次乙酉十一月戊子朔十三日壬寅協与
夫人結舉髮之道乎致欲相從之分釋氏云乃多生相善希施歡喜今世
與夫婦之遇然偕短不圖只得七八年間舉按齊眉絲蘿增茂天不我福
俾余一生孤飛今則榮護
先妣太君來歸福地始卒之屢浮生極禍過矣也令躬親修建祥勢
塋域平坦他年之卒章必穴同與叫不應澳徒返盡玄堂渚廣靈崗秀安
叙事不多以書其實銘曰
夫人來歸 姻不失親 一受世之寶 煉山潤溶 不遂偕老
香恨難倫 先原如畫 吉歲良辰 福利之域 同為四鄰
他時祔此 共慶萬春

後唐崔協夫人盧氏墓志

(一四三）大唐故金紫光禄大夫檢校司徒行亳州團練使充太清宮副使上柱國兼御史大夫贈太尉隴西李公（重吉）墓誌銘

后唐清泰元年（九三四）十二月十九日

大唐故金紫光禄大夫檢校司徒行亳州團練使充太清宮副使上柱國兼御史大夫贈太尉隴西李公（重吉）墓誌銘

　　大唐故金紫光禄大夫檢校司徒行亳州團練使充　太清宮副使上柱國兼御史大夫贈太尉隴西李公墓誌銘并序//
　　中大夫行尚書考功員外郎柱國臣李慎儀奉　敕撰//
　　翰林待　詔朝散大夫行太府寺丞臣權令詢奉　敕書//
　　若夫孝者德之本，死者人之終。顯敦行於純深，繫秉心於慷慨。凝英風而不朽，凛生氣以如存。臣子之道，//適全貞諒之誠，允塞見危，有立知憤，激於當年，樂善無徵，竟淒涼於千載者，則推之於　故亳州太尉//公矣。　公諱重吉，字保榮，　今皇帝之長子也。　母，皇后劉氏。公少韞令問，夙欽奇//表，含五行而挺秀，聞　兩社以開祥。象載舟中，笑蒼舒之飾智；蟻封穴外，稽沛獻之成占。講陣勢於常//山，鈞兵鈐於渭水。奉過庭而嗜學，審中律以通音。虎頭共仰於封侯，猿臂咸稱於飛將。威而不猛，樂且有//儀，禀自天資，昭符國器。　明宗皇帝方羈汗馬，始兆潛龍，式北軍，行高陳勇爵，初署　公爲成//德軍節度押衙，充衙內右廂排衙①軍使。天成元年，　明宗皇帝登極，授銀青光禄大夫、檢校工//部尚書兼御史大夫、上柱國。二年春，加檢校兵部尚書，充匡衛步軍都指揮使。其冬，　扈從　//乘輿討朱口殷。　公首至汴，上環城，傳堞帶，斷布以先登，擐甲執兵，抉懸門而直進。　明宗面//加褒錫，以賞殊庸。三年夏末，　詔公統領本軍兵士，攻討定州。至其城下，殺戮契丹告捷。　中朝特降//敕書、手詔及頒賚銀器、繒帛等，仍　宣賜青氈帳、紅錦戰袍。旋　命捧　聖軍使曹晟，沿路　//獎諭，賜鐵甲一副、　御馬半駒、駱駝二頭及羊、酒、湯藥等。歸闕，賞其功，除檢校尚書、右僕射。//明宗皇帝展祀　圓丘，詔公爲整衣冠使。　燔紫盛典，　陪乘深榮。親惟尚於可尸，愛有隆//於貽厥。禮畢，加檢校左僕射，充殿前控鶴都指揮使。　寵增百揆，職總六閑。捧　白日以傾心，侍//清塵而接武。譽光麟趾，望逼犬牙。　明宗皇帝俯厭萬機，將臨大漸，權門擅柄，藩邸弄兵，禁營//之組練爭陳，武庫之戈矛莫守。　公躬嚴銳衆，親禦凶威，摧鋒克萃於　天衢，飛矢免驚於　//君屋。恩賜御衣一對，玉帶一條，旌致力也。其後幼主據位，讒賊挺災，曾輕引進之恩，且感矯詔之

---

① 排衙：官署早晨上班，或参见来署视察的长官及接见外宾时，全署官員按级别大小排列，叫排衙。

説，夾輔//寧施於材幹，譏嫌相務於間離。玄拱　極於本枝，奉　頒條於出牧。遂以　公爲亳州團練使、檢//校司徒、充　太清宮副使。於是，敷惠和之政，篤廉讓之風。變慘爲舒，侍布行春之令；感今懷昔，不逢　//祀夏之期。洎奸慝構言，中外疑貳。以　今皇帝望尊家嫡，道冠親賢，懼合應於廢昏，遂肆行於//惡直。及歸昌啓瑞，昧爽戒期，纔興投袂之師，已潰如林之旅。於是，執事者乃奪　公珪符，拘于宋郡。左右//勸以奔避淮泗，無蹈禍機。　公以　今皇帝曾非本心，獨沮群議，及辱居縲紲，壯志不回。於是//對眾而謂曰："若以　主上嘗懷大計，素蓄先機，天地神祇，必所知鑒。"乃指茶甌而誓之云："擲甌//於地，如不碎者，則　主上之德可明，猜忌之情見枉也。"乃舉而投之，略無傷缺，聚立觀者，莫不//嘆息。斯則昭昭之感，有動於穹旻；款款之誠，罔違於顛沛也。及京師播越，群黨憑凌，王子思歸，空縑永訣。//將軍下世，誰恤沉冤？尋罹非罪，年二十八。　公夫人劉氏，故均州刺史知遠之女也，封彭城縣君。備容德//之規，諧好合之美；事舅姑以婉聽，潔蘋蘩以敬恭；危禍之中，併命凶孽。　聖上痛深天性，念切//國禎，緬馳道以震心，慟維城而揮涕。追懷增欷，遐迹銜酸。建旆分憂，終鬱子年之戀；翦桐無戲，未階唐叔//之封。其年夏四月，　上舉哀，輟　視朝三日，備禮冊贈　公爲太尉。於是下　明詔，命有司//議奉　蒭靈，始遷蒿葬。仍遣控鶴指揮使李重謙往亳州監護改卜。以　公無子，因　宣重謙爲喪//主焉。清泰元年十二月十九日，以　公及夫人劉氏，合葬于河南府洛陽縣青風鄉高村里，禮也。惟　//公炳靈積慶，資事效忠，生雖限於有涯，義足彰於不泯。驥鳴東道，方躋逐日之程；鵬運南溟，忽墜垂天之//勢。嗚呼！禮成同穴，恨咽重泉，列雙表之岩岩，掩佳城之鬱鬱。悲纏會葬，　感極望思。爰//詔下臣，陳茲勳節。敘事多處於漏略，幸絕愧辭；直書聊紀於徽音，敢刊貞石。謹爲銘曰：//

氣禀中和，孝惟尚德。植操自持，當仁是則。圖功有立，臨危不忒。名動古今，道光家國。//誰其兼者，公實宜之。多才多藝，聞禮聞詩。推誠侃侃，敬事孜孜。嘗登勇爵，早奉靈旋。//伐叛臨戎，教忠主器。屯否斯構，艱難盡瘁。懸旆心搖，凌霄翼墜。劍折倚天，戈投散地。//志無後悔，冤深左遷。途家靡惑，甌擲彌堅。甘期玉碎，羞將瓦全。雖死之日，猶生之年。//念惻宸嚴，痛均凡百。贈典載加，寵靈於赫。義貫金石，勳藏竹帛。思顯英猷，允敷玄澤。//喪移譙郡，塋啓衡皋。哀凝笳鼓，奠溢牲牢。原隰雲慘，松檟風號。貞魂永斷，信史攸褒。//

李重吉墓志，2005年冬出土于河南省洛陽市送庄鎮。志石爲青石質，方形，高74、寬73厘米，厚5厘米。志文楷書，凡43行，滿行40字。

後唐李重吉墓志

（一四四）大周故禮部尚書致仕盧公（價）墓志銘

后周顯德七年（九六〇）正月十四日

大周故禮部尚書致仕盧公（價）墓志銘

（志蓋）大周故//範陽盧//公墓志//

大周故禮部尚書致仕盧公墓志銘并序//

親侄朝議郎行左補闕充集賢殿修撰　多遜撰并書//

公諱價，字待價，以己未歲正月十日抱疾薨于洛陽綏福里之私第，享年六十有八。越庚//申歲正月十四日，親弟司封郎中、充弘文館直學士億，奉　公之神，逾洛而北，越孟津，歸//葬于懷州武（縣名，下一字犯　祖諱）縣期至鄉馮封里之先塋。既卜葬事，親侄左補闕、充集賢殿修撰多遜//為其志文，則　家世踐歷、事迹履行，皆可以盡載。　公之曾祖畫，皇任齊州長史。祖得一，//皇任懷州河內縣令，追贈光祿少卿。考真啓，皇任河南鞏縣令，累追贈太子少師。自　//顯祖而下，皆以仁義貞厚率其家，廉慎清白莅其仕，鍾其慶而良胤生焉。　公以文章//才識顯其名，冠裳組紳貴其位，流其光而贈典斯在。即　家世之懿令輝赫，可知也。

公始//從知於□陽，授□官。未幾，隨府於滄州，授推官，遷支使，又為河南府推官，登朝授監察御史，//後唐之令也。由監察改殿中侍御史、侍御史仍知雜事、戶部員外郎//知制誥、虞部郎中//知制誥、中書舍人、□部侍郎、禮部侍郎、刑部侍郎，晉氏之命也。由刑部改兵部侍郎，漢帝//之命也。　隆周授曆，休命惟久，授吏部侍郎，實總銓事，改西京副留守。既罷，以疾授//賓客分司，皆使其恩也。經數歲以大禮部之秩，為懸車之命，耀其貴也。歷階至金紫光祿//大夫，爵至開國子，食邑至七百戶。其踐歷之綿久崇峻，又可知也。若夫節制藩閫，尹正都//邑，擇賓佐之才者；以政事提舉綱憲，振肅班朝，擇御史之才者；以執法朝廷之文，雅誥為重，//擇司言之才者；以□策邦家之務，會府為繁，擇貳卿①之才者，以重望惟公。始以政事//發其迹，又以執法揚其聲。七年莅司言②之官，五任歷貳卿之秩。畢公洛郊之化，方佐保//釐；四皓商山之歌，俄從賓護。就閑請老，登為正卿，光于搢紳，罕其儔比。其事迹之華顯//昭著，又可知也。其少也，謹敬以事其長長者，於是稱之曰孝悌；其長也，仁惠以綏其少少者，//於是稱之曰慈愛。與人交游必稱之曰信而遜，與人臨莅必稱之曰寬而順。其履行之貞正休//令，又可知也。嗚呼！宦達貴仕，壽過耆年，名遂身退，雖古人無以尚也，於其生即無所恨矣。而//室無正

---

①　貳卿：指侍郎。

②　司言：指中书舍人。

寝，家無冢嗣，唯孤女一二人而已，皆又出適。一旦殞逝，幽院闃寂，骨肉相聚，爲之鳴咽。//吁！豈皇天之無知乎？履行□是而所報之無全耶？鳴呼哀哉！　//夫人崔氏先卒於　公未仕之年，尋遷於是塋，今啓而祔焉。有一兒一女，皆嬰孺不//育。側室王氏奉箕帚垂三十年，有三女。長適姑臧李獻誠，獻誠早亡；次適姑臧李克勤；次//適河東薛智周。噫！千載而□爲不朽者，斯文乎？直用叙述，誠曰無愧；含酸秉筆，睫泪//交落。謹爲銘曰：//

天地氤氲兮造化其成，生爲賢人兮爲才爲名。一朝殞逝兮邈乎英靈，//千年萬歲兮不知其程。長河湯湯兮太行青青，山河之間兮　//公之故塋。葬於是兮志於是，永世之後兮證信史之昭明。//

盧价墓志，2007年出土于河南焦作。墓志并盖一盒，方形，高、宽均73厘米。志盖盝顶形，厚16厘米，四周刻八卦图，四面斜刹上线刻青龙、白虎、朱雀、玄武四神图及祥云图案；顶部篆书"大周故范阳卢公墓志"3行，行3字。志石四周线刻菱形四边形图案。志石四周线刻十二官人图像，每侧三人，均穿宽袖长袍，头戴高冠，手持笏板，踞坐于长方形席片之上。志文楷书，凡31行，满行32字，共计939字。

後周盧價墓志

後周盧價墓志蓋

跋

《河南散存散见及新获汉唐碑志整理研究》是2015年度国家社科基金后期资助项目（项目编号：15FZS004）的同名结项成果。有关于此的研究可溯源至河南省教育厅2013年度哲学社会科学重大招投标项目《河南汉唐碑志研究》（项目号：2013WB01），本书是在河南省教育厅招投标项目研究基础上的拓展和深化。

河南为中华腹地，地上、地下文物古迹丰富异常，显现于世的古代碑、志等石刻文物富甲一方。中华人民共和国成立后，随着河南省各地市博物馆及文物管理单位的稽藏、整理，数部有关入藏河南省境内的碑志集录已公开出版，为学术研究提供了丰富的新资料。随着考古发掘工作的持续开展，新的碑志文物不断涌现，这些文物大多散存散见于各级文物管理部门，除个别见于发掘报告中外，大多数既不见古人收录，也不见今人集录。而以拓片图版形式散见于考古发掘报告或简报中者，要么仅有图版没有释读移录，要么释读移录不太准确，这种客观现实极不利于学界研究使用。有鉴于此，我们在承担完成河南省教育厅关于河南汉唐碑志研究工作的同时，就开始着手收集、整理河南散存散见汉唐碑志，期冀整理出版后能为学界奉上真实精确、便捷易用的新资料，同时还就目力所及的唐志进行综合研究。今将两部分相合，遂成此书。

本书集多人之力完成。在资料收集、铭文移录的过程中，郑州大学历史学院考古专业硕士研究生曹凌子、许世娣、刘亚玲、赵俊杰同学功不可没；河南省文物考古研究院青年才俊孙凯在拓片制作上贡献巨大；志文的标点、断句、校核工作繁琐，郑州大学历史学院考古专业硕士研究生朱梦园、常乐、刘梦娜、洪淑莹、李庆玲同学付出了辛勤的汗水，文献参稽主要由常乐同学完成。相关研究工作及文物审阅由我本人完成。

结项项目中共收集整理河南省散存散见汉唐碑刻31通、墓志223方，共计254通/方。由于有的碑刻长期暴露荒野剥蚀不清及有些墓志残损，再加之出版开本限制，此次结集出版选定的汉唐碑刻共18通、墓志157方，共计175通/方，选择原则是品相好、史料价值明确。对于本书暂没采用的汉唐碑志，待来日深入研究之后，再将录文连同拓本一并公示。

由于我们水平有限、经验不足，加上参稽文献短缺，研究中定有诸多疏漏和讹误，敬请学界不吝赐教。

最后，衷心感谢河南省教育厅社政处的立项资助及处长王亚洲先生、副处长魏军先生的大力支持，感谢国家社科基金办的大力支持，同时还感谢郑州大学历史学院对本书出版的大力支持。科学出版社张亚娜女士为本书的出版也付出了艰辛的劳动，在此并致谢忱。

陈朝云